中國精品年鑒

中国精品年鉴
建设的理论与实践

中国地方志工作办公室　编

U0953135

ZHONGGUO JINGPIN NIANJIAN
JIANSHE DE LILUN YU SHIJIAN

方志出版社
Publishing House of Local Records

图书在版编目（CIP）数据

中国精品年鉴建设的理论与实践 / 中国地方志工作办公室编. -- 北京 : 方志出版社, 2024. 10. -- ISBN 978-7-5144-6330-9

Ⅰ. G237.4

中国国家版本馆 CIP 数据核字第 2024B4S580 号

责任编辑：李静
责任校对：张玉霞
责任印制：梅中英
出 版 者：方志出版社
地　　址：北京市朝阳区潘家园东里 9 号（国家方志馆 4 层）
邮　　编：100021
网　　址：http://www.zgfzcb.cn
发　　行：方志出版社图书营销中心（010-67110500）
印　　刷：北京中科印刷有限公司
开　　本：700 毫米×1000 毫米　1/16
印　　张：41
字　　数：685 千字
版　　次：2024 年 10 月第 1 版
印　　次：2024 年 10 月第 1 次印刷
定　　价：98.00 元

《中国精品年鉴建设的理论与实践》编委会名单

主　　编　陈文学

执行主编　刘永强

编　　辑　冷晓玲　张　鹏　朱　海　马春雨
　　　　　乔国存　李一龙　陈　静　张　璇

坚持以精品奉献人民
合力共绘精品年鉴建设新篇章
(代序)

陈文学

当前世界正经历百年未有之大变局，中华民族第二个百年奋斗目标新征程已经开启，党的二十大对传承弘扬中华优秀传统文化提出了全新要求，为包括年鉴事业在内的全国地方志事业带来了前所未有的发展机遇。全国年鉴工作者要坚持以习近平新时代中国特色社会主义思想为指导，深入学习贯彻习近平文化思想、习近平总书记在文化传承发展座谈会上的重要讲话精神，把握好高质量发展这一时代主题，大力推进精品年鉴建设，全力营造“坚持以精品奉献人民”的良好氛围，引领带动全国年鉴事业走高质量发展道路，为在新的起点上继续推动文化繁荣、建设文化强国、建设中华民族现代文明贡献包括年鉴人在内方志人的更大力量。

一、深入学习习近平文化思想，勇担新时代新的文化使命

党的二十大强调要推进文化自信自强，铸就社会主义文化新辉煌，将文化建

设提升到一个新的历史高度。2023 年 6 月 2 日，习近平总书记出席文化传承发展座谈会并发表重要讲话。2023 年 10 月，全国宣传思想文化工作会议正式提出和系统阐述习近平文化思想。广大地方志工作者要深入学习把握习近平文化思想的科学体系、丰富内涵、立场观点方法和实践要求，紧紧围绕贯彻落实党的二十大战略部署，立足“国之大者”，把握“两个结合”，紧密联系地方志工作实际，以开放包容的姿态，守正创新的魄力，积极主动为做好新时代宣传思想文化工作作出贡献。

2024 年全国两会期间，习近平总书记在参加江苏代表团审议时强调，要牢牢把握高质量发展这个首要任务，因地制宜发展新质生产力。发展永无止步，全国年鉴人近年来紧紧围绕各地党委、政府中心工作，创新运用年鉴载体形式，全面系统记述每年度各地在扎实推进重大战略实施、因地制宜发展新质生产力等方面的生动实践，共书时代发展的壮丽诗篇，客观真实反映了我们党团结带领全国各族人民为全面建成社会主义现代化强国、实现第二个百年奋斗目标，以中国式现代化全面推进中华民族伟大复兴而团结奋斗的伟大历史进程。我们要进一步思考新时代年鉴工作在坚定文化自信、服务经济社会发展上的独特地位和作用，“直笔著信史，彰善引风气”，勇担新时代新的文化使命，“为当代提供资政辅治之参考，为后世留下堪存堪鉴之记述”。

二、高举精品年鉴大旗，持续不懈推进年鉴质量建设

中国年鉴精品工程作为一项创新工程、示范工程，自 2017 年启动以来取得了重要的阶段性成果，树立了若干全国知名的精品年鉴品牌，积累了比较丰富的成功经验，发挥了重要的引领带动作用，产生了较大的社会影响，已经成为抓年鉴质量建设、推动年鉴工作最重要、最有效的品牌和抓手。

从顶层设计方面来说，先后制定出台《地方综合年鉴编纂出版规定》及其《补充规定》，持续规范年鉴编纂行为；出台《中国年鉴精品工程实施方案（修订版）》，启动工程 2.0 版。正在研究起草的《关于新时代推动年鉴事业高质量发展的意见》同样聚焦精品年鉴建设，进行全新的系统谋划。从取得成果方面来说，已成功打造涉及 26 个省份的中国精品年鉴 8 批 125 部，确定中国精品年鉴区域试点单位两批 16 家，基本形成一套涵盖篇目评议、鉴稿评审、理论研讨、专家指

导、推广宣传等全流程的成熟模式。今年工程开始向专业年鉴领域延伸，10部专业年鉴积极申报。已有10余个省份实施了年鉴精品工程，开展了各具特色的生动实践。从宣传推广方面来说，持续关注“精品后”工作，通过“方志中国”微信公众号进行精品年鉴推介、表彰奖励宣介；先后深入10余个省份开展“精品年鉴回头看”专题调研；向精品入选单位本级党委、政府发送贺信；组织开展“精品年鉴品读季”活动，将4部高质量年鉴范本直接送到编纂第一线，并通报表扬55篇精品品读征文。从工作影响方面来说，据年初摸排，前7批71家中国精品年鉴单位中，47家单位获领导批示91人次，10余家单位获集体记功，22家单位在年终考核中加分，20家单位获得五一劳动奖状、三八红旗集体等形式表彰奖励，262人受到记功、嘉奖或通报表扬奖励，一部分业务骨干得到提拔重用，其他在创先争优等方面有体现的还有很多。第八批中国精品年鉴名单公布后，很多入选单位获领导批示和受到记功嘉奖奖励。精品年鉴建设已逐渐成为广大年鉴工作者练好硬本领、建功新时代的新舞台，极大地激发了广大年鉴工作者干事创业的积极性和主动性。这些成绩有力推动全国年鉴工作者在思想认识上产生了从“编成年鉴”向“编好年鉴”“编精品年鉴”的实质性转变。

精品年鉴建设取得的这些成绩离不开全国广大年鉴工作者的辛勤努力，特别是离不开各位精品年鉴评审专家付出的汗水和心血。同时，也要清醒地认识到，精品年鉴建设还存在一些不容忽视的问题，如精品意识尚未全面树立、省市两级合力作用尚存在短板、专家力量尚显薄弱、精品成果转化尚有不足、精品单位多少存在松劲弱化情况等。下一步，要继续推动年鉴工作向全面追求“精品”转变，始终瞄准年鉴质量建设的长远目标，持续优化工作流程，完善工作机制。一要坚持精品理念谋划新局。各地要将精品年鉴建设摆在更为突出的位置，积极主动探索具有自身特色的精品年鉴建设之路，打造更多精品年鉴，引领带动全国范围内年鉴质量的全面提升。二要加强全国年鉴精品区域试点工作力度。鼓励更多具备条件的地方申报全国年鉴精品区域试点，着力推动从以单本精品年鉴打造为主向以单本精品年鉴打造、年鉴精品区域建设并重的方向转变。三要持续重视和加强“精品后”工作。要进一步加大宣传推广力度，继续开展好“精品年鉴回头看”专题调研，推动“精品年鉴品读”活动常态化，适时开展“精品后”出版年鉴的质量抽查工作。根据精品年鉴破百的实际，组织举办“遇‘鉴’中国：百部中国精品年鉴展”。四要不断强化“协同作战”意识。持续推动中志办和省、市、县地方志工作机构四级联动，加强工作协同，推动各家年鉴编纂单位从以往的“单打独斗”转向市级及以上区域范围的“协同作战”，变“独奏”为“合奏”，不断凝聚事业发展合力。同时，鼓励和支持既有精品单位、区域试点单位开展更多的互学互鉴、共学共建活动。

三、加强人才队伍建设，全面提升新时代推进年鉴事业高质量发展的能力本领

功以才成，业由才广。“国家发展靠人才，民族振兴靠人才”，精品年鉴建设也要靠人才，特别是高水平的业务人才。习近平总书记在党的二十大报告中强调，要“着力造就拔尖创新人才，聚天下英才而用之”。我们要深入学习贯彻习近平总书记关于干部队伍建设的重要论述精神，努力构建人才引领年鉴事业高质量发展的新格局。

“一年之计，莫如树谷；十年之计，莫如树木；终身之计，莫如树人”，中志办围绕年鉴质量建设，紧抓人才培养与队伍建设，每年优先保证举办一期全国年鉴主编培训班，取得了明显的成效。今后，要树牢人才是第一资源的理念，采取更有力举措关心爱护年鉴业务干部，加快形成有利于推动年鉴事业高质量发展的人才政策体系，充分调动广大年鉴工作者的积极性、主动性、创造性。鼓励支持各地开展业务指导和年鉴培训，探索建立全国性的分层级分区域培训机制。《关于新时代推动年鉴事业高质量发展的意见》提出，要持续加强专家队伍建设，组织实施人才强鉴“十百千万”工程，即争取到2030年，培养10名左右领军型年鉴学科带头人、100名左右高水平年鉴理论研究专家、1000名左右高素质年鉴主编、10000名左右专业化年鉴编纂骨干，建立国家级、省级年鉴专家库，这需要重点谋划、扎实推进。要盘活精品单位业务骨干资源，结合精品年鉴打造发现人才、培养人才，帮助他们快速提高业务能力、发挥更大作用。

《中国精品年鉴建设的理论与实践》一书，是对近年来中国精品年鉴建设进行的系统化理论总结，主要收录前7批71家中国精品年鉴单位走过的“精品之路”，侧重反映这些精品年鉴在评审专家的精心指导下是如何化茧成蝶的。用心血汗水浇灌收获，以千锤百炼打造精品，背后隐含的，是一支支优秀编纂团队的责任担当和辛勤付出，讲述着他们在年鉴质量建设道路上奋楫笃行的成长故事。正是因

为他们的努力，中国精品年鉴建设的关注度和影响力才越来越大，年鉴质量建设的道路才越走越宽广。他们的精品意识，他们的发展理念，他们的进取精神，他们的开拓创新，他们的经验教训，他们的成长点滴，都透过笔端，直观、鲜活地呈现在大家面前。翻阅该书，相信每个年鉴人都可从中汲取智慧和力量，激发强烈的责任感和使命感。

年鉴工作是大有可为的。是为序。

（此序原为作者2024年5月16日在2024年中国年鉴精品工程系列研讨会暨第九期全国年鉴主编培训班上的讲话，有删改）

目　录

一、省级年鉴精品工程经验总结

二、省级综合年鉴精品之路

三、市级综合年鉴精品之路

四、县级综合年鉴精品之路

目录

省级年鉴精品工程经验总结

凝心聚力　奋发有为
努力推动新时代首都年鉴事业高质量发展

——北京市年鉴精品工程经验总结*

中共北京市委党史研究室、北京市地方志编纂委员会办公室

近年来，在市委、市政府的领导下，在中国地方志工作办公室的指导帮助下，中共北京市委党史研究室、北京市地方志编纂委员会办公室（以下简称市志办）完整、准确、全面贯彻新发展理念，坚持首善标准，紧紧围绕忠实记录习近平新时代中国特色社会主义思想在京华大地的生动实践，以推动高质量发展为主题，以积极开展北京市年鉴精品工程和配合深入实施中国年鉴精品工程、打造北京市精品年鉴为抓手，积极作为，守正创新，持续提升全市年鉴编纂质量，努力推动首都年鉴事业高质量发展。

一、工程实施简要历程

为贯彻落实《全国地方志事业发展规划纲要（2015—2020年）》《全国年鉴事业发展规划（2016—2020年）》和《北京市地方志事业发展规划纲要（2016—2020）》，打造出北京市质量过硬、能够发挥示范作用的品牌年鉴，以促进提高北

* 执笔人：姜坤，中共北京市委党史研究室、北京市地方志编纂委员会办公室年鉴指导处四级调研员。

京市年鉴整体质量，市志办在2017年启动实施北京市年鉴精品工程，在全市下发《关于印发〈北京市打造精品年鉴工作实施方案（试行）〉的通知》，明确入选范围、打造标准、打造程序等具体要求。

通知下发后，根据申报情况，市志办经过认真筛选与审查，确定《北京海淀年鉴》《中关村年鉴》《北京工业大学年鉴》为北京市年鉴精品工程打造对象。2017年、2018年连续两年，聘请专家从政治观点、年鉴框架、记述内容、收录资料、条目编写、体例行文、检索系统、版式设计等方面对这3部年鉴进行评审。通过专家评审和精心打磨，这3部年鉴的综合质量均得到明显提升。在2018年第五届全国地方志优秀成果（年鉴类）评审活动中，《北京海淀年鉴（2017）》《中关村年鉴（2017）》获特等年鉴，《北京工业大学年鉴（2016）》获二等年鉴。在2019年第六届全国地方志优秀成果（年鉴类）评审活动中，《北京海淀年鉴（2018）》获特等年鉴，《中关村年鉴（2018）》获一等年鉴。在2018年北京市第二届年鉴综合质量评比中，《北京海淀年鉴（2017）》《中关村年鉴（2017）》《北京工业大学年鉴（2017）》获一等年鉴。《北京海淀年鉴》2016年卷、2017年卷连续入选中国精品年鉴，北京市年鉴精品工程初步取得成功。

2019年开始，结合中国年鉴精品工程的实施，市志办转变工作思路，北京市年鉴精品工程进入以配合中国年鉴精品工程申报为主的阶段。市委党史研究室、市志办将北京市每年申报中国年鉴精品工程的年鉴作为打造对象，指导申报单位打造中国精品年鉴，达到打造北京市精品年鉴的目的。2019年至2022年，北京市累计打造中国精品年鉴4种6部，北京市年鉴精品工程迈上一个新台阶。

二、工作模式和机制

北京市年鉴精品工程按照中国地方志指导小组《地方综合年鉴编纂出版规定（试行）》设定打造标准，结合北京市和年鉴编纂实际制定打造流程。

入选年鉴要在每年3月前将本年度年鉴框架设计方案和上年度年鉴报送至市志办。市志办于每年3月组织召开北京市精品年鉴框架评审会，组织专家就框架设计进行评审，同时点评上年度年鉴。入选年鉴根据专家意见对框架设计进行修改，并在本年度的年鉴编纂过程中解决上年度年鉴中存在的问题。每年10月中旬，入选年鉴报送本年度编纂成熟的年鉴稿。市志办在收到报送后的20个工作日内，组织专家对稿件进行评审。入选年鉴收到评审意见后，对稿件进行修改完善，最后经市志办审核，送交出版社出版。

三、主要措施与经验

北京市始终把实施中国年鉴精品工程和北京市年鉴精品工程当作推动全市年鉴事业高质量发展的抓手，通过打造精品年鉴，推进年鉴规范化建设，培养年鉴人才队伍，持续提升全市年鉴编纂质量。基于这种认识，市志办主要采取以下措施。

一是精选打造对象。打造对象是否合适，是北京市年鉴精品工程能否顺利实施的前提。针对北京市综合年鉴少、专业年鉴多的情况，在选取北京市年鉴精品工程打造对象时，不仅对专业年鉴开放，还将重点放在专业年鉴上，三部打造对象中两部是专业年鉴。针对北京市教育类年鉴多，特别是高校校级年鉴多的情况，特别明确专业年鉴中有一种必须是高校校级年鉴。在考虑种类的基础上，进一步考虑领导重视程度、工作基础、人员基础、经费保障等因素，选取领导重视程度高、年鉴工作基础好、人员力量强、经费相对充足的年鉴作为打造对象。基于这样的标准，在全市各年鉴编纂单位申报的基础上，遴选出《北京海淀年鉴》《中关村年鉴》《北京工业大学年鉴》作为打造对象。2019年实施方式转变以后，也还是依据这样的标准选取打造对象，对一些申报积极性高，但是条件不符合的单位进行了劝退，宁可让指标浪费，也要确保打造的效果。精心选取打造对象，为顺利实施北京市年鉴精品工程奠定了坚实基础。

二是坚持全程指导。打造精品年鉴，推荐合适的年鉴只完成第一步，必须把对申报年鉴的指导工作贯穿在整个评审过程中。为此，市志办始终坚持全程指导的原则，从框架设计、组稿、编辑、修改等各个环节入手，帮助申报年鉴全面提高质量，顺利完成每一部精品年鉴打造工作。市志办一直高度重视年鉴的框架设计工作，在每年对区级综合年鉴框架进行逐个审读的基础上，对申报的精品年鉴均单独进行框架设计的精准指导，努力做到分类科学合理、区域特色突出、年度特点鲜明。2022年开始对申报单位的整部年鉴进行整体把关，从修改框架到全程参与审读全本年鉴，多次对责编进行培训，手把手指导稿件的修改与完善。在打造过程中，市志办屡次向申报单位提示，必须不折不扣地落实各项专家评审意见，同时举一反三，将专家的具体意见贯彻到全书，主动查找其他部分存在的类似问题。每次专家意见反馈后，市志办都要求申报单位先组织人员对照专家意见进行修改。在初步修改的基础上，对专家意见存在不同看法的，或者存在疑义的，市志办与申报年鉴编纂单位人员逐一进行研究，商量修改办法：对于修改不到位的，及时与专家进行沟通，说明理由，商量新的解决办法；对于确实无法修改的，也说明充足的理由，获取专家的理解和支持。因为申报年鉴每次均能认真落实专家的评审意见，所以评审和修改过程才能够得以顺利进行。

三是发挥专家作用。专家是打造精品年鉴的基础和保障。北京作为首都，有得天独厚的优势，不仅有中志办在身边，还有众多的中央级年鉴编纂单位和专家学者，他们都为北京市实施年鉴精品工程付出巨大的辛劳。北京市年鉴精品工程实施伊始，市志办就划定专家范围，不仅将综合年鉴有关人员纳入专家范围，还广泛吸收专业年鉴的专家，让他们从专业的角度对综合年鉴中的专业内容进行指导，起到非常好的效果。随着北京市年鉴精品工程的深入实施，市志办还不断扩展专家范围，将已经成功打造中国精品年鉴单位的业务骨干纳入评审专家范围，让他们结合自身的打造经验，指导申报单位开展工作。正是因为有各级各类、经验丰富的专家的指导，北京市年鉴精品工程才能得以顺利实施。

四是做好力量储备。年鉴精品工程实施是一项长期工作，要在实践中不断前行，不断取得更多更好的成绩，就必须做好后续力量的储备工作。为进一步推动北京市年鉴精品工程的实施，自 2019 年开始，每年年初市志办组织开展各区综合年鉴当年的框架审读工作，为推动精品年鉴打造积蓄力量。在以联系人审读为主的基础上，市志办分管领导带领年鉴指导处、年鉴社全体人员集中讨论，对每部年鉴的框架逐一审读、分析、修改。在审读过程中，以《地方综合年鉴编纂出版规定》《关于地方综合年鉴编纂出版若干问题的补充规定》为依据，主动对接中国年鉴精品工程的要求，高标准衡量各区年鉴框架设计。在集中审读研讨后，要求联系人撰写详细的书面修改建议，经年鉴指导处处长审核后再反馈给各区，要求各区在年鉴编纂过程中予以修改落实。通过框架审读工作，区级地方综合年鉴的框架设计得到深入优化，年度特征和区域特色更加突出，年鉴编纂质量也得到提升。在各区完成年鉴初稿编辑后，主动开展重点类目审读工作。针对区级综合年鉴中所设军事、法治、外事、港澳事务、台务、民族宗教等类目下所收录内容易出现政治性问题的情况，对提交稿件逐字逐句审读，严守政治关、质量关。对审读中发现的差错和其他编校问题及时反馈，要求各区对照发现的问题，举一反三，对全书存在的类似问题进行修改，杜绝政治性差错的出现。对质量相对较差、进度相对落后和有全文审读要求的区级综合年鉴，市志办年鉴指导处全体人员分工协作，保质保量地按时完成审读任务，除在稿件上直接进行编辑修改外，还提出书面整体修改建议，帮助这些年鉴加快进度，把控质量。对提出审读要求的专业年鉴，尽量安排、协调具有丰富年鉴实践经验的人员进行审读，确保书稿质量。据不完全统计，近 5 年累计审读综合年鉴 10 余部、专业年鉴 20 余部。

五是发挥评审作用。年鉴评审是一面镜子，可以发现年鉴工作中存在的不足。为进一步推动精品年鉴打造工作，市志办结合北京市年鉴工作实际，研究制定具有北京特点的评审工作方案，要求 16 部区级综合年鉴必须参评；着力调动专业年鉴编纂单位的积极性，每次参评的专业年鉴均能达到全市公开出版的一半以上。精选专家学者全面审读参评年鉴，优化专家学者参与范围和分工，确保他们履责到位、发挥好作用。初评结束后，全面整理所有评审意见，并对各区及专业年鉴编纂单位进行逐一反馈，对各年鉴编纂单位提出的疑义逐条进行解答，确保他们对评审意见理解到位并运用于今后的年鉴编纂工作，将评审活动的作用发挥到最大，为参评年鉴提高质量奠定坚实基础。参评单位通过年鉴评审发现的问题，有针对性地对年鉴进行调整、完善，年鉴质量均得到有效提高，对评审工作的满意率始终保持在 90% 以上。

六是培养专业人才。人才是事业成功的基石。针对北京市年鉴工作骨干队伍不足、钻研业务动力不足的问题，市志办以实施年鉴精品工程为契机，创新性地在全市组织开展年鉴互审工作。通过自愿报名、双向选择的方式，每年选取两部不同类型的年鉴，选取部分区级地方志工作机构和专业年鉴编纂单位的编辑人员进行审读，按审读要求和规定时间提交审读报告，并召开评议会，面对面地向编纂单位反馈意见，对存在争议的问题现场进行研讨。通过互审工作的开展，市志办掌握了全市年鉴编纂人员基本情况，精选、锻炼、培养了一支具有丰富年鉴编纂经验、较高编辑水平、较强研究能力的队伍，在提高全市年鉴编纂质量、打造精品年鉴的过程中，都发挥了积极的作用。海淀区钟冷、东城区王钦双、朝阳区王源等，逐步成长为在全国具有一定知名度的年鉴专家。同时，参与互审的年鉴质量也得到明显提升，为申报精品年鉴奠定了基础，也对本市其他年鉴起到很好的引领示范作用。在抓好重点人才队伍培养的同时，市志办还积极引导全市年鉴编纂人员开展业务学习。每年组织 200 人左右的线下培训，邀请全国的精品年鉴专家到北京授课，面对面地传经送宝。近两年努力克服疫情影响，组织全市年鉴编纂人员参加各级各类线上业务培训，为大家提供学习机会；及时建立全市年鉴工作 QQ 群和微信群，将北京市和中国年鉴精品工程实施过程中的经验发到群里，供全市年鉴编纂单位学习参考。通过持续不断地指导培养，北京市年鉴工作者的业务能力得到明显提高，为精品年鉴工程的实施奠定坚实基础。

四、主要成效和影响

多年来，在市志办精心谋划、潜心指导下，在全市年鉴编纂工作者的共同努力下，北京市打造出多部以内容为本，凸显地域特色，反映北京各项事业新发展，展示首都建设新风貌的精品年鉴。

截至目前，北京市先后有 4 种 9 部年鉴入选中国精品年鉴，占到全国已入选总数的近八分之一，入选数量与山西省并列全国第二，仅次于江苏省的 10 部；其中《北京海淀年鉴》是全国唯一连续四年入选的县区级综合年鉴。北京市打造的精品年鉴《中关村年鉴》，连续多次在全国年鉴评审活动中荣获特等年鉴。

精品年鉴打造完成，并不意味着这项工作的结束，只有发挥好精品年鉴的示范引领作用，才能完全体现开展精品年鉴工程的意义。为此，北京市积极宣传推介精品年鉴、承编单位和主要业务人员，以精品年鉴带动全市年鉴质量的整体提升。

精品年鉴打造成功后，市志办立即将相关通知文件交换到精品年鉴所在区的区委、区政府，或由相关部门直接送达，确保区领导看到文件，让区领导第一时间获知本区年鉴工作的新成绩；到各区调研时，与分管区领导就精品年鉴打造工作专门进行交流，对区志办的付出进行表扬。通过这些努力，北京市成功打造中国精品年鉴的四个区，都获得区领导的批示，有的区还获得区委书记和区长的双重批示；中关村管委会和北京工业大学的领导也对年鉴工作作出批示或提出表扬；朝阳区志办获得了首都劳动奖状。

领导的高度认可与支持，极大地鼓舞年鉴编纂人员的工作热情，为持续开展精品年鉴打造工作创造良好条件。市志办还在全市党史地方志工作会议上，对精品年鉴取得的成绩进行表彰，邀请承编单位在全市做经验介绍；推荐主要业务人员参与中央级年鉴、外省市年鉴和本市年鉴的评审工作和业务培训工作；在推荐全国地方志工作先进集体和先进个人时，优先推荐精品年鉴的承编单位和主要业务人员。

在市志办的广泛宣传和推介下，北京市的精品年鉴发挥较好的示范引领作用，北京市年鉴界形成奋发向上的积极氛围，涌现出一批时代特征鲜明、区域特色突出、编纂质量上乘的年鉴。

五、存在的问题与对策建议

北京市年鉴精品工程实施虽然比较顺利，取得了一些成绩，但是在实施过程中，也发现了一些可以继续改进和提高的方面。

一是北京市年鉴精品工程实施方案地域特色过于鲜明，与《中国年鉴精品工程实施方案》结合不够紧密。北京市每年出版的年鉴中，综合年鉴仅占十分之一，所以市志办在制定方案时将重点放在专业年鉴上。而中国年鉴精品工程目前仍然仅限于综合年鉴，导致北京市精品年鉴中的专业年鉴仅能在北京市范围内进行打造，距离中国精品年鉴还有一定的差距。同时，北京市精品年鉴打造工作，不是一年完成，结果不是打造一部年鉴，而是试图打造一种年鉴。从目前年鉴工作开展情况看，随着年鉴编纂人员的变动，将一种年鉴打造为精品年鉴很难具有持续性，而将一部年鉴打造为精品年鉴则具有更大的可操作性。针对这个问题，市志办从 2019 年开始对北京市年鉴精品工程进行调整，将北京市年鉴精品工程与中国年鉴精品工程结合起来，同步打造，已经取得了比较好的效果。

二是北京市年鉴精品工程对数量限制过严，导致没有形成北京市精品年鉴的规模效应和梯队效应。北京市年鉴精品工程只选取 3 种年鉴进行打造，而相对于北京市每年出版 150 余种年鉴来说，所占比例过低，无法形成精品年鉴规模效应，无论是社会影响力还是年鉴自身的影响力都不够大。同时，因为北京市的精品年鉴仅限于这 3 种年鉴，没有形成一个精品年鉴的梯队，在申报中国精品年鉴时缺少足够的后备力量，当全市基础较好的综合年鉴完成中国精品年鉴打造以后，就会出现申报中国精品年鉴青黄不接的现象。针对这个问题，市志办开始调整工作思路，准备调动全市年鉴队伍力量，以中国精品年鉴业务骨干为引领，以拟申报年鉴业务骨干为主体，以其他年鉴业务骨干为辅助，将每年的中国精品年鉴打造工作变成全市年鉴队伍的一次锻炼和考核，在打造当年中国精品年鉴的基础上，为今后的申报培育后备力量，通过打造精品年鉴培养人才、提高全市年鉴的质量，为持续开展北京市年鉴精品工程奠定申报基础和人才基础。

三是缺少对“精品后”年鉴的质量管控，个别精品年鉴编纂单位的年鉴出现质量下滑。在全市精品年鉴数量不够多的情况下，市志办将工作重点放在打造新的精品年鉴上，对已经成为精品年鉴的年鉴缺少“回头看”。而个别精品年鉴在打造过程中采用的非常规手段又不具有可持续性，导致年鉴质量出现下滑。针对这一问题，一方面要加大对已经获得精品年鉴称号的单位进行“回头看”的力度，督促其完善质量管控体系，继续以精品年鉴的标准编纂好年鉴；另一方面要继续在建立常规年鉴编纂制度方面进行探索，确保年鉴编纂工作在正常情况下依旧能保持较高水平。

中国年鉴精品工程的实施，为年鉴事业的发展带来了机遇，也对年鉴事业的发展提出更高的要求。今后，市志办要在不断总结北京市年鉴精品工程实施经验的基础上，查找不足，持续改进，全面推动新时代首都年鉴事业高质量发展。

以精品奉献人民
推动内蒙古年鉴事业高质量发展

——内蒙古年鉴精品工程经验总结 *

中共内蒙古自治区委党史和地方志研究室

为深入贯彻落实习近平总书记提出的“高质量发展是全面建设社会主义现代化国家的首要任务”“要高度重视修史修志”的指示精神，切实把中央和自治区党委关于高质量发展的要求落实到史志工作各方面，中共内蒙古自治区委党史和地方志研究室（以下简称自治区党委党史和地方志研究室）于 2023 年 3 月印发《内蒙古自治区年鉴精品工程实施方案》，就启动实施内蒙古自治区年鉴精品工程作出安排，旨在持续有效提升年鉴质量，更好地发挥地方综合年鉴存史、育人、资政的历史价值和现实功用，推动史志事业高质量发展。近年来，在中国地方志工作办公室（以下简称中志办）指导下，自治区党委党史和地方志研究室牢固树立高质量发展理念，始终将质量建设摆在突出位置，采取切实有效措施，推动内蒙古年鉴事业高质量发展。

* 执笔人：哈斯花，中共内蒙古自治区委党史和地方志研究室年鉴处处长。

一、工程实施简要历程

（一）全区年鉴编纂历程

内蒙古自治区年鉴事业起步于20世纪90年代。1996年全区首部盟市级年鉴《赤峰年鉴》创刊，1998年《内蒙古年鉴》创刊，1999年首部旗县级年鉴《松山年鉴》创刊。在综合年鉴蓬勃发展的同时，专业年鉴编纂开始启动，经过二十余年发展，初步形成了以自治区、盟市、旗县（市、区）三级综合年鉴为主，以厅局及企事业单位专业年鉴为辅，覆盖较广的全区年鉴编纂体系。

截至2023年底，全区公开出版综合年鉴共计791部，其中自治区级25部，盟市级224部，旗县（市、区）级542部。

（二）精准实施省级年鉴精品工程

2023年，自治区党委党史和地方志研究室正式启动实施内蒙古自治区年鉴精品工程，每年从年鉴工作重视程度较高、编纂基础条件较好、连续编纂并公开出版5卷以上的年鉴中筛选评比打造3 ~ 5部精品年鉴，发挥示范引领作用，营造比学赶超的良好氛围。评选过程将执行严格的质量标准和评分标准，从框架和标题、特色、内容、图表和版式、行文和编校等方面进行量化打分。通过严格评选，力求推出一批优秀的“蒙”字号精品年鉴，锻炼打造一支具有较高水平的年鉴编纂工作队伍，持续有效提升年鉴质量，推动全区年鉴事业高质量发展。

二、工作模式和机制

（一）高位推动部署，提高思想认识，为实施年鉴精品工程打牢基础

2022年9—12月，按照中志办统一安排部署，自治区党委党史和地方志研究室制定印发《内蒙古自治区“精品年鉴品读季”活动实施方案》，以品读《连云港年鉴（2019）》《长沙年鉴（2020）》《北京朝阳年鉴（2020）》《孝义年鉴（2020）》4部中国精品年鉴为重点，在全区地方志系统组织开展大学习、大讨论、大总结。全区地方志系统深入学习宣传贯彻党的二十大精神，深入学习贯彻习近平总书记

关于地方志工作的一系列重要论述精神，深入学习领会中志办党组书记、主任崔唯航有关讲话精神，深刻认识年鉴事业发展迎来的重要窗口机遇期和风险挑战，深刻认识打造精品年鉴、促进年鉴质量建设的重要意义，并引导年鉴骨干编辑开展论文撰写，就创建精品年鉴谈体会，促使全区各级年鉴编纂质量有效提升。全区共征集52篇理论文章，评选出5篇文章推荐参加“精品年鉴品读季”征文活动，其中1篇文章荣获二等论文。以此为契机，自治区党委党史和地方志研究室制定印发《内蒙古自治区年鉴精品工程实施方案》，全面启动自治区年鉴精品工程实施工作。

（二）强化流程监督，系统推进质量建设，推动全区年鉴事业高质量发展

2022年起，全区建立地方综合年鉴当年卷编纂篇目审定制度和地方综合年鉴上年卷编纂篇目复核、质量抽查制度，由上一级地方志工作机构对下一级已出版的上一年地方综合年鉴编纂篇目进行复核、质量抽查，加强跟踪问效。2023年5月，邀请区外2名年鉴编纂专家与区内7名年鉴专家组成评审组，对申报自治区年鉴精品工程的9部年鉴进行篇目评审；6月，在呼伦贝尔市举行精品年鉴篇目评审专题培训，针对申报自治区精品年鉴工程的9部年鉴篇目提出具体修改意见；9月底，开始对9部年鉴初稿进行评审，逐字逐句进行修改；12月底前，完成修改补充工作。2024年1月10日，召开自治区精品年鉴评审会议，最终评审产生自治区首批精品年鉴4部。在评审过程中，不断完善审查方式，真正指出问题、点明方向、切实整改，力求取得实效。12个盟市同步开展对103个旗县（市、区）综合年鉴编纂篇目审查、复核和质量抽查工作，在全区营造出你追我赶打造精品的良好氛围。

（三）参加全国评选，申报中国年鉴精品工程，发挥年鉴精品工程引领作用

树立精品意识，打造精品年鉴，是年鉴事业持续健康发展的永恒命题。2023年，自治区党委党史和地方志研究室将深入实施年鉴精品工程作为年鉴质量建设的重要抓手，组织实施自治区年鉴精品工程，创建自治区年鉴精品品牌的同时积极参加中国年鉴精品工程评选，在评审中找差距、补短板、促提升，力争更多的

内蒙古精品年鉴进入中国精品年鉴行列。2023 年，《内蒙古年鉴（2023）》《赤峰年鉴（2023）》申报中国年鉴精品工程，最终均成功入选。

（四）加强业务培训，提升人才队伍素质，带动年鉴质量整体提升

人才是高质量发展的第一资源。近年来，自治区党委党史和地方志研究室分片区、分专题、多形式对盟市、旗县（市、区）及区直部门（单位）年鉴编纂人员进行全覆盖业务培训。2023 年 2 月，举办《内蒙古年鉴（2023）》撰稿人培训班，邀请中国精品年鉴评审专家现场授课，全区承担《内蒙古年鉴（2023）》编纂任务的组稿人、撰稿人共计 361 人参加培训。6 月，组织召开精品年鉴框架设计专题培训，申报自治区年鉴精品工程的 9 家单位共计 60 余人现场参加培训，全区年鉴编纂机构 300 余人参加线上培训。8 月，在锡林郭勒盟举办 150 余人参加的内蒙古自治区年鉴事业高质量发展业务骨干专题培训班，邀请国内知名年鉴专家授课。通过邀请专家、业务骨干面对面授课、录制授课视频云端授课等形式，加强业务培训，提升编纂人员能力水平，从而带动年鉴质量整体提升。

三、主要成效和影响

（一）全区各级年鉴工作热情进一步提高

编纂精品年鉴是一项极其细致严谨的系统工程，需要年鉴编纂者整体谋划、恪守规范、反复锤炼。实施年鉴精品工程激活了自治区精品年鉴编纂的“一池春水”，厘清了编纂精品年鉴的路径方法，提高了各级年鉴工作者的工作热情。自 2022 年全区“精品年鉴品读季”活动开展以来，通过聆听专家报告授课、深度精读精学精评精品年鉴，大家对精品年鉴框架结构、条目编写、行文规范、装帧设计、内容选材、图表运用等都有了更深层次的理解。通过品读四部中国精品年鉴，看清了本地年鉴与精品年鉴间的差距，调整了追赶精品年鉴的思路方法，明晰了破局要义。2023 年以来，自治区年鉴工作者主动借鉴参考精品年鉴的编纂经验，不断提高年鉴编纂能力，争取编纂更多精品佳鉴。

（二）巩固“一年一鉴，公开出版”“当年卷当年出版”成果

年鉴是历史的见证，是一面镜子，它照亮现实，也照亮未来。年鉴出版的时效性决定了其价值发挥的及时性，是年鉴赖以生存的支柱。自治区党委党史和地方志研究室加强对盟市、旗县（市、区）两级综合年鉴编纂出版工作的组织领导，明确目标任务，完善推进机制，落实工作责任，细化时间安排，全面了解两级综合年鉴发展情况，对存在困难地区进行业务指导和提供帮助，确保盟市、旗县（市、区）两级综合年鉴“一年一鉴，公开出版”“当年卷当年出版”。2022年以来，先后赴鄂尔多斯市、通辽市、兴安盟、呼伦贝尔市开展调研指导，召开座谈会、听取汇报、实地查看年鉴编纂资料、查阅编纂流程及建章立制等情况，对年鉴组稿、编辑和出版工作中存在的问题进行深入分析，了解基层真实情况，从实际出发，增强工作主动性，推动调研成果转化为政策措施，有效帮助基层解决实际问题。通过两年努力，全区三级综合年鉴组稿、编纂、出版、发行各时间节点、时间周期逐渐步入规范轨道。

（三）地方综合年鉴编纂质量显著提升

全区各级地方志工作机构树立“为党立言、为国存史、为民修志”的政治责任感，“地方志作为官书，传之千秋万代”的历史责任感，坚持不懈推进质量提升行动，严把年鉴审查程序，有效推动全区年鉴质量提升。2016年以来，内蒙古自治区三级综合年鉴及各级专业年鉴有40部在全国地方志优秀成果（年鉴类）评审活动中获得通报表扬。在2021年第八届全国地方志优秀成果（年鉴类）评审活动中，《通辽年鉴（2020）》《内蒙古统计年鉴（2020）》被评为特等年鉴。在2023年第九届全国地方志优秀成果（年鉴类）评审活动中，有16部年鉴获得通报表扬。

（四）年鉴编纂社会氛围越来越好

近两年，各级地方志工作机构构建起符合年鉴工作特点的工作制度体系，统筹制定年鉴工作规划和年度工作要点，提早谋划，组织召开工作部署会议，明确编纂出版各环节时间安排、具体内容，把握好关键时间节点，确保稿件真正如期而至、如期整理，在充分考虑出版环节时间要求的前提下，尽早联系对接出版单位，确保如期出版。年鉴工作日益制度化、科学化、规范化，扎实推动年鉴编纂

出版任务落实。从过去不知道每年都要编年鉴，到知道这是一项重要工作，再到主动参与到年鉴编纂工作中来，经过全区地方志工作机构特别是盟市、旗县（市、区）年鉴工作者的不懈努力，年鉴编纂出版的良好态势和工作氛围已经形成。

四、存在问题

近年来，地方综合年鉴遇到了前所未有的发展机遇，但就目前全区情况来看，各盟市、旗县（市、区）地方综合年鉴编纂工作发展不平衡现象仍比较突出，还存在着一些困难和问题。

（一）少数地方领导对年鉴工作的重要性认识仍然不足

思想认识是依法落实修志编鉴法定职责的先导。部分地区党委、政府主管领导对地方志工作认识仍然很不到位，在推动依法修志编鉴、履行《地方志工作条例》《全国地方志事业发展规划纲要（2015—2020年）》确定的领导职责、主体责任等方面没有采取有效措施，仍存在有的主管领导从未到地方志工作机构调研或很少过问地方志工作的情况，提高重视程度、提供各方面保障以及推动解决实际工作难题也就成为一句空话。这与“年鉴全覆盖”推进工作的迫切要求相距甚远。这与部分基层地方志工作机构主动争取地方党委、政府领导的重视不够也有关系。还有一些地方停留在地方志工作机构主业就是修志一业的旧观念上，缺乏对年鉴工作的重视和投入。

（二）机构、编制、人员、经费等保障仍存在不足

年鉴编纂机构、编制、人员、经费不到位是各级地方志工作机构、年鉴编纂单位普遍面临的困难。少数地方仍存在地方志工作无机构、无编制、无人员的极端情况；有的地方虽然有机构、有编制、有人员，但机构规格低、编制人员少、编制人员被借用或调用参加其他中心工作的情况比较普遍，特别是编制人员在编不在岗或在岗不在位的问题比较突出。根据2023年12月全区年鉴工作编制情况统计数据，全区年鉴业务在编226人（自治区5人、盟市31人、旗县市区190人），现有从事年鉴工作人员占整个队伍比重偏小，分别为自治区7.1%，盟市12.8%（实际在岗）、9.7%（满编情况），旗县21.9%（实际在岗）、16.1%（满编

情况）。全区年内需公开出版的综合年鉴数量是117部，平均不到2人编纂1部年鉴。尤其部分旗县（市、区）受困于地方财政压力，迟迟未将年鉴工作经费列入财政预算，不但培训难、编纂难，年鉴出版更难。

（三）年鉴质量建设仍待加强

质量是年鉴事业发展的生命线。全区范围内的年鉴编纂质量保障机制、评价体系尚未建立起来，大多数年鉴在质量上还存在较多问题。主要表现为：在严把政治关、保密关等方面存在不足；编纂理念和思路因循守旧，创新意识不强；对体例体裁认识不足，述、记、图、表、录等体裁形式运用不当；框架设计不合理，领属关系不当、类目编排混乱、上下层次不清等问题较为突出；年度特点和地方特色不够突出；条目选题选材不够全面、系统、准确，标题拟定、概念表述等不够严谨、规范；图片、表格使用不够严谨、规范，地图无审图号的情况比较多见；资料性不强，行文中工作总结、工作报告痕迹较重；版式设计不够美观、大方；编校质量仍需要提高等。特别是，部分旗县（市、区）采用“服务外包”的方式，委托第三方编纂出版年鉴，有的辅以一定程度的质量管控手段，有的完全放手不管，因此，这些年鉴的质量需要引起重视，要建立起相应的行之有效的年鉴质量管控机制或审查验收机制。

（四）年鉴资源开发利用水平仍待提高

近年来，年鉴资源开发利用工作取得了一些成绩，但总体上仍相对薄弱，迫切需要引起重视，创新开发利用形式，提升服务党政机关和社会各界的能力。主要表现为：部分地区对开发利用的重要性认识不到位，缺乏开发利用的意识，重编纂出版、轻开发利用；年鉴出版周期长，出版时间滞后较多，时效性不强，社会知晓度不高；年鉴内容的深度和广度不够，资料价值不高，影响了年鉴资源的开发利用价值；开发利用形式比较简单，传播渠道比较老套、狭窄，传播手段侧重于地情资料书籍编纂，数字化、网络化建设比较滞后而且使用率偏低，年鉴资源得不到充分利用。

五、对策建议

（一）加强法治建设，形成政令畅通的年鉴编纂机制

采取多种形式，全方位宣传依法治志的大政方针。通过宣传，使各级党委、政府领导和地方志工作者在思想上、行动上更加主动自觉，确保“一纳入、八到位”真正到位。通过电视、广播、微信、报刊等各种媒介，向全社会广泛宣传包括地方综合年鉴在内地方志工作不可替代的现实意义和历史意义，使全社会形成支持年鉴编纂的合力。适时召开不同形式的培训会、座谈会、推进会、评比会、表彰会等，表彰先进、鞭策后进，以点带面，补齐短板。地方志工作机构要依法会同有关部门定期开展督促检查并完善通报制度，对应承担年鉴编纂任务、应完成资料撰写任务而未及时完成的单位和个人，进行通报。

（二）注重人才培养，建成高素质编纂队伍

注重提高编辑人员的理论水平、知识水平和专业水平，积极组织或参加各类专业培训班，建立稳定的编纂队伍。例如下发组稿方案后，采取集中培训和轮训的方式对供稿人员进行培训；待各供稿单位上交稿件后，在年鉴编辑期间再召开一至两次编辑会议，督促各供稿单位查缺补漏。通过培训，统一年鉴编纂思想，熟悉年鉴体例及撰写要领。培训内容在撰稿人如何收集资料、整理资料、执笔编写上下功夫，使其明确掌握如何去收集有价值的信息资料，根据框架设计的分类进行归类整理，再按照年鉴体例要求进行条目编写。组建年鉴专家库，与热衷于年鉴事业且学术精湛的学者、专家进行合作，共同推进年鉴事业高质量发展。

（三）加强制度化建设，提升年鉴编纂质量

树立质量第一的原则，严格执行《地方综合年鉴编纂出版规定》及其《补充规定》，建立年鉴质量保障体系，制定质量管理、质量监督等规定，完善年鉴质量评议审查验收制度，确保在资料搜集、框架设计、总纂统稿、稿件评议、审查验收等环节均有章可循，严把质量关，将质量意识贯穿于年鉴编纂的全过程。深入实施自治区年鉴精品工程，打造出一批质量过硬的精品佳鉴。切实应对地方综合年鉴工作机构、编制、人员、经费等保障不足情况，群策群力，发挥牵头协调作

用，确保年鉴时效性，巩固地方综合年鉴“一年一鉴，公开出版”当年编纂当年出版”成果。

（四）推进年鉴数字化转型升级，发挥资政育人作用

习近平总书记指出，加快数字中国建设，就是要适应我国发展新的历史方位，全面贯彻新发展理念，以信息化培育新动能，用新动能推动新发展，以新发展创造新辉煌。年鉴工作者要充分认识新时代年鉴事业要适应社会发展需求，以信息化、数字化建设为抓手，助力中国式现代化。建设供全区三级综合年鉴编纂使用的全区年鉴协同编纂系统，实现对稿件的统一编纂、统一校稿、统一排版、统一管理，最终实现统一资源数据库，以“降低编纂成本、提高年鉴质量、加快出版速度”为根本目标，支持多人在线协作编辑文档，解决基层编纂人员少、资金紧张、多次繁复传输文件、线下组稿困难、稿件难以管理等问题，同时实现年鉴资料在公开出版前完全由年鉴编纂部门自由掌控；开发建设全区“掌上年鉴”，利用数字化、网络化、大数据与人工智能，创建存储空间小、查阅方便、保存齐全，可以将文字、图像、声音、视频组合在一起，不受带宽限制的年鉴网络共同体的全区“掌上年鉴”。“掌上年鉴”即将自治区、盟市、旗县（市、区）三级综合年鉴以统一标准、统一格式、统一规模、统一规范、统一出口来进行建设，共建共用、互联互通，提供“一站式”方便、快捷、高效的服务，实现年鉴资源能阅读、能查询、能共享，提供资政育人服务。

积极探索　创新工作
全力推进年鉴事业高质量发展
——吉林省年鉴精品工程经验总结*

吉林省地方志编纂委员会

近年来，吉林省地方志编纂委员会（以下简称省方志办）以习近平新时代中国特色社会主义思想为指导，不断更新年鉴编纂理念，积极探索、创新工作方法，全力推进全省年鉴事业发展，年鉴编纂质量大幅度提升，年鉴事业发展走在全国前列。2022年，为深入持续推进吉林省年鉴事业高质量发展，在全省全面启动吉林省年鉴精品工程建设，对全省年鉴事业发展发挥了积极的推动作用和重要的引领作用。

一、工程实施简要历程

2017年，中国地方志指导小组办公室印发《中国年鉴精品工程实施方案》，省方志委把中国年鉴精品工程建设作为年鉴事业发展的头等大事，早谋划、早动手、下苦功，紧盯年鉴质量建设，精心组织谋划推进中国精品年鉴培育打造工作，截至2023年吉林省成功打造中国精品年鉴9种9部。

在打造中国精品年鉴的过程中，吉林省积累了一定的实践经验，具备了从

* 执笔人：刘传仁，吉林省地方志编纂委员会年鉴指导处一级调研员。

"有没有"向"好不好"转型升级的基础和条件，全省年鉴事业已步入高质量发展的关键阶段。为确保持续发展，铺好吉林省各级年鉴的精品之路，省方志委准确把握年鉴事业发展的重大历史机遇，经过充分调研，结合吉林省年鉴事业发展实际，决定自2022年起，实施吉林省年鉴精品工程。2022年3月，省方志委印发《吉林省年鉴精品工程实施方案》，标志着吉林省年鉴精品工程全面启动。

2022年，《长春年鉴（2022）》《白城年鉴（2022）》《延边年鉴（2022）》经过严格评审程序，入选第一批吉林省年鉴精品工程"吉林省精品年鉴"。

2023年，《通化年鉴（2023）》《公主岭年鉴（2023）》《南关年鉴（2023）》《双辽年鉴（2023）》《龙井年鉴（2023）》5部年鉴通过评审验收，入选第二批吉林省年鉴精品工程"吉林省精品年鉴"。至此，吉林省已经成功打造省级精品年鉴8种8部，其中市（州）级4部、县（区）级4部。

二、工作模式和机制

（一）加强组织领导

吉林省方志委成立省年鉴精品工程领导小组，组长由党组书记、副主任担任，副组长由党组成员、分管年鉴工作的副主任担任，成员由省方志委年鉴指导处和各市（州）地方志工作机构分管年鉴工作的负责人组成。领导小组办公室设在省地方志编委会年鉴指导处，办公室主任由年鉴指导处处长担任，负责领导小组办公室日常工作。

（二）严格申报条件

吉林省年鉴精品工程打造的目标包括吉林省精品年鉴和吉林省精品年鉴区域。申报吉林省精品年鉴和精品区域坚持公平、公正、公开原则，严格按照自下而上、择优推荐方式进行，要求必须符合以下条件：

1. 工作重视程度较高、打造精品年鉴积极性高、编纂基础条件（包括人员、经费、工作基础等）较好。

2. 符合《地方综合年鉴编纂出版规定》《关于地方综合年鉴编纂出版若干问题的补充规定》要求，年度特点鲜明，地域特色突出。

3. 在全省年鉴质量评审中获得二等以上等次（含二等）。

（三）规范评审程序

1. 申报资格审核。符合申报条件的年鉴编纂单位，每年 1 月底前填写《吉林省精品年鉴申报表》，连同年鉴编纂大纲以及前两卷年鉴 PDF 版，报吉林省年鉴精品工程领导小组办公室进行资格审核。

2. 稿件初评。省、市地方志工作机构各负其责，共同担负对县级年鉴申报单位的指导、评审、申报等职责，严把质量关。县级年鉴由市级地方志工作机构组织进行初评，通过评审后，填写《吉林省年鉴精品工程评审表》，于 7 月底前连同改定的年鉴稿一并报送吉林省年鉴精品工程领导小组办公室。

3. 评审验收。吉林省年鉴精品工程领导小组办公室每年至少组织召开一次评审会议。评审后，评审组认为不具备申报条件的，由申报单位按评审意见修改后自行出版；通过评审的，申报单位按评审指导意见修改完善后，提交修改报告，吉林省年鉴精品工程领导小组办公室组织专家对修改后的年鉴进行验收，验收合格的统一标注“吉林省年鉴精品工程”字样。按照吉林省年鉴精品工程要求，统一标识、统一版式、统一风格印刷出版。

（四）对吉林省精品年鉴区域认定

市级年鉴和所辖县（市、区）年鉴 80% 曾入选中国精品年鉴或吉林省精品年鉴、区域年鉴质量整体提升并发挥出重要辐射影响的市（州），吉林省年鉴精品工程领导小组验收通过后，认定为吉林省精品年鉴区域，印发吉林省精品年鉴区域的通知文件。

（五）奖励与推广

入选吉林省精品年鉴的，由吉林省地方志编纂委员会发文公布，印发表扬通报，向编纂单位颁发证书和奖牌。优先推荐申报中国年鉴精品工程，在下一年度全省年鉴编纂质量评审中，直接进入一等以上等次。优先推荐参加全国地方志优秀成果（年鉴类）评审，优先指导申报中国年鉴精品工程的年鉴。在评选全省地方志系统先进集体和先进工作者时，吉林省精品年鉴编纂单位、主要编纂人员，在同等条件下优先予以考虑。授予吉林省精品年鉴区域“吉林省精品年鉴区域”

牌匾，并给予通报表扬，评优评先时作为重要参考。

三、主要措施和经验

（一）预先谋划，提前做好基础工作

一是对全省年鉴通盘考量。通过每年组织开展的全省年鉴质量评审，掌握全省年鉴发展状况，查找不足、解决问题，推进全省年鉴编纂质量整体提升，夯实精品年鉴产生的基础。二是重点培育精品“种子”选手。年鉴指导处提前一年确定精品年鉴申报候选对象，列为年度业务重点指导单位。三是对候选对象进行跟踪指导。对其编纂人员进行培训动员，提高对编纂精品年鉴重要性的认识，根据编纂单位需要，帮助培训年鉴撰稿人，提升供稿质量，从源头上做好基础工作。

（二）强化引领，加大对精品年鉴申报单位的指导力度

依托中国年鉴精品工程评审专家和省级年鉴专家骨干力量，确定三次评审、三次指导、终审验收的精品年鉴打造工作流程，即编纂单位三次上报参评稿，省年鉴精品工程领导小组办公室组织三次下沉具体指导和三次评审。对通过三次评审的年鉴，结合三次评审意见落实情况，进行终审验收。

第一轮评审指导。年初，要求各申报单位把年鉴编纂大纲上报省年鉴精品工程领导小组办公室，领导小组办公室组织评审后，提出修改意见，向申报单位进行反馈指导。

第二轮评审指导。7月，县级年鉴申报单位把年鉴全稿上报市（州）地方志工作机构，市（州）级年鉴申报单位报省方志委，省、市分别组织评审专家开展对送审稿件进行第二次评审，组织评审后及时把评审意见反馈给编纂单位，并进行跟踪指导，督促申报单位修改落实。

第三轮评审。9月，通过两轮评审的年鉴编纂单位严格按照评审意见进行修改。意见落实并完善稿件后，报省方志委，由省年鉴精品工程领导小组办公室组织专家进行评审，形成专家组评审意见，反馈给编纂单位。年鉴指导处结合评审反馈意见，再次对申报单位进行“一对一”指导，将落实修改意见过程中“没吃透”“拿不准”的问题现场解决，确保评审意见落实到位。

终审验收。11月，申报单位将通过三轮评审的年鉴稿再次报送省方志委，由省年鉴精品工程领导小组办公室组织进行终审验收。根据验收情况，领导小组办公室初步确定申报年鉴是否符合吉林省精品年鉴标准，对达到省级精品年鉴标准的建议入选吉林省精品年鉴，对不符合条件的建议自行出版。领导小组办公室形成终审验收建议，报送省年鉴精品工程领导小组研究决定。

（三）化解难题，为打造精品年鉴提供有力保障

一是帮助申报单位争取当地领导支持。对申报精品年鉴的单位，省方志委积极主动与当地领导沟通，争取对申报精品工作的支持，帮助协调解决年鉴编纂中遇到的资金不足、资料收集难、部门职责不清、人员分工不明确等问题。二是帮助申报单位解决业务难题。为保证省级精品年鉴质量，在申报年鉴从篇目设计到完成稿件过程中，省方志委年鉴指导处针对地图使用、资料分类、各级标题设置、图片表格、各类敏感涉密等问题全方位进行精准指导，尤其在突出时代特点和地域特色、资料分类合理、体例严守规范等方面，高标准提出具体要求，并根据各年鉴实际情况帮助拿出具体解决办法，进行“一对一”跟踪指导。三是帮助申报单位建设高素质队伍。通过打造精品年鉴，对申报单位编纂人员进行全方位多次培训或指导、不同方式沟通交流，提升人员业务能力，打造一支过硬的编纂队伍，进而逐步加强全省年鉴编纂队伍建设。

四、主要成效和影响

（一）强化精品意识，各级年鉴编纂质量切实提升

吉林省实施省级年鉴精品工程的目的和意义就是要推动全省年鉴共同提高编纂质量和编纂水平，进而推进全省年鉴事业高质量发展。省级年鉴精品工程的实施以一年一度的全省年鉴质量评审为基础，进一步提升了优秀年鉴的质量标准，形成了以“精品”为目标的评价体系，强化了精品意识，客观上提升了对市、县两级年鉴的质量要求，申报省级精品年鉴的市、县两级年鉴编纂单位为实现精品目标做出了切实有效的努力，实现了质的改变，为下一步申报中国精品年鉴打下了较为坚实的基础。

（二）锻造编纂队伍，编纂单位人员业务能力得以快速提升

申报省级精品年鉴对篇目设计、资料收集、编纂要求均有更高的要求，经历三轮全过程修改及最后的终审验收，相当于进行了一次高强度集中实战培训，申报单位编纂人员在编纂理念、资料意识、文字处理能力等方面都得到显著提升。在冲刺精品的过程中，各编纂单位人员发扬团队协作精神，在一个编纂周期内迅速提升年鉴质量，为事业拼搏奋斗的热情高涨，年鉴编纂人员的业务能力得到较大的提升；形成推动工作开展的良好氛围，打造了一支过硬的编纂队伍。

（三）扩大社会影响，地方党委、政府更加重视年鉴工作

吉林省年鉴编纂队伍建设实际上并不乐观，多数县（市、区）地方志工作机构在编、在岗的专职年鉴编纂人员少，专业性不足。省级年鉴精品工程的实施，客观上为各地增加了争创全国精品以外又一次获得荣誉的机会，对于提升当地党委政府对地方志工作的认识、强化对年鉴工作的重视发挥了积极的促进作用，通过推进省级年鉴精品工程进一步引起各级党委政府对地方志事业的关注和重视，促进了这项事业的发展。

（四）凝聚各级力量，省、市、县三级地方志工作机构形成合力

省级年鉴精品工程是吉林省方志委探索推动年鉴质量提升的一项重要举措，是全省年鉴事业发展的一项系统工程。在省方志委为各地提供及时、细致服务的同时，市级年鉴编纂单位也承担着为县级年鉴进行初评、修改、指导的重要责任，市级年鉴编纂单位即使未申报省级精品，也会参与到这项工作中来，调动了他们重视本级及辖区年鉴编纂质量、提升编纂水平和业务指导能力的积极性，省、市、县三级地方志工作机构在年鉴编纂工作上形成了合力。

吉林省以《中国年鉴精品工程实施方案（修订版）》为蓝图，结合省情确定了较为规范的吉林省年鉴精品工程流程和工作机制，使中国年鉴精品工程和吉林省年鉴精品工程相互融合推进，取得了较好的成效。但是，目前全省年鉴工作还存在人员经费不足、发展不平衡等方面的问题。针对这些问题，省方志委将采取积极主动措施，正面引导，化解难题，坚持高标准，充分发挥精品年鉴的引领作用，全面加强年鉴质量建设，推进全省年鉴事业持续高质量发展。

坚持理念创新为先　努力打造全域年鉴精品
——江苏省年鉴精品工程经验总结*

江苏省地方志工作办公室

中国年鉴精品工程是传承中华优秀传统文化、记录新时代新实践伟大征程、提升全国综合年鉴高质量发展的示范榜样工程。江苏省地方志工作办公室（以下简称省志办）认真贯彻落实中国地方志指导小组《地方综合年鉴编纂出版规定》《关于地方综合年鉴编纂出版若干问题的补充规定》，围绕年鉴编纂高质量发展主题，坚持问题导向、创新引领、典型示范，面向市、县（市、区）两级地方综合年鉴，以编纂规范为前提、内容价值为核心、创新设计为重点，培育年鉴编纂的典型样本，树立年鉴编纂质量标杆，持续深入实施江苏省级年鉴精品工程，以年鉴精品引领年鉴事业高质量发展。

一、精心创建，江苏年鉴精品工程走在前列

2017 年开始，中国地方志指导小组办公室开始实施中国年鉴精品工程。江苏积极协助配合中国精品年鉴创建工作，相继组织指导《南京年鉴（2017）》《海安年鉴（2017）》《扬州年鉴（2018）》《连云港年鉴（2019）》《建邺年鉴（2020）》《南通年鉴（2021）》《盐城年鉴（2021）》《无锡年鉴（2022）》《泰州年鉴（2022）》

* 执笔人：陈大福，江苏省地方志工作办公室年鉴工作处处长。

《浦口年鉴（2022）》《苏州年鉴（2023）》《淮安年鉴（2023）》《江宁年鉴（2023）》《赣榆年鉴（2023）》《海安年鉴（2023）》15 部年鉴创建成中国精品年鉴，是入选数量最多的省份。全省 13 个设区市，有 9 部设区市年鉴创建成为中国精品年鉴。继 2022 年南京市入选首批中国精品年鉴区域试点单位后，2023 年连云港市、南通市成功入选第二批中国精品年鉴区域试点单位。

江苏省志办自 2018 年启动省级精品年鉴创建以来，举全省年鉴专家之力，扎实推进创建工作，分层次确定创建单位和培育单位，加强全过程、全方位业务指导，省级精品年鉴创建主体由设区市向县（市、区）延伸，创建积极性空前高涨，社会影响力不断增强。2019 年，经过申报遴选，确定南京市雨花台区、如皋市、射阳县 3 家创建试点单位，当年底顺利完成创建试点任务。2020 年 1 月，省志办印发《江苏省精品年鉴创建工作实施方案》，精品年鉴创建迈入规范化轨道。当年经过申报遴选，确定苏州市、无锡市、南京市浦口区、常州市武进区、宝应县 5 家创建单位。对于确定的年鉴试点单位，省志办加强业务指导，选派专家全程跟踪指导，先后组织召开篇目大纲研讨会、初稿评审会，修改后经过省志办验收，再正式批准成为省精品年鉴，在年鉴封面标识“江苏省精品年鉴”。2021 年，精品年鉴创建规模和内涵进一步提升，创建和培育并行，省志办安排专家对口联系培育单位，经培育评估后，优先列入下一年度省精品年鉴创建单位名单，确定泰州市、南京市江宁区、无锡市新吴区、苏州市相城区、灌云县 5 家创建单位。2022 年，确定常州市、淮安市、徐州市、常熟市、南京市溧水区、扬州市江都区 6 家创建单位。2023 年，确定镇江市、宿迁市等 13 家单位为省级精品年鉴创建单位，无锡市锡山区等 7 家单位为省级精品年鉴培育单位。到 2023 年末，全省创成省级精品年鉴 32 部，占全省综合年鉴年度总数的三分之一，13 个设区市实现全覆盖。

二、加强规划，注重精品年鉴创建顶层设计

《江苏省精品年鉴创建工作实施方案》明确了申报条件，要求申报精品年鉴创建单位的主要领导或分管领导重视并主抓年鉴编纂工作；至少有两名熟悉年鉴编纂实务、相对稳定的编辑人员；近年来在江苏省级年鉴质量评选中获二等奖以上；思想解放，具有开拓创新意识；设区市年鉴工作指导职能发挥较好；所在市、县

（市、区）在全省或全国区域发展中有一定的代表性典型性，具有一定的示范样本意义；编纂出版序时进度符合创建工作要求。

规范创建步骤、申报评估流程。每年 2 月 20 日前，各设区市志办确定本市申报省级精品年鉴创建单位，填写《江苏省级精品年鉴创建单位申报表》一式三份，报送省志办年鉴处。2 月下旬，省志办组织省内专家，对照申报条件，对申报单位情况进行可行性评估，正式确定精品年鉴创建单位和对口联系专家名单。3 月上旬，省志办分别组织评审专家，对申报单位进行调研，实地考察、座谈了解当地经济社会发展情况。3 月中旬，省级精品年鉴创建单位提交年鉴编纂大纲，省志办组织专家对大纲进行现场评审。4 月至 7 月，对口联系专家全程参与创建单位的组稿培训、编纂业务指导等工作。8 月底前，创建单位提交“齐、清、定”初审稿，初审稿须处理完所有规范性和政治性问题。9 月上旬，省志办分别召开评审会。各评审小组分别对评审意见进行汇总梳理，由省志办年鉴处及时反馈给创建单位，创建单位按要求进行修改。9 月下旬，各创建单位提交修改后复审稿，并提供修改情况报告。10 月上旬，省志办召开终审会。各评审小组分别对年鉴终审意见进行汇总梳理，由省志办年鉴处及时反馈给创建单位，创建单位按要求继续修改完善。11 月 10 日前，创建单位提交终审验收稿，并附修改情况报告；省志办指定各评审小组负责人对验收稿进行终审，并召开精品年鉴终审验收会，正式确定省级精品年鉴入选名单。12 月底之前，入选的省级精品年鉴正式出版。

确定评审标准。内容科学规范，要符合有关法律法规和政策，无政治性问题；概念清晰，表述准确；条目编写规范，无内视信息；消除总结痕迹、工作痕迹、部门痕迹、新闻报道痕迹；地图、照片使用规范；编纂形式符合要求；编校差错率在三万分之一以下。内容价值高，要基础信息完整，选材典型精当，内容全面翔实，记述系统深入，图表广泛运用，图文搭配得当，资料连续可比。鼓励创新设计，要求编纂理念与时俱进，专题呈现别开生面，内容架构特色浓郁，编辑手法新颖独特，装帧设计风格鲜明。

坚持标准规范。省志办印发《关于推动年鉴事业高质量发展的意见》，成立省级精品年鉴专家评审组，严格按照《江苏省综合年鉴评定办法》组织评审。入选省级精品年鉴坚持淘汰制，成熟一部，通过一部，凡未达到编纂序时进度或未按专家意见修改的，取消创建资格或者自动退出。创成省级精品年鉴，方可推荐参与下一年度全国地方志优秀成果（年鉴类）评选和中国年鉴精品工程申报。

三、创新引领，注重发挥精品年鉴效能作用

（一）以党的创新理论指导年鉴编纂，突出年鉴篇目框架设计

党的二十大报告指出，必须坚持守正创新，只有创新才能把握时代、引领时代。年鉴要坚持与时俱进，不断创新篇目设计。相较于各级政府创新改革、锐意进取的发展大局，年鉴工作略显老套呆板，保守有余而创新不足，不能全面充分精准反映年度政府工作，不能宏观反映出全年社会的方方面面。在精品年鉴创建过程中，江苏省志办要求篇目设计除遵守年鉴编纂的基本要求外，更要体现时代特征、年度特色和地域特点，做到常编常新。

《南通年鉴（2021）》增设乡村振兴、城市建设与管理、交通邮政、收入与分配等类目，优化生态建设、社会事务、卫生健康、公共安全等类目；丰富分目，行业科技分目下设农业科技、建筑科技、气象科技、地震科技等次分目，新兴服务业分目下设家政服务业、养老服务业、律师服务业、广告业、拍卖业、二手车流通行业、公证服务业、会计服务业、人力资源中介服务业、资产评估服务业、汽车综合性能检测及船舶检验服务业等反映行业业态的条目。

《盐城年鉴（2021）》优化调整服务业类目，将其拆设为商贸服务业、信息服务业、金融业、旅游业、房地产业5个类目，按照行业分类标准，体现盐城市服务业发展全貌，符合盐城产业结构实现从“二三一”到“三二一”的转变。理顺沿海开发类目逻辑，按照综述、招商引资、对外及对港澳台贸易、对外及港澳台经济技术合作、开发园区、开放口岸顺序排列。按照“基本情况+特色内容”框架统一设市县发展类目，既展示面上经济社会发展情况，更体现县（市、区）地方发展特色，实现横向对比，令人耳目一新。

《无锡年鉴（2022）》围绕国家经济方略，设数字经济、总部经济、枢纽经济3个类目，反映无锡新经济类型的发展状况。围绕国家乡村振兴战略，设乡村振兴类目。将环境保护类目改为生态建设类目，反映国家建设生态文明的时代要求。将就业、收入与消费由分目升格为类目，彰显国家对于就业和民生的重视。

《泰州年鉴（2022）》特设健康长江泰州行动类目。在特载下设长江（泰州段）大保护分目，集中展示泰州市把保护修复长江生态环境摆在压倒性位置，全面推进长江大保护，举全市之力守护一江清水的泰州实践。特设就业类目，从就业规

模、结构和就业质量以及重点群体就业、就业服务、劳动权益保障等方面，记载泰州市在助企纾困稳就业、减负稳岗扩就业、用工服务保就业、扶持创业促就业等方面的举措与成效。

《浦口年鉴（2022）》将原来体量庞大的党政群团类目拆分为中共南京市浦口区委、南京市浦口区人大、南京市浦口区政府、政协南京市浦口区委、南京市浦口区纪委监委、民主党派工商联、群众团体 7 个类目，调整后全书共 35 个类目。在中共南京市浦口区委、南京市浦口区人大、南京市浦口区政府、政协南京市浦口区委、南京市浦口区纪委监委 5 个类目下增设综述分目；在中共南京市浦口区委、南京市浦口区政府 2 个类目下增设重要文件分目；在南京市浦口区人大、政协南京市浦口区委 2 个类目下增设专门委员会工作分目。此外，增设网络安全和信息化管理、外事侨务、港澳台事务、证券业、供销合作、土地资源管理、基层治理、精神文明建设等 26 个分目。调整后的纲目更加科学、层次更加清晰、领属更为得当。

（二）重点突出年鉴资料存史价值，着力提升资料文献功能

年鉴资料应反映本行政区域自然、政治、经济、文化、社会、生态建设等方面的基本情况，以及与本行政区域密切相关的内容，具有为现实服务的价值和存史的价值，具有连续性和可比性，能够正确反映事物发展的脉络和轨迹。对于精品年鉴创建单位，江苏省志办提出以资料价值为重点，突出基础信息完整、内容丰富翔实、地方特色明显。

一是完善年鉴基础信息。《常州年鉴（2022）》为全面反映相关领域情况，在条目的选取和编写上，注意提升条目的资料价值，充实扩展综合性条目中的基础性信息，加大细节性、微观事物的记述，采编和补充了“苏皖合作示范区推进跨省通办”“苏皖合作示范区联席会议召开”“常州乱针绣入选第五批国家非遗名录”“老城厢建设”“宪法进农村主题活动”，并以“常鉴”署名。《常熟年鉴（2022）》设中国共产党常熟市委员会、常熟市人民代表大会、常熟市人民政府、中国人民政治协商会议常熟市委员会、中共常熟市纪律检查委员会、民主党派工商联、群众团体、法治、军事 9 个类目，框架科学、基础数据更加完备。

二是增强年鉴信息含量。在条目编写上，尽量采用综合性条目，避免或减少单一性条目。《盐城年鉴（2021）》坚持从年鉴编纂源头抓起，专题撰写《年鉴的

条目类型》，拟定综合条目、常规条目、特色条目样稿和优秀条目范例等指导范例，发至微信群，以范例指导初稿编纂。同时，实施点位负责制，责编分片包干，加强对撰稿人业务培训，提升入鉴部门供稿质量，确保供稿内容全面、系统、准确。《南通年鉴（2021）》深入10余家企事业单位开展现场调研，征集第一手信息资料，丰富完善商贸服务业类目下批发零售业分目、金融业类目下其他非银行金融机构分目等相关内容，年鉴资料的真实性、针对性得到有效提升。《浦口年鉴（2022）》注重对记述内容和数据的核实，确保入鉴资料客观、真实、准确。尤其注重对统计数据的校核，对文与表、单项与合计、当年与上年、不同条目少量重复之处、存在逻辑关系的数据之间进行多次计算校准，确保统计数据权威可信、可供研究利用。

三是突出地域特色。《淮安年鉴（2022）》设有特载、大事记、运河之都、区县概览、人物、附录6个类目，以总览全貌、体现特色。“运河之都”纵贯历史，“区县概览”横陈各业，地方经济繁盛活跃。前有“历代名贤”，后有“当代人物”，人文气息扑面而来，大事特载，公报文献，使有两千多年的中国历史文化名城淮安徐徐走来。《徐州年鉴（2022）》增设区域协同发展、乡村振兴、工程机械之都类目，将信息业类目更名为数字经济，城乡建设类目更名为淮海经济中心城市建设，调整后的框架特色鲜明、条理清晰。《江都年鉴（2022）》将城乡建设与住房保障、农业与农村工作、信息化建设类目重新整合为扬州东部城市中心建设、乡村振兴、农业、数字化江都建设、房地产业类目，增强地方特色。

（三）拓展年鉴内容记述深度，增强年鉴可读可用

通过收录公报、白皮书、调研文章、建设规划、媒体报道、典型案例、案例分析、统计表等，拓展正文内容，丰富年鉴的记述层次，增强年鉴的记述深度。《无锡年鉴（2022）》共收录13篇延伸阅读文章，不但充实了年鉴内容，更增强了可读性。比如，在镇村规划类目下收录《“五园五区六带”发展规划》一文，在中医药发展类目下收录《医药进万家工程》一文，在知识产权保护类目下收录《知识产权保护典型案例》一文，在总部经济类目综述分目下收录《无锡市总部企业六大重点产业总部集群》一文，在农业类目下收录《2021年粮食生产影响因素分析》一文。《南通年鉴（2021）》穿插编排6处资料链接，解读规划条例和发展报告，展示南通在经济、教育、卫生、法治等领域取得的发展成效。适应

"互联网+"和大数据背景下年鉴资源利用的新需求，加大"互联网+年鉴"编纂模式和"交互式"年鉴传播方式推进力度，首次在南通史志网设"年鉴数库"，收录原创视频5部，设置15项重大活动、重大事项阅读二维码，创新设置6处"VR全景"，提高年鉴的动态效果，形成集文字、图片、视频于一体的全媒体年鉴，更具文化内涵和表现张力。《泰州年鉴（2022）》将附录中专业性统计资料移至正文相应类目，同时补充"2015—2021年泰州市分行业地区生产总值情况统计表""2021年江苏省各设区市地区生产总值构成情况统计表"等10个跨年度、跨地域的综合性统计表格，全书表格数量由2021年卷年鉴的73个增加至110个。在泰州国家级医药高新技术产业区、泰州市高港区融合发展内容中设二维码，链接"'两高'融合一周年成绩单"。

（四）美化年鉴装帧和图片设计，增强时代感和吸引力

当下处于"刷脸时代""读图时代"，在精品年鉴创建过程中，江苏省志办要求精品年鉴创建单位更加注重封面设计，发掘图片价值，专门设置图片专题，反映年度新进展新变化，增强年鉴的时代信息。《南通年鉴（2021）》为锁线平脊精装本，封面为"五山翠微"，采用素描表现风格，集历史风韵与"黄金水道"风光于一体。全书收录反映年度热点的典型图片185幅、表格75张，并与正文相对应。《盐城年鉴（2021）》卷首专题图片在线条的框架下排版大开大合，"城市名片"首页以通版"东沙岛"图片直观展示盐城湿地之美；"抗击新冠肺炎疫情""'十三五'数字""年度要闻"3个图片专题主题特色鲜明，突出展现盐城城市建设、经济发展、生态发展、民生活动、抗击新冠疫情的成绩和精彩瞬间。除卷首专题图片外，随文图片也增强了画面感和视觉效果，提升了年鉴的可读性和美感。《泰州年鉴（2022）》封面选用蓝色纸张，书名字体统一、烫金，封面封底分别引用望海楼、千垛菜花水墨美景，突出辨识度。每个类目开篇专设单页，选用泰州大桥、中国医药城等图片，既实现不同类目之间的过渡区分，又充分体现泰州特色。大量选用视觉冲击力大、存史价值高的图片，随文图片数量由2021年卷年鉴的91幅增加至165幅。《无锡年鉴（2022）》在创建中国精品年鉴过程中，注重版面编排，提升年鉴呈现的精美。在年鉴编纂过程中，做到图文搭配、图文并重，强化年鉴内容的表达效果。全文收录表格80个、图片390幅，且表格、图片均与正文相对应。在封面设计上，以《康熙南巡图》无锡段展示无锡古运河、

黄埠墩、锡山、龙光塔等地理元素，展现无锡悠久的历史传承和深厚的文化底蕴。

（五）加强精品年鉴成果宣传，不断释放精品效应

省志办通过开展精品品读、微视频展播、“方志江苏”微信公众号、江苏方志动态等多种形式宣传，形成精品导向，有力推动全省年鉴提升质量。在全国率先印发《“喜迎二十大 年鉴看发展”主题活动方案》，动员全省年鉴编纂机构跳出年鉴讲年鉴，通过年鉴看变化，以编纂年鉴为中心，以更高的视野审视年鉴事业，不断拓宽精品年鉴的内涵和外延。围绕“书写新时代 年鉴看发展”主题，推出“我为精品代言”系列微视频展播，先后展播《中国精品年鉴·南通年鉴（2021）》《中国精品年鉴·盐城年鉴（2021）》《中国精品年鉴·扬州年鉴（2018）》《中国精品年鉴·南京年鉴（2018）》《中国精品年鉴·连云港年鉴（2019）》等名人代言视频，向社会各界人士解读和宣传推介，充分展示党的十八大以来江苏“强富美高”建设的重大成就和“争做示范、争当表率、走在前列”的生动实践，进一步扩大精品年鉴社会影响。《南通年鉴（2021）》采取“线下＋线上”相结合方式，推介宣传年鉴成果。扩大线下辐射范围，如开展年鉴“七进”活动、在市图书馆设“年鉴书架”、在南通书城设“年鉴展位”等，全方位服务大众。拓宽线上传播渠道，通过对接中国知网、省地情网、市政府门户网、南通史志网以及在年鉴封底设置二维码、刻录光盘、定制“卡式”优盘等方式，推进南通年鉴数字时代。

（六）以创建精品培养人才的总要求，着力提升年鉴队伍专业素质

精品年鉴创建实践，既是为培养精湛的年鉴人才队伍，也是为年鉴事业高质量发展提供人才支撑。年鉴精品工程服务中心工作、服务经济社会发展，得到了各地党委政府的认可，各地开展表彰激励，参与编纂中国精品年鉴单位和个人得到立功奖励，为年鉴人才队伍成长提供了良好平台。中国精品年鉴《连云港年鉴（2019）》，连云港市志办获记集体三等功，参与编纂2人获记三等功、3人获嘉奖。中国精品年鉴《盐城年鉴（2021）》，盐城市志办获记集体三等功，参与编纂工作39人分别获记个人三等功和嘉奖，其中盐城市志办4人获记个人三等功、4人获嘉奖。中国精品年鉴《南通年鉴（2021）》，南通市志办荣立集体三等功，参与编纂的5人分别获记个人三等功和嘉奖。

盐城市志办以创建中国精品年鉴为契机，在实战中培养锻炼队伍。搭建合理

的年鉴编纂人才梯次结构，组建以“60后”专家领衔，“80后”处长负责，“90后”骨干参与的团队，充分发挥以老带新作用，形成“专家领衔+处长负责+骨干编纂”的盐城模式。邀请专家点评辅导，主动学习已出版中国精品年鉴的编纂经验和做法，组织召开年鉴业务点评研讨、专题培训等活动，激励编纂人员提高自身编纂业务能力。

南通市志办聚焦年鉴工作者能力提升，以“机关作风建设提升年”活动为抓手，夯实大局意识、使命意识、精品意识等“九个意识”，努力提升队伍整体素质。结合精品年鉴创建，着力培养“四会年鉴人”，即会起草大纲、会编辑文字图片、会统稿、会组织配套活动。通过岗位练兵、网络培训、年鉴评审、精品品读、撰写论文、业务交流等，加强年鉴编纂人才梯队建设。组织开展“志通江海我来讲”业务竞赛，激励编纂人员提高自身编纂业务能力。

四、问题导向，探索精品年鉴持续发展路径方法

全省综合年鉴整体质量不断提升，但受思想观念、体制机制、人才力量、经费保障等主客观因素制约，县区综合年鉴编纂质量发展不平衡，在部分区域还有较深的“洼地”。主要表现在：有的思想保守，编纂理念不够解放。新思想、新理念虽然有一定共识，但全面消化接收还未达成。个别地方编纂理念依然守旧。基础仍不扎实，编纂能力不能释放。年鉴编纂者对当地地情不了解，特别是对当地发展定位、规划思路、主导产业等缺乏宏观认识和思考，在年鉴编纂中不能很好地体现出当地特色，甚至有些年鉴在编纂过程中，内容绝对固定，编纂理念难以适应创新形势。指导跟进尚有不足，编纂质量低循环。近年来培训组织较少，交流互动很少，思想统一不到位，很多新思想新理念得不到消化贯彻，具体问题得不到纠正解决，存在照搬照抄情况。

按照江苏省委提出的高质量建设社会主义文化强国先行区的要求，从工作基础、现实条件、问题导向出发，精品年鉴发展的目标定位为“三个走在前”：一是年鉴编纂理念、实践探索走在前。要在深入研究年鉴传承发展和省情、地情的基础上，顺应时代之变，进一步解放思想，坚持守正创新，推动年鉴编纂创造性转化、创新性发展，推进年鉴编纂的科学化、时代化。二是年鉴高质量发展、整体水平走在前。以创建精品为引领，带动各级各类年鉴推陈出新，推出更多富有时

代内涵、江苏特质的年鉴佳品，打造更多美誉度高的江苏年鉴标识，树立江苏年鉴的整体品牌形象。三是年鉴事业发展、新格局构建走在前。适应文化强省建设要求，切实担负起新时代年鉴事业发展新的使命，进一步开阔视野、拓宽领域，着力构建以精品年鉴引领年鉴事业高质量发展的新格局。

年鉴精品工程发展路径要在四个坚持上下功夫：一是坚持精品年鉴理论的创新性。围绕精品年鉴创建的理论与实践、年鉴事业高质量发展、推进年鉴中国化时代化等课题，组织线上、线下理论研讨交流活动，增强理性思维，提升理论与实践研究能力，以理论创新、实践创新引领年鉴事业赓续历史文脉、谱写时代华章。二是坚持精品年鉴创建的持续性。利用和发挥江苏中国精品年鉴数量在全国最多的比较优势，不断放大中国精品年鉴和省级精品年鉴的效应。组织精品年鉴编纂经验分享会，开展“精品年鉴回头看”活动，以精品年鉴的质量持续提升、典型示范，推动全省年鉴编纂质量再上新台阶、再创新水平。三是坚持精品年鉴人才培养的长期性。面向基层、面向编辑一线，通过举办研修班等方式，重点加强相关理论、相关学科、相关专业培训，引导年鉴工作者深化地情研究，努力培养一支具有较高政策水平、理论素养、研究能力的专家队伍，一支高素质、专业化的编纂骨干队伍。四是坚持精品年鉴机制的激励性。充分考虑市县人员、人才、经费等实际情况，针对基层（区县）地方志工作机构的现实地位和开展工作面临的窘境，增加一些扶持和奖励。让基层同志在做好工作的同时，能获得更多的荣誉感和认同感。

守正创新　推动年鉴事业高质量发展

——浙江省精品年鉴工程经验总结*

浙江省人民政府地方志办公室

习近平总书记在党的二十大报告中指出："从现在起，中国共产党的中心任务就是团结带领全国各族人民全面建成社会主义现代化强国、实现第二个百年奋斗目标，以中国式现代化全面推进中华民族伟大复兴。"中国式现代化是中国共产党领导的社会主义现代化，是全体人民共同富裕的现代化，是物质文明和精神文明相协调的现代化，高质量发展是全面建设社会主义现代化国家的重要任务。浙江省精品年鉴工程以习近平新时代中国特色社会主义思想为指引，以人民至上为信念，以推进文化自信自强为重要目标，编精品出佳作，不断满足人民群众日益增长的精神文化需求，为高质量建设共同富裕示范区贡献方志力量。

一、简要历程

2018 年机构改革后，浙江省人民政府地方志办公室（以下简称省志办）开始承担《浙江年鉴》编纂职能。2021 年，在成功出版 3 部《浙江年鉴》后，省志办开始组织实施浙江省精品年鉴工程。截至目前已连续开展三届省级精品年鉴评选工作，累计评选出省级精品年鉴 47 部。

---

* 执笔人：赵海良，浙江省人民政府地方志办公室《浙江年鉴》编辑部主任。

二、工作模式和机制

浙江省精品年鉴工程坚持质量第一原则，开展两轮专家评审。首轮由各市按照名额分配组织专家对本地申报年鉴进行初评。各市上报初评通过年鉴后，省志办组织专家对有关参评年鉴进行复评。全省精品年鉴入选不设名额，严格执行标准，宁缺毋滥。

三、主要措施和经验

（一）加强人才队伍建设，筑牢年鉴事业发展的基础

2022年，浙江省制定出台《浙江省地方志151人才工程实施方案（2022—2025）》，开展首届浙江省地方志151人才评选，评选出首批各级浙江省地方志151人才92名，其中年鉴类领军人才1名、专家人才14名、青年人才9名。同时加强各级各类年鉴编纂业务培训，2021年、2022年先后举办年鉴骨干培训班，累计培训全省三级综合年鉴编纂骨干300多名，各市县也举办多种形式的培训，提升年鉴编纂人员素质。

（二）加强数字赋能，年鉴工作方式手段实现多样化，年鉴宣传工作走向数字化

浙江省大力推动年鉴编纂全流程数字化转型，中国精品年鉴区域试点单位温州率先在全省开展数字化编修年鉴实践。金华市浦江县“浙里编年鉴”应用列入“浙里有志”重大应用子场景，该系统集供稿端、管理端及数据库、驾驶舱等于一体，实现了年鉴编纂全流程数字化和编纂进度、质量及资料应用情况的一屏掌控，以数字赋能助推年鉴事业高质量发展，实现编研时效与利用水平双提升。

（三）加强示范引领，推动全省年鉴事业高质量发展

《浙江年鉴（2022）》成功入选第七批中国年鉴精品工程“中国精品年鉴”，实现浙江省省级年鉴创全国精品“零”的突破，为浙江省各级地方综合年鉴编纂质量再上新台阶和浙江省精品年鉴工程创建提供有力支点。目前，浙江省已成功打

造 11 部涵盖省、市、县三级的中国精品年鉴，温州市志办、杭州市志办、金华市志办等先后入选中国精品年鉴区域试点单位。2023 年，为进一步提升全省年鉴编纂质量，充分发挥精品年鉴的引领示范作用，营造比学赶超的良好氛围，省志办先后组织召开多次中国精品年鉴创建工作座谈会，指导 5 部年鉴申报中国精品年鉴。

（四）加强经费保障，多渠道支持各地打造精品年鉴

2023 年，省志办向省财政争取落实“精品年鉴创建专项资金”，支持全省各地申报精品年鉴。多角度全方位引导各级政府重视支持年鉴工作，在“抓质量、促精品”的同时，提质扩面双管齐下，推进全省年鉴编纂工作向乡镇（街道）和部门（行业）延伸。

（五）注重创新，促进年鉴事业多元化发展

湖州市长兴县、宁波市象山县等开创了县级主导、乡镇级主责，协同编鉴的乡镇年鉴编纂新模式。省志办编纂《浙江概览》口袋书，杭州编纂《杭州纪事》，宁波首创全国“月鉴”编纂模式，打响《宁波月鉴》资政品牌，《湖州月鉴》《绍兴月鉴》相继跟进。温州还率先启动《共同富裕建设年鉴》编纂。

四、主要成效和影响

一是全省年鉴精品意识进一步增强。实施浙江省精品年鉴工程以来，各地对年鉴编纂工作日益重视，全省 102 部综合年鉴全部理顺编纂体制，均由地方志工作机构承担，且全部做到“一年一鉴，公开出版”。《浙江年鉴（2022）》成功入选第七批中国精品年鉴，省委书记易炼红对此作出批示，给予充分肯定，6 名参与编纂的人员受到记功和嘉奖。

二是年鉴编纂进一步向部门基层延伸。全省除综合年鉴编纂全覆盖外，省直单位编纂部门（专业）年鉴 36 家；市、县（市、区）编纂部门年鉴 132 部；乡镇（街道）年鉴编纂 31 部，覆盖率 3.4%。长兴县实现乡镇街道年鉴公开出版全覆盖。

三是地方志工作社会影响力进一步提升。2022 年，根据中指办统一部署，浙

江省召开精品年鉴品读会，举办“浙里论鉴”论坛，组织“年鉴进军营”“年鉴进高校”“年鉴进党校”活动，地方志工作社会影响力进一步提升。

五、存在的问题及下一步工作计划

（一）存在的问题

浙江省实施省级精品年鉴工程以来，全省年鉴工作精品意识进一步增强，但评选出的省级精品年鉴整体质量与中国精品年鉴质量要求尚存在一定差距，地区之间精品年鉴发展不平衡现象较为明显。

（二）下一步工作计划

下一步，浙江省志办要进一步加强年鉴编纂队伍建设。组织开展各级各类年鉴编纂业务培训，提升年鉴编纂人员素质。充分发挥年鉴领军人才、老专家、老编辑的作用，做好年鉴编纂队伍“传、帮、带”工作。加强精品推介，进一步增强全省年鉴精品意识。在浙江方志网、“方志浙江”微信公众号、“浙里有志”应用等平台，进行精品年鉴专题推介。组织召开全省精品年鉴创建工作座谈会，充分发挥《浙江年鉴（2022）》入选中国精品年鉴编纂人员获记功奖励的引领示范作用。进一步培养年鉴编纂创新意识，通过技术赋能，以数字化手段提高年鉴的时效性和质量。制作电子版年鉴，通过“浙里有志”平台，提高全社会读鉴用鉴的便利程度。

跳起摸高　争创一流

——福建省省精品年鉴工程经验总结*

中共福建省委党史研究和地方志编纂办公室

一、简要历程

福建省委、省政府高度重视党史和地方志工作，为福建省年鉴事业发展提供了重要战略机遇。中共福建省委党史研究和地方志编纂办公室（以下简称省委党史方志办）主要领导要求全省年鉴工作者要树立精品意识，积极打造精品年鉴，指出精品工作是今后一个时期全省年鉴工作的一项重要而紧迫的核心任务，也是坚持质量第一的必由之路。深入实施福建省年鉴精品工程和福建省全域年鉴精品工程试点，是持续深化年鉴质量建设的重要抓手，是发挥年鉴存史、育人、资政功能的根基所在，也是年鉴工作者紧扣新时代脉搏，立足新发展阶段，贯彻落实新发展理念，讲好福建故事，推动中华优秀传统文化创造性转化、创新性发展的关键举措。2016 年 12 月，中国地方志指导小组印发《全国年鉴事业发展规划（2016—2020 年）》，这是对《全国地方志事业发展规划纲要（2015—2020 年）》有关年鉴事业发展和工作要求的具体化，是第一个关于全国年鉴工作的规划性文件，是对全国年鉴工作作出的顶层设计。

* 执笔人：欧长生，中共福建省委党史研究和地方志编纂办公室年鉴工作处处长；林忠玉，中共福建省委党史研究和地方志编纂办公室四级调研员。

2016年3月，为贯彻落实《福建省实施〈地方志工作条例〉办法》《福建省地方志事业发展规划纲要（2016—2020年）》等相关规定，按照中共福建省委、省政府关于努力编纂精品年鉴、着力推动全省年鉴事业科学发展的指示精神，福建省地方志编纂委员会（以下简称省方志委）印发《福建省年鉴精品工程试点工作方案》，开展福建省年鉴精品工程试点工作，《福建科技年鉴》《三明年鉴》等5部年鉴成为福建省试点年鉴。在完成自2016年下半年开始至2017年年底结束的试点工作之后，福建省开始正式实施年鉴精品工程项目。2017年11月，省方志委印发《福建省年鉴精品工程实施方案》。2023年3月，省委党史方志办印发《福建省年鉴精品工程实施方案（修订版）》，详细规定了福建省实施年鉴精品工程的申报办法、实施步骤和奖励措施和退出机制。

截至目前，福建省年鉴精品工程已实施6届（2018—2024年，除2022年暂停外，每年一届），近90部市、县两级综合年鉴和行业（部门）年鉴报名参加精品工程，73部市、县两级综合年鉴和行业（部门）年鉴被纳入精品工程培育，27部年鉴先后获评为福建省精品年鉴。

二、工作模式和机制

福建省年鉴精品工程在省委党史方志办年鉴工作处的直接组织下，依托省内外专家团队，要求各市、县（区）党史方志部门加强组织指导，增强责任意识，做好推荐、评审、宣传推介等各项工作，省、市、县三级党史方志机构以此为契机，形成紧密业务联动关系，构建年鉴质量保障体系，培育福建品牌年鉴。

精品工程入选项目按宁缺毋滥的高标准，并实现以点带面全覆盖式辐射。按照《福建省年鉴精品工程实施方案》及修订版要求，每年度各市县自主申报或设区市党史方志部门推荐，甄选后印发通知，公布候选名单，通过“四会两审”机制实施培育（四会：篇目大纲点评会、重点类目点评会、样书评审会和终审验收会，两审：重点类目点评会后专家复审和样书评审会前省委党史方志办年鉴工作处业务人员实地督导审改）。全年的培育过程由省委党史方志办年鉴工作处安排专人及年鉴专家对培育单位（候选单位）开展全程业务指导、管理和监督。验收通过后发文公布入选名单，并根据实际情况及具体申请给予困难单位出版编纂补助3万～5万元。

三、主要措施与经验

年鉴质量要提高，首先要消灭违反和违背国家政治意识形态和法律、法规等国家层面的原则性问题，然后是要规范和强化年鉴编纂整体框架、条目设计、装帧设计和基本写法等问题，这些都需要年鉴工作者用做好一项事业的高度责任意识来对待。福建地处台湾海峡西岸，靠近港澳地区，涉及台湾、香港和澳门事务较多，经贸往来也更频繁。这就使得全省各级年鉴会有大量涉及台湾、香港和澳门的记述，一些不太符合政治原则要求的细节记述容易因年鉴文稿体量的庞大而被忽略，特别是在外事、经贸、统计等容易混淆和需要特别处理的类目和分目中。福建省年鉴精品工程在实施过程中，省级年鉴工作部门业务人员从年鉴大纲的修订、人员培训、编辑审稿、出版印刷等各重要环节都进行具体的业务指导。特别是在编审环节，实行"一对一""周指导"的精细模式，年鉴工作部门业务人员和候选项目单位具体责任编辑按照全国年鉴编纂的规范要求，从政治性原则、框架设计、条目规范和篇幅控制等全方面进行具体辅导和对接指导，做到消灭原则性错误、规范性错误和基本性错误。2016 年至今，福建省年鉴精品工程中积累了一些做法和经验。

（一）坚持思想引领，严把政治关

精品工程坚持以马列主义、毛泽东思想、邓小平理论、"三个代表"重要思想、科学发展观、习近平新时代中国特色社会主义思想为指导，实事求是，解放思想，与时俱进，改革创新，以为中国特色社会主义文化建设提供优秀的精神文化产品为宗旨。遵守宪法和国家有关法律、法规或规章，遵守党和国家关于民族、宗教和对外关系等方面的法规或政策。把思想政治观作为年鉴业务工作的第一关，思想政治观即年鉴工作的生命关，实现精准把握、严格执行。

（二）领导高度重视，躬身抓业务

自 2016 年 3 月《福建省年鉴精品工程试点工作方案》下发以来，省方志委领导高度重视试点工作。省方志委主要领导多次在主任办公会上强调福建省年鉴工作要提高整体质量，要有争创精品的意识，并指出年鉴是地方志工作的重要组成部分，是记录当代、服务后世一项重要工作，也是为社会、为国家、为人民保存历史资料的基础性工作，一定要注重质量，严守体例，保证资料真实、符合记述规范和出版物的要求，真正发挥年鉴在“再上新台阶、建设新福建”中的应有作用。2018年以来，省委党史方志办领导持续重视精品工程实施，多次召开室务会议专题研究精品工作，并倾斜财力给予全力支持，要求进一步提高福建省年鉴编纂队伍的综合素质，提高福建省年鉴编纂质量，培育更多福建省精品年鉴，推动福建省年鉴事业又好又快发展。省委党史方志办年鉴工作分管领导全程指导和参与精品工程工作，对各类会议和精品工程具体事项，出谋划策、亲力亲为、督促检查。领导重视，指挥得当，有力地推动了精品工程工作顺利开展。

（三）强化业务指导，精品工程见实效

精品工程在省委党史方志办领导的直接领导和大力支持下，具体业务由年鉴工作处负责指导。年鉴工作处从组织启动、大纲编写、业务培训、组稿、编稿、审稿、出版等环节进行专门辅导。一是夯实试点工作基础，为精品工程积累经验。精品试点工作期间，为进一步推进和落实试点工作，通过高频次调研，提出编纂精品年鉴16个着力点，明确了福建省精品年鉴工程的目标任务和实现的途径。在业务人员培训方面，利用多平台开展多层次、内容丰富的业务培训，每年度通过3次全省性的业务培训向精品培育单位倾斜培训资源，参训人员包括《福建年鉴》撰稿人，福建省地方综合年鉴主编、总纂和编辑，累计受训人员达2000人次，实现对全省年鉴业务人员的轮训。多次安排试点单位年鉴主编和业务骨干参加各类全国性年鉴业务培训班。年鉴工作处对试点指导工作建立分包负责制度，安排专人对试点单位年鉴的大纲和二、三审进行审改，实现试点单位的每个业务问题都有人第一时间应对和解答，并积极为试点单位解决出版前的技术和政策等问题。2016年起，与省制图院协商，为全省年鉴行政区划图制作减免部分地图编制费用，为试点单位解决地图的业务需求，并理顺地图需求制作的工作模式。二是强化辅导，实现“一对一”“点对点”服务。要求培育单位严格遵循年鉴编纂规范和要求，按照科学、合理、规范的要求编纂年鉴稿件，突出地方特色和年度特点；加强政治意识、规范意识和主动作为等三种意识，全面落实精品要求。

（四）“域外精品”促精品，学以致用

多次邀请中国精品年鉴单位专家到闽进行授课，学习各地在管理经验、编

纂方法、改革措施等方面的做法。北京、山西、江苏、浙江等多地成为福建省各级年鉴编纂单位学习的标杆和追赶的对象，帮助福建省在精品年鉴上发展形成了“比学赶超”的良性模式。

（五）强化年鉴编纂规范落实，制定出台省级规范

多年来，福建省各级年鉴编纂部门严格落实国家和省地方志工作机构关于年鉴编纂的各项规范和要求。在框架设计和编纂规范方面，中国地方志指导小组《地方综合年鉴编纂出版规范》和《福建省地方综合年鉴编纂质量评审标准（试行）》《福建省地方综合年鉴图照使用规范（试行）》《福建省年鉴精品工程实施方案》及修订版，对框架设计、条目编纂和出版规范等都提出了原则性的规定和要求。申报精品工程，要求各参加单位首先要组织学习这些规范和标准，让年鉴主编和年鉴编辑都熟悉这些编纂原则和要求，并贯穿编纂全过程。在此基础上，结合社会实际和县域特点进行框架分类，体现年度特点和地方特色，做到分类科学、层次清晰、领属得当、编排有序，切忌不尊重科学属性、打破原有逻辑关系、随意升降各级类目和调换先后排序。对国家、省、市地方志工作机构各项规定和制度的遵守必须严格执行，落到实处。县级综合年鉴编纂普遍涉及百余家县直机关和乡镇街道的撰稿单位和撰稿人，需要协调的单位和稿件内容的行业涉及面都很广，而且稿件收集仅仅是这项工程的起点，之后还要经过稿件编辑、五道审稿、三道校对和一遍通读及出版社加工等一系列工作。探索建立包含稿件报送的审签制度、责编编审制度、五审三校制度和专家外审制度等管理制度，并严格执行到位，为高质量完成编鉴系统性工程、将精品工程要求落到实处奠定基础。

（六）推广精品工程经验，全省受益多

近年来，27 家福建省精品年鉴获得单位都按省委党史方志办要求，认真分析总结各自精品创建工作的运行情况和发展成果，在省级培训班或精品工作会议上进行经验分享，为全省年鉴工作者送去好经验、好做法。这些经验和做法都逐渐积累成为福建省年鉴事业发展的宝贵财富。

四、主要成效和影响

福建省年鉴精品工程的实施，为全省年鉴事业发展搭建了高标准平台，以质量优化和精品管理为关键抓手，实现质量管理和精品意识全覆盖式辐射，逐渐在全省形成了争创年鉴精品的强烈带动之势，培育出地域特色鲜明的精品项目，实现全省年鉴事业发展以点带面、区域联动竞争、质量整体提高、资政宣传俱佳的良性态势。

（一）编纂质量提升

在精品工程的带动下，全省各级综合年鉴2017年卷至2023年卷的综合编纂水平普遍得到提升。年鉴框架设计日趋合理，政治性错误和偏差明显减少，基本编纂规范和要求得到强化，年度特色和地区特点内容得到丰富。在2017年以来的全国优秀地方志成果（年鉴类）评审活动中，福建省每年报送的十余部各级各类年鉴质量较高，获得评审专家的普遍认可，大家一致认为福建省年鉴质量有了整体性提升，特别是在框架设计的合理性和条目编写的规范性方面。2021年12月，在第八届全国地方志优秀成果（年鉴类）评审活动中，福建省推荐的14部年鉴全部获得各类型奖项，《福建年鉴（2020）》《厦门年鉴（2020）》《泉州年鉴（2020）》《三明年鉴（2020）》《长乐年鉴（2020）》5部获评特等年鉴，覆盖省、市、县三级综合年鉴，在特等年鉴数量和覆盖面上双双实现历史性突破。

（二）资政宣传凸显

通过精品工程工作，全省培育出几个在全国具有影响的品牌年鉴，引领形成以精品佳鉴资政辅治的良好氛围。省、市、县三级党政部门新上任的领导都要求报送近年甚至是各年份的全套年鉴作为了解地情的参考用书。这充分说明精品工程工作达到了预期的目的，提升了年鉴编纂质量，资政参考作用明显，得到了社会高度认可。

（三）基层组织夯实

以精品工程为抓手，密切了各地党委与本级党史方志部门的领导关系，强化了设区市党史方志部门与基层党史方志部门的关系，出现了以创建精品年鉴为契机，帮助优化解决机构设置、干部晋级等人事组织方面难题的可喜现象。

（四）理论研究深化

2018年至2020年集结编成三册《福建年鉴研究》，内容涉及年鉴编纂框架、体例规范、选题资料、内容编纂实务、图片（图库）应用、装帧设计、年鉴信息化、年鉴开发应用创新和年鉴文化发展等多方面，收录论文104篇。其中，有73篇为精品工程参加单位业务人员撰写，占比高达71%。通过精品工程和配套学术平台的持续建设，实现年鉴编纂实践和年鉴理论研究的相互促进，年鉴编纂理论的系统性研究得到加强。同时，福建省立足年鉴编纂实践，以服务资政、宣传交流和存史育人为根本，立足年鉴框架结构、体例规范、选题资料的精益求精和务实求真，以实践促进理论研究的规范。

五、福建省全域年鉴精品工程试点工作

省委党史方志办按照省委领导的指示精神，充分释放机构改革红利，按照“围绕大局、跳起摸高、实事求是、争创一流”的工作布局，推动党史研究和地方志编纂各项工作不断提质增效。在开展省级年鉴精品工程的基础上，创造性开展全国首个以设区市为单位的全域年鉴精品工程试点工作。全域年鉴精品工程试点以设区市为单位，所属县区共同参加，以3年为周期，在第3年全部通过验收为创建成功。

实施全域精品工程，旨在记录和展现习近平总书记在福建工作期间解放思想、实事求是、真抓实干，抓住历史机遇，对福建的改革开放和经济社会发展作出历史性贡献的系列决策的持续性发展和改革成果。习近平总书记提出的“生态福建”“数字福建”建设，调研总结出的“晋江经验”，及关于扶贫、“马上就办”等经验和做法，是习近平新时代中国特色社会主义思想在福建萌发的重要执政实践。通过年鉴这种大型年度文献，实现及时有效记录当地经济社会发展年度突出成效和经验教训，有助于为新时代建设新福建提供可资借鉴的宝贵资料，有助于为丰富和发展习近平新时代中国特色社会主义思想提供历史佐证，也有助于探索建设一支专兼职结合、具有较高素质的讲好福建故事、宣讲好习近平新时代中国特色社会主义思想的队伍。厦门市（2020年）和泉州市（2022年）及两市所属县区成

为全域年鉴精品工程试点工作的两个设区市和组成部分。

2020 年 3 月，福建省全域年鉴精品工程试点工作开始，中共厦门市委党史和地方志研究室积极主动申报，作为该工程首个入选试点城市。厦门市及所属六个区党史方志部门按照《福建省年鉴精品工程实施方案》要求，在省委党史方志办的指导下，市、区两级综合年鉴采取“1+6”共同创建模式开展福建省全域年鉴精品工程（厦门）试点工作。2023 年 5 月，顺利通过验收，2023 年 8 月被授予福建省全域年鉴精品工程区域。

福建省全域年鉴精品工程（厦门）试点工作坚持政治引领，展示区域特色，体现时代精神，聚焦热点焦点，做到“三把握、三坚持”：即牢牢把握“目标导向”，坚持突出特色不动摇；牢牢把握“发展导向”，坚持守正创新不懈怠；牢牢把握“质量导向”，坚持全程规范不走样。年鉴编纂工作中推行“框架特色化、组稿深度化、编校精细化”。三年多来，试点工作克服疫情影响，举行 11 次以会代训的面对面指导交流会（网络会议 2 次）。通过分工协作和专家全程跟踪指导的方式，每年坚持对大纲、重点篇目和样书进行高标准打磨，有力地助推了市、区年鉴质量的稳步提高，并不断促进市、区年鉴编纂队伍业务水平的提升。

在省委党史方志办和厦门市及六区党史方志部门的共同努力下，厦门市、区两级综合年鉴编纂和机构设置都取得可喜成效。《厦门年鉴（2019）》在福建省地方综合年鉴质量评比中获评特等年鉴；《厦门年鉴（2020）》入选 2020 年福建省精品年鉴，并获评为第八届全国地方志优秀成果（年鉴类）特等年鉴；《厦门年鉴（2021）》入选第六批中国精品年鉴，并获评为第九届全国地方志优秀成果（年鉴类）特等年鉴。《同安年鉴（2020）》获评全国三等年鉴，《同安年鉴（2021）》获评福建省特等年鉴；《思明年鉴（2020）》获评福建省特等年鉴；《集美年鉴（2020）》《集美年鉴（2021）》均获评福建省一等年鉴。《同安年鉴（2022）》《思明年鉴（2022）》入选 2022 年福建省年鉴精品工程。以全域年鉴精品工程为契机，集美区和湖里区党史方志机构和人员编制难题取得突破性进展，厦门六区都实现了年鉴编纂队伍的稳定并持续提升。厦门年鉴事业发展形成了市、区齐头并进的良好局面，为全省乃至全国开展全域（区域）精品年鉴工作提供了良好资鉴。

六、存在问题及对策建议

福建省年鉴精品工程为全省年鉴事业发展发挥了很强的催化促进作用，但仍然存在一些不足。

一是全省各地对精品工程重视程度不一。从试点工作和历年申报情况来看，虽然在初报名阶段劝退了暂时不适合培养的部分申报单位，但全省市、县两级年鉴编纂单位报名的积极程度和全省覆盖面均衡度都较差。表现为：经济发展程度越高的地方申报积极性越高，如厦门、泉州、福州地区；领导重视程度高的地方申报积极性高，如三明、龙岩地区部分县区。一大部分有基础、有条件，又适合培养的单位没有积极主动地参与到这项全省性提高性工程中。

二是精品工程自身评价体系相对单一、科学性不足。福建省年鉴精品工程评价体系原则上依据的是全国地方志优秀成果（年鉴类）评审活动评价体系和《福建省年鉴精品工程实施方案》及其修订版有关要求。其中，《福建省年鉴精品工程实施方案》又是依照《福建省地方综合年鉴编纂质量评审标准（试行）》《福建省地方综合年鉴图照使用规范（试行）》有关原则性规定和要求，缺少针对福建省具体省情和精品年鉴自身的独特规范和具体要求。在初稿审改、样稿评审、终稿验收等环节缺少精品年鉴特有的判断标准和评价体系。

三是评审专家队伍组建不够，专家力量单薄。精品工程各环节都需要通过专家现场解析和论证来达到精品的实效。但福建省年鉴精品工程评审专家队伍力量偏单薄，队伍组建规模和代表性不足，各类评审环节专家使用重复率偏高。

四是精品培育期结束后的“精品后”工作认识弱化和管理不到位。部分单位在获得省级精品称号后，存在懈怠和疏于持续精细化管理的情况，加上编纂队伍稳定性不足，导致年鉴质量存在断崖式下降的情况。

福建省年鉴精品工程在2023年度及之后的工作中将着力在这四方面的不足上下功夫：实现精品工程候选项目培养在全省各设区市的较为均衡的覆盖，并突出典型和代表性；强化精品工程评审评价体系的科学性，丰富和立体化评价手段和机制；组建精品工程全国性和跨行业评审专家库，实现各评审环节专家人选选择的公平、公正和科学；开展“精品年鉴回头看”调研和精品再创评审机制，督促和指导精品获得单位保持年鉴质量和编纂队伍的稳定。

加强“三库”建设　实施“六项”行动 构建年鉴事业高质量发展新格局

——山东省年鉴精品工程经验总结 *

中共山东省委党史研究院（山东省地方史志研究院）

2015 年 8 月，国务院办公厅发布《全国地方志事业发展规划纲要（2015—2020 年）》，明确提出“到 2020 年，做到地方综合年鉴一年一鉴，公开出版，实现省、市、县三级综合年鉴全覆盖”的目标任务。经过全省上下的不懈努力，2018 年，山东所有的市、县（市、区）全部出版了综合年鉴，提前两年实现国家规定的目标任务，成为名副其实的年鉴大省。《山东年鉴》在连续两次入选中国年鉴精品工程“中国精品年鉴”，顺利完成全国年鉴工作试点单位任务后，持续巩固“年鉴全覆盖”成果，推动全省争创更多的中国精品年鉴，构建全省年鉴事业高质量发展新格局已成为首要目标任务。

一、实施历程

“十四五”时期，全国年鉴事业迎来了高质量发展这个时代潮流。2021 年，全国省级地方志机构主任工作会议上提出，“进入新发展阶段，推动全国地方志事业向法治化高质量发展转型升级”，“加强地方综合年鉴编纂工作，把年鉴工作作

* 执笔人：宋涛，中共山东省委党史研究院（山东省地方史志研究院）年鉴工作处三级调研员。

为各级地方志工作机构的日常工作重心，摆在更加突出的位置”。山东省在全省年鉴事业取得历史性成就的基础上，锚定新的目标定位，牢固树立精品意识，严格遵守中国地方志指导小组《地方综合年鉴编纂出版规定》及《补充规定》，不断深化、拓展和完善年鉴事业高质量发展思路举措。随着全省每年都有年鉴争创为中国精品年鉴，年鉴事业高质量发展思路越来越清晰。2022 年，山东省首次提出“三库”（年鉴储备库、年鉴人才库、年鉴成果库）建设目标任务，开展了年鉴理论研究等六项行动。2023 年 8 月，山东省召开年鉴高质量发展会议，正式启动山东省年鉴精品工程，明确“以精品为引领、靠质量促发展”的年鉴事业高质量发展路径，加快山东省年鉴事业从“数量型”转向“质量型”建设步伐，推动山东省从年鉴大省向年鉴强省迈进的历史进程。全省先后有 8 部市、县级综合年鉴入选中国精品年鉴。滨州市地方史志研究院成功创建为首批中国精品年鉴区域试点单位。

二、目标任务

2023 年，中共山东省委党史研究院（山东省地方史志研究院）印发《山东省年鉴精品工程实施方案》，明确总体目标和主要任务。

总体目标：实施山东省年鉴精品工程，按照“鼓励先进、推动后进，协调发展、共同提高”的原则，打造一批精品佳作，引领带动全省年鉴工作体制机制更加完善，年鉴理论研究更加有序，年鉴人才队伍建设更加完善，资源开发成效更加显著，年鉴数字化更加便捷，形成与新时代相适应的年鉴事业高质量发展新格局。

主要任务：一是强化年鉴质量管控体系。建立健全精品年鉴指导、培训、评审制度，在框架设计、稿件编辑、年鉴评审等环节精准施策，打造年鉴编纂出版全流程质量管控模式，全面提升精品年鉴质量。二是实施省精品年鉴试点。挑选一批年鉴工作重视程度较高、编纂队伍较强、出版经费充足、争创意识积极的市、县（市、区）地方史志工作机构列入山东省精品年鉴试点单位，对标中国精品年鉴标准实施管理。中国地方志工作办公室、山东省地方史志研究院组织的年鉴培训、研讨等活动，优先向试点单位提供机会。三是加快年鉴编纂队伍梯队建设。建立年鉴人才库，重点吸收全省青年业务骨干入库，实施重点培养，在业务培训、交流学习等方面予以倾斜，加快提升年鉴业务水平，推动全省年鉴人才结构实现理论型专家、实战型人才、业务型骨干的合理配置。四是加强年鉴理论研究。组织年鉴理论、编纂实务研讨和学术交流，开展“精品年鉴品读”等多项活动，鼓励支持年鉴工作者撰写理论文章，提升全省年鉴学术研究水平和氛围。五是提高年鉴资源开发利用水平。推动年鉴成果创造性转化、创新性发展。利用新媒体技术，加快年鉴数字化建设，增强年鉴有效传播和使用功能。利用年鉴的丰富资料，推出一批年鉴成果，提升年鉴资政能力。

三、主要措施

实施山东省年鉴精品工程，推进全省年鉴事业高质量发展，山东省主要是探索实施年鉴高质量发展“六项行动”。

一是年鉴理论研究行动。加强年鉴理论和编纂实践研究，提升全省年鉴学术研究氛围，这是实现年鉴事业可持续发展、高质量发展的长远之计和根本大计。实施山东省年鉴精品工程，山东将年鉴理论研究放在首位。2022 年，山东省组织开展“精品年鉴品读”活动，各市都以品鉴会、研讨会等多种形式，进行大学习、大讨论，形成学精品、创精品的浓厚氛围，并积极地撰写征文，全省共收到征文 66 篇，撰写数量超过预期。经山东省精品年鉴协作工作组评选，从中选取 5 篇优秀征文推荐中国地方志指导小组办公室（以下简称中指办），其中 3 篇被评为二等论文。这些结合各自实际撰写的征文，具有很好的参考价值和可操作性，可以直接指导年鉴编纂实践。借鉴 2022 年成功经验，山东省 2023 年继续组织“精品年鉴品读”活动，并将持续至 2025 年底，建立理论研究长效机制。

二是年鉴人才培育行动。加强业务培训，充分利用互联网技术实现共享，扩大培训受众面。近年来，山东省连续举办全省精品志书年鉴编修培训班，邀请专家授课，对各市分管主任、年鉴科（处）长、部分县（市、区）史志工作机构年鉴主编（副主编）等进行业务培训。各市也纷纷举办培训班，加强对年鉴供稿人员的业务培训。但是传统的培训模式，培训名额有限，受众面较窄，对提升全省年鉴整体编纂质量，尤其是县级综合年鉴编纂质量，往往达不到预期效果。中指办举办的第六期、第七期全国年鉴主编培训班，用视频直播形式，为基层年鉴工作者提供高水平专家指导服务，收看直播的人数超过万人。受此启发，从 2022 年开始，山东省年鉴业务培训班也以视频形式举办，并邀请省内3家中国精品年鉴单位介绍争创经验做法，首次尝试就取得了良好的效果。2023年，山东省举办的年鉴业务培训班，继续利用互联网技术，实现线上线下相结合，受益成效覆盖全省各级地方史志工作机构。与此同时，山东省更加注重高水平的业务人才培养。随着山东省每年都有年鉴入选中国精品年鉴，为全省培养了不少的“实战型”人才。山东省年鉴精品工程正式实施后，山东省将加大对“实战型”人才的培养力度，并逐步向培养“理论型”专家迈进，最终使全省年鉴人才结构实现“理论型”专家、“实战型”人才、“业务骨干”的合理配置。

三是年鉴质量强基行动。山东省把提高年鉴编纂质量作为主攻方向，加强年鉴质量管理体系建设，规范年鉴编纂流程，完善年鉴编纂体系和评价体系。如2023年初，《泰安年鉴（2023）》申报争创中国精品年鉴，按照《山东省年鉴精品工程实施方案》规定，泰安市地方史志研究院召开多批次小范围的协商会、恳谈会、论证会等，与所有的年鉴供稿单位进行面对面交流，实现年鉴组稿、编纂工作科学化、规范化。再如，山东省要求中国精品年鉴区域试点单位申报争创中国精品年鉴时，必须先经过省地方史志研究院组织的评审，达到省级精品年鉴标准后，下卷年鉴方可申报争创中国精品年鉴。2023年3月，省地方史志研究院与滨州市地方史志研究院联合评审《无棣年鉴（2022）》，认定达到省级精品年鉴标准后，才同意推荐《无棣年鉴（2023）》争创中国精品年鉴。

四是年鉴协作帮扶行动。目前，全省年鉴事业存在着发展不平衡不充分的问题，部分县级综合年鉴尤为突出。受种种因素影响，有些县级地方史志工作机构财政状况紧张，在开展业务培训、交流学习方面尤其困难。2023年起，山东省开展年鉴协作帮扶行动，协调各方面的力量，帮助有困难的县（市、区）开展年鉴业务培训、提供业务指导等，统筹提升全省年鉴发展能力。如菏泽市举办地方综合年鉴高质量发展恳谈会，省地方史志研究院根据实际情况，协调滨州市地方史志研究院派员到会，围绕如何打造精品年鉴为菏泽各区县进行授课。

五是年鉴数字转型行动。《山东省年鉴精品工程实施方案》提出，要“利用新媒体技术，加快年鉴数字化建设，增强年鉴有效传播和使用功能”。加强年鉴数据资源建设，利用山东省情资料库、微信公众号、今日头条号等，推进年鉴智能化发展，将全省现有年鉴成果逐步向数字化转换，形成数据资产。同时，充分利用互联网技术，开展会议培训、学习交流等活动，为基层同志提供高水平指导服务。

六是年鉴服务现实行动。《山东省年鉴精品工程实施方案》提出，要“利用年鉴的丰富资料，推出一批年鉴成果，提升年鉴资政能力”。山东省把围绕中心、服务大局作为年鉴工作基本职责，逐步探索年鉴资源开发利用体系建设。如山东省编辑出版《山东省情概览》《山东微纪事》等“短平快”的资政产品，为各级各部门和社会各界提供便捷、实用的地情资料。

四、主要成效

一是确立了年鉴事业高质量发展这条主线。“十三五”时期，山东省重点解决的是“有没有”的问题。经过全省各级地方史志机构的不懈努力，山东省提前两年实现综合年鉴“一年一鉴，公开出版”的目标任务，奠定了年鉴事业高质量发展的坚实基础。“十四五”时期，山东省重点解决的则是“好不好”的问题。2021年，山东省将“积极申报中国精品年鉴”列入《山东省党史史志工作规划（2021—2025年）》，加快山东省年鉴事业从“数量型”向“质量型”转型步伐，推动山东省从年鉴大省向年鉴强省迈进的历史进程。2023年，山东省正式实施省年鉴精品工程，确立了以“以中国精品年鉴为引领，全面提升年鉴编纂水平，推动全省年鉴事业高质量发展”的主题，全面吹响年鉴事业高质量发展的号角，全省年鉴工作的重心从“一年一鉴，公开出版”，逐步转移到年鉴事业高质量发展的轨道上来。

二是提供年鉴事业高质量发展的行动指南。回顾山东省年鉴事业发展历程，之所以在三年时间内，就实现了全省地方综合年鉴“一年一鉴，公开出版”的目标任务，究其根本原因，就是制定了《山东省地方史志事业发展规划纲要（2016—2020年）》，明确2018年底前必须完成目标任务，让全省各级地方史志工作机构有了行动依据。随后省市两级开展的督查、指导等各项措施，都是围绕落实规划纲要的目标任务展开的。山东省实施年鉴精品工程，明确“鼓励先进、推动后进，协调发展、共同提高”的原则，在强化年鉴质量管控体系、实施省精品年鉴试点、加快年鉴编纂队伍梯队建设、加强年鉴理论研究、提高年鉴资源开发利用水平等方面提出明确要求和具体措施。多个地市专门召开全市年鉴工作会议，对年鉴事业高质量发展进行部署，并采取“走出去”“请进来”的办法，主动外出学习，开展业务培训，邀请专家上门授课。部分县（市、区）向当地领导进行汇报，将争创省精品年鉴经费纳入下年度预算。

三是完善年鉴事业高质量发展的实施路径。中指办在加强年鉴事业高质量发展方面有三个主要抓手，一是出台《地方综合年鉴编纂出版规定》《关于地方综合年鉴编纂出版若干问题的补充规定》，二是开展全国地方志优秀成果（年鉴类）评审活动，三是实施中国年鉴精品工程。与之相对应，山东在年鉴事业高质量发展方面也相应有三个抓手。2017 年 12 月，制定出台《山东省地方综合年鉴编纂出版业务规范》，在框架设计、资料收集、收录内容、条目编写、记述行文、出版印刷等方面都做了详细规定。修订完善《全省党史史志优秀成果评选表彰办法》，开展山东省党史史志优秀科研成果评选活动。2023 年，实施山东省年鉴精品工程，打造年鉴编纂出版全流程质量管控模式，全面提升精品年鉴质量。这三个抓手，完善了"有标准、有行动、有评价"的年鉴事业高质量发展的实施路径。

四是筑牢年鉴事业高质量发展人才保障体系。近几年来，山东省一直强调，"做好党史史志工作，关键在人，关键在于有一支高素质干部队伍"。精品年鉴创建，关键是人才，特别是要有高水平的带头人才和一支高素质编辑队伍，这是实现年鉴事业可持续发展、高质量发展的长远之计。在全省年鉴事业高质量发展的形势下，山东省明确组建年鉴人才库的目标，对各市推荐的青年业务骨干加强业务培训，提升能力本领，培养推动年鉴事业高质量发展的行家里手。

五是加速年鉴事业高质量发展的历史进程。从 2019 年至今，山东已连续 5 年都有年鉴入选中国精品年鉴，4 年获得 10 部中国精品年鉴的成绩，但与全省每年编纂出版的 153 部三级综合年鉴相比，仍显得微不足道。全省绝大多数市、县（市、区）很难有机会参与争创中国精品年鉴，这相较于实现全省年鉴事业高质量发展的目标还有很大差距。实施山东省年鉴精品工程，全省每年可以申报 16 部年鉴，给了各市一个参与精品、打造精品的机会，即使最终只有 3 ~ 5 部打造成功，也使各市在提高年鉴质量方面迈进了一大步，加速全省年鉴高质量发展的历史进程。事实也充分证明，省年鉴精品工程一经启动，就在全省引发了强烈反响，掀起争创省精品年鉴的热潮。

五、存在的问题及对策

2023 年，是山东省年鉴精品工程实施元年，具体操作过程中，还存在年鉴理论研究不足、人才队伍建设薄弱、巩固精品水平难度大等问题。下一步，山东省将在各个环节进行探索实践，及时总结经验，查找问题，在不断探索过程中逐步完善精品年鉴打造模式。

一是牢牢把握年鉴事业高质量发展这条主线不放松。坚决贯彻落实全国省级地方志机构主任工作会议精神，按照“广大地方志工作者要把握新发展阶段，贯彻新发展理念，服务新发展格局，聚焦服务新时代这个主题主线，在守正创新中打造堪存堪鉴的精品佳志，在继往开来中谱写地方志高质量发展新篇章”的要求，牢牢把握高质量发展这条主线不放松，实施好山东省年鉴精品工程，加快山东省年鉴事业从“数量型”向“质量型”转型步伐。

二是夯实全省年鉴事业高质量发展理论研究基础。要把着力点放在深化年鉴理论研究上，持续用力、久久为功，厚积高质量发展的基础和后劲。继续开展“精品年鉴品读”活动，组织各市、县（市、区）学习中国精品年鉴，撰写年鉴理论文章，提升年鉴学术研究氛围，并把研究成果应用到年鉴编纂中。

三是筑牢年鉴事业高质量发展人才保障体系。通过实施省年鉴精品工程，山东省已把全省在争创中国精品年鉴过程中涌现出的“实战型”人才组织起来，加大培训力度，逐步向“理论型”专家培养。同时，对全省年鉴人才库成员加强业务培训，提升能力本领，培养推动年鉴事业高质量发展的“实战型”人才。下一步，将创新培训形式，继续利用互联网技术实现线上线下相结合，让更多的年鉴工作者接受多层次有针对性的业务培训，全方位提升业务素质。

四是提升精品年鉴开发利用水平。按照中志办“要想办法把地方志用起来，让地方志立起来、活起来、强起来”的要求，围绕省委、省政府中心工作，立足史志部门优势，拓宽工作思路，继续利用丰富的年鉴资源和组稿渠道，编辑出版“短平快”的资政产品，为各级领导提供便捷、实用的地情资料，不断丰富和发展“山东经验”的内涵，为服务山东省高质量发展发挥更大作用。

培育打造精品
推动广西年鉴事业高质量发展
——广西壮族自治区年鉴精品工程经验总结*

广西壮族自治区地方志编纂委员会办公室

树立精品意识，打造精品年鉴，是推动年鉴事业高质量发展的根本要求。2015年起，广西壮族自治区地方志编纂委员会办公室（以下简称自治区志办）着力实施广西年鉴精品工程，并依托中国年鉴精品工程平台，培育打造精品年鉴，取得了良好成效，为促进全区年鉴编纂质量提升、推动年鉴事业高质量发展积累了好的经验。

一、广西年鉴精品工程实施基本情况

广西年鉴精品工程是由自治区志办组织实施的示范性工程，旨在提高项目年鉴编纂质量，打造年鉴精品，充分发挥精品年鉴的引领作用。以实施项目的“点”示范周边市县年鉴的“片”，带动全区年鉴的“面”，推动全区年鉴质量全面提升。

2015年8月，自治区志办印发《广西壮族自治区年鉴精品工程实施方案》，正式启动实施广西年鉴精品工程。广西年鉴精品工程的实施范围包括广西设区市、

* 执笔人：孙仿，广西壮族自治区地方志编纂委员会办公室年鉴部部长、一级调研员、广西年鉴社社长；覃志婷，广西壮族自治区地方志编纂委员会办公室年鉴部一级主任科员。

县（市、区）综合年鉴，部门、专业年鉴以及乡镇（街道）年鉴等。广西年鉴精品工程实施分项目申报、立项、项目建设、项目评审、复核备案5个环节：每年初向全区各市县有关单位发文开展项目征集，各年鉴编纂单位开始申报；3月先后召开广西年鉴精品工程领导小组办公室及领导小组会议，开展项目评审，确定立项项目并颁布实施；立项后，项目实施单位按照项目建设要求开展年鉴编纂，同时广西年鉴精品工程领导小组办公室、自治区志办年鉴部及时给予业务指导；项目实施单位完成年鉴评议稿后，向广西年鉴精品工程领导小组办公室提出评审申请，领导小组组织专家召开评审会对项目进行评审；最后由项目单位根据评审会意见进行修改完善，项目年鉴出版前报领导小组办公室复核备案。

广西年鉴精品工程主要内容有六个方面：一是公布项目实施单位名单。由自治区志办发文确定项目单位名单。二是项目单位建立健全年鉴质量保障体系，强化精品意识，把质量意识、精品意识贯穿于年鉴编纂工作的全过程，全力打造精品年鉴。三是自治区志办对项目进行跟踪指导，组织项目单位业务人员进行学习培训，提高业务水平。四是领导小组办公室组织专家对项目进行评审，对评审修改后的年鉴进行审阅。五是召开年鉴编纂工作现场会，推广项目单位工作经验。六是经广西年鉴精品工程培育打造的项目年鉴，优先推荐参加全国年鉴评奖及申报中国精品年鉴。

2015年至2019年，全区共有53家年鉴编纂单位申报广西年鉴精品工程项目，立项22项。其中，市级综合年鉴5项，县级综合年鉴14项，专业年鉴3项。召开广西年鉴精品工程项目评审会19次，分片区组织召开现场评审会3次，以“评”代训年鉴编纂业务人员600余人次。2017年8月14日，结合“年鉴全覆盖”推进工作，在玉林市博白县召开广西年鉴精品工程项目评审会暨地方综合年鉴全覆盖推进会。年鉴评审专家、博白县周边市、县（市、区）地方志工作机构主要负责人、未实现地方综合年鉴全覆盖的市及所辖未出版年鉴或年鉴编纂中断时间较长的县（市、区）地方志工作机构主要负责人近100人参加会议，实现年鉴业务培训和年鉴全覆盖“双促进”。2020年后，工程因故中断。2024年3月，自治区志办印发《广西年鉴精品工程实施方案（修订版）》，第二期自治区年鉴精品工程启动。

二、主要做法

从 2019 年前已出版的项目年鉴看，通过广西年鉴精品工程对项目年鉴的培育，经过编纂指导、专家评审、项目单位修改、领导小组办公室审查等，实现了项目年鉴质量的提升。

一是自治区志办领导高度重视，强化总体设计。自治区志办领导深刻认识到广西年鉴精品工程实施的重大意义并高度重视项目的组织实施，将实施广西年鉴精品工程作为贯彻落实《全国地方志事业发展规划纲要（2015—2020 年）》《全国年鉴事业发展规划（2016—2020 年）》《广西地方志事业发展规划（2016—2020 年）》《广西地方志事业发展规划（2021—2025 年）》的具体举措；作为培育精品意识、打造精品年鉴的重要手段，以及推动广西年鉴事业高质量发展的重要抓手。经认真研究、反复讨论修改、结合广西实际制定实施方案，强化措施，落实专人，明确责任，全力以赴加以推进。

二是成立广西年鉴精品工程领导小组。成立广西年鉴精品工程领导小组，领导小组组长由自治区志办主要领导担任，副组长由分管领导担任，成员由自治区志办各部（委）主要负责人组成。领导小组下设办公室（设在年鉴部），办公室主任由年鉴部负责人兼任，负责领导小组日常工作，组织年鉴精品工程的立项、实施等。

三是明确责任落实、强化经费保障。为确保广西年鉴精品工程的顺利实施，广西年鉴精品工程领导小组办公室建立责任编辑对接联系制度，专门落实业务骨干分头对接服务实施项目，确保上下沟通、左右协调顺畅，推动了每个项目的有序推进。同时，明确实施责任，确定各年鉴编纂单位的主要负责人为实施年鉴精品工程的第一责任人。对未按期完成出版任务或未达到标准的单位，取消承担项目资格。为提高各市县参与项目的积极性，奖励先进，设“广西年鉴精品工程专项资金”，专项用于广西年鉴精品项目的实施。根据申报情况，每年实施 3 ~ 5 个项目，落实 15 万元作为项目经费，用于支持和奖励入选项目年鉴的编纂出版。

四是注重项目评审及以“评”代训。在项目实施过程中，自治区志办非常注重项目评审，每年精心组织 7 ~ 10 名全国及全区知名年鉴专家对项目进行评审，并对评审修改后的年鉴进行审阅，充分发挥专家、学者在实施年鉴精品工程中的作用，使之为年鉴精品工程的实施提供论证、咨询等智力支持，同时成为精品年鉴编纂出版的重要资源。注重以“评”代训，定期分片组织召开现场评审会，邀请片区有关市、县（市、区）年鉴编纂业务人员参与，在提高年鉴编纂人员业务能力的同时，进一步推广项目单位工作经验，着力扩大精品年鉴的影响力。

五是精益求精，强化质量建设。始终秉承质量第一的理念，把质量意识、精品意识贯穿于整个项目的全过程和各个环节，围绕观点、框架、篇目、内容、资料、特色、文体、编校等方面，建立年鉴评分标准，严格把好政治关、资料关、体例关、文字关和出版关。在实施广西年鉴精品工程过程中，注意总结经验，归纳问题，在此基础上制定出台《广西三级地方综合年鉴质量管理规定》，对广西三级地方综合年鉴评审程序作出明确规定，并要求专业年鉴参照执行。

六是积极打造全国精品年鉴。在实施广西年鉴精品工程的基础上，借助中国年鉴精品工程平台，推荐经过打磨的自治区精品年鉴项目申报中国精品年鉴，经过中国年鉴精品工程的锤炼打磨，进一步提升年鉴质量。

三、主要成效和影响

广西年鉴精品工程的实施提高了项目年鉴编纂质量，先后有《南宁年鉴》《柳州年鉴》《桂林年鉴》《北海年鉴》《玉林年鉴》《良庆年鉴》《青秀年鉴》《柳北年鉴》《阳朔年鉴》《临桂年鉴》《藤县年鉴》《平南年鉴》《博白年鉴》《陆川年鉴》《广西财政年鉴》《中国铁路南宁局集团有限公司年鉴》16部年鉴在全国地方志优秀成果（年鉴类）评审活动中获通报表扬，占广西年鉴精品工程项目立项数的73%，有力引领全区年鉴编纂质量整体提升。

一是推动年鉴编纂质量建设。推动项目单位强化精品意识，建立健全年鉴质量保障体系，全力打造精品年鉴。制定出台《广西三级地方综合年鉴质量管理规定》，对框架设计、资料搜集、编纂内容、稿件评审、印刷出版等各个环节实施全过程精细化管控机制，统一标准、统一规范、统一把关，打磨出高质量年鉴。各市也相应出台年鉴编纂相关的制度文件，如北海市出台《北海年鉴编纂工作制度》《北海年鉴编纂审查验收办法》《北海市地方综合年鉴质量评议规定》。乐业县编写有《乐业年鉴编写规范（试行）》、年鉴条目撰写方法、年鉴条目编写范例、《乐业年鉴》稿件撰写注意事项等。

二是培育打造一批优秀年鉴成果。通过广西年鉴精品工程的实施，培育打造了一批精品年鉴，在全国年鉴质量评审活动中获得通报表扬，引领全区年鉴编纂水平更上一层楼。2016年至2021年，在历届全国地方志优秀成果（年鉴类）评审活动中，广西先后有78部次年鉴获得通报表扬。2020年11月，《广西年鉴（2019）》获广西第十六次社会科学优秀成果三等奖。同时，指导培育打造成熟的广西年鉴精品工程项目争创中国精品年鉴，突破思维局限，锤炼业务本领，推动年鉴事业高质量发展。2022年，指导《陆川年鉴（2022）》申报中国精品年鉴，进入中国年鉴精品工程第二轮评审，虽最终未入选，但经过中国年鉴精品工程的打磨，质量得到有效提升。2023年，指导《南宁年鉴（2023）》申报中国年鉴精品工程，最终顺利入选中国精品年鉴。

三是以“评”代训推进年鉴编纂队伍建设。在实施广西年鉴精品工程过程中，组织专家对项目单位业务人员开展学习培训，举办相关培训会、学习交流会，提高业务水平。定期分片召开现场评审会，邀请片区有关设区市、县（市、区）年鉴编纂人员参与培训，提高年鉴编纂人员业务能力，进一步推广项目单位工作经验，扩大精品年鉴的影响力。借助中国年鉴精品工程平台，以申报中国年鉴精品工程为契机，组织开展广西年鉴事业高质量发展推进会暨年鉴编纂业务培训班，邀请全国精品年鉴专家为全区年鉴编纂业务人员授课，让大家开阔思路，拓宽视野，为进一步打造精品年鉴奠定人才基础。

四是丰富年鉴业务指导方式。在广西年鉴精品工程实施过程中，每年精心组织10名左右全区乃至全国知名年鉴专家对项目年鉴进行指导及评审，并对评审修改后的年鉴进行审阅，充分发挥专家的指导作用。同时，广西年鉴精品工程领导小组办公室安排责任编辑对项目年鉴从项目立项到公开出版全过程进行跟踪指导，及时发现并协调解决项目实施过程中遇到的困难和问题，助推项目顺利实施。

五是开展精品年鉴宣传推广。每年确定项目年鉴后，由自治区志办发文公布项目实施单位名单，增强项目实施单位和年鉴编纂人员的荣誉感和责任感。支持项目实施单位向当地党委、政府争取表扬奖励。做好精品年鉴培育的“后半篇文章”，加强精品年鉴的宣传，推广精品年鉴创建经验，助推广西精品年鉴申报中国精品年鉴，提升精品年鉴的辐射影响力。

四、存在的问题

在积累经验、取得成绩的同时，广西年鉴精品工程实施还存在一些不足。

一是各地年鉴编纂质量发展不平衡。部分市级年鉴、县级年鉴编纂质量不高，主要表现在：年鉴框架设置不够科学，分类标准、逻辑关系、排列顺序混乱，整体结构不严谨；记述不够全面，资料遗漏缺项；记述详略不当，条目编写不规范，空话套话大话多，行文不够规范，行文中工作总结、工作报告痕迹较重；条目选题选材不够全面、系统、准确，年度特点和地方特色不够突出；图片、表格使用不够规范；政治、保密意识不足。各级地方志工作机构尚未形成精品年鉴逐级培育打造机制，申报精品年鉴项目单位不多，大多数市县还仅仅满足于“有没有”，只关注是否能出版年鉴，对编纂出版的质量要求不高，导致打造培育精品年鉴难度较大。

二是项目经费紧缺，项目实施的力度有待加大。广西年鉴精品工程预算经费平均到每部年鉴仅 2 万 ~ 3 万元，大部分用于支付评审费用。各市县年鉴申报广西年鉴精品工程或中国年鉴精品工程项目后，申报追加项目经费较困难。

三是项目年鉴的覆盖面有待进一步扩大。广西有市级综合年鉴 14 种、县级综合年鉴 111 种、部门专业年鉴 50 多种。历年入选的项目年鉴共 22 种，其中市级年鉴 5 种、县级年鉴 14 种、专业年鉴 3 种。与全区年鉴编纂出版种类数量相比，项目年鉴的覆盖面还比较小。

四是年鉴质量后续打造乏力。一些项目年鉴经培育后质量得到提升，但因缺乏与时俱进的创新精神，之后编纂出版的年鉴在形式和内容两方面创新不足，质量提升较缓慢。在申报中国精品年鉴时，一些项目年鉴因编纂质量不高，未能获得成功。

五、几点体会

第一，领导重视是实施好年鉴精品工程的关键。要实施好年鉴精品工程，必须加强组织领导，及时成立年鉴精品工程领导小组，明确主要领导亲自挂帅，领导同志具体分管，确定工作部门具体负责，负责相关工作的组织、协调和指导，把年鉴精品工程列入重要议事日程，加以强力推进。

第二，确保年鉴质量是实施年鉴精品工程的第一要务。质量是年鉴的生命，坚持质量第一的原则，是年鉴编纂实践得出的基本结论。年鉴是严谨、朴实、科学的资料性文献，它是否具有权威性，能否经得起历史的检验，关键在于年鉴的质量。因此，实施年鉴精品工程的第一要务，就是要不断强化年鉴质量意识，落实提高质量的各项措施，多出精品佳鉴，这是年鉴工作的首要任务，也是百年大计。

第三，做好精品年鉴的评审上报及申报中国精品年鉴是推进年鉴精品工程的重要手段。积极将广西区内的精品年鉴推荐上报到全国进行质量评审并鼓励申报中国精品年鉴，既是对精品年鉴实施单位及编纂人员通过辛勤耕耘、无私奉献所取得成绩的肯定，又可以检验区内精品年鉴在全国年鉴界所处的地位，进一步查找自身的差距与不足，还可以在全区起到树立标杆、鞭策后进的作用，对推进精品年鉴工程具有重要意义。

第四，强化人才队伍建设是实施年鉴精品工程的保障。人才队伍建设是决定年鉴质量高低、精品年鉴工程能否持续发展的关键。为此，要加强人才队伍建设，强化对年鉴编纂人员的业务指导及培训，通过以“评”代训、举办培训班等形式加强对相关人员的培养和锻炼，努力打造一批政治素养好、业务水平高、组织能力强、爱岗敬业的年鉴专业人才，为年鉴精品工程的实施提供强有力的人才保障。只有这样，才能不断打造出一批批精品佳鉴，才能确保年鉴精品工程的有序推进、持续实施。

六、下一步工作打算

在总结经验的基础上，要继续深入实施广西年鉴精品工程，持续打造精品年鉴，以点带面，扩大辐射带动效应，创建精品年鉴品牌，促进新时代广西年鉴事业高质量发展。

一是要扩大广西年鉴精品工程实施覆盖面。要安排广西年鉴精品工程专项经费，每年选定 3 ~ 5 部申报意愿强、基础较好、可塑性强、有代表性、条件保障好的市、县级综合年鉴作为项目实施年鉴。一个五年计划培育 20 部左右，加上前期入选项目的 22 部年鉴，可实现全区 125 部市、县综合年鉴 35% 左右的覆盖率，每个设区市平均有 3 部，发挥这些年鉴的示范作用，能带动全区年鉴质量提升。

同时，探索建立精品年鉴逐级培育机制，鼓励有条件的设区市实施年鉴精品工程，经市级培育的年鉴精品工程项目向自治区推荐申报广西年鉴精品工程项目，自治区培育的广西年鉴精品工程项目推荐申报中国精品年鉴。

二是加强年鉴编纂队伍建设。要通过项目实施，继续通过以“评”代训、举办培训班、业务交流会等形式加强对编纂人员的培养和锻炼，加强年鉴专家队伍建设，建立精品年鉴专家库，充分发挥专家指导作用，完善指导专家联系项目年鉴工作机制，使业务指导更具针对性、实效性。

三是创新精品年鉴打造模式。探索从大纲制订、编纂、评审、出版、宣传推广的全流程精品年鉴打造模式。坚持编纂质量第一的标准，从篇目设计到终审验收全流程严把质量关。引入淘汰机制，实行动态管理，对项目年鉴进行全程跟踪指导和督促检查，未按期完成出版任务或未达到标准要求的，取消项目资格。对标中国年鉴精品工程实施要求，鼓励项目年鉴争创中国精品年鉴。

四是积极开展理论研究。在打造精品年鉴的过程中，不断加强年鉴理论学习和研究，关注理论前沿，勤于思考，及时发现年鉴编纂过程中的新问题，进而进行一些新探索，积极撰写和发表具有鲜明时代特征和创新观点的理论文章，为年鉴事业的创新发展作理论探索。

五是抓好精品年鉴宣传推广。开展精品年鉴宣传推介，利用地情网、微信公众号等媒介，积极宣传推介精品年鉴。召开精品年鉴创建经验交流会，开展“精品年鉴品读”活动，提高精品年鉴社会影响力。建立精品年鉴激励机制，增强项目年鉴编纂单位和编纂人员获得感和荣誉感。

全省域启动年鉴精品工程建设 推动海南年鉴事业高质量发展

——海南省年鉴精品工程经验总结*

中共海南省委党史研究室（海南省地方志办公室）

2021年以来，中共海南省委党史研究室（海南省地方志办公室）深入贯彻落实习近平总书记“坚持以精品奉献人民”的重要指示精神，将精品意识贯穿于年鉴编纂出版工作全过程，全省域启动年鉴精品工程建设，促进全省年鉴编纂质量逐年提升，多部年鉴在全国地方志优秀成果（年鉴类）评审活动中取得佳绩，全省年鉴事业在高质量发展的新赛道上迈出新步伐。

一、主要做法

（一）强化思想引领，高点把关

海南省坚持以马克思列宁主义、毛泽东思想、邓小平理论、“三个代表”重要思想、科学发展观、习近平新时代中国特色社会主义思想为指导，以为中国特色社会主义文化建设提供优秀的精神文化产品为宗旨，严把精品年鉴政治关；坚持质量第一原则，贯彻落实国务院《地方志工作条例》《海南省地方志工作规定》及

* 执笔人：蓝碧茹，中共海南省委党史研究室（海南省地方志办公室）年鉴工作处处长；郑昕，中共海南省委党史研究室（海南省地方志办公室）年鉴工作处一级主任科员。

中国地方志指导小组《地方综合年鉴编纂出版规定》《关于地方综合年鉴编纂出版若干问题的补充规定》等有关规范要求，严把精品年鉴文字关、史实关。通过精品年鉴的示范带动作用，带动年鉴质量提升，引领年鉴事业高质量发展。

（二）强化组织领导，高位推动

2021年7月，中共海南省委党史研究室（海南省地方志办公室）印发《海南省域年鉴精品工程实施方案（试行）》，在全省域启动年鉴精品工程建设。省域年鉴精品工程领导小组组长由中共海南省委党史研究室（海南省地方志办公室）主要领导担任，副组长由分管年鉴工作的负责人担任，负责审定“海南省域年鉴精品工程”入选年鉴、指导省域精品年鉴创建活动。领导小组下设办公室，设在年鉴工作处，负责省域年鉴精品工程日常工作。开展市辖区年鉴编纂的地级市地方志工作机构成立协作组，由开展市辖区年鉴编纂的地级市地方志工作机构主要负责人或分管负责人担任组长，负责协调本地区精品年鉴的业务指导、评审申报、宣传推介等工作。各专业年鉴主管部门负责抓好本行业、本部门、本单位精品年鉴的业务指导、评审申报、宣传推介等工作。通过有效的组织保障，推动省域年鉴精品工程顺利实施。

（三）明确评审标准，高质选拔

2022年5月，海南省启动首届省域精品年鉴评选工作，成立评审委员会，组织省内外专家对全省各市县（区）推荐的25部地方综合年鉴进行审读，并于同年7月评选出首批海南省域精品年鉴。海南省域年鉴精品工程申报范围为省内公开出版的地方综合年鉴、专业年鉴。在实施过程中，坚持“三个明确”：一是明确精品年鉴申报条件。具体要求为：年鉴工作重视程度高，年鉴编纂单位负责人重视并主抓年鉴编纂工作，有打造精品年鉴积极性；年鉴编纂工作基础好，人员、经费等保障到位，至少有一名熟悉年鉴编纂理论和实务、相对稳定的编辑人员；编纂出版序时进度符合一年一鉴工作要求；年鉴工作创新意识强，思想解放，与时俱进，开拓创新，突出地方和本行业、本部门、本单位特色。严格的申报条件为后续开展好精品年鉴创建设置了门槛，也确保相关创建单位有条件、有热情、有能力开展精品年鉴创建工作。二是明确精品年鉴评审标准。将评审标准细化为政治观点、框架设计、资料收集、内容辑录、条目撰写、图片表格、行文表述、目录索引、编辑校对、版式制作等10个方面的具体内容，赋予不同的分值，组织省内外专家对参选年鉴进行评分，并提出相应的评审意见，提出参评年鉴的优劣点，以便相关年鉴“对标对表”，以评促质，带动参评年鉴质量再上台阶。在精品年鉴评选中严格按照自下而上、择优推荐方式进行，对入选年鉴不设比例，成熟一部通过一部、入选一部，宁缺毋滥，确保评审的质量。三是明确精品年鉴评审程序。要求符合申报条件的年鉴编纂单位，填写《海南省域年鉴精品工程申报表》，并将正式公开出版的年鉴同时报送省域年鉴精品工程领导小组办公室。领导小组办公室组织专家召开精品年鉴评定会，作出评审意见，报领导小组研究作出决定。对评定的海南省域精品年鉴，在海南史志网上公示7个工作日。公示无异议后，以中共海南省委党史研究室（海南省地方志办公室）文件公布入选名单。

（四）严格工作要求，高效落实

根据实施方案要求，各市县和省直各部门、各单位将精品年鉴创建列入年度工作计划，加强组织领导，明确专人负责，加强沟通协调，切实做好推荐、评审、宣传推介等各项工作；严格做好申报年鉴前期质量的把关工作，组织力量对申报年鉴框架和稿件认真进行规范性检查，确保申报年鉴符合评审的规范性要求；领导小组办公室加大对年鉴精品工程的业务指导，做好对申报单位的编纂业务培训等工作，适时采取抽检和实地检查指导相结合的方式，跟踪推进精品年鉴创建工作进展。中共海南省委党史研究室（海南省地方志办公室）负责精品年鉴评定会会议费用及精品年鉴评定会专家费用，其余费用由申报单位承担。中共海南省委党史研究室（海南省地方志办公室）对入选省域精品年鉴的单位进行通报表扬，并建议所在市县、部门或单位根据国务院《地方志工作条例》《海南省地方志工作规定》，对相关单位和人员给予表扬鼓励；入选的省域精品年鉴，优先推荐参与年度全国地方志优秀成果（年鉴类）质量评审。

二、主要经验

中共海南省委党史研究室（海南省地方志办公室）在实施省域年鉴精品工程的过程中，注重结合本省实际，总结了一些经验。

（一）以提升地方综合年鉴全覆盖质量为基石，夯本固基

海南在地方综合年鉴全覆盖巩固提升上下功夫，在完成“两全目标”后，建立健全“年鉴全覆盖”长效机制，确保三级综合年鉴编纂工作不动摇、不减力、不松懈，形成常态，着力缩短地方综合年鉴见书时限，提升编纂出版的质效。一是从机制上入手。提前谋划，及早部署，依照“三六九”的编纂机制（3月组稿、6月收稿、9月定稿），推动省内三级综合年鉴统一节奏、统一步伐，同步建立“年鉴全覆盖”月度统计制度，每月实时跟踪了解市、县（区）年鉴编纂进展，压实工作责任，传导工作压力，督促各地加快进度，尽早启动、尽早完成当年年卷年鉴的组稿、收稿、审改工作，推动地方综合年鉴由“散步走”变为“齐步走”。在巩固地方综合年鉴当年卷当年出版基础上推动所有地方年鉴实现当年见书。二是在协作上发力。针对海南现状，强化握指成拳，加强与相关单位的配合，形成年鉴工作的合力。延续省级层面年鉴完成收稿后，协调印刷厂的排版人员提前进驻、同步排版的做法，向省内相关年鉴编纂单位推广，为年鉴提前见书争取主动；推广省内部分市县由年鉴业务部门牵头，全单位发力，团队作战共同完成年鉴审改的经验做法，解决海南地方志工作机构年鉴编纂人员少、任务重的问题。

（二）以发挥省级综合年鉴“头雁”效应为抓手，示范带动

在实施省域年鉴精品工程的过程中，《海南年鉴》践行精品年鉴的品质要求，在全省年鉴编纂和管理中起到示范和引领作用。长期以来，《海南年鉴》坚持在编纂出版全过程强化节点把控和质量管理，每年年初召开当年度《海南年鉴》组稿会议，做到计划早安排、工作早动员、任务早下达、人员早明确，为后期打磨提升争取主动；在审稿方面严格编辑出版程序，坚持编辑对接联系制、文稿三审三校制、回稿审查制、统编统校制，同时外聘省内外年鉴专家进行外审，通过多层审校，提升《海南年鉴》整体质量。每年根据党委政府中心工作、地方优势和年度特色，与时俱进调整《海南年鉴》编撰大纲及相关条目，确保年鉴年编年新，紧跟时代步伐。通过发挥省级综合年鉴的引领和带动作用，带动各类年鉴提升编纂水平、优化编撰框架，在海南年鉴系统形成“头雁”领航、“群雁”齐飞的“雁阵效应”，促进省域年鉴精品工程更好实施。

（三）以中国年鉴精品工程评选为牵引，强化叠加效应

在省域年鉴精品工程实施中，注重向中国年鉴精品工程对标对表，学习其实施的方法、步骤，评审的方式、标准，积极探索适合海南实际的年鉴编纂出版全流程质量控制的模式，不断完善省内精品年鉴的打造流程，吸引、推动省内年鉴工作基础好、积极性高、公开出版的地方综合年鉴及专业年鉴参与省域精品年鉴评选及创建，做好省内“育种墩苗”“打磨提升”的工作，为中国年鉴精品工程建设培养一批“种子选手”；同时积极组织省内年鉴参与全国地方志优秀成果（年鉴类）评审及中国年鉴精品工程评审中，在组织协调的过程中充分发挥年鉴工作处的纽带桥梁功能，起到上传下达、督促指导的作用，跟踪指导参评年鉴做好报送评审、修改篇目等工作，在推动更多海南市县综合年鉴进入中国精品年鉴序列的同时，为海南省域年鉴精品工程的实施提供更多可复制、可推广的经验。注重发挥两大精品工程（中国年鉴精品工程、海南省域年鉴精品工程）的杠杆撬动作用，促使两大精品工程成为“双轮驱动”，形成“链式反应”，释放叠加效应，促进全省年鉴编纂出版水平“水涨船高”。

（四）以开展“精品年鉴品读季”活动为依托，形成良好氛围

2022年10月至12月，中共海南省委党史研究室（海南省地方志办公室）精心组织开展了海南省“喜迎二十大 建功自贸港”精品年鉴品读季活动，与学习贯彻落实党的二十大精神相结合，与省委“能力提升建设年”活动有关部署相贯通，分为启动、实施、总结推广、巩固提升四个阶段进行，其间开展精品品读、研讨交流、征文撰写、优秀论文评选推荐等活动，借助“精品品读 精品示范 精品运用”，营造学术研讨的氛围，提升史志干部的能力本领，发挥精品年鉴的示范引领作用，引导省内编纂出更多记录新时代、服务新时代的精品年鉴。根据征文情况，中共海南省委党史研究室（海南省地方志办公室）按照比例评选出征文一、二、三等奖，对获奖论文作者予以通报表彰，在《海南史志》、“琼崖史志”微信公众号等平台上刊登获奖论文，并从参评征文中择优5篇推送全国评选，取得了1篇特等、2篇一等，2篇三等的优异成绩。借助此次评选活动，海南探索建立了精品年鉴品读长效机制。

（五）以质量建设为省域年鉴精品工程实施的支撑，“强身健体”

质量是年鉴的生命，在实施省域年鉴精品工程建设中，海南始终将质量建设与队伍建设抓在手上，推进省域年鉴精品工程实施不断走向纵深。一是明确标准，提升各类年鉴整体质量。严格执行《地方综合年鉴编纂出版规定》、《图书质量管理规定》、国家语言文字规范和标准等相关制度、规范，结合海南实际，编印《海南省党史地方志工作手册》，制定《海南省地方综合年鉴编纂出版实施细则》，明确海南年鉴内容收录标准、海南年鉴行文规范等相关编写规范，以规范化、制度化建设提升海南各类年鉴整体编纂质量和水平，明确精品年鉴创建的标准、方向。二是以人为本，筑牢年鉴事业发展根基。坚持“请进来”和“走出去”相结合，通过组织省内人员参与全国会议、培训，定期组织年鉴专题培训班、组稿培训班、新撰稿人培训班、年鉴编辑人员培训班、地方志业务沙龙，邀请省内外年鉴专家、学者专题授课，开展日常业务交流指导等方式，多渠道、多层面、多形式开展年鉴业务培训指导，扩大覆盖面，提高针对性，提升年鉴编纂队伍素质。

三、主要成绩及存在问题

（一）主要成绩

通过探索实施省域年鉴精品工程，海南在丰富年鉴编纂种类、提升年鉴编纂质量、完善精品年鉴打造流程、开展年鉴理论研究、创新业务指导方式、培养年鉴队伍、扩大精品宣传推广等多个方面不断取得新的突破，为全省年鉴工作高质量发展探索新路，促进全省年鉴编纂“量质齐升”。

一是年鉴编纂种类不断丰富。在地方综合年鉴编纂方面，自 2020 年以来，海南三级综合年鉴全覆盖不断巩固提升，法定规划范围内的 27 部年鉴均能做到当年卷当年出版。在专业年鉴编纂方面，海南开编专业年鉴、行业年鉴的部门不断增多，如近年来《海南水务年鉴》《海口海关年鉴》《海南博物馆年鉴》等相继开编，年鉴“家庭成员”不断增多。

二是年鉴编纂质量不断提升。从年鉴参与评审评选的结果看，海南省各类各级年鉴在全国年鉴评审等级上不断提升。《海口年鉴》多次获评全国市级特等年鉴，《海口年鉴（2020）》入选第五批中国精品年鉴；《陵水年鉴（2015）》《万宁年鉴（2018）》获评全国县（区）级特等年鉴、一等年鉴；《海南年鉴》连续两次获评全国一等年鉴，并获得第五届海南省出版物政府奖。

三是编纂队伍建设不断加强。从理论研讨、队伍培养及氛围营造来看，通过省域年鉴精品工程的实施及“精品年鉴品读季”活动的开展，极大地调动了年鉴编纂人员参与理论研究的积极性，一批编纂人员先后在《中国年鉴研究》《史志学刊》上发表了《年鉴生态文明类目如何彰显地方特色——以〈海南年鉴〉生态文明内容编纂为例》《年鉴卷首专题图片的选题策划与编排》等文章。全省年鉴工作者踊跃参加“精品年鉴品读季”活动，撰写报送论文31篇，锻炼提高了年鉴工作者的能力素质。海南推荐至全国的5篇“精品年鉴品读季”优秀征文全部获得等次。同时，省域年鉴精品工程的实施及“精品年鉴品读季”活动的开展，也极大地锻炼了海南既有的年鉴编纂队伍，使得大家有平台、有机会、有载体，与省内年鉴同行、国内年鉴同行、业内专家学者进行交流互动，通过参评论文、参评年鉴，在评中锻炼队伍，在改中提升本领。不仅如此，在省域年鉴精品工程的实施及“精品年鉴品读季”活动开展的过程中，海南省各年鉴编纂单位“各显其能”，综合运用纸媒、电视、网络、美篇、微信等各种媒体，多载体宣传推送活动内容，深入挖掘活动开展的成功做法、有益经验、突出成效，不断扩大活动的社会影响力，引导社会公众了解年鉴、使用年鉴，在全省营造出“品精品、学精品、编精品、创精品”的良好氛围。

（二）存在问题

通过探索实施省域年鉴精品工程，海南年鉴编纂取得了一定的成绩，但站在高质量发展的角度看，还有不少问题和不足。主要反映在以下方面：

一是出版品类单一。海南的市、县（区）数量有限，在客观上造成地方综合年鉴编纂数量体量偏小，海南编纂出版的年鉴中，绝大部分为地方综合年鉴和统计年鉴，与外省同行相比种类较少、品类单一。

二是出版时效不强。除《海南年鉴》拥有新闻出版总署的期刊号外，海南其余地方综合年鉴均通过逐年申请书号的方式出版。加之海南的出版单位总体数量不多，整体而言比较被动。目前出版的地方综合年鉴中，除《海南年鉴》《海口年鉴》等少部分可以在11月出版见书外，其余市县（区）往往“压哨”出版。

三是质量良莠不齐。就近年组织的省域精品年鉴评审及组织省内年鉴参与全国评审的情况来看，年鉴编纂出版质量存在两极分化、喜忧参半的局面。一方面，省级地方综合年鉴编纂质量不断提高，海口等市县也在全国评审中屡创佳绩；另一方面，省内少数市县（区）对年鉴编纂把关不严，存在隐忧，部分地方综合年鉴存在着照抄省级年鉴框架、没有自身特色、整体编排分类混乱、领属不当、层次不明等问题，能从中选出参评中国精品年鉴的“种子”数量有限。

四、下一步发展的思路举措

一是强化依法治鉴。充分依靠和运用《地方志工作条例》《海南省地方志工作规定》，构建党委领导、地方志工作部门牵头、各相关部门协调配合、社会公众共同参与的联动机制和工作格局，推动“一纳入、八到位”在各市县（区）落地落实，积极争取相关党委政府将年鉴工作纳入国民经济规划及市县（区）高质量发展考核指标，优化全省年鉴事业的发展环境，为省域年鉴精品工程更好实施创造条件。

二是培育精品意识。坚持以高质量发展为主线，以改革创新为动力，投入更大的精力科学谋划并深入实施好海南省域年鉴精品工程及中国年鉴精品工程。推动从以单本精品年鉴打造为主向以单本精品年鉴打造、精品年鉴区域建设并重的局面转变，引领带动海南年鉴事业走高质量发展道路。根据《地方志工作条例》“对在地方志工作中作出突出成绩和贡献的单位、个人，给予表彰和奖励”的规定，参照中国地方志工作办公室及外省的相关做法，探索建立相应的奖惩机制，争取地方党委、政府主管领导的重视和支持，为精品年鉴申报和评审营造更好的环境，提升各地各单位参与年鉴精品工程建设的积极性。

三是健全培育机制。不断丰富完善省域年鉴精品工程实施的模式，优化工程实施思路，推动从年鉴精品创建以评审打造为主向全流程精心培育为主转变，健全完善从篇目设计环节就严把质量关的制度，在专家审读、评审交流、汇总梳理、意见反馈、修改落实、专家审核等多个环节精准施策、定向发力，常态化开展年鉴质量评审工作，建立由省内外年鉴专家组成的专业化评审队伍，以已出版的年鉴为靶子，组织开展交叉评审，评出优势找出差距，并将评审意见如实反馈市县整改，督促提升，同时健全完善精品年鉴质量评审标准和质量控制机制，不断创新相关质量控制方法，使工程推进更加科学、规范、有序。

四是优化队伍建设。建立常态化的年鉴编纂队伍培训培养机制，不断提升年鉴专职人员的编纂水平及业务素质，在坚持“盘子端在自己手上”的基础上，积极探索购买服务、专家论证、横向合作、纵向联动等工作方式，利用参与中国精品年鉴评审的机会，与省内外年鉴编纂人员横向联动，强化用好科研院所、专业出版社、行业专家、在海南度假热心年鉴事业“候鸟人才”等各方面力量，打造一支专兼结合、本领过硬的年鉴编纂队伍，为省域年鉴精品工程更好实施提供组织保障。

打造精品示范带动　推动年鉴质量提升
——四川省年鉴精品工程经验总结*

四川省地方志工作办公室

为深入贯彻落实习近平总书记提出的“高质量发展是全面建设社会主义现代化国家的首要任务”“要高度重视修史修志”的指示精神，切实把中央和省委关于高质量发展的要求落实到地方志工作各方面，推动全省地方志工作机构担负起新的文化使命，更好地服务成渝地区双城经济圈建设国家战略和省委“四化同步、城乡融合、五区共兴”战略部署。按中国地方志指导小组办公室《中国年鉴精品工程实施方案（修订版）》、四川省地方志工作办公室（以下简称省志办）、《关于实施地方志工作质量提升行动的意见》《关于提升地方综合年鉴编纂质量的意见》要求，四川省于2023年起启动实施四川省年鉴精品工程，以精品工程建设打造示范精品，持续提升年鉴质量，推动全省年鉴事业高质量发展。

一、以年鉴精品工程为抓手，推动质量提升行动走深走实

四川历来属于年鉴大省，辖21个市（州）、183个县（市、区），2020年四川省、市、县三级205部地方综合年鉴实现“一年一鉴，公开出版”，完成“两全目标”中的重要一项。2018年以来，省志办牢固树立高质量发展理念，始终将质量

---

* 执笔人：高伟明，四川省地方志工作办公室市县志工作处处长；雷雨露，四川省地方志工作办公室市县志工作处一级主任科员。

建设摆在突出位置，采取切实有效措施，推动四川由年鉴大省向年鉴强省转变。

（一）2018 年以来年鉴质量提升举措

一是构筑质量标准体系。2018 年 9 月，省志办在全国率先出台《关于实施地方志工作质量提升行动的意见》，为全省地方志工作质量提升出台纲领性文件。2021 年 1 月，印发《关于提升地方综合年鉴编纂质量的意见》，从编、审、用全过程多维度为全省年鉴质量建设制定指导性举措。2022 年 10 月，召开全省年鉴质量提升工作会议，回顾总结 2018 年以来全省年鉴质量建设成绩，研究分析存在问题，明确今后一个时期的工作任务。2023 年 3 月，印发《四川省年鉴精品工程实施方案》，启动实施四川省年鉴精品工程。

二是强化流程监督。2019 年开始，全省建立地方综合年鉴当年卷编纂篇目审查制度和地方综合年鉴上年卷编纂篇目复核、质量抽查制度，下一级地方综合年鉴编纂篇目报上一级地方志工作机构审查，上一级地方志工作机构对下一级已出版的上一年地方综合年鉴编纂篇目进行复核、质量抽查。在此基础上，2023 年，省志办在全省启动开展市级地方志工作机构对所属县级年鉴篇目审查、复核和质量抽查情况复核，强化对市级地方志工作机构工作情况监督，细化对县级地方综合年鉴质量指导提升。

三是加强业务培训。2018 年以来，省志办分片区、分专题、多形式对市（州）、县（市、区）及省直部门（单位）年鉴编纂业务人员进行全覆盖业务培训。通过邀请专家、业务骨干面对面授课、录制授课视频云端授课等形式，提升编纂人员能力水平。据不完全统计，2018 年以来共培训年鉴业务人员 2000 余人次。

四是参加全国评选。自实施质量提升行动以来，全省各级地方综合年鉴编纂质量逐年提高，在每年的全国地方志成果（年鉴类）评审活动中，获得等次数量逐年增加、获得等次逐年提高。由 2018 年的 9 部年鉴获得等次增加到 2023 年的 31 部年鉴获得等次，其中 5 部年鉴获特等年鉴创历史之最，省、市、县综合年鉴均有获特等年鉴。《武侯年鉴（2022）》《成都年鉴（2023）》成功入选第七批、第八批中国精品年鉴。

（二）当前制约四川年鉴质量提升的问题及原因分析

通过多年的质量提升行动，四川省、市、县三级综合年鉴质量得到明显提升，但整体水平不高、区域质量差异较大、缺少示范精品等显著问题依然存在，对标其他先进省市还存在较大差距，年鉴大省距离年鉴强省还有较长的道路要走。具体来看，当前四川省年鉴发展仍存在以下几方面问题：一是框架内容方面，部分年鉴定位不准确，篇目大纲设置不合理，条目不规范，重要内容不全；二是编辑校对方面，编校水平较低，存在基本要素不全、图表版式不规范，差错率较高等问题；三是年鉴特色方面，因循守旧缺少特色，年鉴编纂人员思维固化、业务水平不高；四是年鉴使用方面，实用性、时效性、功效性不强，开发利用程度低。

分析制约四川省年鉴事业高质量发展的原因，主要有以下几点：一是部分地区对年鉴编纂重视程度不够，“一本书主义”的固化思想仍然存在，没有从“三个服务”（服务中心大局、服务经济社会发展、服务人民群众）的角度出发编纂年鉴；二是编纂人员业务水平不高，对年鉴“官书”认识不到位，缺乏年鉴编纂的基本素质，业务钻研不够；三是工作责任心不强，满足于完成任务，因循守旧，缺乏创新和突破；四是缺乏系统谋划，对年鉴各个流程时间分配不科学，赶进度影响年鉴质量；五是缺少精品，示范引领作用发挥不到位，比学赶超的良好氛围有所欠缺。

（三）以实施四川省年鉴精品工程为抓手引领全省年鉴质量提升

为进一步巩固地方志工作质量提升行动成果，突破全省年鉴质量提升的瓶颈，调动市、县年鉴编纂单位打磨精品年鉴的积极性，从根本上推动年鉴质量提升，省志办启动实施四川省年鉴精品工程，旨在持续有效提升年鉴质量，更好地发挥地方综合年鉴“政府蓝皮书”存史、资政的历史价值和现实功用，为推动地方志事业高质量发展作出安排。

深入实施四川省年鉴精品工程，是持续深化年鉴质量建设的重要抓手，是发挥年鉴存史、育人、资政功能的根基所在，也是年鉴工作者紧扣新时代脉搏，立足新发展阶段，完整、准确、全面贯彻新发展理念，讲好四川故事，推动优秀传统文化创造性转化、创新性发展的关键步骤。实施四川省年鉴精品工程，打造四川省精品年鉴，旨在发挥精品年鉴的示范带动效应，引领推动年鉴事业走上高质量发展道路。全省地方志工作机构要以此为契机，全面提高年鉴质量，构建年鉴质量保障体系。

通过实施四川省年鉴精品工程，要全面提升全省年鉴编纂出版质量，推选一批优秀年鉴申报中国年鉴精品工程。同时锻炼打造一支具有较高水平的年鉴工作队伍。

申报条件方面，要求年鉴工作重视程度较高、编纂基础条件（包括人员、经费、工作基础等）较好，连续编纂并公开出版5卷以上，有打造四川省精品年鉴积极性的地方综合年鉴、专业（部门）年鉴方可进行申报。评选中，设定四川省年鉴精品工程评选质量标准和评分标准量化打分。

《四川省年鉴精品工程实施方案》还对申报与评选程序、评选要求和管理、奖励与宣传、保障措施等内容进行了明确，印发前先后书面征求省直部门、市（州）地方志工作机构意见，组织省内年鉴编纂专家召开会议进一步明确评选标准，完善评审原则，细化评审流程，数易其稿，最终形成定稿，经省志办主任办公会审议通过后印发。

二、以四川年鉴实际为出发点，做好年鉴精品工程组织实施

自四川省年鉴精品工程启动以来，全省地方志工作机构积极组织申报，省志办在充分借鉴其他先进兄弟省（市）先进经验的基础上，结合四川实际，扎实推进申报、评选等工作：

（一）自主申报与区域定额相结合

符合申报条件的年鉴编纂单位按年度组织申报，每年一次，申报当年卷，于每年4月底前提交详至条目的年鉴编纂篇目和《四川省年鉴精品工程申报表》，逐级上报至四川省年鉴精品工程办公室。每年度省直各部门可申报省级专业（部门）年鉴1部，各市（州）可申报市级或县级综合年鉴1部。篇目经审核通过的申报单位于8月底前提交编纂成熟的书稿，入围下一环节的年鉴编纂单位于10月底前反馈修改完善后书稿报专家复核，11月省志办发文公布入选年度四川精品年鉴名单。

（二）独立审核与集体研究相结合

篇目审核阶段，专家对所有申报年鉴篇目进行审核，提出修改意见并按质量高低进行排序，由省年鉴精品工程办公室统筹汇总后提出建议入围下一环节，报省年鉴精品工程领导小组会议审核通过后公布。志稿编纂、审核阶段，省年鉴精

品工程办公室按1本年鉴分配2名专家进行指导、审核的方式进行，采取会议座谈、上门指导等方式进行指导，书稿完成后按要求进行审核，提出评审意见和修改要求，省年鉴精品工程办公室适时组织专家会商，提出建议名单报省年鉴精品工程领导小组会议审核后公布。

（三）逐级审核与专家复核相结合

精品年鉴评选过程中，充分发挥市级地方志工作机构承上启下的作用，对辖区内市、县两级申报年鉴的篇目、书稿进行第一次把关，自行组织至少5名专家评审通过后方可提交省年鉴精品工程办公室。省年鉴精品工程办公室明确的2名指导专家在审核指导过程中，需对自身提出的意见负责，并全程跟踪、督促指导年鉴编纂单位进行修改，复核年鉴篇目、志稿修改情况，督促时间进度，确保按省年鉴精品工程办公室规定时间节点上报相关资料。

（四）奖励激励与宣传推广相结合

入选四川省年鉴精品工程的年鉴，由省志办发文公布，向编纂单位颁发证书，并向同级地方党委、政府发贺信且优先推荐申报中国年鉴精品工程，并在全国、四川省地方志优秀成果（年鉴类）评审活动中，直接进入评审推荐。入选四川省年鉴精品工程的编纂单位、主要编纂人员，在评选四川省级地方志系统先进集体和先进工作者时，予以优先推荐。入选四川省年鉴精品工程的年鉴，省志办在四川省情网、“方志四川”微信公众号、《巴蜀史志》期刊等平台进行宣传推介，总结编纂经验向全省推广。2023年，《乐山年鉴（2023）》等5部年鉴成功入选首批“四川精品年鉴”。

三、以务实举措为根本，不断摸索构建四川模式

2023年是四川实施年鉴精品工程的第一年，在工程实施、时间安排、评审组织、质量把控等方面尚处于学习摸索阶段，与其他发展成熟的兄弟省（市）相比还存在较大差距，就目前工程组织实施情况来看，比较切实有效的措施与经验主要有以下几方面：

（一）上下联动，强化组织领导

成立四川省年鉴精品工程领导小组，由省志办主要负责人任组长，省志办班子其他成员任副组长，市（州）地方志工作机构负责人、省志办各相关处（社）负责人任成员，统筹规划年鉴精品工程实施，研究解决重大问题，对通过评审的精品年鉴进行认定。成立四川省年鉴精品工程办公室，负责四川省年鉴精品工程的日常组织协调和指导、培训、调研、评审等工作。各市（州）相应成立四川省年鉴精品工程市（州）联络组，由各市级地方志工作机构主要负责人或分管负责人任组长，成员由有关方面专家和年鉴部门负责人至少5人组成，联络组负责协调本地区精品年鉴创建活动的业务指导、评审申报、宣传推介等工作。

（二）明确标准，规范评审流程

按《地方综合年鉴编纂出版规定》《关于地方综合年鉴编纂出版若干问题的补充规定》《四川省地方综合年鉴编纂出版规范》，制定《四川省年鉴精品工程评选质量标准》，从观点、框架、内容、条目、图表、行文、编校、版式等方面进行细化明确，突出重点量化标准，制定《四川省年鉴精品工程评分标准》，按百分制计算，框架（分类）和标题占25分，内容占30分，特色占7分，图表和版式占8分，行文和编校占30分，同时明确扣分内容，做到标准统一，一把尺子量到底。

（三）精准把脉，强化督促指导

建立四川省年鉴精品工程评审专家库，负责申报年鉴篇目、文稿评审、指导、复核等工作。将省内年鉴专家（包括离退休或转岗）、部分地方志工作机构年鉴工作分管领导、年鉴编纂工作一线业务骨干纳入专家库，采取动态调整的模式对专家指导情况、敬业态度等进行反向考核，筛选出一批热心参与精品年鉴打造、配合度高、业务素质高、指导成效好的人才进入专家库。2023年，筛选出8名专家负责对申报年鉴进行审核指导。

（四）严把质量，提升年鉴品质

坚持质量第一原则，按年度组织申报，每年一次申报当年卷，入选年鉴宁缺毋滥，不设定具体数量，成熟一部，评审通过一部、入选一部。根据申报、评审过程中发现的共性问题、普遍问题、争议问题，组织专家会商研判、达成共识，工程组织实施期间，省年鉴精品工程办公室制定《四川省精品年鉴部分内容修改指导建议》，对重点板块进行细化解读，供评审专家和年鉴编纂单位参考，进一步提升年鉴编纂、修改质量，做到每一环节对每一本年鉴质量都是一次提升。

四、以扩大影响为努力方向，持续带动年鉴质量提升

四川省年鉴精品工程启动以来，各级地方志工作机构申报热情高涨，部分申报地区党委、政府关切申报评选工作，年鉴编纂人员编精品提质量的意识不断提升，初步起到了以精品年鉴打造示范带动全省年鉴编纂质量整体提升的目的。

（一）党委政府关切，强化人财物保障

自年鉴精品工程启动以来，各地党委、政府高度重视，了解本地区年鉴编纂、申报、评选等情况，在经费、人员等方面予以充分保障，落实编纂、评审、报送、审核、宣传推介等费用，为申报年鉴精品工程的年鉴编纂单位解决切实问题，解决后顾之忧。入围年鉴精品工程的年鉴，由省志办负责年鉴的购买、宣传、交流、推介等。

（二）申报热情高涨，积极主动作为

经过宣传动员、市州推荐、省年鉴精品工程办公室资格筛选，2023 年全省 21 个市（州）共有 20 个市（州）申报年鉴精品工程，其中市级年鉴 17 部，县级年鉴 3 部，申报积极性高。由于对各地申报数量进行限制，一个市（州）每年只能申报一部，各地年鉴编纂单位为争取申报资格，形成你追我赶的良性竞争态势，从被动到主动转变，主动思考年鉴如何提升质量、体现地区特色，最终在评选过程中突出重围，成功入选。

（三）发挥引领作用，提升年鉴质量

各地对本年度申报年鉴精品工程的年鉴进行精心筛选，参照往年年鉴质量，推选出代表本地最高水平的年鉴进行申报。在评选过程中，充分发挥申报年鉴区域引领作用，组织域内市、县地方志工作机构负责人、年鉴专家、一线年鉴编纂

骨干通过召开会议、实地调研等方式对申报年鉴篇目、书稿进行完善打磨，集全市年鉴编纂人员之力精心打磨提升，通过学精品、做精品的引领，带动省、市、县三级年鉴从业人员年鉴质量意识普遍增强，为持续有效提升年鉴质量、推动全省年鉴事业高质量发展营造良好氛围。

（四）构建梯度发展，促进良性循环

成功入选四川省年鉴精品工程的年鉴将优先推荐申报中国年鉴精品工程，并在全国、四川省地方志优秀成果（年鉴类）评审活动中，直接推荐进入评审。采取层级递进推荐的方式，有利于全面摸清全省年鉴发展水平，各市（州）相应形成梯度发展格局，每年集中力量推荐打造一部年鉴推荐申报省级年鉴精品工程，最终实现质量整体提高。

五、四川年鉴精品工程组织实施中存在的问题及对策建议

四川虽是年鉴大省，但量多质不优的现状已持续多年，作为提升全省地方综合年鉴整体质量的重要推进举措，年鉴精品工程启动以来，虽整体进展顺利，但仍然反映出许多问题，如整体质量不高、基础较差，精品打造难度较大；部分年鉴编纂单位申报热情高，但后劲不足；部分年鉴编纂人员能力不足；指导专家兼顾本职工作，指导精力有限；项目实施时间把控不精准，当年出版时间紧。

针对以上问题，四川省年鉴精品工程领导小组及其办公室将从以下几方面加大力度，争取四川精品年鉴打造工作年年有新进步。

一是持续开展年鉴质量提升行动。继续开展省对市（州）年鉴编目审查、复核和质量抽查，开展市级地方志工作机构对所属县级年鉴篇目审查、复核和质量抽查情况复核，探索建立省、市、县三级年鉴交叉检查或随机抽查制度。下一步，在严格执行《地方综合年鉴编纂出版规定》《关于地方综合年鉴编纂出版若干问题的补充规定》《关于提升地方综合年鉴编纂质量的意见》相关规定的基础上，要出台《四川省综合年鉴质量体系建设纲要》，进一步规范地方综合年鉴编纂工作。

二是持续发挥年鉴精品工程引领作用。继续组织全省地方志工作机构申报四川年鉴精品工程，支持更多年鉴创建中国精品年鉴。通过精品工程实施，真正评选打造出认可度高、具有示范带动作用的四川精品年鉴。持续扩大年鉴精品工程

影响力，对获评精品年鉴的年鉴，在“方志四川”两微十四号一网一刊一台一店一馆（“方志四川”微信公众号、微博、人民号、新华号、澎湃号、搜狐号、头条号、企鹅号、百家号、网易号、川观号、封面号、时间号、一点号、视频号、抖音号、四川省情网手机版、《巴蜀史志》期刊电子版、喜马拉雅FM电台、微店、个人图书馆）新媒体矩阵进行宣传推介。鼓励各市（州）开展相应的年鉴精品工程创建工作，以各类年鉴精品引领各地年鉴质量提升。

三是合理调整时间安排。根据2023年以来年鉴精品工程组织实施情况，对时间安排进行适当调整，调整年鉴申报时间由4月提前至3月，压缩评审、修改时间，精准把握篇目审查、资料收集、志稿撰写、审核修改、移送出版等关键环节，确保精品年鉴当年卷当年公开出版，不因申报年鉴精品工程影响出版时间。

四是加强人才队伍建设。通过年鉴精品工程的组织实施，推出一批精品年鉴，引导全省年鉴从业人员树牢“有为才有位”理念，不断提升年鉴理论知识和业务素养。开展形式多样的业务培训和交流，积极组织年鉴工作从业人员参加各类业务培训，省级层面采取分期分批组织开展年鉴编纂线下业务培训、邀请专家进行线上业务培训、录制年鉴编纂业务培训视频、分片区召开年鉴业务研讨交流会等方式，加强年鉴编纂人员业务能力提升，挖掘一批业务能力突出、热爱年鉴编纂事业的人才，充实到全省年鉴专家库，为后续年鉴精品工程评比审核提供人才支撑。

提升队伍素质　打造年鉴精品

——云南省级年鉴精品工程经验总结*

云南省地方志办公室

为贯彻落实国务院《地方志工作条例》、中国地方志指导小组《地方综合年鉴编纂出版规定》《关于地方综合年鉴编纂出版若干问题的补充规定》，推进中国年鉴精品工程深入实施，全面提升全省年鉴编纂质量，充分发挥年鉴工作在云南经济社会发展中的作用，云南省地方志办公室（以下简称省志办）于2023年启动云南省级年鉴精品工程，以精品年鉴带动全省综合年鉴编纂质量提升，推动全省年鉴事业高质量发展。

一、工程实施简要历程

2017年，中国地方志指导小组办公室（以下简称中指办）印发《中国年鉴精品工程实施方案》。其后，《楚雄州年鉴（2018）》入选第三批中国精品年鉴。2022年，中指办印发《中国年鉴精品工程实施方案（修订版）》，当年中共楚雄州委党史研究室（楚雄州地方志办公室）入选首批中国精品年鉴区域试点单位，也是云南省首家中国精品年鉴区域试点单位。2023年，《曲靖年鉴（2023）》《楚雄市年鉴（2023）》申报中国精品年鉴。同年，为全面提升全省年鉴编纂质量，在省志办

* 执笔人：郑灵琳，云南省地方志办公室年鉴处副处长。

领导的关心支持下，云南启动省级年鉴精品工程。云南省级年鉴精品工程的实施历程可以分为以下几个阶段：

（一）筹备规划阶段

认真学习领会《中国年鉴精品工程实施方案（修订版）》，制定评审计划。确定以优秀年鉴评审活动领导小组作为精品年鉴评审活动的领导机构和评审结果终审机构，省志办主任任组长，分管副主任任副组长，省志办年鉴处、云南年鉴社、16个州市地方志工作机构主要负责人为成员。组织专业人员培训，进一步讲授年鉴编纂的记述范围、编纂方法和工作流程，明确各个环节的责任和任务，切实提升年鉴编纂和评审的专业素质和工作能力。同时，与各州市地方志年鉴编纂机构进行沟通和协调，确保年鉴编纂工作顺利进行。

（二）实施评审阶段

根据规划阶段的安排，各级年鉴部门按照分工和职责，积极参与年鉴编纂工作。在实施过程中，注重提升质量，加强对年鉴内容的审核和校对，确保年鉴资料的准确性和可靠性。同时，持续加强与各部门的沟通与协作，及时获取最新的信息，确保年鉴内容的及时更新。年鉴处负责组织专家，遵照《地方综合年鉴编纂出版规定》《关于地方综合年鉴编纂出版若干问题的补充规定》确定的质量要求，对州（市）级、县（市、区）级综合年鉴进行评审，提出通报表扬年鉴建议名单。初审结果报领导小组终审，经过评审组评审，确定入选云南精品年鉴名单，并进行通报表扬。

（三）成果激励阶段

在全省表扬云南精品年鉴，并将通报结果的正式文件盖章分发给获奖州市地方志工作机构，鼓励其根据国务院《地方志工作条例》“对在地方志工作中作出突出成绩和贡献的单位、个人，给予表彰和奖励”的规定，向本级党委、人民政府积极汇报，争取获得通报表扬年鉴的编纂单位和相关人员给予表彰和奖励。

二、工作模式和机制

（一）组织架构

云南省精品年鉴评审活动的领导机构和评审结果终审机构为优秀年鉴评审活动领导小组。领导小组负责制定年鉴编纂工作的总体规划和目标，并协调各部门之间的合作与配合。省志办年鉴处负责具体的组织和实施工作。

（二）工作机制

建立年鉴编纂与评审的协同机制，年鉴处、云南年鉴社、16个州市地方志工作机构各部门之间加强沟通与协作，形成工作合力。年鉴处负责统筹协调各部门的工作进展，确保年鉴评审的全面和准确。

（三）工作流程

制定详细的年鉴评审工作流程，明确各个环节的责任和时间节点。主要包括对年鉴的内容范围和框架、收集和整理资料、编写和校对稿件、设计版式和排版、审定和印刷等环节的评审鉴定。每个环节都有相应的责任人和审核程序，确保年鉴评审的质量和进度。

（四）质量控制

建立严格的质量控制体系，按照《地方综合年鉴编纂出版规定》《关于地方综合年鉴编纂出版若干问题的补充规定》确定的质量要求，以百分制量化，设定具体分值。对年鉴的各个环节进行全面监督和检查，包括对稿件的逻辑性和语言表达进行审查，对版式和排版的规范性进行检查等。同时，邀请专家学者对年鉴进行评审。

（五）信息共享

通过建立信息共享平台，促进各部门之间的信息交流和共享。年鉴处于2023年创编《各地年鉴工作动态》简报，及时传达全国年鉴工作重要信息，收集省内外年鉴工作最新经验和成果，及时传达到全省各级年鉴部门。同时，鼓励各部门主动提供最新的信息和数据，及时更新信息内容。

三、主要措施与经验

（一）强化组织领导

主要领导要亲自过问、亲自部署、亲自把关；分管领导要抓进度、抓质量、抓落实；责任部门和责任人要倒排工期，挂图作战，对标对表，确保高质量完成年鉴组稿、编辑、加工、出版、印刷各环节工作，提高年鉴的时效性。2022 年 11 月，省志办正式成立年鉴处，加强对全省综合年鉴的业务管理。2023 年是云南省年鉴综合质量提升年，年鉴工作围绕学习贯彻习近平新时代中国特色社会主义思想与习近平总书记考察云南重要讲话和重要指示精神，贯彻落实全国年鉴工作有关会议和文件精神，总结工作中存在的不足，通过开展学习培训、经验交流、评奖表扬等方式努力提升年鉴编纂水平。

（二）加强人才培养

为全面提升全省年鉴编纂质量，同时带动队伍建设，2023 年 5 月和 10 月，云南省分别组织召开全省地方综合年鉴编纂业务培训班，并以《曲靖年鉴（2023）》《楚雄市年鉴（2023）》申报中国精品年鉴为契机，请全国精品年鉴指导专家亲自授课。培训内容包括年鉴编纂的基本知识和技能、信息收集和整理的方法、稿件编写和校对技巧等。同时，鼓励年鉴编纂人员参加相关的学术研讨会和培训班，不断提升自身的专业水平。全省培训班上，专家对目前存在问题进行分析、介绍先进地区的成功经验、解读《地方综合年鉴编纂出版规定》《关于地方综合年鉴编纂出版若干问题的补充规定》，讲解精品年鉴质量标准和审核程序，并对申报年鉴提供专业修改意见和建议。

2023 年两期培训班，全省报名参会人员都达 600 余名，涵盖省志办有关业务处室，16 个州市 129 个县年鉴部门负责人和工作人员。主会场现场参会的省志办年鉴处、云南年鉴社全体人员，曲靖市、楚雄州地方志工作机构负责人，16 个州市年鉴科负责人，曲靖市、楚雄州申报精品年鉴业务人员全程参与，互动交流。在 100 多个分会场通过网络会议参会的全省各州、市、县地方志机构年鉴业务人员也反馈良好。

（三）加强合作与协调

在年鉴编纂过程中，注重各部门之间的合作与协调，与相关部门建立良好的沟通机制。同时，尝试与学术界、研究机构的合作，充分利用外部资源，提高年鉴的学术价值和研究深度。省志办领导一直强调学以致用，要求各级地方志工作机构高度重视地方综合年鉴服务现实的功能，积极研究年鉴开发利用渠道，提升年鉴资政辅治价值。主动了解党委、政府、发改、招商、文旅、教育等部门对年度信息的需求，积极关注本地重大会议、活动。学习省外年鉴编纂的先进经验，探索年鉴编纂的更多形式，推动各级综合年鉴在服务中心大局、服务经济社会发展、服务人民群众的进程中发挥更大作用。

四、主要成效和影响

（一）提高了年鉴质量

通过省级年鉴精品工程的实施，年鉴的质量得到了显著提升。在编纂过程中，注重客观真实、科学规范的原则，确保年鉴内容的准确性和权威性。同时，优化编纂方法和流程，提高了年鉴编纂的规范性。

（二）增强了年鉴影响力

通过省级年鉴精品工程的实施，使年鉴的知名度和影响力得到了提升。年鉴成为各级政府决策的重要参考依据，为政府工作提供了重要支撑。年鉴也为企事业单位和社会公众提供全面、准确的信息资源，促进了经济文化的发展和社会进步。

（三）促进了信息共享与协同

通过省级年鉴精品工程的实施，促进了各部门之间的信息共享和协同合作，有助于及时获取最新的信息和数据，确保年鉴内容的全面性和时效性。同时，也加强了与学术界、研究机构的合作。

（四）推动了地方文化传承

通过省级年鉴精品工程的实施，注重地方文化的挖掘和传承，为地方文化的保护和发展作出了积极贡献。通过记录和展示地方的历史、文化、人文等方面的信息，弘扬了地方特色文化，增强了地方文化自信和凝聚力。

（五）培养带动了年鉴编纂队伍

通过省级年鉴精品工程的实施，为各地提供了一个学习交流的平台，促进了编纂人员之间的互动和交流。通过分享经验、讨论问题、解答疑惑等方式，提高了编纂人员的工作效率和质量。通过实践锻炼，编纂人员能够更好地理解和掌握年鉴编纂的理论和实际操作技巧。通过建立激励机制，年鉴编纂队伍中的优秀成员得到了表彰肯定。

五、存在的问题及对策建议

（一）要加强对习近平文化思想的深入理解

2023 年 6 月 2 日，习近平总书记在文化传承发展座谈会上发表重要讲话，深刻阐明了新时代新的文化使命，对努力建设中华民族现代文明提出了明确要求。同年 10 月召开的全国宣传思想文化工作会议首次提出并阐释了习近平文化思想。地方志是中华优秀传统文化的重要载体和记述形式，在记录阐释、保护挖掘、传承弘扬中华优秀传统文化中具有不可替代的作用。年鉴分年度全面系统记载社会发展进程中的新成绩、新特点、新经验、新信息、新变化。年鉴工作者应该紧扣时代脉搏，坚持创新发展，走好传承弘扬中华优秀传统文化的关键步骤，树立精品意识，增强服务功能，助力修史修志。

（二）资金投入不足

由于年鉴编纂工作需要大量的人力、物力和财力支持，目前部分地区很想将工作做出成果，但资金投入不足。各年鉴编纂单位需要通过工作协调，尽量增加财政拨款，解决出版经费问题。

（三）人才队伍建设不够完善

年鉴编纂工作需要具备一定专业知识和技能的人才支持。目前人才队伍建设不稳定、不完善，需要进一步加强培养和引进。需要增加对年鉴编纂人员的培训和学习机会，提高其专业素质和能力水平。下一步，可以引进相关领域的专业人才，提升年鉴编纂团队的整体实力。

（四）框架更新速度较慢

年鉴框架在基本稳定的基础上，需要根据地方发展和时代趋势及时更新，以反映最新的发展动态。然而，目前框架更新的速度较慢，很难通过现有途径及时获取最新的信息。需要编纂部门加强与其他部门的沟通与协作，及时获取最新的信息和数据，确保年鉴内容的及时更新。

（五）宣传推广力度有待加大

近年来，全省年鉴工作者虽然已经加大了对年鉴的宣传推广力度，但仍然存在宣传推广力度不够的问题，需要进一步加大宣传推广力度，通过多种渠道和方式提高年鉴的知名度和影响力。比如，利用新媒体平台进行宣传推广，扩大年鉴的读者群体。

六、下一步努力方向

省志办将站在全省年鉴工作新起点思考和谋划工作。通过精品年鉴的培育，总结提炼年鉴编纂方法，形成标准、建立规范、培养队伍、多出精品。通过精品年鉴的创建，归纳形成案例教材，为今后一个时期全面提升全省综合年鉴质量闯出一条路子，形成一套方法，使云南年鉴工作和全国年鉴一起走进新时代，迈上新台阶。

匠心打造精品年鉴
全力提升全省地方综合年鉴编纂质量
——青海省综合年鉴精品工程经验总结*

青海省地方志编纂委员会办公室

为更好贯彻落实《地方志工作条例》《青海省地方志工作规定》和《地方综合年鉴编纂出版规定》《关于地方综合年鉴编纂出版若干问题的补充规定》，广泛树立精品意识，打造精品年鉴引领全省综合年鉴编辑出版提质增效，推动年鉴工作高质量发展，2022 年青海省地方志编纂委员会办公室（以下简称省志办）在全省启动实施地方综合年鉴精品工程。工程启动以来，全省地方志系统牢固树立精品意识，强化使命担当，紧紧围绕提升综合年鉴编纂出版质量这一主线，以突出地域特色、展示时代风采为着力点，以堪存堪鉴、服务新时代为目标追求，在组织领导、质量要求、工作流程、评选管理、奖励宣传、经费保障、培训交流等方面下功夫、出实招，持续提升年鉴编纂质量，让年鉴存史、资政、育人功能得到更好发挥。

一、工程实施简要历程

2022 年 3 月，青海省志办印发《青海省综合年鉴精品工程实施方案》，正式

---

* 执笔人：孙文龙，青海省地方志编纂委员会办公室二级主任科员。

启动实施综合年鉴精品工程，成立青海省综合年鉴精品工程学术委员会、青海省综合年鉴精品工程办公室，并根据后续工作需要，各市州及时成立青海省综合年鉴精品工程协作组。

通过广泛宣传、积极动员和沟通协调，2022 年全省共有 2 部市州级年鉴和 1 部县级年鉴（《青海海南年鉴（2022）》《黄南年鉴（2022）》《河南蒙古族自治县年鉴（2022）》）申报 2022 年度全省综合年鉴精品工程。同年 6 月，青海省综合年鉴精品工程办公室组织学术委员会评审专家对报审的 3 部年鉴篇目大纲进行分组评审。7 月，青海省综合年鉴精品工程办公室以视频方式组织召开综合年鉴精品工程篇目大纲评审会，听取学术委员会评审专家对《青海海南年鉴（2022）》《黄南年鉴（2022）》《河南蒙古族自治县年鉴（2022）》篇目大纲的评审意见。10 月，各申报单位在认真修改完善篇目大纲的基础上，陆续完成初稿，经各申报单位组织专家初审后，上报青海省综合年鉴精品工程办公室。青海省综合年鉴精品工程办公室及时组织评审专家采取通审和分组评审相结合的方式对 3 部报审年鉴书稿进行认真评审，并将评审意见及时反馈到各申报单位。各申报单位吸纳专家意见建议，经过反复修改，11 月向省综合年鉴精品工程学术委员会提交终审稿，在学术委员会各成员对终审稿进行审读基础上，省综合年鉴精品工程办公室组织学术委员会委员和编纂单位以视频方式召开评审会。经评审，《黄南年鉴（2022）》《河南蒙古族自治县年鉴（2022）》入选首批青海省精品年鉴。青海省志办印发《关于公布入选全省综合年鉴精品工程“青海省精品年鉴”的通知》，对获评首批青海省精品年鉴的两部年鉴予以正式公布。

2023 年，全省共有 3 部市州级年鉴和 1 部县级年鉴（《青海海南年鉴（2023）》《海北年鉴（2023）》《黄南年鉴（2023）》和《同仁年鉴（2023）》）申报参加 2023 年度青海省综合年鉴精品工程。青海省综合年鉴精品工程办公室根据实际情况，协调调整 2023 年度学术委员会成员，制定 2023 年申报精品工程的综合年鉴篇目评审专家分工，组织评审专家按照通审和分组评审相结合的方式，对申报年鉴的篇目、书稿进行了三轮评审，提出评审意见建议，申报单位按专家的意见建议进行了认真修改完善。在完成样稿后，青海省综合年鉴精品工程办公室组织人员，从观点、框架、资料、内容、条目、图表、行文、检索、编校、版式等方面进行综合评审检查。12 月，经青海省综合年鉴精品工程学术委员会评审会议研究，确定《黄南年鉴（2023）》《同仁年鉴（2023）》入选 2023 年青海省综合年鉴精品工程“青海省精品年鉴”。12 月 9 日，青海省志办印发《关于公布入选 2023 年全省综合年鉴精品工程“青海省精品年鉴”的通知》。至此，青海省综合年鉴精品工程实施两年来，共有 2 批 4 部年鉴入选青海省精品年鉴。

二、采取的主要措施

（一）组建工作机构

根据工作需要，结合青海年鉴编纂工作实际，成立青海省综合年鉴精品工程学术委员会，负责审定青海省综合年鉴精品工程申报年鉴。成立青海省综合年鉴精品工程办公室，设在省志办青海年鉴社，由青海年鉴社社长任办公室主任，负责日常的组织协调及调研、组织出版、宣传等工作。成立各市州地方志工作机构协作组，负责协调本地区精品年鉴的评审、申报、宣传推介等工作。协作组组长由各市州地方志工作机构主要负责人或分管负责人担任，并设联络员 1 人。

（二）确定申报范围

在申报范围方面，由各市州地方志工作机构推选申报 1 ~ 2 部年鉴工作重视程度较高、编纂基础条件（包括人员、经费、经验等）较好、有打造精品年鉴积极性的年鉴编纂单位编纂的年鉴，优先推荐申报在全国或全省地方志优秀成果（年鉴类）评审中曾获等次的年鉴编纂单位编纂的年鉴。同时，要求申报单位严格按照《地方综合年鉴编纂出版规定》《关于地方综合年鉴编纂出版若干问题的补充规定》质量要求组织编纂，并在方案中对申报年鉴从观点、框架、资料、内容、条目、图表、行文、检索、编校、版式等方面提出具体要求。

（三）严格评审流程

要求符合申报条件的年鉴编纂单位，于每年 3 月底前提交详至条目的年鉴篇目大纲，由省综合年鉴精品工程办公室组织专家，按照评选程序进行评审。篇目大纲通过评审的申报单位，于每年 6 月底前提交编纂成熟的年鉴稿，上报至市州级地方志工作机构，由市州级地方志工作机构及其协作组组织不少于 3 名相关专家，对申报年鉴稿进行评审。评审通过后，填写《青海省年鉴精品工程专家评审表》，由参加评审的专家签名并加盖市州级地方志工作机构公章，同已修改完善的年鉴稿于每年 8 月底一并报送至省综合年鉴精品工程办公室，由办公室提交省综合年鉴精品工程学术委员会评审，并组织召开评审会议。评审通过后，省志办适时发文正式公布入选名单。入选的青海精品年鉴稿，按照青海省综合年鉴精品工程要求，以统一标识、统一版式、统一风格自行印刷出版。

（四）明确奖励标准

确定入选的年鉴，在下一年度开展的全省地方志优秀成果（年鉴类）评审活动中，直接推荐进入二等以上等次年鉴的评审，不占用各市州的报送名额，鼓励各地在优秀年鉴评审活动中优先推荐。入选年鉴的编纂单位、主要编纂人员，在评选地方志系统先进集体和先进工作者时，同等条件下优先予以推荐。入选的年鉴，由省志办在发文公布时，建议本级人民政府根据国务院《地方志工作条例》关于“对在地方志工作中做出突出成绩和贡献的单位、个人，给予表彰和奖励”的规定，对年鉴编纂单位和人员给予表彰和奖励。同时，由省志办在全省范围内进行宣传推介，总结编纂经验向全省推广，号召全省地方志工作机构和工作人员学先进当先进，增强精品意识，积极培育打造各地精品年鉴。

（五）做好经费保障

由省志办负责承担各市州地方志工作机构报送年鉴后的评审、研讨、宣传推介以及专家指导等费用。各市州地方志工作机构负责承担本市州组织评审、报送以及在本地开展宣传推介等相关费用。各年鉴编纂单位负责承担年鉴稿编纂修改、印刷出版等相关费用。

（六）加强培训交流

针对省内部分地方志工作机构工作力量薄弱的实际，在积极组织人员参加由中国地方志工作办公室主办的各类培训、调研、会议等的基础上，采取以会代训等形式，组织青海年鉴社工作人员和全省 6 个州 2 个市及所属县（市、区、行委）地方志工作机构年鉴编纂工作负责人、主编、编辑人员进行线上线下培训，帮助全省广大年鉴编纂工作者进一步了解中国精品年鉴的编纂思路，掌握专业知识，拓宽视野思路，全面增强业务能力，为推进年鉴精品工程、推动年鉴事业高质量发展奠定了良好基础。各市州地方志工作机构还在本地区组织“精品年鉴品读”活动，开展研讨交流活动，相互学习提高。

三、取得的主要成绩

（一）以调研为基础，年鉴编纂更显“科学化”

青海省志办把调研作为做好年鉴编纂的基础性工作，围绕中心工作，在办领导的带领下，深入基层开展调研工作。创新资料收集方法，专人负责年鉴资料收集，指导修改稿、送审稿报送，做到稿件不遗不漏；聘用老专家、老主编指导年鉴框架设计、内文编写、图片征集等，做到观点正确、框架科学、资料翔实、内容全面。特别是部分市州地方志工作机构以培育精品意识、打造年鉴品牌为抓手，对年鉴编纂实施改版、提质、扩容、调整，在广泛搜集、深度挖掘、鉴别资料方面狠下功夫，采取走出去、请进来等方式，搜集大量的文稿、图片等有价值的资料，内容突出各单位各部门主责主业，当年发生的大事要事新事，彰显当年党政工作思路、各部门工作特点，凸显地域特色。条目编写做到突出重点、简明扼要、选材有效、新颖规范、准确系统，为全省精品年鉴的打造起到引领作用。

（二）以规定为准绳，年鉴编纂更显“规范化”

各级地方志工作机构年鉴编纂人员严格对照《地方志工作条例》《青海省地方志工作规定》和《地方综合年鉴编纂出版规定》《关于地方综合年鉴编纂出版若干问题的补充规定》等规定，深入开展理论学习、讨论交流，通过对精品年鉴的认真品读，结合本地实际，吸收精品年鉴在特色创新规范等方面的好经验好做法，认识到了本地区年鉴工作在理念上、机制上、路径上、规范上等诸多方面存在的不足。特别是省、市两级地方志工作机构将学习成果应用到对各市（州）、县（市、区）综合年鉴的审定指导中，从解放思想、守正创新，优化路径、美化布局，注重特性、突出特色等方面提出了一系列补充、修改、完善的具体意见，特别注重在编纂过程中，指定专人负责把关全书统一的行文规范，保证全书语言风格、计量单位、数字用法、文图表搭配等规范严谨，有效提升了年鉴编纂质量。全省广大年鉴编纂人员以读促学、学以致用，找出自身短板，提升能力，积蓄力量，精品意识不断强化，打造本地精品年鉴的信心不断提升，为今后全省综合年鉴精品工程的顺利实施打下了坚实基础。

（三）以地域为依托，年鉴编纂更显“特色化”

通过多种表现形式，准确、充分地增强年鉴地域特色是提升年鉴质量的必由之路，也是创建中国精品年鉴的客观要求。青海地方志系统在年鉴精品工程实施过程中，更加注重在围绕政治、经济、文化、社会、生态文明等方面的选图和组稿，同时紧扣时代脉搏，抓实地域特色，展现青海各地区精神面貌。部分地区在优化工作流程、突出地方特色、提升年鉴品质上狠下功夫，逐步建立起质量管控制度体系，实现年鉴编纂出版全流程管理；根据地域特点，不断调整完善框架结构，充分利用彩页图片，全方位、多层次凸显地方特色，对能突出反映地方特色的事物进行适当升格，由条目升为分目，或由分目升为类目等，通过调整框架结构来突出地域特色，年鉴质量得到有效提升。

四、积累的主要经验

（一）只有坚持正确指导思想，年鉴精品工程才能始终保持正确方向

地方综合年鉴是“官修”“官书”。精品年鉴坚持以习近平新时代中国特色社会主义思想为指导，坚持辩证唯物主义和历史唯物主义的立场、观点和方法，反映党的正确领导，彰显新时代主旋律，才能具备正确的政治思想基础，始终坚守正确的政治方向。

（二）只有组织机构健全完善，年鉴精品工程才能保持高质高效推进

通过成立青海省综合年鉴精品工程学术委员会、精品工程办公室和市州地方志工作机构协作组，加大对全省综合年鉴精品工程工作部署、协调推动和指导落实力度，督促各市州地方志工作机构及其协作组切实担负起当地精品年鉴的指导、评审、申报、宣传等职责，形成重视年鉴工作社会氛围，确保年鉴精品工程高起点谋划、高标准推进、高质量落实。

（三）只有持续加强学习交流，年鉴精品工程才能有更加坚实的人才支撑

组织全省各市州及所属县市区地方志工作机构结合当年卷年鉴编纂工作，以品读《连云港年鉴（2019）》等 4 部中国精品年鉴为重点，辅以品读青海省近几年在全国地方志优秀成果（年鉴类）评审活动中获得等次的年鉴，开展“读精品、学精品、用精品、编精品”大讨论，对精品年鉴的框架层次、篇目设置、记述内容、资料信息、图片使用、条目编写等进行精读精学精评。各市州结合精品年鉴学习体会、年鉴编纂实际，撰写以打造精品年鉴为主题的理论研究文章，对精品年鉴各方面的特色亮点进行评议，反思自身存在的问题和不足，提出学习先进地区年鉴编纂的新思路、新办法。组织全省年鉴工作人员参加全国年鉴主编培训班等，有效提高全省年鉴编纂人员的知识技能。有了人才支撑，打造精品年鉴便有了人才保障。

（四）只有贯彻质量第一要求，年鉴精品工程才能打造更多精品

坚持宁缺毋滥原则，成熟一部，评审通过一部。对评选过程实行动态化管理，按年度组织申报工作，每年 1 次。省综合年鉴精品工程办公室对申报单位在评审、修改、研讨以及专家指导等方面的要求作出统一安排，建立专家联系人制度，由省综合年鉴精品工程办公室确定 1 名专家进行全程指导，严格审查工作流程，着重把好政治关、史实关、体例关、文字关、出版关，确保年鉴经得起检验。

五、存在问题及下一步工作思路

虽然经过全省地方志工作者共同努力，近年来年鉴编纂质量得到有效提升，但总的来看，全省年鉴工作水平和编纂质量与其他兄弟省份相比还存在着很大差距，主要体现在：一是地区间工作发展不平衡。部分市州、县区年鉴编纂工作滞后，编纂水平参差不齐，一定程度上影响了全省年鉴精品工程的实施。二是评审专家力量不足。全省年鉴评审专家力量薄弱，有能力参与精品年鉴评审工作的专家较少，现有省级机构年鉴编纂人员的工作指导水平有待提高。三是人才队伍建设有待加强。部分市州及县区由于人员编制限制，地方志工作机构只有 1 至 2 人

开展工作，除负责各类志书的编纂、组织“三审一验收”等工作外，又要承担下级年鉴审定、编纂市本级志书和综合年鉴等工作，工作压力大，进展缓慢。四是精品意识还需提升。部分市州对打造精品年鉴信心不足，对改进编纂机制、提升编纂质量还未能形成路径优化，特别是县级地方志工作机构在优化思路和改进完善的具体办法上突破不大。

综上所述，青海要走上年鉴事业高质量发展的道路还需付出极大的努力，提高年鉴质量将是今后一个时期全省年鉴工作的一项重要而紧迫的任务。下一步，青海省将重点做好以下几点：一是总结好全省综合年鉴精品工程工作经验，不断完善精品年鉴工程工作机制，使之成为促进全省年鉴工作高质量推进的动力；二是把申报青海省精品年鉴、申报中国精品年鉴两方面的工作很好地结合起来，形成合力，使精品意识成为年鉴编纂的思维习惯，使打造精品年鉴成为工作常态；三是着力提升人才队伍专业素质，积极组织年鉴专业培训、年鉴编纂研讨会等，邀请省内外专家授课、指导，协调全省各市州年鉴编纂人员参加，并充分利用好与专家面对面交流的机会，认真消化吸收有关意见或建议，以评促学，锻炼打造一支具有较高水平的年鉴编纂队伍；四是广泛宣传青海省精品年鉴编纂工作中好的经验和做法，切实做好推荐、评审、宣传推介等各项工作，以打造青海省精品年鉴为契机，以培育精品意识、打造年鉴品牌为抓手，不断发挥精品年鉴的示范引领作用，在全省营造比学赶超的良好氛围，全面提高全省综合年鉴质量，唱响服务新时代的主旋律，为全力推动全省年鉴事业高质量发展努力奋斗。

二

省级综合年鉴精品之路

凝心聚力编省鉴　五年精品创辉煌

——《山西年鉴》打造精品“五连冠”之路*

中共山西省委党史研究院（山西省地方志研究院）

《山西年鉴》1985年创刊以来，沧桑发展39年，走出一条独具特色的年鉴发展路径，创造了2016年卷至2020年卷连续五年入选中国精品年鉴的优异成绩，为中国年鉴精品工程的持续开展起到示范带头作用。

一、《山西年鉴》入选中国精品年鉴简要历程

山西省是进入改革开放新时期以后较早启动新方志编纂、较早由地方志工作机构编纂地方综合年鉴的省份之一。《山西年鉴》1985年创刊，创刊号成为全国各地编纂综合年鉴纷纷仿效的样本。后历经起步发展、完善前行、持续发力阶段，到2006年逐步走上法治化道路，2009年达到不间断持续公开出版，2012年开始实现当年编纂、当年出版。30年编纂积淀，为打造中国精品年鉴奠定坚实基础。

2015年12月，中国地方志指导小组办公室（以下简称中指办）结合全国年鉴工作实际情况，选定10家单位为2016年至2020年首批全国年鉴工作暨中国年鉴精品工程试点单位，山西省地方志办公室（以下简称省志办）为其中之一。2016年4月，中指办在北京召开全国精品年鉴指导培训启动会议，与会专家

---

* 执笔人：沈乔，中共山西省委党史研究院（山西省地方志研究院）方志编研一室主任、《山西年鉴》执行主编。

就《山西年鉴》等试点单位年鉴基本框架进行讨论。12月，在中国年鉴精品工程第二次专家评审会议上，专家对《山西年鉴（2016）》二次送审稿给予充分肯定。2017年5月，中指办印发《中国年鉴精品工程实施方案》，同时公布入选首批中国年鉴精品工程“中国精品年鉴”名单，《山西年鉴（2016）》与《温州年鉴（2016）》《北京海淀年鉴（2016）》成为首批中国精品年鉴。

2017年，山西省志办按照《中国年鉴精品工程实施方案》要求，以中国精品年鉴《山西年鉴（2016）》为蓝本，制定新版《〈山西年鉴〉编纂出版规范细则》。10月，《山西年鉴（2017）》完成送审稿。11月，方志出版社完成终审。2018年1月、3月，中指办组织专家两次对《山西年鉴（2017）》提出评审意见，省志办组织专人逐条逐字进行几轮修改。2018年5月，《山西年鉴（2017）》通过中指办终审，再次被评为全国唯一省级中国精品年鉴。

2018年10月，山西省志办与省委党史研究室合并组建中共山西省委党史研究院（山西省地方志研究院）。新组建单位继续发力，高度重视年鉴编纂工作。《山西年鉴（2018）》《山西年鉴（2019）》再接再厉，又连续被评为中国精品年鉴。

2020年，《山西年鉴（2020）》继续围绕“精”字做文章，在遵循出版规范、合乎年鉴规律、体现地域特色、彰显年度亮点等方面守正创新。9月完成初稿，10月送审。2021年初，中指办公布第五批中国精品年鉴名单，《山西年鉴（2020）》位列其中。至此，《山西年鉴》成为全国唯一连续五年入选中国精品年鉴的地方综合年鉴。在第九届全国地方志优秀成果（年鉴类）评审活动中，《山西年鉴（2022）》又获一等年鉴。

二、主要工作举措

《山西年鉴》连续五年入选中国精品年鉴，得益于山西省委、省政府的高度重视，从机构设置到财政投入，高位推动山西年鉴发展；得益于中指办的正确领导，从政策制定到专家指导等，做足年鉴发展的顶层设计；得益于山西省地方志研究院的重点支持，制定了一系列规范的编纂体制和质量验收体制，严把编辑关和质量关，形成完善的年鉴编纂质量保障体系；得益于一支业务素质高、结构配置优的编纂队伍和勇于创新、与时俱进的编纂思想。

（一）领导重视，保障发展

《山西年鉴》坚持“党委领导、政府主持”的领导体制，编纂工作始终受到山西省委、省政府的高度重视。《山西年鉴》历年编纂出版经费列入财政预算，解决编纂出版的后顾之忧。2017 年，山西省委、省政府从完成“两全目标”出发，调整重建山西省地方志编委会。省委书记任顾问、省长任主任高规格的地方志编委会机构，为年鉴工作的良好开展提供了根本保证。将“做好修志编鉴工作，发挥资政育人作用”首次写入省政府工作报告；省人大常委会开展《地方志工作条例》《山西省地方志工作条例》执法调研。2018 年，省政府工作报告明确提出“加快推进省市县方志年鉴全覆盖”的工作要求，省人大、省政府多次督查、督导志鉴工作。《山西年鉴》在山西省委、省政府关心支持下健康发展，多次创优。

（二）建章立制，规范编纂

质量是年鉴的生命，是关乎年鉴事业发展的根本。《山西年鉴》编纂走的是一条上下结合、广征博采、开门撰写的路子。先由编辑部制订方案，拟定篇目，再由省直各厅局和全省各地市、各县区指定专人，依据编纂方案，编写条目，然后由编辑人员按成书要求，删繁就简，去粗存精，强化条目内容的深度。主编按原定方案，调整条目排列，贯通文风，进行总纂。省地方志研究院层层把关，责任到人，基本形成每年 1 月组稿、3 月至 8 月边收稿边编校排版、10 月完成送审稿、12 月正式出版的工作流程，形成良性循环格局，实现年鉴当年组稿、当年编纂、当年出版、当年发行的目标。同时，《山西年鉴》编辑部按照《中国年鉴精品工程实施方案》要求，逐年制定新版《〈山西年鉴〉编纂出版规范细则》，总结上一年的编纂经验，及时对标对表修改调整，做到每年编纂有守正、有创新。

（三）队伍强质，能力保证

为提高《山西年鉴》编纂人员的业务能力和综合素质，山西省地方志研究院采取多种办法加强队伍建设，保证编纂质量。一是组织编纂人员培训。2015 年，山西省举办全省综合年鉴编纂工作高级研修班，邀请中指办、山西省内年鉴专家授课。2017 年起，省志办开设史志讲堂（原晋志讲堂），邀请专家对年鉴编纂人员进行培训指导。每年组织 11 个市的年鉴负责人通过以会代训形式参加业务培训。组织全省年鉴工作者通过远程会议参加全国年鉴主编培训班，达到全省11个市和117个县年鉴业务培训全覆盖。二是组织纂稿人培训。《山西年鉴》编辑部不定期深入撰稿单位，结合各单位实际对作者进行培训，有针对性地组织重点单位、重点作者开展互动式培训。同时，利用年鉴QQ、微信工作群等开展日常的网上培训和相关答疑，打造集组稿、交流和培训于一体的工作平台。三是加强人才引进。《山西年鉴》编辑部利用社会力量，与山西大学历史文化学院、文学院等院系建立产学研合作关系，建成研究生实习基地，利用暑假吸收一批在读硕士、博士研究生加入编辑队伍，参与《山西年鉴》的编辑校对等工作，还长期特约和聘请一些科研机构、期刊报社人员以及退休修志人员补充到年鉴编纂队伍，为年鉴编纂提供人才支持。

（四）创新引领，常编常新

《山西年鉴》在框架设计方面的主要思路就是既要参照《国民经济行业分类》标准，做到覆盖面广、分类科学，又要结合社会实际领属关系和行政区域特点，做到层次明确，编排有序；既要框架、类目相对稳定，以保持年鉴自身的特色、风格和连续性，又要体现逐年变化和创新。

在内容编纂方面，自2015年底成为全国年鉴工作暨中国年鉴精品工程试点单位后，《山西年鉴》编辑部依据中国年鉴精品工程专家评审意见，不断调整框架篇目，把分类的科学性、年度的变化性、区域的特殊性、结构的合理性有机结合，按所记述的年度资料属性进行科学系统编排，类目数量保持在40个左右。如《山西年鉴（2017）》突出记载山西成为全国监察制度改革试点、山西转型综改试验区深入推进、山西省旅游发展委员会成立等事项，既体现年度特色，又利于资政存史。山西属于欠发达地区，农村脱贫攻坚任务繁重，《山西年鉴》2018年卷至2020年卷专设脱贫攻坚类目，真实记录全国脱贫攻坚中的山西步伐。2020年卷以图表形式记录山西经济发展70年各种数据，直观展示中华人民共和国成立70年来山西的辉煌成就。

在装帧设计方面，从色调、布局、图文艺术、纸张、印刷等各个方面下功夫。封面设计按照中国精品年鉴要求，采用精品装帧布烫金，特色鲜明，庄重大方；正文从双色套色发展到单色套色，更加简洁大方。四色彩印突出反映时代特色、地方特色、年度特色，并尽可能为读者呈现新颖性和美学性相结合的视觉效果。

三、经验与体会

习近平总书记强调“要坚持以精品奉献人民”。中国精品年鉴的核心就在“精”。《山西年鉴》经历五年精品打造，成为全国唯一“五连冠”中国精品年鉴，为中国年鉴精品工程的实施与发展积累了许多宝贵经验。领导重视、人才建设、工作路径等都是打造精品的条件、保障与措施，年鉴“精不精”归结到一点还是质量好不好。《山西年鉴》连创精品，持续发力、久久为功的质量管控建设才是根本。无论在精品打造时期还是“精品后”时期，《山西年鉴》在“强肌健体”的同时，示范带动先进市县（区）争创精品，从而达到全省年鉴编纂质量的全面提升。

（一）年鉴编纂把好五关

经过30余年发展，尤其是《山西年鉴》2016年卷至2020年卷成为中国精品年鉴后，《山西年鉴》从撰稿、编审、校稿、评审到印刷出版，都坚持规范运作，严格把关。一是严把撰稿关。各供稿单位严格按照年鉴编纂大纲、编纂体例和撰写要求提供稿件，提高供稿质量。二是严把编审关。年鉴编辑和主编要按照资料翔实、内容丰富、文字精练、真实准确的要求，进行稿件审核和编辑，加强与撰稿人的沟通联系，力求全面客观地反映本地区本年度发展变化情况。三是严把校稿关。定稿前将编审后的稿件及时反馈给各撰稿单位审核确认，同时将各单位所上报数据与省统计局数据进行一一比对，努力减少和避免人为差错。四是严把评审关。出版前必须多渠道组织专家按照地方综合年鉴编纂出版的相关质量要求，对稿件进行评审，评审通过后，编辑部要认真讨论，统一思想，逐条修改回应。五是严把印刷关。按照国家出版标准及规定，认真把控蓝图核校、图说核审、数据核实、封扉核查后，方可印刷。

（二）适时修订编纂规范

《山西年鉴》编辑部除持续每年年初修订《〈山西年鉴〉编纂出版规范细则》外，还组织修订全省地方综合年鉴的编纂出版规范。2022年6月，以2018年《山西省地方综合年鉴编纂出版规范》为基础，依据《地方综合年鉴编纂出版规定》及《关于地方综合年鉴编纂出版若干问题的补充规定》，结合《山西年鉴》打造精品的编纂经验以及实现“两全目标”中省市县三级综合年鉴编纂工作实践，借鉴先进省份经验，广泛征求业内专家意见，数易其稿，以中共山西省委党史研究院（山西省地方志研究院）名义印发《山西省地方综合年鉴编纂出版规范（修订版）》。修订版对原规范作了全面系统修改与补充，重点对年鉴体例和条目编写进行修订，内容更加全面，表述更加具体，更具参考性和操作性。全文包括总则、框架、体例、条目、出版、附则六章，共57条，特别增附“关于若干编纂问题的说明”，对年鉴编纂工作涉及的机构名称、人物职务、类目名称等表述及相关内容记述重点、保密规定等作出具体说明。

（三）持续加强业务学习和理论研究

《山西年鉴》编辑部经常集中学习《地方综合年鉴编纂出版规定》《关于地方综合年鉴编纂出版若干问题的补充规定》以及其他相关文件规范等，组织编纂人员就实际工作中发现的问题进行业务研讨，共同参与《〈山西年鉴〉编纂出版规范细则》的修订，在干中学，在学中干。同时，抓住机会，积极组织全省年鉴编纂人员在线上或走出去参加全国年鉴主编培训班及年鉴研讨会，开阔视野，取长补短。此外，加强年鉴理论研究和经验总结，编辑部全体成员承担的课题“山西省市县三级综合年鉴全覆盖推进路径研究”成功申报2022年度山西省社科联重点课题项目，并于2023年顺利结项；编辑部成员撰写的《政府工作报告入鉴编纂研究》获“精品年鉴品读季”活动特等论文，并刊载于《中国年鉴研究》2023年第1期；《守正创新 勇毅前行 推动山西年鉴事业高质量发展》作为“新时代十年山西省综合年鉴发展专题报告”，获山西省宣传思想文化战线优秀调研成果二等奖。

四、《山西年鉴》精品外溢效益

（一）精品年鉴工程辐射范围不断扩大

《山西年鉴》编辑部充分发挥全省年鉴示范引领的排头兵作用，相继成功指导《大同年鉴（2019）》《孝义年鉴（2020）》《晋城年鉴（2021）》入选中国精品年鉴。《孝义年鉴（2020）》被中指办列为2022年“精品年鉴品读季”活动的四部再版品读年鉴之一。

自2021年开始，山西精品年鉴建设由个案向区域进发。《山西年鉴》继续严格遵循中国精品年鉴编纂标准，创新发展路径，全方位高质量持续推进中国年鉴精品工程，有序推进全省区域精品工程建设。2022年，推动大同市成功申报中国精品年鉴区域试点单位，探索5年打造3部县（区）级中国精品年鉴，指导推荐县级年鉴《大同平城年鉴（2022）》成功入选中国精品年鉴。2023年，推动大同市与山东省滨州市结为全国第一家跨省中国精品年鉴区域试点战略合作高质量发展联盟，闯出一条全国可推广、可复制的中国精品年鉴区域“试验田”发展新路。指导推动《浑源年鉴（2023）》《阳泉年鉴（2023）》成功入选中国精品年鉴。山西精品年鉴建设由一枝独秀向遍地开花发展，全省基础较好市县年鉴编纂精品意识增强，质量普遍提升。

（二）全省年鉴编纂质量不断提升

2022年底，山西省地方志研究院按照中指办部署，开展“山西省精品年鉴品读季活动”，以“读精品、用精品、编精品”为主题，开展中国精品年鉴的学习、借鉴、征文活动。除规定动作外，山西省自选动作，由省地方志研究院向全省市县赠阅连获五年中国精品年鉴的《山西年鉴》2016年卷至2020年卷，附赠《山西年鉴（2021）》，扩大精品年鉴引领示范作用，并倡议省内入选中国精品年鉴和在近年全国地方志优秀成果（年鉴类）评审活动中获一等年鉴以上的编纂单位向全省市县综合年鉴编纂单位赠送优秀年鉴。在省地方志研究院倡议下，各市自主交换精品或特等年鉴，互相交流学习心得。全省年鉴工作者在活动中，通过“品”，品出精髓；通过“比”，取长补短；通过“改”，提升质量；通过“悟”，推进工作。征文数量和质量都创出历史新高，在全省营造出“比学赶帮超”的良好氛围，掀起“以读促学、学以致用，学用结合”的年鉴编纂高潮，年鉴工作者学习意识、精品意识、责任意识和大局意识更加强化，精品品读活动不断向常态化、长效化发展。

2023年，山西省地方志研究院与省年鉴研究会联合印制《年鉴编纂规范手册》资料性工具书，收录关于年鉴的法律法规、出版标准、年鉴规范、基础知识，并附有山西5部中国精品年鉴的框架范例，为进一步提高综合年鉴编纂出版质量提供基本规范和行动指南，成为年鉴工作者的案头书和编辑宝典。省地方志研究院还组织开展山西省年鉴事业高质量发展研修班及研讨会，前瞻性探讨提升全省年鉴编纂质量的路径和办法。

（三）年鉴的社会关注度不断提升

各级融媒体、报刊第一时间在重要版面发布《山西年鉴》及市县（区）年鉴获得中国精品年鉴的消息，引发社会热议，各级各类党政机关企事业单位由“不知年鉴是啥”向“年鉴是山西文化战线的一块品牌”的认识转变，积极撰稿投稿，利用年鉴记录工作、展现成就，推进年鉴事业良性发展。各级地方志工作机构也趁热打铁、主动作为，开展“五进”活动，向学校、机关、军营、社区、农村赠送年鉴。各级综合年鉴成为党政部门新上任领导了解地情的资料丛书，成为农产品获得地理标志产品认证的重要纸质依据，成为投资参与区域建设的重要参考。地方综合年鉴的影响越发扩大，社会效益越发凸显。

五、年鉴精品发展的几点建议

（一）加强依法治鉴，确保政令畅通

新一轮机构改革中，各级地方志工作机构体制机制发生很大变化，《地方志工作条例》及地方志工作“一纳入、八到位”落实情况受到一些影响，某种程度上制约着中国年鉴精品工程实施及年鉴事业的顺利发展。建议加强顶层设计，采取多种措施，全方位加大依法治鉴的力度，真正理顺党委领导、政府主持、地方志工作机构组织实施、社会参与的工作机制，为年鉴工作开展及中国精品年鉴建设创造良好的基础条件。

（二）加强精品年鉴“回头看”

一般来说，申报单位在申报中国精品年鉴的当年，都倾其所能，比往年更加得到领导重视、财政保障、人力支持，通过多渠道、多层次专家评审，尤其是中国年鉴精品工程专家的几轮评审，多次组织集中讨论，想尽办法补充资料，逐条修改完善专家意见，终于打造成为中国精品年鉴。年鉴框架更为合理，条目编纂更为得法，为今后本级年鉴的编纂打下了良好基础。但也可能存在着“精品后”工作动力、政策支持减弱等问题，导致年鉴质量有所下滑。建议能对入选中国精品年鉴单位开展“回头看”，保证质量不滑坡，并对周边区域年鉴起到示范引领作用。

（三）关注“优等生”，不忘“差等生”

申报中国精品年鉴的单位一般都是区域内经济条件、年鉴基础、编纂力量较好的编纂机构，而且领导给力，属于各地的“优等生”。但各省都普遍存在着发展不均衡的问题。“两全目标”完成后，仍存在部分县级党委、政府重视不够，地方志工作机构编制、人员、经费严重不足，年鉴编纂基本条件难以满足，“一年一鉴，公开出版”难以保证的问题。希望针对这种情况，国家层面能出台相关文件政策，对年鉴编纂需要的人员、经费等基本条件予以明确，加大督促力度，夯实年鉴发展的基础，为年鉴精品工程的持续健康发展创造更大空间。

成绩代表过去，未来任重道远。在《山西年鉴》的示范引领下，山西已经迈出了由省及市、由市及县的精品年鉴发展步伐。下一步，全省地方志工作机构将不断总结经验，协同发力，进一步构建上下联动的精品年鉴培育机制，充分发挥精品年鉴示范引领作用，在年鉴编纂工作中确立守正创新与科学规范、理论研究与实践应用、质量管控与辐射带动、舆论宣传与成果利用并重的编纂理念，把精品意识贯穿于框架设置、条目选取、内容编校及出版印刷全过程，坚持以人民为中心，为社会贡献更多更好的“精品佳鉴”。

勇于探索　不断进取
《吉林年鉴》编纂质量实现新跨越
——《吉林年鉴》打造精品之路*

吉林省地方志编纂委员会

2023年3月，中国地方志指导小组办公室（以下简称中指办）印发《关于公布第七批入选中国年鉴精品工程“中国精品年鉴”的通知》，《吉林年鉴（2022）》成功入选。这是继《吉林年鉴》2019年卷、2020年卷在全国地方志优秀成果（年鉴类）质量评审中连续获评特等年鉴后，实现的新跨越。通过打造精品年鉴，提升了质量意识和精品意识，培育了追求卓越、争创一流的职业情怀；年鉴编纂队伍得到了前所未有的历练，业务水平获得质的提升，培育了“担当作为，团结协作”的团队精神。2023年12月，经吉林省地方志编纂委员会（以下简称省方志委）党组会议研究并报中共吉林省委组织部批准，确定为吉林省方志委年鉴指导处记公务员集体三等功，2名编纂人员记个人三等功、3名编纂人员获嘉奖奖励。

一、《吉林年鉴》“精品之路”简要历程

2017年5月，中指办印发《中国年鉴精品工程实施方案》，吉林省快速行动，大胆尝试，及时召开吉林省启动实施中国年鉴精品工程工作动员会，对全省申报

* 执笔人：刘传仁，吉林省地方志编纂委员会年鉴指导处一级调研员。

中国年鉴精品工程工作进行部署，开启吉林省精品年鉴之路。吉林省把培育精品年鉴作为每个年度的一项重点工作，制定每年至少打造1部精品年鉴的工作目标，自我加压、自我激励、自我督促。7年来，全力推进中国精品年鉴申报打造工作，至2024年全省共有9部年鉴入选中国精品年鉴。

2020年12月，《吉林年鉴（2019）》荣获第七届全国地方志优秀成果（年鉴类）特等年鉴。2021年2月5日，吉林省委副书记、省长韩俊作出批示，向吉林省方志委表示祝贺。

2021年12月，《吉林年鉴（2020）》荣获第八届全国地方志优秀成果（年鉴类）特等年鉴。吉林省副省长安立佳就此作出批示，对全省年鉴编纂工作质量不断提升予以充分肯定，要求再接再厉，发挥好地方志存史、育人、资政功能，编纂更多佳作。

近年来，吉林省高度重视年鉴事业发展，省方志委以打造精品年鉴为工作目标，精心谋划，开拓进取，多措并举，全力推进吉林省年鉴事业转型升级。《吉林年鉴》作为全省年鉴的领头羊，在严守规范的同时，不断推陈出新，每年都有创新举措，不断攀登新高峰，年鉴质量逐年提升，对全省年鉴的示范引领作用日益彰显。2022年，吉林省方志委在省委、省政府的正确领导下，聚焦地方志工作服务新时代的主题主线，主动对标省领导提出的“再接再厉，发挥好地方志存史、育人、资政功能，编纂更多佳作”的要求，为实现《吉林年鉴》的创新突破发展，着力提升服务社会能力，决定《吉林年鉴（2022）》在连续被评为特等年鉴的基础上，更上一层楼，申报中国精品年鉴。

至2023年3月，经过一年多的辛勤耕耘，《吉林年鉴（2022）》成功入选第七批中国年鉴精品工程“中国精品年鉴”。

二、主要措施与经验

省方志委以编纂意识精、编纂队伍精、编纂内容精，服务社会能力强为工作方向，强化责任，全力推进年鉴事业创新发展。

（一）强化责任，踔厉奋发攻坚克难

一是牢固树立精品意识。省方志委紧盯年鉴质量建设，精心组织谋划，坚定

创精品的目标。《吉林年鉴》全体编纂人员心怀责任，精益求精，向质量要效益，全力编纂高质量的年鉴，力求为吉林经济社会发展提供更好服务。年鉴指导处把责任化为动力，秉持追求卓越、争创一流的精品意识，在工作中时刻向精品看齐。

二是着力提升编纂队伍素质。《吉林年鉴》编辑部组织全体人员开展一个月的集中业务学习，翻阅全国各地的中国精品年鉴，对标精品，进行深入研讨，并注重把学习成果融入编纂实践中、运用到对基层年鉴编纂指导中、展现在全省年鉴业务培训课堂上、书写在年鉴研究论文中。通过深入学习研讨，《吉林年鉴》全体编纂人员统一了思想，增强了信心，提升了业务能力，为编纂精品年鉴打下坚实的基础。

三是发扬拼搏精神迎难而上。可以说，《吉林年鉴》申报精品的这一年遇到了前所未有的挑战，面对严峻的形势，为了创精品，全体编纂人员把难度变成事业的高度。发扬拼搏精神，利用下班后的时间和节假日，一有空就抓紧编年鉴，常常工作到深夜。正是有了超常的辛劳付出和夜以继日的不懈努力，才得以在困难重重的情况下实现年鉴质量的新跨越。

（二）强化资料，全面系统展示“精彩吉林”

为确保《吉林年鉴》资料的准确、全面、系统，编纂人员在从严把握常规资料的同时，还特别注意吉林省地域发展新变化及时入鉴，比如吉林省省长吉图开发开放先导区建设、“一主六双”产业空间布局发展、数字吉林建设等。为克服年鉴供稿质量不高、总结报告成堆的弊端，年鉴编纂人员主动出击，积极作为，深入挖掘稿源，想方设法丰富入鉴资料。一是加强专题辅导，提升供稿人的认识。2021 年底，在年鉴编纂前，组织全省撰稿人召开大型专题培训，布置撰稿工作任务，围绕撰稿思路和方法进行专题辅导授课。二是主动上门，争取配合。对于个别供稿不主动、供稿质量不高的单位，编辑人员主动上门，与供稿人沟通、交流。“三顾茅庐”式的登门索稿，使供稿人深受感动，他们主动补充编纂大纲之外的资料，拓展了年鉴资料的广度和深度。三是对来稿进行深度过滤，在稿件中发现线索。编辑们凭职业敏感，在来稿中探寻各部门、各行业隐藏在稿件中的年度工作亮点，从而深度追踪，紧盯供稿单位追加资料。四是主动争取，拓展稿源。年鉴编辑部通过查阅省民政厅社团登记情况，与有关行业协会联系，及时补充新业态情况。同时，编辑部主动与相关部门撰稿人进行专题探讨，尽可能在原稿基础上深挖一步，增加条目的记述深度。五是自主采编，查缺补漏。通过广泛查阅网络、报刊等媒体资料，发现供稿中没有的动态信息，核实查证后，及时采编补充，以免造成缺漏，从源头上保证年鉴内容的高品质，全方位展示年度精彩吉林全貌。对于必要的背景材料，通过自主采编内容和“链接”“延伸阅读”等方式，拓展资料的深度。

（三）强化规范，“高标准、严要求”贯穿编纂全程

在《吉林年鉴》编纂过程中，深入贯彻落实《地方综合年鉴编纂出版规定》和《关于地方综合年鉴编纂出版若干问题的补充规定》，在全省年鉴编纂业务培训会上进行全面深入解读，为确保年鉴质量提升提供制度保障。2022年，结合申报中国精品年鉴的新形势和新要求，确立严谨高效有序的编纂流程，并在约稿、编辑、初审、自校、交叉校对、通读、通校、终审、落实修改意见等各个环节严格要求把关。在编纂过程中按照编纂流程，严守编纂规范，无论是对图片选择、数据使用，还是条目编写都坚持逐项核对，精心打磨，严守体例，使“高标准、严要求”贯穿年鉴编纂全过程，确保在每一个细节上都体现年鉴编纂的高质量。

三、《吉林年鉴（2022)》主要特点

《吉林年鉴》创刊于1986年，是吉林省人民政府办公厅主管，吉林省方志委主办的省级地方综合年鉴，已连续出版36卷。《吉林年鉴（2022）》充分反映吉林省全面实施“一主六双”高质量发展战略，全面建设社会主义现代化新吉林的新举措、新进展、新成效。

（一）突出资料性，强化存史价值

资料性是地方综合年鉴的根本属性。为确保《吉林年鉴》资料的全面性、系统性、真实性、连续性、可比性和年度性，坚持把资料工作贯穿于年鉴编纂全过程，通过对资料的广泛搜集、归类整理、甄别核实、编纂校对等基础性工作，把年鉴资料性融入编纂中。

充分利用好“专题图片”这个黄金板块，抓住隆重庆祝中国共产党成立100周年这个重要时间节点，结合吉林省百年发展进程，以“追寻建党百年路，奋进

吉林新征程”为主题，精选100余幅图片，设“思想伟力”“经济发展”“农业巨变”“生态强省”“人民至上”5个分专题，通过图片回望过往百年奋斗路，见证吉林发展恢宏历程。

在正文中，全面记述吉林省启动创新型省份建设、“一主六双”高质量发展战略实施、全省聚焦发展“六新产业”和建设“四新设施”等新发展。如增设汽车工业、黑土地保护利用、乡村振兴3个类目，新增创新型省份建设、新一代信息技术产业等40个分目。为拓展资料宽度，设置10余个“延伸阅读”；为延展资料的长度，制作多个体现近5年发展变化的表格；为更大放宽资料的视域，在统计资料中设置与全国其他省区比较的指标等。

（二）立足地域特点，彰显区域发展特色

为更好弘扬传统文化，展示独特的吉林民俗风情，在省情概览下增设地域文化分目，设吉林地域文化的形成、吉林方言、节庆习俗、饮食习俗、冰雪文化、冬捕文化、采参习俗、木排文化等13个条目，阐释吉林地域文化起源、变迁、发展等，多角度呈现吉林省文化特点。

为全面体现吉林省落实习近平总书记视察吉林时提出的采取有效措施把黑土地这个“耕地中的大熊猫”保护好、利用好，使之永远造福人民的重要指示精神的切实举措和有效成果，将黑土地保护利用由分目升格为类目，下设综述、“梨树模式”推广、黑土地保护示范区、黑土地保护科技创新、黑土地保护利用技术、黑土地保护利用活动6个分目，生动翔实地记述黑土地保护利用情况。

为充分展现吉林地处世界冰雪黄金纬度带、东北亚冰雪资源核心区、冰雪资源得天独厚的资源优势，进一步丰富冰雪产业类目内容，记述好吉林推进“白雪换白银”，把“冷”资源变成“热”产业，旅游业类目下设冰雪旅游分目，展现吉林省冰雪市场占有率、产品销售额、接待总规模连续多年保持全国首位的独特优势；体育类目下专设冰雪体育分目，充分体现吉林省冰雪体育积极进取、冰雪经济高质量发展的蓬勃势头。

（三）坚持以人民为中心，注重提升服务社会功能

在《吉林年鉴》编纂工作中，始终坚持以人民为中心的理念，从“编鉴为用”实际出发，客观记述吉林省把为人民谋幸福作为第一要务，把满足群众对美好生

活的需求作为发展目标，全力实施民生幸福工程的具体行动。如教育类目记述2021年全省一般公共预算教育经费比2020年增长5.11%，全省提供课后服务的义务教育学校覆盖率为100%。不仅落实落细“双减”政策，还实现家长、学生、支出三项负担同时减的目标；社会生活类目记述吉林省成为全国唯一同步建立养老、失业、工伤基金统收统支省级统筹制度的省份和吉林省在全国率先建立失业保险基金统收统支省级统筹制度、在全国率先开展居家老年人寻访关爱举措、在全国率先推出“文养结合”幸福养老模式等。

商贸服务业类目新增新兴服务业分目，记述伴随社会分工细化和消费结构升级产生的服务业态，包括人力资源服务、资产评估、工业设计、科技服务、检验检测服务、家政服务、拍卖业、会计服务等业态。为体现与时俱进反映与居民生活相关的发展新动态，增加了“夜经济”示范城市建设、“一刻钟便民生活圈”建设、步行街改造提升等内容。

通过挖掘资料，在城市建设类目收录轨道交通智能化运维管理平台建设、公交车启用智能票箱收款、双阳区“全域公交”试点、网约车发展与居民生活相关的内容；乡村振兴类目体现重视乡村文化建设和农村居民生活，增加新型农业经营主体培育、农业文化遗产保护、乡村精神文明建设、农房建设、“最美农村路”创建、长春市美丽庭院干净人家创建等内容，详述农村发展的点滴变化，留下乡情，记住乡愁。通过记录百姓关心的民生实事，增强年鉴的可读性、实用性。

四、突出实用性，服务新时代

《吉林年鉴》坚持编鉴为用，以提升实用性、增强服务社会能力为编纂导向。为更好实现服务功用，《吉林年鉴》在丰富内容、资料核实、可读实用等方面下功夫。一是丰富内容，强化资料性。为确保年度资料不漏项，年鉴编辑部各位责任编辑坚持做好平时积累，实时跟踪关注各种媒体报道，及时捕捉全省各业有效信息，做好记录，为编纂下一卷年鉴织好资料网。二是核实资料，强化权威性。每年编纂伊始，首先对上报稿件进行核实；在编纂过程中，对有疑问的地方及时与供稿单位核对，对于有关数据的出处、来源等，通过向统计等相关部门寻求佐证，校准核实；在印刷前，再次对重要数据等内容进行比对，确保入鉴资料准确无误。三是以人为本，增强可读性。《吉林年鉴》在编纂过程中，对每一条入鉴信息严格把关，力求化繁为简，不求厚重，只图有用。压缩常规条目内容，突出年度特点，抓牢历史节点、详述年度热点。随着年鉴质量的提升，《吉林年鉴》社会影响力不断扩大，越来越多的单位、媒体人等开始重视年鉴、使用年鉴、查阅年鉴。为更好地做好服务社会工作，吉林省方志委在全面推进年鉴事业高质量发展的同时，积极主动做好年鉴“六进”（进机关、进农村、进社区、进校园、进企业、进军营）等工作，为服务吉林全面振兴全方位振兴作出积极贡献。

五、“精品后”的质量管控和持续发展

吉林省方志委以《吉林年鉴》入选中国精品年鉴为新起点，着力推进全省年鉴事业发展进入“新阶段”，为更好地开创吉林省年鉴事业发展的“新格局”，在全省充分发挥好《吉林年鉴》的引领作用，积极探索，不断进取，创新工作，持续推进规范，加强质量管控。

一是明确目标，推进全省年鉴事业高质量发展。召开全省年鉴事业高质量发展推进会，统一思想，提升认识，以精品年鉴为引领，着力推进全省年鉴事业高质量发展。二是强化规范，加强质量监督管理。持续开展全省年鉴质量评审工作，通过评审检验质量，发现问题，解决问题；进一步规范年鉴编纂流程，在坚持“三审三校”制度的基础上，提倡多审多校；加强年鉴编纂规范的指导和引领，通过开展年鉴编纂规范辅导等形式，在全省普及年鉴编纂规范化。三是守正创新，努力建设一支高水平的年鉴编纂工作队伍。一方面，加强对全省年鉴编纂人员的业务培训。根据全省年鉴编纂队伍业务能力和各级各类年鉴编纂质量参差不齐的实际，及时调整培训方式，采取分层次、分类别培训的方式开展针对性较强的培训，力争每年对全省年鉴编纂人员做到业务培训全覆盖。另一方面，加强撰稿人培训。除加强对各市（州）、县（市、区）编纂人员加强培训外，每年在《吉林年鉴》出版后及时举办撰稿人培训班，促进稿件质量提高。同时，针对全省年鉴事业发展不平衡的问题，对年鉴编纂力量薄弱的单位加强扶持，重点指导。通过打造一支过硬的年鉴编纂队伍，促进全省年鉴事业整体同步全面发展。

勇于创新突破　彰显浙江特色

——《浙江年鉴》打造精品之路 *

浙江省人民政府地方志办公室

近年来，在浙江省委、省政府和中国地方志工作办公室（原中国地方志指导小组办公室）的领导支持下，浙江省人民政府地方志办公室（以下简称省方志办）坚持精品意识，高标准、严要求推进《浙江年鉴》编纂工作，并以“三年再上新台阶”自我加压，积极申报中国年鉴精品工程 。经过不懈努力，《浙江年鉴（2022）》成功入选第七批中国年鉴精品工程“中国精品年鉴”，并在第九届全国地方志优秀成果（年鉴类）评审中荣获特等年鉴。浙江省委主要领导予以批示肯定，浙江省志办综合部（年鉴编辑部）获集体记功 1 次，并记功 3 人、嘉奖 3 人。以《浙江年鉴（2022）》成功创建中国精品年鉴为契机，浙江省年鉴提质扩面工作不断走向深入。

一、《浙江年鉴》发展历程

《浙江年鉴》创刊于 1986 年，原名《浙江经济年鉴》，1992 年改为现名。是由浙江省人民政府主管，浙江省地方志编纂委员会办公室负责编纂出版的省级年度资料性文献。截至 2023 年，《浙江年鉴》已连续出刊 37 卷，以守正笃实、久久

---

* 执笔人：林琼华，浙江省人民政府地方志办公室《浙江年鉴》编辑部副主任。

为功的定力，记录下浙江改革开放以来波澜壮阔的发展历程，留下珍贵权威的历史性文献。37 年的办刊历程，正是《浙江年鉴》自我突破、追求精品的精彩蝶变之路，大致可分为三个阶段。

一是夯基垒台阶段。自 1986 创刊，至 2018 年的 32 年间，《浙江年鉴》由中共浙江省委政策研究室负责编纂。在此期间，《浙江年鉴》在全国年鉴编纂出版质量评比中多次获得特等奖，是党的十八大以来全国首个依据“五位一体”总体布局制订年鉴框架的地方综合年鉴，得到全国年鉴同行的广泛认可，也为创建中国精品年鉴打下扎实基础。

二是调整转换阶段。2018 年因机构改革，《浙江年鉴》编纂职能由省委政策研究室调整至省志办。省志办担当作为，在没有编辑力量、没有编纂经验的情况下，以返聘老同志为主迅速组建编辑团队，着手 2019 年卷编纂工作。编辑部全员发挥克难攻坚精神，顺利完成《浙江年鉴（2019）》编纂出版任务。此后两年，《浙江年鉴》坚持巩固“一年一鉴，公开出版”成果，顺利度过前 3 年的调整转换期。

三是创建精品阶段。2022 年，尽管面临人员力量薄弱、经验积累不足等短板，省志办仍努力提升《浙江年鉴》编纂质量，以“三年再上新台阶”自我加压，把《浙江年鉴（2022）》创中国精品年鉴列入省志办年度重点工作。全体编纂人员心怀信念、踔厉奋发，在 2022 年底精品年鉴创建最紧张时刻，不少同志感染新冠病毒仍带病工作，有效保证了修改任务的顺利完成。经过一年多的拼搏努力，《浙江年鉴（2022）》成功创成中国精品年鉴，实现“零”的突破，也踏上新的精品探索之路。

二、精品创建的主要举措

为有效推进精品创建工作，省志办通过健全工作机制、强化队伍建设、质量规范和数字改革创新等举措，有效保证《浙江年鉴》精品创建工作的顺利开展。

（一）强化工作机制，有效保障工作推进

为确保精品创建工作的顺利推进，省志办建立健全工作机制，做到领导重视、人员到位、条件保障。一是省志办主要领导亲自挂帅担任主编，分管年鉴工作，

对《浙江年鉴》编纂坚持高标准、严要求，并参与年鉴编纂框架制定、稿件审读等业务性工作，为《浙江年鉴（2022）》创全国精品提供了坚实保障。二是实施工作专班制。针对编辑部人员力量不足的问题，协调全办各处室，抽调业务骨干，组成工作专班，充分保障编纂团队力量。三是建立责任分工负责制，建立主编抓总责、副主编抓落实、每位编辑落实责任田的工作制度，有效形成工作合力，同心勠力打造精品年鉴。

（二）强化队伍建设，有效保障人才支撑

面对编辑团队人员结构复杂、业务基础薄弱的现状，以及精品创建工作时间紧、任务重的困难，省志办以强化队伍建设为关键抓手，狠抓编辑团队和供稿人员的学习和培训，有效提升编辑队伍的业务水平和实战能力，保证精品创建的质量。

一是组织开展业务学习。编辑部认真组织学习《地方综合年鉴编纂出版规定》《关于地方综合年鉴编纂出版若干问题的补充规定》，熟知申报年鉴精品工程的基本要求和业务规范，做到心中有数。以 2022 年“精品年鉴品读季”活动为契机，组织编辑部全员和广大供稿人员参加年鉴专家授课，接受全方位的年鉴编纂培训。同时以 4 部再版品读年鉴为学习对象，对标全国精品年鉴水平，检视《浙江年鉴》自身不足，建立检查表，一一对照修改，取得积极成效。2021 年、2022 年举办全省年鉴骨干培训班，累计 300 余名年鉴编纂骨干参加培训。

二是“请进来”和“走出去”相结合。在加强自身学习之外，积极借助“外脑”，为精品创建工作提档升级。邀请全国各地年鉴专家到浙指导培训，专家们扎实的理论功底和丰富的实战经验，在提升编辑人员水平、指导年鉴修改方面起到四两拨千斤的作用。组织赴省外调研学习，了解省外同行创新性经验和做法，加强日常业务沟通交流，广泛参阅兄弟省份年鉴，努力做到“观千剑而后识器”，进一步拓宽编辑人员的视野。

三是全力培养骨干人才。在省志办年鉴人才明显不足的情况下，办领导敢于向年轻骨干压担子，促使他们在干中学、在干中成长。通过参加中国精品年鉴创建，年鉴人才得到快速成长，成为《浙江年鉴》编纂和指导全省年鉴工作的中坚力量。

（三）强化质量规范，有效践行创精品初心

质量是年鉴的生命，也是精品创建工作的初心。省志办坚持质量第一原则，在精品创建过程中坚持做到“两全”，即专家意见修改全落实、编纂规范贯穿全过程。

一是全面落实专家意见。参加中国年鉴精品工程创建，共收到四轮专家评审意见，总计1000余条。对于专家评审意见，省志办主要领导定下总基调：对专家所提意见，照单全收全面落实整改。在这一指导思想下，编辑部在《浙江年鉴（2022）》编纂过程中狠抓工作落实，对专家评审所提意见，逐一分析、逐条吸收；编辑部建立销号清单，责任到人，做到意见落实一条、销号一条。同时，邀请中国年鉴精品工程指导专家亲临现场指导，组织召开《浙江年鉴（2022）》第二次专家评审意见专题辅导对接会，从框架结构、资料补充、体例规范、专题图片四个方面做全面梳理指导，现场确定修改落实细化方案。经过编辑团队共同努力，全部意见一一修改到位，并形成落实评审意见修改报告。

二是全过程严把编纂规范关。编辑部严格贯彻两个规定，从细小处反复打磨稿件。在条目设置上，准确把握条目的分类，综合性条目与单一性条目比例科学合理。在条目编写上，做到时间、地点、人物（事件）、结果等基本要素齐备，有效信息含量大，主要数据指标保持连续稳定，标题做到题文相符，杜绝出现“帽子大身体小”的情况。在编校上，严格对照《〈浙江年鉴（2022）〉编纂规范细则》，在撰稿人员编校和编辑部互校中，对全书的条目编写、人物入志、概念表述、图照使用、行文规范、体例文风等做到一一把关。同时，对涉保密、敏感内容的全方位审核把关。

在充分吸收创建精品年鉴经验基础上，优化制定全新的《〈浙江年鉴〉编纂出版规范（试行）》，从版式规范、框架结构、内容记述、图表规范、名称表述、数字表述、时间表述、计量单位、标点符号等十个方面进行规范，为《浙江年鉴》及全省101部市、县（市、区）综合年鉴提供科学细致的省级编纂规范，进一步提高全省地方综合年鉴的编纂质量。

（四）强化数字赋能，有效探索编鉴新途径

近两年，浙江省志办聚焦方志数字化转型，建设以修志、读志、用志和方志

文化传播为核心的浙江数字方志一体化平台和“浙里有志”重大应用。在“浙里有志”应用上搭建浦江“浙里编年鉴”子场景，探索年鉴在线编纂系统，通过编纂在线化、校核智能化、绩效即时化、数据备份化，提升数字化编纂能力，为全省采用数字化手段编年鉴试点探路。同时，加强全省年鉴资源的数字化和数据归集工作，通过“浙里有志”平台，提高全社会读鉴用鉴的便利程度。

三、精品创建的社会效益

《浙江年鉴（2022）》成功创建中国精品年鉴，进一步扩大了示范力、影响力，带动各地编精品创精品的积极性，有效开创编鉴用鉴新局面。

一是引领示范作用有效发挥。《浙江年鉴（2022）》框架设计、编纂规范、编纂流程、审稿校稿等各方面，成为省内不少市县年鉴编纂的参考样本，有效发挥《浙江年鉴》的示范作用。编辑部全面总结成功经验和教训，为参与中国精品年鉴创建的市县，提供有效的指导帮扶。此外，浙江省委主要领导批示肯定，以及集体和个人获记功奖励，也形成积极示范作用，不少市县受到鼓励，参加创建中国精品年鉴的市县持续增加。

二是精品意识有效增强。在创建中国精品年鉴、省级精品年鉴的政策推动下，全省地方综合年鉴编纂的精品意识明显增强，编精品、创精品成为目标和动力，为浙江省精品年鉴工程实施产生良好的助推作用。2021 年，省志办组织实施浙江省精品年鉴工程，已连续开展三届，累计评选出省级精品年鉴 57 部、优秀年鉴 6 部。积极参加中国年鉴精品工程，2022 年以来，《鄞州年鉴（2021）》《义乌年鉴（2021）》《浙江年鉴（2022）》《绍兴年鉴（2023）》《滨江年鉴（2023）》《温州龙湾年鉴（2023）》《松阳年鉴（2023）》先后入选中国精品年鉴；温州、杭州、金华入选中国精品年鉴区域试点，入选数量与江苏省同居全国首位。

三是社会影响力有效提升。《浙江年鉴（2022）》创成精品后，社会影响力、知名度进一步提升。上门求书、查资料的厅局部门明显增加，成为不少党政部门查找资料的权威来源。浙江省志办创刊《浙江概览（2023）》，广泛赠送给省级党政部门，获得省委、省政府核心部门不少干部的欢迎和喜爱，有效提升年鉴工作的资政服务能力。

四、《浙江年鉴（2022）》主要特点

《浙江年鉴（2022）》通过参加中国年鉴精品工程创建，编纂质量大幅提升，成功实现脱胎换骨、系统重塑。具体表现出以下特点。

（一）聚焦特色，以“鉴”书记录浙江发展新高度

年鉴是年度综合性资料文献，承担着存史、育人、资政的重要作用。《浙江年鉴（2022）》聚焦年度特点、地方特色，及时记载浙江在建功新时代奋进新征程中取得的新成绩。

一是聚焦年度大事要事。围绕浙江设立高质量发展建设共同富裕示范区这一重大事件，在卷首彩页设立“数说共同富裕”“共富‘浙’一年”2个专题，收录32幅专题图片；专文收录《高质量发展建设共同富裕示范区扎实开局》，同时在“重要决策”等分目中设条目记载，多维度展现浙江在推进共同富裕示范中的探索与实践。2021年浙江省在全国率先部署实施数字化改革，卷首彩页设立“数字化改革”专题，收录31幅图片；专文收录《数字化改革取得硬核成果》，并在相关条目记录各地区、各领域在推进数字化改革中取得的经验与成果。围绕杭州召开亚运会，在卷首彩页设立“杭州亚运会赛事场馆巡礼”专题，正文设“亚运会筹办”分目予以体现。此外围绕年度大事，设立“建党百年华诞”“党史学习教育活动”等图片专题。

二是挖掘省域特色亮点。全书框架中，浙江省域特色亮点突出，例如在专门向省委改革办、省发展改革委、省经信厅等有关单位去函征求框架设置意见后，设立数字经济、民营经济、海洋经济等类目，置于常规经济类目之前，集中反映浙江经济领域的特色亮点。在开放型经济类目中设立“一带一路”重要枢纽打造、中国（浙江）自由贸易试验区改革深化等9个分目，展现浙江作为外贸强省的优势特色。注重以条目体现地方特色，如设立世界互联网大会乌镇峰会、《富春山居图》合璧十周年纪念活动、“枫桥经验”司法所建设等独具浙江特色的条目。

（二）优化框架，以科学全面彰显浙江发展全图景

《浙江年鉴（2022）》遵循年鉴分类编排原则，设类目、分目、条目3个层次。少数内容丰富的分目，下设次分目。全书共设类目47个、分目292个、条目

2694个。

一是主体框架科学合理。《浙江年鉴（2022）》对原有框架作较大调整，做到分类更科学、层次更清晰、领属更得当、编排更有序。把“五大建设”大编体，调整为按事物科学分类的中编体，对原有类目重新编排整合，如经济部类，按照“先总后分，先宏观再微观，宏观在前，微观在后”的原则重新梳理排序。进行合理化归类，把群众团体类目改为人民团体，把工商联移到人民团体类目；把建筑房地产业类目分设为建筑业、房地产业2个类目，把人物类目改为人物·荣誉等。调整编排顺序，如把档案、党史调整至文化类目；把民族·宗教类目降格为分目，归入社会事务类目。

二是全书内容丰满充实。通过调整完善分目和条目，进一步丰满全书内容。如在经济管理类目下增设宏观经济调控、金融监管、质量技术监督、信用体系建设等分目；在工业类目补充新材料产业、新能源产业等分目；在城市建设类目设置国土空间规划、城乡风貌整治、城市基础设施建设、智慧城市建设、城市管理等分目，以及海绵城市和地下综合管廊建设等条目。

（三）注重美观，以装帧之美展现大美浙江

《浙江年鉴（2022）》封面设计精美，色彩搭配得当，版式清晰美观。卷首彩页多用横跨页，排版错落有致。照片选用注重体现山水之美、物质丰饶、人民幸福，展现“大美浙江”的气魄与底蕴。内文设丰富的随文图片和表格，进一步增强年鉴的可读性。

争创中国精品年鉴
引领山东省年鉴事业高质量发展
——《山东年鉴》打造精品之路 *

中共山东省委党史研究院（山东省地方史志研究院）

近年来，中共山东省委党史研究院（山东省地方史志研究院）深入贯彻落实习近平总书记对山东工作的重要指示要求，锚定“走在前、开新局”，不断提高政治站位和文化站位，围绕打造中国精品年鉴这一目标定位，创新体制机制，优化工作流程，强化质量保障，全力做好中国精品年鉴创建工作。《山东年鉴》2019年卷和2020年卷相继入选第四批、第五批中国年鉴精品工程“中国精品年鉴”，并连续获评全国地方志优秀成果（年鉴类）特等年鉴，山东省委、省政府对此高度重视，主要领导和分管领导相继作出10次批示，对《山东年鉴》编纂工作给予充分肯定和高度评价。

一、“精品之路”简要历程

2015年12月，中国地方志指导小组办公室印发《关于公布首批全国年鉴工作试点单位的通知》，确定山东省地方史志办公室为首批全国年鉴工作试点单位。其后，《山东年鉴》每年都参加中国精品年鉴篇目评审，按照全国年鉴专家对《山

* 执笔人：宋涛，中共山东省委党史研究院（山东省地方史志研究院）年鉴工作处三级调研员。

东年鉴》篇目的评审意见，不断对年鉴篇目进行修改完善。2019年，《山东年鉴（2019）》参加中国精品年鉴评审，按照专家提出的230余条意见建议，逐一进行补充、修改，完善，顺利通过了专家评审，成功入选中国精品年鉴。2020年，山东省再接再厉，继续拓展编纂思路，科学设置篇目，深度挖掘资料，注重常编常新，年鉴内容更加突出时代性、地域性、年度性和规范性，《山东年鉴（2020）》再次入选中国精品年鉴。在《山东年鉴》的示范引领下，山东掀起争创中国精品年鉴热潮。

二、主要措施与做法

（一）强化“四个重塑”，拓展“山东经验”内涵

牢固树立精品意识，严格遵守《地方综合年鉴编纂出版规定》《关于地方综合年鉴编纂出版若干问题的补充规定》，强化理念、结构、内容、流程“四个重塑”，推动《山东年鉴》实现高质量发展，不断丰富和发展了“山东经验”的内涵。

一是强化理念重塑。确立“引领年鉴事业转型升级、实现高质量发展”的初心使命，自觉秉承新发展理念，坚决摒弃以往年鉴编纂的思维定式和路径依赖，实现由内到外“自我突破”式和由上到下“专家点评”式重塑，主动对标中国精品年鉴，每年向精品工程试点和成功入选单位学习取经，在组稿、编辑、排版、校对、印刷、出版等各个环节全面对标对表，加速化蛹成蝶、凤凰涅槃。

二是强化结构重塑。紧跟山东省经济强省发展步伐，遵循“科学性、可行性、平衡性”的原则，每年都对年鉴篇目进行调整，通过增设类目、调整分目、归并条目等措施，对框架结构进行优化，充分反映时代特色和地域特色。如对农业、工业等类目进行调整，加大对蔬菜产业、水果产业、新兴行业、高端装备制造业及新旧动能转换发展情况的记述，类目设置更加突出地方特色和时代特色。

三是强化内容重塑。紧紧围绕山东省委、省政府重大战略部署，辑录全省大事要闻，全面客观地反映各级党委、政府中心工作和各地区、各部门和各行业取得的重大成就。如《山东年鉴》2019年卷图片专题收录山东的重点工程、经略海洋、美丽山东建设、人民生活等内容，正文中增加新旧动能转换、乡村振兴、海洋强省、三大攻坚战、科技创新、农业科研、齐鲁文化等相关内容。

四是强化流程重塑。在年鉴编纂过程中，按照“完善流程、快速编辑、严控环节、提高质量”编审校模式，实行关口前移、统筹推进、压茬进行。组稿阶段，坚持实行报送单与稿件同步报送制度，要求供稿单位分管领导审核稿件、主要领导签发，从源头上把控稿件质量。编辑阶段，实行稿件审查制度，制定“稿件处理单”“录排、校对记录单”，副主编、主编审查稿件后，签署审查意见，分工编辑根据审查意见对稿件进行再加工，由此形成环环相扣的编审校链，确保年鉴的编纂质量和出版周期。

（二）突出“四个导向”，确保年鉴编纂质量

在年鉴编纂过程中，山东省注重突出政治、目标、问题、人才“四个导向”，创新工作机制，优化编纂流程，强化质量保障，以实际行动诠释“山东经验”的真谛。

一是突出政治导向。把提高年鉴编纂质量与全国年鉴工作围绕党和国家利益、经济社会发展和以人民为中心“三大主题”主动结合起来，与年鉴工作坚持正确方向、坚持依法治鉴主动结合起来，与贯彻落实习近平总书记对山东工作重要指示批示精神和“走在前、开新局”的目标定位主动结合起来，坚持政治引领，严格政治标准，强化敏感内容审核，确保意识形态安全，推动年鉴事业融合发展、创新发展和高质量发展。

二是突出目标导向。年鉴启动伊始，就明确高质量发展的工作目标，完善篇目设计，充实相关内容，严格条目选题，优化装帧设计，注重把握年度大事、新事、特事，提高资料性，突出山东的年度特点和地域特色，提高年鉴的实用价值。

三是突出问题导向。在供稿阶段，采取“区分层次、梯次推进、压茬进行”的组稿方式，建立完善年鉴供稿人联络机制，各位分工编辑积极与供稿单位沟通交流，并撰写样稿，上门进行指导撰稿，切实解决撰稿人员“不会写”“写不好”的问题。在编辑阶段，制定“编校进度表”，对编校工作进行细化、量化管理，每10天进行一次编辑、校对进度统计，保证年鉴整体推进速度，解决个别类目“拖后腿”问题。在修改打磨阶段，认真学习中国年鉴精品工程评审专家的评审意见建议，逐一梳理、归纳，理清修改脉络，并举一反三，对全书类似问题进行逐一查找、修改，精心打磨，确保专家的评审意见建议修改落实到位。

四是突出人才导向。按照“培养专业思维、丰富专业知识、提升专业能力”

的要求，着力夯实年鉴编辑队伍专业化水平。在专业理论与实践基础上培养专业思维，制定学习培训、岗位锻炼、优化机制等多项措施，按照“事业工程化、工程责任化、责任数字化”要求，列出“施工图”和“进度表”，对全年任务进行分解细化，狠抓落实。结合精品年鉴创建丰富专业知识，通过组织年鉴业务专题培训、月度例会、稿件点评会，严格把好政治关、政策关、史实关、保密关、体例关、文字关，为提升年鉴质量奠定坚实基础。以干代训提升专业能力，按照“老带新，干代训，强基础，提能力，全覆盖”原则，指定专人开展“传帮带”，压担子、给任务，打造一支过硬的年鉴编辑队伍。

三、《山东年鉴（2020）》主要特点

《山东年鉴》按照高质量发展的工作目标，继续拓展编纂思路，科学设置篇目，挖掘深度资料，注重常编常新，突出时代性、地域性、年度性和规范性，全力打造精品年鉴。

（一）拓展编纂思路，突出时代性

近年来，山东省坚持以新发展理念为统领，聚焦高质量发展，提出新旧动能转换等一系列重大战略布局。《山东年鉴（2020）》文献类目收录省委书记刘家义在全省“重点工作攻坚年”动员大会上的讲话；省政府类目收录“新旧动能转换”“乡村振兴”“海洋强省建设”“三大攻坚战”等内容；新增新兴产业类目，收录全省信息技术产业、新能源新材料产业、高端装备产业、高端化工产业等内容，全面反映山东省深入实施八大发展战略、推进九大改革攻坚、加快培育壮大“十强”现代优势产业集群，推动高质量发展一步步走深走实的历程。2019 年 8 月，中国（山东）自由贸易试验区经国务院批准设立，《山东年鉴（2020）》开放型经济类目设置自由贸易试验区分目，记述中国（山东）自由贸易试验区济南、青岛、烟台 3 个片区的情况和相关工作机制、支持措施等内容。山东省会展业近年来发展较快，至 2019 年底，全省展览场馆数量、展览面积和通过国际展览联盟认证的展会数量居全国前列，《山东年鉴（2020）》将会展业由分目升格为类目，设综述、国际展会、国内展会分目，全面记述会展场馆建设、举办的国际国内重要展会等情况，充分反映了山东省会展业的发展变化。

（二）科学设置篇目，突出地域性

山东是农业大省、产油大省、黄金大省，蔬菜、石油、黄金产量居全国前列，《山东年鉴（2020）》农业类目将蔬菜、水果的内容从种植业分目中析出，单独设置蔬菜产业、果茶产业分目；工业类目设置石油化学工业、黄金工业分目。山东还是海洋大省，海洋产业产值占全省生产总值的20%，《山东年鉴（2020）》山东概貌、生态环境、工业、交通运输等类目中设置分目或条目，收录海洋资源、渔业资源、海洋环境、海洋科技、海洋强省建设等相关内容，充分反映山东海洋大省的地域特色。同时，山东还是文化大省，是儒家文化发祥地，代表人物孔子、孟子均出生于此，《山东年鉴（2020）》山东概貌设置齐鲁文化分目，收录“齐鲁文化形成融合”“儒家思想”“礼学”等内容，充分反映齐鲁文化对中华文化形成与发展产生的重要影响。

（三）深度挖掘资料，突出年度性

注重挖掘深层次资料内容，突出年度特色，是年鉴增强可读性的基本要求。2019年是新中国成立70周年，围绕这条主线，《山东年鉴（2020）》卷首设置“奋进的山东”“山东省70年发展成就”图片专题，分别从经济建设、政治建设、文化建设、社会建设、生态文明建设、党的建设六个方面，用60余幅照片和一组组数据对比，生动反映山东70年来的发展变化和取得的伟大成就。特载收录《栉风沐雨谋发展　春华秋实铸辉煌——新中国成立70周年山东经济社会发展综述》，全面记述新中国成立以来齐鲁大地发生的历史性变化，经济社会发展取得举世瞩目的辉煌成就。围绕2019年山东发生的大事、要事，卷首设置“年度要闻”图片专题，收录首届跨国公司领导人青岛峰会、博鳌亚洲论坛全球健康论坛大会、山东省创新驱动发展院士恳谈会、中国500强企业高峰论坛大会等内容；特载收录《践行初心使命 凝聚攻坚力量——山东省开展“不忘初心、牢记使命”主题教育工作综述》。更多的是，注重从综合性条目中寻找线索，挖掘年度热点、亮点工作，或单独设条，或浓墨重彩，如“美丽庭院创建”“巾帼返乡下乡联盟”“‘一次办好’改革”等条目，既解决特色条目较少的问题，又增加年度特色。

（四）注重常编常新，突出规范性

《山东年鉴（2020）》框架坚持按照事业发展属性进行分类，同时紧跟全省新时代现代化强省建设步伐，更好地体现规律性、逻辑性和规范性。如新增应急管理类目，设置综述、防灾减灾、水旱灾害防御、安全生产监管、消防救援5个分目，将原归属其他类目中的相关内容归入其中；扶贫开发从省政府类目中析出，归入社会生活类目；村镇建设由城乡建设类目析出，并入乡村振兴分目等。条目作为主要记述形式，《山东年鉴（2020）》综合性条目注重全面性和概括性，避免出现杂糅的现象，如森林和湿地资源保护分目，将概况条目拆分为林长制、林地使用审核审批、森林督查3个条目；气象分目，将概况条目拆分为山东现代农业气象服务保障工程建设、地面观测自动化改革、现代农业气象服务、生态环境气象服务、气象法治体系建设5个条目。单一性条目的时间、地点、人物（事件）、结果等基本要素齐备完整，标题做到题文相符，杜绝出现新闻报道体和“大帽小身体”等情况，体现编纂的规范性。

四、主要经验与体会

（一）紧跟新时代经济强省建设步伐

近年来，山东主动服务和融入新发展格局，创造性提出并坚定实施八大发展战略，推进九大改革攻坚，培育“十强”现代优势产业集群，锚定“七个走在前列”“九个强省突破”，全省经济社会发展呈现由“量”到“质”、由“形”到“势”的根本性转变。《山东年鉴》编纂以新发展理念为统领，聚焦高质量发展，紧跟全省新时代经济社会发展的步伐，以新的观点、新的视角、新的材料、新的方法，连续在卷首图片、特载、文献中集中展现新时代、新成就、新气象。

（二）全面反映省委、省政府的战略部署

年鉴必须紧紧围绕省委、省政府的重大战略部署，全面客观地反映各级党委、政府的中心工作和各地区、各部门、各行业取得的重大成就，才能更好地发挥资政作用，提升社会影响力。《山东年鉴》逐年收录全面展开全省新旧动能转换重大工程动员大会、“担当作为、狠抓落实”工作动员大会、“重点工作攻坚年”动员

大会等内容，及时反映山东人民坚定不移推动高质量发展，奋力开创新时代社会主义现代化强省建设新局面的生动历程。围绕山东省委、省政府提出的一系列重大战略部署，如加快新旧动能转换、打造乡村振兴齐鲁样板、发展海洋经济等方面，在省政府类目收录相关内容。围绕山东启动实施“现代优势产业集群 + 人工智能”十大工程，推动钢铁、焦化、地炼、电解铝等高耗能行业转型升级的实践，新增新兴产业类目等。

（三）牢固树立以人民为中心的编鉴理念

人民是历史的创造者。山东坚持以人民为中心的立场，坚守为人民编鉴的理念，以丰富、优秀的精神文化产品服务人民，全面记述山东在惠民生等方面的一系列举措。如《山东年鉴（2020）》社会生活类目，在原来的民政事务、人力资源和社会保障、民族事务、宗教事务、老龄工作、居民生活等基础上，补充完善人口家庭、社会保险、扶贫开发、住房保障、医疗保障等方面内容；教育类目，增设民办与继续教育分目，收录民办学校、学历继续教育、非学历继续教育和社区教育等相关内容；卫生健康类目，增加医养健康、中医药、医学科研、医政管理等分目，记述山东省推进国家药品集中采购试点扩围工作、医养结合示范省建设等热点内容。

（四）以制度推动年鉴高质量发展

近年来，山东省更加注重加强年鉴事业顶层设计，推动年鉴事业高质量发展。2017 年 12 月，山东制定出台《山东省地方综合年鉴编纂出版业务规范》，在框架设计、资料收集、收录内容、条目编写、记述行文、出版印刷等方面都做出详细规定。2019 年，山东梳理现有的年鉴工作制度，重新修订《〈中共山东年鉴〉〈山东年鉴〉行文规定》《〈中共山东年鉴〉〈山东年鉴〉编审工作制度》《〈中共山东年鉴〉〈山东年鉴〉编辑出版工作流程》等制度，补充完善相关内容，以制度推动年鉴高质量发展。

山东站在战略全局的高度谋划布局，明确“以精品为引领、靠质量促发展”的年鉴事业高质量发展路径，全省先后有多部市、县级综合年鉴入选中国年鉴精品工程“中国精品年鉴”，加快全省年鉴事业从“数量型”向“质量型”转型步伐，推动山东从年鉴大省向年鉴强省迈进的历史进程。

三

市级综合年鉴精品之路

弘扬方志文化　勇蹚年鉴新路

——《大同年鉴》打造精品之路*

中共大同市委党史研究室（大同市地方志研究室）

中国年鉴精品工程是推动全国年鉴高质量发展的重大举措，是带动全国年鉴事业不断发展的助推剂。实施中国年鉴精品工程，有助于更好地记录社会发展的脉络和基本走向，有助于深入挖掘各行业的独特创造、价值理念和鲜明特色，有助于更好地传承弘扬中华优秀传统文化，有助于讲好各地的发展故事。年鉴是为国存史的重要载体，是推动文化繁荣的重要凭借，是坚定文化自信的重要途径，在“传承历史、展现当今、启引未来”中发挥着重要的作用。大同市为充分发挥中国精品年鉴的示范引领作用，严格落实《地方综合年鉴编纂出版规定》《关于地方综合年鉴编纂出版若干问题的补充规定》要求，进一步强化精品意识，不断提升全市年鉴的编纂质量，以中国精品年鉴区域试点单位为平台，带动全市年鉴事业走高质量发展道路。

一、践行精品理念，打造年鉴品牌

大同市是山西省最早的市级综合年鉴创办地，当时叫《雁北年鉴》，创办于1983年，1987年开始编纂出版《大同年鉴》。

---

* 执笔人：冯晋慧，中共大同市委党史研究室（大同市地方志研究室）方志编研二科科长、四级调研员。

（一）坚守年鉴初心，率先实现全覆盖

回顾《大同年鉴》近40年的编纂实践，《大同年鉴》编纂人员始终秉承“存史、育人、资政”的宗旨，以年鉴为经济社会发展服务为目标，不断学习借鉴优秀市级综合年鉴长处，弥补自己的不足，提升年鉴质量，同时结合大同的实际情况，逐步形成了独具大同特色的地方综合年鉴。2006年5月，国务院《地方志工作条例》颁布施行，确立地方综合年鉴编纂出版的法治地位，从此地方综合年鉴工作步入法治化轨道。这些年来，《大同年鉴》编纂人员不断加大条例宣传力度，在年鉴撰稿单位中形成撰写地方综合年鉴稿件法治化、常态化工作局面。2013年，山西省人民政府办公厅印发了《关于进一步加强地方综合年鉴编纂工作的通知》，为全省地方综合年鉴编纂出版工作起到了积极的推动作用。同年，大同市人民政府办公室印发《关于开展县区综合年鉴编纂工作的通知》，助力大同市县（区）综合年鉴全面开展编纂工作，加快大同市实现县（区）综合年鉴全覆盖的步伐。2016年7月，《大同年鉴（2014）》荣获全国地方志优秀成果（年鉴类）二等年鉴，当时是山西省获得此项荣誉最高的市级综合年鉴，这大大增强了《大同年鉴》编纂人员向更高等次迈进的信心。2017年起，大同市在全省率先实现市、县（区）综合年鉴“一年一鉴，公开出版”。

（二）树逐梦思想，圆精品梦想

党的十九大确立了习近平新时代中国特色社会主义思想的指导地位，为年鉴编纂人员提供了新的思想武器，从此地方综合年鉴进入了新的发展时代。地方综合年鉴编纂理应适应新时代的要求，聚焦党和国家关注的战略性、全局性、综合性等问题，紧扣地方党委政府中心工作，客观记述经济社会发展中的重大实践问题和新时代人民群众普遍关心的热点难点问题，在为经济社会发展服务方面作出更大的贡献。《大同年鉴》编纂人员牢记年鉴人职责使命，用最简洁、朴实的文字记载大同发展、宣传大同亮点、讲好大同故事。2019年，大同市严格按照中国年鉴精品工程申报程序，积极开展申报工作。在申报中国精品年鉴期间，中国精品年鉴专家数次对《大同年鉴（2019）》的框架及条目内容进行精心指导，编纂人员按照中国精品年鉴专家的意见，克服分目内容征稿难等问题，多次组织相关单位研究分配组稿内容，完善补充《大同年鉴（2019）》内容的不足之处，大幅

提升《大同年鉴（2019）》编纂质量，最终通过中国精品年鉴专家评审。2020年3月，《大同年鉴（2019）》成功入选第四批中国精品年鉴；同年12月，《大同年鉴（2019）》被评为第七届全国地方志优秀成果（年鉴类）特等年鉴。

（三）树精品意识，建精品区域

2022年3月，为推动全市年鉴事业走高质量发展道路，融入新时代年鉴新发展格局，按照《中国年鉴精品工程实施方案（修订版）》要求，大同市积极开展中国精品年鉴区域试点单位申报工作。9月20日，“精品年鉴品读季”活动启动会议暨2022年中国年鉴精品工程研讨会、第七期全国年鉴主编培训班在北京开幕，会上大同市以《担当使命 勇开新局——大同市申报中国精品年鉴试点单位情况汇报》为题进行汇报。汇报分厚植年鉴根基，全域协同发展；全面蓄势发力，筑牢发展平台；建立人才机制，壮大年鉴队伍；谋划发展路径，探索发展方法4个部分，介绍大同市年鉴事业的发展情况和特色亮点工作。10月10日，经中国年鉴精品工程学术委员会评选，大同市入选为首批中国精品年鉴区域试点单位，是山西省第一家。12月13日，为加快推进中国精品年鉴区域试点单位建设，市委办公室向各县（区）及全市各单位印发《大同市建设中国精品年鉴区域试点单位工作方案（2022—2026）》，方案主体内容分指导思想、组织领导、总体目标、主要任务、保障措施5个部分。2023年3月，《大同平城年鉴（2022）》成功入选第七批中国精品年鉴，这是山西省第一部获得此项荣誉的市辖区综合年鉴，也是大同市入选首批中国精品年鉴区域试点单位后打造的全市第一部县（区）级中国精品年鉴。

二、重构设计理念，彰显地域特色

（一）充分认识年鉴框架设计的重要性

框架是地方综合年鉴的纲目，是其信息资料的科学组织形式，体现一部年鉴的编辑思维、内容结构和特色形式。《大同年鉴（2019）》在保持历年框架相对稳定的基础上，为顺应新时代的发展，做了适当增加和调整，调整后的框架既全面展示本行政区域的基本情况，又体现其年度特点和地方特色。如农林水利类目调整为农业类目，水利分目改为水资源保护分目并归入生态保护类目，“商贸 会展”“无线电通信邮政”类目整合为商贸服务业、经贸合作两个类目，“住房和城乡建设 环境保护”类目分设为城乡建设、生态保护两个类目，“财政 税务”类目归入经济管理类目；为凸显大同文化旅游名城的地位，把“文物 旅游业”类目调整为旅游业类目，文物分目归入文化类目；为突出全面建成小康社会的历史使命，特设脱贫攻坚类目。《大同年鉴（2019）》的亮点主要体现在：一是突出优势产业，展示行业发展。大同的煤炭储量大，为大同赢得了“中国煤都”和“国家重要能源基地”的美誉。大同煤炭不仅储量丰富而且品质很高，是世界著名的工业优质动力燃料，被称为“工业精粉”。比如，在工业类目下设煤炭工业分目，重点记载其经济发展、科技研发、转型发展等方面的情况。二是紧跟时代发展，凸显新兴行业。按照新时代发展要求设置相关分目，重点记载新兴行业的发展动态，凸显新时代事物的发展变化。比如，在工业类目下增设能源革命、新材料工业等分目；在商贸服务业类目下增设邮政快递、电子商务、会展、物流业、居民服务业等分目。三是吻合大同发展，精准掌握重点。按照国家、省内对大同的发展要求，以及大同市发展实际情况，在年鉴类目中重点记载相关内容。比如，充实生态保护类目内容，分环境质量、土地资源保护、水资源保护、森林资源保护、污染防治、环保管理等分目；在农业类目下的种植业分目重点记载黄花发展等条目内容；在文化类目下设古都灯会分目，重点记载其特色灯展等内容；在旅游业类目下设旅游景区分目，重点记载云冈石窟、恒山、华严寺等在国际国内有影响力的景区。

（二）突出装帧设计，融入城市元素

年鉴装帧设计既要符合年鉴作为党政刊物严谨、权威的主流要求，又要跟上时代审美潮流。同时，精美的装帧和新颖的表现手法能提高年鉴的可读性。年鉴的封面设计应当抓住区域特点，定位准确，凸显城市个性，成为各地年鉴彰显地方特色的一大亮点。《大同年鉴（2019）》封面选用印金底色，代表古都大同深厚的历史文化底蕴，封面印有代表大同环境治理后的文瀛湖生态公园图片，凸显大同市连续多年空气质量位居全省第一的成果。彩页设有“美丽大同”“古都灯会”“成龙国际动作电影周”“首届农民丰收节”“首届大同能博会”“脱贫攻坚”“2018‘影像的力量’中国（大同）国际摄影文化展”等图片专题，突出反映

2018 年大同市的重大事件、重要成果和热点问题。《大同年鉴（2019）》内页类目压图设计融入喜庆新中国成立 70 周年的红色元素和代表大同的古城墙，既体现年度特征，又体现大同特色。内页版式设计采用棕色标题与全书封面、类目压图等融为一体，显得主次分明、协调统一。

三、立足“四个必须”，服务经济社会

地方综合年鉴的最大价值，在于提供翔实可信的年度性资料。资料性是地方综合年鉴的最基本属性，决定和影响地方综合年鉴的综合性、地方性等其他性质，能够反映所记事物的规律和本质面貌。地方综合年鉴编纂对资料的要求是：材料真实可靠，具有存查价值；内容相对完整，形式多种多样；文字简洁明白，方便读者检索。

地方综合年鉴资料的选取本着为经济社会发展服务的原则。《大同年鉴》编纂人员立足“四个必须”，服务经济社会发展。一是政治站位必须“高”。要求每名编纂人员一定要把习近平新时代中国特色社会主义思想作为年鉴编纂的重要指导思想，以党的领导为主线，贯穿编纂年鉴全过程，坚持辩证唯物主义和历史唯物主义的立场、观点、方法，求真求实，严把政治关，提升对地方综合年鉴工作的认知度。二是地域特点必须“清”。要求每名编纂人员研读政府工作报告，充分掌握政府工作要点，研究大同独有的历史文化，以相关类目、分目、条目彰显大同特色，收集整理大同发展独有的新视点，在年鉴中展现大同年度亮点，增强年鉴的实用性，扩大大同的影响力。三是时代发展必须“追”。要求年鉴编纂人员的思想必须紧跟新时代发展步伐，及时了解新兴行业发展动态，挖掘相关资料，增设新的类目、分目及条目内容，增强年鉴的时代性、常新性。四是开发利用必须“建”。通过对地方综合年鉴辑录资料的运用、研究，既可以为各级领导干部了解熟悉地情提供咨询服务，为各级党委、政府科学决策提供重要的借鉴和依据，为推进治理体系和治理能力现代化提供历史借鉴，也可以为规划编制、旅游开发、城市建设、招商引资、防灾减灾、文化建设、历史文化遗产保护、宣传教育等方面提供信息咨询和合理化建议，为推动经济社会发展和深化改革提供智力支持。《大同年鉴》编辑部按照新时代年鉴事业发展的要求，把年鉴工作融入网络版年鉴、手机二维码年鉴的数字化发展时代，把年鉴资料免费提供给社会公众使用，

充分体现其所具有的价值。

全市年鉴工作者在遵循年鉴编纂规范的基础上，融入新发展理念，把握年鉴年度特点和地方特色，不断提高地方综合年鉴的编纂质量，以精品意识奉献社会，扩大年鉴资源的利用率，更好地为当地经济社会发展服务。

四、勇担使命，开创年鉴新局面

“有多大担当才能干多大事业，尽多大责任才会有多大成就”。全市年鉴工作者以“功成不必在我、建功必定有我”的境界和担当，以推进中国精品年鉴区域试点单位建设为契机，努力克服前进道路上的各种困难，以“四个着力”开辟年鉴事业高质量发展新局面。

（一）着力提升年鉴政治站位

年鉴编纂出版是为党委和政府中心工作服务的，是一项政治性很强的工作。全市年鉴工作者把学习贯彻落实党的二十大精神同深入学习贯彻落实习近平新时代中国特色社会主义思想结合起来，同深入学习贯彻落实习近平总书记对史志工作的重要论述精神结合起来，立足年鉴工作实际，坚持正确的历史观，增强“四个意识”、坚定“四个自信”、做到“两个维护”，保持政治定力，严把政治史实关，严防死守意识形态主阵地，坚持与时代同步伐，积极承担起记录新时代、书写新时代、讴歌新时代的光荣使命，为时代画像、为时代立传、为时代明德，积极把党的二十大精神转化为打造精品的有效举措，转化为推动大同新时代年鉴事业高质量发展的强大动力。

（二）着力扩大年鉴利用面

新时代年鉴工作只有融入党委和政府中心工作，扩大开发利用面才有生机和活力。全市年鉴工作者树立编鉴为用意识，拓宽年鉴传播利用渠道，顺应“互联网+”和新媒体资讯传播的发展趋势，进一步创新编纂方式，丰富记述内容，加快编纂进度，提升文献价值，不断增强年鉴形式的多样性、内容的权威性、出版的时效性和服务的有效性，用好用活年鉴资源。根据不同受众群，制作简洁明快的电子书、拍摄微视频投放到网站和“史志大同”微信公众号，编纂年鉴口袋版、手机版、网络版等，丰富年鉴产品序列，加强对年鉴累积序列成果的研究、发掘，强化年鉴数字化和数据库建设，提供各类信息服务于社会各界。

（三）着力提高年鉴文化地位

年鉴工作担负着宣传党的意志，弘扬中国特色社会主义核心价值观的使命。全市年鉴工作者牢固树立依法治鉴意识，加大对《地方志工作条例》的宣传力度，切实履行法定职责，依法提升年鉴的宣传力度和资政辅治能力，把全市年鉴工作作为一项存史资政、宣传推介大同形象的文化品牌工作去推进，不断提高年鉴的文化地位。

（四）着力提升年鉴质量

全市年鉴工作者贯彻新发展理念，融入新发展格局，强化精品意识，严格执行《地方综合年鉴编纂出版规定》《关于地方综合年鉴编纂出版若干问题的补充规定》，严把体例关、政治关、保密关、史实关、文字关、图表关，高标准、严要求完善年鉴编纂出版的内部质量管控体系，强化市、县（区）地方志工作机构上下联动、相互审查年鉴的工作机制，着力打造经得起实践和历史检验、具有鲜明时代特征和地域特色、堪存堪鉴的年鉴成果。

五、聚焦问题，优化发展机制

干每项事业总有属于它自己的问题，只要科学地认识、准确地把握、正确地解决这些问题，就能够不断推向前进。查找年鉴发展自身的不足，进而坚持问题导向、目标导向、效果导向，就能推进区域年鉴走高质量可持续发展道路。当前大同市年鉴工作存在的主要问题：一是对年鉴的认识不够深。有些单位对年鉴工作不重视，用工作总结应付年鉴资料且不能及时交稿，未按照年鉴撰写要求围绕事业发展挖掘信息资源，记述其基本情况，反映发展中的新事、大事、要事、特事。二是撰稿人员不稳定。各单位供稿人员往往是临时指派的，而且人员流动性较大。年鉴工作又是一项专业性很强的文化工作，未经过系统专业培训很难撰写出高水平稿件。三是编纂人员与时俱进的精神不足。有些年鉴工作者习惯按照陈旧固定的年鉴模式编纂，在框架和内容上未能跟进新时代的发展变化。而部分供稿者图省事，参照上一部年鉴内容撰写，稿件的新颖性不足。四是年鉴实用性不够强。年鉴是资料性文献，其作用是“存史、育人、资政”。有些年鉴一出版就束之高阁，究其原因还是年鉴的实用性不强，未能真正发挥其应有的作用。

针对以上问题，为了提升年鉴质量，充分发挥其应有的价值，大同市从五个方面优化发展机制：一是加大领导重视力度。每年邀请市、县（区）本级主要领导出席年鉴工作会、培训会，并通过媒体广泛宣传，扩大年鉴的影响力，形成各部门都重视年鉴工作的良好氛围。二是完善工作机制。强化工作协作机制，抽调县区年鉴业务骨干，组建一支业务通、能力强的队伍，对症指导县区年鉴工作，在提升县区年鉴质量的同时，不断提升自身能力。优化“三审三校”编校机制，确保年鉴体例、文字规范，内容准确真实。建立“中国精品年鉴品读”长效机制，按照县区年鉴的编纂进度及年鉴编辑中遇到的问题，组织年鉴编辑人员研读精品年鉴，结合实际从精品年鉴中汲取框架编排的思路、内容编辑的遵循及版式设计的技巧等，解决相关问题，不断提升年鉴编纂质量。三是加强人才队伍建设。“专业引领，人才为本”，专业人才是完成一项工作的关键、核心所在。建立固定撰稿人员机制，加大年鉴编辑人员的培训力度，切实提高他们的业务能力。四是创新发展方式。积极与精品年鉴区域建设好的山东省滨州市建立战略合作高质量发展联盟，共推两地年鉴事业高质量发展；组织全市年鉴编辑人员学习掌握中国精品年鉴的编纂方法，结合年鉴发展的新趋势优化市、县（区）年鉴版面样式、年鉴框架、条目内容等，增强其实用性，充分发挥年鉴资料性作用。五是加强理论研究。营造浓厚的学术氛围，鼓励年鉴工作者利用工作之余，结合工作中的亮点、难点、重点进行梳理提升，撰写具有鲜明时代特征和创新观点的理论文章，为年鉴事业的创新发展作理论探索。

弘扬方志文化，勇蹚年鉴新路。全市年鉴工作者把学习贯彻落实党的二十大精神转化为推动全市年鉴事业发展的实际行动，贯彻落实习近平总书记“坚持以精品奉献人民”的重要指示精神，以习近平文化思想为指导，强化精品意识，以建设中国精品年鉴区域试点单位为平台，走“精品年鉴”品牌化发展之路，不断营造守正创新与科学规范、理论研究与实践应用、质量管控与辐射带动、舆论宣传与成果利用并重的年鉴编纂理念，奋力开创全市年鉴事业高质量发展新局面。

修志问道创新篇　与时俱进启未来

——《晋城年鉴》打造精品之路 *

中共晋城市委党史研究室（晋城市地方志研究室）

《晋城年鉴》由中共晋城市委、市政府主办，中共晋城市委党史研究室（市地方志研究室）编纂，全面系统记载晋城市上年度的自然、政治、经济、文化、社会状况，以及市委、市政府的新思想、新举措、新进展、新成就和新经验，为广大读者了解晋城、认识晋城、研究晋城、投资晋城、建设晋城提供基础信息，是晋城市唯一公开出版发行的综合性年鉴。

一、对标一流、创先争优，筑梦精品促提升

《晋城年鉴》创刊于1999年，起初为两年一鉴，2014年后改为每年一鉴，《晋城年鉴（2021）》为第15卷。中共晋城市委党史研究室（市地方志研究室）始终坚持"修志问道，与时俱进"，先后荣获全国地方志工作先进集体和全省市县志鉴"两全目标"全面完成标兵单位。《晋城年鉴》质量稳步提升，2019年卷、2020年卷均荣获第七届、第八届全国地方志优秀成果（年鉴类）一等年鉴。

2021年，借助《晋城年鉴（2019）》荣获第七届全国地方志优秀成果（年鉴类）一等年鉴东风，积极申报中国年鉴精品工程。对标《山西年鉴》《大同年鉴》

---

* 执笔人：牛晋军，中共晋城市委党史研究室（晋城市地方志研究室）一级主任科员。

等中国精品年鉴，按照“全室一盘棋”要求，确立“主要领导负总责、分管领导具体抓、业务科室落实干”的工作思路，打破科室界限，由业务科室牵头，抽调相关人员组成编写组，制定工作流程，分解工作任务，明确完成时间，确保编纂质量。4月，上报年鉴编纂框架。5月中国精品年鉴专家研讨会议结束后，按照专家组意见，结合晋城实际情况，重新拟定篇目框架，并征求山西省地方志研究院的意见，于7月重新上报编纂框架。9月，完成初稿编纂任务，并受省地方志研究院委托，按照《中国年鉴精品工程实施方案》的要求，组织保密、档案、历史、法律、经济、军事、年鉴编纂等方面专家对《晋城年鉴（2021）》送审稿进行评审。10月，将送审稿报送中国地方志指导小组办公室。12月，由方志出版社正式出版发行。

2022年6月，中指办公布第六批中国年鉴精品工程“中国精品年鉴”名单，《晋城年鉴（2021）》成功入选。

二、围绕中心、服务大局，担当作为开新局

《晋城年鉴（2021）》秉持“提品质、出精品、创经典”理念，强化政治担当，统筹科学管理，编研用同步推进，精益求精提质量，持续发力创精品。《晋城年鉴（2021）》采用分类编排法，共分类目、分目、次分目、条目四个层次，全面系统记载2020年度晋城市自然、政治、经济、文化、社会等方面情况，资料翔实，内容丰富，文字简洁。

（一）紧扣时代脉搏，突出年度特质，及时记录习近平新时代中国特色社会主义思想的晋城实践

年鉴是年度综合性资料文献，承担着立言存史、以史鉴今、资政育人的重要使命。《晋城年鉴（2021）》坚持围绕中心，聚焦2020年度大事、要事、特事，及时记录习近平新时代中国特色社会主义思想的晋城实践。

一是年度记忆亮眼，重点记述2020年备受关注的全国热点。为记录好新冠肺炎疫情防控，《晋城年鉴（2021）》卷首图片设“疫情防控”专题，收录4版13幅专题图片；专文收录《2020年晋城市抗击新冠肺炎疫情防控纪实》一文；在相关内容中专设条目，全面反映晋城市众志成城、科学防控、精准施策、坚决打赢疫

情防控阻击战工作及取得的成绩。为记录好脱贫攻坚收官,《晋城年鉴(2021)》卷首图片设“脱贫攻坚”专题，收录4版14幅专题图片；专文收录《脱贫攻坚考场上的晋城答卷》一文；特设脱贫攻坚类目，完整记载晋城市全面小康建设进程。“人物　荣誉”类目收录晋城市疫情防控、脱贫攻坚工作中表现突出的先进集体和个人。

二是晋城元素饱满，重点突出2020年振奋人心的晋城大事。2020年是晋城建市35周年,《晋城年鉴(2021)》卷首设置专题图片，并以文、数、表、图等形式展示1985年晋城建市以来经济社会发展成就。2020年晋城举全市之力、下非常之功，终于成功摘取“全国文明城市”桂冠,《晋城年鉴(2021)》专文特别收录《山西晋城以文明创建引领高质量发展》一文，社会生活类目特设精神文明建设分目，再现晋城市“全力创建、全民创建、全城创建”的历程。2020年晋城人民多年翘首以盼的郑太高铁正式通车、“一元公交”实现全覆盖，以及2020年晋城市最有影响的10件大事,《晋城年鉴(2021)》都以条目形式或大事记形式予以特别记载。

(二)立足晋城本土，展示城市品质，全方位呈现晋城全力推进高质量发展的时代图景

千城千面，每个城市都有自己的鲜明个性，地域特色是城市年鉴的核心灵魂。《晋城年鉴(2021)》立足晋城区域，潜心打造中国特色社会主义新时代高品质城市年度记忆，全面、客观、系统地呈现2020年晋城全力推进高质量发展的时代图景。

一是聚焦产业转型，重磅贯穿晋城高质量发展主题主线。《晋城年鉴(2021)》在记载晋城煤炭、钢铁、铸造、煤化工、建材、电力等传统优势产业的同时，特设煤层气工业、装备制造工业、光机电产业等分目，增设文旅康养产业发展、全域旅游、数字经济等内容，突出记述晋城市建设能源之城、产业之城、康养之城、教育之城、文化之城、生态之城的生动实践，全面记录晋城“1+5”现代产业体系构建(“1”指加快传统产业优化升级，以数字化赋能煤炭、煤化工、钢铁铸造、电力等传统产业，不断增强生存力发展力；“5”指加快光机电、煤层气、文旅康养、现代服务业、数字经济五个战略性新兴产业集群化、规模化发展)、光机电“1+100”产业集聚发展、全国最大的煤层气产业基地建设、白马寺山高端康养示

范区建设、10大片区特色化改造加快老城华彩蝶变、丹河新城实现“路网成、水系成、学校成、配套成、新城初成”等年度重点工作。

二是凸显地情风貌，全面推介美丽晋城、活力晋城城市品质。《晋城年鉴（2021）》市情概览具有延续性，概要记载2020年度晋城市自然、政治、经济、文化、社会和生态建设等各个领域的基本情况，全方位展示晋城的太行山水、古堡古建、特色康养、红色文化、民俗风情、非物质文化遗产等优秀文化，以及晋城的人文特色、美食特产等，多形式反映晋城深厚传统文化底蕴、优美自然风光和经济社会发展的动人景象。专文收录《晋城市“十三五”经济社会发展综述》，在各类目围绕美丽晋城建设，以较多笔墨专门记述晋城上古文明昆仑丘、世界古堡非遗、百村百院、太行一号旅游公路“0公里文化驿站”以及“一枚印章管审批”、区域医疗改革等，系统记录各县区、各单位高质量党建推进、高质量发展生动实践，全面展示各行各业在市委、市政府带领下推进晋城转型发展的新思路、新举措、新进展、新成就和新经验。

（三）坚持守正出新，狠抓质量建设，用心用情用力冲刺中国精品年鉴新高度

年鉴质量水平直接关系城市对外形象。《晋城年鉴（2021）》致力于提升年鉴存史资政价值，对标全国一流精品，在框架设置、内容记述等方面进行大胆探索，努力为广大读者提供了解晋城、认识晋城、研究晋城、投资晋城、建设晋城的高质量信息资料。

一是搭好“骨架”，科学设计优化年鉴框架。遵循年鉴通例分类编排，对原来框架作较大调整，做到分类更科学、层次更清晰、领属更得当、体例更完备。如将“民主党派　工商联”“群众团体”类目移至法治类目前，军事类目移至法治类目后；“住房和城乡建设　环境保护”类目分设为城乡建设与管理、生态环境两个类目，人物类目改为“人物　荣誉”类目；增设水利、建筑业、房地产业、信息服务业、旅游业、经贸合作、开发区、体育、脱贫攻坚、应急管理10个类目。全书分4个层次，有39个类目、219个分目、24个次分目、1560个条目。设有中英文目录和索引，可在线阅读。

二是健全“血肉”，提升年鉴存史资政价值。《晋城年鉴（2021）》围绕年度重点工作增设类目、精彩图片、特载文章、随文图片和图表，进一步丰富年鉴记

载内容。市情概览增加经济社会发展内容，法治类目增加法治政府建设内容，经济管理类目增加知识产权管理、信用体系建设、海关内容，农业类目增加种植业内容，水利类目增加城市水利内容，工业类目增加新兴产业内容，商贸服务业类目增加住宿餐饮业、会展内容，旅游业类目增加旅游业态内容，信息服务业类目增加电子商务内容，开发区类目增加县级开发区内容，卫生健康类目增加卫生监督内容，社会生活类目增加社会组织管理内容，应急管理类目增加种植业灾情防控、森林火灾隐患排查、水旱灾害防御内容等，使年鉴真正成为“资政辅治之参考”“堪存堪鉴之记述”。

《晋城年鉴（2021）》成功入选中国精品年鉴后，“方志中国”微信公众号特辟的“中国精品年鉴”专栏，首篇刊发《晋城年鉴（2021）》推介文章，扩大《晋城年鉴》知名度，提高《晋城年鉴》影响力。中共晋城市委党史研究室（晋城市地方志研究室）也加大宣传力度，组织开展“精品年鉴品读季”活动、史志书籍“六进”活动等，设立“史志驿站”，营造读鉴用鉴氛围，年鉴读者、使用量大幅提升，产生良好的社会效应，使《晋城年鉴》成为晋城文化事业的一张亮丽名片，推动了晋城党史方志事业高质量发展。

三、再接再厉、持续发展，巩固提升强品质

《晋城年鉴（2021）》成功入选中国精品年鉴，既是新高度，更是新挑战。不躺在功劳簿上沾沾自喜吃老本，跳高一步谋求新发展成为晋城年鉴人的新追求。中共晋城市委党史研究室（晋城市地方志研究室）把编纂《晋城年鉴》列为推进中国传统优秀文化传承发展工程重点任务，把编纂《晋城年鉴》作为全室的重点工作和亮点工作，进一步提升编纂质量，深化年鉴研究，探索研究成果转化的社会实践新路径，敢闯敢试，充分发挥了史志“存史、育人、资政”的社会功能，推动年鉴事业高质量发展。

（一）加强流程管理，推进任务落实

每年年初，中共晋城市委党史研究室（晋城市地方志研究室）专门召开年鉴编纂工作会议，研究制定年鉴编纂具体工作，改变以往“编到哪里算哪里，今年不行来年干”的思想，针对人手少、任务重的实际情况，打破科室界限，由业务

科室牵头，抽调相关人员组成编写组，制定“47912”工作流程，分解工作任务，明确完成时间，确保编纂质量。“4”即4月底完成资料征集任务；“7”即7月底完成初稿编纂任务；“9”即9月底完成送审稿；“12”即12月底完成印刷前准备工作。编纂过程中，采取“每周一碰头、每月一汇报、每季一总结、年底交总账”方式，按时序推进编纂工作。在征集资料的同时，采取“边征集资料、边编纂初稿、边审核初稿”的“一条龙”流水作业方法，做到征集一家资料、编纂一家初稿、审核一家初稿，提高编纂效率，加快编纂进度。

（二）加强标准管理，提升编纂质量

质量是年鉴的生命力，在加快编纂进度的同时，更加注重提升编纂质量。为保证年鉴编纂质量，在准备编纂阶段，专门组织编写人员进行编纂培训，就资料征集、编纂初稿、规范标准、审核校对等方面存在的问题和注意事项进行全面认真梳理，紧跟年鉴发展步伐，严格编纂要求，确保年鉴编纂质量。《晋城年鉴》从框架设计到内容编排，从初稿编纂到审核规范，从排版装帧到印刷出版，严格按照《山西省年鉴编纂出版规范细则》进行，在往年的基础上，力争做到框架更合理、体例更完备、内容更翔实、文字更规范、装帧更精美。

（三）增设相关内容，突出年鉴特色

一部好的年鉴要有鲜明的时代特点和地方特色。为此，晋城市在确保年鉴基本内容翔实、准确的同时，就时代特点和地方特色方面开动脑筋，围绕年度重点工作，增设晋城经济社会发展成就方面专记文章和文前彩色图片，突出年鉴时代特点；围绕市委、市政府中心工作，着重记载事物发展过程和取得的成效；围绕晋城年度最有影响的大事，着重记载事件对晋城经济社会发展产生的重大影响；围绕资源型地区转型发展，增加全域旅游、文旅康养、转型发展等内容，突出年鉴地方特色。

（四）紧跟时代步伐，实现年鉴数字化

适应史志事业发展新常态，推进“数字化＋年鉴”深入融合与创新发展，依托数字化手段推动年鉴数字化转化利用。《晋城年鉴（2018）》首次实现数字化，到《晋城年鉴（2022）》已连续五年实现数字化，在传统纸质版的基础上，制作手

机版电子书和二维码，实现纸质书与电子书同步发行，并在晋城市政府网站“晋城在线”的“晋城年鉴”专栏发布，读者通过登录网址或者手机扫描“二维码”即可在线阅读全书。同时，为充分发挥年鉴的资料性功能，逐年将之前公开出版的年鉴数字化，已将2009年以来出版的《晋城年鉴》公开发布；为各县（市、区）出版的年鉴同步数字化，拓宽广大读者的查阅渠道，进一步提升读鉴用鉴的便捷性、广泛性。

四、查找问题、总结经验，踔厉奋发谱新篇

在“两全目标”工作的推动下，近年来年鉴事业得到迅猛发展，年鉴已经成为地方志系统服务社会的主要载体，年鉴编纂工作也成为地方志工作机构的一项主要工作，受到各级领导和社会各界的重视和认可。但是，也要清醒地认识到，面对新时代新理念，年鉴工作中存在的一些突出问题严重制约着年鉴的发展，因此，年鉴如何在新时代构建新的发展格局显得尤为重要。

（一）坚持依法治鉴，畅通资料征集渠道

依法治志是地方志事业发展的根本，年鉴工作应严格遵循国务院《地方志工作条例》和地方条例法规依法治鉴。在实际工作中，经常遇到有的单位领导本身对依法编纂地方综合年鉴的重要性认识不够，晋城市虽然每年以市委办、市政府办的名义下发约稿通知，但还是没有引起足够重视，导致有的单位不能按要求供稿，只是提供年度总结，存在应付现象，有的甚至不供稿，资料征集困难，稿件质量不高。因此，需要加大《地方志工作条例》和《山西省地方志工作条例》的宣传力度，强化各级各部门依法治鉴意识。

（二）加强组织领导，保障年鉴工作落实

顺畅的体制机制是工作的保障。自2019年机构改革以来，自上而下地方志工作机构的设置和主管部门各不相同，单位性质也不明确，某种程度上影响了工作的落实和开展。以市县为例，有的单位是参照公务员管理的事业单位，有的单位参公性质不明确，有的单位既有参公人员也有事业人员；上级分管领导有的是市委秘书长（县委办主任），有的是组织部部长，有的是宣传部部长。因此，加强

组织领导显得尤为重要，要继续坚持党委领导、政府主持、地方志工作机构组织实施、社会参与的工作机制，上下联动、各方支持，为年鉴编纂工作创造良好的环境。

（三）适应时代要求，促进年鉴事业转型升级

年鉴作为资料性工具书，内容的真实、可靠和实用性是保证质量的核心。这就要求年鉴的内容要常编常新，跟上时代需求，体现时代特色，反映地域风貌，不断调整框架设置、增减条目内容。同时，这对年鉴编纂人员的专业素养也提出了更高的要求，年鉴编纂人员不仅要熟悉年鉴编纂规范，还要不断更新知识，熟悉新时代产生的新理念、新业态、新事物，注重年鉴日常所需资料的收集积累，不能只停留在每年年初各单位报送资料上。另外，随着新媒体的日益兴盛，纸质媒介的应用有了一定的局限性，因此，年鉴在内容转型升级的同时，也要顺应时代要求，进行传播形式的转型升级。

规范为基　创新作魂
全面提升年鉴编纂质量
——《吉林市年鉴》打造精品之路 *

吉林市地方志编纂委员会办公室

2019 年，《吉林市年鉴（2019）》申报中国年鉴精品工程。按照国家、吉林省相关工作要求，吉林市地方志编纂委员会办公室（以下简称市方志办）以规范为基础，以创新为灵魂，精心组织编纂，全面落实上级指导意见，努力争取各方支持。经过一年的精心打磨，《吉林市年鉴（2019）》成功入选第四批中国精品年鉴。

一、申报精品年鉴初衷

吉林市志办多年来一直致力于提升年鉴质量。2017 年 5 月，中国年鉴精品工程启动后，市志办希望通过申报年鉴精品工程来检验吉林市年鉴品质，同时全面提升年鉴编纂质量，实现吉林市年鉴事业的高质量发展。

申报精品，是年鉴质量提升的需要。《吉林市年鉴》1994 年创刊，连续编纂，年内出版。虽然在吉林省地方志出版物质量评估中连续入选优秀等次，但距离真正的优质年鉴还有很大差距。而且编纂工作形成思维定式，年鉴编纂进入质量提

---

* 执笔人：付莉，长春市地方志编纂委员会年鉴指导处四级调研员，原为吉林市地方志编纂委员会办公室总编室主任。

升的瓶颈期，没有外部推力，很难实现自我提升。

申报精品，是对专家指导的渴望。《吉林市年鉴》编纂人员编纂年鉴多年，很少有机会听到专家针对一部年鉴提出评审意见，希望通过参与打造精品年鉴来获得这样的机会，得到具体的改进意见。

申报精品，是精神感召的力量。参加中国年鉴精品工程，也是受到吉林省地方志编纂委员会（以下简称省方志委）主要领导和分管领导、年鉴指导处的鼓励和强大精神感召，在省方志委的带动下走向成功。同时，通过申报精品锻炼队伍，提升年鉴编纂水平，能够更好担负起工作职责。

二、打造精品年鉴的简要历程

一是统筹设计，优化框架。2018 年 12 月，吉林市志办向省方志委汇报申报中国年鉴精品工程意愿，得到省方志委大力支持。市志办成立精品年鉴编纂工作领导小组，将打造精品年鉴作为年度工作重中之重，举全办之力打造精品年鉴。领导小组认真研究精品年鉴相关要求，学习借鉴优质年鉴经验，结合吉林市实际，对 2019 年卷年鉴篇目作较大调整修改，增设突出地方特色和时代特点的类目及分目，形成编纂大纲，上报省方志委。省方志委对《吉林市年鉴（2019）》篇目进行系统优化，提出可行性修改意见，并派人赴吉林市当面指导反馈，为打造精品年鉴奠定坚实基础。

二是多措并举，打好基础。2019 年初，吉林市政府办公厅印发《吉林市年鉴（2019）》编纂大纲。市志办举办全市年鉴撰稿人培训班，系统讲解年鉴编纂要求，指导各供稿单位根据精品年鉴具体规范编写高质量文稿。同时，市志办通过《吉林日报》、《江城日报》、《吉林市通讯》、吉林市人民政府网及各相关网站等媒体搜集资料，结合各单位报送材料编写大事记、特色动态条目，整理能够体现吉林市年度重点、亮点的材料供专文所用，为人物、附录等内容积累素材。

三是严守规范，按期报审。2019 年 8 月，完成《吉林市年鉴（2019）》初稿编纂，上报省方志委。省方志委主要领导和分管领导及年鉴指导处全员参与《吉林市年鉴（2019）》审读工作，分别提出修改建议。2019 年 9 月，按照省方志委意见修改后的吉林市年鉴稿正式上报。

四是落实意见，精心打磨。10 月 24 日，《吉林市年鉴（2019）》顺利通过第一轮专家评审，专家组认为《吉林市年鉴（2019）》按照专家评审意见修改后可直接入选中国精品年鉴。此后，按照专家意见进行两轮修改，全面落实上级指导意见。2020年2月，成功入选中国精品年鉴。

三、打造精品年鉴的主要措施及经验

（一）领导重视是前提

吉林市始终坚持“党委领导、政府主持”领导体制，年鉴编纂工作得到党委、政府高度重视，市志办领导对精品年鉴工作给予全力支持，举全办之力创精品，从人员、经费、活动等各方面创造条件保证创精品年鉴工作顺利进行。

（二）团队配合是基础

申报年鉴精品工程后，全方位准备，认真研究篇目框架设计，为使其更全面科学、更突出特色费尽思量。在搜集资料过程中，多方联系，反复沟通，耐心协调，精心指导，以保证入鉴资料的数量和质量。总编室发扬团队协作精神，形成热情高效、务实创新良好氛围，推进年鉴工作开展。在搜集资料的过程中，积极与各相关单位沟通、协调，指导各相关单位补充资料，并通过互联网、公众号等发掘新线索、新信息，不断丰富完善年鉴内容。

（三）吃苦敬业是根本

为如期高质量完成文稿编纂任务，编纂人员主动放弃休息时间，常常连续加班至深夜，主要编纂人员在突发亚急性甲状腺炎连续高烧39度多的情况下仍坚持编稿，打完针拔下针头就回到岗位上投入工作。编纂阶段，反复研究、调整修改年鉴文稿十余遍，修改总文字量达上千万字。进入排版阶段，编纂人员全力投入定版，跟机一遍遍核准校对，甚至自己上机修改完善细节。

（四）思想理念是灵魂

深入思考如何用习近平新时代中国特色社会主义思想指导工作，并落实到年鉴编纂过程中，真正把经济发展、政治建设、文化建设、社会治理、生态文明建设等各领域新理念、新变化、新思想、新高度在年鉴中系统、全面和完整体现。同时，敏锐捕捉社会信息，加大力度挖掘新兴业态、新产业群体在吉林市的发展变化情况，使年鉴能够及时跟进时代和社会发展。

（五）创新设计是关键

结合地情，按照年鉴体例要求，以创新作灵魂，精心做好年鉴框架设计，类目系统完整，同时体现地方特色和时代特点。《吉林市年鉴（2019）》在保持原有框架相对稳定基础上，充分体现吉林市进入新时代的新发展、新变化，创设体现吉林市地方特色的冰雪产业类目，增设反映时代特点的建筑业、房地产业、信息业、民营经济、经贸合作等类目，将党政群团类目拆分为中国共产党吉林市委员会、吉林市人民代表大会、吉林市人民政府、中国人民政治协商会议吉林市委员会、中共吉林市纪律检查委员会·吉林市监察委员会、民主党派、群众团体、外事·侨务·港澳台事务类目，将文献归并至附录，将领导干部名录更名为组织机构及负责人名录。编纂中，随着资料的搜集整理进行取舍，并按专家意见作调整，使每一个看似简单的条目都凝聚匠心。

（六）落实意见是重点

在申报精品年鉴过程中，中国精品年鉴专家对年鉴稿进行两轮评审，分别给出审读修改意见。第一次评审，专家提出 30 大类 107 条 7000 余字意见，极具可操作性。市志办立即召开专题会议，细致梳理，逐条研究，制定修改方案，结合完成时限，参照《地方综合年鉴编纂出版规定》《关于地方综合年鉴编纂出版若干问题的补充规定》，落实负责分工。需要补充图片和文字资料的，及时联系相关单位征集。经过紧张修改，专家提出的修改意见全部落实，并形成 138 条 1.3 万字的修改报告。第二轮评审，专家给出 17 大类 97 条 6000 余字评审意见，不仅全部落实，同时完成 17 大类 31 条自主修改任务，形成近万字修改报告。报送方志出版社后，对出版社给出的三审修改意见，再次全面修改严格落实。

（七）管控质量是核心

坚持质量第一，严格执行两个规定，将精品意识贯穿年鉴编纂出版全过程，从资料征集到年鉴编纂、排版印刷等环节进行整体质量管控。一是在资料征集环节加强质量管控。制定编纂大纲，明确编纂内容和提供资料范围，界定基本情况涉及的范围及其内涵，对内容要素作出具体规范，为各供稿单位撰稿提供准绳，改变供稿单位报送材料内容随意的被动局面。同时，拓展资料搜集范围，广泛征集各单位年度工作开展情况、大事要闻、人物资料及具有重要存史价值的政策法规、政府规章、规范性文件、工作报告、专题调研报告、统计资料、重要会议纪要、媒体报道及影响重大的官方网络资料等，以供采选。二是在年鉴编纂环节加强质量管控。在年鉴编纂过程中，严格执行两个规定中关于地图、正文图表、框架分类、大事记选录、标题设置、保密、民族宗教、选题选材、简称和缩略语等方面的具体要求，做到年鉴整体编纂资料翔实、内容全面、记述规范；大事记涵盖面广、选录得当、要素齐备；图表使用规范，图文相符，图片文字说明简洁准确、要素齐全。三是在修改过程中加强细节管控。在编纂修改过程中，需要解决如字母问题、缩略语等许多“小问题”。为解决这些问题，不停拷问“度娘”。如教育类目中有一句“吉林市推进 STEAM 项目”，其中“STEAM”需要括注中文。经过检索，“STEAM”分别是科学（Science）、技术（Technology）、工程（Engineering）、艺术（Arts）、数学（Mathematics）的英文首字母缩写，STEAM 教育是集科学、技术、工程、艺术、数学多学科融合的综合教育。还有如 Wi-Fi，用“无线连接网络”来替换，等等，不胜枚举，边学习、边丰富、边完善。四是在校对环节加强质量管控。除运用黑马校对软件对全文进行检查外，相关业务人员和经验丰富的人员都参与文稿校对，全方位查找，将错漏问题消灭在萌芽状态。五是在印刷环节加强质量管控。为保证印刷质量，对吉林市所有印刷企业全面考察，优选出吉林市各方面资质最好的印刷企业、签订印制合同，对印刷质量提出明确要求，对印刷进行全过程跟踪，逐一确认各不同部位印刷用纸、图片清晰度、彩色对比度、墨色配比、封面烫金等环节质量，争取以较高的印刷质量保证成书效果。

（八）争取支持是保障

打造精品年鉴是个系统工程，是集合众人智慧的成果。在框架设计阶段，得到省方志委大力支持，以较为完善且特色突出的年鉴编纂纲目为打造精品年鉴奠定框架基础；在资料征集阶段，年鉴各供稿单位积极配合，按时高质量完成文稿编写和报送工作，为精品年鉴编纂打下资料基础；在编写及校对阶段，以总编室为主，相关处室和其他市（州）有经验人员提供鼎力支持，全力攻坚；在向省方志委报送初审稿阶段，省方志委主管主任及年鉴指导处全员参与《吉林市年鉴》审读工作，分别提出修改建议，保证年鉴送审稿以较高质量上报；在评审阶段，得到中国精品年鉴专家组的全面指导，省方志委两次当面交流意见落实情况，确保专家意见落实到位；在出版阶段，得到方志出版社多方支持。

四、《吉林市年鉴（2019)》主要特点和亮点

《吉林市年鉴（2019）》类目齐全，框架较为科学，全书采用类目、分目、条目三级结构，层次清晰，资料翔实，内容全面。

（一）类目齐全，框架科学，特色突出

《吉林市年鉴（2019）》设有专文、大事记、市情概貌、中国共产党吉林市委员会、吉林市人民代表大会、吉林市人民政府、中国人民政治协商会议吉林市委员会、中共吉林市纪律检查委员会、吉林市监察委员会、民主党派、群众团体、外事·侨务·港澳台事务、法治、军事、经济管理、冰雪产业、农业、工业、建筑业、商贸服务业、信息业、旅游业、金融业、房地产业、交通·邮政、经贸合作、开发园区、民营经济、城乡建设、生态建设、教育、科学技术、文化、卫生、体育、社会生活、区县（市）概览、人物、附录39类目，下设330个分目、1770个条目，涵盖吉林市年度发展变化情况，层次清晰，特色鲜明，编排有序。

（二）围绕党和政府中心工作，突出地方特色

突出地域特色是年鉴编纂重点，从框架设计到资料搜集、入鉴内容选取、整理编写图表、装帧设计，要全面贯彻。吉林市委、市政府贯彻习近平总书记“冰天雪地也是金山银山”重要指示精神，抓住2022北京冬奥会契机，把发展冰雪产业作为新旧动能转换、实现高质量发展的重要支撑，成立冰雪产业发展领导小组和全省唯一的冰雪产业发展办公室，举全市之力加快推进，让“冷资源”成为“热产业”。2018年，吉林市冰雪产业爆发式增长，“白雪换成白银”成为现实。因此，《吉林市年鉴（2019）》创设冰雪产业类目，下设冰雪旅游产业、冰雪体育赛事、冰雪服务设施、冰雪人才培养、冰雪宣传推介、全民上冰雪活动、冰雪合

作交流、冰雪文化活动等分目，系统记述吉林市在冰雪产业领域取得的系列重大突破。在中国精品年鉴篇目评审中，评审专家高度评价冰雪产业类目的设置，认为极具地方特色和时代特点。后期按照专家修改意见，将冰雪产业类目下各分目进行整合调整，将各分目名称分别改为综述、规划建设、旅游产业、体育赛事、全民活动、宣传推介、合作交流、服务设施、人才培养。此外，在卷前彩页中设“江城映像”专题，直观展示吉林市冰雪名城特色以及山环水绕的自然特征；将吉林市市标“摇橹人”作为封面亮点和类目压题图片，突出吉林市城市特点。

（三）跟随社会发展增设类目，展现时代特点

习近平总书记提出绿水青山就是金山银山，2018年卷年鉴首设生态建设类目。2019年，加大生态建设资料搜集力度，请市生态环境局提供2018年吉林市生态环境质量报告。在省方志委及专家指点下，在生态建设类目下设环境质量、生态保护、节能减排、污染防治、环境监管、环保法治6个分目，系统记述2018年生态建设新进展、新成效。紧跟时代发展，认真研读政府工作报告和吉林市重点调研材料，努力挖掘2018年吉林市在自然、政治、经济、文化、生态建设、特色产业发展等方面亮点，不仅增设建筑业、房地产业、信息业、民营经济、经贸合作等类目，同时努力填补餐饮业、家政服务业、养老服务业等空白。

（四）综合运用多种形式，突出年度亮点

在卷前彩页设江城映像、年度聚焦、40年回眸3个专题，集中反映吉林市城市特点、年度亮点和改革开放40年发展变化情况；特设专文，专题记述《吉林市全面深化改革综述》《吉林市产业结构转型升级综述》和《吉林市脱贫攻坚纪实》；精选大事记条目，涵盖本行政区域自然、政治、经济、文化、社会、生态建设等各个方面，突出记述年度重点、亮点及出现的新事物；在各分目下增加反映年度发展变化的动态条目，重点记述年度内的新成就、新变化和新特征；增加图片和表格数量，整部年鉴随文表格70多个，卷首及正文使用图片270余幅。

（五）版式设计美观实用，有效信息含量大

《吉林市年鉴（2019）》版式设计美观简洁，疏密得当，没有留白页，字体、字号和颜色搭配谐美，既能区别结构层次，又有较好视觉效果。每个版面约有

2860字，整部年鉴以120万字体量和整书厚度不超3厘米来呈现，更显精致。目录编排独具匠心，将所有表格编入目录，分别集中编排在所属类目最后，并使用不同颜色与条目相区别，方便读者快速检索。

五、《吉林市年鉴（2019）》存在的问题

《吉林市年鉴（2019）》虽然成功入选中国精品年鉴，但打造精品没有终点，年鉴质量提升始终在路上。回望《吉林市年鉴（2019）》，还存在不够周全之处。

一是个别部类领属关系还有待进一步研究调整。如《吉林市年鉴（2019）》电子商务分目放在增设的信息业类目下，还需要跟随时代发展不断提高认识，使年鉴各部类领属关系更加科学严谨。

二是体现年度亮点的单一动态条目还不够多。对特色动态条目资料的搜集还不全面，未能将年度要事、新事、特事在正文中对应设条目，需要在今后编纂中进一步深化。

三是版式设计上尚有瑕疵。受图片及其说明文字字体字号影响，有的页面未能做到三栏文字在行文中完全对齐，因时间较为紧迫未能做到尽善尽美。

四是印刷质量未达到理想要求。如墨色较浅，正文图片还不够清晰明亮，争取在今后的年鉴中有所提升。

六、收获与感悟

事非经过不知难，然而，做难事必有所得。《吉林市年鉴（2019）》在入选中国精品年鉴过程中，克服许多困难，得到很多指导，提升了年鉴整体质量，提高了工作人员的业务能力，收获了工作成果，锻炼了人员队伍，也积累了宝贵经验，使《吉林市年鉴》突破发展瓶颈，再上新台阶，感受到通过奋斗抵达幸福的快乐。通过创建精品，《吉林市年鉴》打造成为向外推介和展示吉林市发展新貌的一张精彩名片，扩大了吉林市的影响力。编纂人员在本职岗位上为留存城市记忆、助推城市发展作出了积极贡献，辛勤耕耘得到各级领导和各界读者的认可，成绩被写入中共吉林市委第十三届委员会第八次全体会议报告中。总编室团队被评为吉林市三八红旗集体。在全国地方志系统表彰先进活动中，吉林市志办被评为全国先

进集体。时任中国地方志指导小组秘书长、中国地方志指导小组办公室主任冀祥德到吉林市调研，对吉林市地方志工作给予高度评价，认为吉林市志办“想干事、能干事，踏踏实实干成很多事”，工作走在全国前列，值得全国学习借鉴。吉林市的方志人不仅有“仙人掌”精神，还有“马拉松”精神，既完成了“两全目标”，又成功争创精品年鉴，实现质量提升，是一支让组织放心、让群众满意的队伍。

弘扬“四战四平”精神　打造精品文化名片
扎实推进年鉴事业高质量发展

——《四平年鉴》打造精品之路 *

四平市地方志编纂委员会

近年来，在中国地方志指导小组办公室和吉林省地方志编纂委员会（以下简称省方志委）的指导帮助下，在四平市委、市政府的坚强领导下，四平市地方志编纂委员会坚持以习近平新时代中国特色社会主义思想为指导，认真贯彻习近平总书记关于史志工作重要论述精神，全面落实习近平总书记“以精品奉献人民”的编纂理念，持续发扬“听党指挥、敢于胜利、植根人民、一往无前”的“四战四平”精神，紧紧抓住质量这条生命线开展年鉴编纂工作，推进年鉴编纂质量稳步提升，全力打造精品年鉴。

一、弘扬“四战四平”精神，抢抓历史机遇，全力开展中国精品年鉴争创工作

《四平年鉴》创刊于1986年，到目前已连续出版30卷。创刊以来，坚持为党立言的政治方向，开门编鉴，众手成鉴，走出了一条从无到有的创办探索、从慢到快的发展转变、从弱到强的质量提升之路。特别是进入新时代以来，坚持以

* 执笔人：杨旭东，四平市地方志编纂委员会一级调研员。

“做精品、创品牌、争一流”为指导思想，坚持正确的政治编纂方向、质量第一的编纂追求、编鉴为用的目标导向，遵循年鉴编纂规律，创新年鉴编纂体例，着力在提升编纂水平上下功夫，取得了明显的成效。在吉林省方志委年鉴质量评审中，《四平年鉴》先后获得特等奖 1 部、一等奖 2 部、二等奖 4 部。2022 年 6 月，《四平年鉴（2021）》成功入选第六批中国精品年鉴，开四平年鉴事业高质量发展的先河。

2020 年，是四平发展史上极不寻常的一年。7 月 22 日，习近平总书记视察四平，提出了“四个一定要”的重要指示和殷切嘱托，为四平经济社会发展领航定向。这一年，四平发展极具挑战、极富成效。全面建成小康社会，脱贫攻坚取得全面胜利，勠力同心抗击疫情，经济社会发展持续向好，人民生活水平不断提高，“十三五”规划圆满收官。全面、准确、完整地记录好四平的“昨天”，充分发挥年鉴存史、育人、资政功能，是方志人的职责所在，是方志人立足新发展阶段、贯彻新发展理念、构建新发展格局的根基所在，是方志人传递正能量、引领新风尚，讲好四平故事、传递四平声音的使命所在。

如何高质量编纂好《四平年鉴（2021）》，记录好习近平总书记视察四平这一高光时刻，记录好四平市委、市政府全面贯彻落实习近平总书记视察四平的重要讲话重要指示精神，记录好四平“十三五”时期和 2020 年的新发展、新变化、新业绩，是四平方志人面临的重大挑战和重要课题。为此，四平市地方志编纂委员会紧紧抓住有利契机，于 2021 年 3 月积极主动开展申报争创中国精品年鉴工作；第一时间成立四平市争创中国精品年鉴工作领导小组，统筹协调编纂各项工作；制定《四平市争创中国年鉴精品工程实施方案》，确定各阶段的目标、任务、完成时限和第一责任人。在具体争创过程中，坚持挂图作战、按图推进、依图销号、责任到人。2021 年 4 月 16 日，年鉴框架类目获得中国精品年鉴专家组评审通过；2021 年 5 月，在全国年鉴质量建设暨中国年鉴精品工程研讨会上，中国精品年鉴专家肯定《四平年鉴（2021）》框架设计突出了地方特色；2021 年 9 月和 11 月，分别递交第一轮和第二轮年鉴稿，中国精品年鉴专家先后提出的评审意见建议 400 余条全部得到有效落实。

《四平年鉴（2021）》成功入选中国精品年鉴后，吉林省方志委对《四平年鉴（2021）》编纂人员给予通报表扬；时任四平市委书记郭灵计作出重要批示，强调要对市地方志工作予以通报表扬，对参与年鉴编纂的相关人员予以表彰；时任市长胡斌作出批示，指出望地方志工作者保持斗志，落实好相关政策激励。2022年10月28日，中共四平市委、四平市人民政府决定对争创中国精品年鉴工作先进集体和先进个人进行表彰，授予四平市地方志编纂委员会集体二等功，授予四平市地方志编纂委员会党组书记、主任于之个人二等功，授予张桂玲等5名编纂人员个人三等功，24名编纂人员荣获嘉奖。

二、践行"四战四平"精神，擦亮精品品牌，持续坚守高质量发展精神力量

年鉴编纂工作是一项系统工程，必须依靠党委、政府的高度重视，依靠各入鉴部门的相互配合，依靠全体编纂人员的不懈努力，在干中争做到有为有位，在争中干补齐发展短板，形成编纂合力，为提高年鉴编纂质量奠定坚实的基础。

（一）强化组织领导，压实年鉴工作责任

四平市委、市政府高度重视地方志编纂工作，全面贯彻落实第五次全国地方志工作会议精神，全面落实"一纳入、八到位"的部署和要求，切实把地方志工作纳入国民经济和社会发展规划、各级政府工作任务之中，做到认识到位、领导到位、机构到位、编制到位、经费到位、设施到位、规划到位、工作到位。特别是在精品年鉴争创工作上，领导力度提格升级，市委主要领导任名誉主任、市长任主任，分管统战工作的市委常委和市政府分管领导、市政府秘书长和市地方志编纂委员会主要领导任副主任，发改、人社、教育、工信、财政等10个市直部门和5个县（市、区）为成员单位，强化组织领导，加大统筹推进力度，汇聚编纂合力，为争创工作提供了强有力的组织保障。

（二）创新工作机制，严把编纂质量关口

从资料征集到定稿出版，《四平年鉴》编纂人员坚持层层把关，环环相扣。一是强化资料征集，把好初稿关。年初由市政府办公室下发年鉴资料征集通知，对年鉴编纂工作进行统一部署和要求，增强资料征集的权威性、时效性，把握工作的主动权、话语权，为年鉴编纂提供更多的时间。资料征集后，按照分工，对各自负责的入鉴部门资料进行审核，资料不全、记述不清的，与供稿人进行及时沟

通，共同商定补充内容和上报时间；对供稿部门存有疑问的，及时辅导解答，努力使供稿人员做到认识清、问题清、格式清、体例清、内容清，使供稿质量不断提升。二是精心谋篇布局，把好编纂关。依据市委全委会议、经济工作会议、人民代表大会等重要会议精神，确定最能体现全市一年来经济社会发展的编纂架构，特别是在专文选取、图说四平等方面，精心谋划，科学设计，客观反映四平的新发展、新变化、新业绩。在具体编纂上，坚持把好政治关、史实关、体例关、文字关、保密关，坚持质效并重、以质为主的编纂原则，以大事、要事、新事为主抓手，以民生实事为记录重点，突出项目建设、工业经济运行等方面，着力提升年鉴编纂质量。坚持问题导向，倒排编纂工期，明确征集资料、审核、编辑等各个环节的时间节点，挂图作战，全力推进。切实转变工作作风，改变过去坐等稿件的传统工作模式，拓宽信息情报来源，通过"互联网 +"搜集各类信息，有效避免信息"遗漏"和"失准"等问题，提升信息的有效性，从源头上把控年鉴的质量。三是注重"他山之石"作用，把好借鉴关。注重学习借鉴外地精品年鉴的长处、优点，进一步开阔视野，全力补齐补全《四平年鉴》编纂的短板。特别是在争创精品年鉴工作中，编纂人员把近几年对《四平年鉴》的评议意见和建议集中起来，专门研究，再次寻找提升年鉴编纂质量的途径和办法，力求多维度、全视角编纂好《四平年鉴（2021）》。同时，认真学习已成功争创精品年鉴地区的好经验、好做法，不断推动年鉴编纂质量提高。四是严格审查验收，把好送审关。年鉴全部编纂完成后，及时召开审查验收会议，从类目、分目、条目设置的科学性，记述内容的准确性、全面性等方面进行审查讨论，依据会议提出的修改意见建议进行再次修改完善。

（三）突出时代特征，准确把握地域特色

在精品年鉴争创过程中，编纂人员从实际出发，认真分析四平市情，准确把握现实定位，着力在记录年度特点、地域特色和创新求变上下功夫。一是从封面设计入手，采用"红色四平、英雄旗帜"为主题的城市标识图案元素，体现解放战争中"四战四平"的不朽历史，彰显四平红色文化底蕴，展现四平人民攻坚克难、求富图强的精神风貌。二是从框架设计入手，以习近平总书记视察四平为引领，特载收录《充满希望的田野 大有可为的热土》一文，在市委综述分目下设贯彻落实习近平总书记视察四平重要讲话重要指示精神条目，在黑土地保护类目下

设综述、梨树模式推广创新、产学研合作 3 个分目、31 个条目，记述四平市全面贯彻落实习近平总书记重要讲话重要指示精神。三是从彩页设计入手，通过设四平名片、数字四平、图说“十三五”、黑土地保护、脱贫攻坚、疫情防控等专题，更加直观地记录新时代新四平的新变化。四是从条目编写入手，坚持以年鉴编纂规范为标尺，在资料征集上更加全面，在选录内容上更加科学，在语言运用上更加规范，在文题一致性上更加准确。

（四）发挥年鉴功能，提升年鉴社会价值

四平市地方志编纂委员会重视发挥年鉴存史、育人、资政功能，高度关注年鉴的社会普及面、知晓率和受众度，特别是成功打造精品年鉴以来，积极运用多种形式扩大年鉴的影响力，进一步发挥年鉴的作用。一是积极提供地情服务。为有读鉴用鉴需求的部门和社会各界提供相关历史资料，为人文旅游资源开发、全域规划及专项规划、招商引资和项目建设等提供科学的历史依据。二是积极搭建社会平台。主动与四平市图书馆合作成立四平市方志馆，利用图书馆面向社会开放的优势，发挥一馆多用功能，让年鉴走向社会、走进人民群众中。三是主动参与“书香四平”建设。加强与文旅、党史、档案等部门的交流合作，不断提高读鉴用鉴水平。四是积极推动交流互鉴。加强与国内各省、市、县地方志工作机构的合作，加强年鉴交流，不断丰富馆藏资料，加强对外宣传推介四平人文历史，助力四平经济社会发展。五是广泛开展“六进”工作。开展年鉴进机关、进乡村、进社区、进学校、进企业、进军营活动，向社会各界捐赠年鉴，不断扩大年鉴的社会知晓率和社会影响力。

（五）强化队伍建设，提供有力人才支撑

《四平年鉴（2021）》之所以能够成功争创精品，是中国精品年鉴专家和省方志委辛勤指导的结果，是市委、市政府坚定支持的结果，是全市各入鉴部门通力合作的结果，是全体年鉴编纂者勇于担当的结果。但体会最深、感受最强烈的是，人才才是年鉴编纂质量提升的关键所在。在打造精品的过程中，组织外出培训学，开眼界、拓视野、提能力；开展以会代训学，找差距、补短板、弥不足；搭建媒介平台学，钻业务、提能力、强素质，为争创精品提供了人才保障。同时，依靠社会力量解决现有编纂力量不足，聘请的两名老同志也作出积极贡献，是人员力

量的有力补充。

争创精品成功，提振了全体干部的士气，锻炼了队伍，提升了能力，增强了信心。在成功争创精品年鉴一年多的时间里，四平市地方志编纂委员会11名干部中有9名干部得到提拔和晋升，提拔和晋升比例达到80%以上。干部群众清醒地认识到，只有更好的为，才能有更好的位。大家的工作热情空前高涨，为今后开展各项工作、迎接更大的挑战奠定了坚实的基础。

（六）正视困难问题，探索破解瓶颈办法

中国年鉴精品工程的实施对提升年鉴质量有着积极而巨大的促进作用。就四平市而言，通过争创中国精品年鉴，编纂人员对年鉴编纂的规律性认识进一步加深，年鉴质量会越来越高，年鉴事业发展会越来越好。在取得成绩的同时，也要清醒认识到在编纂过程中存在的一些不足：一是资料征集难。一些部门在规定时间内不能提供准确的数据，需要反复核实，增加工作难度，影响年鉴编纂进度。二是专业编鉴人员不足。年鉴编纂是一项专业性很强的工作，编鉴工作面临着专业人员新老交替和力量不足的问题。三是撰稿人员流动性大。一些部门年鉴供稿人员变动频繁，新的撰稿人员对稿件体例、内容等要求认识不足，在一定程度上影响了供稿质量。

解决上述存在的现实问题，一是要进一步加大《地方志工作条例》的宣传力度，引起入鉴部门主要领导的高度重视，明确具有一定综合能力、对部门业务工作了解全面的人员负责供稿工作，并保持供稿人员的相对稳定，不断提升供稿质量。二是要在引进人才上下功夫，有效解决人才断层和青黄不接问题。近两年，四平市地方志编纂委员会通过向上争取，从全市人才池中引进3名应届毕业生，积攒后劲，增强编纂力量。三是要有效借助社会力量参与编纂，探索与高等院校合作的方式方法，特别是在地情开发、理论研究等方面寻求合作，有效解决年鉴理论工作者不足的问题。

三、传承“四战四平”精神，持续加压奋进，全力推进年鉴事业高质量发展

成功争创中国精品年鉴，开启了四平年鉴事业发展的新征程。四平市地方志

编纂委员会将以此为新的起点，持续发扬攻坚克难、敢于啃硬骨头的拼搏精神，以兼收并蓄、汲取多方意见的虚心态度，以团结协作、勇于面对一切挑战的必胜信念，全力推进年鉴编纂质量的持续提升。

一要牢固树立质量第一理念。着重处理好任务和责任的关系、速度和质量的关系、以市带县的关系，提高政治责任感和历史使命感，牢牢抓住质量生命线，突出年鉴价值所在。二要认真落实三审三校制度。切实把好供稿部门入口质量关、年鉴编纂人员复审关和主审通审关，着力抓好编辑自校、互校和主编、副主编通校工作，努力破短板、解难题，降低失误率和差错率，为年鉴质量全面提升提供可靠保障。三要持续提升业务钻研能力。切实加强对年鉴编纂业务的系统学习，在知其然的基础上向知其所以然迈进，切实增强知识储备，不断提升业务技能，持续提高编纂质量。四要坚持他山之石可以攻玉。注重横向交流，主动学习外地年鉴编纂的好经验、好做法，结合四平实际消化吸收，全面、准确、翔实记录政治引领、社会变革、守正创新最强音。五要发扬工匠精神精编细纂。对编纂内容反复打磨，精心推敲，对每一个条目、每一段文字、每一幅图片、每一组数字都认真揣摩，仔细考量，无误采用。六要强化部门供稿人员培训。坚持把好供稿部门质量第一关，对重点部门和供稿新手，在轮训的基础上，采取电话、微信和面对面辅导等方式，共同商定供稿内容、撰写体例。七要建立健全专班工作机制。认真落实点对点和一对多工作法，无缝对接，发现问题，及时处理，保证编纂工作有序推进，切实提升工作效率。八要营造全员参与工作格局。在集中编纂的关键时期，合理调配力量，形成“九牛爬坡、各个用力”“收拢五指、攥指成拳”的编纂合力，为年鉴质量稳步提高提供强力人才支撑。

“修史立典，存史启智，以文化人”。面对新形势、新任务，四平方志人将以习近平文化思想为指引，解放思想，守正创新，围绕地方志事业转型升级，进一步增强责任感和紧迫感，担负起新的历史使命，不断谱写年鉴事业高质量发展四平篇章。

求实务精　守正创新
全力推进年鉴编纂事业高质量发展
——《辽源年鉴》打造精品之路*

辽源市地方志编纂中心

2018年5月，《辽源年鉴（2017）》入选第二批中国年鉴精品工程“中国精品年鉴”，是吉林省乃至东北地区第一部中国精品年鉴。《辽源年鉴（2017）》在获评中国精品年鉴后，引起较大社会反响，极大推动了辽源市年鉴事业的发展。

一、精品年鉴打造情况

2017年5月，中国地方志指导小组办公室（以下简称中指办）印发《中国年鉴精品工程实施方案》。6月，吉林省地方志编纂委员会（以下简称省方志委）在梅河口市举办吉林省年鉴业务培训研讨会，要求各市（州）要结合实际，制订推动中国年鉴精品工程实施的具体方案，规划争创精品的时间、路径和保障措施。

辽源市开展年鉴编纂已有30多年，积累了丰富的编纂经验，培养了一支勇于担当、甘于奉献的高素质编纂队伍。辽源市有很好的工作基础，具备打造精品年鉴的条件；加入中国年鉴精品工程、打造精品年鉴是社会发展的需要，更是新时代年鉴编纂工作者的责任担当。为此，单位主要领导及时向市委、市政府领导汇

* 执笔人：纪光，辽源市地方志编纂中心副主任。

报，得到市领导的高度重视。市领导提出，全市地方志工作者要按照相关要求认真筹划、积极申报，凝心聚力、敢于担当，借此东风，把辽源市年鉴编纂工作推上一个新台阶。经省方志委把关推荐，辽源市作为吉林省的计划申报单位之一上报中指办。

辽源市确立“求实务精，守正创新，打造全国精品年鉴”的工作思路，树立“打造精品、志在必得”的工作目标。在省方志委的大力支持和指导下，经全体人员共同努力,《辽源年鉴（2017）》先后经过国家、省级专家5次评审，前后修改稿件16次，终于成功入选中国精品年鉴，成为2017年度全国仅有的五部精品年鉴之一！这是中国年鉴精品工程实施以来，东北地区编纂的第一部中国精品年鉴，在辽源市年鉴编纂史上具有里程碑意义。

二、主要工作举措

（一）明确责任，建立工作机制

年鉴编纂是一项系统工程，外部涉及供稿、印刷出版，内部涉及设计架构、组稿编纂、修改审核。要打造精品年鉴，必须建立一套行之有效的工作机制，以保证内外协调配合、有序开展工作。为此，辽源市成立由主管市长任组长的申报中国精品年鉴工作领导小组，把资料征集工作列入政府年度督查范围，召开调度会2次，协调解决与驻地单位沟通不畅和资金不足等问题。对供稿速度慢的单位，采取下发通报征稿方式，将以往数月难以完成的收集资料任务，仅用3周时间就全部收集完毕，大大节约了时间、提高了效率。同时，制订详细编纂计划，把年鉴编纂全部过程划分为篇目拟定、撰写编辑、稿件初审、审核把关、参评修改5个具体步骤，明确征集、编辑、修改、校对“一条龙”的责任落实，在完成时间和质量标准上提出具体要求并制成表格，全体编辑人员对标对表、挂图作战。

（二）团结队伍，打造编纂铁军

在打造精品过程中，领导班子成员既当指挥员又做战斗员，一方面协调各方关系、筹划发展大局，另一方面承担与编纂人员相同的编纂任务、征集任务，还要查漏补缺。在领导班子成员的示范引领下，单位全体人员“全员围着年鉴转，紧盯目标加油干”。仅用时5个月就完成稿件征集和编纂，打造形成200余万字、500余幅图片的年鉴样稿。

（三）精准培训，提高编纂质量

为打造精品年鉴，改变以往培训方式，针对不同撰稿人群体设计不同课件。针对基层撰稿人，主要通过实例讲解各单位稿件易出现问题；针对市、县（区）撰稿人，主要解析全省年鉴质量评审中发现的问题和常见错误。培训内容可操作性强，供稿质量明显提高，达到“精细培训”效果。在打造精品年鉴过程中，主动、多次请示省方志委领导，时任省方志委党组成员、副主任孟亚男及年鉴处处长刘传仁等到辽源市召开座谈会，传达省方志委党组书记、副主任李云鹤的具体指导意见，面对面指导交流业务，全程为年鉴编纂细节把关，提高稿件整体水平。

（四）遵守规范，细心编纂书稿

在打造精品年鉴过程中，认真学习《地方综合年鉴编纂出版规定》，并与2012年试行版进行对比，逐字理解新增2条和修改19条的内容，将新规定与时俱进的特点融入年鉴编纂实际操作，全面筑牢年鉴编纂质量基础。

（五）对接专家，落实修改意见

《辽源年鉴》编纂工作坚持以“不修改到位绝不松劲”为原则，紧紧抓住精品创编标准，不放过每一个问题，不忽视每一处细节，将专家修改意见条条梳理、条条斟酌、条条改实。为落实好修改意见，根据编纂分工，领导班子成员带领编辑人员自我加压，逐页逐字通读审校6次。到30余家单位和部门上门征集所需补充资料和图片，召开参编单位会议12次、本部门编纂会议50余次。在7个月的时间里，落实修改意见700余条，修改文字累计500万字以上。

三、主要经验与体会

（一）实行分工协作制

以人为导向，充分发挥编纂人员的积极性和创造性。为提高年鉴编纂质量，采取“众手成鉴”的方式，对年鉴编辑任务实施按类分解、全员参与，每位责任编辑都承担定量编写任务，共同担负起提升年鉴质量的责任，营造团结向上、通力协作的工作氛围。

（二）创新资料收集机制

一是资料收集速度与质量有提升。开展全市各单位供稿评比活动，对编纂工作开展较好、取得明显成效的供稿单位和撰稿人分别授予优秀单位和优秀撰稿人称号，并以文件的形式下发各单位，调动编纂人员工作积极性，加快各参编单位报稿速度，提升供稿质量。二是资料收集内容与方法有创新。改变以往“守株待兔”的征稿方式，变被动型征稿为主动型采稿。除像往年一样向各市直单位和各驻辽单位约稿外，还通过报纸摘录、网络下载、采访记录、当事人口述等多种途径收集资料。

（三）发挥专家人才库作用

为提高编纂质量和标准，《辽源年鉴》在全省率先成立志鉴专家人才库。在编纂过程中，结合工作实际，严格实行“五审五校”制。“五审”，即首先由责任编辑初审，再由人才库专家对各自领域的内容审核，然后交副主编根据方案要求审改，后交给主编通审，最后召开由主编、副主编、年鉴科参加的通稿会议，“五审”期间解决疑难问题和有争议的问题。通稿会除审改年鉴内容外，还要通审封面、文前彩页、内文图片设计等全部内容。“五校”，即严格执行责任编辑自校、编辑人员互校、人才库专家抽校、副主编通校、主编通校的方法。在此过程中，专家尽力化解各种疑难问题，帮助降低年鉴内容的差错率，为《辽源年鉴》内容、形式的质量提升提供保障。

四、主要收获和社会效益

成功打造精品年鉴，对于全面推动辽源市年鉴编纂工作创新发展起到积极的促进作用。

（一）强自身、带县区，年鉴编纂成果斐然

《辽源年鉴（2017）》获评全国精品年鉴后，省方志委领导向辽源市提出新的要求："不要因为获得精品而松懈，一定要把质量放在心上，要持之以恒。"为此，辽源市总结编纂经验和教训，继续按照精品标准打造编纂《辽源年鉴》，2018 年卷、2019 年卷、2020 年卷在吉林省地方志成果（年鉴类）评估中均获优秀等次，并获全国地方志优秀成果（年鉴类）特等年鉴和一等年鉴。辽源市培育了上下一心、团结协作的团队精神，营造了比学赶超、奋勇争先的工作局面，形成了锲而不舍、勇攀高峰的工作氛围。在 2020 年全省年鉴质量评审中，辽源市、县（区）年鉴均得 90 分以上。正如省方志委党组书记、副主任李云鹤到辽源调研时所说："辽源的方志工作精彩不断，亮点纷呈，可谓百花齐放，春色满园。"

（二）尽职责、促发展，年鉴品牌有效树立

成功打造精品年鉴，树立了《辽源年鉴》的品牌，扩大了方志事业和辽源市地方志编纂中心（原市地方志办公室）的知名度和影响力，地方志服务经济社会发展的功能作用更加有力地彰显。一是为辽源城市节的设立提供资料支撑。为市委、市政府确定辽源市城市节的日期提供市志和年鉴等资料，经市人大常委会会议决定，9 月 6 日被设立为"辽源城市节"。二是全程参与辽源市南部新城国土规划馆的策划。为该馆建设提供相关图片和文字资料，如今该馆已成为辽源市名片之一。三是为市委提出的"东北小上海"课题研究及中国共产党建党百年图片展提供相关文字和图片资料。四是辽源市方志馆成为多家单位党建活动场所，为干部、群众知家乡、爱辽源起到宣介、引领作用。五是为东山公园历史文化长廊建设提供文献。六是为辽源经济发展提供品牌建设服务。为东北袜业园协会申报"辽源棉袜"地理标志品牌、百年老店"红星药店"申报"老字号"提供佐证资料，两家单位均申报成功。辽源日报社、广播电台多次采访辽源市地方志编纂中心，《辽源日报》在头版发表《方志舞台显身手，笔耕不辍著信史》一文，对辽源

市地方志工作给予高度赞扬。

（三）肯付出、得回报，集体个人受到嘉奖

《辽源年鉴》成功打造中国精品年鉴后，在全市引起很大反响。时任市委副书记韩阳多次表扬辽源市地方志编纂中心“小部门有大作为，能在国家挂号，了不起”！辽源市地方志办公室主任因此晋升为二级巡视员。当时具体负责此项工作、任执行副主编的市地方志办公室副主任赵杰由单位副职被市委提拔为主持单位全面工作的“一把手”，并获评为全国地方志工作先进个人，连续两年被市委评为“全市优秀市管干部”，被辽源市总工会授予五一劳动奖章。参与编纂的新招考 3 名公务员陆续被提拔任用为科室负责人。市政府授予市地方志办公室集体三等功，全市各相关单位 19 名年鉴供稿人被市政府记个人三等功，其中 3 人因此被提拔重用，其余人员也在不同岗位受到重用。

五、有关建议

打造精品年鉴，辽源市地方志工作无论事业还是个人都收获颇丰，精品年鉴在引领区域年鉴发展和地方志开发利用、资政服务等方面发挥重要作用，特别是对提升年鉴编纂质量发挥了不可替代的示范引领作用。为进一步做好年鉴编纂工作，结合辽源市实际，就打造精品年鉴工作提出以下建议。

（一）市（州）级精品年鉴要主动向创建精品年鉴区域转变

打造中国精品年鉴的目的是发挥中国精品年鉴的辐射影响，以点带面，激发各级地方志工作机构承上启下的内在活力，实现滚动式发展，达到“百花齐放春满园”的效果。已成功打造精品年鉴的市（州）级年鉴，应尽快提升区域内下辖县（市、区）年鉴的整体质量水平，主动向创建精品年鉴区域转变。

（二）建立健全精品年鉴奖惩和激励机制

以 2017 年卷为例，全国 27 部年鉴申报中国年鉴精品工程，成功入选 5 部，成功率仅 18.5%。由此可见，打造一部精品年鉴需要付出百倍努力。对于“精品后”年鉴质量水平也要及时跟踪督促，如在全国或全省连续几年质量评审进入优

秀等次的，应通报表扬，对质量下降的要通报批评，建立长效监督、激励机制，使中国精品年鉴不仅是一个点，而是形成一条永久的风景线。

（三）加大业务指导和培训

目前，全国各地年鉴编纂质量参差不齐，精品年鉴占比较少；省级好于市级，市级好于县区是客观现实。其主要原因是县区级年鉴编纂人员业务能力不强，高层次有针对性的指导培训收效尚不明显。建议结合实际，在全国业务培训方面向基层倾斜，向县区倾斜。同时，进一步发挥专家作用，在编纂规范、编纂创新等方面给予指导。

守正创新　行稳致远

——《牡丹江年鉴》打造精品之路 *

中共牡丹江市委史志研究室

《牡丹江年鉴》创刊于1999年，已连续出版24卷，其中2003年卷获首届中国地方志年鉴奖一等奖，2020年卷获第八届全国地方志优秀成果（年鉴类）二等年鉴，2022年卷入选第七批中国精品年鉴，并获第九届全国地方志优秀成果（年鉴类）特等年鉴，成为黑龙江省首部中国精品年鉴。

在20余年的编纂过程中，牡丹江方志人始终秉持质量第一原则，认真落实“一纳入、八到位”，以聚焦牡丹江发展实践、打造地方文化品牌、增强中华文化传播力影响力为目标，围绕全市经济社会发展大局，科学设置框架、规范编纂体例、突出年度亮点、彰显地域特色，以匠心铸精品，走出一条持续提升、不断跨越的年鉴事业高质量发展之路。

一、“精品之路”简要历程

2022年初，对照《中国年鉴精品工程实施方案（修订版）》，中共牡丹江市委史志研究室把创建中国精品年鉴作为全面提升年鉴质量的机会，积极申报中国年鉴精品工程项目，勇敢加入百舸争流的激烈竞争中。经中共黑龙江省委史志研究

---

* 执笔人：郑莉，中共牡丹江市委史志研究室四级调研员。

室审核推荐上报后,《牡丹江年鉴（2022）》正式开启创建之路。

2022年3月，提交详至条目的年鉴编纂大纲和前两卷年鉴PDF版，由省委史志研究室审定后，报中国年鉴精品工程办公室。在此期间，按照大纲同步开展资料收集和编辑工作。

2022年8月，完成年鉴稿编纂排版，提交省委史志研究室精品年鉴协作组专家评审。同月，收到中国年鉴精品工程专家篇目评审反馈意见，共计96条，编纂人员立即组织修改完善。8月末，提交篇目修改报告。按照新调整的编纂大纲，结合省精品年鉴协作组专家对年鉴稿的修改意见重新进行编校。

2022年9月，形成第一轮送审稿，提请省委史志研究室审核。在此期间，结合“精品年鉴品读季”活动，全体编纂人员细致品读4部精品年鉴，仔细研读多家创成精品单位的成功经验，在“编精品”的思想认识上受到了直观的冲击，激励大家进一步解放思想、更新观念，创新工作方法，提升工作质效，拓宽编纂视野，在突出展现时代特点、地域特色、年度重点上形成新的想法和尝试。与此同时，仔细研究、反复学习中国年鉴精品工程专家组关于年鉴内容记述常见问题的授课，一一对照自查《牡丹江年鉴（2022）》各部类中存在的结构、理念、内容、规范上的问题，从专家授课中寻找解决问题的观点方法，为我所用，落实修改。“磨刀不误砍柴工”，这一轮“实战化”学习为接下来的稿件修改奠定了良好的理论和实践基础。

2022年12月初，中国年鉴精品工程第一次专家评审会议召开,《牡丹江年鉴（2022）》通过第一轮评审。本轮专家提出的初稿评审反馈意见共计332条，市委史志研究室立即组织召开编务会，逐条研究专家修改意见，领会专家意图，揣摩专家思路。把意见吃透，才能更好地贯彻执行。为什么这么提、怎么改、需要再补充收集哪些资料及收集的方向、收集的具体内容，这些都是编纂人员要向承编单位准确传达的。理解越透彻，传达就越明确，收集资料的效率、质量越高。在前期学习专家授课的基础上，编纂人员对评审意见很快达成修改共识，个别不明确的及时与中国精品年鉴专家对接沟通，明确修改方向。由于本轮修改时间仅一个月，在此期间要完成修改、补充、核实、排版、校对等大量工作，迫使编纂人员自我加压、科学统筹，按照先慢后快的原则，将专家意见分门别类进行梳理，需补充完善内容、核实核准资料的先行布置，调整结构、规范统一、细节处理由分管编辑修改，总纂人员“一支笔”统揽全书，统一文风，避免交叉重复、前后矛盾。

2023年1月6日，按照专家意见完成修改，提交第二轮送审稿。在送审的同时，编纂人员继续精细打磨稿件，规范调整内容。

2023年2月17日，《牡丹江年鉴（2022）》通过中国年鉴精品工程专家组第二轮评审。专家提出第二轮修改建议189条，绝大部分为细节处理。由于前期反复打磨，本轮修改进度较快，2月末提交第三轮送审稿。

2023年3月，中国地方志指导小组办公室（以下简称中指办）印发《关于公布第七批入选中国年鉴精品工程“中国精品年鉴”的通知》，《牡丹江年鉴（2022）》成功入选。

二、主要措施和经验

（一）完善工作机制，加强过程管控

精品年鉴的创建过程也是全方位质量管控、流程管控的过程，在工作部署环节、组稿环节、编辑环节、评审环节、印刷出版环节等都要有一套科学有序高效的工作体系，以实现编纂质量与编纂成效的双赢。

一是成立编委会，解决领导机制问题。牡丹江市组建以市委秘书长孙涛为主任的年鉴编纂委员会，统筹协调编审过程中的堵点、难题及稿件复审工作，在人、财、物等方面全力保障支持。市财政在上年度年鉴预算基础上，追加8万元专项经费。追加经费延续到下年，为持续巩固精品质量，形成重视支持力度不降、编纂质量不降的工作局面提供保障。

二是组建工作专班，解决编纂人员不足问题。市委史志研究室把精品创建作为年度工作重点，调动各方人员合力攻坚。在原有业务科室2名工作人员基础上，另聘请2名老同志，同时选派5名新入职公务员参与编纂，以创代训培养新生力量，形成“主要领导牵头、业务骨干引领、老中青结合”的梯次结构，编纂人员分工负责与业务科长“一支笔”统稿相结合的编纂方式。

三是制定篇目大纲，解决干什么的问题。紧扣国家顶层设计和牡丹江区位特点、地域特色、年度亮点，创新设计篇目大纲。与全市100余家单位提前沟通动态条目设置，起草详至条目的年鉴篇目大纲，明确各分目、条目供稿单位。以市

委办名义下发《牡丹江年鉴（2022）编纂工作实施方案》，明确工作责任、工作进度、工作规范。

四是建立质量规范和管控机制，解决怎么干的问题。按照中指办、省委史志研究室出台的年鉴编纂规范性文件以及年鉴培训讲授的注意事项，制定《〈牡丹江年鉴（2022）〉编写规范化细则》，在编写之初对编纂人员进行规范性培训。在编写过程中，依据各级专家评审意见，增强年鉴框架设计的逻辑性、科学性，对归类不当、层次不清、交叉重复的内容修改调整，对数据缺失的条目补充相关信息资料。在内容、条目、文体文风、行文规范等方面，注意加强基础信息、保密敏感问题、一事一条、条目标题、条目要素、叙事文体以及标点符号、数字用法、计量单位的规范，在实践中探索形成承编单位初审、责任编辑修改、总纂人员统稿、承编单位确认、编辑交叉互审、专家会审、意识形态和保密筛查、省委史志研究室审定、出版社三审、中指办三审等“十步工作法”，为年鉴质量提升奠定基础。

（二）更新编纂理念，优化创新设计

篇目设计是精品年鉴创建的首要环节，体现编纂者的思考与智慧。在遵守年鉴编纂规范的基础上，编纂人员从相对稳定的结构中求变化，提高政治站位，更新编纂理念，在框架设计上着重体现发展之变，突出地方特色，反映时代特征。

一是贯彻新思想。将牡丹江市贯彻落实习近平新时代中国特色社会主义思想的具体实践渗透到每一个类目中。这一思想的核心是坚持以人民为中心，反映到编纂理念上，就是在各项事业中突出记述党和政府的惠民政策、人民群众的奋斗功绩、群众生活的百业百态。如突出记述“医保异地门诊就医实现直接结算”“智慧人力资源市场就业服务”“牡丹江市入选2021年居家和社区基本养老服务提升行动项目地区”等与人民生活息息相关的政策和业态变化。习近平总书记提出的生态文明思想、“一带一路”倡议，以及习近平总书记到东北地区、黑龙江考察时提出的“冰天雪地也是金山银山”、五大安全、黑土地保护、建设向东北亚开放的重要枢纽等重要指示批示精神的贯彻落实也是记述重点，增设冰雪产业、公共安全类目，设置黑土地保护分目，东北虎豹公园建设、生态银行挂牌等条目。依据牡丹江口岸区位优势，升格设置沿边开放平台、国际大通道建设、经贸合作类目，多元记录牡丹江市积极融入国际、国内“双循环”，对接经济发达地区合作发展的

有效路径，从不同侧面展现贯彻新思想的牡丹江实践。

二是把握新常态。着重体现经济社会的高质量发展，对近年来强势发展的新兴产业、“三新经济”（新产业、新业态、新商业模式）、商务服务业等经济发展的新常态进行系统把握，在经济部类将本地主导产业、支柱产业、最新的经济发展业态体现出来。《牡丹江年鉴（2022）》农业类目将“菌菜牧林药”五大重点发展的精品农业产业分别立目；工业类目设置数字产业、新能源产业、新材料产业、生物医药产业、绿色食品产业、林木林纸产业等分目，突出牡丹江的特色产业体系；商贸服务业类目设置电子商务、会展业、物流业、家庭服务业、商务服务业等分目，着重体现“三新经济”发展特点。

三是反映新热点。反映党和政府关心关注的热点问题，如乡村振兴、区域发展、生态建设、社会事务、社会治理、应急管理、公共安全、老龄健康等。在记述时跟进并记录国家政策的发展变化，本地的贯彻落实情况。如 2021 年 6 月中共中央、国务院印发《关于优化生育政策　促进人口长期均衡发展的决定》，三孩生育政策开始实施，牡丹江市采取的相关配套措施（生育服务、托育服务、奖励措施等），在卫生健康、教育、社会事务等类目中均有充分体现。

（三）精选入鉴资料，突出内容价值

精品年鉴的评价核心是内容价值评价。在精品年鉴创建过程中，编纂人员在增强年鉴内容价值上投入很大精力，在收集资料、编辑稿件时努力做到基础信息完整、选材典型精当、内容全面翔实、记述系统深入、图表广泛运用、图文搭配得当、资料连续可比，着力提升年鉴的资料文献价值。

一是基础信息翔实。《牡丹江年鉴（2022）》在条目的选取和编写上，注意提升条目的资料价值，充实扩展综合性条目中的基础性信息，加大单一性条目实质性内容的记述力度，力避内视信息、空话套话等入鉴。如党员、党组织情况，人大代表及其构成、政协委员及其界别情况，社会团体的构成，教育机构、各级各类文化场馆、医疗机构变化，安全生产情况、生态环境质量等基础数据齐全；某一项目开竣工具体时间、工程总投资、园区基本情况、主要企业、重点产品等要素完整。注重挖掘年度性资料向连续性资料转变，在全面小康、居民生活等专题和部类列举多年统计数据进行比对，增加年鉴资料性和数据说服力。

二是内容系统完整。打破以往以部门职能设条立目的固有思维，按照事业或

行业发展设立篇目，重新整合相关部门提供的素材，使之规范科学、系统完善。如乡村振兴类目，包含脱贫攻坚成果巩固、农村改革、产业发展、镇村建设、乡村文化、乡村治理等分目，仅凭市乡村振兴局一家单位供稿很难全面反映乡村振兴发展成果。编辑人员根据篇目大纲，到市乡村振兴局、市农业农村局、市商务局、市城乡建设局、市生态环境局、市文化旅游局、市委组织部、市委政法委、市司法局、市政协农业农村委收集相关素材，统筹剥离出能够展现乡村振兴发展成果的内容进行编辑加工，集中记述。

三是聚焦重大主题。适应“读图时代”需要，大力发掘图片价值。《牡丹江年鉴（2022）》卷首彩页摒弃过去面面俱到式设计，一些日常工作活动照片作为随文图片，卷首彩页突出2021年的重大主题，设置“雪城印象”“年度要闻”“全面小康”3个专题。每一个专题充分挖掘资料主题，选取发展进程中的大事要事，通过不同视角、不同侧面典型图片的有机结合，全面、集中、深入地呈现和阐释年度重大主题。如收录“庆祝中国共产党成立100周年活动”“承办黑龙江省第四届旅游产业发展大会”“牡佳高铁开通运营”等系列图片，展现2021年牡丹江市经济社会发展新领域新风貌和牡丹江在全面建成小康社会进程中的发展印记，主题更加凝练，年度特色更加鲜明，既达到导读效果，又增强年鉴的视觉冲击力。

四是拓宽收集渠道。年鉴要想创精品，必须突破传统组稿渠道，想方设法征集资料，丰富信息。编纂人员长期关注各行各业的动态情况，根据分工每天收集全市发生的大事、要事、新事、特事，每月编辑月度大事记，提前掌握全市重要、重点信息，扩大信息资料来源，变被动为主动，增加自主选择动态条目的主动权。在组稿方式上，除常规的部门提供外，对一些难以查找的新兴行业、新业态相关基础性资料和数据，通过行业主管部门帮助收集；主管部门提供资料不够详尽或者没有主管部门的，与下一级行业主管部门或行业协会联系征集行业年度资料；同时利用政府公报、官网资料、新闻报道等渠道，对行业、单位年度成果、成效、重大活动、重要数据等进行补充撰写，提升年鉴的资料价值。

（四）培育锻炼队伍，提升能力素质

精品年鉴创建是一个年鉴稿件精心打磨的过程。在精品年鉴专家指导下，通过实践锻炼，编纂人员的思想观念得到及时更新，能力素质得到有效提升。

一是借助外部智库，提升编纂实效。中指办和黑龙江省委史志研究室精心组

建精品年鉴专家组，全程参与创建单位篇目大纲和稿件审核等工作。评审专家从全书框架结构、内容选材、条目编写、装帧设计、彩页图片、行文规范、统计数据、逻辑顺序等方面进行认真细致的评议，提出具体修改意见和建议，极具可操作性。全体编纂人员在钦佩专家能力水平之高、感谢评审专家指导之精心的同时，也为专家高度负责任的态度所感动。《牡丹江年鉴（2022）》经过多轮审稿，共汇总出 981 条修改意见，编辑人员融会贯通、举一反三，深度落实修改意见，最终使《牡丹江年鉴（2022）》从纲目内容到表现形式都有了耳目一新的变化，参编人员对精品年鉴的质量标准有了更深刻的认识。

二是持续开阔视野，提升编辑水准。创建过程中，编纂人员积极汲取各地精品年鉴、全国地方志优秀成果（年鉴类）同等次年鉴编纂的好经验、好做法，博采众家之长，不断扩展年鉴编辑的眼界、视野。特别是 2022 年 9 月中指办组织“精品年鉴品读季”活动，优选赠送的 4 部精品年鉴成为几位编辑手边常备法宝，反复研读，取长补短，在领会精髓的基础上融会贯通，形成本土特色。业务科长反复学习中指办近两年举办的年鉴培训班专家授课，对专家的观点、方法、审读要点、注意事项一一做记录，在编辑部内部会议上进行规范讲解，统一体例风格，逐步提升编辑人员水平和技巧。

三是强化沟通培训，锻炼撰稿队伍。编辑人员加强与各供稿单位的沟通联系，建立微信群，通过小范围培训、一对一交流、上门指导等方式，增强供稿单位的精品创建意识，提高供稿单位的稿源质量，保证年鉴内容的丰富性和准确性。为保证修改后的年鉴大纲内容有效落实，多次与市商务局、市农业农村局、市卫健委等部门沟通，商讨补充资料事宜，在相互沟通的过程中，各单位撰稿人员对年鉴供稿要求有了更深的认识，达到了锻炼撰稿队伍的目的。

三、精品创建的社会效益

（一）加强宣传推广，提升社会影响力

精品年鉴创建成功后，牡丹江市委史志研究室加大在国家、省、市三级新闻媒体、网站、公众号上刊发年鉴获奖、集体记功、获授奖牌、创建经验等信息，提升精品年鉴的辐射影响力。“方志中国”微信公众号进行两轮宣传推介，省委史

志研究室向全省138个市（地）、县（区）发放《牡丹江年鉴（2022）》，作为参考样本，全国各地地方志工作机构来电来函征集书籍，进一步增强了牡丹江市的宣传推介力度。市委宣传部组织新闻媒体以报纸长篇通讯报道、电视新闻专题报道、总纂人员接受“朱宇访谈”电视专访、编纂人员拍摄“直播60分”专题纪录片的形式，市委组织部、市能力作风办以首批深化能力作风建设优秀创新案例等形式，在全市范围内营造各级领导重视、承编单位支持、专家倾力指导、史志部门创新突破的精品创建集成效应，宣传推广牡丹江市委史志研究室的经验做法、典型事迹，形成崇尚实干、敢于担当的干事创业导向和创先争优者奖、有为有位者升的正向激励机制。

（二）做好精品培育，凝聚事业发展合力

成功打造全省首部中国精品年鉴，对牡丹江市辖属各县（市、区）地方志工作机构也是很大的促动，各县（市、区）编精品、创精品的热情高涨，主动思考如何提升编纂质量、体现地方特色，形成良性循环。按照2023年中国年鉴精品工程系列研讨会上崔唯航主任的讲话精神，牡丹江市委史志研究室谋划启动中国精品年鉴区域试点创建工作，放大精品年鉴的标杆和示范引领作用，明确县（市、区）梯次创建规划，上下联动，协同作战，加强对县区级年鉴业务的培训和指导。目前，已有3个县（市）按照精品年鉴标准起草2024年鉴篇目大纲，全市上下形成比学赶超创精品的良好氛围。黑龙江省委史志研究室将《牡丹江年鉴（2022）》主创人员纳入省精品年鉴协作组成员，向省内精品年鉴申报单位分享创建经验，开展鉴稿评审，全面推进年鉴工作高质量发展。

（三）服务中心服务群众，发挥文化“软实力”

精品年鉴以内容价值为核心的评判标准让年鉴的应用价值优势更加明显，成为政府部门决策、研究部门分析、文旅部门宣传、城市之间交流、国际贸易往来等方面的必备资料。通过对地域历史、文化遗存、民俗风情、美食特产、产业经济等内容的梳理整合，综合展现地域品质、文化内涵，成为弘扬传播优秀传统文化与当代实践相结合的主阵地。继续实施“六进工程”（进机关、进学校、进军营、进村屯、进社区、进企业），把年鉴主动送到社会各界人士手中，真正走入百姓生活。开通“牡丹江档案史志”微信公众号，利用手中的方志年鉴资源，持续

输出方志文化，为社会公众服务，为创建地方品牌产品提供依据，为进行乡土文化教育提供素材，充分发挥精品年鉴文化“软实力”、经济社会发展“品牌力”。

四、主要收获与体会

（一）把握机遇，以主动求突破

2022年，在黑龙江省尚无一部中国精品年鉴的情况下，牡丹江市委史志研究室跳起摸高，主动申报，克服人员少、时间紧、任务重等困难，连续作战、艰苦作战，最终使《牡丹江年鉴（2022）》成功跻身中国精品年鉴行列。实践证明，百舸争流，奋楫者先。创先争优绝非坐享其成，必须有“敢为人先、力争上游”的信心决心，还要有“排除万难、破浪前行”的毅力耐力，更要有“只为成功想办法、不为失败找理由”的工作态度，若如此，即便“小”单位也能有“大”作为，平凡的岗位也能做出不平凡的业绩。

（二）精益求精，以匠心铸精品

在争创精品年鉴过程中，牡丹江市委史志研究室始终秉持工匠精神，以一流的标准和要求，力争将组稿、编辑、校对、装帧、印刷等每个细节都做到极致。实践证明，天下大事，必作于细。创先争优必须树立匠心意识，坚决摒弃“差不多”思想，不断追求卓越，专注品质、注重细节，始终保持一丝不苟、严谨细致，偏之毫厘而不敢安，努力打造“最认真”队伍，若如此，便能推动各项工作向着高质量发展迈进。

（三）久久为功，以实干谋发展

争创精品年鉴是一个持之以恒的过程。牡丹江市委史志研究室探索创建“十步工作法”，在有效开展创建工作基础上，日复一日，笔耕不辍，终铸精品。实践证明，功不唐捐、玉汝于成。创先争优必须做到心中有“谱”、手中有“招”、肩上有“责”，必须做到驰而不息、锲而不舍、坚持到底，干就干实、干就干好、干就干成，唯有如此，才能脱颖而出、走在前列。

（四）善于争取，以有为促有位

2023 年 3 月创成精品后，黑龙江省委史志研究室向全省下发《关于对牡丹江市委史志研究室和〈牡丹江年鉴（2022）〉编纂人员进行表扬的通报》，牡丹江市委史志研究室及时形成《关于〈牡丹江年鉴（2022）〉成功创建“中国精品年鉴”的情况报告》提交市领导。市委主要领导作出批示，建议“按《地方志工作条例》给予编纂单位和个人表彰奖励”。组织部门积极落实市委主要领导批示，在借鉴多地表彰奖励经验的基础上，出台《牡丹江市公务员及时奖励办法（试行）》，市委史志研究室获记集体三等功，3 名编纂人员获记个人三等功、1 名编纂人员获嘉奖，成为全市第一家获得及时奖励的单位。2023 年 10 月，中国年鉴精品工程系列研讨会召开，颁发中国精品年鉴入选铜牌，入选单位进行经验交流。会后，市委史志研究室再次将会议成果形成报告呈请市领导，市委主要领导作出肯定性签批：“向大家表示祝贺！组织部、宣传部、机关党委要大力弘扬这种不驰空想、不骛虚声、脚踏实地、勤勉尽责的工作作风和干就干好、精益求精的‘精品’精神。”3 个部门分别落实市委书记意见，在全市掀起一轮宣传史志部门实干作风和“精品”精神的舆论攻势。年底前，经组织部门批准，4 名参与精品年鉴编纂人员获得职务职级晋升，其中晋升二级巡视员 1 人、二级调研员 1 人、四级调研员 1 人、副科级 1 人，形成“凭实绩说话”的正向激励导向，在全市机关单位中取得较大影响。

五、精品创建中存在的问题及对策建议

（一）存在的问题

部分基层单位创精品的思想动力不足。中国年鉴精品工程的实施极大促进了年鉴品质的提升，各地在争创精品过程中涌现出很多好的方法、好的经验。但是，也有一些地方囿于专业人员力量不足、资金紧张、因循守旧的思维局限，认为国家级精品名额少、标准高，有如果争取不上无法向当地党委、政府交代的思想顾虑，不敢报、不愿报，错失精品年鉴专家指导、提升年鉴编纂质量的良机。在跳起摸高、自我加压方面，缺乏敢闯敢试的精神和勇气。

（二）提高精品创建质效的对策建议

精品年鉴创建是多方参与、合力共建的过程，也是年鉴质量拔高的过程，不仅需要顶层设计上的“高”目标，也需要来自外部智库的“强”指导。既主动担当作为，又善于借势借力，是创建精品年鉴的根本关键。

一是建议分级实施年鉴精品工程。对于大多数地方来说，直接申报国家级精品有点拔高，可以先设市一级、省一级精品年鉴评选，有助于提高工作积极性。这一点应该向江苏省、长沙市学习，分别从省、市级精品开始创建，对申报精品的年鉴从篇目开始组织专家评审，在纲目设计、内容资料、图文编排、行文规范等方面，在大纲评审、编辑稿初审、修改稿复审、终审稿验收等环节，都有省、市级专家跟踪指导，在促进年鉴质量不断提高的同时，也使编纂队伍的业务能力得到提升。

二是打造高素质专业化的年鉴人才队伍。针对年鉴编纂骨干人才缺失的问题，在省、市、县三级抓好年鉴领军人才、专家人才和中青年骨干人才的培养。建立省、市年鉴评审专家库，调动市、县地方志工作机构的优势专业力量共同参与精品年鉴的打造。确定每部创建年鉴的对口联系专家，全程参与创建单位的组稿培训、编纂业务指导等工作，将精品意识从篇目设计开始传导到年鉴编纂的每一个环节，使精品标准得到有效延伸，从而提升指导实效。

三是形成年鉴交流研讨机制。建议多组织线下形式的培训会、交流会，线上培训虽然覆盖面广，但各地编纂实战中积压的问题往往不能得到及时解决，缺乏一个交流沟通和思想碰撞的渠道。各地在编纂地方综合年鉴中，还是要注重调研、注重交流。通过交流经验，取长补短，相互学习借鉴，促进整体质量均衡发展。

入选中国精品年鉴是《牡丹江年鉴》发展史上的一座丰碑，更是高质量可持续发展的不竭动力。没有最好，只有更好，牡丹江市委史志研究室继续秉承“行程万里，不忘初心”的坚定信念，秉持“排除万难、破浪前行”的毅力耐力，秉行“一丝不苟、严谨细致”的工匠精神，以一流的标准、一流的要求、一流的服务，推动精品年鉴区域创建，精品精神永远在路上。

以精为魂铸精品

——《南京年鉴》打造中国精品年鉴之路*

南京市地方志编纂委员会办公室

南京地处“龙盘虎踞”之地，是我国著名的四大古都之一和历史文化名城，有50万年的人类活动史，近2500年的建城史，约450年的建都史，享有“六朝古都”“十朝都会”的美誉。历届南京市委、市政府都高度重视地方志工作，南京市志鉴成果丰硕。

2016年，中国地方志指导小组印发《全国年鉴事业发展规划（2016—2020年）》，提出实施中国年鉴精品工程战略，此举是贯彻落实《全国地方志事业发展规划纲要（2015—2020年）》“将精品意识贯穿于地方志编纂出版工作全过程”精神的重要举措。南京市秉承“以文铸城”优良传统，积极投身这一年鉴事业的重大创举，《南京年鉴（2017）》经过江苏省志办一轮评审、全国三轮评审，最终成功入选第二批中国精品年鉴，成为全国副省级城市中首获这一殊荣的综合年鉴。

一、敬畏历史竞精品

《南京年鉴》创刊于1987年，已连续出版37卷，多次荣获中国年鉴奖、全国方志系统年鉴评比特等奖、全国地方志优秀成果（年鉴类）特等年鉴等全国奖项。

* 执笔人：施国俊，南京市地方志编纂委员会办公室党组成员、副主任。

2016年，《南京年鉴》英文版问世，彰显出南京开放多元的国际城市形象；2018年，创编年鉴简本《南京印记》；2021年，为提升地方志的公共服务能力，《南京印记》改为双月出版，同步记载南京经济社会发展重要成就和大政要闻；2022年，《南京年鉴》移动阅读手机版（掌上年鉴）上线，《南京年鉴》已探索出一条中英文版并重、大小载体互鉴、纸媒网媒融合发展的特色之路。37部年鉴犹如一幅精细的连环画卷，完整勾勒出1986年至2022年南京建设、改革、发展的壮美历程，成为向海内外宣传南京、推介南京的权威媒介。

中国特色社会主义进入新时代，对年鉴编纂提出了新要求，南京市地方志编纂委员会办公室（以下简称南京市志办）一直积极思考探索，如何不忘初心、开拓创新，用更精彩的年鉴更好地记载新时代的新面貌，不负历史使命。中国年鉴精品工程启动后，南京市志办经办党组会认真讨论，认为中国年鉴精品工程是一个千载难逢的全面提升年鉴质量的机遇，决定以质量第一意识积极申报中国年鉴精品工程项目，勇敢加入百舸争流的激烈竞争中。2015年12月，中国地方志指导小组办公室（以下简称中指办）确定2016年至2020年首批10家全国年鉴工作、中国年鉴精品工程试点单位，南京市志办名列其中。

二、精雕细琢谋精当

入选试点单位，既是一种荣誉，更是一份责任和挑战，自然更少不了忙碌。

早在2016年底，南京年鉴编辑部就初步拟定《南京年鉴（2017）》篇目。篇目设置贯彻“五位一体”的战略思想，参照国民经济行业分类标准，结合社会实际分工和南京市地情特点，采用多领域集成的综合分类法，用34个类目涵盖2016年度南京市的基本情况；以年度特点和地方特色为亮点，新列江北新区类目，保留特色鲜明的会展业、南京都市圈类目；结合南京区域特点和社会分工状况，加大交通运输、教育类目记述比重，既保持年鉴框架结构的科学性，又彰显南京市作为全国重要科研教育基地和综合交通枢纽的现实特征。从立意到框架、从类目到分目、从综合性条目到单一性条目，南京年鉴编辑部对《南京年鉴（2017）》篇目作了精心设计。篇目拟定后，得到中指办、江苏省精品年鉴协作组专家的悉心指导，专家从更高视野、更高层次，运用最新年鉴研究理论对篇目进行细致点评。编辑部认真消化、逐条落实，并在后面的具体编纂中反复实践，可以说，篇目的不断打磨为实现精品年鉴目标奠定了良好的基础。

2017年新年伊始，南京市志办召开年鉴工作专题会议，提出举全办之力外引内联争创精品年鉴。编辑部进一步完善采、编、审、校工作流程，明确质量标准和时效节点，各项编纂工作有序展开。

组稿难、来稿质量不高是年鉴界普遍存在的难题。编辑部转变工作模式，建立由130余家部门、单位构成的全市年鉴组稿平台，类目编辑通过组稿平台主动组稿，变“等米下锅”为“选菜烹饪”。此外，类目编辑长期关注各行各业的动态情况，上一年度根据分工每天收集全市发生的大事、要事、新事、特事，每月编辑月度大事记，提前掌握全市重要、重点信息。通过组稿平台和编辑月度大事记，有效扩大了信息资料来源，改变了“巧妇难为无米之炊”的尴尬局面。

2017年3月，组稿任务基本完成，各类目编辑按照内部分工，用“包产到户”的做法独立完成类目稿件初编。运用系统论的方法，按“1+N+X”的表现形式在类目及其分目下架构条目。“1”是1个反映全面情况、涵盖整个类目或分目情况的综合性条目，条目名为“概述”或“概况”；“N”为若干个反映某一方面、某个侧面、某个环节或某项工作情况的综合性条目，重在记述块或线的情况轨迹；“X”即若干个单一性条目，犹如一颗颗珍珠，记载大事要事、“亮点”“特点”。综合性条目和单一性条目的占比约为4 ∶ 6。初编完的条目要求做到结构完整、要素齐全、有资政存史价值。编辑部每周召开一次编纂业务讨论会，统一编纂思想，调节工作部署，及时解决工作中的疑点、难点问题。经过编纂业务讨论会确定的编校细则、解决方法发布在内部工作QQ群中，全编辑部统一遵守。这一举措，分批次、渐进式消灭了编纂路上的“拦路虎”。良好的管理体制为年鉴工作开展发挥了保驾护航的作用。

“审”是保障年鉴编纂质量至关重要的一环。《南京年鉴（2017）》在保持往常编辑部主任初审、精选30位特约编审对口复审、分管主任终审的基础上，又增加院校专家、省内年鉴专家2道审查。5道审查有效把住政治关、保密关、体例关、史实关、文字关的闸门。

多重校对是消灭差错率的良方。《南京年鉴（2017）》在校对方面做了优化和提升，采用黑马软件先完成基础校对；再沿用传统方法，责任编辑对分工类目一字一句校对，不同类目编辑交叉互校，编辑部主任全书通校；最后集体核校，年鉴样稿出来后，留出专门时间召开评稿会议，在会上审阅纠错。经过多重校对，确保差错率低于万分之零点五。

为加快编校进度，编辑部以类目为单元，采用编稿、校对交叉滚动推进法，编校时长较常年缩短三分之一。经过一整套紧张高效的编纂流程，2017 年 8 月，《南京年鉴（2017）》完成初步编纂工作，9 月正式呈报中指办。

三、千锤百炼锻精魂

中国年鉴精品工程实施过程中坚持质量第一原则，实行严格的三次评审制度。2017 年 11 月 18 日，中国精品年鉴专家对《南京年鉴（2017）》提出 8 个方面 20 条首轮修改意见；2017 年 12 月 19 日，中国精品年鉴专家提出 4 个方面 57 条的第二轮修改意见；2018 年 1 月 19 日，中国精品年鉴专家提出 10 个方面 48 条第三轮修改意见。历时 5 个月的 3 轮评审，中国精品年鉴专家共对《南京年鉴（2017）》提出 125 条修改意见。所提意见涉及框架调整、资料补充、图表编排、条目编写等年鉴编纂的方方面面，既高屋建瓴、又入木三分，是对《南京年鉴》一次全方位、多轮次的“体检”。南京市志办全盘领受、照单全收，按照修改意见逐条落实、逐条整改。艰辛的修改过程是对《南京年鉴》的一次次淬炼，既使年鉴质量不断提高，也使编纂队伍的业务能力不断提升，对年鉴编纂的认识不断升华，实谓获益良多。

修改过程中，南京市志办有以下两点体会：

一是以《地方综合年鉴编纂出版规定》为宗，深层次领会专家评审意见。评审意见多达百余条，出自 10 位专家之手，涉及年鉴编纂的方方面面，很难形成统一意志。但是 10 位评审专家都是既有深厚学养，又有丰富实践经验的资深年鉴专家，所提意见全都是经过深思熟虑的真知灼见。编辑部以全面提高年鉴质量为出发点，从全书的维度系统考量，充分尊重专家意见，仔细体味评审意见的深意，提高认识化众智为统一思想。

二是采用“总分总”修改方式，全面落实评审意见。编辑部在实践中摸索出“总分总”修改方法，就是编辑部全体成员先集中讨论评审意见，经过充分研讨、充分消化，形成统一修改思路、修改意见，再由类目编辑根据分工逐条修改，修改完成后统一交给编辑部主任，最后由编辑部主任“一支笔”统筹改定，这种“总分总”的修改方式既有利于逐条精准修改，又能够从全书高度统筹协调落实专家评审意见。

经过三轮全面修改,《南京年鉴（2017）》“条条有价值、字字有分量”的价值目标越发凸显。

四、综合施策显精彩

在中指办科学规划、周密组织下，经过多轮严格的评审修改,《南京年鉴（2017）》成功入选中国精品年鉴，这离不开中指办、江苏省地方志办公室的关心指导，离不开指导专家的精心指点。除了上述关键因素，以下四个方面也尤为重要。

（一）地方党委、政府的重视是争创精品年鉴的前提

年鉴编纂的指导思想是马克思主义、毛泽东思想、邓小平理论、“三个代表”重要思想、科学发展观、习近平新时代中国特色社会主义思想，年鉴的核心价值是官修权威资料性文献，指导思想和核心价值的充分体现都离不开党委、政府的关心重视。年鉴的采、编、审、校全过程都始终在党委、政府的领导下，没有党委、政府的重视将举步维艰。《南京年鉴》编纂方案每年需经市政府审定，组稿通知由市政府办公厅下发,《南京年鉴》组稿平台正是在南京市委、市政府的支持下建立起来并高效运转的，从2016年开始,《南京年鉴》编纂工作被列入市政府挂图督战项目。

（二）理论准备是争创精品年鉴的基础

没有相当的理论积淀，很难向中指办申报基础较好的年鉴，中国精品年鉴专家的评审意见也很难修改落实到位，通过评审根本无从谈起。夯实理论功底，遵循规范、崇尚创新，正确处理科学性与操作性、稳定性与创新性的关系，统筹协调好框架系统性、分类科学性、概念逻辑性、记载全面性、内容特色性、条目规范性的有机统一，是争创精品年鉴的必由之路。

（三）科学的运行机制和人财物配备是争创精品年鉴的保证

中国年鉴精品工程站位高、要求高，程序严格、历程较长,《南京年鉴

（2017）》经三审五校、四轮评审，修改校次达十四五轮，光排版费用就是往年的2倍多，只有相当的人、财、物的保障，建立起完善的管理体制和健全的运行机制，才能千锤百炼出真金。

（四）翔实准确的资料是争创精品年鉴的核心

年鉴具有地方性、年度性、综合性等众多属性，而资料性无疑是年鉴的第一本质属性。精品年鉴应该是全面系统、信息密集、记述权威、特色鲜明的资料性文献，而现在很多年鉴囿于资料缺失，普遍存在行业辑录不全、情况反映不深、历史画面不清的缺陷，如经济转型升级体现不够，物流、养老服务等新兴服务业反映缺失等。年鉴要想创精品，必须突破传统组稿渠道，想方设法征集资料，将鲜活的中国特色社会主义新时代实践记全、记深、记好。

五、精品之路无止境

中国社会科学院原副院长、原中国地方志指导小组常务副组长李培林指出："编修出年鉴精品佳作，绝非朝夕之功，需要付出长期艰辛的努力。"《南京年鉴（2017）》入选中国精品年鉴，不是一年炼成的，它是《南京年鉴》30余年积累、底蕴的展现，是在新历史起点上的又一次探索。《中国年鉴精品工程实施方案》明确指出："中国年鉴精品工程实行动态化管理，按年度组织申报工作，每年一次。入选的年鉴，仅限于该卷年鉴出版时使用中国年鉴精品工程的有关标识，其他卷不得使用。""中国精品年鉴"熠熠生辉的标识是《南京年鉴》发展史上的一座丰碑，但绝不是终点站，它应该成为南京市年鉴人新征程的加油站。

在南京市志办引领下，《建邺年鉴（2020）》成功入选第五批中国精品年鉴，成为江苏省首家县区级中国精品年鉴。2021年，在"中国精品年鉴在南京"推进会暨《建邺年鉴（2020）》发布会上，南京市志办率先提出创建中国精品年鉴区域，这是南京年鉴发展史上的一项壮举，全市形成"创建品牌、打造精品、争当一流"的浓厚氛围。2022年10月，南京市志办成功入选首批中国精品年鉴区域试点单位。2023年新年伊始，南京市志办印发《创建"中国精品年鉴区域"工作方案》，并超前谋划、抢抓机遇，将《浦口年鉴（2022）》作为试点单位首家争创中国精品年鉴推荐单位。2023年3月，《浦口年鉴（2022）》成功入选第七批中国精品年鉴，不仅取得“开门红”，还额外抢得一个宝贵的中国精品年鉴创建名额。南京市志办及时召开南京争创中国精品年鉴区域推进会暨《浦口年鉴（2022）》发行仪式，会上成立中国精品年鉴区域试点单位（南京）指导专家组。紧接着，南京市志办又及时推荐《江宁年鉴（2023）》作为试点单位第二家创建单位，后成功入选第八批中国精品年鉴。至此，南京地区已创成4部中国精品年鉴，占南京市综合年鉴数的33.33%;《雨花台年鉴（2019）》《浦口年鉴（2020）》《江宁年鉴（2021）》《溧水年鉴（2022）》《南京市鼓楼年鉴（2023）》《栖霞年鉴（2023）》先后创成省级精品年鉴，南京市精品年鉴数与综合年鉴数比值超过80%，已形成中国、省级精品年鉴分层推进双轮驱动的良好发展格局。

“长风破浪会有时”，南京年鉴人以永远在路上的坚韧和执着，始终保持昂扬锐气，守正创新，笃行不怠，推动南京地区综合年鉴、专业年鉴、功能区年鉴全面提质增量，为南京文化强市建设贡献年鉴力量，为全国年鉴事业高质量发展贡献南京智慧。

守正创新强基固本　全力打造精品年鉴

——《无锡年鉴》打造精品之路 *

无锡市档案史志馆

《无锡年鉴》创刊于 1991 年，由中共无锡市委、市政府组织领导，无锡市档案史志馆编纂出版。自创刊起，《无锡年鉴》就以丰富的综合资料记述为基石，坚守年鉴体例规范，狠抓编纂质量，在历年的全国和全省年鉴质量评审中均获佳绩。2020 年起，无锡市档案史志馆围绕时代特点、地域特色和年度特点，狠抓守正、创新、强基三个关键点，先后创成江苏精品年鉴和中国精品年鉴。

一、以不断突破谋划精品创建

2020 年，无锡市档案史志馆确定《无锡年鉴》三年争创计划，即在三年内，《无锡年鉴》要实现内容与形式全面创新，完成江苏省精品年鉴、中国精品年鉴的创建工作。为此，《无锡年鉴（2020）》在框架设计上颠覆沿用多年的陈旧篇目，学习省内和全国先进经验，围绕时代特点、地域特色、年度重点，求“新”求“变”。围绕国家发展战略和无锡市经济发展战略，设数字经济类目，记述新一代信息技术产业、通信产业、数字创意、电子商务、智慧无锡建设等具有鲜明时代特点、无锡发展优势、地域经济特色的内容；设置参与“一带一路”建设类

* 执笔人：葛红，无锡市档案史志馆年鉴工作部部长、四级调研员。

目，采用升格式的方法，专题记述无锡与“一带一路”共建国家和地区的经贸合作、互联互通、人文交往。紧紧围绕国家社会管理体制的改革举措和百姓的关注焦点，设置公共安全类目，采用集中式的方法，记述防灾减灾、农产品质量安全、食品药品安全、消防安全、交通安全、网络安全等由不同部门提供的有关公共安全的内容。这一创新之举，得到省内诸多年鉴专家的一致赞誉，也为《无锡年鉴（2020）》成功创建江苏省精品年鉴奠定了坚实基础。

《无锡年鉴（2021）》在2020年卷的基础上，提升新经济内容的地位，设置枢纽经济、总部经济、美丽乡村建设、园区经济等类目，更好反映无锡经济社会发展方略和产业特色。同时，将数字治理从数字经济类目分割出来单设类目，更好地反映无锡智慧城市建设的成果和当前社会治理创新的社会背景。

《无锡年鉴（2022）》则在此基础上，再次突破自我，进一步调整优化篇目设置，同时注重内容的完整性、连续性，增强条目记述的规范性，做到守正、创新、强基。2023年3月，《无锡年鉴（2022）》顺利创成中国精品年鉴。

二、以把握关键打造精品年鉴

打造中国精品年鉴，任务艰巨，过程艰辛，收获的经验弥足珍贵，其中最基本的经验，可以总结为三个关键点：守正、创新、强基。守正，就是要坚守年鉴体例规范，遵守《地方综合年鉴编纂出版规定》《关于地方综合年鉴编纂出版若干问题的补充规定》要求；创新，就是要围绕时代特点、地域特色、年度重点，不断求“新”求“变”，实现内容与形式全面创新；强基，就是要以丰富的综合资料记述为基石，强化年鉴资料的完整性、连续性。其中，守正和强基是规范动作，必须做到位、不失分；创新是自选动作，是得分点，要得高分。只有三点都做到了，才可能打造精品年鉴。在打造精品年鉴过程中，《无锡年鉴（2022）》牢牢把握住守正、创新、强基三个关键点，在篇目设计、资料征集、编纂规范等方面下足功夫、做足文章。

（一）守正是精品之骨

《无锡年鉴（2022）》在打造中国精品年鉴过程中，坚持严格遵守各项编纂规定，做到根骨正、框架全、规范好。

一是板块设置遵照成例。《无锡年鉴（2022）》在板块上，按照政治、经济、城乡建设、文化、社会五大部类进行设置，外加市情概览、人物、辖区建设、附录等类目，形成完整的年鉴框架。

二是篇目编排遵从定规。《无锡年鉴（2022）》各大板块中，各类目、分目、条目的设置和排序，遵守一定之规，做到分类科学、层次清晰、领属得当、编排有序。政治部类，按照中共、人大、政府、政协、纪委监委的顺序排列；经济部类，按照二、三、一产业的顺序进行编排、设计；法治、人民团体、军事等类目，严格按照规范进行设置。分目、条目的设置，也按照先主要后次要、先综合后单一的原则进行编排，做到层次清晰、领属得当。

三是篇目设置遵循属性。《无锡年鉴（2022）》篇目的设计原则，是按照事物的类别或属性而设，而非按单位、部门而设。比如人力资源和社会保障局提供稿件，涉及就业、社会保障、人才工作等内容；自然资源和规划局提供稿件，涉及自然资源、自然资源管理、城乡建设规划、生态建设、森林防火等内容；同样，党委、政府、经济管理、社会保障、社会事务、公共安全等类目的内容，以及水资源保护、安全生产等分目的内容，也需要多部门提供。因此，在篇目设计和编纂过程中，《无锡年鉴（2022）》打破部门边界，把各部门的工作和提交的内容按属性进行划分，分别归入相应的类目或分目，分类编辑。

四是条目编写遵守规范。《无锡年鉴（2022）》在条目编写中，对标国家精品，在内容、文体文风、行文规范等方面，注意加强基础信息的规范、保密敏感问题的规范、一事一条的规范、条目标题的规范、条目要素的规范、叙事文体的规范以及标点符号、数字用法、计量单位、署名等的规范。文字方面，反复修改锤炼，做到文约事丰、语句流畅，尽最大可能剔除虚词赘语。同时，着力提高编校水平，严格按照年鉴编纂规范要求，规范细节和流程，做到精细编校。为确保编纂质量，将审稿关口前移，初编完成后，即聘请无锡市和省内专家从篇目设置到内容记述、文字编校等方面进行严格的审核，然后根据专家意见进行修改，以达到精品年鉴所规定的各项标准和要求。中国精品年鉴专家每轮评审后，组织编纂人员认真学习、梳理专家意见，制定落实修改方案，严格按照评审意见，逐条落实，包括进行归属的调整、条目的增删、文字的修改、格式的规范，在规定时间内全部修改到位。

（二）创新是精品之魂

如果说守正是年鉴的根骨，创新则是给年鉴注入鲜活的灵魂。《无锡年鉴（2022）》紧紧抓住“创新”这一精品年鉴之魂，在编纂篇目和体例上力求创新，充分体现年鉴的时代性、地域性和年度性，并提升年鉴的可读性、艺术性。

一是紧扣时代发展脉搏，富于时代性。《无锡年鉴（2022）》围绕国家经济社会发展方略，设置数字经济、总部经济、枢纽经济 3 个类目，反映无锡新经济类型的发展状况。将原先分散于城乡建设、农业农村、文化等类目的镇村规划、镇村建设、强村富民、农村改革、乡村产业、乡村文化、乡村治理等内容集中起来，设置乡村振兴类目，体现国家对于乡村建设的方略。将就业从社会事务类目下的分目，升格为类目，从重点群体就业、就业促进、职业技能培训、人力资源市场管理、劳动权益保障等方面，完整记述无锡市的就业状况，彰显国家对于稳就业、促经济、保民生的重视。将收入与消费从社会生活类目分离出来，设置为类目，通过记述城镇居民收入消费、农村居民收入消费、市场物价等内容，反映人民基本生活状况。将环境保护类目改为生态建设类目，集中记述生态、自然资源规划、水利等部门有关生态保护、环境治理方面的内容，也突出反映国家建设生态文明的时代要求。将医疗卫生类目改为卫生健康类目，体现国家对于健康事业的发展方向。

二是围绕地区发展特点，富于地域性。《无锡年鉴（2022）》对富于地方特色的内容，通过集中式、升格式等方式予以反映。市情概览增加历史名人、风俗、方言、文化标识等历史人文的内容，彰显城市风采。增设太湖湾科技创新带建设类目，反映无锡市委、市政府的重大决策和城市发展战略。将开发区类目调整为园区经济类目，摒除与经济无关的园区自身建设、社会保障等方面的内容，专注于园区项目建设、科技创新、招商引资、特色园区等经济方面的内容，更好反映无锡园区经济的特色。设置太湖治理、长江大保护、运河文化带建设分目，体现无锡市对河湖治理和运河文化建设的重视。

三是抓住重大事件节点，富于年度性。围绕党的二十大召开这一关键节点，《无锡年鉴（2022）》设置专题彩页“非凡十年”，记述无锡市自党的十八大以来的 10 年间在经济社会各方面的突出成就，并以“数字无锡”专题反映 10 年间重要经济数据的变化；设置“软件名城”“太湖治理”专题，反映无锡市建设国家软件特色名城和太湖治理的成果；设置“年度视点”专题，收录年度重要活动、重大事件和重大项目。特载收录市委书记黄钦在无锡市第十四次党代会上的报告，以及统计局关于无锡市全面建成小康社会的文章。专文收录副市长高亚光关于无锡软件名城建设的文章，以及市卫健委有关无锡市健康城市样板市建设的文章。

四是创新设置“延伸阅读”，富于可读性。《无锡年鉴（2022）》创新设置“延伸阅读”，通过收录调研文章、媒体报道、案例分析等，拓展正文内容，丰富年鉴的记述层次，增强年鉴的记述深度，提升可读性。如在“生物资源保护”分目下，设置“无锡市陆生野生动物多样性与全省的比较”；在“有事好商量”协商议事中，设置“2021 年‘有事好商量’协商议事十佳案例名单”；在“知识产权保护”分目下，设置“知识产权保护典型案例”；在“农业”类目下，设置“2021 年粮食生产影响因素分析”。全书共设置 13 篇“延伸阅读”文章，受到广泛好评。

五是提高视觉冲击力，富于艺术性。《无锡年鉴（2022）》专题彩页一改以往图片密集排版的方式，从海量照片中精选既切合主题、又具有视觉冲击力的照片，力求做到资料性和艺术性相统一，以精美的图片反映重大历史事件、重要建设成就，提高版面的美观性。在封面设计上，选取《康熙南巡图》无锡段，展示无锡古运河、黄埠墩、锡山、龙光塔等独有的地理元素，充分展现无锡悠久的历史传承和深厚的文化底蕴。

（三）强基是精品之本

年鉴最重要的价值在于存史，所以资料性是年鉴的根本。《无锡年鉴（2022）》在打造精品年鉴过程中，通过多种途径和方法，强化资料属性，提升其存史价值。

一是精准征集资料，做到采编结合。《无锡年鉴（2022）》在组稿方式上，改变以往被动依赖撰稿单位供稿的情况，从单纯的编稿转为“采编结合”。一方面，加强对撰稿单位的业务指导，对各单位提供的基础信息做出具体、明确的规定，例如民主党派、群众团体的基层组织和成员情况，各经济部门、行业的发展水平、基本数据、年度特色、亮点工作，文化、教育、体育等部门的公共设施，各（县）区概况撰写的基本条目等，做到基本要素齐全，特色亮点突出，同时确保基础资料的连续性和可比较性。另一方面，在条目的选取和编写上，注意提升条目的资料价值，充实扩展综合性条目中的基础性信息，加大细节性、微观事物的记述力度，力避内事信息、空话套话等入鉴。

二是拓宽征集渠道，做到要项不缺。在年鉴组稿过程中，对于没有主管部门或主管部门提供资料不够详尽的行业年度资料，注意加强与行业协会等社会组织的联系，征集各工业门类和服务业的相关资料。各工业门类，除市工业和信息化局提供的资料外，还广泛收录各行业协会的资料，以补不足。居民服务业中餐饮、住宿、养老、家政服务、美容美发、洗染等，商务服务业中税务代理、广告业、会展业、拍卖业等，均积极与各行业协会联系提供相关资料。此外，还广泛利用政府公报、统计资料、部门官网资料、调查报告、新闻报道等渠道，对行业、单位年度成果、成效、重大活动、重要数据等进行补充撰写。

三、以更新迭代强化开发利用

一本市级年鉴，洋洋大观，字数一般不少于100万字。以《无锡年鉴》而论，每卷年鉴的页面总数基本在600页左右，版面字数不少于120万字。这么厚重的一本书，携带不便，使用也不是很方便，往往印出来赠送各部门，即归于沉寂。鉴于此，无锡市档案史志馆转变观念，创新平台载体，拓展使用范围，不断提升年鉴的使用价值。

一是加强数字化开发，提升便利性。无锡市档案史志馆着力摒除“一本书主义”，加强年鉴资源开发利用，将《无锡年鉴》由“一本书”打造为一个载录历史、传承文化、查询使用的“服务平台”。基于微信小程序平台，开发制作“掌上无锡年鉴”手机端，并与“无锡史志”微信公众号捆绑，无须下载安装即可使用。使用者可以随时随地通过手机微信登录小程序，轻松查询、复制无锡年鉴资料，既可以为读者提供详尽的年度地情资料，又免去实体书的厚重带来的不便。同时上线“掌上无锡年鉴”PC端，并在“中国无锡”政府网站首页“魅力锡城——无锡年鉴”栏目上线。由此，“掌上无锡年鉴”实现在安卓、鸿蒙、苹果、PC端查询使用全覆盖，可以全天候跨地区查询无锡市情。全新开发的掌上年鉴采用电子书样式，具备目录检索、全文检索、模糊搜索、全局呈现、章节阅读、动态翻页、放大缩小、复制粘贴等功能，极大提高了使用的便利性，其影响力和使用效率远超纸质版年鉴。

二是加强国际化传播，提升影响力。无锡市档案史志馆全面改版原有的小年鉴《无锡市情》，突出基础地情和历史文化，编纂《掌上无锡》，采用中英文对照形式，配以精美图片，图文并茂，可读性强，极大提高了年鉴产品的传播影响力。《掌上无锡》一经问世，就受到各方好评，被广泛使用于城市宣传、招商引资、人才引进、对外交流等方面。同时，市档案史志馆与市外办合作，利用出访、接待的时机，向参与活动的外国友人赠送；通过参加外国驻华使领馆和机构在华举办的活动，以及主动上门拜访等机会赠送；通过在锡欧美商会、日商会、韩商会、外商投资企业、外国驻锡机构等，向在锡外籍人士赠送。以无锡“物博会”“能博会”“国际月”“国际友城交流会”等国际性会议为契机，将《掌上无锡》和会议材料一齐发放；把《掌上无锡》的电子版二维码印在纪念品包装上，或者发给友城和海外商协会机构，由其负责宣传。《掌上无锡》通过多种途径，推动传播的国际化，起到了讲好无锡故事、展现无锡形象的社会作用。

坚持守正创新　谱写时代华章

——《南通年鉴》打造精品之路*

南通市地方志编纂委员会办公室

《南通年鉴》创刊于1998年，已连续公开出版26卷。历年来，南通市地方志编纂委员会办公室（以下简称市志办）高度重视编纂质量，在中国地方志工作办公室、江苏省地方志编纂委员会办公室的关心和指导下，在中共南通市委、市政府的高度重视和大力支持下，《南通年鉴》先后多次获省级以上奖项。其中，《南通年鉴（2014）》获评全国地方志优秀成果（年鉴类）特等年鉴；《南通年鉴（2015）》获江苏省地方综合年鉴评比优秀框架设计和条目奖一等奖、创新栏目一等奖；《南通年鉴（2016）》获江苏省地方综合年鉴评比综合优秀一等，框架设计类单项优秀，受江苏省政府办公厅通报表扬；《南通年鉴（2017）》服务业类目获评江苏省地方综合年鉴评比优秀类目；《南通年鉴（2018）》《南通年鉴（2019）》《南通年鉴（2020）》获评江苏省地方综合年鉴质量评定一等年鉴。《南通年鉴（2021）》成功入选第六批中国精品年鉴，南通市委、市政府主要领导多次给予批示肯定。2022年12月，经南通市委组织部门审核同意，年鉴工作成绩显著的南通市志办获记集体三等功，《南通年鉴（2021）》5名编纂人员分别获记个人三等功或嘉奖。2023年11月，南通市志办成功入选第二批中国精品年鉴区域试点单位。2023年12月，《南通年鉴（2021）》获评第九届全国地方志优秀成果（年鉴

---

* 执笔人：张献，南通市地方志编纂委员会办公室年鉴编纂处处长。

类）特等年鉴。

一、脚踏实地，走实精品创建之路

南通市志办始终把提升年鉴编纂质量作为推进地方志事业转型升级的主要途径，紧扣时代脉搏，围绕中心大局，聚焦南通发展经验，记录南通在持续追赶超越、深化跨江融合、促进生态文明等方面创造高质量发展“沧桑巨变”的发展历程，充分发挥存史、育人、资政与展示宣传南通的作用。

（一）加强组织领导，把准精品创建方向

南通市委、市政府高度重视中国精品年鉴创建工作，将其列入对南通市志办年度高质量发展考核的核心指标之一。市政府分管副市长专题调研南通市地方志工作，对创建精品年鉴工作予以充分肯定并提出相关要求。市委办、市政府办联合印发《〈南通年鉴（2021）〉编纂实施方案》，从制度层面明确中国精品年鉴创建要求。南通市志办主要领导“挂帅出征”亲自抓、分管领导“靠前指挥”具体抓，改变传统工作模式，成立精品年鉴项目组，负责大纲的起草制订、稿件的征集编辑、统稿总纂、历次专家意见的整理汇总、封面彩页的设计、出版印刷事宜的协调、经验做法的梳理等。统筹安排精品年鉴创建专项经费，足额保证工作经费及编审、出版、印刷费用，确保精品年鉴编纂、评审等工作顺利开展。

（二）强化业务建设，激活精品创建动能

南通市志办聚焦年鉴工作者能力提升，以“机关作风建设提升年”活动为抓手，夯实大局意识、使命意识、精品意识等“九个意识”，努力提升队伍整体素质。结合精品年鉴创建，着力培养“四会年鉴人”，即会构建框架、会编辑文字图片、会统稿、会组织配套活动。通过岗位练兵、网络培训、年鉴评审、精品品读、撰写论文、业务交流等方式，加强年鉴编纂人才梯队建设。组织开展“志通江海我来讲”业务竞赛，激励编纂人员提高自身编纂业务能力。在全省率先组织开展“精品年鉴品读季”活动，全市年鉴供稿人撰写品读文章 20 余篇，提升年鉴编纂理论水平。以表彰促激励，在全市范围开展先进承编单位和优秀撰稿人综合评选，表扬、奖励先进承编单位 10 家、优秀撰稿人 50 人。

（三）科学设置框架，构建精品创建主心骨

一是展现地方特色。2020年是长三角区域一体化发展国家战略在南通落地转化的关键之年。《南通年鉴（2021）》卷首彩页设置“长江大保护”图片专题，正文创新设置跨江融合发展、江海联动开发、战略性新兴产业等类目，优化经济管理、传统工业、建筑业、商贸服务业、房地产业等类目，全面反映南通市全方位融入苏南、全方位接轨上海、全方位推进高质量发展的工作实绩。二是彰显年度特点。2020年，南通市圆满完成“十三五”规划，全面打赢脱贫攻坚战，取得阻击新冠疫情、迈入万亿俱乐部的“双胜利”。《南通年鉴（2021）》设置卷首彩页，收录南通年度发展进程中有重大影响的“脱贫攻坚”“数说‘十三五’”“年度视点”“最美逆行者”等图片专题。设置单一性条目，突出年度大事、特事、要事。统战工作分目设“张謇企业家精神学习弘扬”条目，双拥共建分目设“全国双拥模范城‘七连冠’”条目，政务服务分目设“《南通市相对集中行政许可权实施办法》施行”条目，融入苏南分目设“跨江融合发展大会”条目。三是凸显行业特征。行业科技分目收录农业科技、建筑科技、气象科技、地震科技等次分目，新兴服务业分目设家政服务业、养老服务业、律师服务业、广告业、拍卖业、二手车流通行业、公证服务业、会计服务业、人力资源中介服务业、资产评估服务业、汽车综合性能检测及船舶检验服务业等反映行业业态方面的条目。与时代同步、与发展齐行，全面、翔实地记述南通市“强富高美”的现代化建设历程。

（四）夯实精品意识，守牢精品创建生命线

南通市志办始终将精品意识贯穿年鉴编纂的全过程，着力打造让人民满意、经得起历史检验的精品年鉴。坚持为党立言，践行编鉴宗旨，贯彻落实《地方综合年鉴编纂出版规定》《关于地方综合年鉴编纂出版若干问题的补充规定》要求，确保年鉴内容政治立场坚定、政治观点准确。字斟句酌、逐条逐项将国家、省、市专家提出的修改意见建议落实到位。在精品年鉴项目组内部校对的基础上，举全办之力组织单位业务骨干开展两轮图文纸质校对，同时利用黑马校对软件，进行电子校对，降低编校差错。对涉及重点行业、民生实事、年度大事要事的部门，精品年鉴项目组主动上门与供稿人对接沟通交流，打磨稿件，确保资料翔实、内容丰富、准确无误。

（五）坚持开门编鉴，凝聚精品创建合力

南通市志办坚定扛起“留住历史记忆，定格时代光彩”的使命任务，强化开门编鉴，借助多方力量、整合各方资源，形成精品创建的强大合力。深入10余家企事业单位开展现场调研，征集第一手信息资料。借助新兴媒体，组建工作交流群，建立健全“双明确、双返稿、100%审核”联络推进机制，与150余家供稿单位保持密切沟通，凝聚合力，通力合作，真正做到群策群力创精品。主动与南通市摄影家协会的摄影爱好者、南通报业集团、南通广电传媒集团的摄影记者等20余人沟通联系，坚持靶向施策，集思广益，根据年鉴编辑实际，收集大量反映南通政治、经济、文化、生态、居民生活、城市建设等方面精美图片，为打造精彩彩页和随文插图奠定扎实基础。

二、总结提炼，健全“精品后”质量管控机制

健全的机制是工作规范有效开展的重要保障。创成中国精品年鉴后，南通市志办着力在“五个维度”编纂思路、“三卷同步法”工作手段、“交互式”年鉴宣传方式、当年年鉴当年评估等做法中总结提炼，形成“12345+N”工作格局，确保“精品后”的质量管控。

（一）出台一份编纂实施方案

《南通年鉴编纂实施方案》秉承与时俱进的编纂理念，遵循“科学性、可行性、平衡性”原则，框架设计充分凸显南通的地方特色、时代特征和行业特点，在总体保持基本稳定的基础上适度进行调整。如2023年卷为凸显地方特色，将交通·邮政类目改设为综合交通枢纽建设类目，将跨江融合发展类目改设为融入长三角一体化发展类目；为凸显时代特征，增加民营经济、数字经济、新型冠状病毒肺炎疫情防控3个类目；为凸显行业特点，将商贸服务业类目拆分为商贸流通、商务服务业、居民生活服务业3个类目；兼顾凸显地方特色和时代特征，调整部分类目排序、分目设置、材料内容归属，乡村振兴类目的分目设置调整为综述、农村改革、乡村产业、乡村治理、城乡融合、乡风文明。

（二）推出两份业务指导脚本

南通市志办充分消化中国精品年鉴创建过程中专家提出的审稿意见，汲取“方志中国”微信公众号每期发布的兄弟城市精品年鉴的经验做法，结合《南通年鉴》编纂实践，修订完善《南通地方综合年鉴编纂实施细则》，规范条目的编写，优化语言组织架构，充实条目的资料属性；博采众长，系统整理历年年鉴培训课件，形成《南通年鉴入门手册（初稿）》，为市、县两级综合年鉴、专业年鉴的编纂人员提供指导和参考，提高年鉴编纂整体质量和水平。

（三）明确三项业务管理手段、三卷同步工作法

三项业务管理手段，即明晰编辑职责、实施编纂任务分解及倒推工作机制，召开周例会、月度例会，明确每周、每月的工作内容和工作目标及统稿时限，每季度向省地方志办公室汇报市、县两级编纂进度；实施100%返稿工作机制，南通年鉴编辑部在一、二编的基础上，将编辑后的稿件返回给原单位，由原单位根据编辑的修改意见进行修改、完善，并由所在单位领导审核、盖章后报送到南通年鉴编辑部；依据市志办《关于支付稿费、编审费、校对费等报酬的若干规定》，制订《南通年鉴稿费发放实施细则》，明确稿费发放标准，激发各单位撰稿人员工作热情。三卷同步工作法，即在一个年度同步做好三卷年鉴工作，即开展上一卷年鉴的宣传开发利用工作；编纂并全域开展当年年鉴质量评估；同步做好下一卷年鉴的资料收集工作，组织全办文字业务骨干及时做好当年度的资料积累，编纂即时性记录，为下一卷年鉴特色框架设计、条目编纂等奠定重要基础。

（四）实施“四会人才”培养

近年来，南通市志办锚定“会构建框架、会编辑图文、会撰稿统稿、会组织配套活动”的“四会年鉴人”目标，在年鉴人才培养方面花费大量的精力，形成一些创新做法，取得一定成效。如举办业务竞赛，为年鉴编纂人员搭台子、架梯子，通过提炼总结自身年鉴编纂经验，达到以赛促学的效果。实施“青蓝结对”工程，由年鉴工作分管领导担任成长导师、处室负责人担任专业导师，围绕带思想提素养、带业务提能力、带作风提担当“三带三提”助力年轻干部成长成才。市志办年鉴专家每次受邀外出评审时，均带领市志办青年干部外出观摩学习，打

通从实践到理论、再从理论到实践的闭环回路，实现理论和实践的良性互动，人员的年鉴业务能力切实得到提升。积极撰写理论研究文章，《中国精品年鉴〈南通年鉴（2021）〉推介》一文被“方志中国”微信公众号刊发，《地方综合年鉴服务业内容框架设置》一文被《中国年鉴研究》期刊刊发并成功入选第六届全国年鉴论坛，《关于地方综合年鉴设置乡村振兴类目的思考》一文获江苏省地方志学术年会论文一等奖。

（五）形成“五个维度”编纂思路

“五个维度”，即“框架设计上，科学平衡、富有特色”“资料选材上，精准广泛、创新多元”“条目编纂上，质量上乘、规范全面”“装帧设计上，端庄大气、主题凝练”“宣传方式上，与时俱进、动静兼备”。在资料征集方面，注重入鉴资料的权威可信，围绕全市经济社会发展重点，多元化、多渠道收集资料。不仅查阅市委、市政府出台的文件等重要文献以及部门工作总结、典型经验材料、调研报告等，而且通过官方网站、新闻发布会等，多渠道收集、整理有价值的资料。此外，还根据组稿的需要深入有关企事业单位、协会组织开展现场调研，征集第一手信息资料，有效提升年鉴资料的真实性、针对性。针对特定类目，与有关单位定向约稿，明确内容要点、约定供稿时限，高质量形成具有南通地方特色且信息内容丰富的条目。

（六）开展“N”项年鉴相关活动

开展“我为精品代言”微视频展播、精品年鉴品读、“鉴”证新时代网络版等“N”个相关活动。首次开展并在全省率先完成“我为精品代言”微视频制作及展播活动，在“方志江苏”微信公众号首播。制定《南通市志办“精品年鉴品读季”活动实施方案》，在全省设区市率先开展精品年鉴品读活动，撰写品读文章，报送的3篇论文分获全省“精品年鉴品读”优秀文章一、二、三等奖；分别与苏州、泰州、宿迁等省内兄弟单位开展精品年鉴交流活动，福建永安、湖北襄阳、河南南阳等省外兄弟单位来人或来函来电学习借鉴经验。创新上线“鉴”证新时代网络版，从年鉴的视角宣传推介党的十八大以来南通取得的历史性成就和生动实践。

三、争先创优，推动《南通年鉴》实现更高质量发展

《中国年鉴精品工程实施方案（修订版）》下发后，南通市志办及时跟进，总结经验，提炼做法，创造条件，以创成中国精品年鉴为新的起点，积极争创中国精品年鉴区域试点并成功入选。下一步，将奋力开展中国精品年鉴区域试点创建工作，推动南通年鉴工作实现更高质量发展。

（一）强化保障，形成区域创建的强大推动力

加强组织领导，建立南通市创建中国精品年鉴区域领导协调机构和办公室，加大人、财、物投入力度，统筹协调本地区精品年鉴创建工作。邀请国内、省内年鉴专家组成创建中国精品年鉴区域试点单位专家指导组，定期点对点实行个性化、精准化指导，切实提升全域年鉴质量水平，提高精品年鉴创成率。

（二）梯次培育，确保区域创建工作稳步实施

出台《南通市地方志办公室创建“中国精品年鉴区域”工作方案》，明确总体目标和主要任务，稳步推行梯次培育模式，将7个县（市、区）分成3个梯次，编纂基础条件较好的海安市和如皋市纳入第一梯次，如东县和启东市纳入第二梯次，其余县（市、区）纳入第三梯次进行培育，5年内全域创成3部以上中国精品年鉴。

（三）广泛宣传，提升中国精品年鉴的社会知晓度

灵活运用“线上＋线下”宣传模式，继续深入开展“我为精品代言”主题征文、“年鉴里的南通”主题宣讲、“鉴证”新时代主题推介、《南通年鉴》“七进”、《南通年鉴》问卷调查、“苏F·e鉴”品牌打造等一系列活动，在全市营造创精品、做示范的氛围，吸引更多的社会有识之士共同参与创建工作。

（四）积极探索，努力形成区域创建的示范样本

建立与中国精品年鉴单位常态化交流机制，定期开展互学互鉴切磋研讨活动，共同推进中国精品年鉴区域试点创建工作，形成可复制可推广的具有南通特色的精品培育示范样本。

近年来，在中国地方志工作办公室、江苏省地方志办公室指导下，《南通年鉴》质量不断提升，但仍有上升空间。比如，在规范的前提下，编纂理念还需进一步创新，需紧密关注党中央、省、市重要决策部署以及时代的发展变迁、全市经济社会发展成就等方面；在提高入鉴资料的文献价值、拓展年鉴内容的记述深度等方面还需进一步努力；在充分发挥年鉴的存史、育人、资政与展示宣传南通的作用方面还有待进一步加强。今后，南通市志办将紧跟上级要求，进一步贯彻落实新发展理念，发挥精品年鉴的示范带动效应，大力提升全域年鉴编纂质量，讲好南通故事，为建设好强富美高新南通贡献年鉴智慧。

守正创新琢品质　精益求精铸品牌
努力推进连云港年鉴事业高质量发展
——《连云港年鉴》打造精品之路 *

连云港市地方志编纂委员会办公室

近年来，连云港市地方志编纂委员会办公室（以下简称市志办）立足新的历史方位、新的事业定位、新的时代要求，把高质量发展作为年鉴工作主题主线，以中国年鉴精品工程为引领，以连云港全域精品工程为依托，着力构建年鉴事业发展新格局。《连云港年鉴》自 1999 年创刊以来，多次获评全国特等、省一等年鉴，2019 年卷入选第四批中国精品年鉴，成为 2022 年全国“精品年鉴品读季”活动 4 部再版品读年鉴之一。全市 7 部综合年鉴，有 6 部荣获全国、省级奖项。

一、追求一流，打造精品，奋力担起创新创建使命任务

连云港市志办始终将创建中国精品年鉴作为事业目标追求。2019 年初，《连云港年鉴（2019）》列入江苏省精品年鉴试点，在此基础上同步启动中国精品年鉴创建工程。3 月，召开篇目研讨会，展开组稿工作。6 月，年鉴大纲上报中国地方志指导小组办公室（以下简称中指办）。7 月，中国精品年鉴专家反馈大纲修改意

---

* 执笔人：陆瑞萍，连云港市地方志编纂委员会办公室主任；郭云，连云港市地方志编纂委员会办公室方志年鉴处副处长。

见。8 月，改定篇目及修改报告，第一稿提交专家审读。9 月，将再次修改的初稿报送中指办审核。10 月，中指办通知《连云港年鉴（2019）》经修改可入选中国精品年鉴。召开专题研讨会，组织 5 人审读小组进行第二轮、第三轮审校，按专家意见全部修改到位。11 月，向中指办提交修改稿及修改报告。12 月，收到第二轮评审反馈意见，制定专门方案，组织 3 人修改小组进行第四轮审校。2020 年 1 月，向中指办提交修改稿及修改报告。3 月，中指办印发《关于公布第四批入选中国年鉴精品工程“中国精品年鉴”的通知》,《连云港年鉴（2019）》成功入选。

（一）树立精品意识，丰富时代内涵

一是对标精品，勇于开拓。明确创建中国精品年鉴目标定位，认真学习中指办、江苏省地方志办公室（以下简称省志办）关于创建精品年鉴的文件精神，对标对表《地方综合年鉴编纂出版规定》，挖掘优势，查找不足，不断拓宽年鉴编纂工作视野，巩固深化“质量第一”思想认识，凝聚起打造精品年鉴的广泛共识。

二是汲取优长，充分借鉴。广泛调研，深入学习各兄弟城市优秀年鉴编纂经验做法，特别是省内《南京年鉴（2017）》《海安年鉴（2017）》《扬州年鉴（2018）》成功创建中国精品年鉴的经验，先后细致品读 20 余部不同城市不同年度的优秀年鉴，真正做到博采众长，兼收并蓄。

三是记录发展，彰显特色。积极响应连云港市委、市政府建设“一带一路”强支点城市、建设“强富美高”新港城的决策号召，在年鉴编纂实践中努力体现时代特色、地方特色和年度特色，特别在框架设计、内容采编、装帧设计上，着力凸显港城区位产业优势，打造全方位展示连云港城市面貌的靓丽名片。

（二）创新编纂理念，做到与时俱进

一是创新框架结构。《连云港年鉴（2019）》在篇目设计和内容编纂中，紧扣国家顶层设计和连云港区位产业特点，在框架结构、特色类目设置上精准定位。围绕凸显连云港市贯彻落实习近平总书记“将连云港—霍尔果斯串联起的新亚欧陆海联运通道打造为‘一带一路’合作倡议的标杆和示范项目”重要指示精神，特别设置参与“一带一路”建设类目，通过“一带一路”合作、中哈物流合作基地、上合组织国际物流园、新亚欧陆海联运通道建设等分目，直观体现习近平总书记重要指示在港城大地贯彻落实情况。围绕凸显新时代新发展理念，2019 年卷

起先后设置生态建设、乡村振兴、“数字连云港”建设、石化产业集群、收入与分配、公共安全、社会治理和连云港综合保税区、中国（江苏）自贸区连云港片区、跨境电商、脱贫成果巩固等时代特色浓郁的类目、分目。围绕凸显连云港海港城市特色，连续多年设置“连云港港”“开放型经济”“海洋经济”等类目，持续记述港口建设、对外开放、海洋产业发展情况，专题图片、正文插图也注重突出海港特色。

二是注重内容选题。《连云港年鉴（2019）》特载设置“连云港市迈入高铁时代”“连云港市改革开放40年”“辉煌70年”等内容，主题鲜明。设置“人民楷模王继才”专题，精选10幅图片，全景式展现王继才同志的工作生活。特载载入《人民楷模——王继才守岛卫国32年》文章，大力弘扬新时代奋斗者的价值追求。《连云港年鉴》2022年卷收录新时代10年发展成就，2023年卷设置“参与‘一带一路’10周年”专题，彰显时代特色。

三是规范条目编写。以文献价值为旨归，构建以综合性条目为主体、单一记事性条目为补充的条目编写体系。规范条目要素，做到时间、地点、人物、事件、结果五要素齐全，特别注重事物结果的反映。如种植业、畜牧业、水产业、农业机械化、石化产业、新能源产业、装备制造业等分目下，以往只有概况等两个条目，通过对概况条目拆分处理，对产品开发、项目建设、行业技术改造等内容增设条目，使分目下仅有两个条目的情况得以改观。注重将年度新发展、新变化事件挖掘编纂成为动态条目，形成“动静结合”立体资料体系，增加信息容量和灵动性。例如，连云港港类目港区建设分目下增设连云港市入选港口型国家物流枢纽承载城市、连云港港至南非集装箱直航航线开通、港口出口汽车刷新纪录等动态特色条目，既彰显港区建设亮点，又让相关内容更加直观鲜活。

四是完善基础数据。将需要刊载的基础数据区分为地情类、产业类、行业类3大类近百个指标，逐一核实记载入鉴。《连云港年鉴（2019）》增加工会组织、妇联组织、残疾人现状、关工委组织等情况的记述。构建相对明确的行业事业指标体系，并保持相对稳定，使资料前后贯通，纵向可比。注重运用“链接”形式将资料性强的内容扩展记述，如民生实事条目内容50余字，但其后链接5000余字的“2018年连云港市十大重点民生工程50件实事”详述内容，使读者更具直观感受。

五是校核敏感内容。在涉及开放型经济、外事、侨务、港澳事务、军事、民族宗教事务等内容的来稿中，容易出现将港澳台资视作外资、将港澳台同胞视作华侨，记述部队番号、年度征兵数、退役军人安置数等内容，编纂中时刻保持警醒，安排多轮双人互校，定稿前指定专人核校。

六是规范文体行文。针对来稿存在工作总结体、领导讲话体、新闻报道体等不规范现象，制定《连云港年鉴行文规范》《连云港年鉴行文规范补充细则》，从名称、条目站位、数字和标点符号用法等 7 个方面进一步规范编纂工作，做到一个标准去要求，“一把尺子量到底”。例如计量单位使用，项目、产品、医院、基地、机构、单位、合作社、课题、问题、展览用“个”，企业用“家”，学校用“所”，专利用“件”，案件用“起”，信息、建议用“条”，全书统一，没有例外。

（三）拓展表现形式，增强视觉传达

一是加强图表运用。持续加强卷首专题图片策划，突出年度大事、要事和特色亮点。《连云港年鉴》2019 年卷设计“70 年回眸”专题，用新旧对比的图片，直观反映新中国成立 70 年来全市翻天覆地的变化。2020 年卷至 2022 年卷相继设计“庆祝建党 100 周年”“小康印记”和反映新时代以来发展成就的“非凡十年”等专题。贯彻以人民为中心的理念，正文插图减少和避免会议类图片，政治部类图片侧重反映政府公共服务职能，经济和社会部类图片以多元化视角，着重反映人民群众在社会生产生活中的生动实践和创造的鲜活事物。设计具有全局意义、存史价值的表格入鉴，做到图文表并重。2019 年卷共收录图片 289 幅、表格 84 张，2020 年卷至 2022 年卷图片、表格分别为 190 幅、75 张，200 幅、91 张，251 幅、66 张，营造较强的视觉冲击力，提升内容的精准表达度。

二是优化装帧设计。选取新亚欧大陆桥东方桥头堡标志雕塑、“一带一路”、海浪起伏、海天蔚蓝一色等元素进行封面设计，表达连云港联通欧亚、向海图强的地理文化特征。封面印刷采取烫金、UV 工艺，进一步强化了视觉艺术效果。

（四）完善流程机制，加强过程管控

一是提高组稿工作质效。建立完善组稿工作机制，强化稿源质量管理。组稿通知即明确撰稿内容和规范，要求提供行业概况等基础性资料，设置若干常规条目和若干单一记事性条目，做到“点、线、面”结合。组稿通知下发后，分片、分条线组织撰稿人员培训，将上年度初稿与成稿作比对，有针对性地提出撰稿要

求。针对有的来稿工作总结痕迹重，记述重点不清，行业、事业年度发展状况缺失等问题，责任编辑从稿件中挖掘资料线索，列出需要补充的事项和数据，反馈供稿单位。注重拓展稿件来源，定期采集政府部门、行业协会、研究机构发布的公报、行业发展报告、统计分析、调查报告等文献资料，通过政府网站、部门网站、新闻发布会、新闻报道等途径，多渠道广泛收集资料，充实条目内容，印证相关情况，提升稿件质量。

二是落实文稿编审校机制。按照“三编一统三校”模式，实行关口前移、统筹推进。组稿阶段要求供稿单位分管领导审核稿件、主要领导签发，从源头把控稿件质量。编辑阶段实行分工负责制，责任编辑负责组稿、编辑等工作，编辑部每周召开1次交流会，通报工作进度，研究解决问题。执行主编进行统稿，严把政治关、史实关、体例关、保密关、文字关。校对阶段先由责任编辑通校，之后责任编辑交叉校、处室人员全员校，相互查缺补漏，消灭“硬伤”。2019年卷还增加落实专家意见的4轮审校，全书审校工作共达11轮。

二、集智聚力，紧抓机遇，努力作答精品创建时代课题

连云港市是国家首批沿海开放城市，新亚欧大陆桥东方桥头堡，“一带一路”强交点城市。市志办抢抓宝贵机遇，紧扣时代脉搏，团结协作，善作善成，为创建工作奠定了坚实基础，营造了有利氛围。

（一）善于超越自我

《连云港年鉴》先后多次获得江苏年鉴奖一等奖、全国地方志优秀成果（年鉴类）特等年鉴、一等年鉴。申报中国年鉴精品工程，既是破茧成蝶的必然之举，也是再次超越的大胆尝试。年鉴编辑人员破除条条框框，大胆创新，不囿于成见、不拘于固规，做到“随心所欲不逾矩”，实现新设社会治理类目的创举。工业类目下石化产业、医药产业、新材料产业、新能源产业等分目，原来都仅有概况和重点企业2个条目，专家提出应充实更多条目。编辑人员经与供稿单位反复协调，精准沟通，并采取上网检索、查阅报纸等多种努力，上述分目充实了项目建设、项目集中开工、研发创新、创新论坛、第二届中国国际医药技术大会、技术改造等21个条目。事实证明，思路一变天地宽。只要大胆尝试，甘于付出，总会有意

想不到的收获。

（二）善于向专家问策

《连云港年鉴（2019）》创建中国精品年鉴启动后，先后参加中指办在吉林市召开的中国年鉴精品工程2019年卷申报年鉴篇目研讨会、省志办召开的《连云港年鉴》篇目研讨会。市志办先后邀请国家级和省级年鉴专家10余人，对年鉴篇目和文稿进行审查把关，共收到篇目修改意见200余条、内容修改意见800余条。专家意见富于真知灼见，让人茅塞顿开。例如篇目第一稿中“一带一路”建设类目，概念太大，涵盖太广，后按专家建议改为参与“一带一路”建设。第一稿中有服务业类目，包括商贸服务业、金融业、房地产业、旅游业、信息服务业等分目，虽然内容丰富，但篇幅很大，与工业、农业相比严重失衡，后按专家建议作了拆分。有些意见按照《地方综合年鉴编纂出版规定》必须修改，例如孤目不能组成分目的问题等。年鉴编纂中高度重视专家意见，做到吃透精神，不打折扣，一条不漏，全部修改到位。实践中，专家的意见落笔纸上说起来简单，做起来并不容易，要求编辑知其然，领会专家意见和观点；知其所以然，弄懂为什么要这么改；知其易错点，通览全书；知其如何改，融会贯通，修改到位。“行百里者半九十”，如果将年鉴编纂比作百米赛距，篇目设计、组稿、编稿是前九十米，专家意见就是最后冲刺的十米，步数不多，但最为关键。

（三）善于汇报沟通

及时向省志办分管领导和年鉴处汇报创建进展情况，咨询疑难困惑，申请安排专家，严格按省志办“时间表”“路线图”推进各阶段工作。定期向中指办汇报，学习最新精神，对接专家意见。框架和文稿历经两轮修改，专家所提的意见基本照单全收，个别未采纳的意见都和专家组组长以及中指办年鉴处充分汇报沟通，说明原因，形成共识。修改后均出具书面修改意见，直至最终定稿。

（四）善于宣传造势

一是宣传年鉴工作成效。利用《连云港年鉴（2019）》获批申报、获评入选中国精品年鉴等契机，在《连云港日报》、连云港电视台、连云港市政府网、连云港史志网、“连云港史志”微信公众号等媒体刊发消息，广泛宣传《连云港年鉴》取得的成绩和获得的荣誉，让社会公众走近年鉴、了解年鉴、使用年鉴。

二是总结成功经验做法。2019 年 11 月，连云港市志办获评为全国地方志工作先进集体。以此为起点，市志办全面梳理连云港市第二轮修志工作成果，总结 20 年来的年鉴工作特别是创建中国精品年鉴的成功经验，上报省志办和中指办，有力地推动了全市地方志年鉴工作高质量发展。

三是落实表彰激励机制。《连云港年鉴（2019）》创成第四批中国精品年鉴，也是当年江苏省唯一入选的年鉴，单位主要领导即向市政府分管领导汇报，并以市志办名义向市政府书面汇报这一喜讯。市长批示“祝贺！”分管副市长指出：“市地方志办公室工作卓有成效！值得学习和表扬，望继续努力，再创佳绩！”分管秘书长批示：“根据条例规定，按程序申报表彰奖励。”按照有关规定，市志办向市政府打报告请求给予记功、嘉奖奖励。单位主要领导多次向市委组织部、市人社局领导汇报情况，沟通协调，争取支持。2020 年 8 月，经市委组织部研究同意，市志办获记集体三等功，2 名个人记三等功、3 名个人获嘉奖。

三、示范引领，编鉴为用，全力推进年鉴事业转型升级

连云港市志办注重发挥《连云港年鉴》“中国精品年鉴”示范引领作用。2022 年印发《关于打造“连鉴”品牌，提升全市县区综合年鉴编纂质量的通知》，着力构建年鉴事业高质量发展新格局。同年，以市政府办公室名义印发《连云港市“十四五”地方志事业发展规划》，鼓励县（区）年鉴争创国家级、省级精品年鉴。全市年鉴事业呈现蓬勃发展的良好态势。

（一）质量规范完备

着眼打造“连鉴”品牌，印发《连云港年鉴行文规范》《连云港年鉴行文规范补充细则》，将市县联动审校制度、大纲审核制度、文稿审验机制制度化，从政治观点、结构、资料、内容、行文、印刷 6 个方面制定县（区）年鉴质量规范，明确编纂标准。2018 年以来，连续 6 年实行市县（区）年鉴大纲互审互校，经审定后方可纂稿。9 月底前，县（区）向市志办提交审核稿，市志办组织审核并出具意见。县（区）修改后由市志办组织验收，合格后才能出版发行。通过持续强化年鉴编纂指导力度，实施全流程品质管控、全过程跟踪问效，及时发现解决工作

中遇到的突出矛盾问题，确保年鉴质量整体过硬，逐年提升。《连云年鉴》先后获评全国特等、省一等年鉴；《灌云年鉴》获评全国和省一等年鉴、江苏省精品年鉴；《赣榆年鉴》获评江苏省精品年鉴；《灌南年鉴》《东海年鉴》分获省一等、三等年鉴，获奖率达86%。2024年3月，《赣榆年鉴（2023）》入选第八批中国精品年鉴。

（二）专业队伍健全

市志办有年鉴专职人员5人。6个县（区）地方志工作机构均配备3名以上经验丰富的年鉴专职人员，并各自聘请2至3名熟悉地情的老领导老教师担任特约审稿专家。全市建有近千人规模、专兼职结合的年鉴工作者队伍，形成覆盖各层级、各单位、各部门的市、县（区）、乡镇（街道）三级年鉴工作网络。每年采取“线上+线下”相结合、培训与研讨相结合等方式，组织业务培训、研讨交流、评比评审10余场次，实现培训常态化、人员全覆盖。组织参加全国“精品年鉴品读季”征文活动，1篇论文获中指办一等论文，另有4篇分获省二、三等奖。

（三）示范效应彰显

《连云港年鉴（2019）》作为全国唯一一家非省会地市级综合年鉴，入选中指办举办的“精品年鉴品读季”活动4部再版品读年鉴，市志办也先后在2020年全国年鉴研讨会、2021年第六期全国年鉴主编培训班、2022年“精品年鉴品读季”活动启动会议上作精品年鉴创建经验交流。《方志中国》期刊和“方志中国”微信公众号专文报道连云港精品年鉴创建经验。在《连云港年鉴（2019）》示范带动下，各县（区）年鉴你追我赶，亮点频出。《连云年鉴》融入“一带一路”强支点建设、海洋经济等类目突出海滨城区定位和海洋经济发展，《灌南年鉴》《赣榆年鉴》《灌云年鉴》《东海年鉴》突出菌菇产业、电商产业、主题服饰、水晶之都等地方产业特色，在创新框架设计、改进内容表述、规范条目编写、专题图片策划等方面，全面优化创新，开始实现从一域良鉴向全域精品的华丽蜕变。综合年鉴编纂向功能板块、特色园区、重点乡镇（街道）延伸，专业年鉴编纂向党政机关、社会团体、企事业单位扩展，类别更加多样。2023年赣榆区塔山镇《塔山年鉴》启动编纂工作，《连云港港年鉴》已连续出版32卷。

（四）功能作用突出

积极探索“互联网 +”背景下年鉴功能升级。自《连云港年鉴》2020 年卷起，连续制作“方志连云港”微信小程序，具备目录导航、页面浏览、页面放大、文本复制 4 大功能，读者通过扫描二维码，即可手机浏览、阅读、检索、复制所需资料，实现指尖上的便利化阅读。着眼服务经济，以《连云港年鉴》为蓝本，与市政府办公室合作编纂年度市情手册《连云港概览》，印制英、俄、日、韩 4 种外文版本，作为“城市名片”先后服务长三角城市经济协调会、中国（连云港）丝绸之路国际物流博览会、中欧班列国际合作论坛、中国—上合组织国际物流圆桌会议等重大活动，得到广泛赞誉。编纂即时性记录产品《连云港记录》，涵盖年度大事要事，分发市两会代表委员，助力优化营商环境，提升城市形象魅力。

四、关于精品年鉴工作的几点思考和建议

蓝图绘就担更重，奋楫扬帆启新程。2023 年 11 月，连云港市志办入选第二批中国精品年鉴区域试点单位，深感使命光荣，责任重大。连云港方志人将以推动区域试点建设为契机，紧紧抓住年鉴事业高质量发展的关键机遇期，积极探索中国精品年鉴区域试点创建之路，扎实推进市、县（区）全域创建、联动创建，与全国年鉴大家庭一道，共同谱写新时代中国年鉴事业的绚丽篇章！

凝心聚力创精品　奋楫扬帆启新程
——《盐城年鉴》打造精品之路 *

盐城市地方志办公室

《盐城年鉴》创刊于1998年，已连续公开出版26卷。自创刊起，《盐城年鉴》就以丰富的综合资料记述为基石，以突出地域特色、年度特色为追求，在坚持质效的基础上求“新”求“变”，实现内容与形式全面创新。《盐城年鉴》曾获评全国地方志优秀成果（年鉴类）一等年鉴，连续五年获评全省综合年鉴质量一等年鉴。2021年，盐城市地方志办公室（以下简称市志办）锚定精品创建挂图作战，突出地域特色时代特征，攻坚克难夯实编纂质量，组织《盐城年鉴（2021）》全面校改22个轮次，落实全国专家和出版社修改意见315条2万余字。2022年6月，《盐城年鉴（2021）》成功入选第六批中国年鉴精品工程“中国精品年鉴”；2023年12月，获评第九届全国地方志优秀成果（年鉴类）特等年鉴。《盐城年鉴》在创新突破、打造品牌、提升影响力方面得到了更高的认可。

一、坚定依法编鉴，建章立制夯实年鉴发展根基

（一）领导重视形成合力

一直以来，盐城市委、市政府高度重视年鉴编纂工作，坚持依法编鉴，坚持

---

* 执笔人：高兰会，盐城市地方志办公室年鉴处处长。

“一纳入、八到位”，将地方综合年鉴编纂作为一项系统性地方文化工程纳入地方志五年规划之中，成立以市委、市政府分管领导任主任的年鉴编纂委员会，经常听取汇报，亲临单位调研，提出许多重要的指导性意见。坚持党委、政府层面推动年鉴编纂工作，每年以市两办名义下发年鉴编纂工作通知，通过移动 OA 签批落实撰稿任务，确保责任到人，落实到位。

（二）建立长效编纂机制

一是建立线上线下组稿机制。建立 200 多人“盐城年鉴编辑工作”微信群，逐年整理年鉴供稿人员名单，及时更新联络方式，畅通联络渠道。同时，专题撰写年鉴编纂样稿，以范例指导初稿编纂，线上、线下齐发力，全方位构建年鉴组稿网络，织密年鉴编纂“高速网”。二是建立周统计月总结制度。一方面，及时跟踪落实《盐城年鉴》编纂供稿任务落实情况，按周统计及时表扬先进典型，督促后进单位；另一方面，按月总结统筹稿件编纂，精准定位抓进度、对标对表找差距，全面推动精品创建高效运转。三是建立年鉴协作机制。《盐城年鉴》编辑部根据年度亮点和地域特色，专题撰写特载文稿或特色类目，并选择 1 ~ 2 个部门单位开展协作调研。如与市自然资源和规划局合作调研黄海湿地、“条子泥 720”中国样本，与市水利局合作调研淮河入海水道建设，深挖内容资料，丰富记录文本。

（三）强化质量管控体系

一是将编纂过程明确分为 5 个阶段：纲目设计、征稿组稿、文稿编纂、编辑校核、出版阶段。二是明确 5 个重点要求：一要纲目设计聚焦中心突出特色、细化到目；二要打破就稿来稿统稿模式，主动征稿采稿；三要全书统稿，处理交叉重复内容；四要检查核实资料间逻辑关系、记述事物前后一致性、统计数据衔接情况；五要重点审查“红线”“一刀切”等涉密敏感问题。三是坚持三审编校：承编单位初审、执行主编统审、出版社三审制度。全书实行责任编辑分工负责制，每周召开 1 次学习研讨，每月通报 1 次编纂进度，研究解决问题；实行执行主编统稿制，统一文稿编纂要求、文字规范，统一消化吸收专家、出版社意见，统一组织规范意见落实等；实行编辑交叉互校机制，查缺补漏、互审互校查找错误。四是流程化管控编校环节，根据《地方综合年鉴编纂出版规定》《关于地方综合年鉴编纂出版若干问题的补充规定》《图书编校差错认定细则》《标点符号用法》《出版物上数字用法》等参考资料，形成《盐城年鉴校改注意事项》《盐城年鉴行文常见不规范用法》，细化《盐城年鉴编纂流程图》，派单式流程化跟进每个编校环节，签字落实，明确校改重点。

二、突出精品立魂，打造精品良鉴彰显盐城魅力

《盐城年鉴（2021）》为第24卷，恰逢“两个一百年”奋斗目标的历史交汇点，将创建中国精品年鉴与追寻地域文化根脉融为一体，厚植文化自信，充分发挥地方志存史、育人、资政的作用。

（一）谋篇布局融入城市底色

《盐城年鉴（2021）》设类目36个，下设分目246个、条目1791个，收录卷首图片和随文图片166幅、表格65张，全书150万余字。在篇目设计和编纂过程中，立足盐城天蓝地绿基因红，国际湿地、沿海绿城城市定位，在图片、框架结构、特色类目方面打上城市烙印。一是聚焦城市底蕴。卷首图片专题设“城市名片”，以精美大开本图片直观展示盐城世遗湿地、百河之城、森林城市、海盐名城、红色热土、淮剧杂技之乡的风流雅韵。二是突出专题类目。设置“世遗”湿地、接轨上海、沿海开放特色类目，体现盐城坚持生态优先、绿色发展理念，推动黄海湿地成为“共建共享、永续利用”和谐遗产地的生态实践，彰显盐城黄海湿地作为中国第一块滨海湿地类型自然遗产的唯一性，展示盐城作为长三角中心区城市之一、中韩合作城市之一的城市功能发展定位，反映盐城积极融入国际、国内“双循环”，全方位融入长三角一体化发展进程的现实路径。三是规范优化框架。拆服务业设商贸服务业、信息服务业、金融业、旅游业、房地产业5个类目，体现盐城市服务业发展实际。理顺类目逻辑，按照“基本情况+特色内容”框架统一设置市县发展类目，既展示面上经济社会发展情况，更体现县（市、区）地方发展特色，实现横向对比，令人耳目一新。

（二）做精做优彰显内容价值

创建精品年鉴要把握时代的潮流和脉搏，适应经济社会的发展变化，实现“修志问道、以启未来”的时代担当与使命追求。一是洞察时代特征。《盐城年鉴

（2021）》卷首图片以“十三五”为收官，为“十四五”定开局，收录“共筑抗疫铜墙铁壁”“脱贫攻坚”“对口支援合作”“‘十三五’发展回眸”等专题，反映盐城市全面建成小康社会、打赢脱贫攻坚战、全力抗击新冠疫情的突出成就。设置乡村振兴类目，实现与脱贫攻坚成果有效衔接。二是丰富年度印记。抓住年度亮点，专记收录《盐城市创成第六届全国文明城市》《盐城市实现全国双拥模范城“六连冠”》《城北振兴——生态宜居新城北改造》等文，另设年度特色条目“不忘初心、牢记使命”主题教育总结、长三角康养基地落户东台市、“一港四区”国家一类开放口岸全覆盖、高合 HiPhiX 首批试生产下线、盐都区获批全国“绿水青山就是金山银山”实践创新基地等，多角度记述年度大事要事。三是扩展资料内容。提升综合性内容撰写比例，增强综合文稿撰写能力，在不同部门、行业、领域的类目下设综合性条目。细化齐全常规职能、行业分类条目内容，实现历年年鉴的纵向对比和相互间的横向对比，保持年鉴资料稳定性和连续性。强化对展现经济社会发展新特点、新变化和具有年度特色重大事件的动态条目撰写，展现年鉴的生命活力。推动资料挖掘和深度记述，充实背景材料和前瞻性资料，体现事物的完整性和发展脉络，穿插编排“国家、省、市脱贫攻坚决策部署”“国有企业选介”“盐城农业品牌产品”“盐城美食”“城市规划”等延伸阅读，增强年鉴资料存史价值，提升读者阅读体验。

（三）精益求精夯实质量基石

秉承工匠精神，严把质量关，盐城市志办年鉴编纂人员将质量意识贯穿于年鉴编纂的全过程，严格贯彻落实《关于地方综合年鉴编纂出版若干问题的补充规定》，明确具体规范。一是突出政治性，把握正确的政治方向。提高政治敏锐性和政治鉴别力，严格进行鉴别考证，确保政治上不出问题。二是突出规范性，严格体例标准。规避差错，加强对标点符号运用、文字记述、图表应用等方面的规范要求。统一标点运用规范；表格整齐美观，对全书表格重点排版处理，解决跨页问题；规范文字记述，根据专家意见重点对正文中单位名称、缩略语等规范简称进行规范。三是突出可读性，提高条目编写质量。对特色内容进行条目化处理，如细化盐城市人民政府类目实事工程分目，设概况、幼儿园新建工程中小学校建设工程、市区卫生服务能力提升工程、农房改善工程、老旧小区整治工程等 21 个条目，通过概括、细化、整合等方式提升条目质量，做到要素齐全、文题相符。

（四）装帧设计绘就美好愿景

根据市委、市政府“十四五”规划蓝图，向海图强、赋能未来成为盐城发展愿景。《盐城年鉴（2021）》在装帧设计上紧扣蓝色，着墨描画。一是铺就盐城蓝基调。深蓝、浅蓝、蔚蓝、天空蓝、海洋蓝、清新蓝……多样蓝铺就全书底色，憧憬在蔚蓝的“十四五”期间盐城的无限可能。封面底图通过蓝天碧水间一群引吭高歌的丹顶鹤，写意人与自然和谐共生的生态之美，生动展示盐城贯彻落实习近平生态文明思想，推进全面绿色转型的发展成果。二是以线条勾画设计。全书内文版式以线条的明暗、粗细交替，构架全篇，区分正文层次，给人以简洁明快、稳重端庄的视觉体验。类目开篇专设纯色单页，以舒展醒目的深蓝实现不同类目之间的过渡区分，便于翻阅查找。三是用美图点亮内容。寻找最美盐城图片，精挑细选入鉴图照。卷首图版“城市名片”首页以通版“东沙岛”图片直观展示盐城湿地之美，以盐城的母亲河“串场河”展示盐城水绿之美，以“江苏黄海海滨国家森林公园”展现盐城森林之美。“抗击新冠肺炎疫情”“‘十三五’数字”“年度要闻”3个专题图片主题特色鲜明，突出展现盐城城市建设、经济发展、生态发展、民生活动、抗击新冠疫情的成绩和精彩瞬间。除卷首彩页外，内文随文图片交相互补，增强年鉴的可读性和艺术美感。

三、聚焦能力建设，锻造队伍践行年鉴精品要义

盐城市地方志系统定编99人，在编在岗88人，其中年鉴编纂人员31人（专职19人、兼职4人、聘用8人）。盐城市志办在职20人，从事年鉴工作人员4人，其中“80后”1人、“90后”3人。盐城市志办以创建中国精品年鉴为标杆，强化年鉴业务能力建设，培养年鉴队伍新生力量，助力年鉴事业的可持续精品化发展。

（一）紧跟顶层设计

紧紧跟进创建中国精品年鉴的顶层设计、全程指导、评审把关，全面围绕省地方志办公室的组织培训、精心指导、全过程质量把控，严格落实出版社的编校质量审查，消化吸收中国精品年鉴专家评审意见，反复琢磨，逐条逐项，举一反

三，全面领会精品创建的新要求，学深悟透年鉴编纂的新理论，用最新的导向培养年鉴队伍，指引中国精品年鉴创建工作。

（二）强化专业培训

盐城市志办主要领导带头学习，全市 240 多人次年鉴业务工作人员线上参加第六期、第七期、第八期全国年鉴主编培训班。邀请省地方志办公室专家专题点评辅导，坚持横向对比，学习历年中国精品年鉴的编纂经验和做法，每月召开年鉴业务点评研讨、专题培训等活动，激励编纂人员提高自身编纂业务能力。

（三）以实战促提升

一直以来，盐城市志办坚持在实战中培养锻炼队伍，将年鉴编纂工作作为新招录公务员岗位锻炼的第一站，培养地方志业务基本功。打造合理的年鉴编纂人才梯次结构，充分发挥以老带新作用，形成以“60 后”专家领衔，“80 后”处长负责，“90 后”骨干参与的编纂模式。实施点位负责制，责编分片包干，加强对撰稿人员业务培训，在提高入鉴部门供稿质量的同时，倒逼自身提升专业素养，早日成为行家里手。

（四）形成“盐城经验”

“中国精品年鉴”标志是荣誉、是旗帜，更是责任和鞭策。盐城市志办以精品创建为磨刀石，强调专人专责，形成专人把控，新手边学边做的编纂模式，既保证年鉴的编纂质量，也充实年鉴的编纂力量，打造出一支“带不走”的年鉴队伍。该经验具有可复制性和可操作性，有助于实现年鉴编纂团队年轻化、专业化、精品化的发展。

四、发挥头雁作用，市域统筹形成精品集成效应

盐城市志办发挥市级年鉴龙头作用，形成“1+9”市县联动发展模式，以精品为目标，共谋创建之路，实现高水平的“两全目标”。

（一）发挥示范典型作用

2023 年 5 月，盐城市委组织部对中国精品年鉴《盐城年鉴（2021）》编纂先进集体、先进个人给予专项及时奖励，盐城市志办获记集体三等功，市志办及市直承编单位、部门共 39 名个人获记三等功或嘉奖（其中市志办 4 人获记三等功、4 人获嘉奖），成为当时全国地方志系统获记功、嘉奖范围最广、人数最多的一次。全市年鉴工作者备受鼓舞。

（二）强化市级统筹指导

发挥市级资源优势，连续十年召开全市年鉴工作研讨会，交流学习最新的年鉴编纂理论、年鉴编纂要求，探讨解决年鉴编纂过程中的疑难杂症。2023 年，在全面总结精品创建经验的基础上，结合年鉴编纂实际，采取前、中、后 3 个阶段统筹推进县区综合年鉴编纂工作。2023 年 5 月，结合全省地方综合年鉴质量评比工作，召开全市年鉴工作培训视频会议，围绕《盐城年鉴》框架设计经验分享、市县发展类目撰写注意事项、年鉴编纂中表格运用、年鉴中容易涉及敏感红线的问题作专题辅导；12 月，将全市 9 部县级综合年鉴框架目录集结成册，逐一点评互校，进一步提升框架设计的规范性、合理性，重点提升特色类目的设置，为全面做好 2024 年卷年鉴打下基础。

（三）形成精品集成效应

为打造盐城区域年鉴精品化未来，认真组织县级综合年鉴创建省级精品年鉴。截至目前，《射阳年鉴（2019）》《东台年鉴（2023）》《响水年鉴（2023）》成功创成省级精品年鉴，大丰区小海镇成为全市首家乡镇年鉴编纂试点单位，盐城市县联动努力实现盐城年鉴事业高质量发展。

五、服务中心大局，开门办鉴拓展年鉴社会功用

盐城市志办发挥精品效应，积极服务中心大局，做好宣传推介工作，续写好精品后半篇文章，全方位展示盐城精品年鉴创建成效。

（一）开发年鉴衍生读本

为弥补年鉴时效性方面的不足，盐城市地方志系统结合年鉴编纂，开发出《盐城微记录》（季刊）、《盐都月鉴》（月刊）、《响水微记录》（月刊）、《响水大事记》简报、《阜宁记录2022》（年刊）、《印象滨海2022》（半年刊）、《看鹤乡》（季刊）7部即时性记录，全面服务市、县两会，受到一致好评。

（二）实现年鉴“纸屏”结合

全面迎合大数据时代发展，利用二维码“扫一扫”技术，在卷首图片部分链接《盐城黄海湿地　世界自然遗产》《LOVING YANCHENG》等城市宣传片和年度专题视频，通过纸屏互动，年鉴信息实现在移动终端“字节跳动”式呈现。从2018年起，《盐城年鉴》实现手机版信息化阅读。《盐城年鉴》是江苏省首家实现二维码链接年度影音视频资料的传统纸质年鉴，是江苏省首部推出手机版年鉴的地方综合年鉴。

（三）多渠道扩大宣传影响

一是重视线上传播。自2011年开始，《盐城年鉴》电子版上传至盐城市人民政府官网、盐城史志网，供网民查阅。精品后的宣传纷至沓来。“方志中国”微信公众号上发布推介文案《“盐城”铸魂立根　赋能精品创建》。摄制“我为精品代言”短视频，彰显盐城绿色生态底色，被“方志江苏”微信公众号、“学习强国”学习平台推送，进一步提升中国精品年鉴的影响力。2022年以来，盐城年鉴工作信息3次登上“方志中国”微信公众号，3次登上“方志江苏”微信公众号。二是活化线下宣传。以江苏书展为重要的年鉴推介阵地，拓展年鉴内容展示。东台“非遗”项目发绣、阜宁“非遗”项目泥塑、盐阜地区的民俗文化表演、“世遗”湿地的纪录片纷纷亮相江苏书展，人民网、“交汇点”新闻等媒体纷纷报道。精心开展精品年鉴“六进”活动，推动精品年鉴进机关、进军营、进农村、进社区、进校园、进企业，在全社会营造浓厚的读鉴用鉴氛围，《盐城年鉴》内容多次成为本地小学考试及公务员遴选考试的重要素材。

六、年鉴事业发展存在的问题及建议

年鉴队伍缺乏稳定性，年鉴工作人员存在青黄不接、留不住人的现象。市、县两级地方志工作机构实际参与年鉴业务工作人员不多，特别是能挑大梁、能压担子的业务骨干偏少，经验丰富的责任编辑陆续退休，年轻优秀的年鉴业务人员很快就会被遴选走，使得人才后继乏力，这在县区尤其明显。

结合盐城实际情况，建议从顶层设计的角度，形成上下联动、左右协同、内外互动的工作机制。完善精品培育机制，持续加大培训指导力度，将培训对象更多向基层倾斜，侧重年鉴实务，通过开展集中培训、开设网上课堂等形式，加大对市、县两级年鉴业务指导力度，整体提升地方志工作者业务水平。

记录生动实践　守正创新铸精品

——《扬州年鉴》打造精品之路 *

扬州市地方志办公室

2019 年 2 月，原中国地方志指导小组办公室（现中国地方志工作办公室）公布第三批入选中国年鉴精品工程“中国精品年鉴”名单，《扬州年鉴（2018）》名列其中。《扬州年鉴》是由中共扬州市委、扬州市政府主办，扬州市地方志编纂委员会编纂的系统记述扬州市自然、政治、经济、文化、社会、生态建设等方面情况的年度资料性文献。1991 年首次公开出版，2008 年全彩印刷，实现每年一卷、当年出版，现已连续出版 33 卷。近些年，《扬州年鉴》为忠实记录习近平新时代中国特色社会主义思想在各地的生动实践，强调编纂出具有鲜明时代特征、年度特点和地域特色的精品年鉴，是每位年鉴工作者义不容辞的责任；不断学习公开出版的优秀精品年鉴，总结打造“精品年鉴之路”的得失，继续全力推进新时代年鉴事业高质量发展。

一、创建精品年鉴过程

2018 年，扬州市地方志办公室（以下简称市志办）优化《扬州年鉴（2018）》结构和内容，积极申报 2018 年度中国年鉴精品工程，争创国家级精品年鉴。

---

* 执笔人：陈永华，扬州市地方志办公室年鉴工作处副处长。

《扬州年鉴（2018）》从框架设计到条目编写、装帧设计、检索、编校质量和出版时效等方面，每一个环节、每一个细节都坚持以强烈的责任心和新时代工匠精神打造精品年鉴。编辑队伍前后3次认真按照中国地方志指导小组办公室（以下简称中指办）反馈的专家评审意见，逐条修改到位，对共性问题举一反三。先后召开2次精品年鉴大纲研讨会，邀请多位全国年鉴专家审读。通过每周例会及多次召开专题会议，全面消化吸收评审意见，研究落实修改方案，采取分工负责与“一支笔”统稿相结合、重点修改与全面校改相结合、针对性修改与优化提升相结合的方式，经过框架结构的科学微调、资料的核实核准、内容的补充完善、表述的规范统一、细节的精细打磨，努力使稿件质量进一步提升。最终，《扬州年鉴（2018）》成书共设42个类目，下设275个分目、53个次分目，收录2152个条目和资料，全面反映2017年扬州自然、政治、经济、文化、社会、生态建设等方面的基本情况。

（一）稳步推进创新，突出扬州特色性

一部年鉴编得好不好，立不立得住，一个重要的因素是能否全面反映当地经济社会发展的现状，能否体现出时代特征、地域特色。扬州市志办研读中国年鉴精品工程要求，对《扬州年鉴（2018）》全书作了优化和改进，进一步彰显扬州年度特色和地方特点。在卷首专题图片设计中突出专题性，设“城市荣誉”“数字扬州”“印象名城”“年度视点”“四十年回眸”等专题。与2017年卷相比，《扬州年鉴（2018）》在类目上作出调整。如新增中共扬州市纪律检查委员会类目；新增房地产业、乡村建设类目；新增新兴产业类目，设置新能源产业、新光源产业、新材料产业、智能电网、节能环保产业、生物医药产业等分目；建筑业类目增加建筑市场、建筑装饰、建筑质量分目；工业类目增加电子信息产业、消费品工业分目；商贸服务业类目增加服务业集聚区、会展业、居民服务业、商务服务业等分目。特载和专记进一步强化“特”和“专”，保持“区域融合发展”“历史文化名城保护”等内容，突出扬州特色。在条目的选取上，注意充实扩展概况性条目，加大细节性、微观事物的记述力度，及时反映扬州时代发展、社会进步过程中出现的新事物、新现象，增加实体化条目的数量。如生态环境类目中的条目通过形式多样的图表、数据的对比等，全面系统反映节能减排、环境质量等情况；再如扬州万达广场、江苏新扬新材料公司无人机项目、《扬州市公园条例》施行、农业

电商等条目的设置，都是通过对具体事物的生动记载，记录新生事物发展趋势，反映人民群众关心关注的环境问题、局业布局、医疗教育资讯等，使年鉴贴近时代、贴近生活，显得具体且实在。通过这样的改进，年鉴的年度特点和地方特色更加鲜明。

（二）借助专家智慧，提升框架合理性

为进一步提高编纂质量，打造精品年鉴，《扬州年鉴》编辑部在参加中指办召开的中国年鉴精品工程2018年卷申报年鉴篇目研讨会、江苏省地方志办公室召开的精品年鉴申报单位（扬州）大纲研讨会以及邀请几位全国年鉴专家审读的基础上，充分吸收各位专家对框架的点评意见，逐一进行调整落实。这些意见，让编纂人员受益匪浅，发现了很多以前不够合理的地方，对提高《扬州年鉴（2018）》整体质量立竿见影。如为了呼应党的十九大报告中提出的乡村振兴战略，《扬州年鉴（2018）》把沿用11年的农业与农村经济类目分为农业、乡村建设2个类目，乡村建设类目下设综述、农村经济、村镇建设、扶贫开发、农村环境5个分目，反映具有扬州特色的乡村振兴大业，记载扬州是如何让农村成为农民安居乐业的美丽家园的。因第十届江苏省园艺博览会和2021年扬州世界园艺博览会都在扬州举办，专家建议农业类目下增加园艺业分目，旅游业类目下增加旅游区建设分目并下设蜀冈—瘦西湖风景名胜区、古城片区、世界遗产运河景观带3个次分目，以表现扬州这座以园林而著称的历史文化名城，凸显“扬州园林之胜，甲于天下”。评审意见认为现代服务业发展不属于经济宏观管理的范畴，因此现代服务业发展条目不应该放在经济宏观管理分目中。据此，该条目此处删除，其相关内容整合入商贸服务业类目综述分目的概况条目。评审意见认为企业法人治理结构完善是企业领导组织机构问题，该条目不应该放在国有资产监督管理分目中，作删除处理。对公安分目下的条目编排顺序进行了调整，将治安、打击违法犯罪等条目前置，交管、消防、出入境相对集中，队伍建设靠后，强化其内在的逻辑联系。其他类目的此类问题，也一并做了处理。高等教育分目扬州大学次分目中，将国际合作和社会合作2个条目次序作了调整，先社会合作，后国际合作。总之，在吸收专家意见的基础上，结合扬州市的特点、组稿的情况，总体框架按照政治部类、经济部类、生态部类、文化部类、社会部类布局，局部为凸显扬州地方特色做微调，提升了整部年鉴框架的合理性、科学性。

（三）广泛收集信息，增强稿件资料性

一是年鉴工作纳入考核。2017 年，扬州市地方志工作纳入市委、市政府绩效考核后，市志办充分发挥考核机制的效应，增强各机关单位报送材料的时效和质量，特别是针对滞后单位进行督促、催报。同时，继续发挥机关主管部门的主渠道作用，以市委、市政府两办名义向全市 200 多家部门、单位发文征稿。由于考核办法宣传到位，成效开始显现，2018 年卷的组稿工作效率有了较大提高。

二是有针对性的进行约稿。一些新设立的类目、分目，由于不在常规组稿范围内，组撰稿队伍通过排查摸底，了解工作职能部门，有的放矢地向市委办、市发展和改革委、市委组织部等部门约稿。对一些主管部门不能反映的内容，特别是工业、商贸服务业、金融业等反映经济建设成就的重要内容，则千方百计与有关企业、银行联系，点对点沟通，获取相关信息。加强与行业协会等松散型管理组织的联系，征集没有主管部门或者主管部门提供资料不够详尽的行业年度资料。2018 年卷由于动态化的调整优化，新增、补充内容较多，根据需要约请专家撰稿或自撰稿件，与相关部门沟通联系，及时反馈信息，多方组织稿件，形成立体组稿模式。

三是重视收集信息线索。每年编辑前，要重新翻阅上一年度全年的日报、晚报及重点行业、部门的网站，阅读月度《扬州大事记》，反复研读市党代会报告、市委全会报告及政府工作报告等，从总体上把握一年来全市各方面的重要事件和较有影响的工作，防止重要信息内容的遗漏、缺失，保证年鉴信息的齐全、完整。

四是收集高质量的图片。除了发挥报社图片库的主渠道作用外，与扬州市知名的摄影家、摄影爱好者取得联系，就年鉴所需图片内容、要求等及时与他们进行沟通，收集大量能够反映扬州政治、经济、文化、城建、人民生活等各方面成就的高质量图片，为丰富卷首专题图片和随文图片打下坚实的基础。

（四）规范编辑流程，提高校对准确性

注重稿件的内在质量，提升对稿件的信息要素要求，努力强化其正确性、可用性和存史价值，将其作为年鉴编纂质量的基础。其中，校对工作是书刊生产过程中一个重要的环节，也是保证书刊质量的一个重要条件，对年鉴也不例外。秉承高度负责的精神，在对《扬州年鉴（2018）》初稿校对过程中，严格按照年鉴编校规范来提高校对质量，召开校对专题会议。先后开展编辑自校、互校捉错、专

题校对、单位内部分人员帮助校对、专家校对、日报专业人员校对等活动，稿件中所有类目校对次数均达到5次以上，最大限度地降低文字差错率。加大审稿力度，实行编辑部主任、志办领导、市委市政府领导、出版社四审制；规范细节，做到精细编校，精致编校，规范编校后期所有环节，保证年鉴质量的全过程控制。

《扬州年鉴（2018）》入选第三批中国精品年鉴后，成为当年江苏省唯一获此殊荣的年鉴，同年获评为第六届全国地方志优秀成果（年鉴类）特等年鉴，也是2019年江苏省唯一获全国特等的地市级年鉴；在江苏省综合年鉴质量评定中，《扬州年鉴（2018）》成为唯一的精品年鉴。这是《扬州年鉴（2018）》在同一年度两次获得全国性最高荣誉、一次获得全省最高奖，成为全国、全省城市年鉴中的精品。2019年，因《扬州年鉴（2018）》精品创建工作成绩显著，扬州市档案馆（市志办）申报入选扬州市2019年度“工作创新单位”。

二、潜心笃志继续打造精品

中国年鉴精品工程，是中指办为加强地方志质量建设而推出的一项重要文化工程。中国精品年鉴是全国年鉴编纂出版质量的标杆品牌和最高荣誉。自从《扬州年鉴（2018）》入选第三批中国精品年鉴后，《扬州年鉴》更加注重结合经济社会发展实际，坚持与时俱进，突出地域特色，发扬工匠精神，精雕细琢、精益求精，特别是在年鉴的框架上、组稿上、校对上等方面继续下功夫、求突破，以质量为本，努力反映新时代特征。

（一）彰显特色、注重规范、优化流程，不断提升质量

为总结创建中国精品年鉴过程中好的做法，扬州市志办及时组织参与创建中国精品年鉴的编辑人员进行讨论，请他们发表真知灼见、写心得体会、个别交流想法等，固化一些成功方法，向县（市、区）城市年鉴推广，继续放大中国精品年鉴创建的成效，引领年鉴的逐年高质量编纂。

一是精品年鉴应将时代性、地域性彰显得更加突出明显。如《扬州年鉴（2021）》特载记录扬州市“十三五”发展成就、扬州市“十三五”脱贫致富奔小康纪实、打赢新冠疫情防控战、防汛防旱纪实等内容。《扬州年鉴（2022）》以航拍图、跨页图、组图形式全景展示扬州文化旅游名城、产业科创名城、生态宜居

名城“三个名城”的建设成就，突出党史学习教育、城市快速通道、扬州世界园艺博览会、扬州中国大运河博物馆 4 个年度专题。《扬州年鉴（2023）》围绕党的十九大提出的乡村振兴战略和数字经济发展的时代趋势，新设数字经济、乡村振兴 2 个类目，其中数字经济类目从数字基础设施建设、电子信息产业、软件和信息服务业、大数据产业、人工智能产业、智改数转、数字化服务等方面记述 2022 年扬州市数字经济发展进程，乡村振兴类目从产业化建设、富民强村、美丽乡村建设、乡村文化、乡村治理等方面完整反映 2022 年度扬州市乡村建设成就；卷首设“运河十二景”图片专题，特载收录《学习贯彻党的二十大精神》《十年砥砺　奋楫“扬”帆》《扬州市蝉联全国健康城市建设样板市》3 篇文章。近些年，《扬州年鉴》从内容、视觉角度进一步彰显年度属性，全面翔实地记录扬州各方面基本情况而具有的城市特色。

二是规范体例行文，广泛收集信息、注重内容价值，增强年鉴资料性。不随意改变框架的结构、层次，以免偏离年鉴框架的分类规则，造成框架结构内部逻辑关系混乱。对来稿中存在的工作总结体、领导讲话体、新闻报道体等不合规范之处进行处理，改写为规范的现代语体文。选择什么样的资料入鉴，资料的真实性、全面性如何，关系年鉴的存史价值，应该慎重取舍，因此多在把好年鉴组稿关、选择性约稿、加强与组撰人沟通、拓宽信息渠道、重视图表利用等方面下功夫。如《扬州年鉴（2023）》卷首将“数字扬州”专题改为“数字十年”，选取 2012—2022 年十年间 6 个关键年份的主要经济指标，以柱状图、曲线图展示十年发展巨变，与特载收录的《十年砥砺　奋楫“扬”帆》文表呼应；优化充实房地产业、卫生健康、社会事务、法治・公安类目，其中房地产业类目新设房地产销售、房屋中介和租赁、房地产市场监管等分目，卫生健康类目新设职业健康分目等；根据《关于做好我省退役军人名录和事迹载入地方志工作的通知》要求，严格材料收集、联合审核、公示流程，首次载入 2021—2022 年度扬州市获二等功以上奖励退役军人 4 人；收集图片 7000 余幅，精心筛选图片 210 幅，其中卷首专题图片 66 幅，进一步增加图片配比率。

三是把好编校质量，做好时间、质量管控，提高效率。编校工作是整个编纂过程中非常重要的环节，最终影响和决定着年鉴质量。《扬州年鉴》延续创建中国精品年鉴好的做法，召开校对专题会议，开展编辑自校、互校捉错、专题校对、专家校对、日报专业人员校对等活动，延续编辑部主任、志办领导、市委市政府领导、出版社四审制，保证年鉴质量的全过程控制。把握好时间节点，有些环节穿插进行，节约时间，尽早出书。

（二）加强队伍建设，实现可持续发展

扬州市志办固化一些创建过程中的成功方法后，形成具有实用性的操作指南，严格要求编辑队伍拓宽年鉴编纂视野，凝心聚神求规范，树立年鉴精品意识。

一是学习规定要求。领悟《中国年鉴精品工程实施方案》精神，对照《地方综合年鉴编纂出版规定》《关于地方综合年鉴编纂出版若干问题的补充规定》要求，对标对表，挖掘优势，查找不足，不断深化对打造精品年鉴和持续巩固年鉴编纂质量的认识和理解，树立打造精品年鉴的信心和决心。编辑人员都要熟练掌握年鉴的编纂要求，提高业务水平，并按规范体例编辑、加工、修改，确保整部年鉴的体例规范统一。

二是借鉴成功经验。《扬州年鉴》在常年坚持自身特点基础上，不断借鉴省内外优秀年鉴的经验和做法，悉心听取专家审稿意见，做到博采众长，兼收并蓄。在总体结构相对稳定的前提下，不断调整内容和优化框架设计，较好地把握了规范与创新的关系，使年鉴更具合理性。

三是加强实操培训。每年召开扬州市年鉴编纂工作暨业务培训会，对全市年鉴工作进行研讨，邀请专家授课辅导。每月召开年鉴编纂碰头会，交流各自编纂的难点、收获，互鉴共进。开展精品年鉴品读工作，积极撰写论文。参与各级相关部门组织的业务培训，多方学习，持续提升年鉴编纂人员业务水平和能力。

三、存在的问题及对策建议

目前大多数年鉴存在利用渠道不足、宣传推介不够、年鉴利用不强的问题。《扬州年鉴》在向领导赠阅、作为会议材料发放、送年鉴进社区等传统做法基础上，近些年做了一些探索实践。如利用年鉴资料，在中小学生中开展读书征文、知识竞赛等活动，激发中小学生爱国爱家乡的热情。扬州大力推进“书香扬州”建设，至2022年底，已建成城市书房60多家，年接待读者达200万人次，图书流通近600万册次，新增办证量近21万张。《扬州年鉴》出版后，捐赠给扬州各个县（市、区）的城市书房，供读者阅读。还通过江苏书展、“6·9档案日”等

活动及其他相关形式进行宣传、推介、赠阅，进一步拓展受众。在星级酒店、主要景点、机场、火车站、汽车站等窗口单位的休息室提供《扬州年鉴》借阅，既可以起到宣传地方经济社会发展成就、推介地方政府工作成绩的效果，又能在社会上加快形成政府信息就在身边且触手可及的良好氛围，有助于揭开政府信息的神秘面纱，进而培养普通民众主动获取、利用政府信息的意识，进一步推广《扬州年鉴》。下一步，可以把《扬州年鉴》作为一些教育活动的补充读本或对党员干部进行学习培训的教材；一些单位可利用年鉴资料，制作宣传展板，在各单位、各社区、中小学校进行巡回展出。

此外，为了提高年鉴利用的便利，优化传播途径是当务之急。这需要加强年鉴信息的数字化、网络化建设，运用现代化手段推动年鉴的利用。一是支持年鉴数据库建设。《扬州年鉴》与中国知网合作，加入中国年鉴全文数据库，致力于通过跨种类、跨时间、跨地域的检索，实现《扬州年鉴》信息资源更便捷高效地传播。二是免费提供年鉴资源的下载查阅。每年《扬州年鉴》出版后在扬州档案方志门户网站上提供年鉴内容的自由浏览，并可自由复制使用。在“扬州档案方志”微信公众号上刊载，选取部分内容进行解读，为推广《扬州年鉴》提供了非常便捷的平台；在每年的年鉴封底印有相关地情资料的二维码或“扬州档案方志”微信公众号二维码等，进一步进行推广。三是开发电子年鉴。2021 年起，扬州市志办开发建设“掌上年鉴”移动阅读版《扬州年鉴（2021）》《扬州年鉴（2022）》，点击量达 20 万余次，读者通过手机微信扫码即可随时随地查阅，并具备全文和照片检索、个人标记收藏、查询复制等功能，进一步推动读鉴用鉴活动，提升《扬州年鉴》的社会影响力。四是借助网络影像推介。2022 年 9 月，扬州市志办积极开展“精品年鉴品读季”活动，撰写“喜迎二十大 年鉴看发展”主题公众号推文 16 篇，在网络上推送，取得了较好的点击量；拍摄“我为精品代言”年鉴推介视频 1 条，在“方志江苏”微信公众号展播，并在扬州市政府西大院及扬州市档案馆等电梯屏幕上不间断循环播放，收获高度评价。以新媒体形式持续扩大年鉴影响力，服务新时代年鉴文化发展需求，传承精品年鉴文化，有助于进一步增强精品年鉴示范引领作用，强化年鉴作为公共文化产品的价值。

总之，结合经济社会发展实际，打造真正的中国精品年鉴，就要坚持与时俱进，突出地域特色；发扬工匠精神，解放思想，以质量为本；用心用情广泛收录有存史、育人、资政的文献资料；多措并举，拥抱新科技，推广利用年鉴。

用年鉴语言彰显新时代新精彩
——《泰州年鉴》打造精品之路*

泰州市党史方志办公室

《泰州年鉴》是泰州市的年度百科全书，是记录泰州历史的基础文献。泰州市党史方志办公室始终牢牢把握存史、育人、资政职责使命，奋发进取、守正创新，不断探索高品质综合年鉴发展之路，用年鉴语言刻录时代强音，展现奋斗精彩。

一、紧跟方向，谋攀发展新高度

《泰州年鉴》创刊于1998年，由中共泰州市委、泰州市政府主办，市政府主要领导担任编委会主任，市党史方志办公室承编，在权威记录地级泰州市组建以来幸福嬗变的同时，也见证泰州年鉴事业的发展历程。

（一）夯实工作基础

2017年中国年鉴精品工程启动实施，2018年江苏省开展省级精品年鉴试点工作。泰州市党史方志办公室闻风而动，把追求精品作为推进年鉴事业高质量发展的重要方面，锚定创建目标，启动实施“规范、提升、突破”计划。每年市委办、市政府办印发编纂实施方案，主导年鉴工作系统化、规范化。落实年鉴编纂工作

---

* 执笔人：张华，泰州市党史方志办公室年鉴编辑处处长；王卉，泰州市党史方志办公室年鉴编辑处副处长。

流程节点责任，挂图作战，严格按照序时推动工作。制定例会研讨制度，编辑人员每周学习编纂规范规定、评审意见、培训内容和历年精品年鉴，提高编辑水平。深入研究市情，不定期开展头脑风暴，紧扣时代特征、地域特色和年度特点，创新框架设置、视觉设计等，力避“千鉴一面”。

（二）培育骨干队伍

坚持以习近平新时代中国特色社会主义思想为指导，抓牢队伍建设，提高政治站位，强化作风建设，提振创建精气神。常态化开展各类培训，提升编辑人员综合素养。有针对性地开展业务交流，组织市本级及各市（区）年鉴编辑参加精品年鉴创建大纲研讨会、初稿评审会等，以会代训，让更多编辑人员增强精品概念，理清业务工作思路。几年来，培养出一支政治素质和业务技能过硬，耐得住寂寞、敢于把冷板凳坐热的年鉴编辑队伍。

（三）凝聚组稿合力

加强与组稿单位的沟通交流，采取集中培训、线上培训、条线培训等形式，分级分类开展针对性的组稿业务培训，对承编单位实施一对一指导服务。建立“精品年鉴创建撰稿人员”QQ 群、“精品年鉴编纂工作交流”微信群，及时发布组稿通知、创建要求、行文规范等文件材料，主动为组稿单位解读框架、释疑规范。在常态化、针对性的指导和沟通中，参编单位撰稿人员对年鉴供稿要求有了更深的认识，对年鉴工作的了解、认可程度明显提高，年鉴稿件质量明显提升。开展优秀供稿评选活动，组织稿件质量点评，每年从近 2000 个条目中遴选出 10 个优秀条目，优中选优表彰组稿单位，促进创先争优，形成组稿合力。

（四）收获发展成果

《泰州年鉴（2018）》获评全省二等年鉴，《泰州年鉴（2019）》获评全省一等年鉴、全国二等年鉴，《泰州年鉴（2020）》获评全国特等年鉴，《泰州年鉴（2021）》创成江苏精品年鉴，年鉴编辑处荣获市骏马奖，1 名编辑荣立三等功。2022 年铆足干劲，冲刺中国精品年鉴，力求实现高位突破。2023 年 3 月，《泰州年鉴（2022）》成功入选第七批中国精品年鉴，市委主要领导批示予以充分肯定，市党史方志办公室荣立三等功，14 名编辑、参编机关部门和市（区）组稿人员获立功及嘉奖等及时奖励。

二、紧扣规范，积蓄发展新气象

泰州市党史方志办公室在《泰州年鉴》编纂全过程贯彻规范，严格审核校对，注重细节推敲和把控，追求尽善尽美，组稿、改稿、排版、校对、送审、印刷每一个环节都力求高标准、零差错。

（一）健全工作制度

强化关口前移、源头把控，梳理历次专家评审意见，及时完善年鉴编纂规范。针对年鉴中大事记编纂问题，专门制定《泰州大事记编纂规范》，明确收录标准、记述要求、完成时限等，在市本级每月编写发布《泰州大事记》的同时，要求各部门、各市（区）每月报送大事、要事、特事。严格审校制度，优化审校模式，强化组稿单位供稿主体责任，实施供稿前主要负责人审签、总纂后供稿人审改、出版前供稿单位审校的三道审稿流程；统稿后实施五审制度，经分管领导审改、主要领导审定、承编单位审改、牵头单位审核、出版社审校，层层把关，最终报市政府审核批准后公开出版。

（二）规范篇目大纲

《泰州年鉴》2022 年卷将就业与社会保障类目分设为就业、收入与分配 2 个类目，将中国医药城类目移至经济部类，调整中共泰州市委、泰州市政府、泰州市政协、泰州市纪委 泰州市监委、经济管理、乡村振兴、开放型经济、基础设施等类目中分目设置及排序，增设信用体系建设分目，撤销生态资源保护分目，将水资源保护、森林资源保护、湿地资源保护等次分目升格为分目。还尝试设二维码，链接“‘两高’融合一周年成绩单”，首次设置“延伸阅读”，收录 17 篇跨年度资料。框架调整后，逻辑更加严谨、层次更加清晰、表述更加规范。

（三）丰富内容资料

《泰州年鉴》2022 年卷金融业类目增设其他非银行金融机构分目，收录小额贷款、融资租赁、融资担保、商业保理、典当等内容；商贸服务业类目收录商业特许经营、连锁总店经营、亿元以上日用百货市场、大型商品交易市场情况；卫生健康类目增设职业健康、老龄健康分目。将附录中专业性统计资料移至正文相应类目，同时补充10张跨年度、跨地域的综合性统计表格，全书表格数量由2021年卷的73张增加至110张。加强图片征集收录，2022年卷随文图片数量由2021年卷年鉴的91幅增加至165幅。内容补充调整后，资料更全面、信息更丰富、归类更合理。

（四）严格条目编写

编纂前召开专题碰头会，编纂过程中定期、不定期开展交流研讨，统一条目、表格、图片入鉴标准，统一语体、文风等行文规范，统一计量单位、标点符号等编纂要求，统一编纂口径，做到全鉴一个标准、一把尺子量到底。对照《地方综合年鉴编纂出版规定》《关于地方综合年鉴编纂出版若干问题的补充规定》，反复核查涉及敏感、保密等方面的记述问题，确保年鉴内容政治立场坚定、政治观点正确。逐条逐项、举一反三落实各环节专家评审提出的修改意见，统稿后实施6轮以上校改和黑马校对，消除编校盲点，确保语言准确、内容严谨、记述规范。

三、紧贴时代，增添发展新活力

泰州市党史方志办公室反复学习借鉴先进单位精品创建成功经验，根据年度特点和发展情况，调整类目、分目设置，走出一条泰州特色的精品发展之路。

（一）彰显时代特征

为深入贯彻习近平总书记关于长江大保护一系列重要指示精神，基于泰州是在全国率先启动“长江大体检”的城市，建成长江流域全国第一个集检测、评估、预警等功能于一体并开展应用的大数据平台，《泰州年鉴》2020年卷、2021年卷分别在专记和生态环境类目设置相关分目；2022年卷专设健康长江泰州行动类目，特载收录《长江（泰州段）大保护》一文，集中展示泰州市把保护长江生态环境摆在压倒性位置，全面推进长江大保护，举全市之力守护一江清水、两岸葱绿的泰州实践，同时围绕长江国家文化公园建设，增设古盐运河文化带分目。为更好体现坚持以人民为中心的发展思想，2021年卷在特载中收录疫情防控内容，并在专题彩页中设“抗疫‘泰’给力”专题，记述泰州“始终坚持人民至上、生命至上”，统筹推进疫情防控和经济社会发展情况；2020—2021 年，泰州市蝉联“中国最具幸福感城市”，2021 年卷、2022 年卷专题图片中分别设“幸福水天堂”“幸福之城”专题，展示聚力民生、持续增进民生福祉的泰州行动；2022 年卷新设就业类目，记述泰州市助企纾困稳就业、减负稳岗扩就业、用工服务保就业、扶持创业促就业的举措与成效。

（二）凸显地域特色

泰州市是全国唯一的长江经济带大健康产业集聚发展试点城市，泰州医药高新区是全国首个国家级医药高新技术开发区。《泰州年鉴》2020 年卷将大健康产业条目升格为类目，在特载中收录《泰州中国医药城跑出“加速度”》一文，2021 年卷新设中国医药城类目，记述泰州举全市之力建设中国医药城、打造全国领先的地标产业——大健康产业的情况。2019 年，江苏省委确定泰州市“建设江苏高质量发展中部支点城市”目标定位，2020 年卷在特载中收录《打造江苏高质量发展中部支点城市》一文，专题图片中设“江苏中部支点城市建设”专题，记述泰州围绕省委确定的目标定位实施的一系列举措。2021 年，泰州市第六次党代会提出构建“一轴三极三城”新格局，2022 年卷在专题图片中设“‘一轴三极三城’新格局”专题，以 5 个通版、18 幅图片，展示泰州市实施城市建设转型提级行动，推进城建与产业共同发展提升的情况。封面设计重点突出体现泰州历史文化气息、水城水乡特色，2018 年卷、2019 年卷、2020 年卷书名以印章排布方式热烙，2022 年卷封面封底分别引用望海楼、千垛菜花水墨美景，突出辨识度，每个类目开篇专设单页，以“泰州”为核心元素设计专门标志，简洁大方，要素突出。

（三）把准年度特点

2018 年 3 月，中共中央印发《深化党和国家机构改革方案》。《泰州年鉴》2019 年卷前瞻性贯彻机构改革精神，新设自然资源与城乡规划、公共安全、应急管理、退役军人事务等类目、分目（次分目），将卫生类目更名为卫生健康；2020 年卷新设自然资源管理与保护、市场监督管理等类目、分目。2020 年是决胜全面建成小康社会之年、决战脱贫攻坚之年，2021 年是全面推进乡村振兴的开局之年，2021 年卷特载收录专文，新设乡村振兴类目并专设脱贫致富奔小康工程分目。2020 年，泰州市首条过江隧道开工，泰州至上海、泰州至北京动车开通，2021 年卷将参与“一带一路”建设、长三角区域一体化发展两个条目升格为分目，基础设施类目中设过江通道建设次分目，区域合作分目中设京泰合作、沪泰合作条目。2022 年，地级泰州市组建后承办规模最大、持续时间最长、参与人数最多的体育活动——第二十届江苏省运动会，为全面反映省运会筹备情况，2020 年卷设省运会筹备条目，2021 年卷、2022 年卷在体育类目中专设分目，2022 年卷“备战省运”图片专题设 8 个通版、29 幅图片，与体育类目中省运会筹备分目呼应。

四、紧盯需求，再创发展新优势

新时代要“坚持以精品奉献人民”，精品年鉴之“精”，其核心就是立足新时代、记录新时代、服务新时代，在飞速发展的信息时代更好地放大精品效应，服务社会。

（一）拓展服务触角

传统年鉴产品被动等待部门供稿、隔年编纂成书的劣势阻碍了年鉴服务新时代的脚步。泰州市党史方志办公室不断拓宽年鉴服务路径，创新年鉴开发利用，拓展地方综合年鉴信息资料的二次开发。2021 年编印泰州地区即时性微鉴产品——《泰州印象（2021）》，2.4 万字，配以 130 幅图片、32 开本的设计，实现了小体积大智慧的突破，填补泰州按年度编纂地情口袋书的空白。在内容和形式上，聚焦年度大事，反映地方亮点，栏目设置灵活，讲求图文并茂，使用信息手段，快速回顾当年经济社会发展情况，在宣传推介新时代新泰州新气象的同时，引出泰州悠久的历史文化，讲述一个“不一样的泰州”。目前推出的《泰州印象（2021）》《泰州印象（2022）》被遴选为泰州市委党校主体班次学习班的学习材料，同时广泛服务于泰州市委、市政府举办的大型活动，成为社会各界人士及海内外客商了解泰州地情以及投资置业的必备便携参考。

（二）深挖用鉴渠道

随着网络的飞速发展，人们的阅读习惯逐渐趋向碎片化、快餐化、读图化。

《泰州年鉴》因势而变，融合创新，注重图片资料的选取，与《泰州日报》、泰州市摄影家协会签订图片使用合作协议，为《泰州年鉴》打造出一个高品质的海量图片资源库。大幅增加卷首专题彩页图片量，以图释文，更具可读性。在正文记述中穿插特色条目的二维码，供读者扫码“掌上”观看相关内容。拓展宣传渠道，不断扩大年鉴的社会影响力。开展全市范围的赠阅，确保市、市（区）、乡镇（街道）三级党委、政府全覆盖；与学校、科研院所、文化部门等建立常态化工作机制，满足图书馆、高校、城市书房、史志馆联盟等单位、场所利用需求；将赠阅范围向农家书屋、新时代文明实践中心、“记忆泰州悦读”图书角等基层群众活动场所拓展；参加各类书展活动，提升曝光度；与新媒体合作宣传推广年鉴产品，让年鉴走进千家万户，最大限度地发挥年鉴的社会价值。

（三）放大精品效应

持之以恒走精品之路，坚持以讲求供稿质量筑牢精品地基，以提高编辑素质抬升精品高度，以放大示范效应拓展精品广度，使精品年鉴真正成为传承中华优秀传统文化的重要载体，成为展示中国式现代化新实践、讲好泰州故事的重要窗口，成为资政辅治之参考、堪存堪鉴之记述，不断发挥中国精品年鉴的引领作用。在做精做强市本级综合年鉴的同时，泰州市党史方志办公室迅速谋划“精品后”工作，扎实抓好市（区）综合年鉴工作，全面提升编纂质量。在2022年江苏省年鉴质量评审中，泰州市3个市（区）综合年鉴获评全省一、二等年鉴，获奖数为历年之最，《兴化年鉴（2023）》顺利入选省级精品年鉴，全市年鉴工作步入高质量发展的快车道。

凡是过往，皆为序章；踔厉奋发，踵事增华。《泰州年鉴（2022）》创成中国精品年鉴是泰州年鉴事业发展史上的光荣，更是进一步推动泰州年鉴事业高质量发展的不竭动能。精品之路只有逗号没有句号，用酣饱笔墨、淋漓光影定格时代发展铿锵步伐，我们永远在路上。

精益求精　追求卓越

——《杭州年鉴》打造精品之路 *

中共杭州市委党史研究室（杭州市人民政府地方志办公室）

中国年鉴精品工程是在中国地方志事业进入依法治志、转型升级的关键阶段，由中国地方志指导小组办公室推出的一项创新性顶层设计，是全面推进地方志事业转型升级的示范性工程，对提高地方综合年鉴编纂水平、引领全国地方综合年鉴事业高质量发展具有重要指导意义。在浙江省人民政府地方志办公室的关心和支持下，在中国年鉴精品工程专家团队的精心指导下，《杭州年鉴（2018）》成功创建中国精品年鉴。

一、简要历程

杭州市人民政府地方志办公室（以下简称市志办）高度重视中国年鉴精品工程创建工作，前后经过 2 年多时间认真准备。2018 年 8 月，杭州市志办正式申报参与中国年鉴精品工程；11 月 13 日、12 月 25 日，中国年鉴精品工程两次专家评审会议分别对《杭州年鉴（2018）》提出 27 条和 67 条修改意见；2019 年 2 月，专家组评审同意《杭州年鉴（2018）》最终修改方案。

按照市领导提出的“争创精品、志在必得”的工作目标，本着“尊重专家、

* 执笔人：金利权，中共杭州市委党史研究室（杭州市人民政府地方志办公室）编研二处处长。

照单全收、需调则调、应改全改、全面落实”的原则，杭州年鉴编辑部全体人员齐心协力，放弃多个周末和节假日，加班加点、逐条逐项进行调整、修改、补充和完善。最后，中国年鉴精品工程专家组对杭州年鉴编辑部在创建精品过程中体现出的严谨细致的务实作风和勇夺精品的精神风貌予以充分肯定，具体评价如下：态度诚恳、敬业奉献、顽强拼搏、精益求精、追求卓越，充分体现了杭州干部“干在实处、走在前列、勇立潮头”的精神风貌。

二、主要做法

地方综合年鉴编纂工作是一项全市性、系统性的公共文化工程，年鉴的编纂质量是地方自然、政治、经济、文化、社会等综合情况的集中体现。因此，创建精品年鉴，不仅是提高年鉴编纂水平和质量的重要抓手，也是检验编纂人员工作水平的试金石。

（一）建章立制强基础

《杭州年鉴》于1987年创刊，已连续编纂出版37卷。30多年来，《杭州年鉴》始终秉承“质量第一”原则，坚持与时俱进、开拓创新，始终将质量意识、精品意识贯穿于编纂工作全过程。《全国地方志事业发展规划纲要（2015—2020年）》颁布后，杭州市志办与时俱进，抢抓机遇，进一步树立质量意识和精品意识，逐步建立健全年鉴工作机制和质量控制体系。在机制保障方面，积极落实“一纳入、八到位”工作要求，建立完善党委领导、政府主持、地方志机构组织实施、社会各界广泛参与的工作机制；在队伍建设方面，组建年龄层次、专业结构较为合理的团队（2023年有编辑7人，其中研究生学历3人），着力打造“学习型、研究型、创新型、服务型”编辑队伍；在业务规范方面，根据《地方综合年鉴编纂出版规定》《关于地方综合年鉴编纂出版若干问题的补充规定》及出版行业相关国家标准，先后制定《〈杭州年鉴〉文稿编辑规范》《〈杭州年鉴〉行文格式规范》等多项内部规范；在质量保障方面，采取月度业务交流、专家审稿、交叉审稿、专题审稿等方法提高年鉴质量。

（二）未雨绸缪抓准备

中国年鉴精品工程启动后，杭州市志办主动对标、查找不足，先后精心准备

2年多时间，主要做了3件事：一是系统学习年鉴理论知识。杭州年鉴编辑部认真学习《地方综合年鉴编纂教程》《地方综合年鉴编纂出版规定》《关于地方综合年鉴编纂出版若干问题的补充规定》《中国年鉴精品工程实施方案》等权威性教材和文件，熟知申报年鉴精品工程的基本要求和规范，做到心中有数。二是广泛借鉴中国精品年鉴先进经验。通过“走出去”“请进来”等方式，向温州、南京、山西、北京海淀等中国年鉴精品工程试点和申报单位学习取经，虚心请教申报的程序和要求等，做到心中有底。三是对照标准优化体例。按照中国年鉴精品工程要求，从编纂思想、框架设计、资料内容、条目规范、排版印刷等各个方面检查对照、逐年调整完善，做到胸有成竹。在此基础上，编辑部主动作为，于2018年初，按照精品年鉴要求，事先对《杭州年鉴（2018）》框架做较大幅度的调整，新设、重组、改名、调整顺序的类目达26个，占类目总数的五分之三。其中党政部类5个类目整体前移，重点突出中国共产党的领导地位，并充实信息经济、文化创意产业、会展业等特色内容。

（三）对接专家细方案

在收到中国年鉴精品工程第一次和第二次专家评审会议关于《杭州年鉴（2018）》的评审意见后，杭州市志办在第一时间组织集体学习、第一时间对接承编单位、第一时间联系指导专家，严格按照时间节点要求，倒排计划、明确责任、全面落实。邀请中国年鉴精品工程指导专家到杭州进行现场指导，并组织召开《杭州年鉴（2018）》第二次专家评审意见专题辅导对接会，整整花了一天时间，从整体框架结构、内容选题、资料补充、体例规范四个方面对第二次专家评审意见做全面梳理、逐条对接，现场确定修改落实细化方案。

（四）全面梳理重落实

中国年鉴精品工程两次专家评审会议提出的94条意见，涉及框架结构、内容选题、年鉴体例、装帧设计等方面，从宏观到微观各个层面对《杭州年鉴（2018）》进行仔细审核、全面把关，言简意赅、内容丰富。编辑部逐条梳理、认真领会，坚持“尊重专家意见、对标精品要求、逐条落实修改”的工作思路，将任务分解到每位责任编辑，及时协调各个承编单位落实增补内容，认真撰写中国年鉴精品工程专家评审意见修改落实方案。市志办分管领导多次召开专题会议研究部署创建工作，并亲自牵头协调承编单位，督查修改落实情况，要求编辑部在尊重专家意见的前提下结合杭州实际情况有条不紊地做好资料补充、修改完善等各项工作。市直各部门和相关单位特别是市发改委、市经信局等部门，克服年终工作任务繁重等实际困难，按照专家意见重新组建写作班子，全力保障《杭州年鉴（2018）》精品创建工作。最终，全部意见修改到位，并形成落实评审意见的修改报告。

三、几点经验

（一）领导高度重视是前提

党的十八大以来，党和国家领导人多次针对地方志工作发表重要讲话、作出重要指示批示，为修史编志创造了前所未有的大好环境。杭州作为历史文化名城，历任市委、市政府主要领导有高度的文化自觉，都非常重视地方志和年鉴编纂工作，多次针对地方志工作作出重要指示、批示。历任市长担任市地方志编纂委员会主任，市政府秘书长担任《杭州年鉴》主编，党委领导、政府主持、地方志工作机构组织实施、社会各界广泛参与的科学领导机制和工作机制牢固确立。

（二）坚持依法治志是保障

2006年5月18日，国务院颁布《地方志工作条例》，修志编鉴工作从此正式步入法治轨道。杭州市于2006年9月制定全国第一部贯彻《地方志工作条例》的实施办法——《杭州市实施〈地方志工作条例〉办法》，形成“一纳入、五到位”（纳入国民经济和社会发展规划及年度目标考核内容，做到领导到位、组织到位、经费到位、队伍到位和条件到位）的工作模式。2016年4月，市政府办公厅印发《关于贯彻落实〈全国地方志事业发展规划纲要（2015—2020年）〉的实施意见》，明确地方志工作五大基本原则和八大主要任务。明确将地方志工作纳入党委政府议事日程和杭州市经济社会发展大局，将“重视和加强地方志工作”写入杭州市“十三五”规划纲要。2022年2月，市委、市政府两办联合印发《杭州市“十四五”时期地方志事业发展规划》，明确全市地方志“五位一体”发展综合体系的目标，实现地方志工作由传统方志向数字方志、由重修轻用向修用并举“两个转型”。

（三）发扬年鉴精神是动力

经过多年的实践和努力，在杭州年鉴人身上体现的年鉴精神主要体现在：

一是和衷共济、团结一心的协作精神。大家始终秉承大局意识、责任意识和协作意识。心往一处想、劲往一处使，各尽所能、互帮互助，同舟共济、团结一心，形成了精诚合作、众手成鉴的工作局面。在框架设计时，群策群力、建言献策；在组稿催稿时，分头联系、相互协作；在交叉审稿时，认真修改、相互提醒；在最后出版时，齐心协力、共同把关。

二是舍我其谁、敢于担当的奉献精神。大家始终保持着勇于担当、甘于奉献、默默无闻、埋头实干的工作作风。在地铁的车厢、下班后的办公室、休息日的家里，都留下了大家不知疲倦、不辞辛劳的身影。

三是精益求精、一丝不苟的工匠精神。大家始终秉承“质量第一”“精益求精”的宗旨，以高度的责任感、使命感和荣誉感全身心地投入工作中，坚持与时俱进、开拓创新，始终将质量意识、精品意识贯穿于编纂工作全过程。大家以“质量重于泰山”为使命，严格把好政治关、政策关、保密关、史实关、体例关、文字关；以字斟句酌的态度，打磨每一个标点、每一个字、每一个词、每一句话；以精益求精的工作姿态，确保从框架设计到组稿编辑、从审稿校对到排版印刷的每一个环节都能尽善尽美。

四是勇攀高峰、追求卓越的拼搏精神。大家始终保持永无止境的创新、求学和奋进。通过征求意见、反复讨论，每年不断调整优化年鉴框架和记述内容，做到常编常新；通过年鉴业务专题培训、月度例会、稿件点评会等方式，保证业务学习“永远在路上”；通过一次次参加评奖和精品年鉴打造，不断磨砺团队的业务技能。大家以“只争朝夕”的理念和“志在必得”的决心，确保每一天、每一周、每一月的工作进度。

四、社会效益

《杭州年鉴（2018）》创建为中国精品年鉴后，引领作用逐渐显现，年鉴资料的权威性逐步树立，全市年鉴工作者争创精品的意识不断增强，氛围日益浓厚。

（一）引领作用逐渐显现

杭州市志办充分发挥《杭州年鉴》的示范带头作用，特别是对主城区的综合年鉴进行一对一的指导帮扶，从框架设计、编纂规范、编纂流程、审稿校稿到图书出版，进行全方位的辅导和帮助。经过几年的努力，主城区综合年鉴的编纂质量和规范有了明显提高。

（二）资料权威逐步树立

年鉴作为一地的“百科全书”，是一地一年政治、经济、文化、社会和生态文明等方面最完整、丰富、系统的记录。《杭州年鉴（2018）》创建为中国精品年鉴后，其资料权威性和影响力逐步树立。每年市委、市政府两办的政研室要起草市委主要报告和政府工作报告时，《杭州年鉴》成了不可或缺的案头参考资料。特别是在2021年建党百年和2023年“八八战略”实施20周年活动中，各部门（单位）在总结自己的百年发展史和“20周年”取得重大成就时，《杭州年鉴》就成了重要的资料来源。

（三）精品意识不断增强

《杭州年鉴（2018）》创建为中国精品年鉴后，从承编单位的角度看，作者精品意识不断加强，对年鉴的供稿工作更加配合，稿件的质量不断提高，为早日高质量完成年鉴编纂任务创造良好的条件。从全市综合年鉴编纂的角度看，争创精品年鉴的氛围日益浓厚，形成相互学习、你追我赶的争先氛围，为打造精品年鉴区域试点奠定了较为扎实的基础。

五、质量管控机制

质量是年鉴的生命，是年鉴品牌影响力的基石。《杭州年鉴》发扬“工匠精神”的时代品格，自始至终把质量放在首位，精雕细刻、精益求精，逐步实现编纂规范化，确保年鉴编纂质量。

（一）规范优化编纂流程

年鉴编纂工作时间紧、任务重，规范和优化编纂流程显得尤为重要。《杭州年鉴》

从启动、组稿、编辑、排版、校对、印刷等每个环节，都有一套相应的制度做保障。在组稿启动阶段，杭州年鉴编辑部在前期调研、集体讨论、广泛征求部门意见的基础上，制定年鉴框架结构和组稿方案，由两办专门下文通知。在编辑联络环节，各责任编辑践行“开门办鉴”的理念，做一名“主动的编辑”。通过电话联络、登门拜访、召开类目作者座谈会等形式，及时把年鉴的编纂思想、编纂意图传达给各承编单位的撰稿人。在编稿环节，要求每位责任编辑的工作全部上墙公开，包括组稿、改稿、承编单位审核、主编复审等各个环节，大家的工作进度一目了然，相互监督、相互促进。排版环节为了节约时间，一般以类目为单位，成熟一个排一个，交叉滚动进行。

（二）注重标准化支撑

“不以规矩，不成方圆。”年鉴质量既需要严格的制度做保障，也需要全面的规范做支撑。《杭州年鉴》字词、语法、标点符号、数字用法、量和单位、版面格式等各种出版规范问题，都严格执行国家标准。国家标准中未明确的事项，杭州年鉴编辑部集体研究讨论后加以细化和明确，先后制定《〈杭州年鉴〉文稿编辑规范》《〈杭州年鉴〉行文格式规范》等多项内部规范，且每年进行调整完善。在校对质量方面，《杭州年鉴》采用“八步法”保证校对质量，即承编单位负责人初审、责任编辑修改、主编统稿审稿、承编单位审读确认、审稿会集中讨论、排版清样交编辑部内部交叉互审、方志出版社审查、市地方志编纂委员会审定。在编稿方面，提出“七步法”，即全篇把握，对比上卷相关内容，条目标题修改，规范处理，核对机构名、人名、文件数据，文字编辑，反馈承编单位。除了对编写规范、政治、保密等问题进行审查外，针对内文中涉及的统计数据和目录中的英文翻译，还专门请市统计局对全书的数据进行审核、请市外办对英文目录进行校对，做到精益求精，以确保年鉴内容的严谨性。此外，还利用校对软件进行人机互校，进一步提高年鉴校对质量和规范化水平。

六、队伍建设

（一）打造“四型”编辑队伍

市志办着力打造“学习型、研究型、创新型、服务型”队伍，年鉴编辑以高度的责任感、使命感和荣誉感全身心投入工作，以“质量重于泰山”的担当严格把好政治关、政策关、史实关、体例关、文字关，以精益求精的工匠精神打磨每个字、每个词、每句话，以确保年鉴的编纂质量。

（二）提升编辑业务能力

年鉴工作对于编辑的综合能力要求很高，除了调查研究、选题策划、组织沟通、编辑技能等基本功外，更要注重时政理论、地情知识的学习和积累，密切关注各自分工领域的新热点、新变化、新趋势，理论联系实际，使年鉴常编常新。为此，编辑部建立月度学习会、编辑业务专题学习会、年鉴稿件公开点评会、编辑任务公开上墙公示、分区块责任指导等制度，其目的是以学增才、以学促用，不断提升年鉴编纂业务能力。

（三）提高整体编纂水平

市志办每年举办一次全市撰稿人员培训会议，从框架设计、语言文字、编辑规范、编纂流程等方面，对所有编辑人员加强业务培训，提高全市撰稿人员的编纂水平。同时，每年召开一次主编业务研讨会议，从如何当好一名合格主编的角度，聘请有丰富经验的主编现场授课，并就有关共性问题开展讨论，通过以会代训方式整体提高主编的编纂水平。

七、存在问题和对策

随着时间的推移和年鉴事业的发展，杭州市志办深感前有标兵、后有追兵的压力。就《杭州年鉴》本身编纂而言，还存在规范性和统一性方面需进一步完善、收录照片的质量及丰富性需进一步加强、封面设计的美观度需进一步提高、年度特色还需进一步彰显等问题。为进一步推动全市年鉴事业高质量发展，具体要从以下几个方面努力。

（一）群策群力，全面提升编纂水平

要深入总结年鉴编纂工作经验和存在的不足，推广先进典型经验，初步解决地区发展不平衡、创新动力不足、质量意识不强等影响年鉴事业发展的瓶颈问题，全面提升全市年鉴编纂规范化水平。要巩固和完善市本级与主城区年鉴工作结对共建、一对一帮扶、定期指导、加强培训等工作机制。积极引导年鉴专家库资源优先向年鉴工作基础薄弱的区县（市）倾斜。组织条目写作、框架设计、图片征集等专题研讨活动，帮助区县（市）提高年鉴编纂整体业务水平。

（二）抢抓机遇，全面提升编纂质量

积极鼓励和扶持有条件的区县（市）年鉴申报中国年鉴精品工程。在实现综合年鉴全域覆盖的基础上，要求区县（市）基本建立较为稳定的年鉴编纂队伍和长效工作机制。以创建中国精品年鉴区域试点为契机，树立年鉴编纂工作典型，以点带面、典型先行、协同发展，按照创建要求，在5年内成功打造3部（含3部）以上中国精品年鉴的基础上，自加压力，争取打造出4～5部中国精品年鉴，整体推动全市年鉴编纂工作质量再上新台阶。建立健全质量保障体系和评价体系，探索符合杭州实际的年鉴事业创新发展路径。重视年鉴人才选拔、培养和使用，努力建立一支专兼职结合、结构合理、长期稳定的年鉴队伍，切实提高年鉴编辑、撰稿人员队伍综合业务能力和素质。结合全市地方志系统业务培训、年鉴编纂工作动员会等常规性活动，对年鉴执行主编、责任编辑、撰稿人员分层分类培训，提高培训的有效性、针对性和覆盖面，全面提升年鉴编纂质量。

（三）加强总结，全面提升理论水平

继续组织好“精品年鉴品读季”活动，大力营造读精品、学精品、创精品的氛围，通过读、学、创，进一步提升市、区县（市）两级年鉴工作人员理论和业务水平。加强经验和理论总结，积极组织市、区县（市）两级年鉴工作人员和部分专业年鉴工作人员参加上级单位和学术社团组织的培训研讨活动。积极开展年鉴编纂理论研究，有计划、有目的地分专题开展研讨，及时总结编纂经验，积极探索新手段、新方法，以适应新的时代要求，全面提升年鉴编纂者的理论水平。

最后，杭州年鉴工作者将在全国同行的共同帮助下，齐心协力，开拓创新，立时代之潮头，为推动新时代年鉴事业高质量发展提供杭州经验和杭州方案。

制度规范　质量过硬　创新发展　奋斗奋进

——《温州年鉴》打造精品之路*

温州市人民政府地方志办公室

《温州年鉴》由中共温州市委、市政府主办，温州市人民政府地方志办公室（以下简称市志办）负责编纂。自1998年创刊以来，已连续出版26部。2015年12月，温州市志办入选全国首批年鉴工作试点单位，开始精品创建之路。2016年初，市志办全面启动试点工作，取得良好成效，《温州年鉴（2016）》入选首批中国精品年鉴，并被评为第四届全国地方志优秀成果（年鉴类）特等年鉴。在整个试点过程以及试点后，市志办以精品为指引，巩固精品创建成果，在工作机制建设、编纂质量、数字化建设、人才培养、读鉴用鉴等方面求突破，走出了制度规范、质量过硬、创新发展、不断奋进的创建路径。

一、制度规范之路

2016年开始，市志办在原有工作运作模式基础上，不断总结历年积累的做法和经验，逐步形成主编编辑工作责任制、工作例会制度和终审验收办法等一系列编辑部工作规章和制度，并以工作手册的形式公布，明确工作责任，规范工作流程，促进年鉴工作机制制度化、规范化建设。

---

* 执笔人：康丽跃，温州市人民政府地方志办公室编研二处副处长。

（一）明确工作责任制

推行主编负责制和编辑工作责任制。主编全面负责对年鉴政治思想内容、编纂质量及版式设计等方面的审核把关，主持《温州年鉴》编辑部全面工作；副主编配合主编开展工作，负责对年鉴初稿的资料筛选、条目编排、文字修改，以及内容交叉重复和相互矛盾等问题的处理；编辑负责年鉴有关稿件的编辑任务，与各供稿单位撰稿人联系沟通等工作；编务承担落实年鉴编纂通联工作，负责编辑部综合性事务、图片征集、年鉴编纂信息系统框架及任务分工录入等。

（二）落实工作例会制度

为进一步提高年鉴编纂工作的组织管理，加强业务学习交流，促进编纂质量提升，市志办结合实际落实一系列例会制度。篇目讨论会研究制定年鉴框架设计，确定编写类目和分目安排，明确供稿单位任务。业务学习会主要针对编纂中遇到的困难和问题，讨论明确解决措施方案，在解决问题中提升全体人员的编纂业务水平。编务会议则汇报阶段性编纂进度，研究讨论后续工作，推动编纂工作有序开展。年度终审会则根据年鉴编纂进度，对送审稿进行审核，提出修改意见，作出审稿结论。

（三）实施终审验收办法

为确保编纂质量，规范审查程序，市志办组织相关领导、专家对送审稿进行审查验收，采取先审读稿件、再集中召开审稿会议的方式进行。在审稿会召开前20天，将通过编辑部复审的稿件寄达评审领导和专家。评审人员根据政治思想、资料史实、体例题材、行文规范等四个方面的质量标准，进行审查验收，形成书面意见和建议，在审稿会上交流讨论。审验结束，审验主体要对审验的稿件作出审查结论。对不合格的，要限期修改，再行组织重审。

二、质量过硬之路

《温州年鉴》自创刊以来，就一直注重编纂质量。自精品创建以来，市志办不断发扬工匠精神，坚持精雕细琢、精益求精，特别是在年鉴的框架、内容、装帧上下功夫求突破，打造出温州历史上第一部精品年鉴——《温州年鉴（2016）》。

（一）优化篇目框架

结合经济社会发展实际，坚持与时俱进，突出地域特色。通过增设类目、归并项目、调整分目等措施，对框架结构进行优化调整，使年鉴框架设置更为科学合理，时代特征和地域特点更加鲜明。《温州年鉴（2016）》对市情概览、环境保护、法治、人物等类目进行全面改造和优化，把原本设计安排的近50个类目缩减为31个，并实现全书有概览、类目有综述、条目有概况，有效增强年鉴框架的逻辑性和归类的合理性。

（二）优编年鉴内容

资料性是年鉴的第一属性，由于文献资料的加工程度不同，其有效信息含量配比会对年鉴资料的优劣造成影响。通过控制一次文献的篇幅，扩大二次文献的规模，精选精编三次文献来强化年鉴的资料性，从而提高年鉴的编纂质量。在正文记述中，有大事也有趣闻，记决策也记民生，重规范更重特色，要金杯更要口碑。比如在大事记的编辑中，规定“全文不超过1万字，每月大事一般不超过10条，每条一般不超过100字”的立条标准和质量控制指标，使全书内容更加精练。

（三）注重装帧设计

《温州年鉴（2016）》封面标注“名鉴”标识，封底使用“中国精品年鉴”印章；类目页采用温州“江心双塔”标志性建筑物图照，突出温州特点，让人一目了然；页面以“名鉴”“精品”标志为页眉，每页版面设计字数2600字以上，减少纸张使用，有效节省资源；数据图主要采用柱状图或饼状图等形式，并以色差区别不同内容，使整本年鉴排版风格呈现简明悦目。

三、创新发展之路

随着信息技术发展日新月异，数字化、信息化成为社会发展的主流态势。如何利用新技术，促进年鉴高效编纂、方便使用，成为市志办前进的方向。通过不断创新，市志办在图片征集方式、编纂手段、年鉴书籍数字化等方面取得实质性成果。

（一）图片征集方式实现网络化

《温州年鉴》从创刊起，每年牵头联合市文联、市摄影家协会，组织开展年鉴摄影技能大赛，通过赛事征集高质量的图片资料。2022 年与温州日报报业集团合作，利用报业集团数字化新技术，转线下投稿、集中评审为网上征稿、线上评选，既为摄影作者提供便捷的投稿渠道，也为温州历史保存丰富的图片史料。网络化征集的两年中，参赛人数和参赛作品数量年年创历史新高，有力保障《温州年鉴》广泛高质量用图。截至目前，摄影大赛已连续举办 24 届，成为温州史上持续举办时间最长的摄影赛事，在温州摄影界有着较高的影响力和美誉度，也为《温州年鉴》和地方志事业发挥了强有力的宣传作用。

（二）编纂手段实现数字化、网络化

2012 年，《浙江省地方志系统信息化工作建设方案》颁发，提出要以“在线修志”和“目标管理”为抓手，加快实现地方志工作的现代化转型。在这种大背景下，市志办尝试在年鉴编纂数字化建设上做出努力。2014 年，着手开发温州年鉴编纂信息系统；2016 年精品年鉴创建时，系统已上线运行，为精品年鉴创建提供全方位的服务。此后，系统不断升级改版。2017 年，系统升级到 2.0 版本，流程及分配权限更灵活，稳定性增强，但无法实现在线编辑。2020 年，系统升级到 3.0 版本，运行稳定性良好，可在线编辑，并向智能化方向发展，此后陆续实现智慧管理、智慧调度、智慧支撑。系统以规范的工作流程为主线，由稿件智能分合、流水单智能填报、任务进度实时掌控等功能模块搭建，主要由组织管理、供稿、编辑、绩效、档案等五个子系统构成。供稿单位通过系统发送稿件，最多跑一次，甚至一次也不用跑，大大节省供稿时间；年鉴编辑部通过系统实现在线编辑，极大便捷对稿件的收发、修改，以及与撰稿人之间的沟通和反馈；编务运用互联网思维，采用大数据管理模式，规范工作流程，实现年鉴编纂无纸化、编纂平台信息化，极大地提高了编纂效率。目前这个系统稳定、流畅，操作方便，具备在线供稿、在线稿件管理和在线编纂等功能，有效推进了年鉴编纂数字化和年鉴成果使用信息化的发展。

（三）年鉴阅读实现数字化、掌上化

从2020年起，市志办借助网络多媒体优势，探索推行“互联网+年鉴”模式，上线“温州年鉴”微信小程序，支持数字化图文检索，方便读者浏览阅读，实现“掌上年鉴”随时可查、可阅，全面开启年鉴掌上阅读新方式，拓展了年鉴便捷实用功能，丰富了年鉴信息化利用新途径。

四、奋斗奋进之路

2022年10月，市志办入选首批中国精品年鉴区域试点单位，并以此为契机，在全市开展精品年鉴创建活动，将《温州年鉴》精品创建经验提炼升华为可复制的工作机制，促进“精品年鉴全覆盖”。人才决定志鉴的成败，市志办通过多形式多渠道打造人才梯队，为年鉴事业不断奋进提供有力支撑。同时坚持编鉴为用，让年鉴在服务中心大局和基层群众中发挥现实功能，提升年鉴的社会美誉度和影响力。

（一）打造全域年鉴精品

2023年，市志办全面启动中国精品年鉴区域试点工作。一是强化顶层设计，确保实现区域试点目标。根据5年实现3部精品年鉴目标，制定中国精品年鉴区域试点工作实施方案，对试点工作的指导思想、目标任务和工作保障作了全面规范。编制区域试点工作手册，指导精品创建单位开展创建，帮助掌握相关政策和业务知识。成立区域试点领导小组，统筹推进试点工作。建立全市精品年鉴培育名单，实行动态管理，逐年培育打造，形成国家级、省级、市级精品年鉴的良好发展态势。二是完善制度建设，推进区域试点开展。市志办与精品创建单位建立试点工作联席会议制度，从建立制度办法、完善编纂程序等方面入手，全方位共同推进试点工作；成立由市志办分管领导牵头的工作专班，全面督促精品年鉴创建活动，协调沟通中国地方志指导小组办公室和浙江省地方志办公室精品年鉴工作协作组的相关要求。在全市范围推广温州年鉴工作形成的一套较为成熟的工作机制，有效保障创建单位年鉴编纂工作高效运行。三是健全管控体系，抓好创建年鉴编纂质量。市志办全程参与指导创建单位年鉴编纂，在框架设计、稿件组稿、

年鉴评审等环节精准施策，打造年鉴编纂出版全流程质量管控模式，全面提升中国精品年鉴创建质量。

（二）突出编鉴为用

自《温州年鉴》开编以来，市志办始终坚守志鉴文化核心价值，推动年鉴在服务中心大局、服务经济社会发展、服务人民群众中发挥更大作用，充分展现年鉴存史资治、教化育人的现实功能。一是为党委政府科学决策提供资政服务。每年及时向市四套班子领导报送《温州年鉴》，向全市两会代表、委员赠送《温州年鉴》；围绕重大主题，向市级有关部门提供《温州年鉴》收录的图文资料，如向市委宣传部等部门提供中国共产党成立100周年、党史学习教育、温州和平解放70年以来相关工作图文资料等，为党委政府科学决策提供及时性参考和资政服务。二是为基层群众阅读提供便民服务。实施史志书柜工程，逐年在农村文化礼堂、党员服务中心开设史志书柜，向城市书房、百姓书屋赠送年鉴，为群众阅读、查询年鉴资料提供方便。同时结合“七进”活动，通过社科宣传周、红七月等活动向广大市民赠送年鉴，进一步扩大年鉴受众群体。三是为提供数字化转型服务。加快数字化年鉴建设，制作《温州年鉴》电子书，通过温州史志网、温州市人民政府网站、浙江数字方志馆温州分馆及清华大学中国年鉴全文数据库发布，实现阅读电子化。开发“温州年鉴”微信小程序，实现掌上阅读。

（三）培养打造志鉴骨干队伍

一直以来，市志办注重对志鉴业务骨干的教育培养，采取多种办法，借助各方面渠道，加强队伍建设。一是利用各类平台，强化编辑队伍专业水平。近年来，市志办连续开设史志讲坛，邀请年鉴专家对编纂人员进行培训指导；每年采用以会代训形式，组织各县（市、区）年鉴负责人开展业务培训，交流探讨各地工作经验，强化业务能力。积极组织年鉴业务骨干参加上级举办的业务骨干培训班和评审会，更新业务知识，了解掌握最新工作动态。加强年轻干部、专业干部培养，形成年龄梯次结构和专业结构合理的队伍配备格局。二是拓宽培养方式，提升供稿人员撰写能力。市志办每年举办稿件撰写辅导讲座，对供稿人员开展互动式培训，既提出组稿要求，也认真听取意见建议。年鉴编辑分片对接承编单位撰稿人员，及时解答稿件撰写困惑，帮助理清稿件撰写思路。同时利用温州年鉴编纂信息系统在线学习的功能，指导撰稿人员通过对照范例、查阅内容、比对资料，掌握撰稿方法，把握撰写内容，加快供稿进度，提高撰稿质量。三是借助社会力量，加大年鉴后备人才培养。市志办先后与温州大学、宁波大学签订合作协议，建立产学研合作关系，建成高校学生实习基地，常年接收学生加入编辑队伍，为他们提供参与稿件的编辑校对工作的机会，并鼓励他们为年鉴编纂作出积极贡献。不定期开展“年鉴进校园”活动，宣传和赠送年鉴，扩大年鉴工作影响面和知晓度。经过不断努力，人才培养取得积极成效。在2022年浙江省首届地方志151人才推选工作中，温州市1人入选方志领军人才，9人入选省级方志专家，3人入选方志青年英才，为年鉴事业高质量发展提供了有力的人才支撑。

《温州年鉴》在中国年鉴精品工程建设中取得可喜成绩，市志办以此为契机，成功申报中国精品年鉴区域试点，以期实现全域精品，全面提升全市年鉴工作水平。下一步，市志办坚持将以习近平新时代中国特色社会主义思想为指导，不断巩固精品创建成果，厚植史志情怀、勇担精品使命，为传承好、赓续好、记录好中华优秀传统文化打造更多志鉴精品，稳步推进、圆满完成中国精品年鉴区域试点目标任务，为推进“千年商港、幸福温州”和中国式现代化温州新篇章贡献史志力量，为中国年鉴精品工程和全国年鉴事业奉献温州经验。

千锤百炼铸精品　勇毅前行攀高峰

——《马鞍山年鉴》打造精品之路 *

中共马鞍山市委党史和地方志研究室

《马鞍山年鉴》创刊于 1988 年，是安徽省创编最早的地市级综合年鉴，已连续出版 36 卷，忠实记录了马鞍山市的时代进程，为服务社会发挥了巨大的作用。《马鞍山年鉴》是中国年鉴数据库核心年鉴，先后 10 余次获全国和省年鉴质量评比奖项。其中 2004 年卷、2010 年卷均获全国地方志系统年鉴编纂质量一等奖。2016 年，《马鞍山年鉴（2014）》荣获第三届全国地方志优秀成果（年鉴类）一等年鉴，也是全省唯一获一等年鉴的地市级年鉴。2009 年卷、2012 年卷、2015 年卷分获安徽省第一、二、三届年鉴质量评比特等奖，2019 年卷获安徽省党史地方志部门优秀科研成果评选一等奖。2009 年 1 月，《马鞍山年鉴》编辑部获全省地方综合年鉴工作先进单位称号，受到安徽省地方志办公室表彰，为全省唯一一家。2019 年 2 月，《马鞍山年鉴（2018）》入选第三批中国精品年鉴，成为安徽省第一部中国精品年鉴。

近年来，中共马鞍山市委党史和地方志研究室坚持以党的二十大精神为统领，以习近平新时代中国特色社会主义思想为指引，认真彻落实中国地方志工作办公室关于“十四五”时期“加强地方综合年鉴编纂工作，把年鉴工作作为各级地方志工作机构的日常工作重心，摆在更加突出的位置”的安排部署，以及《安徽省

---

* 执笔人：李文，中共马鞍山市委党史和地方志研究室方志编研科科长。

委党史研究院（省地方志研究院）工作规划（2023—2027年）》，以增强年鉴科学性、适用性、时效性为出发点，围绕将年鉴编纂成为“领导决策的参考书，专家研究的资料书、企业兴业的指导书、百姓办事的工具书”改革目标，打造“入百姓眼、进大众心”的《马鞍山年鉴》，多措并举，务实创新，聚焦发展，深化年鉴质量建设，促进年鉴事业转型升级，推动年鉴事业高质量发展。

一、创建精品年鉴纪略

2017年10月，马鞍山市地方志办公室（以下简称市志办）秉承高度的责任感和使命感，向马鞍山市委、市政府和安徽省地方志办公室主动提出争创中国精品年鉴的奋斗目标。从当年10月16日举办全市年鉴业务培训班开班，到2019年2月最终入选，争创中国精品年鉴的过程，历时近500天。市志办创新工作方式，严格质量管控，挂图作战、倒排工期，以新时代工匠精神，全心打造，丝毫不苟，追求极致。句读之间悉心推敲，篇章之际反复思量，引文用意细致核实，逻辑结构力求严谨。

全书经过市、省、国家三级五轮评审，历经18稿，编校文字量超过2200万字，改动超过3万处；落实各级专家修改意见600余条，修改文字超过300万字；征选置换图片1100余幅。创建精品前后，先后6次赴外地学习成功编纂经验；组织召开编纂业务培训会23场，工作推进会11次，市级评议会2次，省级评审会2次，国家级专业会议1次。2018年5月，中国年鉴精品工程申报年鉴篇目研讨会在马鞍山市召开。会议期间，中国地方志指导小组秘书长冀祥德专门听取马鞍山市志办创建精品年鉴工作汇报。

全书先后4次整书改编、4次重新排版，在印刷厂前后跟机修改83天。成书后的《马鞍山年鉴（2018）》总字数88.6万字，共35个类目、1098个条目，图表近300幅（张）。数字是显性的，但数字之后的付出是隐性的；数字是冰冷的，但数字背后对工作的投入是火热的。这些数字的背后，是负重前行的背影，是无言的奉献和沉默的汗水。市志办全体人员正是将新时代工匠精神践行于精品年鉴的编纂实践，才能顺利通过中国年鉴精品工程专家评审，脱颖而出。

二、创建精品年鉴的主要措施及经验

（一）胸怀大局，服务现实，力求精品实效

“以史为鉴，可以知兴替”，年鉴作为史料性文献，其核心价值之一就是资政。《马鞍山年鉴（2018）》的编纂始终围绕市委、市政府中心工作，服务好发展大局，确保各项内容的社会价值和适用性。

一是政治站位高。《马鞍山年鉴（2018）》站在党委、政府的高度，抓住年鉴编纂的核心和灵魂，统揽全鉴，体现出年鉴的政治高度。全书详细记述市委、市政府决策、施政，重点记述涉及改革发展、稳定全局以及战略性、前瞻性的内容，把握发展方向和发展愿景。市委、市政府综述性内容由往年3000余字，充实到近3万字，信息增量呈几何级。

二是打造特色栏目。将马鞍山地域特色、经济特色、文化特色充分融入《马鞍山年鉴（2018）》的栏目设计中。将“马鞍山市连续四次获评全国文明城市”收入特载予以记述；结合李白、诗歌等文化元素，创设魅力诗城类目；结合马鞍山产业特点，重点设置战略性新兴产业、产业转型升级、港口开发与开放等分目；设置巡查工作、脱贫攻坚等热点工作分目。在遵循年鉴规范化的基础上，着力突出马鞍山的城市特色，力图将《马鞍山年鉴》打造成为宣传马鞍山、推介马鞍山的有效平台。

三是收录重要资政内容。收录南京都市圈概览、相关企业信息、重要统计数据和行业数据等；收录三次产业中具有新生性、苗头性以及具有发展趋势的相关产业内容等，为决策参考提供翔实准确的材料和预见性参考。

（二）创新理念，追求卓越，铸就精品灵魂

中国年鉴精品工程创建工作中，全市200余位编纂人员，以高度的参与精神，团结、务实、开拓、拼搏、奉献，以创建精品年鉴为目标，注重管理创新、方法创新和理念创新，不断挑战自我，攻坚克难。

一是锻造科学合理的框架结构。《马鞍山年鉴（2018）》采用以科学分工为基础，结合社会分工的归类方法，分类更加科学；取消次分目，层次更加清晰，结构更加合理；按照政治、经济、文化、社会、生态的排列顺序，围绕自身实际，

实行中篇结构，编排更加有序；以事系类，特色升格，领属得当。

二是规范收录内容，锤炼优质条目。首创年鉴条目“干枝花”理论。即首先厘清条目层次，概况条目记述事业发展全面情况，主业条目分类记述主业，亮点条目记述年度内重、大、特、新事件。其次是厘清三种条目的逻辑关系。再次是精练条目内容，确保基础数据齐全，消除公文、总结痕迹。

三是创新年鉴培训方式。充分利用新平台宣传优势，以“宣传地方志工作条例，贯彻地方志规划纲要”为主题，通过微信公众号开展地方志法规知识、地情知识、年鉴业务知识有奖竞答活动，共吸引17528人、95053人次参与有奖竞答。“马鞍山市地方志办公室”微信公众号粉丝人数也由515人飙升至12877人。采用全员培训、分片培训、单独指导相结合的“立体式”培训，培训的针对性、有效性得到极大提高。撰稿人进一步明确供稿要点和撰写规范，有效提高来稿质量和时效性。2018年2月5日前，年鉴稿件全部到稿，时效性为历史最好水平。

四是创新彩页专题设计。将彩页专题作为全书之眼，予以高度重视。精选大事要事，理清彩页专题思路，对“年度要闻”“马鞍山连续四次获评全国文明城市”2个专题进行精编。“年度要闻”专题按“五位一体”的内在逻辑选择年度内各领域大事要事，采用“以图说事”的方式组织版面，凸显出2017年度马鞍山市学习贯彻党的十九大精神、经济总量居全省第一方阵、对外开放水平不断提高、获“国家公共文化服务标准化示范城市”、脱贫攻坚、突出环境问题专项整治、连续四次获评全国文明城市等七件全市性的重大事件，“提纲挈领”，充分体现出“年度要闻”的内涵，且“年度要闻”专题的最后一个版面为“连续四次获评全国文明城市”，又自然地引出下一个图片专题——“马鞍山连续四次获评全国文明城市”。“马鞍山连续四次获评全国文明城市”专题采用“全方位”视角，从道德引领、志愿服务、以文化人、筑梦未来、邻里互助、靓化家园、健康生活、好人风采等8个方面，全面展示马鞍山市创建文明城市的过程和成果。这8个方面，一贯而下，从精神层面到物质层面，最后落实到“人”的层面，以“好人风采”作为专题结尾，诠释了最终的创建成效和人的文明素质全面提高。两个专题，一为面、一为点，有广度、有纵深，特别强调内在的逻辑性，不散乱、不拼凑。

五是创新装帧设计。将从属于年鉴内容的装帧设计，独立成具象的艺术形式，形成和内容并重的艺术观赏性，也即具有自身独立的审美价值。

（三）领导关心，团队协作，奠定精品之基

《马鞍山年鉴（2018）》入选中国精品年鉴，一年创建成功，是各级领导高度重视和关心支持的结果。马鞍山市委、市政府领导高度重视精品年鉴创建工作，听取相关汇报并了解创建工作进度。省地方志办公室领导始终关心精品年鉴的创建，并多方协调，给予大力支持。

精品年鉴的创建成功，离不开专家的悉心指导。中国年鉴精品工程多位专家认真审阅年鉴，提出诸多中肯建议，匡助尤多。精品年鉴的创建成功离不开全市各供稿单位的大力支持，全市近200家供稿单位，精心撰写稿件，认真对待修改反馈，为精品年鉴的创建打下了坚实的质量基础。精品年鉴的创建成功，离不开合作单位的鼎力支持，孚嘉印刷厂、方志出版社都对创建工作给予了工作上的大力支持。凡此惠益玉成之举，皆是成功创建的重要助力。

精品年鉴创建过程中，市志办党组锐意进取、创新发展。正是有了这样一个坚强的、率先垂范的领导班子，创建之路才始终都走得方向正确、蹄疾步稳；在创建过程中，作为创建工作主力军的编辑队伍，付出了巨大的努力。正是有这样一支素质过硬的编辑队伍，创建之路才始终基稳路实。

（四）创建为机，转型升级，促进工作全面发展

2018年，市志办以创建精品年鉴为契机，全面推进地方志事业转型升级，各项工作均取得长足发展。党建工作扎实推进，促进了工作作风根本好转，班子团结和谐，干部队伍奉献担当，风清气正。提前两年完成国家确定的“两全目标”，马鞍山市6个县（区）6部县（区）综合年鉴2018年全部实现公开出版。创新资政方式，创编《马鞍山志鉴》月刊，被全省地方志工作会议推广至全省，受到时任中国地方志指导小组秘书长冀祥德高度评价和中国方志网广泛宣传。机构改革后，中共马鞍山市委党史和地方志研究室紧紧围绕学习贯彻习近平总书记关于党史地方志工作的重要论述精神，以精品年鉴创建为新的起点，深入践行习近平总书记赋予马鞍山打造安徽的“杭嘉湖”、长三角的“白菜心”新发展定位，将年鉴工作同党史、地方志工作紧密结合，促进党史志鉴事业融合、高质量发展，开创了党史和地方志工作的新局面，受到了省委党史研究院（省地方志研究院）领导的高度肯定，史志工作稳居全省第一方阵。

三、后精品时代的年鉴质量管控

2019年3月，市委党史办和市地方志办公室合并成立市委党史和地方志研究室。研究室自成立之日起，即以精品年鉴创成为新的起点，全面推进党史地方志事业转型升级。当前，史志鉴深度融合发展格局业已形成，资政作用有效发挥，年鉴高质量发展取得丰硕成果。

（一）建立质量控制体系，优化年鉴编辑流程

一是建立编辑责任制，以制度保障年鉴编纂质量。先后制定《年鉴报稿流程》《〈马鞍山年鉴〉质量管理规定》《分管领导、责任编辑对口负责制》《责任编辑职责》《编辑部主任责任》《主编、副主编责任》等多个规定，形成以制度为保障、按规矩办事的内部质量控制体系。二是流程再造，以流程优化来提高年鉴编纂质量。近年来，《马鞍山年鉴》始终按照编纂精品年鉴的标准，深入推进年鉴改革创新，增强年鉴的时效性、科学性及服务功能。年鉴编辑流程进一步优化，严格执行编辑初编、辑部汇编、副主编初审、主编终审的编辑流程，编纂流程更加清晰合理，权责更加明确。正文稿件一般不低于十次编校，年鉴编纂质量得到切实提高。

（二）总结精品年鉴编纂经验，提升年鉴科学化水平

及时总结安徽省首部精品年鉴编纂工作的经验，着力在内容编排、突出主题主线、严谨规范、强化编纂实效等方面下功夫，重点打造彩页专题，注重发挥特载栏目特色，全力提升书籍质量。《马鞍山年鉴（2019）》记述马鞍山市改革开放四十年以来社会经济发展情况，学习宣传贯彻习近平新时代中国特色社会主义思想和党的十九大精神，文献收录《中共马鞍山市委关于推进新时代高质量发展的若干意见》。《马鞍山年鉴（2021）》记述学习宣传贯彻习近平总书记考察安徽重要讲话精神、考察马鞍山重要讲话指示精神。《马鞍山年鉴（2022）》专记类目记述马鞍山市党史学习教育开展情况，并设置“延伸阅读”，补充“我为群众办实事”重点项目办理情况；记述和展示长江（马鞍山）经济带建设、宁马一体化、中国宝武与马钢集团重组等年度重点工作和重要事件，为市委市政府决策提供了权威参考读本。

（三）夯实县（区）年鉴工作基础，推动县（区）年鉴提质增效

一是实行县（区）年鉴编纂分类指导。加大指导力度，不断提高《含山年鉴》《和县年鉴》《当涂年鉴》《花山年鉴》《雨山年鉴》《博望年鉴》的编辑质量，缩短出版周期。针对各县（区）年鉴的编纂实际，拟定系统的指导计划，落实到具体的责任人，精准指导，定点帮扶。持续推进县（区）年鉴业务研讨会常态化，切实提高两级年鉴编纂队伍的理论水平、编纂能力，夯实两级年鉴编纂工作的基础。目前，三县三区年鉴工作均能高效开展，县（区）年鉴质量不断提升，多次在全国、全省年鉴质量评比中获奖，并均能做到按年度公开出版。二是加大督查力度。建立年鉴督查相关体系，通过“月报告”“季总结”，加强对县（区）年鉴工作的指导、监测和督促。探索建立县（区）年鉴编纂“全口径档案”制度，将落实相关政策、质量、任务等纳入“全口径档案”，实现动态管理。

四、对当前年鉴事业和年鉴工作的思考

（一）着力解决特色缺失的问题

从 20 世纪初期由光绪举人，曾担任过直隶和奉天提学司使的卢靖编译出版的《新译世界统计年鉴》算起，以汉字为载体，以中国人为阅读对象，以百科体例编纂的现代形式的年鉴已在中国走过了一百多年的历程。年鉴发展到今天，在蓬勃兴盛的背后，其实也有许多隐忧。其一是年鉴囿于模式化的窠臼，难以彰显自我特色，亦即所谓的“千鉴一面”的现象无疑是其中突出的问题之一。年鉴特色化的缺失主要表现为年鉴框架陈旧，雷同化、模式化问题突出。就当前已出版的年鉴来看，相当多的年鉴框架结构，都是以国民经济行业分类模板为参照来设计。正是因为有此“模板”的参照，使得大多数年鉴陷入了雷同的窠臼。其二是年鉴条目的固化、静态化，削弱对变量的把握。条目的固化和静态化是近年来年鉴编纂中最突出的问题所在，不仅难以体现出年鉴的特色，更导致年鉴信息价值的流失。其三是年鉴装帧设计的趋同。作为年鉴有机组成部分的装帧，虽从属于年鉴的内容，但由于其本身就是一种具象的艺术形式，是审美的创造，所以它在依附于主体内容的同时，又具有超越主体内容使用价值的艺术观赏性，也即具有自身独立的审美价值。年鉴装帧这一艺术形式自身所具备的特征，特别是其美学取向，

是彰显年鉴特色重要的方面。目前，各地综合年鉴对装帧设计越来越重视，要求越来越高，年鉴的装帧都在向精美化的方向迈进，但在这一过程中却片面地强调了年鉴装帧的档次，豪华、精美成了普遍追求，特色和审美却弃如敝屣。年鉴大多是大开本铜版纸，硬塑哑膜，烫金UV，精美虽精美，但艺术性、审美性并不突出，年鉴的个性色彩也没有在外在的装帧上有所体现。

（二）深刻认识年鉴与历史、方志的关系

现代形式的年鉴是舶来品毋庸置疑，并成为年鉴界共识。甚至有学者专门致力于中国年鉴从西方的“寻根”。为一项事业寻历史的根由，固然是一件好事，但在此过程中常常会有一些认知过于武断和片面，有些人认为年鉴就是年鉴，它是西方传入的东西和中国历史没有什么渊源，和地方志就更没有关系。确实，现代形式的年鉴是20世纪初从国外引进的，但年鉴与古代中国史书、历书同样有深厚的历史渊源，尤其是目前在地方志系统内编纂的年鉴，此种渊源更不容否认。

改革开放后，我们编纂的年鉴虽沿用百科编纂体例，但相关形式亦越来越中国化。特别是就地方综合年鉴而言，类目的设置、概况的记述，均受到古代志书“横排门类”和“无题小述”的影响。关于方志和年鉴关系的论述很多，争论也很多。《地方志工作条例》从立法的高度，明确地方综合年鉴是地方志的重要组成部分，与其割裂年鉴和地方志的关系，不如在两者的衔接、融合和持续发展上多做些思考。

（三）立足现有体制、机制编纂年鉴

近些年来，面对日新月异的发展，年鉴从业者大多有这样的感觉，那就是年鉴在辑录资料方面不完整，这种不完整不是我们有意为之，而是一种无奈。因为，需要辑录的很多东西，在现有的征稿模式下很难征集完全。有感于此，各种相关的理论探索和提议不断涌现出来。其中比较有代表性的有两种提法。一种提法较为温和，有“改良”性质，多着眼于征稿、编辑、出版等具体的操作环节，许多地方综合年鉴也据此进行了积极的探索，比如聘请特约撰稿人、收集媒体信息、进行专项调查等，这些措施的实施在一定程度上丰富了年鉴信息的收录渠道。另一种提法相对来说比较激烈，认为现有的体制机制已经严重妨碍了年鉴的创新，要编好年鉴就要从根本上让年鉴（包括地方综合年鉴）改由非政府组织主管主办，

彻底断了年鉴的“皇粮”，让年鉴裂变为公益性出版物和经营性出版物，走上自收自支、自负盈亏的道路，只有这样年鉴才能在市场大潮中优胜劣汰。

依据《地方志工作条例》，县级以上地方综合年鉴统一归口地方志工作机构按照规划组织编纂。而地方志工作机构一般都是参公性质事业单位，年鉴从业人员在身份上大多是公务员（或事业编制），在现有体制下，让地方综合年鉴变为经营性出版物是不现实的。有些地方采用向社会购买“年鉴服务”的方式，即地方志工作机构只负责组织，将年鉴的编纂外包给专门的学术团体、机构或个人。且不说地方上有没有此类具有年鉴编纂水平的专门人员和学术团体机构，即使有，它以何种模式操作？必然还要沿用目前的主体征稿渠道，依然要用地方志工作机构的名义来进行，依然需要地方志工作机构最终把关审稿。它所承担的不过是具体的编辑过程，而不是运用新的机制来进行创新，也就是说，这些提供服务的客体所依靠的还是相同的渠道，还是在现有的体制和机制下进行的年鉴编纂，不过是年鉴的具体编纂者主体由地方志工作机构变成外包客体而已。

年鉴编纂必须依据依靠现有机构、依靠现有队伍（编辑队伍和撰稿队伍）、依靠现有的模式。首先，现在地方综合年鉴编纂机构就是各地的地方志工作机构（机构改革后，大多与党史、档案等机构合并），这是开展年鉴工作的组织保障。地方综合年鉴读者面不可能太宽，发行量和“广告资源”十分有限，年鉴编纂人员不应当片面地强调年鉴的经济价值，而应该看到年鉴长期的社会效益。其次，年鉴编纂必须依靠现有的编辑队伍和撰稿人队伍。年鉴有自己特殊的体例和编纂要求，一个合格的年鉴编辑必须在从业的过程中不断地学习进步，方能胜任本职工作。年鉴编辑入门不难，难在年鉴意识培养，难在转型升级，推动年鉴由完成任务向高质量的目标迈进。只有在地方志组织架构内，通过新老交替传承才能使年鉴人才不至于断档。合格的年鉴编辑不是一朝一夕可以练成的，更遑论合格的年鉴工作组织者、统筹者、领导者。同样，年鉴撰稿人一般都是各单位从事文字工作的相关人员，这些人是年鉴撰稿的主体，是年鉴信息提供的主力军。年鉴要记录的最主要的百科内容，大多都从归口的相关单位中来，任何想不依靠党政企事业机关来完成年鉴征稿的想法都是天真的，且不说征不征得到稿件，即使能征集到，未经主管部门的审核，谁能对文字、数据的真伪性进行审核？谁能承担这些文字信息发布后的法律后果？创新是年鉴事业常新和不断发展的保证，年鉴征稿渠道的拓宽、机制的完善都有很多文章可做，但创新一定要立足根本，不是天马行空，任意所为。再次，年鉴编纂必须依靠现有的模式，这个模式即在党委政府框架下，以行政力量来组织年鉴编纂，以相关部门为供稿主体，以地方志工作机构为编纂主体的模式。目前来看，这一模式依然是行政成本最低，效率最高的模式，我们要做的，就是依靠它、完善它，做到尽善尽美。

（四）把握新时代境域中年鉴事业发展的两个方向

一是“互联网 +”境域中年鉴的发展。进入 21 世纪以来，特别是近年来，互联网深刻地改变着人们的生产和生活方式，移动终端几乎成为人们身体功能的延伸，人类真正进入完全意义的网络时代。如何让年鉴在网络境域中与时俱进，实现价值最大化，是年鉴人将要努力的一个方向，也是新时期摆在我们面前的新课题。

一方面，网络提高了年鉴与受众的互动。网络是人类发展史上最重要的发明之一，它提高了科技和人类社会的发展，成为信息交流最便捷的平台。它把各方面信息汇集在一起，形成强大的信息库，并提供资源的共享。在这样的物理平台上，年鉴作为资源端，随着数字化和网络化的推进，不断在网络构建的大平台上得到传播、使用，并在这一过程中接收到信息终端的反馈，反过来又对作为资源端的年鉴形成回流性指导，并促使年鉴发生某种改变。在传统模式下，这一过程也在发生，但无论是时效、速度还是效果，网络平台都是对传统模式的几何级破位。在将来，这些将会深刻影响年鉴的编纂，甚至依据受众需要而产生出定制性年鉴信息也不是不可能的事情。

另一方面，网络为年鉴成果应用和转化，提供了更广阔的可能性。传统模式条件下，受途径限制，了解度使然，年鉴成果的转化和利用率不高。而网络境域下，年鉴的传播和利用打开了无限的空间，大数据、数字化的应用就是实现年鉴成果应用和转化的第一步，将来如何进一步推进，尚需有识之士共同努力。

年鉴编纂要紧紧抓住网络化时代发展的战略机遇，让年鉴事业与时俱进，获得长足的发展和长久的生命力。网络大大方便了年鉴编纂，使得编纂过程更加便捷，特别是网络供稿编辑平台的建立，让编纂过程更加集约化、系统化。新媒体时代，人们对社交媒体的使用与依赖不断加深，同时社交媒体也改变了人们的沟通与思维方式。作为当下使用最为广泛的社交媒体，微信在网民发表言论、表达思想等领域发挥了重要的作用。微信朋友圈刷屏已经成为当下人们生活的一项习惯，此外抖音、快手、B 站、小红书等自媒体展播平台也在不断兴起和改变人们的生活方式、认知方式，如何利用好这些新兴媒体和新兴平台也需要年鉴从业者不断探索和研究。

二是史志鉴事业融合发展。历史有三重意义上的结构，其一是历史的本源，即史实的生发点；其二是记录历史的文本和载体，既包括话语、资料、书籍、音像制品，也包括新兴的云存储等；其三是通过记录历史的文本和载体对历史本源的回溯和还原。在这个意义上，历史记录的信息完整度，也就决定了对历史本源还原的完整度。年鉴毋庸置疑是历史性的文献资料，存史是年鉴的重要功能之一。历史是不能割裂的，记事必须保持连续性和完整性，而目前年鉴的编纂沿用长期形成的条目体，其文体脱胎于百科全书，内容的记载要求直陈其事，讲求开门见山，这种记述方式对年鉴的编纂影响相当之大，但也存在一些弊端。第一，由于受一年一鉴和约定俗成的习惯影响，现在的年鉴基本上只记载当年资料，对于跨年度内容的记载往往存在缺失，有些重要的事件，上年度浓墨重彩，下年度无影无踪，很少去采用纪事本末体把事件记载清楚，历史被人为地生生割裂。第二，过于注重开门见山式的写法，导致很多年鉴记载摈弃一切条件、背景性资料，只讲事件本身，甚至为什么要做这件事都在条目中找不到任何端倪，以致对内容的记载显得突兀。以上的原因，又导致了头绪不清、史实不明，最终让历史只能以碎片化的方式存在。第三，降低了年鉴的存史功用。作为地方志书的史料来源之一，年鉴本可以为地方志书提供相当翔实的基础资料，但就目前年鉴对续修方志发挥的作用来看，年鉴能为志书提供的史料是有限的，两者衔接存在很大的问题。作为史志工作机构两项关联度极高的事业，年鉴和志书本可以融合发展，协调发展，互为促进，但由于长期以来，把两者看作独立的两项工作，有意去划清两者的界限，使得两者长期以来各为其事，究其原因是大多数人总是将年鉴看作舶来品，将地方志看作本土文化，而不考虑两者同一机构、同一事业背景下的联系，缺乏有效的统筹和认识。

随着机构改革，年鉴、方志、党史、档案这些相近的事业归属于一个机构，那种过去相互独立的事业，在新的时代条件下必须纳入统筹，不能搞党史的眼中只有党史，搞方志的眼中只有方志，搞年鉴的眼中只有年鉴，必须站在历史的高度推动史志鉴事业的融合发展。必须树立史志鉴一盘棋的思路，不能轻此重彼，更不能厚此薄彼，史志鉴应当形成一体化发展、促进式发展、合力化发展，实现史志鉴资源成果共享，人才队伍共享，资源配置的优化，构建严谨的学术体系，推动学科发展，最终形成史志鉴深度融合的发展格局。

（五）加快年鉴学科的构建

目前全国年鉴实践已经取得很大的发展，数量增长很快，综合年鉴、行业年鉴、专业年鉴品类也极大地丰富。随着中国年鉴精品工程这样行业顶层推动的全国范围内的年鉴实践创新，近年来年鉴事业日益蓬勃发展，进入全面繁荣期。各地年鉴在编纂实践上也做出了许多有益的探索，取得了很多成效，形成一批特色鲜明、质量优良的年鉴。伴随实践探索而产生的理论总结和研究也非常之多，反过来又进一步指导了年鉴编纂的实践。然而，这些实践和理论研究集中在年鉴编纂层面，没有跳出年鉴基础理论和应用理论的范畴，研究客体集中于微观层面，对于年鉴的时代背景、实践基础、学科依据、理论体系、历史地位、社会功用等本质特征缺乏把握，是零散的，不成系统的；对于学科的发展规律、特点趋势也缺乏有效认识。马克思主义认为，理论是人们从实践中概括出来的关于自然界和人类社会的知识的有系统的结论。“感觉只能解决现象问题，理论才能解决本质问题。”目前而言，全国年鉴实践已经走在了理论之前，需要加快年鉴学科的构建，系统阐释年鉴和年鉴事业的产生、发展及其规律，包括年鉴的基本理论、年鉴史、年鉴编纂、年鉴事业管理和比较研究等。年鉴学科构建将有利于哲学社会科学体系的丰富，有利于对年鉴学术成果加以归纳、综合、精选和优化，有利于推进年鉴的学科体系建设，有利于改变年鉴事业大而不强的现实情况。当前，年鉴事业发展正面临着从增加数量到提高质量的关键转型期，而年鉴学科构建必将从理论的高度予以有效引领。希望更多的年鉴学者和年鉴从业者参与到年鉴学科的构建中来，加快构建年鉴的学科理论体系与学科结构体系。

“双精”共促：走出厦门特色的年鉴精品之路

——《厦门年鉴》打造精品之路 *

中共厦门市委党史和地方志研究室

厦门市坚持以习近平新时代中国特色社会主义思想为指导，在中国地方志指导小组办公室（以下简称中指办）和中共福建省委党史研究和地方志编纂办公室（以下简称省委党史方志办）的精心指导和悉心培育下，坚决扛起新时代地方志工作的职责使命，把参与中国年鉴精品工程与创建福建省全域年鉴精品工程首个试点紧密结合，树牢精品意识，坚持守正创新，跳起摸高、争创一流，实现全市年鉴编纂质量和编纂队伍脱胎换骨的成长进步，形成市、区齐头并进的良好局面，走出一条厦门特色的精品之路，为全国全省年鉴事业高质量发展作出新的贡献。

一、基本情况

厦门市下辖 6 个行政区，2020 年以来，共有 15 部年鉴先后获国家级、省级优秀年鉴表彰累计 20 次。其中，《厦门年鉴（2020）》入选福建省年鉴精品工程，并获第八届全国地方志优秀成果（年鉴类）特等年鉴；《厦门年鉴（2021）》入选第六批中国精品年鉴，并获第九届全国地方志优秀成果（年鉴类）特等年鉴；《同安年鉴》《思明年鉴》《集美年鉴》等 6 个区的区级年鉴也先后在国家和省级年鉴

* 执笔人：明安文，中共厦门市委党史和地方志研究室四级调研员。

评审活动中获奖，实现获奖全覆盖。2023 年 8 月，厦门市获福建省委党史方志办授予“福建省全域年鉴精品工程区域（2020—2022）”称号，厦门市及下辖 6 个区（思明、湖里、集美、海沧、同安、翔安）的 2020 年卷至 2022 年卷综合年鉴，均获“福建省全域年鉴精品工程”称号。

1. 打造中国精品年鉴。2020 年，厦门市在福建省委党史方志办的指导下，积极申报创建中国年鉴精品工程。2022 年 6 月，《厦门年鉴（2021）》成功入选第六批中国精品年鉴。

2. 打造福建省首个全域年鉴精品城市。2020 年，福建省在全国率先打造全域年鉴精品工程，厦门市成为首个且唯一试点城市。经过 3 年扎实创建，2023 年 8 月，厦门市及 6 区均通过验收，福建省全域年鉴精品工程试点经验交流会在厦门召开。

3. 争创中国精品年鉴区域试点城市。厦门市于 2023 年 4 月正式申报第二批中国精品年鉴区域试点，提前做好创建重点、创建规划、经费保障等各项准备工作，先行开展实践探索。推荐同安区作为第一个培育单位，指导完成《同安年鉴（2023）》申报精品年鉴工作。2023 年 11 月，中志办公布第二批入选中国精品年鉴区域试点单位名单，厦门市成功入选，为全国 7 家入选单位之一。2024 年 3 月，《同安年鉴（2023）》成功入选第八批中国精品年鉴。

二、主要措施与经验

（一）领导重视是关键

中指办领导十分关心支持福建省年鉴事业发展和厦门市年鉴精品工程创建工作。2021 年，中国精品年鉴专家先后对《厦门年鉴（2021）》进行框架审核、样书评审、样书复评，有力指导该年鉴入选第六批中国精品年鉴。原中国地方志指导小组秘书长、中指办党组书记、主任崔唯航对福建省全域年鉴精品工程厦门试点工作作出批示肯定，并提出殷切希望。

福建省委党史方志办全程精心指导和悉心培育厦门打造中国精品年鉴及开展福建省全域年鉴精品工程试点工作，对厦门创建工作寄予厚望，鼓励和要求厦门敢于尝试、大胆探索，攻坚克难、开创新局，努力出先进经验，出精品佳作，出规模和示范效应。三年多来，组织高水平专家团队赴厦门面对面、手把手地提供指导帮助，利用评审会、验收会、经验交流会等，从全书框架、重点篇章到样书，每部年鉴、每个环节都精心审校、传授经验，推动试点工作稳步发展。

厦门市委、市政府高度重视年鉴精品工程创建工作。2019 年机构改革，厦门市委党史部门与市政府地方志部门合并为中共厦门市委党史和地方志研究室（以下简称市委党史方志室）并升格，内设年鉴工作处，做到专人专岗、定岗定位；市属各区突破编制紧张、人员紧缺的困难，每个区着力保证年鉴编纂工作力量，为年鉴编审业务持续做精做强奠定较为稳定的基石。厦门市委主要领导批示要求全市党史方志部门，要以高度的行动自觉和强烈的使命担当做好创建工作，以“跳起摸高、争创一流”的精气神，切实发挥存史、育人、资政职能。厦门市、区党委政府从创建重点、创建机制、人员配置、经费投入等方面予以重视和支持，为厦门市持续深入创建给予有力保障。

（二）协同共创是保证

厦门立足区域实际，采取“1+6”联动模式，即厦门市和 6 个区凝聚合力、协同攻坚。一是早谋划抓落实。认真落实《中国年鉴精品工程实施方案》及其修订版、《福建省全域年鉴精品工程实施方案》要求，及时印发《厦门市实施全域年鉴精品工程试点工作方案》，市、区两级联合成立工作领导小组，市与区签订目标责任状，明确年鉴精品工程创建工作的指导思想、目标任务、实施方法和保障措施，形成市、区工作网络体系。厦门市、区党史方志部门坚持将年鉴精品工程创建工作列入每年度工作要点，提早谋划，压实责任，倒排进度，做到层层有人管、有人抓、有人做，确保试点和精品年鉴创建工作按计划落实。同时自我加压，既努力提升效率、缩短编纂周期，为多轮专家评审留足时间，又确保全书综合质量达到精品要求。二是作示范聚合力。厦门市委党史方志室自觉走前头、作表率，着力打造中国精品年鉴，同时对各区实行专人包片负责，充分利用调研、座谈、交流、培训等多种形式，开展业务指导和传授经验；对条件成熟的区，及时指导申报全国、福建省精品年鉴，实现全市年鉴工作整体提升。三是建机制提质效。牢牢把握年鉴编纂工作规范化、科学化要求，建立健全四大创建机制：压实编纂分级责任制，做到全链条分工明确、责任清晰；完善“请进来”与“走出去”相结合的人才培养机制，近年来培养一批业务能手，一名年鉴工作者入选福建省党史方志专家库；完善干部激励机制，将年鉴编纂工作与干部立功受奖、调职调级等挂钩，对《厦门年鉴（2021）》入选第六批中国精品年鉴的9名责任编辑记个人三等功，充分调动年鉴工作队伍积极性；完善比学赶超机制，重视加强年鉴编辑人员专业化培养，通过常态化召开研讨会、鼓励撰写学术论文、开展精品年鉴品读活动等多种方式，大力开展专业比武、倡导学术争鸣，有力锻造了队伍，提升了能力。

（三）质量导向是根本

打造年鉴精品，根本在于质量。厦门市始终牢记质量是年鉴的生命线，牢固树立精品意识、责任意识，努力打造经得起历史和人民检验的精品佳作。一是坚持全程规范不走样。严格落实地方综合年鉴有关规定、福建省年鉴精品工程实施方案要求，并及时跟进上级新要求，相应细化厦门实务指南，使年鉴编纂标准清、操作明。二是坚持源头把关不疏漏。对市、区624家年鉴供稿单位，实行相对固定、全面覆盖的专人包片制度，建立常态化培训机制、脱密审查机制、沟通协调机制，必要时主动上门沟通，增强指导把关的连续性、针对性、专业性，从源头上严格把好供稿关，打牢年鉴工作基础。三是坚持集成把控不放松。采用多方集成模式，纵向优化工作流程，把好从编纂到出版的每个重点环节；横向集成多种手段，包括增加全国专家指导、福建省内专家联审，人工与智能软件相结合精准校对，强化对口编审、交叉互校、集中审校等，全方位强化质量控制，打造年鉴精品。

（四）突出特色是亮点

准确把握变与不变、规范与创新的关系，在精品年鉴创建和年鉴编纂工作中坚持政治引领，展示区域特色，体现时代精神，聚焦热点亮点，做到常编常新。一是整体框架在保持相对稳定的前提下，适时调整学科分类、顺序排列及条目归属等，使框架设计更合理、更简洁，更符合年度实际，突出本地特色。二是主体内容紧扣时代主题，体现厦门在更高水平建设高素质高颜值现代化国际化城市、打造新发展格局节点城市等方面的年度新变化、新成效。如《厦门年鉴（2021）》单一性条目达828个，占全书条目的42%，极大丰富了年鉴内容，让年度亮点纷呈。三是装帧设计有效融入厦门及各区元素，在保持年鉴风格相对稳定的基础上，注重在封面设计、版面设计方面展现厦门地标及建设发展新貌等，凸显时代特色和内涵。

（五）专家智库是支撑

专家学者是年鉴事业的宝贵财富。厦门市高度重视和充分发挥专家学者的智库支撑作用，建立了较为完善的专家学者全程指导机制、沟通协调机制和工作保障机制，充分发挥专家学者在指导把控年鉴质量、培养年鉴编纂人才等方面的作用。三年多来，厦门市邀请福建省委党史方志办组织专家 9 批 75 人次到厦门及 2 批 15 人次线上指导厦门创建中国精品年鉴和福建省全域年鉴精品工程工作，新冠疫情期间也克服困难、从未中断。专家组对《厦门年鉴》2020 年卷、2021 年卷、2022 年卷分别提出 108 条、120 条、89 条修改意见，每卷具体修改内容达上千处。厦门市、区年鉴工作者在平时年鉴编纂中遇到问题和难题时，经常通过电话、微信等向专家请教，共同探讨全域年鉴精品工程创建工作的方式方法以及年鉴编纂中的棘手问题，形成良好的互动关系和协作机制。

（六）升华价值是目的

厦门市主动适应新时代新形势新要求，践行"修用并举"，以创建精品促年鉴升华价值，更好地发挥其存史、育人、资政的作用。在创建精品年鉴过程中，厦门市坚持以存真求实的态度，注重收录资料的真实性、完整性、实用性，坚持记事实不编造、记成绩不夸大、记问题不回避，为盛世修史积累宝贵史料；做到全面、客观、系统，记录新时代、服务新时代，为各级各部门了解情况、科学决策提供有益借鉴；坚持以使用者为中心，提供厦门全方位、全视角的信息窗口，更好地宣传厦门、服务社会。

三、社会效益

（一）示范带动效应明显

一是带动全市综合年鉴创先争优。坚持将创中国精品年鉴与福建全域精品试点工作相互促进，市本级年鉴工作机构成功创建中国精品年鉴后，认真组织各区年鉴编纂人员广泛开展精品品读活动，做好经验总结、经验传授和业务指导等工作，示范带动各区整体提升，打造全域精品。二是为全国全省开展全域精品创建提供厦门样本。厦门市打造中国精品年鉴和创建福建省首个全域年鉴精品工程城市的经验做法，3次获“方志中国”微信公众号、2次获“福建党史方志”公众号宣介推广。三是带动专业年鉴共同发展。《厦门科技年鉴》《厦门建设年鉴》《厦门统计年鉴》等一批专业年鉴，主动借鉴厦门创建精品年鉴的方式方法，加强专业年鉴质量管控，丰富专业年鉴内容，优化专业年鉴形式，不断提高专业年鉴编纂质量。

（二）存史育人资政有力

一是存史价值更高。厦门多部精品年鉴框架更科学、资料更翔实、信息更新颖、数据更精准，资料的连续性、实用性、时效性更强，具有较高的存史价值。二是资政作用更强。厦门的精品年鉴突出年度特点、地域特色，全面反映年度城市发展新形态新成果，更能体现蕴含其中的施政理念和发展思路，对各级各部门领导施政决策具有更强的借鉴意义。三是宣传作用更好。在厦门市图书馆设立精品年鉴等党史方志书籍专架，日常开展党史方志书籍进校园、进机关、进社区、进军营等“八进”活动。厦门的精品年鉴以权威的内容、精美的装帧，成为了解城市的窗口、展现城市形象的名片。

四、“精品后”工作重点

（一）乘势而上开展中国精品年鉴区域试点工作

一是精心部署，整体推进。严格对标中指办工作要求和创建标准，成立市、区联动的工作领导小组和工作体系，制定工作方案，明确创建目标、年度重点、组织方式，细化市、区职责分工和保障措施，确保精品年鉴区域试点任务落细落实。二是好中选优，梯次培育。根据试点目标要求，5年内至少3部年鉴入选中国精品年鉴，本着“成熟一个推荐一个”的原则，坚持重点培养、好中选优，依托福建省精品年鉴评选机制，开展梯队选拔。组织推荐积极性高、基础条件好的区作为中国精品年鉴区域试点培育单位。三是聚力借力，协同攻坚。集中全市优势资源，重点向培育单位倾斜，加强后备单位培养，协调邀请省内外专家给予全程指导，确保高质量完成试点任务。

（二）高位引领强化质量规范和管控机制

一是强化把关机制。严格把好政治关、史实关、保密关、体例关、文字关、逻辑关，坚持总纂一支笔，确保全书严谨、科学、统一。二是强化编校机制。在年鉴编纂校对过程中，提升条目质量、规范文字记述、统一内文版式，从每一个细节处提高年鉴质量。三是强化指导机制。邀请专家加强指导辅导，严格落实专家评审意见反馈报告制度。四是强化评审机制。健全年鉴质量评审制度，做好年鉴框架设计审核、年鉴样书评审、终审验收等环节工作，确保年鉴质量保持稳定不滑坡。

（三）全面锤炼打造志坚业精的年鉴队伍

一是持续抓好精品意识培养。强化年鉴工作者的政治意识、学习意识、创新意识、质量意识、细节意识，切实落实到精品年鉴打造工作中。二是重点抓好编纂业务培训。坚持基本素质和专业能力“两手抓”，加强年鉴编纂人员文字基本功、年鉴编纂专业知识学习和实务交流，定期组织召开全市撰稿人培训会、精品经验交流研讨会、专家评审会等，组织人员积极参加中指办、福建省委党史方志办组织的各类培训，全面提高队伍专业能力和水平。三是突出抓好骨干能手培养。组织市、区年鉴编纂人员持续深入开展中国精品年鉴品读活动，开展理论研讨和跨区经验交流，从品、辨、悟中提高编纂水平。为资深编纂人员和业务能手创造提升发展条件，推荐参加各种学术会议和培训，鼓励深化理论钻研，促其向专家型人才转型升级。

五、存在问题及对策建议

随着信息化、智能化的纵深发展，以及精品工程对年鉴质量的要求越来越高，年鉴编纂出版的压力越来越大，年鉴编纂手段显得相对落后。因缺少年鉴编纂信息化辅助系统等信息化、智能化手段，导致广大年鉴工作者要在校正基本行文规范、基本表述、行文格式、文字语法错误等基础工作上花费大量的时间和精力，很少有时间和精力用来钻研理论和提升水平。如何减轻广大年鉴撰稿人、编审人员等日益繁重的工作压力，成为亟须解决的问题。

为进一步提高年鉴编纂质量和时效，减轻广大年鉴工作者的工作压力，加强年鉴编纂信息化建设，开发年鉴在线辅助编纂系统显得尤为必要。为强化年鉴在线辅助编纂系统的普适性、实用性和权威性，建议请中国地方志工作办公室牵头，各省（自治区、直辖市）、各地市等配合，研究开发年鉴在线辅助编纂系统，在全国推广使用并在使用中不断完善系统功能。

精品之路无止境。厦门市将以成功创建中国精品年鉴和福建省全域年鉴精品工程为新的起点，以扎实开展中国精品年鉴区域试点工作为新抓手新动力，认真贯彻落实有关部署要求，增强使命情怀、精品意识，坚持精品引领、精益求精，坚持解放思想、开拓创新，进一步加强经验总结和理论研究，进一步提升队伍专业化和拼搏作风，进一步营造争优创优氛围，持续走好“精品之路”，为全国年鉴事业高质量发展贡献厦门力量。

倾力打造精品工程　巩固提升精品成效

——《三明年鉴》打造精品之路*

中共三明市委党史和地方志研究室

《三明年鉴》创建精品之路始于2016年。此后，经过6年多的努力，《三明年鉴》走出一条从省年鉴精品工程试点到入选省年鉴精品工程、再到入选中国年鉴精品工程的"磨炼打造"之路。在打造年鉴精品工程的过程中，中共三明市委党史和地方志研究室得到了专家们精心指导，品味了艰辛和付出，收获了经验和启示，提升了能力和水平，并致力巩固和拓展精品年鉴工程取得的成果。

一、《三明年鉴》打造精品情况

2006年5月，国务院《地方志工作条例》颁布，将地方综合年鉴纳入地方志范畴，年鉴编纂成为地方志工作机构的常规工作和任务之一。2006年11月，《三明年鉴（2007）》由方志出版社出版。《三明年鉴（2009）》获得第二届全国地方志系统年鉴评比二等奖。《三明年鉴》每年一部连续出版至今，2023年卷是第17卷。

2016年3月，福建省地方志编纂委员会印发《关于开展福建省年鉴精品工程试点工作方案的通知》，把三明市列为试点单位，实施福建省年鉴精品工程试点工

* 执笔人：李永富，中共三明市委党史和地方志研究室副主任；徐辰，中共三明市委党史和地方志研究室年鉴科负责人。

作。2019年,《三明年鉴(2018)》正式入选首批福建省年鉴精品工程，成为首部地市级福建省精品年鉴。2020—2021年，三明市连续两年申报中国年鉴精品工程，并于2021年成功入选第五批中国精品年鉴,《三明年鉴(2020)》成为福建省首部入选中国年鉴精品工程的地市级综合年鉴。

在精品年鉴的创建过程中,《三明年鉴》多次获得全国性荣誉。《三明年鉴(2020)》获评第八届全国地方志优秀成果(年鉴类)特等年鉴,《三明年鉴(2017)》《三明年鉴(2018)》分别获评第五、六届全国地方志优秀成果(年鉴类)一等年鉴,《三明年鉴(2019)》获评第七届全国地方志优秀成果(年鉴类)二等年鉴。

二、精品年鉴打造的主要经验措施

(一)明确目标，牢固树立精品意识

实施福建省年鉴精品工程、中国年鉴精品工程，是全面贯彻落实全国和福建省地方志事业发展规划纲要的重要举措，是培育精品意识和打造精品年鉴的重要手段，是充分发挥年鉴功能的根基所在。自创建全国、省级年鉴精品工程以来，三明市始终将“精品意识”贯穿年鉴编纂始终，以全面提升年鉴质量，打造存史价值高、实用性强、地方特色凸显的精品年鉴品牌，最大限度发挥“存史、育人、资政”功能为最终目标。为此，三明市专门制定《三明市年鉴精品工程试点工作实施方案》《三明市创建中国年鉴精品工程工作实施方案》等文件，以打造精品年鉴为目标，以完善年鉴工作机制、提高年鉴编纂质量、深化年鉴资源开发利用、加强年鉴理论研究和推进年鉴人才队伍建设为内容，全面落实年鉴精品工程创建工作任务。同时，通过每周年鉴编纂工作推进会、每月年鉴业务交流会以及年度年鉴编纂经验总结会和年初年鉴编纂大纲研讨会，及时总结经验做法，查找不足，持续在年鉴框架设计、资料搜集、条目编排、释文撰写、图表使用、特载专记、目录索引，以及文体文风规范、编纂流程管理、出版印刷发行等各个环节进行改进、创新和提升，一年接着一年干，一卷接着一卷编，每年都有小的进步，每卷都有小的提升。

（二）周密部署，着力推进工作落实

组织编纂地方综合年鉴，是《地方志工作条例》《福建省实施〈地方志工作条例〉办法》赋予地方志工作机构的法定职责。近年来，三明市坚持高规格、高标准推进年鉴编纂工作，周密部署和加强实施，致力提升《三明年鉴》权威性，扩大社会影响力，筑牢年鉴事业发展根基。

2017 年 3 月，三明市政府办公室印发《关于贯彻落实〈福建省地方志事业发展规划纲要（2016—2020 年）〉实施意见》，对实施综合年鉴精品工程作出部署。为更好体现综合年鉴党委、政府主办的权威性和部门参与的全面性，每年初由三明市委办、市政府办名义联合下发关于做好年鉴编纂工作的通知，就年鉴工作的指导思想、编写内容和供稿范围、记述时限、框架安排、稿件报送及保障措施等作出具体安排，明确相关部门的工作职责。如要求市保密局负责年鉴内容的保密审查，市统计局负责有关数据资料的提供和审核工作等。

近年来，三明市年鉴工作得到三明市委、市政府充分肯定，主要领导在全市性工作会议上给予“小单位大作为”的评价，将“编好地方志、综合年鉴”写入市政府工作报告，并在市政府工作主要任务分工中单独列项进行考核，市直各部门单位、各县（市、区）政府作为责任单位。

（三）健全机制，全力保障创建工作

一是健全组织领导机制。为切实加强对创建年鉴精品工程工作的组织领导和协调指导，三明市专门成立年鉴精品工程试点工作领导小组、创建中国年鉴精品工程工作领导小组，由室正副主任担任组长、副组长，业务科室负责人作为领导小组成员，专门负责年鉴精品工程工作方案的制定、实施以及相关协调工作。

二是健全工作运行机制。制定印发工作实施方案，明确要求各供稿单位将年鉴编纂纳入各自工作计划，指定业务和文字功底较强的同志担任编写工作，保证必要的撰稿时间和物质条件，做到领导到位、机构到位、经费到位、队伍到位、条件到位；要求年鉴编纂人员增强精品意识，了解部门分类、单位性质、职能要求，各尽其职，各负其责。三明市加强与各承编单位的联系，变“闭门造车”为“开门编鉴”。如主动加强与各单位分管领导沟通协调，探讨和确定年鉴编纂相关类目和分目设置，并督促和落实工作进度；责任编辑加强与各供稿者之间的沟通

交流，及时指导解决撰稿工作中遇到的难题。同时，每年年初结合各部门（单位）工作主要职能和特点，制定下发年鉴条目编写要求及模板，就综合性条目、单一性条目的内容和要素提出具体要求，以规范撰稿内容、加快组稿工作。

三是健全经费保障机制。借助实施年鉴精品工程的有利契机，三明市经多方争取并征得市财政部门的支持，改变延续多年的年鉴刊载彩页（广告）以收取相关费用、补充经费不足的做法，所需经费全额列入财政预算，为打造精品年鉴创造必要的物质条件。

（四）突出重点，全面实现质量提升

一是优化年鉴框架。精心设计篇目、优化框架设置，对于提升年鉴质量，构建起精品年鉴的"四梁八柱"，具有重要作用。自年鉴精品工程实施以来，三明市通过专门召开精品工程试点工作推进会议、印发篇目调整征求意见函等多种形式，就年鉴框架设计、栏目安排开展讨论交流，对往年设置不尽合理的，进行重新归并整合，注重框架结构与时俱进，严格按照全国、福建省指导专家的要求进行修改完善。《三明年鉴（2020）》重点突出体现三明市作为全国林改策源地、全国精神文明建设发祥地、全国医药卫生体制改革"中国路径"探索地，在市情概貌和相关类目、分目作重点记述；结合三明市委、市政府对工业体系的优化调整，强化工业类目编辑，设置钢铁与装备制造产业、新材料产业（包括氟硅新材料产业、石墨和石墨烯产业、稀土新材料产业）等特色分目；按专家要求，重新梳理生态环境类目，设置环境质量状况、土地资源保护、水环境保护、森林资源保护、湿地和自然保护区保护、矿产资源保护、节能减排、污染防治、环境监管等分目，变原先按部门（单位）设置类目为按行业分类、社会分工设置类目。

二是推进创新求变。加强年鉴工作的理念创新与实践创新，转变为编而编、简单拼凑化的弊端，着力把反映全市统筹推进"五位一体"总体布局和协调推进"四个全面"战略布局的生动实践作为年鉴编纂工作的出发点和衡量年鉴编纂质量高低的标准，克服条目记述碎片化的问题，提升《三明年鉴》存史和服务社会的功能，使年鉴更具实用价值。《三明年鉴（2020）》改变往年专记、特载简单选编的做法，着重体现三明人民践行习近平总书记在福建工作期间11次深入三明调研提出的"青山绿水是无价之宝"等重要指示精神，设置和编纂"做实四篇文章'红色三明、绿色三明、工业三明、文明三明'建设新时代新三明"等特色专

记；改变往年简单按照政治、经济、社会、文化等空泛主题设置卷首彩图的情况，着重从年度大事、要事入手，设置切口较小的专题图片，聚焦反映重要主题和重大事件。如设置“中华人民共和国70周年三明发展变化”“瞰见三明”“红色三明”“绿色三明”“工业三明”“文明三明”6个图片专题，使得地域特色、时代特征、年度特点更加凸显。

三是严格规范要求。《三明年鉴（2019）》参加中国年鉴精品工程评选时，中国精品年鉴专家就针对条目标题、条目内容、计量单位、人物称谓、正文校对、标点符号等方面提出更加严格的标准和要求，编纂人员深刻认识到规范性对年鉴质量优劣的影响。为此，三明市严格按照《地方综合年鉴编纂出版规定》《福建省地方综合年鉴编纂质量评审标准》的要求，在《三明年鉴（2020）》争创中国年鉴精品工程时，更加注重年鉴体例体裁的运用得当，把握篇目设置标准和选材原则、条目内容定位及基础信息、大事要闻入鉴，加强文字表述规范和装帧设计，确保年鉴编纂的规范化和科学化，最终成功入选。

三、精品成效的巩固与提升

年鉴编纂是一项年复一年、周而复始的工作，一两次的年鉴精品工程创建很难保证年鉴编纂水平的持续提升。只有以成功创建中国年鉴精品工程为新起点，以对标中国年鉴精品工程质量要求、持续深化年鉴质量建设为重要抓手，认真总结创建经验教训，着力健全完善年鉴质量管理体系，建立长效机制，才能全面提升和确保年鉴编纂质量，不断推动年鉴编纂工作实现新突破。

（一）强化责任担当，切实增强服务发展大局实效

一是强化责任意识。年鉴事业是地方志事业的重要组成部分，在我国经济社会发展和社会主义文化强国建设中发挥着重要作用。要编修出经得起时代和历史检验、具有鲜明时代特征、年度特点和地域特色的精品年鉴，充分发挥存史、育人、资政的功能作用，推动新时代年鉴事业高质量发展，需要年鉴人为之不懈努力。为此，三明市在推进年鉴编纂工作中，采取有效举措强化年鉴编纂的责任意识，提升年鉴编纂水平。一方面，注意强化政治意识。加强对习近平新时代中国特色社会主义思想的学习，深入学习贯彻习近平总书记关于史志工作的重要论述

精神，并作为指导思想贯穿于年鉴编纂全过程。另一方面，注意强化责任落实。认真学习贯彻国家、福建省有关年鉴工作文件精神，既及时学习全局性工作文件精神，增强大局意识、上下一盘棋思想，又深入学习和落实《地方综合年鉴编纂出版规定》《关于地方综合年鉴编纂出版若干问题的补充规定》等质量规范要求，增强落细落实精品规范意识。

二是加强队伍建设。要让人们感到年鉴确实有用，扩大年鉴影响力，就必须立足做好年鉴编纂工作，而编辑素质的高低直接关系和影响年鉴质量。自《三明年鉴（2020）》入选中国精品年鉴和获得全国特等年鉴后，三明市延续抓编纂业务提升的好经验好做法。比如，每周召开年鉴编纂工作分析会，重视以案例分析形式促进提升年鉴编纂业务水平；每月召开年鉴业务交流会和品读精品年鉴等活动，组织年鉴编辑人员学习业务知识、学习其他中国精品年鉴单位先进经验等；召开年度年鉴编纂经验总结会，深入分析年鉴编纂存在的问题和不足，总结经验教训，并将常见问题归纳成册，用于指导下一年的年鉴编纂工作。除此之外，还积极组织开展“青年干部讲坛”，深入研讨交流年鉴编纂等业务知识，促进青年干部业务水平得到更快提升。

三是增强服务实效。创建中国精品年鉴成功后，三明市进一步探索增强年鉴服务中心大局功能，着重把握历史时期的重点工作和要求，强化“专记”深度记述、“特载”权威记述和“专题图片”形象记述。结合2021年3月23日习近平总书记亲临三明考察，对三明老区苏区发展特别是医改、林改、乡村振兴、沙县小吃产业发展作出新的重要嘱托，以及三明市部分行政区划成功调整等重大事件，《三明年鉴（2022）》设置了“‘大三明’中心城市建设”“生态文明建设”“沪明交流合作”等图片专题，以图文并茂形式，直观反映当年度的重大事件和重要成果。特载收录《习近平总书记来闽（明）考察》《牢记重要嘱托、建设“一区六城”》2个专题，选载《人民日报》、新华社和《福建日报》等主流媒体报道稿；专文收录《三明市推进医改、林改、乡村振兴、沙县小吃“四个再出发”》《三明市部分行政区划调整工作纪实》等4篇，强化记述深度和广度，丰富年鉴资料性，在增强存史和服务效能的同时，也提高可读性。近年来，三明年鉴人服务中心工作得到了市委、市政府高度认可，更多地承担起以地情研究服务全市高质量发展的工作，比如服务“沪明对口合作”工作。为支持三明重工业基地和“小三线”建设，1959年至1970年上海有18家企业先后迁入三明市，为建设新兴工业城市作出不可磨灭的贡献。为支持革命老区巩固拓展脱贫攻坚成果，国务院出台《关于新时代支持革命老区振兴发展的意见》，并实施《革命老区重点城市对口合作工作方案》，由上海市与三明市建立对口合作关系。由此，沪明两地再续前缘、再谱新篇。为反映沪明两地交流交往史，三明市认真挖掘和整理沪明关系大事记等重要史料，供三明市委、市政府和相关部门了解和参考，并加强与上海方面合作，共同开展以“上海支援三明的史料征集与研究”为主题的专题研究。同时，为反映沪明两地对口合作关系建立以来工作推进情况，《三明年鉴（2023）》专记专门收录《再续沪明新情缘　共谱合作新篇章》，从建立对口合作领导机制、推进项目落地发展、共同弘扬红色文化、共促民生事业等多方面进行深度反映。

（二）加强质量管理，严格年鉴编纂质量指导监督

加强年鉴质量管理，关键在于严格指导监督年鉴编纂质量。创建中国精品年鉴成功后，三明市着眼年鉴编纂高质量要求，严格做好事前、事中和事后控制。从组织准备开始到最后成书，做到抓质量不留后患，出版后尽量少留或不留遗憾。

一是细化事前控制，做到预警防范、准备到位。也就是在每年度年鉴准备和启动之时，在调查研究、充分论证的基础上，制定科学合理、切实可行的编纂方案，细化年鉴编纂质量管理相关要求、资料收集要求等，对年鉴编纂过程中常见问题提出预警方案和处理办法，提高编辑人员思想认识。

二是注重事中控制，做到规范纠偏、责任到位。主要看资料收集、图照收集、沟通交流等环节工作是否到位，经常性召开碰头会、点评会，对进度缓慢、稿件修改不细致等问题进行及时纠偏和纠正，通过“典型引路”，带动其他编辑人员编纂水平的提高。同时，形成责任编辑“初检”，不同篇目责任编辑交换“复检”，安排单位其他人员“抽检”，主编总体把握“终检”的检查程序，推进每个具体程序“无缝对接”，保证稿件修改阶段不留或少留质量问题。

三是重视事后控制，做到督促检查、落实到位。主要做好稿件审查验收和提交出版、印刷校对工作；针对出版社或年鉴专家提出的稿件修改意见，编辑人员及时修改落实，并按有关行文、出版规范认真校对，把好最后一道关。同时，对标全国地方志优秀成果（年鉴类）评审标准，逐条对照检查，严把政治关、史实关、保密关和质量关。

（三）发挥示范效应，全面提升年鉴工作整体水平

持续不断推进年鉴事业高质量发展，需要各级年鉴编纂水平整体提高。根据《中国年鉴精品工程实施方案（修订版）》《关于全力做好省市县三级综合年鉴2023年卷编纂出版工作的通知》等文件要求，“发挥试点区域和精品年鉴的示范带动效应，引领推动年鉴事业走上高质量发展道路”，中国精品年鉴单位更应该发挥引领带动作用，承担起推进年鉴工作整体水平全面提升的任务。年鉴精品工程试点工作启动伊始，三明市就强调要以市带县，引领县级综合年鉴工作同步推进。室领导多次到基层了解县（市、区）综合年鉴编纂情况，指导综合年鉴编纂工作，加快推动其综合年鉴公开出版。结合推荐参加全国地方志优秀成果（年鉴类）评选，召开年鉴编纂交流暨地方志优秀成果（年鉴类）推荐评审会，组织各县（市、区）年鉴主编、年鉴编辑人员对拟参评年鉴进行通篇审读，交流年鉴编纂经验做法，探讨破解年鉴编纂问题的办法，讨论如何优化年鉴框架结构、丰富资料内容、规范条目设计等方面工作，形成年鉴编纂工作互学互鉴的良好氛围。通过以市带县，全市综合年鉴“两全目标”如期实现，总体质量得到提升，《大田年鉴》《清流年鉴》《宁化年鉴》等多部年鉴在全国、全省地方志优秀成果（年鉴类）评审中获奖，《明溪年鉴（2022）》还成功入选福建省精品年鉴，成为三明市首部获此荣誉的县级年鉴。

锻骨塑型 助力“闽东之光”绽放光芒
——《宁德年鉴》打造精品之路 *

中共宁德市委党史和地方志研究室

2023 年 3 月，中国地方志指导小组办公室公布第七批中国年鉴精品工程“中国精品年鉴”名单，《宁德年鉴（2022）》成功入选。这是《宁德年鉴》荣获第七届、第八届全国地方志优秀成果（年鉴类）一等年鉴后，又一次获得重要殊荣。

一、《宁德年鉴》情况简介

《宁德年鉴》创刊于 1999 年，每年一卷。2014 年，宁德市率先响应国务院“两全目标”要求，县级年鉴全面启动开编工作，并于 2015 年实现全部编纂出版，至今持续保持“一年一鉴，公开出版”。随后，宁德市沿着“每年上一个台阶”的目标，不断创新工作举措，推动地方综合年鉴事业稳步向前发展。自 2018 年起，《宁德年鉴》连续 3 年先后获评全省一等年鉴、全省特等年鉴、全国一等年鉴。2022 年卷为第 23 卷，主要的经验是“四个全面”。

（一）以新建评价体系为统领，全面推进年鉴考评

2017 年，宁德市在全省及国内方志系统中首创县级地方综合年鉴评价体系，

* 执笔人：何钊，中共宁德市委党史和地方志研究室副主任。

有效解决县级年鉴工作“不想做、不会抓”的瓶颈问题，在全省推广并受到中国地方志指导小组办公室领导肯定和表扬。对照《宁德市县级地方综合年鉴工作评价办法》指标要求，各县（市、区）全方位加强推进年鉴工作，综合考评成绩从2017年平均71.8分上升至2020年平均86.2分。

（二）以先进典型为榜样，全面推进工作创新

2015年，为贯彻落实“两全目标”要求，宁德市全面开编县级综合年鉴，并提出“北学温州、南学厦门”的目标，到江浙沪“取经”，大幅改版《宁德年鉴》。为解决编鉴人才短缺问题，发挥全国地方志研究中心设立在宁德师院图书馆的优势作用，从师院首届方志班中选拔优秀学生3名参与《宁德年鉴（2019）》编辑工作，并多方探讨人才引进、开门编鉴新模式，通过面试、笔试等环节择优录取3名社会待就业应往届大学毕业生，以及开展“今日宁德我来拍”活动等，以创新形式扩大编纂力量、提升地情类作品的可读性。

（三）以评审讲评为平台，全面推进系统合力

每年召集近150个承编单位举办《宁德年鉴》部署及讲评会，典型引路、问题剖析，对表现好的撰稿人进行通报表扬。举办县级年鉴骨干业务培训班以及县级地方综合年鉴评审会等，以各县骨干为评委，参照省评审会模式，打破以往县际年鉴无交流的格局，凝聚全市年鉴工作“一盘棋”合力。

（四）以规范标准为尺度，全面推进精品工程

参照《地方综合年鉴编纂出版规定》《关于地方综合年鉴编纂出版若干问题的补充规定》、福建省《年鉴编纂概要》等，邀请业内专家指导，广泛征求意见，反复斟酌修改，先后制定《宁德市地方综合年鉴工作规范》《〈宁德年鉴〉大事记选录暂行标准》等规范标准，为年鉴编纂工作实际提供操作性强的参考依据，逐步落实年鉴工作规范化建设。

二、《宁德年鉴（2022）》编撰之路

回顾2022年卷编纂过程，感触良多。这是一部凝聚着市委、市政府领导和全

室上下心血的作品，全程在市委、市政府的领导下开展，宁德市委党史和地方志研究室以打造精品年鉴为追求和目标，从夯实基础、突破创新、精益求精三个方面入手，实现了“框架特色化、组稿深度化、编校精细化”，编纂过程贯穿着三个“心”。

（一）以实际行动表明坚定“两个维护”的“决心”

宁德是革命老区，也是习近平总书记曾经主政过的地级市，是一座山海之城，拥有极具特色的红色文化、畲族文化、廊桥文化、海洋文化，习近平总书记曾将之形象地概括为“闽东之光”。这里是习近平新时代中国特色社会主义思想的重要萌发地和实践地，习近平总书记在宁德工作期间，为指引党史方志事业发表了高瞻远瞩的重要讲话，至今仍在鼓励着党史方志人勇毅前行。《宁德年鉴（2022）》对标习近平总书记要求，围绕党委政府的中心工作，全面展示宁德实践的光荣篇章。《宁德年鉴（2022）》创建精品过程中，市委、市政府分管领导受主要领导委托时常过问进展情况，督促抓好精品目标任务实施。宁德市委党史和地方志研究室组织精品创建工作专班，由室主任担任组长、室分管副主任担任副组长，强抓篇目修订、组稿、编稿、统稿、书稿修改等各环节任务落实，确保创建工作顺利开展。

（二）用一丝不苟演绎精工细雕的“匠心”

专家指导既是精品创建道路上的一座灯塔，又是具体实施过程中的舵手，引领年鉴编纂工作不断向精品目标靠近。《宁德年鉴（2022）》编纂人员逐条对照，认真学习领会专家对篇目结构调整、全书修改等提出的评审意见，分析每一轮修改的主要任务，明确提升年鉴资料性为目标任务，研究解决方案，对指导意见进行“需要增补资料”“需要调整结构”“需要重新编辑”“需要全书统一修改”等类别梳理，同时结合实际，举一反三，确保专家指导意见领会到位、落实到位。在编排中，充分调动编辑、排版力量，编辑人员加班加点，排版无缝对接，有效落实部分类目全篇重新编辑，大量分目、条目的拆分、重组、升格、替换，以及全书统一规范修改等。以连续记载各方面综合情况、常态化事项为基础，适度收录单一事项、动态事件情况为补充，做到点面内容有机衔接，动静态条目比例适中。进一步强化体例规范要求，图表排序、图注表达等各方面均做到全书统一规范。

（三）以详尽资料真实展示“闽东之光”全貌的“用心”

用心，体现在三个“联”。一是强化编审联系。在市委主要领导的过问、支持下，市委办公室、市政府办公室联合印发《关于加强地方志供稿工作的通知》，以文件形式明确市直各单位的工作范围、报送材料及报送时限等要求，形成顺畅的供稿机制，提高年鉴的供稿质量与效率。二是强化上下联动。在编纂过程积极争取国家和省级年鉴专家帮助指导，认真学习领会专家的意见建议，确保领会到位、落实到位，并加大对县市区年鉴编纂的指导力度和对市、县两级年鉴专业人才的培养力度，2020 年以来，全市累计培训年鉴业务人员 344 人次，2022 年全市 2 名年鉴业务骨干入选省级年鉴专家库。三是深化左右联合。通过创新举办《宁德年鉴》小规模培训班，召开年鉴工作协调会、点对点发函、上门走访等多种形式，深挖部门资料。同时注重发挥信息媒体作用，利用互联网信息媒体，广泛搜索有关动态资料，完善动态条目的记述及图片资料增补。

付出虽然辛苦，但收获也是喜悦的。2023 年 6 月，市委常委会会议专题研究《宁德年鉴》奖励表扬事宜。是月，中共宁德市委、市政府印发《关于奖励表扬〈宁德年鉴〉编纂工作先进集体和先进个人的决定》，并专门召开奖励表扬会，对全市 49 家参编单位和 54 名编纂人员进行奖励表扬，同时追加《宁德年鉴（2022）》精品创建经费、市委党史和地方志研究室获记集体三等功，共有 46 个参编单位受通报表扬、5 名编纂人员获记三等功、20 名编纂人员受嘉奖、29 名编纂人员受通报表扬，创下了单次受表彰表扬人次最多的全国纪录。

三、《宁德年鉴（2022）》的主要特点

因为领导重视、干群努力，《宁德年鉴（2022）》编纂克服编辑人员少、经费紧缺的困难，如期达成精品条件。综观全书，呈现两大特点。

（一）牢记嘱托，展示宁德人民感恩奋进的精神风貌

一是立足宁德山海兼备的地理特点，念好“山、海、田”经。全书牢记“弱鸟先飞、滴水穿石”的嘱托，在农业、工业、旅游业、金融业、生态环境、乡村建设、教育等基础类目的编写中，围绕宁德的茶产业、茶文化、茶生态及海洋养

殖、海洋文化、海洋工业，全面展示宁德的工农业发展面貌，为打造经济增长极做好资料存留。

二是立足农业农村和山区发展特点，做足乡村振兴文章。通过闽东特色乡村振兴之路分目，专题记述践行“努力走出一条具有闽东特色的乡村振兴之路”的嘱托。除设立乡村振兴、环保相关类目进行专题记载外，在农业、乡村建设、经济管理、生态环境、应急管理、卫生健康、社会生活等类目里，围绕农村和山区发展做了全面记述。

三是立足工业和现代城市建设重点，做足“金娃娃”文章。牢记“多抱几个金娃娃”的嘱托，通过“全球最大的锂电池和不锈钢生产基地”等图片专题，形象反映宁德市构建以锂电新能源、新能源汽车、不锈钢新材料和铜材料四大产业集群为支撑的现代工业体系，打造全球新能源新材料产业的核心区的快速发展步伐；“工业　建筑业”类目，全面记载全球新能源新材料产业核心区建设进程。

四是立足绿色、宜居、协调发展亮点，做足“四库”文章。通过“中国‘绿都’”图片专题，记录“宁德市入选中国绿都名单”，以时间为轴纵向拓展延伸“绿都”内涵，用一组图片重温习近平总书记在宁德工作时提出的“森林是水库、钱库、粮库”理论（后来习近平总书记又加上“碳库”），深入记述宁德市建设绿色低碳宜业宜居先行区进程，展示宁德绿色发展成效。设旅游业、经贸合作等类目，记录宁德市建设现代化湾区经济试验区进程，力求全方位展示一个正在中国东南一隅蓬勃兴起的山海之城。

（二）突出特色，以全新视角讲好“宁德故事”

一是编好专记，聚焦年度特色亮点事件。除闽东特色乡村振兴之路分目外，还通过党史学习教育纪实分目，专题记述宁德市党史学习教育的做法特点、主要成效及经验启示；通过“清海”经验全国推广分目，专题记述 2018—2021 年宁德市海上养殖综合整治的成功经验并在全国推广的情况；通过“庆祝建党百年活动集锦”“中国共产党与世界政党领导人峰会”等图片专题，反映年度大事要事景况等。

二是升格分目设置，体现地方特色。将宁台交流、茶产业等分目升格为类目，着重展现宁德地处海峡西岸东北翼，与台湾同胞开展的文化、经贸、人才等往来交流情况，以及宁德作为茶叶之乡如何发展壮大茶产业。全面解构重组《宁德年鉴（2022）》篇目结构，拆分外事·侨务·台港澳事务等10余个类目，新增信用体系建设等众多分目或条目内容，调整后的篇目框架归类更加合理，层次更加分明，大大增加内容空间。全书设38个类目，下设258个分目（次分目）、1437个条目，构筑起一个科学完备的年鉴框架体系。

三是扩大展示视角，提升资料价值。全书采用随文图表42幅（张），进一步丰富条目内容。适当采取链接形式，延伸年度气候情况等拓展资料内容。统一县（市、区）类目各分目的条目设置及概况条目记述内容要素，进一步提升年鉴的参阅价值。同时利用互联网信息媒体，广泛搜索有关动态资料，完善动态条目的记述及图片资料增补。全书收录统计图表60多幅（张）、照片130多幅，全方面、多角度记录并展现正在中国东南一隅蓬勃兴起的山海之城。

四、对未来年鉴工作的思路建议

年鉴编纂是党史方志部门的重要工作，年年都必须编辑。为了强化年鉴的编纂工作，应着力从梳理年鉴编纂工作流程入手，认真查找工作中存在的薄弱环节，综合分析制约年鉴编纂时效的主客观因素，力求构建更加科学合理的年鉴工作机制，力争推出更多高质量、高效率年鉴精品。

一是要建立健全年鉴工作机制。为提高年鉴编纂实效，确保“一年一鉴”工作时效，促进年鉴事业高质量发展，要建立健全一套科学的、行之有效的“三明确”工作机制，即明确工作分工：组稿、编辑、审稿三个主要工作环节的责任分工；明确工作时限：严格控制各环节完成时限，确保工作时效；明确责任要求：对组稿环节、编辑环节、审稿环节各组成单位、地方志编撰单位的责任进行明确，规定必须严格按规定时间节点，及时有效落实相关领导审阅报关制度。

二是要争取领导重视支持。《地方志工作条例》第四条明确规定：“县级以上地方人民政府应当加强对本行政区域地方志工作的领导。”自2018年底全国上下的机构改革以来，不少地方的地方志工作机构都与党史或档案等部门合并，隶属关系也由原来的政府领导改变为党委、政府双重领导。但由于机关工作性质的限制，党史方志部门更多的是被视为“偏门”“冷门”单位，不受重视是长期形成且短期内无法改变的。为了得到当地党委、政府对地方志工作的重视和支持，地方志工作机构首先要主动向当地党委、政府多请示多汇报地方志工作。同时，方志部门也要努力在工作中做出成绩，使地方志工作更多、更好地服务于党委政府中心工作，让领导看到地方志工作的意义所在、价值所在，从而引起领导的重视。同时，建议国家、省级地方志工作机构的领导重视年鉴公开出版环境的改善，可以试行全国或各省指定一个专业出版社出版地方综合年鉴，统一协调减免书号费，对财政困难的县份给予出版费用减免的支持。

三是加强地方志法治建设。在《地方志工作条例》的保障下，地方志事业取得了一定的发展成就。但随着时代变迁，《地方志工作条例》中存在的不足逐渐显露出来，亟待进一步修订完善。年鉴工作作为地方志两大基业之一，要进一步完善《地方综合年鉴编纂出版规定》，不断总结年鉴工作经验，以解决实际问题为出发点和落脚点，制定出台更多、更全、更科学的规范标准，形成一套年鉴工作自有的、完备的法规体系，为推出更多高质量的年鉴精品、推进年鉴事业可持续发展保驾护航。要积极推动各级政府将地方志工作法治化纳入依法行政范畴，将地方志法规与规章的实施、地方志工作法治化与依法行政工作一起规划部署、检查落实、考核奖惩。要确立“依法治志”的地方志工作法治观。全面加强地方志法规宣传，不仅要让领导了解重视地方志工作，还要让全社会都来更多地认识和熟悉地方志，让更多人参与到地方志编纂工作中，让地方综合年鉴更加贴近人民、依靠人民，实现从“众手成鉴”走向“人民编鉴为人民”。

年鉴质量提升永远在路上。《宁德年鉴（2022）》的中国精品年鉴创建之路，不仅是一个年鉴质量打磨锻造的过程，对于参与其中的编纂人员队伍来说，更是一段磨砺成长的历程。未来，《宁德年鉴》编纂队伍将继续在推动年鉴事业高质量发展道路上砥砺前行，打造更多精品佳鉴。

创建志鉴双精品　打造赣州新名片

——《赣州年鉴》打造精品之路*

中共赣州市委党史研究室（赣州市地方志研究室）

赣州市是江西的南大门，也是革命老区、原中央苏区振兴发展示范区、红色文化传承创新区。2019年5月，习近平总书记亲临赣州视察时强调“抓好赣南苏区振兴发展具有特殊的政治意义”。全市上下坚持以习近平新时代中国特色社会主义思想为指导，深入贯彻习近平总书记视察江西和赣州重要讲话精神，牢记嘱托、感恩奋进，加快推动赣南等原中央苏区高质量跨越式发展，以实际行动回报习近平总书记和党中央关心厚爱。乘着赣南苏区振兴发展的东风，全市方志人以不辱使命的历史担当，全力推进全市史志事业高质量、跨越式发展。《赣州年鉴（2020）》入选第五批中国年鉴精品工程“中国精品年鉴”。这是赣州市继《赣州市志（1986—2000）》入选中国志书精品工程“中国精品志书”后，不仅实现江西省年鉴入选中国精品年鉴“零”的突破，赣州市更是成为全国唯一实现“志书、年鉴双精品”的设区市，赣州市地方志办公室也被评为全国地方志系统先进集体。2022年，《安远年鉴（2021）》成功入选中国精品年鉴，赣州市入选首批中国精品年鉴区域试点单位。

* 执笔人：陈晔明，中共赣州市委党史研究室（赣州市地方志研究室）年鉴资料科科长。

一、精品年鉴打造历程

2019年12月，赣州市地方志办公室在中国精品志书《赣州市志（1986—2000）》顺利发行后，大力弘扬苏区精神和苏区干部好作风，以勇往直前、勇争一流的闯劲、拼劲、干劲，自我加压、调高标尺、奋勇争先，提出了实现“志鉴双精品”目标，积极主动申报中国年鉴精品工程。

《赣州年鉴》自2002年起实现“一年一鉴”，是江西省最早实现“一年一鉴”的设区市，2015年起连续公开出版。《赣州年鉴》2017年卷荣获第五届全国地方志优秀成果（年鉴类）特等年鉴，2018年卷、2019年卷分别获第六届、第七届全国地方志优秀成果（年鉴类）一等年鉴。《赣州年鉴（2020）》坚持精品意识，从图片到内容、从框架布局到版面设计都敢于尝试、勇于创新，力求做到凸显赣州地域特点、时代特征和年度特色，成功创造中国精品年鉴的赣州经验，打造了赣州文化的“新名片”。

二、《赣州年鉴（2020）》特色和创建经验

立足过去，成绩来之不易；放眼未来，未来必然可期。回顾赣州市打造中国精品年鉴、推进精品年鉴区域试点历程，感慨颇多。

（一）框架设计特色鲜明

《赣州年鉴（2020）》结合新时代赣州发展新格局和年度特点，改变思维定式，调整和优化框架设计，把握规范与创新的关系，打破“千鉴一面”的格局，做到规范、科学、成熟。一是彰显区域特色。《赣州年鉴（2020）》突出赣州市是中央苏区、革命老区的区域特点，创设赣南苏区振兴发展类目，设政策措施、对口支援、经济社会发展、瑞兴于经济振兴试验区建设等分目，重点记述赣州市在《国务院关于支持赣南等原中央苏区振兴发展的若干意见》出台后开展的各项工作和取得的成效。二是突出重点工作。赣州市是全国较大的集中连片特困地区之一、江西脱贫攻坚的主战场，围绕市委、市政府2019年在脱贫攻坚方面的重要部署、重大举措和重要成果，《赣州年鉴（2020）》特设脱贫攻坚类目，体现赣州的年度重点工作。三是体现时代发展变化。围绕2019年机构改革工作实际，《赣州年鉴

（2020）》增设信息化建设、生态环境、社会生活、应急管理类目，将原先分散在相关类目的内容进行整合，集中记述，更加全面系统地反映赣州市 2019 年度政治、经济、文化、社会和生态文明各方面发展状况。

（二）入鉴内容求变创新

《赣州年鉴（2020）》与时俱进，及时反映不断变化的新事物、新思路、新举措，提升年鉴可读性、可鉴性。一是创新彩页编排。《赣州年鉴（2020）》打破原有彩页框架，结合赣州实际分设“印象赣州”“年度聚焦”“七十年回眸”等专题，其中“印象赣州”专题分江南宋城、红色故都、客家摇篮、世界橙乡等专栏展示赣州历史风貌，“年度聚焦”专题重点记录“习近平视察赣州引起热烈反响”“昌赣高铁开通运营”“六大攻坚战”等年度大事要闻，“七十年回眸”专题用 68 幅老照片反映中华人民共和国成立七十年来赣州取得的各项成就。二是丰富表述形式。《赣州年鉴（2020）》充分运用表格、图片等形式，增加年鉴信息量，增加内容可读性和直观感。在卷首彩页首次以柱状图的形式直观展示 2019 年赣州市经济社会发展数据；在正文中插入“赣州市财政总收入结构分析一览表”等表格，以直观的数字对比形式展现年度发展情况；紧扣“赣南苏区振兴发展八周年”等重要节点，遴选重要的历史照片达到“一图胜千言”的作用。三是科学归类编纂。《赣州年鉴（2020）》对政治、经济部类的部分内容进行科学归类，将党史研究分目调整到文化类目，民政、人力资源和社会保障等内容调整到社会生活类目，生态文明建设、公共机构节能管理等条目内容归入生态环境类目。四是增强史料价值。赣州市高度重视年鉴资料的实用性，单位约稿由“提供什么编什么”向“编什么提供什么”转变，如工业、信息化建设类目中出现的新生事物，责任编辑主动上门约稿、讨论条目设计，防止重要内容的遗漏和缺失，使史料更为完整充实。

（三）质量管控精准细严

质量是年鉴的生命。《赣州年鉴（2020）》坚持精品导向，注重质量管控，实现选题精当、数据准确、体例严谨、文辞规范。一是建立严格质量保障体系。将质量意识贯穿于年鉴编纂的全过程，对标对表，制定相关制度，把好框架设计、条目编写、装帧设计等环节以及检索手段、编校质量和编校时效等要求。实施精细化管理，倒排工期、挂图作战，加强对每一环节每一个人的任务落实，进行逐一过审、交叉审校，确保年鉴质量实现质的飞跃。二是统一版面风格。把好体例关、图表关，在版面设计上主动适应新时代读者的审美需要，着重规范文体使用、语言表述、数据应用、标点符号运用、计量单位使用等，安排专人对前后文、图文图表、数据统一性等关联要素进行审核。三是规范文字记述。把好政治关、文字关，在语言表达上注重时代感，做到字斟句酌、推敲打磨、精雕细琢。重点对单位名称、缩略语等进行规范，如中国共产党赣州市纪律检查委员会 赣州市监察委员会类目，以及正文中国家部委、民主党派、群众团体等均使用规范简称。四是提升条目质量。《赣州年鉴（2020）》把条目作为提升质量的关键抓手，多次组织审核修改条目内容，对特色内容进行条目化处理，如细化市政府重要决策分目内容，设市中心城区五区一体化、促进全市经济平稳健康发展、全面深化新时代教师队伍建设改革、农村宅基地管理制度改革等 11 个条目。通过概括、细化、整合等方式，不断提升条目质量，做到要素齐全、文题相符。

（四）区域联动全面提升

《赣州年鉴（2020）》成功获评中国精品年鉴后，赣州市总结运用好精品年鉴创建成功的宝贵经验，对标一流、争创一等，将精品培育向全市推广，辐射带动全市 18 个县（市、区）年鉴质量实现稳步提升。一是发挥精品年鉴引领作用。赣州市坚持守正创新与科学规范、理论研究与实践应用、质量管控与辐射带动、舆论宣传与成果利用并重理念，不断探索年鉴编纂的新理念、新思路，持之以恒贯彻精品意识，以点带面推动精品年鉴区域建设，着力打造经得起时代考验的精品佳鉴，使之成为展示赣州地域特色和年度特点的重要文化“标签”。《安远年鉴（2021）》接续成功入选中国精品年鉴，开江西省先河，填补了省内无县级中国精品年鉴的空白。二是推动年鉴质量实现均衡提升。近年来，赣州市在年鉴编纂中坚持思路创新、机制创新、手段创新，摒弃以往年鉴编纂的思维定式和路径依赖，积极探索组稿、编辑、排版、校对、印刷、出版等各个环节的新举措新方式。在年初组织人员对 18 个县（市、区）年鉴框架进行逐一审核，并提出审核意见，要求各地科学设置类目，对框架结构进行优化，及时反映不断变化的新事物、新思路、新举措，提升年鉴可读性、可鉴性，凸显个性与活力。三是建设高质量专业人才队伍。赣州市以提升年鉴编纂队伍业务水平为抓手，强化业务培训，以适应年鉴编纂事业新变化。不断健全人才网络，制订专家库管理办法，培育和打造高端地方志专家队伍，提供人才保障。每年召开全市年鉴工作会议，以会代训，并通过开展各类业务培训会、评鉴研讨点评会、交流互鉴会、网络视频学习会、微信群QQ群答疑会，提升年鉴业务水平。对创建精品单位的年鉴工作者面对面“传帮带”，坚持干中学、学中干，引导他们以守得住清苦的孺子牛精神、受得住艰苦的拓荒牛精神、扛得住辛苦的老黄牛精神，不断提升业务能力，挖掘工作潜力。利用全市史志机构改革契机，积极争取将各县（市、区）地方志工作机构列入参公单位，充分调动各县（市、区）人员主观能动性，激发工作干劲和热情。四是探索赣州精品创建新模式。赣州市按照“总结经验，以市带县；重点指导，以点带面；县级互评，互鉴提升；定期督查，全面推进”的创建举措，定期组织开展县级年鉴评议会，加强对县（市、区）年鉴编纂工作进行调研督导，统筹推进精品年鉴区域试点建设。通过精品创建的示范带动和重点培育指导，及早谋划、提前介入、全程跟踪，推动形成区域联动的“赣州模式”。

三、启示与体会

市、县两级年鉴先后入选中国精品年鉴，是赣州市地方志事业在新的历史时期全面实施地方志质量提升行动取得的崭新成绩，这既是对赣州年鉴工作的充分肯定，也是对赣州工作的极大鞭策。虽然赣州在推动市、县两级年鉴工作中还存在着各地发展不平衡不充分、专业人才出现青黄不接、专项经费保障落实不及时等问题，但赣州市充分把握这一难得机遇，不断创新理念，切实提高质量品位，逐一破解年鉴编纂过程中的难点节点问题，围绕中心大局，记录光辉历程，努力探索全方位、全领域打造精品年鉴之路。在接续奋斗中，积累了许多宝贵经验，这些精神财富，既是过去实践的经验总结，也是做好今后年鉴各项工作的重要遵循，必须倍加珍惜、长期坚持，深入践行、发扬光大。

（一）解放思想、善谋大势，是构建全市年鉴事业格局的先导工程

眼界决定格局，格局决定高度。如果不下大力气从思想根源上解决精神状态、工作作风、思想观念上存在的种种问题，就难以适应新形势、落实新要求、实现新目标，就会错失高质量发展的历史机遇，被时代大潮抛到后面。赣州年鉴工作主动放大视野，放大“坐标系”、找准“参照物”，自觉把工作放到全省乃至全国

发展的大格局当中去审视、去谋划，跳出赣州看赣州、立足省内看赣州、放眼全国看赣州，自加压力、增强定力、催生动力，把“作示范、勇争先”贯穿到年鉴工作全过程，努力创造新时代的“第一等工作”。实践充分证明，必须准确把握新时代年鉴工作面临的新机遇，充分认识精品年鉴区域试点建设的“含金量”，既要把精品年鉴区域试点建设作为一项重点中心工作来抓落实，也要作为一个难得的历史发展机遇来抓提升。坚持解放思想，开拓创新，引导各县（市、区）吸收对标精品年鉴在特色、创新、规范等方面的好经验好做法，提升能力，积蓄力量，站在精品年鉴肩上起跑，提升年鉴品质，进一步推动全市年鉴质量实现跨越式发展。

（二）创新思维、把控质量，是打造时代精品的生命线

质量是年鉴的生命，关乎年鉴事业发展的根本，是争创精品年鉴的前提。“抓创新就是抓发展，谋创新就是谋未来”，年鉴编纂工作既要遵循严格的体例规范，又要不断创新、不断发展，在规范与创新方面齐抓并举，在规范的前提下注意总结经验，创新发展。尤其在面对赣州 18 个县（市、区）的大体量下各地发展不均衡、质量参差不齐的问题时，更应坚持工匠精神、“质量为先”，把握区域经济社会发展的差异性、特殊性，从自身不同的发展实际出发，紧扣国家政策科学设计框架，全面系统梳理资料、精心选材，突出年度特色、地方特色和行业特色，注重可鉴性、可读性，双向发力共同编纂出从篇目设计、框架内容、彩页排版等多方面体现赣南特点的新精品。

（三）夯实队伍、激发活力，是推动全市年鉴事业可持续跨越式发展的核心动力

习近平总书记说过“人才是第一资源”，人才队伍建设是年鉴事业高质量发展的关键。打造精品年鉴，质量要求高、规范标准严，对市、县两级都是很大的挑战。针对部分县（市、区）专业人才缺乏、出现“青黄不接”现象、年鉴业务水平不高的情况，要完善和健全年鉴人才培养机制，有针对性地开展专项培训，重点从框架设计、资料信息、记述内容、条目撰写、图片使用等方面着手，不断补齐业务能力短板，建立结构合理、高素质、专业化的人才队伍。定期开展交流学习，进一步提升年鉴工作者的思想政治素养和业务素质，形成理论研究的氛围，

打造高层次培养平台，培育年鉴专家型人才，为精品年鉴创建提供人才支撑，带动年鉴事业的可持续发展。

（四）丰富内涵、拓展外延，是增强年鉴文化影响力和时代生命力的重要路径

“互联网+”时代，数字化、网络化已成为年鉴创新发展的主流方向和趋势。在大数据、智能化的背景下，更要树立为用意识，改变以往的“小年鉴”格局，拓宽年鉴传播利用渠道，顺应“互联网+”和新媒体资讯传播的发展趋势，进一步创新编纂方式，丰富记述内容，加快编纂进度，提升文献价值，不断增强年鉴形式的多样性、内容的权威性。目前，按照“让地方志立起来、活起来、强起来”的要求，赣州市对年鉴资源进行深度挖掘和加工，把握出版的时效性和服务的有效性，用好用活年鉴资源，根据不同受众群体，创新编纂出版简洁明快的《赣州年鉴2023（简本）》，提升年鉴资源开发利用水平。压缩常规条目内容，突出年度特点，为社会提供优质的公共文化产品，更好地发挥存史、育人、资政价值，服务中国式现代化发展。此外，紧跟市委、市政府重大决策部署和新时代现代化建设，撰写一系列资政文章，全面增强年鉴文化的生机和活力，凸显年鉴社会应用价值。下一步，将推出年鉴产品电子书、拍摄微视频投放到微信公众号等新媒体，编纂年鉴口袋版、手机版、网络版等，丰富年鉴产品序列，加强对年鉴累积序列成果的研究、发掘，强化年鉴数字化和数据库建设，提供各类信息服务于社会各界。

年鉴事业高质量发展任重而道远。赣州市将乘势而上，主动作为，以习近平新时代中国特色社会主义思想为指导，准确把握新发展阶段、贯彻新发展理念，以更加昂扬的奋进姿态、更加饱满的精神状态、更加务实的工作作风，充分发挥中国精品年鉴区域建设“试验田”作用，将中国精品年鉴的个别经验转化上升为一般规律，实现编纂理念的升华，探索创建精品年鉴“赣州模式”。深入学习贯彻习近平文化思想，坚持“两个结合”的根本要求，立足“千年宋城”“红色古都”雄厚的传统文化和红色文化底蕴，探索新时代方志年鉴文化创新发展新机制、新模式，打造“中国方志”的“赣州篇章”。

精准“鉴”日照特质 精品“书”奋进征程

——《日照年鉴》打造精品之路 *

中共日照市委党史研究院（日照市地方史志研究院）

日照，因“日出初光先照”而得名，是一座具有鲜明海洋特色的新兴城市。市域位于山东省东南部，东濒黄海，西接临沂市莒南县、沂水县，北与青岛市黄岛区、潍坊市诸城市接壤，南与江苏省连云港市赣榆区毗邻；隔海与韩国、日本相望。日照，文化底蕴深厚、地理环境优越、生态环境优美，是大汶口文化、龙山文化、东夷文化发祥地之一，莒文化发祥地，是著名革命老区。先后荣获全国文明城市、国家森林城市、国家级生态保护与建设示范区、国家级海洋生态文明建设示范区、联合国人居奖、国家卫生城市、中国优秀旅游城市等称号。

中国年鉴精品工程的大力实施，为全国地方综合年鉴高质量发展注入了新理念、汇聚了新动能、提供了新机遇。日照市锚定“走在前、开新局”，抢抓新机遇，坚持以创新为引领，以“打造精品年鉴”为追求和目标，不断提升编纂质量，向精品工程靠拢、向精品年鉴看齐。《日照年鉴（2022）》的成功争创，有力促进了全市地方史志工作提档升级。

---

* 执笔人：李洪战，中共日照市委党史研究院（日照市地方史志研究院）市志年鉴工作科科长、四级调研员。

一、“精品之路”简要历程

《日照年鉴》自1995年创刊，就坚持“一年一鉴，公开出版”，《日照年鉴（2022）》为第28卷。编纂过程中，始终坚持以“质量是生命”为宗旨，秉持“提品质、出精品、创经典”理念，强化政治担当，统筹科学管理，编研用同步推进，精益求精提质量，持续发力创精品。

2022年初，中共日照市委党史研究院（日照市地方史志研究院）正式提出《日照年鉴（2022）》申报中国年鉴精品工程工作，得到中共山东省委党史研究院（山东省地方史志研究院）的推荐和大力支持。8月9日，顺利通过中国年鉴精品工程专家组篇目评审；12月8日，通过中国年鉴精品工程专家组初稿评审。之后，按照指导专家意见，坚持“专家意见照单全收，逐项逐条落实”的原则，又进行两轮大的调整修改。2023年3月，《日照年鉴（2022）》成功入选第七批中国年鉴精品工程“中国精品年鉴”。市委、市政府主要领导及分管领导分别给予表扬肯定。

二、主要措施与经验

编纂过程中，按照习近平总书记关于“高度重视修史修志”“以史为鉴、开创未来”等重要指示精神，坚持党建引领，推进党建和业务工作高度融合，坚定不移地突出政治导向，严把政治标准，从贯彻落实新发展理念、为奋力谱写中国式现代化日照篇章提供强有力智力支持的角度，在文字、图片、表格等方面严格把关，努力做到顺应新时代、记录新时代、服务新时代、讴歌新时代。

（一）积极争取领导重视和支持

日照市委、市政府高度重视中国精品年鉴争创工作，市委改革办将其列入2022年度改革创新项目，市委、市政府主要领导及分管领导多次听取汇报，对创建精品年鉴工作予以充分肯定并提出相关要求，真正做到认识、领导、机构、编制、经费、设施、规划、工作“八到位”，为年鉴工作提供了强有力的保障和动力。在落实专家评审意见修改补充过程中，市委、市政府分管领导亲自督导、亲自安排、亲自推动，直接参与项目实施、协调部门等工作，积极帮助解决项目推进过程中遇到的困难和问题，确保项目有部署、有推进、有成效。

（二）坚持高标准定位

《日照年鉴（2022）》编纂工作启动之初，就坚持高标准、高起点，对标对表《山东年鉴（2020）》《滨州年鉴（2020）》《连云港年鉴（2019）》等中国精品年鉴，精准“取经”，充分吸收对标精品年鉴在特色、创新、规范等方面的好经验、好做法，站在精品年鉴肩上跳起摸高。面对精品是多方共同培育出来的现实情况，认真践行“培育”理论，充分尊重和依靠领导专家，得到领导和专家的信任支持。在各位领导和专家的精心培育下，日照的精品之路少走了弯路，找对了出路。中共日照市委党史研究院（日照市地方史志研究院）把争创中国年鉴精品工程列为全院“六大创新工程”之首，举全院之力全力推进。院长“挂帅出征”亲自抓，积极与上级领导及指导专家沟通联系，并协调各供稿单位主要负责人，落细落实年鉴资料补充工作；分管院长“靠前指挥”具体抓，就提升年鉴编纂质量、落实专家指导意见等方面狠抓落实；业务科室全员上阵，成立党员攻关小组，层层分解工作任务，扎实细致开展编纂工作。围绕落实专家评审意见修改，实行“会议议事制”，对专家意见统一梳理，合并同类项，一事一议，民主集中，形成统一意见的，立行立改，并举一反三，全书通改；对专家提出的意见，一时难以民主集中，但能够调整的，先尊重专家意见修改到位，直到最终统一到专家意见上为止；对专家意见修改有重大困难且意见统一的，通过积极沟通协商，妥善合理解决。通过邀请省院年鉴处领导审校，协商方志出版社高水平“三审”“三校”，协调院有关科室交叉校对，呈请市领导审核，反馈给组稿单位核查审校等措施，日照的争创工作完美收官。

（三）把好源头资料质量关

源头资料是精品年鉴的保证。围绕解决组稿难、组稿慢等问题，日照市创新三项制度：一是“组稿方案列到条目制”，概况条目严格要求，常规条目相对固定，单一条目动态自拟，筑好底线；二是“供稿培训小班额制”，一期十几批次、一批十多个单位、一次半天时间，点对点培训、面对面交流、一对一过关，设好红线；三是“稿件反馈工作制”，对内容不全面，达不到组稿要求的稿件退回重新撰写，用“硬手段”确保稿件质量，拉好高压线。为了使基础资料更加全面、更加精准，使年鉴内容更加贴近社会、贴近百姓，除整理部门报送稿件外，还紧紧围绕全市重点工作，主动作为，通过查阅全市党代会报告、市委全委会工作报告、市政府工作报告、市委市政府领导讲话、市委市政府出台的文件等重要文献以及部门官方网站、《日照日报》、《日照统计年鉴（2022）》、《日照统计发展报告（2022）》等，收集、整理有价值的资料，高质量编纂富有日照特色的条目收录到年鉴中，增强年鉴的可读性和实用性。

三、《日照年鉴（2022）》主要特点亮点

《日照年鉴（2022）》严格落实中国地方志指导小组《地方综合年鉴编纂出版规定》《关于地方综合年鉴编纂出版若干问题的补充规定》要求，强化精品意识，坚持向争创要动力、靠规范促提升，全面展现日照的时代特征、年度特色和地域特点，力求全书“精”点纷呈。

（一）精准定位港城特质，全方位展示高质量建设现代化海滨城市的日照图景

千城千面，每个城市都有自己的鲜明个性。《日照年鉴（2022）》立足日照临港涉海地域特质，在篇目设计和编纂过程中，始终坚持精准定位，在卷首图片、特色类目、框架结构方面打上城市烙印，全方位、多层次、立体化展示2021年日照高质量建设现代化海滨城市的时代图景。

一是展示港城格局。卷首图片先后展示“奎山体育中心”“日照中央活力区”等11处大型场景，展现日照活力四射的新发展格局。设“港口型国家物流枢纽”图片专题，用日照港、日照高铁、日照高速公路、日照航空等8幅图片，尽显日照港口型国家物流枢纽气派。

二是聚焦港城底色。卷首设“城市名片”，通过国家级生态保护与建设示范区、国家级海洋生态文明建设示范区等16张金色名片，透射出日照现代化海滨城市底色。市情概览设自然地理、历史人文、区划地名、经济社会发展等分目，集中展示港城独有的历史人文底蕴。

三是突出港城专题。突出日照区位优势及城市功能发展定位，设置特色类目临港涉海产业，集中记述钢铁制造产业、汽车整车及零部件产业、能源产业、生

命健康产业、新一代信息技术产业、现代海洋产业、航空产业等优势突出、新动能主导的特色优势产业体系。将日照港升格为类目，将口岸管理、海关、海事、边检、引航等与港口建设有关的分目并入。新设物流业类目，收录物流设施建设、智慧物流等内容，诠释日照港口立市、港口兴市的区位优势。

（二）精准把握年度特质，及时记录习近平新时代中国特色社会主义思想的日照实践

年鉴是年度综合性资料文献，承担着立言存史、以史鉴今、育人资政的重要使命。《日照年鉴（2022）》坚持围绕中心，聚焦2021年大事、要事、特事，及时记录、充分展现日照市深入贯彻习近平新时代中国特色社会主义思想、落实新发展理念、推动高质量发展的战略举措。

一是突出记述“创新日照”。围绕“创新兴市”战略实施，卷首设置“无证明城市”图片专题，展现日照市简化行政审批流程，“一次办好”“无证明办事”的改革举措。充实细化科学技术类目中科技创新分目，记录日照市加快推进国家创新型城市建设的重要举措。

二是突出记述“开放日照”。《日照年鉴（2022）》充分展现日照的开放活力，专记收录《实施开放活市战略　构建双循环新发展格局》专题文章。新设开发园区类目，记述日照经济技术开发区、日照高新技术产业开发区、岚山经济开发区、莒县经济开发区、日照市北经济开发区的快速发展历程。开放型经济类目单设参与“一带一路”建设分目，收录共建“一带一路”国家、海铁联运、产能对接合作、经贸合作等条目，展示日照开放前沿优势。

三是突出记述“生态日照”。充分展现市委、市政府落实习近平生态文明思想，坚持生态优先、绿色发展理念，推进生态文明建设的重要成果。卷首设“阳光海岸·活力日照”图片专题，详尽展现日照“蓝天、碧海、金沙滩”的生态之美；专记收录《生态文明的日照实践》专题文章，优化生态环境类目，记述生态环境保护方面的举措和成就。

（三）精准诠释精品特质，用心用力答好打造“中国精品年鉴”的日照答卷

年鉴质量水平直接关系城市对外形象。《日照年鉴（2022）》致力于提升年鉴

存史资政价值，对标全国一流精品，全力打造引领时代潮流的中国精品年鉴，实现“修志问道，以启未来”的时代担当与使命追求。

一是洞察时代特征。突出记述中国共产党成立100周年和党史学习教育，卷首设“庆祝中国共产党成立100周年”图片专题，正文收录“党史学习教育”和“庆祝中国共产党成立100周年系列活动”“党的十九届六中全会学习宣传贯彻”等内容。

二是创新记述手段。市情概览中经济社会发展分目系统梳理日照从古至今的发展脉络，“现代发展”部分着重记述新民主主义革命、社会主义革命和建设、改革开放和社会主义现代化建设、中国特色社会主义新时代四个阶段发展情况，系统全面、层次分明地展现现代日照发展历程。

三是拓展资料内容。注重反映全貌，强化资料挖掘和深度记述。经济管理类目增设知识产权管理、信用体系建设分目；金融业类目增设其他非银行金融机构分目，收录小额信贷公司、典当行、融资租赁公司、融资担保公司等新兴金融业；商贸服务业类目增设中介服务业分目，收录人力资源服务、科技服务、律师服务、公证服务、会计服务、资产评估、广告业等条目；居民生活服务业分目收录住宿餐饮业、家政服务业、养老服务、社区食堂等条目。通过拓展记述内容，进一步增加记述的广度和深度，使年鉴真正成为“资政辅治之参考”“堪存堪鉴之记述”。

四、主要成效

《日照年鉴（2022）》创建为中国精品年鉴后，社会关注度、认可度和赞誉度显著提高，年鉴资料的权威性逐步提升，全市年鉴工作者争创精品的意识不断增强，氛围日益浓厚。

（一）精品年鉴争创锻炼了年鉴编辑队伍

精品年鉴争创过程中，编辑不仅更新了思想观念，而且在专家的悉心指导下，能力水平也得到有效提升。《日照年鉴（2022）》经过几轮评审，共汇总出200多条修改意见，编辑融会贯通、举一反三、深度落实修改意见，“三专”（专业思维、专业知识、专业能力）水平明显提升，“三力”（组织力、协调力、创新力）明显增强，底气更足。通过强化“三化”（事业工程化、工程责任化、责任数字化）建设，激发了年鉴编辑的担当精神、攻坚意志、奉献精神，骨气更硬。通过精品争创，年鉴编辑的眼界、视野气度显著增强，精品意识入脑入心、走深走实，学精品、创精品的志气更高，一支“学习型、研究型、创新型、服务型”年鉴编辑队伍磨炼成型。

（二）精品年鉴争创培养了一支撰稿队伍

编纂过程中，中共日照市委党史研究院（市地方史志研究院）不断加强与撰稿单位的沟通交流，建立精品年鉴争创撰稿人微信群，及时发布组稿通知、创建要求、行文规范等文件材料。同时，通过小范围培训、一对一交流、上门指导等方式，增强部门单位的精品创建意识，提高撰稿单位的稿源质量，保证年鉴内容的丰富性和准确性。为确保专家评审意见有效落实，主动与有关部门协商沟通，专门召开会议，商讨补充资料事宜，在相互沟通的过程中，撰稿人员对年鉴供稿要求有了更深的认识，达到锻炼撰稿队伍的目的。

（三）精品年鉴争创激发了读鉴用鉴热情

《日照年鉴（2022）》的成功争创，引发全市读鉴用鉴的热情，注入新动能。

一是社会普及面、知晓率和受众度显著提高。中共日照市委党史研究院（市地方史志研究院）借助微信公众号、召开新闻发布会等进行大力宣传，将争创精品年鉴工作经验一并推出，各大媒体网站也纷纷转载。这不仅获得各级领导的肯定批示，而且有不少部门、单位和社会各界人士主动联系，要求赠阅年鉴，年鉴赠阅数量较往年大幅提高。

二是外延明显增强。通过2023年组稿工作看出，供稿人员对年鉴工作重视程度普遍提高，普遍加强对本单位工作的学习，供稿速度、稿件质量明显提升，补充稿件的积极性普遍提高。

三是内部更加深化。全市年鉴系统对地情研究的深度广度明显增强，县（区）年鉴组稿方案的上报把关倒逼年鉴执行主编主动深化县情把握。中共日照市委党史研究院（市地方史志研究院）市志年鉴工作科通过起草2023年卷组稿方案和把关县市区年鉴组稿方案，深化市情学习，地情研究能力普遍提升。

五、存在问题及建议

《日照年鉴（2022）》的成功争创，为全市年鉴事业注入了新的生机和活力，年鉴编纂人员向心力、凝聚力显著增强，比学赶超的年鉴编纂氛围正逐步形成。但仍然存在着一些困难和问题，如个别单位领导重视不够，撰稿人员业务不熟悉、供稿不及时、稿件质量差等问题，无形中增加了年鉴编纂工作难度。个别地方经费紧张，年鉴事业发展缓慢；年鉴编纂人员配备不足或新老交替、青黄不接，岗位培训和业务培训亟待加强等问题，都需要在下步工作中进一步加强和理顺。

（一）必须坚持依法治鉴

依法治鉴是做好年鉴工作的法治基础。《地方志工作条例》和国务院办公厅《全国地方志事业发展规划纲要（2015—2020年）》的颁布实施，为年鉴事业发展提供了法治保障。党的二十大报告强调："我们要坚持走中国特色社会主义法治道路，建设中国特色社会主义法治体系、建设社会主义法治国家，围绕保障和促进社会公平正义，坚持依法治国、依法执政、依法行政共同推进，坚持法治国家、法治政府、法治社会一体建设，全面推进科学立法、严格执法、公正司法、全民守法，全面推进国家各方面工作法治化。"这也为依法治鉴指明了方向。

（二）必须争取重视支持

年鉴工作必须坚持"党委领导、政府主持、地方志工作机构组织实施、社会各界广泛参与"的工作体制和全面落实"一纳入、八到位"的工作机制。党的二十大报告指出，"繁荣发展文化事业和文化产业"。要以学习宣传贯彻党的二十大精神为契机，争取党委、政府的重视和年鉴供稿单位、财政等部门的支持，形成做好新时代年鉴工作的强大合力。

（三）必须坚持精益求精

追求高质量发展是年鉴事业的首要任务。要按照中国地方志指导小组《地方综合年鉴编纂出版规定》《关于地方综合年鉴编纂出版若干问题的补充规定》等一系列制度规定，建立健全评审、送审等制度，确保编纂、出版质量。要加强理论研究，组织人员参与各类年鉴理论研讨，有重点地对全市具有现实意义的课题开展研究，使理论研究与业务实践紧密结合，与经济社会发展研究紧密结合。要加强队伍建设，努力建设一支能打硬仗、业务精湛的高素质编辑队伍，建立健全激励机制，对工作表现突出的年鉴工作者给予表彰奖励，引导广大年鉴工作者把学习宣传贯彻党的二十大精神同年鉴工作实际相结合，发扬工匠精神，磨炼本领，不断提升业务水平，努力打造精品，努力推动年鉴事业长足发展。

年鉴编纂的路上，没有最好，只有更好，精品工程永远在路上。日照市将珍惜荣誉，抢抓机遇，放眼全省乃至全国，严格按照中国地方志指导小组《地方综合年鉴编纂出版规定》《关于地方综合年鉴编纂出版若干问题的补充规定》要求，以年鉴质量为生命线，充分发挥首创精神，切实做好全市年鉴工作，着力推动从一地精品创建向一域精品创建转变，从打造一部精品向营造一片精品“样板林”延伸，不断探索形成可复制可推广的精品建设日照做法、日照经验、日照样本，为中国年鉴精品工程作出新的日照贡献、体现新的日照担当。

全力铸精品　踔厉开新局

——《滨州年鉴》打造精品之路 *

中共滨州市委党史研究院（滨州市地方史志研究院）

《滨州年鉴》创刊于 1997 年，在 2017 年创刊 20 周年之际，正式拉开学精品、创精品、做精品帷幕。6 年时间一心沉淀只做精品，3 年的“学精品”追赶、1 年的“创精品”拼搏、2 年的“精品后”苦练，使《滨州年鉴》把“精品”深化为进取心、内化为精气神、转化为钻研劲，“《滨州年鉴》出手必精品”成为行为准则，在精品之路上心无旁骛、笃定前行、行稳致远、厚积薄发。2022 年 10 月，滨州市入选首批中国精品年鉴区域试点，滨州年鉴正式迈上创建“全域精品”的新征程。

一、笃定前行的 6 年精品创建历程

滨州的“精品之路”始于 2017 年，启于 2019 年。6 年时间，《滨州年鉴》在“精品之路”上一心沉淀，只为精品，带领全市成功创建 4 部中国精品年鉴，数量稳居全省第一。山东省第一个中国精品年鉴区域试点单位、第一部市级中国精品年鉴、第一部县区级中国精品年鉴均出自滨州，2023 年 8 月、10 月，山东省年鉴高质量发展暨精品年鉴创建经验交流会和 2023 年中国年鉴精品工程系列研讨会暨

* 执笔人：毛英全，中共滨州市委党史研究院（滨州市地方史志研究院）副院长。

第八期全国年鉴主编培训班先后在滨州召开，滨州市成为山东省精品年鉴发展的新高地。

（一）3 年“学精品”的追赶

2017 年，滨州市市、县两级综合年鉴提前完成“一年一鉴，公开出版”全覆盖任务，滨州年鉴事业转入从“有没有”到“好不好”的转型升级阶段，锁定精品、学习精品、追赶精品成为《滨州年鉴》的首要任务。2019 年 3 月，滨州市党史、史志两个单位合并，中共滨州市委党史研究院（滨州市地方史志研究院）正式组建。组织赴杭州等先进市对标学习考察，研究确定“争创中国年鉴精品工程‘中国精品年鉴’”的攻坚目标，精品争创工作被摆上重要议事日程。2019 年 5 月，滨州市委党史研究院抢抓机遇，积极推荐《滨城年鉴（2019）》申报第四批中国年鉴精品工程。2020 年 3 月，《滨城年鉴（2019）》一举成功争创，成为全省首部县区级中国精品年鉴，为《滨州年鉴》争创工作奠定了坚实基础。

（二）1 年“创精品”的拼搏

2020 年 2 月，滨州市委党史研究院借《滨城年鉴（2019）》争创之势，正式提出《滨州年鉴（2020）》申报第五批中国年鉴精品工程，得到山东省委党史研究院大力推荐。随后，《滨州年鉴（2020）》先后顺利通过中国年鉴精品工程专家组的篇目评审、两轮内容评审。2021 年 4 月，《滨州年鉴（2020）》成功入选第五批中国精品年鉴，成为山东省首部市级中国精品年鉴。

（三）2 年“精品后”的苦练

精品之路只有起点、没有终点。成功争创的《滨州年鉴》再接再厉、持续发力，认真做好“精品后”工作，锚定新的更高冲刺目标。2022 年 10 月，滨州市委党史研究院成功入选首批中国精品年鉴区域试点单位，成为全国 9 家之一、山东省唯一一家。2023 年 3 月，《邹平年鉴（2022）》成功入选第七批中国年鉴精品工程“中国精品年鉴”，滨州市试点工作收获先期成果，取得“开门红”。2024 年 3 月，《无棣年鉴（2023）》成功入选第八批中国年鉴精品工程“中国精品年鉴”；12 月底，《惠民年鉴（2023）》《阳信年鉴（2023）》成功入选首批山东省年鉴精品工程，滨州试点工作取得显著成效。

二、把牢“三个导向”的精品创建做法

从 2020 年起，《滨州年鉴》在创精品、做精品的具体实践中，牢牢把握“目标、过程、质量”三个导向，将“特色为王、创新为要、规范为本”贯穿精品创建全过程。

（一）把牢目标导向，突出“特色为王”

无特色不精品，《滨州年鉴》把突出特色摆到首要位置，通过设立特色类目、分目和条目，彰显年鉴特色。

一是精准定位地方特色。滨州产业基础雄厚，拥有高端铝、精细化工、智能纺织、食品加工、畜牧水产五大千亿级优势产业集群，2022 年营收突破 1.22 万亿元，规上工业营收列全省第 3 位，37 项产品产量或市场占有率列全球或全国第 1 位。围绕滨州这张最亮丽的产业名片，《滨州年鉴》从 2020 年卷起固定设立产业集群特色类目，全面集中记述“五大千亿级产业集群”情况。滨州地处黄河流域生态保护和高质量发展、京津冀协同发展、环渤海经济圈等国家战略叠加区，战略优势加速集聚。围绕沿海沿黄、毗邻京津的区位特点，《滨州年鉴》自 2020 年卷起先后设置海洋资源、滨州海警局、滨州港建设、海洋生态保护、黄河流域生态保护和高质量发展、对接京津冀协同发展等分目、条目。滨州是黄河文化的发祥地之一，兵圣孙子故里，渤海革命老区，《滨州年鉴》围绕黄河文化、孙子文化、红色文化特色，在文化类目里先后设置黄河文化建设、孙子文化建设、红色文化建设分目。

二是着重凸显年度特点。《滨州年鉴》2020 年卷特载收录《滨州市 70 年经济社会发展成就综述》，2021 年卷收录《2020 年滨州市抗击新冠肺炎疫情工作综述》《“十三五”期间滨州市脱贫攻坚工作综述》《“十三五”期间滨州市经济社会发展综述》，2022 年卷收录《滨州市党史学习教育工作综述》《特大秋汛抗洪救灾》。内文部分，2020 年卷设置“不忘初心、牢记使命”主题教育、抗击台风利奇马等条目，2021 年卷多处设立“十三五”、抗疫相关的条目，2022 年卷设立庆祝中国共产党成立 100 周年、党史学习教育等多个条目。

三是注重体现时代特征。《滨州年鉴》逐步调整乡村振兴记述权重，2020 年卷在城乡发展类目增设乡村振兴分目，2022 年卷将乡村振兴升格为类目。2020 年

卷起在开放型经济类目里增设融入“一带一路”建设分目，在人物类目增设立功军人名录。

（二）把牢过程导向，突出“创新为要”

无创新不精品，近年来《滨州年鉴》把创新贯穿始终，探求多维度创新突破。

一是框架求新。《滨州年鉴》2020 年卷、2021 年卷、2022 年卷先后在经济管理类目里设立公共资源交易管理（后又移回“滨州市政府”类目）、自然资源管理、金融监管、价格管理、知识产权保护、社会信用体系建设分目。2020 年卷将“应急管理”分目升格为类目；2021 年卷以应急管理为主，组建公共安全类目，将分散在 10 多个类目的相关内容整合到一起。2020 年卷起将原自然资源管理、生态环境保护类目合并为生态环境类目。

二是内容求新。2020 年卷重塑社会生活类目设置，积极去部门化，设人口家庭、劳动就业、收入与消费、社会保险、社会救助等分目。在常规条目后增设单一动态条目，增强内容记述的广度、深度。2020 年卷起甄选“数字滨州”栏目 39 个数字，保留 12 个常规数字，增加 12 个地方特色数字。

三是图片求新。卷首彩页设置专题化，2020 年卷设立“壮丽 70 年”“黄河流域生态保护和高质量发展”“魏桥绿色智能纺织”3 个专题，2021 年卷设立“回眸‘十三五’”“滨州市抗击新冠肺炎疫情实录”“滨州脱贫攻坚成果”3 个专题，2022 年卷设立“党史学习教育”“庆祝中国共产党成立 100 周年”“特大秋汛防汛抗洪”“滨州制造·37 项全球全国第一”4 个专题。

（三）把牢质量导向，突出“规范为本”

无规范不精品，近年来《滨州年鉴》把强化规范贯穿编纂始终，不断提升整体规范化水平。

一是强化形式规范。对年鉴图表规范、“六个一票否决”规范、编辑说明撰写规范、概况撰写规范、综述设置规范、附录收录规范，以及标点、数字、计量单位等使用规范统一要求，做到全书一个标准。

二是强化用语规范。对相关类目、分目名称采取规范简称，群团和民主党派分目名称全书统一规范简称。

三是强化资料规范。在相关概况条目里，增加全市党组织和党员情况、市直机关党组织和党员情况，老干部、人大代表、政协委员、群团组织 20 多个基本情况内容；相关概况条目除记述年度数字外，增加整体工作的截止综合数字；2021 年卷起增设“拓展资料”“延伸阅读”栏目，收录部门“十三五”综述和年度大事 20 余件，年鉴工具书属性明显增强。

四是强化内容规范。节能减排分目在节能降耗、污染物减排 2 个条目基础上，拓展建筑节能、绿色交通、公共机构节能条目。市情概览的经济社会发展分目，设古代发展、近代发展、现代发展 3 个条目，简述滨州历史发展脉络；2021 年卷起在概览里增设地域文化分目，设置文化源流、非遗、饮食、民俗、方言、市树市花等条目，使概览的记述纵深感显著增强。

三、实施“三大工程”的精品区域试点实践

2022 年 10 月入选首批中国精品年鉴区域试点单位以来，滨州市委党史研究院强力实施“一揽子总体设计、一条龙全程服务、一竿子实操指导”三大工程，确保试点工作高起点定位、高标准推进、高质量落实。

（一）推进“一揽子”总体设计

一是注重顶层设计。将试点工作纳入《滨州市党史史志工作规划（2021—2025）》，先后印发《关于承担全国试点任务做好精品年鉴争创工作的有关通知》《滨州市中国精品年鉴区域试点工作方案》，对试点工作进行先期安排和总体部署，提出通过 5 年试点，确保全市创成 3 部、力争 5 部中国精品年鉴，7 部县级年鉴全部创成山东省精品年鉴的总体目标。

二是注重路径设计。提出“通盘考虑、系统推进，梯次管理、动态调整，全面把关、重点指导，逐批过关、整体提升”的试点路径，每年针对不同的申报县（市、区），量身打造申报路径，推进申报工作项目化管理，严格执行“项目工程化、工程责任化、责任数字化”三化要求。

三是注重保障设计。成立试点工作领导小组及办公室，组建试点工作指导组及专家组，将试点工作纳入市委“品质滨州”建设重点工作周报机制，列入全院年度重点工作。争取市财政新增试点经费每年 20 万元，明确提出申报县（市、区）中国精品年鉴最低 30 万元的经费保障要求。

（二）提供“一条龙”全程服务

一是强化创建前提早介入服务。对每个申报县（市、区）进行深度研判，精准分析创建强弱项，有针对性地提出优化提升和补强补齐方案。做好市内成功创建案例现身说法，彻底消除申报工作的“速胜论”“悲观论”“松懈论”“麻痹论”。

二是强化创建中精准靶向服务。精准扣住篇目设计、内容编纂、专家反馈三大关键节点，跟进式指导、跟踪式服务、保姆式辅导，靶向用力，集中解决申报过程中发现的突出问题。

三是强化创建后持续跟踪服务。指导中国精品年鉴创建成功县（市、区）做好经验总结、宣传推广、精品发布、经验分享等工作，为全市试点蓄能赋能。提醒完成精品创建任务的县（市、区），认真做好“精品后”工作，及时跟进全市试点步伐，持续保持年鉴的精品水准。

（三）强化“一竿子”实操指导

一是突出“面对面”指导。在创建的不同环节中，滨州市委党史研究院专家指导组不定期、不拘形式深入创建团队，面对面交流，及时发现创建过程中存在的突出问题，及时纠偏纠错。

二是突出“点对点”指导。组织专家采用创建微信群、电话等方式建立“一对一”直通车，耐心解答县（市、区）工作人员提出的问题，对存在的棘手问题，手把手地传授解决方案和实操方法。

三是突出“题对题”指导。对篇目设计和内容编纂的反馈意见，组织专家与创建团队逐题逐句研究分析，确保反馈意见照单全收、应改尽改，全面落实到位。

四、形成注重“三关”的精品创建经验

6年的精品创建过程，《滨州年鉴》敢闯敢试、稳扎稳打，摸索形成了注重“三关”的创建经验。

（一）框架设计注重“准入关”

每年市、县（市、区）年鉴组稿工作统筹推进，市对县实行“组稿方案下管

一级”，重点把好特色关、年度关、缺漏关，县（市、区）组稿方案经市院审核把关后方可下发，形成“市县统筹，下管一级”的框架打造“滨州模式”。县（市、区）组稿方案框架设计细化到条目，条目设置根据年鉴发展方向及时调整，整体篇目反复修改，直到市院专家指导组满意为止，通过抬升“准入关”确保年鉴编纂高起点推进。

（二）培训征稿注重“精准关”

各县（市、区）年鉴培训普遍采取“分条块、小班化”精准培训模式，通过“面对面”布置任务、提问交流、沟通内容、补充完善，建立起年鉴培训微信群、工作联系册等供稿联系机制。征稿严格采取“限时攻坚法”，在限定时间对各供稿单位进行“歼灭战”，销号管理，在截稿时间前后采取“每日调度制”，发扬“四皮”精神（厚着脸皮、硬着头皮、磨破嘴皮、踏破脚皮），基本上能限时完成95%的征稿任务。

（三）初稿评审注重“规范关”

从2017年起每年召开初稿评审会议，集中对一至两部年鉴初稿进行评审。2017年对《无棣年鉴（2017）》、2018年对《滨城年鉴（2018）》、2019年对《滨城年鉴（2019）》、2020年对《滨州年鉴（2020）》、2021年对《滨州年鉴（2021）》、2022年对《邹平年鉴（2022）》、2023年对《无棣年鉴（2023）》《阳信年鉴（2023）》《惠民年鉴（2023）》进行集中评审，重点在规范上下功夫，通过集中评审、互评互审、交流发言，在发现问题中积极碰撞，在互相碰撞中统一思想，有效提升县（市、区）年鉴编纂实操能力。

五、感悟“三个突出”的精品创建启示

在精品创建过程中，《滨州年鉴》一路前行一路思考，逐步感悟出“三个突出”的精品创建启示。

（一）突出专家引领

在精品创建特别是试点工作中，《滨州年鉴》注重整合专家力量，借助专家智

慧，为精品创建和试点工作保驾护航。及时与中国精品区域试点单位指导专家联系对接，实时与省院专家保持畅通联络，强化本地专家坐镇常态化指导（2022年赴邹平市半天以上指导达13次），建立起与全国指导专家、省院专家和本地专家常态化联系机制，形成指导合力，有效解决申报县（市、区）申报过程中各项问题。采取“走出去”“请进来”相结合的方式，赴江苏省学习先进试点经验，主动邀请全国专家上门授课、实地指导、答疑解惑，切实保障试点工作高质量推进。

（二）突出节点管控

围绕篇目评审、内容评审、意见反馈三大环节，设置不同工作节点，明确节点任务及完成时限，建立健全一体推进、上下联动、专项督导的工作机制。要求申报县（市、区）挂图作战，标旗推进，增强试点权威，传导任务压力，把牢工作进度。关键节点关口前移，加大督导频次，倒逼申报县（市、区）按期完成；限期未完成的，立即启动应急机制，深入申报县（市、区）一线，现场督促整改完成。

（三）突出特色挖掘

梳理地方特色，针对县（市、区）年鉴特色不突出、不明显的问题，市院专家组及时指导帮助申报县（市、区）梳理当地行政特点、区位优势、产业特点、人文特点等，设立特色类目、分目、条目。《邹平年鉴（2022）》凸显邹平“中国铝谷”产业特色，卷首图片设置“国家高端铝产业基地”专题，内文设立中国铝谷类目。《无棣年鉴（2023）》立足海洋资源优势，设立海上无棣类目。指导县（市、区）强化特载、专记收录年度重点工作，《邹平年鉴（2022）》专记收录《邹平市高中教育改革综述》一文，紧扣年度特色。《无棣年鉴（2023）》卷首图片设置“无棣十年　非凡画卷”专题，特载收录《新时代十年无棣县经济社会发展成就》一文，反映时代特色。

六、收获“三个新”的精品创建效益

在精品创建过程中，《滨州年鉴》取得了骄人成绩，收获了“三个新”的精品创建效益。

（一）重视关注跃升“新层级”

近年来，滨州市综合年鉴连续参加第五、六、七、八、九届全国地方志优秀成果（年鉴类）评审活动，获特等年鉴 4 部、一等年鉴 3 部、二等年鉴 1 部、三等年鉴 2 部，多部年鉴在全省年鉴评选中获奖。2020 年以来，滨州年鉴工作先后得到全国通报表扬 1 次，2 次承办全省性会议；获得省委、省政府领导批示 6 次，市委、市政府领导批示 9 次，获得市委、市政府及时表扬 2 次。省委党史研究院发文推广滨州市、滨城区创建中国精品年鉴经验做法，山东省年鉴高质量发展暨精品年鉴创建经验交流会在滨州召开，滨州市、滨城区、邹平市三家单位在会上作精品创建经验交流。全市“大干 2023 奋勇争先向前亮进度、亮目标”活动两次重点汇报试点工作情况，市委两次专题新闻发布会重点推介“试点工作”，有效提升试点工作的社会影响力及关注度。

（二）精品打造注入“新动能”

《滨城年鉴（2019）》《滨州年鉴（2020）》《邹平年鉴（2022）》《无棣年鉴（2023）》的先后成功争创中国精品年鉴后，特别是滨州市 2022 年入选精品年鉴区域试点以来，全市各县（市、区）争创精品热情高涨，创建意愿明显增强，争创中国、山东省精品年鉴工作全部列入各县（市、区）中心年度重点工作任务，“创则必成”的信心和决心更加坚定，“建则必胜”的工作干劲更加饱满，“学精品、用精品、创精品”的滨州实践持续发力，全市试点工作氛围更加浓厚。

（三）以创代练造就“新队伍”

在精品创建和试点过程中，滨州市以创代训，以训强练，进一步提升了全市年鉴队伍的业务能力及工作水平。年鉴编辑的专业思维、专业知识、专业水平明显提升，“学习型、研究型、创新型、服务型”年鉴队伍逐步磨炼成型。全市培养全国专家 1 名，推荐全省专家 3 名，7 个县（市、区）均打造了年鉴“领军人才”。

七、问题和建议

（一）存在问题

人员不足。部分县（市、区）人员编制不足，只有1～2人从事年鉴工作，并同时肩负其他常规性事务，一定程度上制约了试点工作推进。经费不足。因疫情原因，县（市、区）年鉴经费普遍收紧，由相对固定转为项目申请，资金申请压力大，保障精品创建的难度增大。稿源不足。部分供稿单位对精品创建重视不够，上报稿件、图片质量不高，补充稿件进度迟缓，需多次组稿、催稿，耗费大量精力。

（二）相关建议

一是建议加强依法治鉴力度。建议中国地方志工作办公室及时出台新的年鉴事业高质量发展相关工作意见、精品区域试点配套文件，对两个规定进行进一步修订完善，为试点工作提供更坚实的法治保障。

二是建议打造多种形式的试点工作经验交流平台，多给滨州提供承办协办机会；建议组织多形式年鉴培训活动，特别是扩大线上培训力度，为基层年鉴从业人员广开学习渠道。

区域试点的新征程上，滨州市将进一步扎实推进试点工作，奋力打造精品区域的成就之地、表率之地、示范之地，为试点工作贡献滨州力量、打造滨州模式、提供滨州经验。

守正创新铸精品　引领示范做标杆

——《武汉年鉴》打造精品之路*

武汉市地方志编纂委员会办公室

《武汉年鉴》由武汉市人民政府主管、武汉市地方志编纂委员会办公室（以下简称市志办）主办，创刊于1985年，以国内统一刊号和国际刊号公开发行，至今已连续出版39卷。近年来，《武汉年鉴》坚持“优结构、强内容、精编校、美装帧”多措并举，锻造经得起历史检验的精品良鉴，实现编纂质量不断提升，先后获评第六届、第八届全国地方志优秀成果（年鉴类）特等年鉴，《武汉年鉴（2022）》成功入选第七批中国精品年鉴。

一、精品年鉴创建历程

中国年鉴精品工程是深入贯彻落实国务院《地方志工作条例》的重要举措，是贯彻落实《全国地方志事业发展规划纲要（2015—2020年）》《全国年鉴事业发展规划（2016—2020年）》，持续深化年鉴质量建设的重要抓手，是发挥年鉴存史、育人、资政功能的根基所在，也是年鉴工作紧扣新时代脉搏，立足新发展阶段，贯彻落实新发展理念，讲好中国故事，推动中华优秀传统文化创造性转化、创新性发展的关键步骤。

* 执笔人：张均，武汉市地方志编纂委员会办公室年鉴处副处长。

2019年，武汉市志办在深入学习中国年鉴精品工程有关文件精神和认真总结武汉年鉴事业发展经验的基础上，着手谋划精品年鉴创建工作，坚持对标先进，更新理念，系统构建，整体重塑，着力在政治性、时代性、权威性、特色性、规范性和精美性等方面下功夫，将中国年鉴精品工程的相关要求体现到年鉴编纂的全过程各方面。经过两年的精心准备，2021年，在省文旅厅的支持下，积极参加中国年鉴精品工程申报，充分吸纳专家评审意见，虽最终未能顺利入选中国精品年鉴，但《武汉年鉴（2021）》篇目架构的科学性、地方特色的彰显度、信息含量的丰盈度等都得到显著提升。

2022年，武汉市志办在认真总结经验教训的基础上，进一步优化编纂机制和工作流程，克服疫情影响等现实困难，严格倒排时间表，按计划按要求落实各环节精品申报工作。在整体工作准备阶段，提前2个月启动稿件组织和资料搜集，首次编制《武汉年鉴撰稿供稿指南》，坚决突破固有思维，打破陈规惯例，将专家意见融入年鉴篇目设计和选题内容，按时完成篇目方案和全书书稿的编纂排版工作，及时上报，夯实申报基础。在聚力攻坚优化调整阶段，不打折扣坚决逐条落实中国精品年鉴专家组三轮共581条审稿建议意见。根据首轮123条篇目评审意见，创新设立特色类目7个、分目37个，增设类目6个，合并撤销类目2个，落实意见105条；对尚未完成的18条意见分别部署整改计划。收到初稿评审反馈意见后，第一时间召开工作会议，主动对接指导专家，一一对标完善，面对当时疫情快速蔓延，各供稿单位人员多因病居家、材料组织分散等困难，全体编纂人员“线上冲锋”连续作战，市志办主要领导出面协调解决重难点问题，在规定时限内全面完成363条意见的修改。对三审95条意见，迅速组织落实，补充资料内容、雕琢文字表述、优化版面版式，使全书的整体质量得到全面提升。通过两年坚持不懈地努力，《武汉年鉴（2022）》最终跻身中国精品年鉴行列。

二、创建工作举措

获评中国精品年鉴，是对《武汉年鉴》持续加强质量建设、创新提升编纂水平的最大肯定。在精品创建过程中，市志办坚持把科学性、时代性、价值性、创新性等本质要求贯穿融合进年鉴编纂的各个方面，主要采取了以下做法。

（一）优化篇目结构，在年鉴谋篇布局上凸显新时代新要求

紧扣时代脉搏和地域特色谋篇立目，着力实现“五个凸显”。

一是凸显国家战略。设立参与“一带一路”建设、长江经济带建设、长江中游城市群一体化发展、长江大保护等分目，充分彰显国家战略中的武汉担当。

二是凸显科学分类。坚持以行业分类为基础，全书设置类目 46 个，较上卷增加 8 个。将市场监督管理、统计资料类目撤销，分别并入经济管理类目和附录；拆分支柱产业类目，设立数字经济、工业、建筑业、房地产业类目；拆分文化·旅游类目，设立文化、旅游业类目；合并城市建设、城市管理类目，设立城市建设与管理类目；将应急管理分目从城市管理类目中调出，升格为类目；在商贸服务业类目基础上增设商务服务业类目。

三是凸显武汉特色。在区域发展类目之外设立武汉城市圈类目，专题反映武汉都市圈同城化发展状况和武汉市“一主引领”作用；设立设计之都、会展业、商务服务业类目，体现武汉城市产业特色；在专记中设立“五个中心”建设分目，在卷首设“五个中心建设”图片专题，图文并重反映市委、市政府重大发展战略。

四是凸显时代特色。设立新兴产业、数字经济、都市农业类目，聚焦新时代武汉产业升级转型方向；在专记中设立党史学习教育分目，在卷首设“武汉百年”图片专题，紧扣 2021 年建党百年重要历史节点。

五是凸显人民中心。加强事关百姓民生的有关类目设置，细化内容记叙，教育、卫生健康、社会生活、生态建设等类目的分目设计从上卷的 28 个增加至 43 个，篇幅比例大幅提高。

（二）深化资料辑录，彰显年鉴存史价值和资政辅治功能

坚持将入鉴内容作为编鉴之本，扩大记述范围，丰富记述层次，提高记述深度，着力彰显年鉴的存史价值和使用价值，提升年鉴的资政辅治功能。

一是扩展资料来源。突破主要由机关单位供稿的传统组稿习惯，拓展供稿渠道，向有关研究机构、行业协会、企事业单位、区级部门等方面扩展，解决内容缺失、资料不全等问题。

二是大量使用图表。高度重视二次文献，大量穿插使用图表，全书采用表格近 200 张，照片、示意图等图片 400 余幅，有效扩展全书信息容量。

三是紧扣读者关注。对备受社会关注的房地产、教育、卫生、生态环境等领域，加大数据呈现力度，回应社会关切。调查研究分目选取经济发展、粮食安全、物价、就业、武汉都市圈、营商环境等方面综合性文章，向读者提供权威信息参考。

四是适当精简资料。提高入鉴标准，对易于从互联网获取的一次文献资料采取摘要处理或直接删除，将法规规章选编、《武汉市人民政府公报》政策·法规·规章目录等分目予以撤销。

（三）强化编校目标，严守年鉴质量标准和编纂出版规范

坚持以精品名鉴的目标定位统领全书编校质量，实现思想性、客观性和规范性的统一。

一是把准全书定位。坚持将政治性贯穿体现在全书始终，紧扣中心、热点，卷首彩页、专记设置“庆祝建党百年”和“五个中心建设”等内容。切实加大对港澳台事务、民族宗教、军事、对外贸易合作等政治和政策敏感性较强内容的审核把关力度，严格鉴别考证，严防年鉴内容泄密，确保正确政治方向。

二是强化质量管控。依据《地方综合年鉴编纂出版规定》《关于地方综合年鉴编纂出版若干问题的补充规定》，全方位修订出台《武汉市年鉴编纂出版规范》，对工作流程、框架设计、资料选取、条目内容、文字规范、管理制度等作出更加明析的规定，增加条款 11 条；建立“三审三校两通读”制度，发挥地方志专家库作用组织外审，借助方正校对、黑马软件等现代化校对工具开展核查，严守编辑流程，严控文字差错率，严把文字质量关，确保记述体例严谨、逻辑清晰，详略得当、疏密有序。

三是做到规范统一。将规范性作为精品打造的基本要求，着眼细微，精细打磨。加强对条目标题，文风体例，图注记述、数字表述，表格名称、来源、序号，稿件署名简称，标点符号、计量单位、单位简称和缩略语，以及“参见”的表述与样式等的规范，做到前后一致、全书统一。

（四）美化装帧设计，实现年鉴形式美和可读性的新提升

进一步优化封面设计、内文版式和卷首彩页编排，力求庄重、大气、美观，彰显城市个性和时代气息。

一是封面设计主题突出。围绕建党百年主题和武汉特色元素，以红色为背景基调，以中共五大会址为标志图案，采用压凹烫金工艺，在延续系列化设计风格的同时体现年度主题。

二是内文版式精美稳健。突出工具书性质定位，文字采用三栏排版，图、表、照片随文排布，全书全彩套色，典雅大方，基本做到随手翻阅可见图表。

三是专题图集吸睛夺目。适应“读图时代”需要，大力发掘图片价值，按图片专题的形式编辑设计卷首彩页，突出各栏目主题，特别注重增强图片的视觉冲击力，为全书阅读增添“眼前一亮”的特色效果。

三、主要收获和社会效益

成功争创中国精品年鉴，显著增强了地方志优秀成果的社会影响，激发了全市地方志工作者争创精品的热情，形成良性的双向互动。

（一）示范引领作用更加凸显

作为湖北省首部精品年鉴，《武汉年鉴》在全省起到了很好的示范效应，推动了各区地方志工作机构开展精品年鉴打磨创建，实现全市年鉴编纂质量的整体提升，在第九届全国地方志优秀成果（年鉴类）评审中，2 部区级年鉴获评一等年鉴，也有力带动了武汉都市圈乃至全省精品年鉴创建工作的展开。襄阳、黄石、咸宁、孝感等市地方志工作机构主要负责人先后带队前来考察学习，黄冈市启动中国精品年鉴创建工作，省内多个地方志工作机构来电来函开展年鉴工作交流。

（二）方志文化品牌有效树立

以精品年鉴成功打造为契机，武汉市志办广泛在国家、省、市三级媒体开展集中宣传，发布相关新闻，并通过湖北日报极目新闻、今日头条等各大官网、公众号进行推送，新华网文章《武汉市地方志办公室打造精品年鉴服务高质量发展》首日点击阅读量超过 35 万人次，武汉地方志工作的社会知名度、知晓率得以有效提升。

（三）集体个人受到嘉奖

精品年鉴创建成功后，市政府和省文旅厅领导给予高度重视和肯定，市长批示“入选精品年鉴值得总结和肯定”，省文旅厅厅长也指出“武汉市地方志工作给全省争了光”。经市委组织部门审核同意，武汉市志办年鉴编审处获记集体三等功，5 名个人获嘉奖，54 家优秀供稿单位获通报表扬。

四、经验和体会

精品年鉴创建是一项系统性、整体性工程，必须强化组织领导，更新编纂理念，优化编纂模式，凝聚各方面编纂力量。

（一）要理顺机制，建立行之有效的组织领导工作体制是创精品的首要条件

精品年鉴创建离不开各方的积极参与和整体的协同发力，创建过程中不能有任何一个供资供稿单位掉队。因此更加需要深入落实地方志工作“一纳入、八到位”要求，毫不松懈地深化把牢党委领导、政府主持、部门协作的年鉴编纂工作体制，做到工作有部署、进度有保障、督促有力度。实践已经一再证明，缺少强有力的组织协调，篇目设计的落地、特色资料的提炼、信息数据的增补等方方面面的问题都会成为创建过程中难以逾越的鸿沟，导致精品创建面临有心无力的现实困难。

（二）要求新求变，突破年鉴编纂固有思维和模式是创精品的内在要求

切实以党的理论创新成果统领指导年鉴编纂，将其体现到年鉴编纂的各个环节上。处理好年鉴框架相对稳定与创新求变的关系，坚决摒弃“老瓶装新酒”按部就班的年鉴编纂做法，与时俱进，打破科学性不足、完整度不够、逻辑性不强的旧框架。深入理解和领悟评审专家提出的“没有特色的年鉴一定不是精品年鉴”的内涵要义，在把握年鉴规范性要求的前提下，多思考在新时代我们的年鉴应该记述什么，年鉴如何更好服务社会、体现发展这个根本性问题，彻底革新思想观

念，将具有鲜明时代标识的新发展格局、新经济业态、新改革成果更多更直接地反映到年鉴的条块切面和内容呈现上。

（三）要建强队伍，提升年鉴编辑的专业化职业化水平是创精品的根本保障

年鉴编辑的政治素养、学识认知、文字功底，以及对供稿部门的情况了解熟悉程度、资料的取舍加工技巧等，都会直接影响和决定年鉴质量的高低。必须有意识地加强年鉴编辑的专业化建设，有针对性地开展人员培养培训和实践锻炼，形成一支有着一定规模，人员相对稳定，分工较为明确固定，具有较强事业心责任感，工作经验丰富，编审技能高，协调沟通能力强的年鉴编纂队伍，夯实精品创建的人才条件。

（四）要久久为功，以打持久战的毅力和决心不断发力是创精品的必然过程

精品年鉴创建不是一蹴而就、敲锣打鼓轻轻松松就能实现的。作为全国年鉴的最高荣誉，精品年鉴的申报量和淘汰率都非常高，冲锋式、突击式创建基本难获成功，即便侥幸入选，也难以长久保持，甚至出现质量下滑。从武汉市自身探索看，只有从年鉴编纂的各个环节上，不断向全国精品看齐靠拢，多做打基础管长远的工作，经过持续不断努力，咬定青山不放松，实现自身脱胎换骨式的转变，才能最终水到渠成。

五、有关建议

当前，精品创建已成为推动全国年鉴事业高质量发展的重要推动力量，在《武汉年鉴》成功创建为精品年鉴后，全市各区都表现出相当大的争创热情，但也面临着一些急迫的现实问题。与全国其他地方类似，即相对于繁重的年鉴编纂任务，基层地方志工作机构能够投入的专职人员十分有限。部分基层地方志工作机构采取购买第三方服务的方式，来弥补工作力量的不足，然而此种措施也存在一些弊病：一是市场竞争不充分。从事史志年鉴编纂的第三方服务公司数量较少，选择面较小。二是市场管理不规范。相关公司缺少从业资质认定，准入门槛较低，

从业人员素质良莠不齐，志鉴编纂的业务能力不高，行业未能建立淘汰机制。三是编纂质量不高。交由第三方承编的稿件，仍需花费较大时间精力进行审读修改。

建议中国地方志工作办公室作为行业主管部门，适时开展调查研究，探索建立史志编纂第三方服务市场管理服务机制，会同相关部门制定出台行业标准、行为准则、服务规范，依法加强管理，促进市场竞争，规范行业管理，为基层地方志工作机构实施年鉴市场化编纂提供有力依据和保障。

精品年鉴理论与实践建设的长沙经验
——《长沙年鉴》打造精品之路 *

长沙市地方志编纂室

中国年鉴精品工程实施以来，长沙市地方志编纂室锚定目标，加压奋进，大力推进新时代精品年鉴理论建设与实践探索，以一地一域之精彩，为现代化新长沙全局全域添彩，交出了一份亮眼的成绩单。《长沙年鉴》多次获全国年鉴质量评比一等奖、特等奖以及全国地方志优秀成果（年鉴类）特等年鉴，2018 年卷、2019 年卷、2020 年卷连续三年获评中国精品年鉴，是目前全国唯一连续三年获评的省会城市综合年鉴。辖区内《浏阳年鉴（2020）》《长沙县年鉴（2021）》《芙蓉年鉴（2022）》《望城年鉴（2023）》相继入选中国精品年鉴。2022 年 10 月，长沙市跻身首批 9 家中国精品年鉴区域试点单位之一。2023 年 10 月，在中国地方志工作办公室（以下简称“中志办”）举办的中国年鉴精品工程系列研讨会暨第八期全国年鉴主编培训会上，长沙市地方志编纂室在主会场作典型经验介绍，长沙年鉴工作获多项荣誉表彰，得到充分肯定。

---

* 执笔人：李德胜，长沙市地方志编纂室党组书记、主任；江雷，长沙市地方志编纂室年鉴处副处长。

一、精品年鉴之路三个阶段

（一）申报阶段——自加压力报精品

中国年鉴精品工程实施以来，长沙市地方志编纂室在湖南省地方志编纂院精心指导和长沙市委、市政府坚强领导下，积极投身创建中国精品年鉴实践。2017年《长沙年鉴（2017）》申报中国精品年鉴，虽然首创失利，但坚持精品创建不动摇，2018年初即召开精品年鉴创建工作专题会议，举全室之力再次申报中国精品年鉴。

（二）创建阶段——精雕细琢编精品

开弓没有回头箭。市地方志编纂室党组带领年鉴编辑部认真总结经验教训，主动对标对表，层层传导压力、落实责任。2018年以来，市地方志编纂室领导带领年鉴处全体人员，先后对组稿样式、编校方式、装帧设计、审校层级等进行结构性重塑，同时加强请示汇报，争取多方支持。经过不懈努力，《长沙年鉴》2018年卷、2019年卷、2020年卷三度创精品成功。

（三）升级阶段——区域协同铸精品

《长沙年鉴》成功创精品之后，长沙市及时总结经验，乘势而上，在全市范围内开展精品年鉴区域创建和培育工作。2019年10月，市地方志编纂室制定《长沙市创中国精品年鉴区域实施方案》，编印《创建中国精品年鉴资料汇编》。将全市9个区县（市）分成5个创建梯次，每年选取1 ~ 2部年鉴纳入创精品的储备梯次重点培育，指导推动基础较好、积极性高的区县（市）先行试点。召开精品年鉴区域建设推进会暨区县（市）年鉴评议会，加强对区县（市）年鉴组稿人员的业务辅导，对申报精品年鉴的单位，编辑部对其年鉴篇目、全书稿件全程进行评审指导，通过互评促进年鉴质量整体提升。截至目前，长沙市所辖《浏阳年鉴（2020）》《长沙县年鉴（2021）》《芙蓉年鉴（2022）》《望城年鉴（2023）》成功入选中国精品年鉴。

二、打造“五个一”工作模式

将精品意识贯穿年鉴编纂全过程，坚持守正创新，打造精品年鉴理论建设与实践探索的“五个一”工作模式。

（一）确立一个契合实际的工作思路

《长沙年鉴》承载着记录历史、服务社会、传承长沙文脉的重要使命。长沙市坚持将精品年鉴建设作为贯彻落实习近平文化思想的重要政治任务来抓，举全系统之力推进中国精品年鉴创建工作，一任接着一任干，努力编修经得起时代和历史检验、具有鲜明时代特征、年度特点和地域特色的精品年鉴，推动年鉴实现从“有没有”向“全不全”、再到“好不好”的转变。坚持系统思维，不仅在市本级大力实施中国精品年鉴创建工作，而且向各区县（市）推广延伸精品年鉴创建成果和经验，在全市范围内开展精品年鉴创建和培育工作，推动精品年鉴向精品年鉴区域提档升级。及时确立“先市后县、示范带动，梯次培育、整体推进，重点指导、以点带面”的精品年鉴区域创建思路，指导和推动编纂基础较好、积极性高的区县（市）先行试点。2022 年 10 月，长沙市地方志编纂室入选首批中国精品年鉴区域试点单位。

（二）培育一支精干稳定的人才队伍

注重人才培养，造就一支能征惯战的专业队伍，为精品年鉴建设提供坚实的人才支撑。

一是建强编辑队伍。《长沙年鉴》长期配备 5 名以上精干的专职编辑，保持队伍相对稳定。长沙市地方志编纂室过半数班子成员、超过 70% 干部（雇员）有多部年鉴编纂经验，年鉴编辑岗位已成为年轻干部成长摇篮。新进公务员、雇员等首先安排到年鉴处学习业务。注重业务培训，每年邀请全国年鉴专家培训授课，针对性组织编纂单位和编辑人员以会代训、以评代训、以谈代训，适时组织市本级和区县（市）年鉴业务培训，近年来累计对年鉴编辑、组稿人员、撰稿人员培训指导 100 余次。注重发挥激励作用，精品年鉴编辑人员在评功评奖、提拔任用、晋职晋级等方面优先考虑。精品年鉴创建以来，1 人获评湖南省地方志先进个人，2 名政府雇员被发展为中共党员，多名干部晋职晋级或被评为年度先进公务员。

二是邀请专家指导。创建初期，邀请全国年鉴专家提前介入，对年鉴篇目进行评审指导，吸取专家意见完善年鉴篇目，为后期年鉴编辑工作打下扎实基础。创建过程中，每年邀请3名左右全国年鉴专家对稿件进行评审指导，年鉴编辑部逐条研讨分析，吃透专家意见，做到触类旁通，举一反三。邀请全国年鉴专家授课，解读《地方综合年鉴编纂出版规定》及精品年鉴创建中应注意的相关问题，培训全市年鉴组稿人员。编辑部坚持“尊重专家意见、对标精品要求、逐条落实修改”的工作要求，对专家提出的修改意见，将任务分解到每名责任编辑，及时联系各承编单位落实修改意见。将涉及军事、保密、统计数据等稿件资料，报送省、市相关专家审核，严把政治关、保密关、数据关。报出版社专家审核，落实初审、复审、终审和质检意见。

三是建立地方志专家库。根据2023年长沙市人力资源和社会保障局、市地方志编纂室《关于建立地方志专家库的通知》要求，建立长沙市地方志专家库，组建了一支78人的专家队伍。

（三）构建一个系统集成的支撑平台

建立健全精品年鉴建设的理论与实践平台，推动精品年鉴理论与实践相结合。

一是建立理论研究平台。在“方志长沙”官网、《长沙史志》等阵地开设理论研究专栏，鼓励年鉴编辑人员加强理论学习和研究，鼓励干部职工撰写理论研究文章，理论研究取得丰硕成果。长沙市地方志编纂室年鉴处处长陈晓红入选中国年鉴精品工程评审专家，副处长江雷多项研究成果先后在全国“南岳衡山杯”首届全国地方志系统论文评比、全国社科联“改革与城市发展”征文、湖南省“韩公亭杯”“湘志杯”优秀论文和理论研究成果评比、“十步芳草 百年风华”庆祝中国共产党成立一百周年征文中获奖，并在“走向世界的中国地方志”第二届方志国际学术研讨会上交流经验。为“让地方志活起来”，讲好长沙方志故事，“方志长沙”官网开辟“志说长沙”“方志微阅读”等专栏，从志鉴中找寻乡愁元素，整理撰写《六个维度看年鉴》《志说民俗》《寻味长沙》等文稿，产生了积极影响。

二是建立多方审校平台。完善采、编、审、校和出版、发行等工作流程，推动构建精品年鉴质量管控多级协同平台。聘请全国年鉴专家指导和评审，严格质量标准，同时聘请省内有经验的年鉴老专家参加审校。成立精品年鉴建设领导小组，全程参加书稿审校。召开各区县（市）年鉴评议会，开展交叉评审，促进互鉴提高。各编辑对全书进行互审互校。实行市地方志编纂室全员审稿，汲取集体智慧，使年鉴编辑审校更趋完善。反馈市直机关各组稿单位审核。报方志出版社初审、复审、终审以及质检等。

三是建立名鉴品读平台。2021年以来对《长沙年鉴（2020）》等4部入选“精品年鉴品读季”活动的年鉴，组织全系统人员认真品读，以读促建，“方志长沙”刊登或转发优秀品读文章，《长沙史志》推出品读专刊，刊登品读专文20余篇。

四是建立数字赋能平台。创新年鉴传播的载体和方式，结合大众实用需求和审美需求，在传统纸质版年鉴的基础上，推动“书+屏”的融合，推动纸屏互动，研究制作智能手机版“掌上年鉴”，将二维码图案嵌入年鉴封底，可以用智能手机扫码阅读，并与“方志长沙”微信公众号捆绑，共享技术生态，为读者提供全文检索、目录浏览、图照查看以及内容收藏、分享等功能，使年鉴内容在数字移动终端“字节跳动”式呈现，更具文化内涵和表现张力。通过文字、图照、短视频或者其他符合现代人们阅读习惯的新媒体方式，推动传统年鉴向数字年鉴转型赋能，让精品年鉴活起来、用起来，走进“寻常百姓家”，更好地服务党政决策和人民群众。

（四）优化一套行之有效的质量管控措施

强化质量意识，将精品理念融入编纂实践，主动对标对表，力求精益求精。

一是优化审校环节。在编辑部初审、分管领导复审、主任终审的基础上，增加全国指导专家、省内专家联审等环节，强化对口编校、交叉互校、集中审校等环节。探索点面编校法，编校资料按一、二、三次文献有序分类和编辑，注重类目或分目下反映综合情况的面上记载及反映事件的点上记述，面与点的记述篇幅精确管控在4∶6。摸索出“总—分—总”的批次修改程序，即编辑部收到评审专家意见后，先总体讨论，再分编辑修改，最后归总到主编统稿，从全书高度统筹落实各方意见。严格“八关”审校，如领导审校首先看政治关、保密关，组稿统计先看体例关、史实关，编辑校稿侧重文字关、图表关、数据关，最后集成严把出版关。区分组稿、编辑、审稿等阶段，运用人工与智能软件相结合的方式精准校对，分批次有侧重地进行编校过关，形成环环相扣的精细化编校体系，确保信息“条条有价值、字字有分量”。

二是优化组稿渠道。落实《地方综合年鉴编纂出版规定》“年鉴编纂单位应拓宽资料搜集渠道”要求，多渠道搜集各行业的年度成果、重要活动、数据、图片等，保证基础信息有支撑，确保年鉴记述“言之有物”。针对组稿难问题，研究提出“依靠政府、面向社会”的组稿路径，即以政府部门组稿为主渠道，面向社会开辟组稿渠道。如工业、金融等篇目，主动上门联系对接各行业协会、金融机构、重点企业等有关单位，实行开门组稿。如记录长沙国际马拉松赛，除依靠以市体育局为主的传统组稿渠道外，还通过职业运动员、体育爱好者、志愿者、观众等众多角度找资料记录赛事，提高信息的含金量。在确保广度和准度的基础上，突出挖掘资料的深度。如《长沙年鉴（2020）》文化遗产保护分目下概况条目中提及“雨花非遗馆入选文化和旅游部《非遗与旅游融合优秀案例》”，该条目要素齐全，属合格条目，但这还不够，因为“非遗＋旅游”已成为长沙的一张文化名片，不仅要有“面”上的反映，还要有“点”上的记述。经过组稿挖掘，增加1000余字的阅读延伸链接“雨花非遗馆‘非遗＋旅游’融合优秀案例”，还增加“非遗大师面对面”活动条目和非遗传承人名录等30余个信息点，这样就把文化遗产保护的内容记深、记全了。

三是优化纲目设计。贯穿“以人民为中心”的纲目设计理念，每年召开框架结构设计研讨会，邀请有关专家深入研讨，按照以事归类的原则，参照国民经济行业分类谋篇布局，形成纵横交错、统分结合的框架结构模式，突出框架的长沙特色和时代特征，编好年鉴的总纲目。如增设长株潭都市圈类目，记述长株潭一体化建设的地方特色；将湖南湘江新区、开发区分目升格为类目，彰显长沙在“一带一路”和长江经济带等国家战略的担当作为；将房地产业从城乡建设内容中析出，升格为类目，反映长沙楼宇经济的发展特色；增加网约车、城市共享车等城市公用事业和民生信息等。编辑部还探索出“三研四查定框架”的科学方法，“三研”即研究市政府工作报告、研究承编单位工作职能、研究专家组及框架研讨会意见，“四查”即查看党报党刊、查看官网微网、查看工作简报、查看内部资料，为优化框架提供科学印证。

四是优化图照编排。注重用图片真实地记录历史瞬间，集史料价值和审美价值于一体，以纪实性、直观性、形象性发挥文字所不可替代的重要作用。如卷首设置“长沙夜经济”等专题彩页，反映时代特色和长沙亮点；增设长沙市文化地图，将长沙的文化古迹及重要景点直观呈现，彰显长沙国家历史文化名城底蕴；制作长沙荣誉、数字等专题板块，凸显年度经典。将卷首专题彩页中的跨页图片调整为单面呈现，将地图由跨页改为拉页，对类目图片改用1P版大图呈现，将长沙概览、大事记由原来的两栏改为三栏编排，更具视觉效果；将表格标题从目录中析出，单列表格索引，便于检索。规范随文图片收录，探索图照编辑五步法，从征图、选图、构图、审图、图文比等方面对标对表，变“等米下锅”为“选菜烹饪”，达到“一图胜千言”的效果。注重封面图效应，选取橘子洲、岳麓书院、爱晚亭、天心阁等长沙地标作为封面图，取传统的毛体书法与现代排布结合，采用烫黑金和热压工艺，带有浮雕感，凸显文化创意。讲究纸张与图照文字的和谐共生，封面采用浅咖色皮纹纸，彩页图用120克出色宝莱纸，内芯由原来的铜版纸改为东方艺术纸，再到最新的80克米白色品尚纯质纸，聘请设计师对全书图照进行统一的调色处理，使全书色彩细腻，富有亲和力。

五是优化服务方式。拓展线上线下服务路径，为人民群众全面了解长沙经济社会发展情况提供服务。在资料的广度、深度、准度方面加大条目信息量，精心做好卷首彩页与卷尾附录、统计资料、索引等内容功能服务。开发智能手机版“掌上年鉴”，并在内芯设置资料链接模块，方便读者延伸阅读。如在市政府类目下政策研究条目中提到“打造特色小镇建设‘长沙模式’”，条目由于受篇幅限制不便展开介绍，便在该条目后设置与其相关的资料链接，简要介绍其总体目标、建设形态、发展方向、培育程序、支持政策等内容，使读者能对其进行更全面的了解，并链接“掌上年鉴”提供便捷服务。注重发挥年鉴资政功能，助力资政辅治。如设置长株潭都市圈类目，服务“三高四新”美好蓝图和“强省会”战略实施，彰显长沙时代发展特征和地域特色。贴近民生，反映市民关切的热点问题。如在教育类目中记载“小升初”城区联合微机派位的信息，还记载双胞胎捆绑派位政策。吸纳相关部门评选的先进人物及全市各单位报送的大、特、要、新事件，设置先进人物、对外传播优秀案例彩页，并设置人物类目，讲好长沙故事，传播正能量。

（五）完善一套务实管用的保障制度

依据《地方志工作条例》《地方综合年鉴编纂出版规定》等文件精神，不断完善一套务实管用的保障制度，为精品年鉴理论与实践建设“保驾护航”。

一是出台保障制度。2015年，长沙市政府出台《关于进一步加强新时期地方志工作的意见》和《长沙市地方志事业发展规划纲要（2015—2020）》。2016年，市政府办公厅印发《长沙市地方志事业发展规划纲要（2015—2020）任务分解的通知》，将任务分解到各市直机关单位和区县（市）政府。2017年初，制定《长沙年鉴创建中国精品年鉴实施方案》，形成党委领导、政府主持、地方志工作机构组织实施、社会力量广泛参与的工作机制。2023年，印发《长沙市地方志事业发展实施方案（2023—2025）》，筑牢精品年鉴区域建设制度保障。

二是细化实施方案。2022年10月长沙市入选中国精品年鉴区域试点单位后，制定《长沙市推进中国精品年鉴区域建设实施方案》《长沙市推进中国精品年鉴区域试点建设工作计划》，规范精品年鉴申报条件、评选标准、评选程序、评选要求、奖励宣传、经费保障。明确申报中国精品年鉴的单位必须成立专项工作领导小组，组长由区县（市）分管地方志工作的区县（市）领导担任，区县（市）地方志编纂室“一把手”任副组长、分管地方志工作的副主任任办公室主任，配备3人以上的精品年鉴创建编纂队伍。加强经费保障，健全经费保障机制，明确各区县（市）要落实精品年鉴专项经费，做到专款专用。明确激励机制，对入选中国精品年鉴的单位进行表彰奖励，确保全市精品年鉴创建工作有序开展。

三是规范工作运行。成立长沙市地方志编纂委员会，及时协调解决工作中遇到的困难和问题。畅通长沙年鉴组稿渠道，组稿通知以市政府办公厅名义下发，争取政府财政安排精品年鉴工作专项经费。注重内外结合，理顺工作关系，对内组建精品年鉴创建工作领导小组，室领导坐镇，年鉴处牵头，全员参与、全室协同，层层抓好落实；对外建立健全市直机关组稿单位和相关行业（部门）走访联系制度，协调组稿和审稿反馈等工作，加强合作互动。

三、“精品后”的质量管控

长沙市作为首批中国精品年鉴区域试点单位，将继续把精品意识贯穿年鉴工作的全过程，加强统筹谋划。通过梯次储备、重点培育、以点带面、全程指导、全域推动等举措，把精品工程作为一项经常性工作持续深化，不断推进年鉴事业高质量发展。

（一）以新发展理念锚定年鉴事业发展新定位

坚持以习近平新时代中国特色社会主义思想为指导，深入学习贯彻全国宣传思想文化工作会议精神，自觉将年鉴工作置于全市工作大局中来谋划和推进，坚持精品意识不动摇，进一步完善编纂模式、队伍建设、质量管控、评价标准等，持续推动精品年鉴实践建设。按照长远规划、分步实施、综合施策、有序推进的思路，进一步完善精品年鉴区域建设方案，坚持短期与中长期目标相结合，细化工作计划和实施路径，推动精品创建工作向精品区域发展，推动长沙市精品年鉴理论与实践建设走深走实。

（二）以精细化管控推动年鉴质量新提升

要坚持质量第一的标准，这是年鉴的生命。长沙市将继续在工作运行机制、部门联动协调、服务措施配套、信息平台支撑等方面持续发力，久久为功。在优化“五个一”工作模式的基础上，进一步聚合市本级和各区县（市）年鉴资源，资源共享，优势互补，不断探索总结经验，构建精品年鉴编审与评议的常态化工作机制，从法治化和专业化等角度，进一步提升全市年鉴工作的整体质量和水平。

（三）以交流互鉴举措激发年鉴区域新活力

积极推动《长沙年鉴》和各区县（市）年鉴以及《长沙教育年鉴》等部门专业年鉴之间的交流学习，加强城际交流合作，集中优秀的精品年鉴群体，开展交流学习和评议，探索建立区县（市）精品年鉴交流基地或长株潭精品年鉴区域联盟等，以年鉴联动与区域合作的形式，形成优势叠加。弘扬优秀传统文化，开展精品年鉴进党校、进机关、进乡村（社区）等活动，提升公共文化服务水平，增强群众获得感。推动传统年鉴向数字年鉴转型赋能，让精品年鉴活起来、用起来，更好地服务党政决策，满足人民群众文化需求。同时，争取市委、市政府在队伍建设、表彰激励、经费保障等方面的大力支持，激发干事创业的活力。

“中国精品年鉴”的标识，已经在《长沙年鉴》上熠熠生辉，是长沙市地方志事业发展史上的一座丰碑。年鉴编纂工作没有最好，只有更好，精品之路无止境，精品工程永远在路上。

久久为功　打造精品
推进《佛山年鉴》编纂出版高质量发展
——《佛山年鉴》打造精品之路 *

佛山市人民政府地方志办公室

《佛山年鉴》是由中共佛山市委、佛山市人民政府主管，在《佛山年鉴》编纂委员会领导下，由佛山市人民政府地方志办公室（以下简称市志办）组织实施、佛山年鉴社具体负责编纂的年度综合资料性文献。《佛山年鉴》编纂工作始于1992年，1993年正式出版第一卷，至2023年已连续31年实现“一年一鉴，公开出版”“当年出版”。近年来，《佛山年鉴》坚持以打造精品年鉴为目标，编纂出版质量不断取得新突破。《佛山年鉴（2019）》分别获评全国、全省一等年鉴；《佛山年鉴（2020）》分别获评全国特等年鉴、全省一等年鉴；《佛山年鉴（2021）》成功入选第六批中国年鉴精品工程“中国精品年鉴”，成为广东省首部地市级中国精品年鉴。佛山年鉴社获评佛山市市直机关模范机关创建先进单位。

一、守正创新，匠心打造中国精品年鉴

从2021年4月获省地方志办公室推荐申报中国年鉴精品工程，至2022年6月《佛山年鉴（2021）》正式入选第六批中国精品年鉴，历时16个月，4轮评审

* 执笔人：陈绍，佛山市人民政府地方志办公室佛山年鉴社社长。

共计吸收专家意见362项800多条，调整重编图片专辑子栏目15个，更换图片140多幅，调整新增内容近20万字。《佛山年鉴（2021）》坚持正确政治方向，突出“一规范三特色”，在“精”字上发力，调整优化年鉴篇目，深挖严选入鉴资料，以匠心打造年鉴精品。

（一）突出体例规范，打造年鉴“佛山样本”

年鉴作为年度性资料文献，有其独特的体例规范。《佛山年鉴（2021）》坚持以恪守正道求创新，以遵循规范出精品。一是坚持篇目设置规范。按分类编辑法进一步优化年鉴框架和内容归类，凸显分类科学、层次清晰、领属得当、编排有序。如将原年度关注拆分为特载、专文，与大事记一并提至市情概貌前；将文献选编、统计资料等内容归入卷末附录；设立城市建设、乡村振兴两大类目，分别反映城市建设发展和乡村建设发展内容；按建筑业、房地产业分属二、三产业特点，将建筑业·房地产业类目拆分为建筑业、房地产业两个类目并重新编排。二是坚持条目设置和编写规范。全书绝大部分分目设置概况条目，单一性条目数量超25%；全书条目时间、主语等要素齐全，条目有效信息含量大；条目无空话套话，消除部门工作总结、报告痕迹；条目标题中心词前置突出，题文相符。三是坚持图表、链接设置，以及数字、计量单位、标点符号使用规范。制定统一编辑标准，全书一个标准、一把尺子量到底。四是坚持用语规范。条目中作为主语第一次出现的机构和地区名称统一使用全称，简称全书规范、统一，术语随文括注、全面到位。五是坚持版式设计和制作规范。统一行首、行末标点符号半角设置；单字不占行，栏末、栏首不空行，类目末页不留白；消灭背题现象。

（二）突出区域特点，用心讲好佛山故事

佛山位于珠江三角洲腹地，是著名的岭南水乡、历史文化名城、改革开放先行地和制造业名城。《佛山年鉴（2021）》突出佛山区位、文化和经济社会发展特点，用心讲好佛山故事。一是卷首设置“魅力佛山”图片专题，通过粤剧表演、扒龙舟、醒狮、南派功夫等特色图片凸显历史文化名城魅力；通过智能化生产车间、机器人设备投产等特色图片反映制造业名城风采；通过水乡游憩、民俗活动、稻海花田等特色图片展现岭南乡村之美。二是通过篇目设计反映经济特点和产业特色。如继续设置民营经济类目，展现佛山作为民营经济大市的经济发展特点；

优化工业类目设置，设传统制造业、新兴产业等分目，并设电器、家具、建筑材料、高端装备、生物医药、新能源汽车等14个行业次分目，反映佛山各工业行业发展情况，诠释佛山对制造业的坚守和贡献。三是注重收录地方特色内容，体现年鉴区域特点。如专文特别收录《村级工业园升级改造取得阶段性成果》，讲述佛山实施“村改”，向低效产业用地要高质量发展空间的探索和实践；设置西樵山风景名胜区、祖庙博物馆、南海梦里水乡景区、罗浮宫国际家具艺术博览中心景区等条目，反映佛山特色旅游资源；对民间民俗、“功夫之城”建设、佛山狮王争霸赛等内容专设条目记述，反映佛山特色民俗事项和体育活动。四是以装帧设计彰显特色，如类目标题精心选用融入了佛山剪纸、扒龙舟、秋色巡游、佛山祖庙等佛山特色文化元素的佛山非遗项目“佛山剪纸”图案作装饰等。

（三）突出年度特色，翔实记录佛山发展

《佛山年鉴（2021）》精心选取年度重点主题，深挖年度特色资料，力求突出年度特色。一是卷首特设“佛山‘十三五’”“保障改善民生　全面建成小康”“抗击新冠肺炎疫情”“对口支援帮扶”等图片专题，特载收录《佛山市高水平全面建成小康社会》《脱贫攻坚　佛山担当》等文章，专文收录《学习宣传贯彻习近平总书记出席深圳经济特区建立40周年庆祝大会和视察广东重要讲话重要指示精神》《村级工业园升级改造取得阶段性成果》《夜间经济服务业态全面发展》等，突出反映全国性和地区性年度热点话题。二是减少记事类条目的背景资料、机构类条目的建置沿革等静态信息，挖掘丰富条目的年度资料，突出条目资料的年度特色。三是注重增加动态条目数量，收录“学习强国”佛山学习平台上线、全省首张“一照通”登记许可合办营业执照在佛山发出、桑园围入选第七批世界灌溉工程遗产名录等年度大事、要事、新事、特事条目450多条。

（四）突出时代特征，充分展现佛山担当

《佛山年鉴（2021）》编纂突出时代特征，充分展现佛山在新时代背景下贯彻新发展理念推动经济社会高质量发展的举措。一是在“佛山‘十三五’”图片专题下设“创新发展”“协调发展”“绿色发展”等5个子专题，从5个侧面展现佛山“十三五”时期发展成就；在“保障改善民生　全面建成小康”图片专题下设“幼有所育”“学有所教”“劳有所得”等7个子专题，从7个侧面展现佛山高质量建

成小康社会的成果。二是设全面深化改革分目，集中记述佛山年度改革动态；设开放型经济类目，集中反映在构建开放型经济新体制过程中的发展变化；工业类目分设传统制造业、新兴产业等分目，突出佛山作为国家制造业转型升级综合改革试点城市的有益探索和发展成就；设乡村振兴类目，以及在区域发展类目下设广佛全域同城化建设、佛深合作、佛港澳合作等分目，反映乡村振兴、粤港澳大湾区建设等国家战略在佛山落地开花结果；设数字经济类目，突出反映佛山数字经济新形态。三是增加关注民生和体现人文关怀等方面内容，如“保障改善民生　全面建成小康”图片专题，侧重从保障改善民生方面反映全面建成小康的实践和成效；社会生活类目的人口分目设妇女·儿童、青年、老年人、残疾人、流动人口等条目，反映各类人群的发展情况。

二、久久为功，为精品打造强基固本、蓄势赋能

争创精品年鉴是一个持之以恒的过程。近年来，佛山市志办不断加大依法治鉴力度，着力加强年鉴编纂规范化建设，创新优化工作流程，做精做细年鉴编纂各环节，为打造精品年鉴夯实了基础、创造了条件。

（一）突出依法治鉴，促进年鉴编纂规范化

《地方志工作条例》《广东省地方志工作条例》《全国地方志事业发展规划纲要（2015—2020年）》的相继颁布实施，为佛山年鉴编纂事业高速发展提供了极大的契机。佛山市志坚持与时代同步，立足主责主业，持续推进强基固本。一是落实依法治鉴要求。深入学习贯彻《地方志工作条例》和《广东省地方志工作条例》，将其纳入年鉴编辑和撰稿人业务培训内容，同时制定《〈佛山年鉴〉供稿评价办法（试行）》，对各单位供稿情况进行评价通报，充分调动各承编单位的工作责任感和积极性。二是坚持开门编鉴。年鉴出版前，邀请国内和省内的年鉴专家、佛山地情专家对书稿进行评议，充分吸收专家意见建议，按照“应改尽改、举一反三”的原则，不断完善书稿内容；出版后，认真组织《佛山年鉴》参加各级年鉴质量评价，以评促优，以评促改，促进编纂出版质量向好向优。三是重视队伍建设。坚持每年举办年鉴业务培训班，不断提升年鉴编纂队伍业务水平。建立年鉴编辑业务例会制度，定期召开例会学习品读精品年鉴编纂经验，讨论编辑难题、商定

解决方案，并通过“以学代训、以干代训”，全面提高年鉴编辑水平，确保按时保质完成编纂任务。

（二）突出重点特点，创新优化组稿模式

在年鉴编纂过程中，始终把突出年度重点和地方特色摆在首位，抓好组稿环节源头管理。针对传统供稿渠道难以很好完成信息资料收集任务等问题，发挥主观能动性，优化组稿流程，化被动收稿为主动组稿。建立常态化年鉴大事要闻条目选题收集和条目编写机制，按照统筹兼顾、分类指导、靶向收集的原则，采用“撰稿单位供稿＋年鉴编辑收集资料＋年鉴编辑草拟大事要闻条目”方式，相互配合、互为补充，丰富年鉴资料来源，做到“大事突出、要事不漏、新事不丢”。创新采用“两次交稿”组稿方式，编辑在对初稿进行审核的同时，有针对性地向撰稿人提出编辑建议，让组稿工作更好地贯彻编辑思路，确保正式提交的稿件更加规范、内容更加丰富、信息含量更大、收录价值更高。创新采用模板化组稿方式，先后制定工业、民主党派、人民团体、市辖区、银行业等栏目撰稿参考模板，确保稿件撰写更加符合年鉴编纂要求。

（三）突出精编细校，不断提高编校质量

质量是年鉴的生命。《佛山年鉴》在编纂过程中，始终坚持以打造精品为目标，在供稿、编辑、审读等各个环节严格把控质量。坚持完成“三审三校”，甚至做到“五审五校”，创新建立关键词检索质量检查机制，最大限度保证“零差错”。从严把好年鉴编纂的意识形态关和保密关，加强涉外、涉港澳台内容和民族、宗教等方面内容的审核及保密审查。在年鉴编纂工作规范化上下功夫，采用边编辑边总结整理的方式，整理格式规范、语句规范、标点规范、易错点等编辑知识，制定《〈佛山年鉴〉编辑业务规范（试行）》《〈佛山年鉴〉排版规范》，印发《佛山市地方综合年鉴编纂业务指引（试行）》。坚持用“绣花”功夫做好装帧和版式设计，结合印刷用纸，巧妙做好入鉴图片后期制作，创新卷首图片专题模块化排版。

三、推广精品，致力扩大精品年鉴打造效益

《佛山年鉴（2021）》入选中国精品年鉴后，佛山市志办加强宣传推广力度，

致力于扩大精品年鉴的影响力和辐射力，力求将打造中国精品年鉴产生的效益最大化。

（一）强化总结提升，开展精品年鉴品读

持续开展“精品年鉴品读季”活动，对标历届中国精品年鉴特别是推荐品读的四部中国精品年鉴，查找差距、分析问题，学习借鉴优秀经验和做法。组织全市一市五区年鉴编辑团队通过研读精品年鉴、召开研讨会、撰写心得体会文章等方式，将精品年鉴品读与年鉴编纂实务相结合，推动年鉴理论研究，活跃年鉴研究学术氛围，累计举行品读、研讨活动10多场次。个别区还将精品年鉴品读研讨活动对象从年鉴编辑部扩展到参编单位，进一步扩大了“精品年鉴品读季”活动的开展效果。2022年“精品年鉴品读季”活动中，全市地方志工作机构共提交6篇精品年鉴评议文章或以精品年鉴建设为主题的理论研究文章。其中，由佛山年鉴社撰写的论文《浅谈地方综合年鉴如何围绕时代特征突出地方特色和年度特点——以四部中国精品年鉴为例》获评广东省“精品年鉴品读季”活动优秀论文。

（二）强化宣传推广，扩大精品年鉴辐射力

《佛山年鉴（2021）》入选中国精品年鉴后，佛山市志办积极宣传创建成果，第一时间向佛山市委、市政府报告，有关情况获中共佛山市委办《信息快报》刊载。同时，大力向社会宣传推广，先后在中国方志网、佛山档案与方志等网站，以及“方志中国”“方志广东”“佛山档案方志”等微信公众号宣传推广，相关宣传推广信息还先后获《方志中国》《佛山史志》期刊、主流网络媒体“佛山+”客户端等刊载、报道，并获部分省市地方志工作机构微信公众号转载。加强与省内外同行的交流分享，2022年以来共接待省内外兄弟城市6批次，以及以电话交流、年鉴编纂实务培训班授课等形式，交流分享创建经验。截至目前，已向省内外兄弟城市交流中国精品年鉴《佛山年鉴（2021）》100多册。2022年，《佛山年鉴（2021）》被列入广东省“精品年鉴品读季”活动指定品读书目，并在全市100多个方志文化场馆摆放供市民查阅利用。

（三）强化引领作用，扩大精品年鉴影响力

发挥“打造一部精品年鉴，带动一批年鉴精品”作用，促进佛山区域年鉴编

纂出版质量整体提升。在《佛山年鉴（2021）》打造中国精品年鉴的引领带动下，佛山一市五区年鉴编纂出版质量得到了全面提高。在2022年度广东省年鉴编纂质量评价活动中，佛山市一市五区共有5部年鉴获评广东省一等年鉴，占全市地方综合年鉴总数的83%。2023年3月，佛山市《南海年鉴（2022）》成功入选第七批中国年鉴精品工程“中国精品年鉴”，得到南海区委书记、区长批示肯定，南海年鉴社被南海区委授予集体嘉奖和3名个人嘉奖荣誉。

（四）强化编鉴为用，提升年鉴“三服务”水平

一是做好发行工作。2022年发行《佛山年鉴（2021）》超3000册，年鉴简本超1000册，覆盖全市党政机关单位，并延伸至学校、村（社区）等基层单位，其中市联合图书馆400多个成员馆、市委党校各学员宿舍、市迎宾馆各客房等基本实现全覆盖。二是做好年鉴数字化和网络发布工作。做好《佛山年鉴（2021）》数字化工作，数字版《佛山年鉴（2021）》在市政府门户网站和广东省情网公开发布，并被中国知网全文收录。制作《佛山年鉴（2021）》二维码书签年鉴，让读者感受拿一张书签、读一本年鉴的便利。三是加强年鉴资源开发利用。精选《佛山年鉴（2021）》条目内容，向“方志广东”微信公众号“粤鉴话你知”栏目、“佛山档案方志”微信公众号“鉴知佛山”栏目提供稿件12篇。

四、继往开来，促进年鉴编纂出版再建时代新功

打造精品年鉴不是终点，而是年鉴编纂事业高质量发展的一个更高起点。佛山市地方志工作机构将继续对标先进，不断强化编纂规范和质量把控，加强编辑队伍建设，推动年鉴编纂出版再建时代新功。

（一）自觉对标对表，找准存在问题和不足

近年来，《佛山年鉴》编纂出版事业取得长足进步，编纂出版水平跻身全省前列。同时，也存在编辑队伍水平亟待进一步提高、撰稿人员队伍流动性较大、年鉴编纂理论研究不足、年鉴资源开发力度不够、年鉴社会重视程度不高等一些不容忽视的问题。需要进一步强化政治引领，找准中国式现代化进程中年鉴编纂工作所处的历史方位，准确把握年鉴事业高质量发展的时代要求，推动年鉴编纂始

终坚持正确的政治导向；需要进一步加强年鉴编辑队伍和撰稿人员队伍编纂实务培训，不断创新培训方式，增强培训效果；需要进一步加强年鉴编纂理论研究，鼓励年鉴编辑队伍结合年鉴编纂实务撰写编纂理论文章，促进理论指导实践；需要进一步加大年鉴资源开发力度，促进编以致用，不断提升年鉴的影响力和“三服务”水平。

（二）强化“资料为王”，推进年鉴质量再改革

资料性是年鉴的基本属性。由于年鉴组稿长期依靠各单位提供，年鉴资料偏重政府部门的工作，有效信息含量受到一定影响。为进一步提高“精品后”年鉴的资料性，《佛山年鉴》编辑团队将进一步优化资料收集机制、年鉴大事要闻条目选题收集和条目编写机制，开展专题地情资料数据库建设，在前期开展“抗击新冠肺炎疫情”“乡村振兴”“先行先试”“村级工业园改造”4个专题资料收集整理的基础上，围绕佛山市委、市政府中心工作，启动佛山“515”高质量发展目标专题资料收集工作。将进一步探索推进年鉴框架重构和资料整合，强化运用以事物客观属性为分类依据的年鉴“分类编辑法”，进一步促进年鉴框架和内容分类科学、层次清晰、领属得当、编排有序，促进各主题栏目内容反映更充分、更有效。此外，将精品年鉴创建过程中发现的问题，以及专家提出的意见固化为编纂参考资料知识点，整理《〈佛山年鉴〉编辑“错题本”》，继续完善《〈佛山年鉴〉关键词搜索质量检查词库》《〈佛山年鉴〉注释汇编》，进一步规范年鉴编纂。通过一系列举措，不断拓宽年鉴资料的广度、延展资料的深度，不断提升年鉴资料的实用性，推动年鉴真正成为人们有用、喜用的资料性文献。

（三）突出编鉴为用，推进年鉴阅读便利化

《佛山年鉴》始终坚持编鉴为用的宗旨，不断推进年鉴数字化和轻量化产品开发，提升年鉴服务党委政府、服务经济社会发展、服务人民群众的能力和水平。继续探索和优化年鉴手机二维码阅读链接模式，设置全书阅读二维码，方便读者有针对性地扫码阅读和利用。做好年鉴发行工作，保持年鉴发行数量的同时，不断提高年鉴发行质量，将年鉴更多地送到真正需要、真正想要的单位和人民群众手中。继续开展历年《佛山年鉴》资料数字化分类整理，探索建立《佛山年鉴》分类资料数据库。继续挖掘年鉴资源现实价值，提升年鉴服务社会功用，将历年

来《佛山年鉴》记载的内容进行全面梳理，围绕社会热点和群众关注，编好“佛山档案方志”微信公众号中的“鉴知佛山”专栏，推出贴近社会现实、人民群众喜闻乐见、有较大社会影响力的年鉴宣传精品，让群众通过读鉴，更加深入地认识和了解佛山的风土人情和各行各业。继续推动年鉴服务资政编研工作，为资政编研工作提供更多权威资料支撑。

党的二十大报告指出：“推进文化自信自强，铸就社会主义文化新辉煌。”佛山市地方志工作机构将牢记年鉴编纂“为当代提供资政辅治之参考，为后世留下堪存堪鉴之记述”的使命，紧扣新时代脉搏，立足新发展阶段，贯彻落实新发展理念，不断推动年鉴事业全面高质量发展，围绕党的二十大做出的重大决策部署，用年鉴记录好党带领人民不懈奋斗的光辉历程和辉煌成就，讲好佛山故事。

守正创新彰显椰城特色
匠心打磨铸造时代精品

——《海口年鉴》打造精品之路*

海口市地方史志办公室

1995 年，《海口年鉴》创刊出版，由海口市人民政府主办，海口年鉴编辑部负责编辑和组织工作。1997 年，在市政府发展研究中心设海口年鉴社，负责编纂《海口年鉴》。2006 年，为纪念《海口年鉴》创刊 11 周年，制作发行辑录 1995—2005 年《海口年鉴》的电子光盘。2009 年，《海口年鉴》编纂工作职能移交海口市地方史志办公室（以下简称市史志办）；是年，开始制作随书光盘，向读者提供数字化电子版年鉴；同时，将历年《海口年鉴》电子版上传至海口市人民政府门户网站“海口年鉴”专栏，为广大社会各界人士了解海口市情提供方便。2021 年起制作年鉴二维码，通过手机扫码即可便捷阅读和查询内容。自创刊以来，《海口年鉴》每年公开出版 1 部，至今已出版 29 部。

海口年鉴工作聚焦建设海南自由贸易港的省会担当，以突出年度特点、时代特征和地域特色为目标导向，不断创新编纂思路和工作举措，推动年鉴事业实现高质量发展。2016 年至 2021 年，《海口年鉴》在全国地方志优秀成果（年鉴类）评审活动中六度上榜，其中一次荣获特等年鉴、四次荣获一等年鉴、一次荣获

* 执笔人：杜惠珍，海口市地方史志办公室年鉴编辑科科长、一级主任科员；蒋伊，海口市地方史志办公室年鉴编辑科副科长。

二等年鉴。《海口年鉴（2020）》成功入选第五批中国年鉴精品工程“中国精品年鉴”，是海南省首部中国精品年鉴。

一、精品年鉴打造情况

（一）制定编纂大纲

2019年，海口市史志办将《海口年鉴（2020）》申报中国年鉴精品工程列入2020年度工作计划。为使《海口年鉴（2020）》编纂质量贴近精品年鉴的要求，学习《杭州年鉴（2018）》《长沙年鉴（2018）》等精品年鉴及《江苏年鉴》《贵阳年鉴》《成都年鉴》《南宁年鉴》等优质年鉴的框架设计、条目内容、版面设计等等，从中找到个性及共性的编纂思路，同时结合海口自身的实际情况，编制出具有地方特色、时代特点的编纂大纲。

（二）编纂工作启动

2020年1月，中共海口市委办公室、海口市人民政府办公室下发《关于做好〈海口年鉴（2020）〉编纂工作的通知》，要求在2月28日前将稿件报送至市史志办，《海口年鉴（2020）》编纂工作正式启动。市史志办根据中国年鉴精品工程实施有关要求及“两办”通知精神，制定相应的年鉴编纂工作计划。至4月底，除驻市的省级单位外，120多个承编单位的稿件全部收齐并完成编辑工作。5月初完成稿件的排版工作。

（三）评审意见修改

2020年5月至2021年1月，《海口年鉴（2020）》经历四轮中国精品年鉴专家评审，收到中国地方志指导小组办公室（以下简称中指办）和中共海南省委党史研究室（海南省地方志办公室）反馈的专家评审意见数百条，内容涉及新增分目及条目、补充资料、调整归属或排序、条目标题、条目撰写、卷首图片的专题设计及图片选取、规范问题等。市史志办不畏困难，多措并举，采取全员上阵、专题研讨、请上级部门协调，以及向承编单位电话协调、上门协调、发函协调等多种工作方式，对标对表专家提出的评审意见，认真修改补充完善。先后提请市政府办公室3次发函累计20个单位增补34项工作内容，调整100余项内容、10张表格的归属或排序，重新设计卷首图片的“历史跨越”专题，补充图片50幅，并按精品年鉴的版式要求设计全书版式。每轮修改后的稿件都经过校核3次、重排目录后，向中指办提交修改稿和修改报告。

（四）完成出版印刷

2021年1月，市史志办收到方志出版社返回的三审稿。在修改过程中，就出版社编辑的修改意见与中指办组织的专家评审意见有分歧之处，与出版社责任编辑加强沟通、达成共识。3月，完成最后的审校工作后移送印刷。

二、主要工作举措

（一）健全工作机制，强化制度保障

完善质量管理运行机制，根据国家、省地方志质量规范，制定海口市“十三五”地方志工作规划，印发《海口市地方综合年鉴编纂出版实施办法》，为年鉴编纂工作提供政策支持。建立与市委、市人大、市政府、市政协四大办公室的工作联系制度，及时沟通解决年鉴编纂工作中遇到的有关问题。建立年鉴编纂联系人工作制度，明确市史志办编辑每人对接若干个承编单位，按照分工内容进行督促指导、稿件审核等工作，形成相对稳定的长期业务联系指导工作机制。督促承编单位撰稿人按时完成年鉴资料、图片等的编撰报送，确保年鉴编纂计划顺利组织实施。针对区级无专门修志机构及编修人员的实际情况，编辑“一对一”帮扶，帮助各区解决实际困难。

（二）加强队伍建设，磨砺过硬本领

一是加强撰稿人培训，优化队伍结构。年鉴编辑队伍素质的高低是决定年鉴质量的关键。市区各承编单位精心选派政治素质较强、工作态度严谨、文字功底扎实的业务人员参加年鉴编辑工作，市史志办通过定期组织撰稿人培训会、搭建年鉴工作交流微信群、“一对一”指导、上门指导、电话、微信、邮件等新媒体平台指导等方式，努力造就一支结构合理、素质较高、能够胜任新形势下年鉴编辑

工作需要的专业队伍。

二是提高编辑水平，增强审稿能力。市史志办在做好承编单位撰稿人培训的同时，十分重视提高编辑的业务水平，采取不同形式来提高审稿能力。第一，加强人才梯队建设。市史志办既有从事年鉴工作二三十年的老同志，又有从高等院校毕业后参加工作四五年、刚接触年鉴工作的新人，以老带新“一对一”传帮带，培养年鉴编辑后备人才，形成人才梯队，增强年鉴队伍力量。第二，以会代培。市史志办经常召开业务会议，与会业务人员提出年鉴编辑过程碰到的问题和困难，经会议充分讨论后总结出可行的解决方法，这种以讨论代替培训的方式，较好地帮助编辑提高审稿能力。第三，以书代培。“他山之石，可以攻玉。”市史志办建立专门的年鉴资料库，库存全国各地年鉴2000多册，平均每年交流60多册，涉及省、市、县（区）3个层次。市史志办编辑在年鉴编纂过程中，时常以出版的优秀年鉴、精品年鉴为参考，学习借鉴其中好的做法。

（三）坚持以质立鉴，规范管控机制

在年鉴编纂过程中，市史志办始终以实现高质量发展为目标引领，牢固树立“质量第一”的理念，建立编纂工作质量全周期体系，形成一套卓有成效的年鉴编纂程序和机制，从组稿、编审、校稿到出版印刷，通过标准化建设、规范化建制，把控年鉴质量，提升工作质效。每年年初，根据年底完成出版印刷任务的工作目标，倒排工期、挂图作战，确定每个时间节点的工作量。编辑人员熟练掌握《地方综合年鉴编纂出版规定》《新华社新闻信息报道中的禁用词和慎用词》等，结合业内专家授课课件中提及需注意处理好的有关违规问题的记述，仔细对照，认真做好编辑校核，发现问题及时处理。出版前，由法律顾问对全稿进行法核，从法律的角度消除不规范、不严谨的表述问题。装帧设计从美观、大方、实用的要求出发，精心设计，巧妙布局，着重突出年度成就、年度亮点的宣传，力求形象、直观地展示事物的形态和特点。通过全过程、全领域的多重把控，保证年鉴的出品质量和品位。

（四）创新工作方法，提升编纂质效

一是建立年鉴年度图文电子资料库。安排专人负责每天从党报党刊、官网微信、政务信息、工作报告等各种途径收集全市各类图文电子资料，将资料分门别

类进行存储，为年鉴的框架设置及编纂工作提供有力支撑。

二是建立一支相对稳定、各有专长的摄影作者队伍。《海口年鉴》建有相对稳定的图片来源渠道，除各承编单位提供图片外，还与《海口日报》的摄影记者及摄影爱好者建立长期合作关系。一方面主动约稿，每年将图片征集大纲发给他们进行图片征集；另一方面通过平时素材积累，针对性采稿，进行查漏补缺和增色添彩。只有多渠道统筹收集图片，才能保证年鉴图片的需求。

三是坚持采编结合的编辑方式。各编辑人员平时注意收集所负责单位的工作动态，至少能掌握其60% ~ 70%的年度性工作，在编辑相关稿件过程中，依据平时收集的资料进行补充，既解决缺乏年度性条目的问题，又进一步提高年鉴的编纂质量。

四是强化编辑对各承编单位主责主业的知悉程度，认真研究承编单位职能，了解其专业知识，进一步提升编辑在稿件审改过程中发现漏项、掌握重点、捕捉亮点的能力和水平。

五是做好改稿笔记。在编辑审改稿件过程中随时随地做好改稿笔记，记录各单位稿件中存在的问题、提供的出彩条目等。在来年的组稿过程中，与撰稿人有针对性地进行讨论讲解，不足之处及时改进，发扬优点学习先进，尽可能地从源头上提高稿件质量。

三、主要经验与体会

（一）加强组织领导，强化行政推动

各级领导高度重视并大力支持海口年鉴编纂工作。海南省地方志办公室（以下简称省志办）大力支持海口市的申报工作，在评审过程中，省志办年鉴工作处细致指导、贴心服务，并帮助协调省教育厅、省商务厅为市史志办提供涉及海口的有关资料。海口市委、市政府高度重视年鉴编纂工作，成立由市委书记为顾问、市长任主任的年鉴编纂工作委员会，以两办的名义联合发布有关文件，及早谋划、主动做好年鉴编纂工作。把年鉴作为“官书”，编纂年鉴作为“官责”，以加大行政力度、突出行政手段为主线，逐步完善党委领导、政府主持、部门协作的工作机制。为落实评审专家的修改意见，市政府办为市史志办3次发函各有关单位要

求增补相关资料。全市各级各部门领导站在讲政治、讲大局的高度，树立全市“一盘棋”思想，重视和支持年鉴编纂工作，为年鉴编纂工作创造了良好的基础和条件。

（二）密切协作配合，凝聚工作合力

各承编单位承担供稿任务的撰稿人，在2020年初新型冠状病毒肺炎疫情暴发时期，在做好防控工作的同时，按照市两办通知要求，充分利用《海口年鉴（2020）》这个平台，全面准确地展示本系统、本单位、本行业年度内的工作概况、工作特点以及新事物、新创造、新成果，同时为《海口年鉴（2020）》增光添彩。在四轮专家评审意见的落实过程中，虽然时间紧、任务重，但各承编单位积极配合，按要求在3天内完成资料补充工作。市史志办全体编辑在申报精品之路上充满激情、勇于担当，在编辑、审稿过程中，通过学习借鉴省内外优秀年鉴、开展专题研讨、就疑难问题请教专家等方式，齐心协力在规定的时间节点内完成每一轮专家评审意见落实工作。

四、《海口年鉴（2020）》主要特点亮点

（一）坚持政治引领，厚植为民情怀

《海口年鉴（2020）》树立为党立言的政治方向，围绕中心工作，从社会影响力大、关注度高的大事、要事方面入手，反映年度内海口市委、市政府重大决策部署和以人民为中心的社会民生实践。设立行政审批改革分目，下设行政审批标准化、“一枚印章管审批”改革、“一窗受理”改革推进、建设工程项目审批制度改革和极简审批改革等7个条目，集中反映海口在“放管服”改革上的成效。围绕乡村振兴战略实施，设立乡村振兴分目，用20多个条目记录海口在全面推进乡村振兴过程中的措施和取得的重要进展。围绕中华人民共和国成立70周年这一主线，在卷首设置“历史跨越”图片专题，分别以从“凋敝落后”到“百业兴旺”的历史跨越、从“渔港小镇”到“现代都市”的历史跨越、从“边远封闭”到“开放前沿”的历史跨越、从“缺衣少食”到“小康生活”的历史跨越四个视角，用66幅照片和一组组发展历程图、数据对比图，生动地反映70年来海口的

发展和变化，见证改革开放取得的巨大成就。为反映“五位一体”建设的总体布局，增设生态环境类目，涉及环境质量、水资源保护、土地资源保护、海洋资源保护、森林资源保护、湿地保护修复、东寨港国家级自然保护区管理、环境综合整治、节能减排、环境监管等内容，共55个条目。充实社会生活类目，整合社会保障有关内容，新设社会救助、社会福利分目，集中记述民政救助、医疗救助、慈善救助、流浪乞讨人员救助及儿童福利、老年福利、残疾人福利、养老服务体系建设、长者饭堂、福利彩票等内容。加强社会保险分目的记载，按保险内容设条目，设城镇从业人员养老保险、城乡居民养老保险、城镇居民医疗保险、失业保险、机关事业单位人员养老保险、被征地农民社会养老保险、工伤保险与劳动能力鉴定、社保基金监管和社保卡发行等13个条目，体现政府不断完善的社会救助体系。设置“菜篮子”工程建设分目，集中反映党委、政府在抓生产、稳供应，使市民“菜篮子”拎得更轻方面的政策措施。

（二）聚焦热点重点，体现时代精神

《海口年鉴（2020）》抓住新的热点重点事件，设立新的栏目，使其更具年度特色，体现时代精神。例如设立镇（街）政协工作机构实现全覆盖、柬埔寨王国驻海口总领事馆开馆、非洲猪瘟防控、海口湾畅通工程、海口市郊列车通车运营等条目，侧重反映年度大事、特事、新事。对不断涌现的新兴业态加以关注，并就相关篇目和内容做出调整，充分记述海口各种体制改革、民营经济、开发区建设、自贸港建设等具有时代特征的新事物，反映时代特色，体现时代气息。例如为记录蓬勃发展的民营经济，设立民营经济类目，从市场主体、发展质态、发展环境等三个方面，反映民营企业的发展壮大、民营经济在推动经济社会发展中发挥的重要作用，以及政府鼓励、支持、引导、保护民营经济发展的举措等。对一些新生的事物，如物流业、互联网应用等，及时增加新的条目予以反映。例如为记述好互联网经济新形态，根据海口实际情况，从信息基础设施建设、产业载体建设、电子商务、游戏动漫、互联网应用、通信业6个方面加以记载。

（三）勇于开拓创新，突出海口特色

《海口年鉴（2020）》充分挖掘地域特色，设置个性的、独特的篇目，通过设置特色类目或分目、集中写、将优势置于醒目位置等方式，做到“人无我有”“人

有我优”，凸显局部精彩，展现自有特色。例如围绕服务海南自由贸易港建设，设置自贸区（港）建设类目，集中制度创新、营商环境、江东新区建设、重点项目建设、招商引资、区域合作、人才工作等分目，记录海口市在推进海南自由贸易港建设中的创新之举、工作经验、措施方法等，突出海口政策优势、环境优势、制度优势，为宣传和推介海口服务；将经贸合作、旅游业、互联网产业类目前置。同时，力争使要凸显的类目要素完整齐全，如旅游业类目增设旅游业态分目，通过调整条目归属及增加条目内容设置旅游项目建设分目，加上旅游经营、旅游服务、旅游管理等分目，使旅游业的产业链条更完整。此外，为展示城市独特魅力，在海口概览中除设常规的地理环境、历史沿革、人口民族等分目外，新设人文风情分目，包括民俗、节庆、文物古迹、石山文化、城市地标、市树等条目，呈现出海口沉淀的民俗文化和生机勃勃的开放色彩。年鉴封面以海口西海岸带状公园的靓丽风光为图，既展现拥有碧海、蓝天、沙滩、椰林的城市特色和热带风情，又充分彰显海口的优良生态。

五、社会效益

2021年，得益于年鉴的求真存史功能，海口市农业农村局将《海口年鉴（2020）》作为辅助证明材料，成功申报注册“海口火山凤梨”“海口火山沙姜”等多件农产品地理标志商标。此外，在《海口年鉴（2020）》打造中国精品年鉴的引领下，海口市4个区年鉴编纂工作积极向市级看齐，带动4个区年鉴编纂在“一年一鉴，公开出版”的基础上不断提升质量，《秀英年鉴（2020）》更是获评第八届全国地方志优秀成果（年鉴类）一等年鉴。同时，带动起省内其他市县踊跃申报打造中国精品年鉴，形成良好的工作氛围，入选中国年鉴精品工程成为全省市县同行追求的行业新标杆。

精品导向　守正创新
持续推动贵阳市年鉴事业高质量发展
——《贵阳年鉴》打造精品之路*

贵阳市档案馆（贵阳市地方志编纂委员会办公室）

中国年鉴精品工程是持续深化年鉴质量建设的重要抓手，是发挥年鉴存史、育人、资政功能的根基所在，也是年鉴工作者紧扣新时代脉搏，立足新发展阶段，贯彻落实新发展理念，讲好中国故事，推动中华优秀传统文化创造性转化、创新性发展的关键步骤。2021 年，贵阳市档案馆（贵阳市地方志编纂委员会办公室）以"强省会"五年行动为统领，精心打磨《贵阳年鉴（2021）》，并于 2022 年成功入选第六批中国精品年鉴，成为贵州省首部中国精品年鉴，市委主要领导作出批示，予以充分肯定。

一、《贵阳年鉴》基本情况

《贵阳年鉴》由中共贵阳市委、市政府批准创办，贵阳市地方志办公室主管、主办，贵阳年鉴编辑部编辑出版。创刊于 1991 年，2000 年经国家新闻出版总署批准持有国内统一连续出版物号。截至 2023 年，已连续出版 32 卷。贵阳市历届领导高度重视和关心年鉴工作，2022 年，省委常委、市委书记胡忠雄先后两次对

* 执笔人：文军，贵阳市档案馆（贵阳市地方志编纂委员会办公室）年鉴处处长。

年鉴工作提出具体要求，并对《贵阳年鉴（2021）》入选中国精品年鉴作出批示："希望地方志办珍惜荣誉，再接再厉，编修出更多具有鲜明时代特征、年度特点和区域特色的精品年鉴。"在市委、市政府的关心下，在省地方志办公室的指导下，贵阳年鉴工作取得了较好的成绩。一是率先完成全覆盖任务。2013 年，贵阳市全面启动县级综合年鉴编纂工作，至 2016 年在全省率先实现"一年一鉴，当年公开出版"，提前 4 年完成市、县两级综合年鉴编纂出版全覆盖任务。二是《贵阳年鉴》屡创佳绩。《贵阳年鉴》秉承突出年度特点和贵阳特色这一宗旨，严体例、精纂稿，年鉴编纂质量稳步提升，《贵阳年鉴（2020）》在第八届全国地方志优秀成果（年鉴类）评审活动中获一等年鉴，《贵阳年鉴（2021）》在第九届全国地方志优秀成果（年鉴类）评审活动中获特等年鉴。三是区县级年鉴百花齐放。贵阳市所辖的 10 个区县（市）的年鉴编纂质量逐年提高。《贵阳白云年鉴（2022）》《花溪年鉴（2022）》获评第九届全国志地方志优秀成果（年鉴类）一等年鉴，《观山湖年鉴（2022）》获评第九届全国志地方志优秀成果（年鉴类）三等年鉴。在贵州省年鉴质量评比中，《贵阳白云年鉴》《观山湖年鉴》《南明年鉴》《花溪年鉴》屡获一等奖。

二、《贵阳年鉴（2021）》主要特色亮点

《贵阳年鉴（2021）》全面反映 2020 年贵阳市经济社会的新情况、新变化，在篇目设计上进行深度调整，更贴近时代、贴近群众。

（一）强特色

一是突出地方特色。贵阳市是国家大数据综合试验区核心区、大数据产业发展集聚区、大数据产业技术创新试验区、大数据及网络安全示范试点城市。自 2015 年起一年一次的"贵阳国际大数据产业博览会"是国家级博览会，是探讨大数据行业发展现状和趋势的平台，"中国数谷"更是贵阳市对外宣传的一张亮丽的名片。为集中体现这一地域特色，《贵阳年鉴（2021）》将大数据产业类目更名为中国数谷，从数字基础设施建设、数字经济、大数据融合发展、大数据自主创新、大数据安全体系建设、数博大道建设、大数据企业等方面彰显贵阳大数据发展的新貌，成为《贵阳年鉴（2021）》的一大亮点。

二是突出年度特色。2020 年，贵阳市全面开启贵阳贵安融合发展新篇章，贵州省委、省政府出台《关于支持贵安新区高质量发展的意见》，赋予贵阳贵安融合发展的重大历史使命。为此，《贵阳年鉴（2021）》增设贵安新区建设类目，下设贵安新区基础设施建设、贵阳贵安融合发展、内陆开放型经济新高地建设、高端服务业聚焦区建设、生态文明建设引领区建设等分目，记录贵阳贵安融合发展后，在经济社会、产业升级、城市建设、对外开放、创新发展和社会民生等方面取得的成效。

三是突出时代特色。《贵阳年鉴（2021）》紧扣时代脉络，调整编纂大纲，集中展现抗击新冠疫情、决战脱贫攻坚、“十三五”收官等反映时代特色的大事要事。增设乡村振兴类目，记录 2020 年贵阳市农村基础设施建设和公共服务供给达到的新水平，农民的居住生活环境、养老、医疗卫生、教育、文化等社会事业快速发展的新情况，以及城乡融合发展的新态势。

（二）强创新

一是创新图片专题。《贵阳年鉴（2021）》图片专题一改往年卷设“政治要闻”“城乡建设”“经济建设”“城乡风貌”等惯例，只设“抗击新冠肺炎疫情”“脱贫攻坚”“数博会”三个专题。其中，“抗击新冠肺炎疫情”专题下设“驰援湖北”“战‘疫’将军山”“联防联控”“物资保障”“复工复产复学”5 个分专题，精选 57 幅照片，生动、真实、全面地再现了贵阳市各行各业抗击新冠疫情的全过程；“脱贫攻坚”专题下设“美丽乡村”“异地搬迁”“产业扶贫”“社会扶贫”“消费扶贫”“省内结对帮扶”6 个分专题，39 幅照片，多方位、多角度记录贵阳市一切工作向脱贫攻坚发力、一切工作与脱贫攻坚融合、一切工作为脱贫攻坚服务，脱贫攻坚取得全面胜利，彻底撕掉千百年来绝对贫困标签的伟大历史时刻。

二是创新专题记述。邀请贵阳市发改委、市卫生健康局、市委政策研究室相关人员，专门为《贵阳年鉴（2021）》撰写《回望“十三五”辉煌成就 展望“十四五”砥砺前行》《新冠肺炎疫情防控》《脱贫攻坚取得全面胜利》三篇“命题式”文章，用资料、数据、事实，聚焦体现时代烙印的大事，增强了年鉴的时代性、存史性、资政性。

三是创新装帧设计。《贵阳年鉴（2021）》注重全书整体设计，在装帧设计上力求庄重、典雅、大方，体现时代风貌、地方特色和资料性文献的特点。印刷工艺上，采用版画浮雕形式分三层击凸工艺，突出封面图片线条；内文三栏编排，版面缜密、疏密得当；字体变扁 10%，行距空间加大；版心最大限度利用大 16 开版本的版面空间，提高资料性文献版面利用率。

（三）强质量

一是程序力求规范。《贵阳年鉴（2021）》秉承“众手成鉴”的理念，在编辑部初审、分管领导复审、主任终审的基础上，增加全国指导专家、省内专家联审等环节，强化对口编校、交叉互校、集中审校。严格“八关审校”管控，领导审校首先看政治关、保密关，组稿审核先看体例关、史实关，编辑校稿侧重文字关、图表关、数据关，最后集成严把出版关。区分组稿、编辑、审稿等阶段，运用人工与智能软件相结合的方式精准校对比红，分批次、有侧重地进行审校过关，形成环环相扣的编校体系。

二是资料力求完备。通过部门供稿、向新闻媒体征集、报刊来源等多种渠道，全面收集资料，细致考订，确保资料的完整性、准确性。

三是核文力求精准。从条目选立到内容要素、语言文字、标点符号、计量单位、数字用法、记述方式等方面进一步提高规范。特别注意加强保密问题方面的规范，针对法治、军事类目的内容，严把关，重核实，确保不出现一处涉密现象。语言文字更加规范。特别是针对统计数据，基于供稿单位口径不同，坚持以统计部门提供的数据为准，多次进行考证。人口、面积、经济指标等内容，多次与统计部门核定，确保数据精确。

三、创建中国精品年鉴的经验做法

（一）拓宽渠道，强化年鉴资源体系建设

一是做优年鉴采编系统。以“贵阳方志云”协同修志平台为基础，进一步提升网络爬虫技术在年鉴采编系统中的运用，与全市各部门、行业、主流媒体官网等建立链接，爬取年度信息，实现应搜尽搜；通过年鉴体例化加工和资源管理平台的优化，实现年度资料有序归类，进一步拓展年鉴编纂渠道。

二是举办“筑鉴杯——贵阳记忆摄影作品比赛”。逐年征集展现贵阳市经济建设、社会发展的图片资料，有效解决年鉴图片资料不够丰富的问题，进一步充实“贵阳影像记忆专题库”内容，为第三轮修志打下基础。

三是创设“贵阳城市取景点”。在全市主要高地、街区、地标等定点设置100个左右城市取景点，逐年拍摄一批城市点位图片，留存城市影像记忆。

（二）全流程把控，强化年鉴质量品控体系建设

一是严格落实中国地方志指导小组《地方综合年鉴编纂出版规定》《关于地方综合年鉴编纂出版若干问题的补充规定》，制定完善年鉴篇目设计、月度例会、年鉴样稿评审等制度和标准，从框架设计、初稿编撰、年鉴评审等环节精准施策。

二是全方位专家指导。组建贵阳市年鉴编纂指导团队，广泛吸纳全国、省、市年鉴界、出版行业以及全市各重要行业的专家加入，切实将年鉴业务指导、编辑出版业务指导、主要类目行业指导结合起来，全方位提高全市各级年鉴编纂质量。

三是加快年鉴信息化建设步伐。加大人工智能等现代化技术手段在年鉴编纂中的应用，提升年鉴编纂利用效率，完善全市一体化的年鉴信息化平台建设，尤其是移动端平台建设。

（三）服务大众，强化年鉴利用体系建设

一是举办图片年鉴展。以爱国主义教育基地（方志馆）为宣传阵地，结合每年的摄影作品比赛和搜集的年鉴图片，按照“一年一小展、五到十年一大展”的思路，举办“贵阳历史图片展”，展现贵阳年度风貌，丰富群众文化需求。

二是编纂“贵阳电子图鉴”。以全市当年编纂出版的市、县级年鉴图片资料为基础，通过图鉴的形式展现年度贵阳发展，并利用微信公众号进行宣传推广。同时，结合城市取景点的设置，优选较有代表性的20～30个点位作为城市打卡点，推动“我的贵阳年鉴”电子相册活动，不断探索年鉴与老百姓的互动模式。

三是优化年鉴资料库。在“贵阳方志云”基础上，进一步优化年鉴的查询和服务功能，充分发挥资料库的利用效能。

四是强化宣传推广。依托爱国主义教育基地、“方志贵阳”微信公众号等平台，向全社会提供翔实、丰富、优质的年鉴服务。

（四）开拓创新，强化年鉴研究体系建设

一是及时总结经验。注重在编纂年鉴过程中的总结提炼，鼓励撰写具有时代性、实用性、创新性的年鉴理论文章，总结形成具有示范引领、推广应用、可借鉴、可复制的经验成果。

二是品读精品。开展精品年鉴品读活动，以读促学、学以致用，把握精品年鉴的特色亮点，借鉴好的经验做法，分析自身年鉴存在的不足或有待改进之处，提出思路优化和改进完善的具体办法，形成理论研究的氛围，培育年鉴业务型、研究型、专家型人才。

（五）凝心聚力，强化年鉴保障体系建设

一是组织保障。组建贵阳市推进中国精品年鉴区域建设工作的组织架构，及时传达学习上级工作要求，在全市范围内开展年鉴编纂调研和协调工作，解决编纂业务难题，坚持“年年有精品”的工作导向，以中国精品年鉴区域试点单位建设为抓手，提升贵阳市各级年鉴的编纂水平。

二是经费保障。结合经济社会发展和当地实际，将所需经费列入本级财政预算，切实保障年鉴编纂工作有序开展。

三是人才队伍保障。通过人才引进、公招、遴选等方式引进一批专业人才，探索与高校相关专业人员合作，组建一支人员相对稳定、业务能力较强、责任心强、年龄结构合理、专兼职相结合的年鉴供稿队伍。邀请中国精品年鉴专家到贵阳市指导授课，促进全市年鉴编辑及时更新业务知识，提升精准选题能力和文字综合能力。

贵阳年鉴人会珍惜取得的荣誉，再接再厉，在提升全市各级年鉴质量上下功夫，全面夯实全市年鉴事业发展基础、提升全市各级年鉴编纂水平，为贵阳市高质量发展以及年鉴事业发展作出自己的贡献。

中国年鉴精品工程的楚雄实践
——《楚雄州年鉴》打造精品之路*

中共楚雄彝族自治州委党史研究室
（楚雄彝族自治州地方志编纂委员会办公室）

党的二十大报告指出，“高质量发展是全面建设社会主义现代化国家的首要任务”。自2017年中国地方志指导小组办公室实施中国年鉴精品工程以来，楚雄州地方志系统坚持以习近平新时代中国特色社会主义思想为指导，以实施年鉴精品工程引领地方志事业高质量发展，创造西部边疆少数民族地区打造精品年鉴的楚雄模式、楚雄样本，创造中国年鉴精品工程的楚雄实践。2019年2月《楚雄州年鉴（2018）》入选第三批中国精品年鉴，2022年10月中共楚雄彝族自治州委党史研究室（楚雄彝族自治州地方志编纂委员会办公室）入选中国精品年鉴区域试点单位，首开西部边疆少数民族地区成功争创中国精品年鉴的先河，实现从“一年一鉴”全覆盖到“一鉴精品”历史性突破再到“一域精品”全探索的历史性成就、历史性跨越。

一、《楚雄州年鉴》编纂历程回顾

《楚雄州年鉴》创刊于1989年。在多年的发展历程中，特别是实施年鉴精品

---

* 执笔人：朱卫明，中共楚雄彝族自治州委党史研究室（楚雄彝族自治州地方志编纂委员会办公室）副主任。

工程以来，《楚雄州年鉴》取得了“一年一个新台阶，连续三年三级跳”的较好成绩。2016 年卷获评为第四届全国地方志优秀成果（年鉴类）二等年鉴，2017 年卷获评为第五届全国地方志优秀成果（年鉴类）一等年鉴，2018 年卷入选中国精品年鉴并获评为第六届全国地方志优秀成果（年鉴类）特等年鉴，实现从“一年一鉴”“常编常新”到“长编长精”、打造精品的历史性转变。在“两全目标”带动下，2020 年全州 10 县市均编纂出版综合年鉴，率先在全省实现区域综合年鉴编纂全覆盖；2022 年 10 月成功入选中国精品年鉴区域试点单位。2024 年 3 月，《楚雄市年鉴（2023）》顺利入选第八批中国精品年鉴，楚雄州再次开创云南省乃至全国少数民族地区县级综合年鉴争创精品年鉴的先河。

2020 年以来，《楚雄州年鉴（2019）》获评为第七届全国地方志优秀成果（年鉴类）一等年鉴，2020 年卷、2022 年卷分别获评为第八届、第九届全国地方志优秀成果（年鉴类）特等年鉴；《大姚县年鉴（2020）》获评为第八届全国地方志优秀成果（年鉴类）三等年鉴，《楚雄市年鉴（2022）》获评为第九届全国地方志优秀成果（年鉴类）一等年鉴。这是中国年鉴精品工程在西部边疆少数民族地区楚雄生根发芽、开花结果的成功实践，是中国年鉴精品工程服务地方经济社会发展的生动写照，是中国年鉴精品工程以打造精品推动地方志事业高质量发展的成功案例，是中国年鉴精品工程富有生命力、创造力的典型象征，对中国年鉴精品工程的成功实施具有强大的支撑性，具有重要意义。

中国年鉴精品工程的楚雄实践，对年鉴事业高质量发展给出了时代答卷，具有重要的理论逻辑、历史逻辑和实践逻辑，创造了中国式现代化年鉴事业发展新道路，创造了地方志事业发展的年鉴事业新形态，坚定了持续推进中国年鉴精品工程的历史自信、实践自信。中国年鉴精品工程的楚雄实践回答了年鉴事业发展中重大问题：具有厚重历史的年鉴事业如何走向新时代？年鉴事业发展如何实现高质量发展？年鉴事业发展如何起推动地方志事业实现现代化？年鉴事业发展如何守正创新地担当起走出新路子、创造新形态的历史使命？这一切都在中国年鉴精品工程的楚雄实践中答案初露、得到验证。

二、成功打造“中国精品年鉴”的楚雄实践

中国精品年鉴是全国年鉴编纂的最高荣誉，入选中国精品年鉴代表着年鉴编

纂的最高质量和最好水平。2019 年，《楚雄州年鉴（2018）》入选第三批中国精品年鉴，是云南省唯一一部，也是整个西南地区和全国 30 个少数民族自治州的首部中国精品年鉴。

——顺势而为，敢于担当。2016 年 12 月，中国地方志指导小组《全国年鉴事业发展规划（2016—2020 年）》提出："到 2020 年，打造 50 部中国精品年鉴。"2017 年，中国年鉴精品工程全面启动。作为边疆少数民族地区，楚雄州地方志系统于 2018 年锚定把《楚雄州年鉴（2018）》打造成为云南省首部中国精品年鉴的目标，楚雄州全体年鉴编纂专家、撰稿人卧薪尝胆，迎接挑战，迈向打造中国精品年鉴的雄关漫道、辉煌征程。

——质量第一，精益求精。质量是年鉴的生命，精益求精的"工匠精神"是打造精品年鉴的灵魂。楚雄州把精心组稿作为精编年鉴的首要环节，坚持"一对一"组稿制度，制定既符合楚雄州特点又结合各部门（行业）实际的组稿提纲及建议，明确各部门稿件每个分目下必须记述的重要内容和关键条目，提高年鉴资料的广度、深度和准确度；把精设框架作为精编年鉴的"灵魂"所在，以全国已经评选出的精品年鉴和国内其他优秀年鉴框架为参照，将政治类目划分为中共楚雄州委、楚雄州人大、楚雄州人民政府、楚雄州政协、纪检监察、民主党派·群众团体 6 个类目，使整部年鉴从层级上规范统一为类目、分目、条目三级编排，更加凸显地方特色和民族特色，增加资料性和可读性，让框架设置更加科学合理；把精准编校作为精编年鉴的根本保障，严格按照《地方综合年鉴编纂出版规定》，精编细校，精心雕琢，从细微处体现年鉴品位和档次。认真修改标题、补要素、删套话；审读校对时，进行拉网式查找，做好全书的规范统一，力求将差错率降至最低。编排印刷力求精美，对印刷工艺精挑细选，确保年鉴整体质量；把精细对接落实专家意见作为精编年鉴的"规定动作"，针对专家评审意见，都在最短的时间拿出最佳修改方案，逐一对照修改。既充分尊重专家意见，又兼顾地方的实际情况和行业特点，对专家没有发现的还不够完善的地方，举一反三，自行查找问题和不足，妥善进行调整、补充和完善，最终赢得专家们的一致认可。

——精心设计，突出特色。精品年鉴精在特色，只有民族的，才是世界的。《楚雄州年鉴（2018）》封面主体部分以铜鼓鼓面纹饰图案为背景，彰显楚雄州是亚洲铜鼓发源地之一，具有悠久的地方历史、厚重的人文积淀和绚烂的民族文化；标识设计以彝族左脚舞为意象，以熊熊燃烧的篝火为主要元素，辅以"楚雄州年鉴”的彝文和抽象的五星，象征围着篝火载歌载舞的人群，寓意彝族是尚火的民族，彝州是多民族团结和谐、共同发展进步之乡，融合了地域性、民族性和时代性，体现了浓厚的中华民族共同体意识，给人以强烈的视觉冲击。卷首选取2018年楚雄州较有代表性的城建、交通、文化、产业等反映彝州经济社会发展方面的代表性图片，以及建州60周年庆典、脱贫攻坚、火把节、赛装节等专题图片，突出州委、州政府重大战略部署和中心工作，用“中国彝乡·滇中翡翠·红火楚雄”三张名片来强化和突出主题及主旋律，既符合州委、州政府提出的发展战略，又可以较为直观地反映州情特点，并兼顾民族特色和地方特点，使《楚雄州年鉴（2018）》不仅能发挥存史、育人、资政的作用，而且真正成为外界了解楚雄、认识楚雄，以及楚雄州对外宣传的重要名片。

三、中国精品年鉴区域试点工作的楚雄实践

中国精品年鉴区域试点是深入实施中国年鉴精品工程、持续深化年鉴质量建设的一项关键性重要举措。自2022年10月成功入选中国精品年鉴区域试点单位以来，楚雄州抢抓机遇，高度重视，迅速行动，坚持把区域试点工作贯穿全州年鉴工作的各环节、全领域，着力推动从一地精品创建向一域精品创建转变，从打造一部精品向营造一片精品“样板林”延伸，积极发挥中国精品年鉴区域建设“试验田”作用，不断探索形成可复制可推广的精品建设楚雄做法、楚雄经验、楚雄样本，奋力为中国年鉴精品工程做出新的楚雄贡献、体现新的楚雄担当。

（一）坚持高位推动，不断构建起区域试点工作“坚强堡垒”

始终把精品年鉴工程作为推动地方志事业高质量发展的首要环节，坚持做到组织领导到位、部署发动到位、责任传导到位、成果运用到位“4个到位”。州委、州政府专题研究部署区域试点工作并召开全州工作推进会议，全体动员、全员参与、全域创建；区域试点工作纳入地方党委、政府年终综合绩效考核范围，列入楚雄州“干在实处、走在前列”大比拼事项，作为州委、州政府领导的“大比拼”领衔事项，中共楚雄市委、市政府将《楚雄市年鉴（2023）》申报中国精品年鉴作为市委、市政府接受州委、州政府年度考核大比拼标杆事项，各县（市）委、县（市）政府将区域试点工作纳入县（市）年终绩效考核事项。楚雄州地方

志工作机构因入选中国精品年鉴区域试点单位获州委书记、州长肯定性批示，年度考核位列州级部门“优良”等次，年鉴科长记三等功；先后有 10 名干部得到提拔晋升使用，其中 6 名实职处级、4 名职级处级，实现了“既有帽子，又有票子，还有位子”，地方志年鉴工作从边缘走向 C 位。

（二）坚持系统集成，不断描绘起区域试点工作“施工路线”

制定印发《楚雄州中国精品年鉴区域试点工作实施意见》，明确试点工作目标任务：围绕“一年有突破、两年见成效、三年上档次、五年大跨越”的工作定位和中国精品年鉴创建“不低于三部、力争五部”目标，制定“1556”中国年鉴精品工程楚雄行动的总体框架，即构筑一个“精品年鉴”试点创建工作机制；实施 5 大工程：“精品年鉴”规范达标工程、示范引领工程、成果孵化工程、人才培养工程、助推发展工程；分为 5 个阶段：试点工作前期准备阶段、启动动员阶段、经验探索阶段、全面实施阶段、迎检总结阶段；实现“6 化”发展：科学化编排、规范化编写、精细化管控、流程化推进、特色化展示、品牌化打造，奋力创造中国年鉴精品工程楚雄模式“升级版”。

（三）坚持顶层设计，不断构筑起区域试点工作“四梁八柱”

坚持把年鉴编纂两个规定作为根本遵循，做到“两个百分之百”，即：百分之百践行两个规定、百分之百落实专家意见，以“精准化”“精品化”“特色化”为核心，实施《楚雄州中国精品年鉴区域试点工作实施意见》《楚雄州中国精品年鉴区域试点工作方案》《楚雄州中国精品年鉴申报工作规划》等指导性文件及 6 个规范性文件，为区域试点工作定好“路线图”、画好“施工图”、绘好“规划图”，构筑起区域试点工作的“四梁八柱”。

（四）坚持精准发力，不断点燃起区域试点工作“动力引擎”

坚持把中国精品年鉴申报作为检验区域试点工作成效的“量化器”和激发年鉴工作活力的“硬杠杆”，按照“分类化推进、个性化实施、精准化发力”的思路，详细制定“一县一方案”，个性化开展年鉴业务指导，分类分步实施质量提升，推行“任务到人、进度督查、到期验收”的“三步工作法”。经严格评审推荐上报《楚雄市年鉴（2023）》申报中国精品年鉴，并成立由州委常委、州政府副州长为顾问，州级地方志工作机构主要负责同志为组长的区域试点工作领导小组及州级工作专班，坚持“看齐精品”“一线指导”，最终确保成功打造成为中国精品年鉴。

（五）坚持示范引领，不断创建区域试点工作“特色品牌”

牢固树立“精品就是样板”的意识，开展“读精品、用精品、编精品”大学习、大讨论，推进“精品年鉴品读季”活动常态化。采取“线上”“线下”双轨推进，专家授课、交流研讨相互融合，深化两个规定的认识运用，开展年鉴编纂业务培训6次，着力营造学经验、出经验、传经验的良好氛围。把“学精品、用精品、创精品、护精品”贯穿区域试点工作始终，奋力探索形成可供云南省乃至全国复制推广的精品建设楚雄实践、楚雄特色、楚雄样本。

四、中国年鉴精品工程楚雄实践的经验与启示

打造中国精品年鉴要求之严、标准之高、难度之大，前所未有。《楚雄州年鉴（2018）》《楚雄市年鉴（2023）》成功打造中国精品年鉴成绩来之不易，楚雄州入选中国精品年鉴区域试点单位更是非常难得，经验值得总结。

（一）顶层设计是引领

中国地方志工作办公室作为年鉴思想的引领者、年鉴理论的创新者、年鉴顶层的设计者、年鉴规则的制定者，具有无比重要的领袖作用。《中国年鉴精品工程实施方案（修订版）》《地方综合年鉴编纂出版规定》《关于地方综合年鉴编纂出版若干问题的补充规定》作为年鉴事业发展的根本遵循，开辟了高质量发展的新路子、新境界，对年鉴事业高质量发展具有引领性的重要意义。

（二）领导重视是关键

中国地方志工作办公室、云南省地方志办公室领导非常关心支持楚雄州年鉴工作，多次到楚雄实地调研指导，在楚雄举办志鉴编纂业务培训班，指派专家定点指导楚雄精品年鉴工作。楚雄州委、州政府高度重视，州委常委会、州政府常务会多次研究地方志工作，州委书记、州长更是经常关心、时常过问地方志工作，

多次对地方志工作作出指示批示。州委、州政府分管领导经常深入州地方志工作机构调研指导工作，切实帮助解决实际困难，尤其是对中国精品年鉴打造和中国精品年鉴区域试点工作亲自过问，亲自主持审稿，亲自出面协调工作，为楚雄州成功打造出云南省第一部中国精品年鉴和入选首批中国精品年鉴区域试点单位提供了坚强后盾。

（三）精益求精是根本

习近平总书记强调，凡是传世之作、千古名篇，必然是笃定恒心、倾注心血的作品。楚雄州全体年鉴编纂者摈弃抱着“试试做”“差不多就行”的消极心态，牢固树立“今天再晚也是早、明天再早也是晚”的效率意识，深入推进作风革命、效能革命，大力践行一线工作法、项目工作法、典型引路法，以精益求精、久久为功的工匠精神、钉钉子精神，用一流的标准、一流的要求、一流的干劲，拿出“绣花功夫”精雕细琢，以精心精致精准精细的态度编写好每一段章句、做好每一个细节，在精益求精中升华成精品，最终使一个全国年鉴编纂者可望而不可即的梦想变成了现实。

（四）担当精神是灵魂

事业总是在担当中前行。精品年鉴，高山仰止。打造中国精品年鉴和开展区域试点工作，需要楚雄州勇于走在全国前列，敢于同全国同行竞争比拼。楚雄作为少数民族和边疆落后地区，和发达地区相比，不论是从经费、人员，还是从专业水准、政策支持等各方面来看，申报中国精品年鉴和开展区域试点工作，都不占优势，面临重重困难。《楚雄州年鉴》编委会、年鉴编纂工作者、各部门年鉴工作分管领导和撰稿人，在困难面前没有退缩，在问题面前敢于亮剑，强化使命担当，勇于迎难而上，谱写了边疆民族地区勇夺全国年鉴最高荣誉的胜利凯歌。

（五）勇毅前行是力量

每一项事业的成功，都来自志同道合者的努力。打造中国精品年鉴和创建区域试点单位，动力之源在于每一位年鉴专家、撰稿人的无私奉献、精心努力和团结协作，成功之母在于每一位年鉴专家、撰稿人的无数次细致修改、反复雕琢和担当负责。每一位参与年鉴编纂的人员都感同身受：一字一句地推敲，一遍一遍地修改，无数次交流商讨，百分之百地执行年鉴编纂两个规定和修改落实每一轮专家评审意见，在打造中国精品年鉴和创建区域试点单位的艰辛大道上，不惧怕困难差距，一路勇毅前行，楚雄州年鉴事业最终得以百炼成钢，绽放光芒。

习近平总书记指出，“只有回看走过的路、比较别人的路、远眺前行的路，弄清楚我们从哪儿来、往哪儿去，很多问题才能看得深、把得准”。成功打造中国精品年鉴无上荣光，推进中国精品年鉴区域试点工作使命光荣、任重道远。楚雄州将始终坚持在顶层设计与系统集成相互衔接上综合发力，推动试点工作从“各自为战”向“整体推进”转变，奋力培树“创精品、出精品、争精品”的奋进意识；坚持在目标导向与问题导向相互协同上集中发力，推动试点工作从“普遍推进”向“靶向用力”转变，着力凸显试点工作的针对性、实效性；坚持在成果孵化与经验塑造上同向发力，推动试点工作从“单一目标”向“综合运用”转变，奋力为中国年鉴精品工程提供新的楚雄智慧、做出新的楚雄贡献、体现新的楚雄力量；让编史修志这一优秀的中华文化传统，在彝州大地上代代相传、永不断章，为谱写好中国式现代化建设楚雄篇章作出新的更大的贡献！

守正创新　彰显特色　倾力打造精品年鉴

——《克拉玛依年鉴》打造精品之路*

中共克拉玛依市委史志办

《克拉玛依年鉴》自1998年创刊以来，已连续编纂出版26卷。中共克拉玛依市委史志办认真贯彻落实《地方志工作条例》《新疆维吾尔自治区实施〈地方志工作条例〉办法》，以扎实的资料来源、稳定的编纂队伍、求精的编纂理念为指引，经过多年的辛勤探索与实践，最终将《克拉玛依年鉴（2021）》打造为质量上乘、时代特征显著、地方特色突出、年度特点鲜明的精品之鉴。

党的十八大以来，克拉玛依市委史志办坚持以习近平总书记关于史志工作和传承弘扬中华优秀传统文化的重要论述精神为根本遵循，聚焦打造精品年鉴目标，对《克拉玛依年鉴》编纂进行探索、创新，不断加强规范，优化质量，精益求精，年鉴编纂水平不断跃上新台阶。2021年，《克拉玛依年鉴（2020）》荣获第八届全国地方志优秀成果（年鉴类）一等年鉴，取得历史性突破。市委史志办再接再厉，对标历届精品年鉴，在结构设计、内容编纂、图片应用上努力精进。2022年6月，《克拉玛依年鉴（2021）》成功入选第六批中国年鉴精品工程“中国精品年鉴”，极大鼓舞了克拉玛依年鉴队伍的工作热情和整体士气。克拉玛依市委史志办以精品创建为支点，持续发力、久久为功，赋能全市地方志事业高质量发展，实现提质增效、提档升级。

---

* 执笔人：龙燕，中共克拉玛依市委史志办年鉴科原科长。

一、主要经验做法

《克拉玛依年鉴》作为科学记录新时代、新气象的年度资料性文献，始终以精益求精的专业态度将精品意识贯穿编纂全过程，坚持突出地方特色，勇于守正创新，不断与时俱进。尤其是中国年鉴精品工程实施以来，在中国地方志指导小组办公室、新疆维吾尔自治区地方志编纂委员会的指导帮助下，在市委、市政府的正确领导下，坚持围绕中心大局，记录时代变化，聚焦改革发展，创新工作理念，形成学精品、创精品、用精品的浓厚氛围。

（一）关口前移，夯实年鉴资料基础

克拉玛依市委史志办秉承新发展理念，遵循年鉴编纂出版规律，打破思维定式和路径依赖，广泛收集年鉴资料，主动挖掘宝贵的第一手基础资料。每年年底即印发资料征集通知，对年鉴体例、撰写规范等作出要求，明确承编任务表，至跨年年初，尽早谋划年鉴框架，组织市辖区召开年鉴大纲评审会，全面迅速启动年鉴资料收集工作。在日常编纂中，主动联系相关单位、部门、企业、学校等征集图文资料，使年鉴基础资料内容更为丰富、扎实，更加突出年鉴内容的全面系统性，为客观翔实反映克拉玛依市政治、经济、文化、社会、生态建设等各领域工作提供坚实的资料基础。线下和线上搜寻相结合，想方设法拓宽渠道，利用市政府网、报纸杂志、微信新媒体等平台，收集全市年度有关重点工作、重大项目、重要活动的工作报告、汇报材料、信息简报和图片等，抓实做细年鉴资料收集、补充素材、供稿编纂等基础工作。

（二）把握重点，全景展现地方面貌

《克拉玛依年鉴（2021）》精心设置38个类目，包括200余个分目，近2000个条目，收录300余幅图片、20余张表格，全书共计85.1万字，融合各种体裁功用的发挥，紧扣时代特征、地方特色、年度特点，以更丰富鲜活的形式展现克拉玛依全貌。

一是紧扣年度重大时事，突出政治性和时代性。针对2020年发生的“脱贫攻坚决战决胜年”和“抗击新冠肺炎疫情”2件全国性的重大事件，《克拉玛依年鉴（2021）》在卷首增设“脱贫攻坚”和“新冠肺炎疫情防控”图片专题，分设2

篇专记，同时在正文中增设脱贫攻坚类目、在卫生健康类目下增设疫情防控分目。“脱贫攻坚”图片专题和专记文章大胆突破时间上限，完整地展示和记载本地脱贫攻坚和区域协作扶贫全过程，在正文类目中则恪守时限突出记载年度脱贫攻坚和协作扶贫工作内容，做到了对重大事件记述有点有面、点面结合。

二是抓住年度经济社会发展亮点，及时反映新事物、新业态。《克拉玛依年鉴（2021）》在各单位供稿基础上，针对经济社会发展中出现的新生事物缺乏资料提供单位这一难题，组织编辑力量自行开展资料搜集工作，先后在经济管理类目中增设知识产权管理、社会信用建设分目，在商贸服务业类目中增设电子商务、居民生活服务业分目，较好地反映克拉玛依新兴经济业态和社会管理的变化。

三是注重展现内容的全方位、多角度、立体化。《克拉玛依年鉴（2021）》充分利用相关背景资料、典型资料和概括性资料，精心选材撰写有力度、有深度的专记，同时在图片、表格、附录内容选取上多下功夫，随文附图坚持“文图相符，相得益彰”，收录表格和附录选材坚持“贵精不贵多，求特不求全”，共收录图片200余幅、表格24张，卷末附《克拉玛依市2020年国民经济和社会发展统计公报》《克拉玛依市城乡规划条例》等7篇重要文献资料，丰富年鉴信息量，全卷相互照应、相互烘托，提升年鉴的可读性、感染力。

（三）紧贴地情，彰显石油城市特色

克拉玛依油田是中华人民共和国成立后的发现第一个大油田，是全国唯一一座以石油命名的城市，是一座因油而生、因油而兴、因油而繁荣的城市，浓郁的“油味”是融入克拉玛依城市血脉的独有品质。

《克拉玛依年鉴》自创刊以来，根据城市产业定位，充分体现城市独有地域特征。《克拉玛依年鉴（2021）》将石油工业中与克拉玛依本地经济发展息息相关的油气产业链总结提炼为“油气勘探开发”“油气生产保障”“油气工程技术服务”“炼化销售”四大部分，升格为4个类目，下设30个分目，并将4个类目位次置于经济管理类目之后，排于其他经济类目之前，以突出石油工业特点。同时，4个特色类目下均设置综述分目，从整体上记述克拉玛依石油石化产业年度发展变化情况，全面反映地域产业特点，突出克拉玛依的油城特色。

（四）精巧构图，提升视觉审美品位

《克拉玛依年鉴（2021）》卷首图片从专题立意、文图呼应、独特视角等多方面入手，将卷首图片设计内涵融入学习贯彻习近平新时代中国特色社会主义思想的精髓要义与时代背景之中，突破以往相对固定的模式，使图片专题既凸显特色又富有视觉冲击力。谋篇布局以“城记＋专题内容”为主线，结合习近平总书记提出新时代党的治疆方略和新疆工作总目标及2020年疫情防控和脱贫攻坚两件全国性大事，共设置“城记·疫情防控”“城记·脱贫攻坚”“城记·依法治疆”“城记·团结稳疆”“城记·文化润疆”“城记·富民兴疆”“城记·长期建疆”7个专题，选用图片130余幅，将当年全党全国全疆重大事件与克拉玛依市本地大事要事相结合，形神兼备，充分体现了政治性、年度性、地域性、代表性、美观性，真正发挥出卷首专题图片横向可突出年度特色，纵向能展示城市发展变化的巨大作用，使整部年鉴更具有可视性，更为美观出彩。

（五）拓宽渠道，实现年鉴读用数字化

克拉玛依市委史志办以2021卷年鉴为起点，谋划逐步将出版的年鉴、志书、地情书发布至市政府网站供社会各界浏览、使用，作为建设网上方志馆的有力渠道。2023年，市委史志办注重发挥新媒体宣传作用，积极参与市政府官网内容建设，对承担的“历史人文”栏目，认真构思谋划，审慎展示内容，拓宽克拉玛依志鉴资料、地情书籍使用渠道，加强方志信息化建设。《克拉玛依年鉴（2021）》实现网上数字化阅读，首次打破年鉴阅读的时间和空间限制，读者通过点击克拉玛依市人民政府官网中“走进克拉玛依”板块下的“历史人文”栏目链接，扫描其中的二维码可对该卷年鉴进行阅览，且具有复制、粘贴、下载等基础功能，为广大读者使用年鉴提供便利，增加了年鉴使用阅读人群范围体量，使之更好地发挥年鉴存史、育人、资政作用。

（六）对标先进，严格把控整体质量

《克拉玛依年鉴》成功入选第六批中国精品年鉴，进一步激发市辖区年鉴工作队伍“修志问道、直笔著史”的时代担当与使命追求。虽然2023年年鉴工作人员有部分调整变化，市委史志办紧扣编纂目标任务，倒排工期、稳步推进编纂进度。

一是工作要求不放松，编纂质量不降低。坚持强化编纂规范，精心谋篇布局。对前期编纂工作进行总结，改进工作方式，汲取各方意见，更加注重年鉴编纂规范，仔细分析设置类目、分目、条目的合理性和科学性，突出大纲设置和整体篇目的重点和特色。

二是秉承精益求精的敬业态度和工匠精神。反复品读学习近年来本地及全国各地精品年鉴，寻找差距分析问题，明确努力方向，撰写有重点、有特点、有亮点质量上乘的年鉴稿，为持续打造精品年鉴奠定基础。

三是坚持守正创新，稳中向好，好中争优。坚持创造性转化、创新性发展，进一步增强年鉴的生命力和影响力，在保证高品质完成一年一鉴基础上，策划浓缩精编克拉玛依微年鉴《看“鉴”2023》口袋书，自觉延伸开发利用链条，着力年鉴日常推广和运用，进一步增强年鉴的实用性。

（七）导师带徒，培优育强专业队伍

2023年，克拉玛依市委史志办认真贯彻落实中国地方志指导小组办公室和自治区地方志编纂委员会建立地方志专家人才库相关要求，进一步加强全市史志专业人才队伍建设。由克拉玛依市党史地方志学会牵头组织，市区两级史志专业部门推荐申报、严格评选审查，确定首批9名专家正式入选。开展“质量提升年”专项活动，成立专家工作室，开展名师工作室命名授牌仪式，授牌仪式上命名“陈鹏工作室”，发扬“传帮带”优良作风，弘扬劳模精神、工匠精神，加快培养年轻干部，做好事业有序传承，形成学有榜样、行有示范、追有标兵的良好氛围。同时，常态化推进互学互鉴。日常工作中，实行点对点和一对多工作法，从供稿审查、材料反馈补充等方面实现无缝对接，发现问题，及时处理，通过评审会、座谈会、现场调研等多种形式，组织新老同行对比学习、查漏补缺，在交流互动中实现业务提标扩面，培育高素质专业化人才队伍。

二、创建工作体会

通过打造中国精品年鉴，克拉玛依市委史志办更加坚定文化自信，准确把握年鉴事业发展新态势，在彰显地域特色、传承城市文化内涵方面不断探索实践，持续提升年鉴事业服务新时代水平。

（一）高位推动是成就精品年鉴的坚实基础

年鉴作为年度综合性文献资料，在树立文化自信、彰显地域特色、传承地方文化内涵方面有着不可替代的作用，必须坚持依法、依规治鉴，由市委、市政府主导将年鉴编纂纳入各单位全年工作任务，通过行政手段，投入人力、物力、财力组织年鉴编纂，为史志部门征集资料、统稿编排、审核出版和印刷发行打好基础，使年鉴成为最具有权威性的信息载体和资料性工具书。

（二）高质量编纂是成就精品年鉴的生命线

年鉴是否具有权威性、实用性、服务性和可读性，关键在于年鉴编纂质量，要尽力做到结构布局科学、门类合理、领属得当、层次分明、排列有序；记述内容实事求是、据事直书，不伪、不偏、不漏、不错，可信、可用、可读；文字表述符合体例规范要求，做到立言得体、文约事丰；审查校对要细致认真、严格把关、精心雕琢，确保年鉴编纂出版质量。

（三）专业化队伍是成就精品年鉴的有力保障

优质的年鉴，源于好作者加好编辑。年鉴编纂人员要具备专业素质，包括编辑知识、文化程度、文字功底、业务经验等，要努力成为略知百科的通才，能够精准提炼、运用、充实素材。要强化征稿质效，加大培训力度，提高供稿者专业撰稿能力，日常加强与年鉴资料员联系，减少后期返工率，努力做到编纂责任到人、材料收集及时、初稿质量较高。

（四）守正创新是成就精品年鉴的有效途径

他山之石，可以攻玉。必须开拓思路，积极实践，对标学习中国年鉴精品工程的具体做法，通过品读中国精品年鉴，学习借鉴成功经验，与时俱进、博采众长，科学优化框架结构、栏目布局、表现手法，创新设计封面、版面、装帧开本样式等，紧密结合本地经济社会特色亮点，用更精彩的年鉴记载新时代面貌，切实担负起编鉴、立典、存史、启智的责任和使命。

三、存在问题及建议

（一）存在问题

克拉玛依市委史志办精品年鉴创建工作虽然取得了一定成绩，但离上级工作要求还有差距，存在一些问题和不足。

一是人才接替匮乏，编鉴梯队建设滞后。因人员编制受限，承担编纂工作的人员配备少，加上新老人员不能及时接替，新生力量补充不足，年鉴编纂队伍整体缺乏工作活力。尤其是业务骨干到龄集中退休，造成优秀专业人员严重不足，难以适应新形势下的年鉴编纂工作新要求。

二是单位、部门编鉴工作水平发展不平衡。各市辖区受经费、人员、中心工作任务影响，编纂年鉴进度慢、困难多。尤其近几年，年鉴出版受疫情影响和意识形态审核方面要求所限，一年一鉴的时效性体现不了，不能及时发挥年鉴的文化传播作用。供稿部门及单位的年鉴撰稿人员变换频繁、流动性大，不熟悉编纂书写规范，年鉴稿质量参差不齐。

三是年鉴的开发利用意识不强，存在重编纂出版、轻开发利用的情况。年鉴开发利用形式比较单一，多以发书赠书形式为主推广年鉴，不适应新时代便捷高效的传播特点，信息化建设落后，年鉴资源得不到广泛、及时、充分地利用。

（二）改进工作的建议

一是做好长远规划，着力培育高素质编鉴队伍。加强高位推动，把思想素质好、专业水平高、乐于奉献的人员充实到地方志工作岗位上来；注重加强自身建设，进一步提高编鉴人员的思想、理论和业务素质，通过业务研讨和专业培训等手段，逐步培养本地区的专家型人才；通过市场化运作，专门聘请有年鉴编纂经验和文字功底深厚的老同志参与到年鉴编纂工作中，缓解编纂力量不足的现状；发挥好名师工作室作用，鼓励带动编鉴专业人员能干事、想干事、干成事，造就一支能力和作风都过硬，能满足新形势下修志编鉴工作需要的年鉴队伍。

二是加强专业培训，提高地区综合年鉴整体水平。从年鉴编纂源头抓起，组织全体编纂人员对年鉴业务进行再学习，参加全国、自治区举办的专业性业务培训，或邀请全国、自治区专家实地辅导培训，整体提升对年鉴编纂的认识和实践水平；对部门、单位撰稿人实行分批分组轮训，着力提升入鉴部门供稿质量；发挥好地方志学会作用，更有针对性地提供年鉴业务指导和服务，组织市辖区开展不同形式的专业评审和论坛，开阔思路、取长补短、互鉴互学、共同提高，系统总结年鉴工作成果，持续提高地区综合年鉴编纂工作整体水平。

三是发挥资源优势，增强年鉴推广利用质效。年鉴是记述行政区域内各方面事物发展变化的年度资料性文献，其信息具有内容广泛、覆盖面广、容量大等特点。在不断发展变化的新形势下，需认真分析本地文化、社会发展的轨迹，为旅游开发、文化大市建设提供服务；充分挖掘志鉴资源优势，提高年鉴信息化程度和年鉴传播创新能力，结合读者多样化的阅读方式，实现资源共享且传输更快捷、传播范围广，使年鉴编纂出版周期更短、质量更高、受众更多，能够更好地服务中心大局和社会大众。

精品年鉴编纂永远在路上。今后，克拉玛依市委史志办将继续深入学习贯彻习近平总书记关于史志工作重要论述精神，充分发挥年鉴存史、育人、资政的历史价值和现实功用，珍惜荣誉、再接再厉，全面推进市、区两级年鉴编纂工作高质量发展，为进一步繁荣地方志事业、打造克拉玛依文化名片贡献更大力量。

提升精品成色　推动品牌之路越走越远

——《巴音郭楞年鉴》打造精品之路*

中共巴音郭楞蒙古自治州委党史地方志办公室

《巴音郭楞年鉴（2020）》是新疆巴音郭楞州第16卷年鉴，在自治区地方志编纂委员会的关心和中国年鉴精品工程专家的指导下，2021年4月成功跻身第五批中国精品年鉴，成为新疆首部中国精品年鉴，并荣获第八届全国地方志优秀成果（年鉴类）特等年鉴。巴音郭楞州党委主要领导作出批示要求“再接再厉，再立新功”。2022年10月，巴音郭楞州成功入选首批中国精品年鉴区域试点单位。2023年4月2日，巴音郭楞州党委常委会会议听取地方志工作汇报，并对地方志工作再创佳绩提出四点要求。中共巴音郭楞蒙古自治州委党史地方志办公室（以下简称州委史志办）以此为新的起点，持续巩固精品年鉴创建成果，深化精品意识，自加压力，将精品意识植根于每一部年鉴编纂全过程，深耕年鉴质量建设，注重培养锻炼队伍，充分发挥对县市的示范带动作用，走出一条巴音郭楞州的“精品之路”。2024年3月，《若羌年鉴（2023）》成功入选第八批中国精品年鉴。

---

* 执笔人：朱峰，中共巴音郭楞蒙古自治州委党史地方志办公室主任。

一、深化精品意识，提升精品成色

（一）严把政治标准，助力文化润疆

政治方向是年鉴的灵魂，在新疆发挥好志鉴正本清源、凝聚共识的作用，主动服务于长治久安总目标意义重大。巴音郭楞州持续涵养精品意识，坚持正确的政治导向，坚持把“铸牢中华民族共同体意识”作为新疆突出“新时代之鉴”的主题主线。以增强文化认同为目标，将中华民族共同体意识贯穿到篇目设计、资料征集、稿件编辑的全过程。严格按照关于新疆工作的系列白皮书精神准确记载当地的历史沿革，规范记述民族宗教、军事、侨务、港澳台事务、对外贸易合作、“一带一路”等相关内容，加强审核把关，确保阵地安全。在《巴音郭楞年鉴》2021年卷以后历卷年鉴概览均设置历史遗迹分目，集中体现主权见证类、民族融合类、多元宗教类文物和遗址的内容，通过一年一鉴、连续出版强化认同；及时记载考古实证成果，真正“让收藏在博物馆里的文物、陈列在广阔大地上的遗产、书写在古籍里的文字都活起来”，用年鉴体裁讲好文物背后的故事，端正历史文化认识，体现新疆是祖国领土不可分割的一部分的历史事实，体现祖国辽阔的疆域是各民族共同开拓的、悠久的历史是各民族共同书写的、灿烂的文化是各民族共同创造的、伟大的精神是各民族共同培育的“共同体”理念；同时，深入挖掘、客观记载各民族交往交流交融的历史和事实，在文化润疆中作出年鉴应有的贡献。

（二）坚持守正创新，夯实精品意识

一是守正才能不迷失方向，创新才能把握时代、引领时代。巴音郭楞州在综合年鉴编纂中坚持守正，坚持正确的指导思想，守马克思主义之正、守党的全面领导之正、守中国特色社会主义道路之正，确保年鉴内容政治立场坚定、政治观点准确。在此基础上，认真贯彻落实《地方综合年鉴编纂出版规定》以及《补充规定》有关要求，将科学规范作为基本要求，落实到年鉴框架设计、组稿编纂、条目编写、图表运用、版式设计等各个环节，增强蕴含其中的逻辑性、科学性；坚持做到条目标题准确、内容要素齐全、基础信息规范，增强保密意识，增强年鉴的科学规范性，为年鉴质量持续提升奠定基础。

二是坚持在年鉴编纂中立足本地、突出特色。《巴音郭楞年鉴》篇目框架设

计上以特点亮点立目，以区域特性、行业特性立为类目或分目，以年度大事要事新事立为条目；内容记述上，注重图表运用与正文内容呼应。比如，巴音郭楞州地域广阔，但沙漠、荒漠面积较大，森林覆盖率较低，为突出生态文明建设特点，州本级及相关县年鉴设立防沙治沙、自然保护区管理等分目，记载博斯腾湖治理保护、塔里木河下游生态治理等内容；设立特色林果业分目，记载香梨、红枣、轮台白杏、焉耆盆地酿酒葡萄等特色产业发展；鉴于“国际军事比赛”连续多年在巴音郭楞州库尔勒市举办，专门设立分目记载。深挖潜在资源与特色，突出年度特点，在不同卷年鉴设专文或专题记载“塔里木石油会战30周年”“塔里木河下游生态恢复20周年”“巴音郭楞蒙古自治州成立70周年”等内容，设“全面建成小康社会”彩页专题等，突显特色。

三是持续深化精品年鉴品读活动。认真对照学习4部中国精品品读年鉴，注重品读成果拓展运用，在全州各县市深入开展“精品年鉴品学感悟、对标精品打造精品”活动，找准差距补短板。细品深悟、学习借鉴中国精品年鉴的编纂理念、框架设计、资料选择、行文记述等特点，以及突出特色等创新做法，以学促用，及时运用到本级年鉴编纂中，常学常新、常思常悟、常悟常进，努力提升整体质量。

四是充分发挥网络化数字化赋能作用，开发便利阅读模式，助力年鉴资政途径多样化。

（三）坚持问题导向，严守质量底线

一是精益求精擦亮品牌，不断提升精品年鉴内涵。针对巴音郭楞州综合年鉴中反映事物全貌不够、条目内容碎片化的问题，州委史志办组织全体人员对照《北京朝阳年鉴（2020）》等精品年鉴开展专题交流研讨，改进条目设置、编写等理念和方法，并要求州、县两级正在编纂的年鉴增强对各行业年度发展全貌的反映，增加综合性条目比重、减少零碎条目数量，逐条检查完善条目基础信息，减少空话套话，提升条目的资料价值，达到条目“减量提质”的效果。尝试运用资料链接，丰富年鉴内容。

二是始终坚持质量第一导向，活学活用专家指导意见。近两年，《若羌年鉴（2022）》《若羌年鉴（2023）》连续申报中国精品年鉴。巴音郭楞州紧紧抓住中国年鉴精品工程专家组指导县级创建精品审查反馈的所有意见、建议，认真对标对

表、逐条修改打磨州本级年鉴。有效利用黑马软件，移送出版审查前开展全篇电子校对，认真审校、确保少出差错。实行主编“一支笔”统稿，对每一个环节都审慎对待，以工匠精神严格要求、不断磨砺，严格质量把控。

（四）凝聚各方合力，赋能品牌建设

一是优化年鉴组稿流程。州委史志办通过州党委办公室、州政府办公室信息共享平台，提前共享州直各单位各部门、各县市年度工作总结，能够准确掌握各行业特事要事。结合认真研读州党委全委会工作报告、州政府工作报告，确定全州年度大事要事特事，提前着手开展年鉴篇目框架的优化调整，细化条目设置；同时合理利用共享资料，各单位只需完善部分内容的全年信息、提供大事要事的详细资料即可，提高了资料征集效率，也使资料征集流程更加优化。

二是健全日常资料征集制度。州委史志办一改年鉴征稿“等靠要”资料的做法，探索做好日常信息资料收集工作，安排专人分门别类下载收集政府网站、党报官媒、信息简报上各类有价值的资料、图片、图表等，建立年鉴资料库。借鉴相关兵团年鉴篇目框架，优化州本级框架设计，规范州域内关于兵团师市的记载。学习借鉴河北援疆专家传授的编审流程管控措施和经验，建立年鉴编纂质量管控制度，带动管理水平有效提升。

三是用好柔性援疆人才。巴音郭楞州注重发挥援疆省份人才资源优势，在河北省地方志办公室的支持下，促成《河北年鉴》副主编等骨干赴巴音郭楞州开展为期 3 ~ 6 个月的柔性援疆，助力《巴音郭楞年鉴》质量建设。柔性援疆专家通过培训手教面带，帮助指导、规范州级年鉴编纂基础工作，还将多年积累的综合年鉴编审、评审经验无私传授给巴音郭楞州，拓宽了年鉴工作者的编纂思路，为巴州年鉴质量建设提供了智力支持。

四是汇集专家才智。巴音郭楞州通过精品年鉴区域试点渠道，每年推荐 1 部县级年鉴申报中国精品年鉴，中国年鉴精品工程办公室为每部创建单位安排专家进行指导。巴音郭楞州充分用好专家的才智，在指导县级创建的同时，也积极主动吸收专家的指导意见，举一反三对标、精雕细琢打磨。

二、精品之路初见成效

（一）推动年鉴基础工作不断规范

州委史志办在持续提质增效、不断巩固深化精品的进程中，建立并完善《巴音郭楞年鉴资料日常收集工作制度》等制度，按月收集全州重点工作、重点产业发展进度、重大项目、重要活动等资料文字、图片等；制定《党政机关共享信息利用规范》，明确在严守保密规定的前提下，利用党政综合部门工作总结等信息资料；尝试实施“点题征集”资料，使专题资料的征集更加具有针对性。通过与巴州保险业协会等社团组织建立联系渠道，制定《巴音郭楞年鉴与行业协会交流联络制度》，改变单一传统的、完全依靠单位提供资料的征集方式。在坚持综合年鉴行文规范的基础上，定期收集新华社发布的禁用词，以及涉疆敏感内容的记述要求，确保用词用语规范。完善内部审读规定及流程、制定县级审读程序等制度。

（二）在编纂实践中锤炼过硬队伍

巴音郭楞州在持续巩固精品标准的进程中，坚持在实践中锻炼培养干部队伍，夯实人才成长基础，积累人才培养的经验做法。

一是坚持实践锻炼，眼过千遍不如手过一遍，坚持自主编纂，让业务骨干在编纂和审读的实践中不断得到锻炼、提升水平。

二是试点推行综合年鉴编纂“按工作量署名”的办法（署名“执行主编或副主编”），打破职务作品署名惯例，调动骨干编辑的积极性。

三是推动理论和业务学习常态化，强化党建引领、促进党建与业务深度融合，更加注重培训质效，努力培养锻炼政治素质过硬的本土志鉴人才队伍。举办形式多样的“巴州方志学堂”，学习全国培训课程及部分省市地方志网上课程、讲座，提升编纂水平。

四是建立巴音郭楞州地方志后备人才库，实施骨干人才培养计划，力促后备力量成长成才，让巴音郭楞州的地方志事业后继有人、薪火相传。通过努力，州本级业务骨干队伍不断成长。2023 年，业务科室负责人首次担任县级年鉴编纂培训主讲进行授课，指导县市做好精品创建基础工作。常态化开展审读及意见反馈，使州本级骨干审读把关能力明显提升。

（三）年鉴资政辅治能力不断提升

综合年鉴的社会影响力不断扩大。巴音郭楞州全力推进年鉴质量建设，服务新时代的能力水平得到全面提升。《巴音郭楞年鉴》成为巴音郭楞州党政领导班子年度考核等必备的参考佐证资料。同时，年鉴为焉耆盆地酿酒葡萄、尉犁罗布麻等申报地理标志商标提供了必要的史料支撑。《巴音郭楞年鉴》2020 年卷起同步上线“掌上年鉴”，提高了查阅利用效率，丰富了资政渠道。为适应新媒体时代宣传要求，州委史志办主办的“史志巴州”微信公众号于 2023 年 5 月 30 日开通，有效扩大了地情宣传的覆盖面和影响力。

三、努力谱写“精品后”的新篇章

质量提升永无止境。巴音郭楞州将继续健全年鉴质量管控机制，坚持精细管理，紧扣篇目设计、资料征集、内容编纂、审读反馈，规范、落实质量审查等制度。不断巩固拓展精品意识覆盖面，横向扩展到组稿单位，纵向延伸到县市，常态长效巩固精品创建成果。将精品意识贯穿始终，优化篇目显特色、征集资料早着手、组稿编纂高标准、打磨雕琢精细化。

巴音郭楞州委史志办将始终坚持围绕中心、服务大局，坚持精品标准不松劲，锚定目标不动摇，将精品意识植入心中，放眼全国取经，谋求质量新跨越，持续加强“精品后”质量建设，全力推动巴音郭楞州年鉴事业高质量发展。

四

县级综合年鉴精品之路

守正创新求发展　精益求精谱新篇

——《北京东城年鉴》打造精品之路 *

北京市东城区地方志编纂委员会办公室

东城区作为首都北京的核心城区，历史悠久，底蕴深厚，文化资源丰富，是全国政治中心、文化中心和国际交往中心的核心承载区。《北京东城年鉴》创刊于1996年，由中共北京市东城区委、北京市东城区人民政府主办，区地方志编纂委员会主持编纂的一部综合性资料性工具书，至今已出版27卷。该年鉴全面系统记述东城区域内的自然、政治、经济、文化、社会等方面情况，忠实记录党的十八大以来，东城区贯彻落实习近平新时代中国特色社会主义思想的新举措、新思路、新方法，以及在区委区政府领导下东城区在各方面发展建设中取得的新成就、新进展、新经验，为各行各业、各方面人士了解东城、研究东城、建设东城提供信息和资料，是展示东城形象的一扇窗口。作为年度资料性文献，《北京东城年鉴》曾多次荣获全国地方志优秀成果（年鉴类）及北京市年鉴综合质量评审特等年鉴、一等年鉴，《北京东城年鉴（2019）》入选第四批中国年鉴精品工程“中国精品年鉴”名单。

一、“精品之路”简要历程

作为编纂单位，北京市东城区地方志编纂委员会办公室（以下简称东城区志

* 执笔人：赵妍，北京市东城区地方志编纂委员会办公室方志科科长。

办）高度重视年鉴质量建设，记录具有时代特征、地域特色和年度特点的鲜活内容，守正创新，稳步提升编纂质量。《北京东城年鉴》多次获得全国、北京市年鉴质量评审高等次的经历，为申报中国精品年鉴奠定了基础。2019年4月，在北京市地方志编纂委员会办公室的指导下，东城区志办积极推进《北京东城年鉴（2019）》申报中国精品年鉴，按要求提交篇目框架和内容初稿。参评期间，虚心听取专家意见，积极认真作出修改，数易其稿，不断优化调整框架，补充完善内容，匠心独具设计，精益求精打磨。功夫不负有心人，2020年4月，《北京东城年鉴（2019）》以条目规范、特色鲜明、综合质量较高在众多申报年鉴中脱颖而出，成功入选第四批中国精品年鉴，并获第七届全国地方志优秀成果（年鉴类）特等年鉴。时任东城区区长、区地方志编纂委员会主任金晖对此作出批示，指出地方志工作成效显著，年鉴编纂水平高，要求继续努力。成绩的取得和领导的批示成为东城区志办今后开展工作的强大动力。

二、打造“精品”的方法措施

从开始申报到最终入选精品名单，东城区志办对《北京东城年鉴》作出的调整和变化不可谓不大，这些调整和变化为提升年鉴质量积累了成功经验。总结打造精品年鉴的过程，主要有以下几方面。

（一）扩大资料来源，提升内容价值

年鉴是信息的载体，其信息量的大小决定着年鉴质量的高低。《北京东城年鉴》资料主要来源于区属各单位及辖区相关单位报送的稿件、图片、年度总结、报告等。此外，在打造精品年鉴的过程中，注重收集《人民日报》《前线》《北京日报》《新东城报》等重要报刊中反映东城区特色、亮点工作的资料，使社会信息为我所用。结合框架调整，先后向驻区部队、高等院校及金融、通信等机构和单位约稿，不断丰富年鉴内容，并注重资料的全面性、准确性、实用性。针对报送的图片质量不高的问题，聘请专业人员、专业机构拍摄和约稿，提升图文内容质量，力求主体多元化、形式多样化。

（二）科学设置框架，优化调整篇目

框架设计是年鉴的灵魂，框架既要保持一定的稳定性、连续性，又要有所变化、进行创新。在申报中国年鉴精品工程项目时，正值东城区机构改革，东城区志办根据政府职能的转变，打破部门界限，根据国民经济和社会发展情况科学设置框架，新增重点地区管理、生态环境保护、社会建设、纪检监察等类目，调整人民团体、法治类目内容，扩充军事类目下驻区单位分目内容等，并在综合性强的类目下增添综述分目，采用述体形式以总结概括突出类目重点。深入供稿单位调研，重新编排区域特色文化活动条目，整合成故宫以东分目，以旅游文化的亮点彰显东城独特的城市魅力和深厚的文化底蕴。

（三）规范条目编排，提升编纂质量

条目是年鉴内容的主体，其编纂质量直接影响年鉴的整体质量和水平。东城区志办紧抓条目规范，总结多年经验，编写《〈北京东城年鉴〉编纂实用手册》，对条目从选录标准、标题拟定到顺序排列均作出规定，以方便基层撰稿人掌握使用。采用基本条目和特色条目两种形式，既保存部门、单位历年基本职能任务，保证资料的连续性和可比性，又突出年度重点、亮点，呈现好的经验、做法，彰显存史价值。条目撰写严格执行要素齐全、规范的要求，杜绝总结报告痕迹。谨慎选用内容，剔除不真实、不准确信息，以统计部门公布的数据为准，且做到全书统一。

（四）科学合理构思，精心设计版式

精品年鉴要内外兼优，既要有精准全面的内容，又要有精致合理的设计。东城区志办对原有卷首专题图片进行提升，综合区域特色、年度重点，设若干专题，并根据专题选取照片。如围绕街道改革，设“街道吹哨　部门报到”专题；围绕北京冬奥会服务保障，设“冰雪运动　追逐冬奥”专题；围绕社区基层治理，设“小巷管家　大有作为”专题等。图片说明做到主旨鲜明、要素齐全、言简意赅、表述准确。版式设计则充分运用叠图、组图等手法，力求美观大方，布局错落有致。卷首这些反映年度特色、亮点的照片，以不同的主题生动展现了区域大事、要事，凸显东城特色和时代特征。

（五）听取专家意见，反复修改提升

申报过程中，评审专家会从不同角度提出修改意见。对此，东城区志办高度重视，虚心采纳，结合实际认真修改。每次在收到专家反馈意见后，编辑部均在第一时间召开会议，对意见逐条分析讨论，确定修改方案和完成时限，并形成《落实专家反馈意见修改情况报告》，清晰说明落实修改的具体内容，以及除专家意见外自查自纠改正问题的情况。对于未能修改之处，则详细说明原因和理由，做到对反馈意见充分吸收、认真听取，既表明了对专家意见的尊重和虚心接受的态度，又更好地提升完善了年鉴品质。

三、“精品后”的东城年鉴编纂情况

通过申报并成功入选中国精品年鉴，东城区志办收获了许多宝贵的经验，以申报中国年鉴精品工程项目为契机，《北京东城年鉴》在各个方面得以改进，综合质量明显提升，走上了科学化、规范化的高质量发展之路。近年来，东城区志办坚持“崇文争先”理念，注重品质，突出特色，精心构思，匠心打造，进一步提升年鉴编纂总体质量水平。

（一）与时俱进，优化调整框架

顺应时代发展，根据政府职能转变和经济发展现状，《北京东城年鉴》陆续增设工业和信息化、金融、交通邮电类目及精神文明建设、新冠疫情防控、巡察工作、证券、保险、通信等分目，更新商贸服务业类目下辖重点企业名单，做到既符合客观实际，反映东城区的时代变迁，又呈现重点行业的地位作用及新兴业态的发展变化。丰富调整故宫以东特色分目，充分展现东城区的“崇文争先”理念及在“文化东城”建设上的显著成就。

（二）彰显特色，突出成效亮点

为突出东城特色，除优化框架设计和挑选亮点内容外，《北京东城年鉴》注重版面编排和装帧设计。封面、封底图片选取钟鼓楼、前门、北大红楼、中轴线等域内著名建筑、文物古迹，形象展现东城区丰富厚重的历史传统和红色文化底蕴，

使读者在看到《北京东城年鉴》的第一眼就会产生“东城印象”。全书整体编排图文并茂、文表结合，注重实用性与艺术美感、文化特色相融合。卷首专题图片主题鲜明，正文随文图、压栏照文图呼应，用表格清晰列明东城域内学校、医疗机构、文保单位、重点项目及派出所、居委会等信息，便于读者查找，增强实用功能。

（三）精益求精，提高编校质量

东城区志办坚持高标准、严要求，在编纂中严把“五关”，特别是政治关，对外事、港澳台、法治、军事等内容严格审校，做到细之又细，慎之又慎，切实将讲政治的要求贯彻落实到编校全过程。对资料仔细甄选、认真鉴别，确保年鉴“政治可靠、史实可信、资料权威”，提升年鉴资政辅治的史料价值。注重细节把控，进一步规范语言文字、标点符号、计量单位、图表应用等。

（四）提高能力，加强队伍建设

配齐配强《北京东城年鉴》编辑部力量，责任编辑有退休干部、资深记者、高级教师等，熟悉区情，理论扎实，文字功底深厚。编辑部实行规范化、科学化管理，规范编纂流程，明确职责分工。定期召开例会，开展篇目框架、内容结构、文字表述等方面的业务研讨。积极组织责编和年鉴撰稿人参加业务培训，配发编写规范，方便解决编纂中的典型性、普遍性问题。各责编利用邮件、微信群等方式，加强与撰稿人的联系，及时有效加强指导。

四、存在的问题及对策建议

中国年鉴精品工程为地方综合年鉴带来新的发展机遇。实施中国年鉴精品工程，对于提升年鉴质量，筑牢全国年鉴事业健康发展的根基，有着举足轻重的作用。以《北京东城年鉴》为例，通过打造中国精品年鉴，东城区地方志工作水平实现了质的提升，但在实际工作中，仍存在一些制约发展的困难和问题。

一是对地方综合年鉴重要性的认识程度不够，编纂工作难以推进。一些供稿单位只注重日常业务，忽视年鉴工作。往往快到交稿时才七拼八凑、应付了事，有的直接从网站上下载简报和信息而不进行编辑及内容核实，甚至直接把总结报告交上来。部分承担本系统年鉴报送任务的双管单位为图省事，忽略专业年鉴和综合年鉴的不同报送要求，将资料“一文两报”，导致年鉴内容不对、条目混乱，给组稿和编辑工作带来很大不便。

二是专业性内容撰写不规范、不准确。年鉴具有工具书性质，其内容只有规范和准确，才能保证存史价值和社会借鉴作用。东城区志办虽然每年都配发《〈北京东城年鉴〉编纂实用手册》，但供稿单位未能认真仔细研读，对一些基本的编写要求不甚了解。《〈北京东城年鉴〉编纂实用手册》中虽列出各个单位的基本条目和特色条目，但交上来的稿件仍存在要素不全、内容不对、质量不高等问题。条目缺乏相对稳定性，数据前后不一致，从而削弱了年鉴的参考比对价值。

三是与时俱进不足，资料内容不能反映年度特色。年鉴是逐年编纂连续出版的，每卷年鉴的条目都应着重反映对应领域的年度发展变化情况。与基本条目相对固定不同，特色条目应有所变化，要反映出部门单位的年度重点工作、重大事件，体现某方面的发展演进。然而，部分单位报送的条目经常一成不变，没有特色条目内容，一些供稿人只会根据刻板印象，按照以往经验撰写，将年鉴编写简单理解为数据的罗列，而忽略年度变化发展，这既浪费了供稿人、编辑的时间和精力，又没有提供有效的信息，降低了年鉴的价值意义。

四是供稿人员流动性大，撰稿水平参差不齐。每年组稿文件下发后，各单位按要求指派专人撰稿，有些单位撰稿联系人变动频繁，甚至一年间就更换数次，缺乏稳定性和延续性，很难保证稿件质量，也增加了编纂工作联系和沟通的难度。年鉴报送和初稿核对时的联系人不一致，信息资料收集渠道不统一，难以有效解决问题。个别供稿人责任意识淡漠，沟通困难，交稿不及时，一拖再拖，极大影响编纂进度和质量。

针对这些问题，下一步应在如下方面发力：

一要加大宣传，提升对年鉴工作重要性的认识。以中国年鉴精品工程为契机，相关政府负责部门要把编纂地方综合年鉴纳入重要议事日程，加强组织领导和工作指导，一手抓繁荣发展、一手抓引导管理。要健全地方志工作机构主导、社会各界有序参与志鉴编修的途径和方式。加强督促检查，健全目标考核责任制、督查通报制，强化责任落实。完善地情资料征集及管理制度、修志编鉴业务制度和主编责任制等，确保在篇目设计、资料收集、总纂统稿、审查验收等环节上有章可循、有据可依。

二要树立精品意识，落实质量第一原则。打造中国精品年鉴，要以创新的理念组织编纂好年鉴，提高内容质量。严格执行《地方综合年鉴编纂出版规定》及其《补充规定》，建立年鉴质量保障体系，坚持精品标准，严把质量关。篇目框架应随社会发展变化及时调整，内容资料要全面客观准确，编排设计要用心琢磨，整体上力求编写规范、特色鲜明。

三要注重人才培养和编纂人员队伍建设。年鉴编辑要有高度的责任感和使命感，不断加强学习，提升业务能力和专业水平。建立稳定的编纂人员队伍，定期开展年鉴撰稿人培训，统一年鉴编纂思想、熟悉年鉴体例要求与撰写要领等，培训重点侧重在如何收集整理资料、执笔撰写方面。通过学习培训、质量管控、监督激励等多方面齐发力，打造一支政治素质高、业务能力强、极具责任心的编纂人员队伍。

五、一些感想体会

回顾这一路走来的“精品之路”，有一些感想和体会。

领导重视是做好年鉴工作的基础。年鉴工作每年都被列入政府工作计划并给予财政支持，地方志编委会由辖区各单位主要领导、负责人组成，各承编单位领导对报送的年鉴资料严格审核把关，确保准确无误。领导的支持和各承编单位的配合是顺利开展年鉴工作的基础和关键。

精品意识是编好年鉴的灵魂。要始终把精品意识贯穿年鉴工作的全过程和各环节。一方面参照两个规定等指导性文件，加强业务学习，另一方面注重借鉴好经验、好做法，认真听取专家、领导意见，以精品标准加强规范性建设，提升年鉴整体质量水平。

突出特色是打造精品的核心。年鉴不能只局限于记述辖区基本情况，必须根据自身特色“量身打造”。纵观近年来的中国精品年鉴，均在概括全貌的同时突出主体，选择最具特色亮点的工作以浓墨重彩作全面、重点记述，充分体现年度特点和展现地方特色。

高水平的编写队伍是年鉴质量的保障。精品年鉴的成功都离不开责任意识强、业务素质高的编写队伍。年鉴编辑要以对历史负责的高度使命感和精益求精的工作态度，加强专业学习，提升编校能力，以“板凳要坐十年冷”的精神，扎扎实实做好年鉴编纂工作。

成功打造精品年鉴出于东城年鉴人对精品良鉴的执着追求。申报中国年鉴精品工程项目时，东城年鉴人秉持吃苦奋斗的精神及“5+2”“白＋黑”的工作态度，虚心向专家学、向中国精品年鉴学、向先进区县学，取长补短，着力打造精品年鉴。创建中国精品年鉴成功后，东城年鉴人始终坚守年鉴人的初心和使命，强化精品意识，不断提升年鉴质量建设，营造学精品、创精品、用精品的浓厚氛围，以高质量、高品质的编研成果，带动业务工作整体提升。近年来，东城区志办稳步推进《北京市东城区地名志》编纂、打造精品《东城史志》期刊，在史志宣传月中开展“送精品”进机关、社区、学校、图书馆、文化馆等活动，组织参观学习，宣传地域文化，积极发挥志鉴资政育人、服务社会的现实功用，并参与学术研究与调研，与方志同行交流座谈经验，积极参与举办专题展览等，切实做到以精品引领，推动史志事业的全面发展。今后，东城年鉴人将继续努力打造篇目精良、内容精准、编校精细、设计精美的年鉴佳作，以精品年鉴的高质量发展引领东城地方志事业再上新台阶。

坚持问题导向　以精品建设促高质量发展

——《北京西城年鉴》打造精品之路*

中共北京市西城区委党史工作办公室
（北京市西城区地方志编纂委员会办公室）

《北京西城年鉴（2022）》成功入选第七批中国年鉴精品工程“中国精品年鉴”，得益于“一个基础、两个依托”。一个基础：西城区具有得天独厚的区位优势和较为扎实的年鉴编纂经验积累。《北京西城年鉴》自2000年创刊至今连续出版32卷（含行政区划调整前《北京宣武年鉴》9卷），多次获评北京市综合年鉴质量评比一等奖。两个依托：一是专业指导，二是榜样引领。在精品年鉴打造过程中，中国地方志指导小组办公室（以下简称中指办）和中共北京市委党史研究室、北京市地方志编纂委员会办公室给予大力支持、指导。身边的榜样有海淀区、朝阳区、东城区多部年鉴入选中国精品年鉴，以及中指办在“精品年鉴评读季”活动中推介的四部精品年鉴“样板书”作为参照。“一个基础、两个依托”满足中国年鉴精品工程要求的申报条件并提供了有力支撑，可谓地利人和。2022年，因疫情频发，年鉴编纂原定计划和节奏被打乱，大量工作积压于三、四季度，为此，《北京西城年鉴》编辑部开启攻坚战模式，在时间紧、任务重、要求高的倒逼下，以问题为指引、以质量为旨归，开展了积极有效的探索实践。

---

* 执笔人：师帅，中共北京市西城区委党史工作办公室（北京市西城区地方志编纂委员会办公室）副主任。

一、坚持问题导向，推动工作机制转变

打造精品年鉴的核心环节是“修改落实”，打造全过程都是围绕发现问题、分析问题、解决问题展开。其间中指办和市协作组专家精细评审5次，提出意见800余条，如重要事项漏记、题文不符、指向不清、年度数据不全、条目要素缺失、语体不规范问题等。面对大量问题，编辑部召开会议研讨对策并分析反思，认为有“思想准备不足、发动组织不够、资料收集不全、编辑统筹不力”四个方面的问题。这些认识有一定道理，但其是一种消极的反思，而且也只是表象的、没有触及事物本质的反思。通过深入学习精品年鉴评审标准及相关法规文件，编辑部人员摆脱思想负担，调整思维方式，聚焦问题，聚焦质量，把打造精品年鉴视作机遇而不是挑战；把打造过程作为关注焦点，而不是为能否入选精品年鉴患得患失。进一步统一思想、消除压力、增强信心，形成三点共识：大量需要校正的问题是动力不是压力；问题清单不是负面清单，而是改进提升的依据；专家评审发现的问题不是问题的全部，而是问题的线索和指引，需举一反三、闻一知十，发现并校正更多的差错。编辑部人员在理论与实践层面的认识得到新的提升，工作机制相应作出改进，主要体现于“三个转变”。

（一）组织方式从行政责任制向主编主导型转变

以前的年鉴编纂模式是：主管领导统筹协调，志鉴科组织实施，责任编辑分工负责。在打造精品年鉴过程中，学习前几届精品年鉴单位的组织工作经验，变行政责任制为主编主导型。新的组织模式转变为主管领导深度介入，执行主编全程统筹，责任编辑分工协作。各管一摊转变为团队协作，为年鉴体例规范、标准一致、文风统一提供了机制保障。比如，主编在编辑群里及时编发“改稿提示”，如简称规范问题、标点符号的特殊用法等。全年编辑群共发出“改稿提示”50余条，对全书文字表述标准化、规范化起到了十分重要的作用。同时，各位责编建立“编辑随手记”文档，将精品年鉴打造过程中的学习、思考、实践、感悟记录下来，在研讨交流时相互分享，也有效地促进了统一编辑思想和尺度的把握。

（二）工作机制从规范引领向质量管控转变

质量是年鉴的生命，标准化、规范化是质量体现的重要方面。在打造精品年

鉴过程中，编辑部反思过去的工作，认识到年鉴相关标准与规范是精品年鉴的路径而非目标，精品的要义应该是质量。因此，编辑部提出精品意识就是质量意识，从组稿、编辑、排版、审校、出版等各个环节，对标精品年鉴，完善修订相关工作规定、工作流程。比如，编辑部在审校修改过程中，统一采用审阅批注格式，每一轮版本都清晰留痕，可追溯、可复盘，便于学习借鉴，从初统稿到送审稿，经过多轮修改打磨，促进年鉴资料价值含金量不断提高。

（三）精神状态从按部就班向追求卓越转变

往年年鉴编纂按部就班，工作节奏不急不缓，极易产生职业疲劳。打造精品年鉴为编辑团队注入了一种“创新突破、追求卓越”的激情与活力。2022 年受疫情影响，原计划工作进度受到影响，特别是在第三轮修改时，呈现时间紧、任务重、压力大的窘况，于是编辑部改原来工作机制为团队攻坚模式，主管领导和执行主编带领团队，放弃周六日休息和国庆假期，加班加点、连续作战。针对缺失资料多、基础较差、问题较多的类目，由主要领导协调，分管领导深度介入，亲自修改、补齐短板；针对专家提出的意见建议，举一反三，查缺补漏，专职与外聘责编组队进行交叉互审；遇到疑点难点，编辑部成员通过研讨定夺，效率效能明显提高。在高强度、大改量的磨炼中，全体编辑人员惯性思维得到校正，精神面貌得到洗礼与蜕变，团队的凝聚力、向心力进一步增强，编辑队伍的业务能力和专业水平均得到有效提升。

二、坚持规范统领，促进年鉴质量提升

在打造精品年鉴过程中，编辑部严格落实地方综合年鉴编纂出版有关规定和《中国年鉴精品工程实施方案（修订版）》有关要求，提出“四去一补”法，即“去粗取精、去伪存真、去繁化简、去虚留实，补足精华”，力求体例规范、内容全面、文风统一、表述客观，年鉴质量实现全面提升。

（一）规范化标准化水平优化提升

在框架结构方面，在专家评审助力下，调整框架近百处，实现门类齐全、分类科学、层次清晰、领属得当。比如，顺应体制、机制改革要求，增设生态建设、

应急管理类目；依据“以事立目、归类记述”原则，整合分散记述的对口支援内容，设支援合作分目集中记述；突出年度重点工作，增设两区建设、中轴线申遗等10余个分目。在编纂体例方面，类目、分目、条目依据相关规范要求或逻辑顺序排序。如银行分目下原企业排列无序，改用人民银行营业管理部提供的顺序重新排列；社会生活类目大幅调整下设分目名称和排序，体现民生福祉主线。全书条目依据《关于地方综合年鉴编纂出版若干问题的补充规定》，综合性条目排前，单一性条目排后，单一性条目按照时间顺序排列。

（二）文献资料价值有效提升

在资料选用方面，遵循存真求实原则，汇集点、线、面多层次、高密度信息，力求为读者提供客观、准确、实用的文献资料。编辑修改过程中删除“非主要职能信息”和主观评价性文字，发掘增补重要年度数据和具有存史价值的文献资料。如西城医保基金监管利用大数据技术监控，发现违规支付漏洞，挽回巨大损失，取得创新性、突破性成果，据此在专文中增加《医保基金大数据监管的“西城模式”》一文。西城区老旧小区“租赁置换”改造模式为城市更新提供了成功案例，具有较高的推广价值和存史价值，编辑部扩充资料，增补“延伸阅读”，并随文编排小区改造前后对比图，充分展现这一资料的价值。在选图用图方面，以“信息丰富、场景动态”为标准选用图片，卷首专题图片54幅，随文图片177幅，较以往年份数量翻番，质量优中选优。卷首专题依据主题设计，力求元素齐备、灵动表达。如“建党百年庆祝活动”专题，为补全“活动现场”“青少年”元素，特从新华社购得“千人献词团”图片。图片信息未尽之义，在图注中适当充实，助力完整读图。如“社会民生”专题图片之一图注：“2021年，西城区深化‘吹哨报到、接诉即办’改革，图为牛街街道‘未诉先办’为菜园北里社区安装新路灯”。随文图注与内文保持同步一致，以图释文、以文解图。

（三）地域特征和年度特色显著提升

西城区是首都功能核心区，金融、科技、教育、文化、医疗卫生等事业发展居北京市乃至全国领先地位，《北京西城年鉴（2022）》给予侧重记述，凸显地域特征和年度特色。为凸显北京证券交易所成立这一年度重大事件，特约稿《北京证券交易所设立》收入专文；北京金融法院成立、金融街论坛升级为国际性专业论坛等重大事件，在记入大事记的同时，也在卷首专题图片中呈现并以条目形式做详细记述。为突出西城区在加快推进历史名城保护更新方面的创新之举，设功能街区建设类目，记述7个功能街区建设的相关情况。教育、文化、医疗卫生事业为区域突出优势，该卷年鉴也均安排较大篇幅记述。

在年鉴装帧设计方面，倾注匠心情怀。封面以年轮图作底纹，轮心落于2022，寓意“一年一鉴、史册留痕”。封面右下暗嵌西城地图轮廓，恰如点赞手势，注入西城元素同时巧添别样意趣。书名用书法体隶书，庄重大气而不失灵动；分目、条目标题采用色差不大的褐色，给人以中正平和、层次清晰而不跳脱的阅读体验；类目起始页设压题图，由妙应寺白塔、金融街现代建筑和西城区 logo 融合组成，表达了西城区传统与现代相得益彰的文化特质。

三、坚持成果转化，构建年鉴质量管控体系

总结打造精品年鉴成果，有5个方面的经验认识：第一，专业评审是十分重要且必要的助力，没有强有力的专家团队支持，一年内实现精品的跨越几乎是不可能的；第二，坚持问题导向才能实现持续改进，这是“编精品”的基本方法；第三，攻坚战模式是打造精品年鉴的有效选择，2022年即使没有疫情影响，初次打造精品年鉴也不可能按部就班、四平八稳地实现预定目标；第四，出精品的同时也能出人才，团队作风和能力在精品攻坚战中能够实现较大改进和提升；第五，理论认识的升华源自艰苦的修改落实。编辑部在年鉴编纂过程中总结出“问题为指引、质量为旨归”等精品年鉴编纂的理性认识，再次证明“一切真知都是从直接经验发源的”论点之正确。总而言之，“精品”“名鉴”是实践深化的结晶，是精心培育、多方扶持、非常投入、浸润无数辛劳与汗水的结果。

然而，精品年鉴攻坚战的模式虽有效但不可持续，专家全程跟踪和评审指导今后也不会重现，2022年卷年鉴解决的问题，也不意味着此后不再出现，如果同样的问题年年错年年改，循环往复，便失去了打造精品年鉴的初衷之义。因此，必须深化年鉴质量建设的规律性认识，通过完善工作机制，加强过程控制，避免老问题重复发生，促进新问题及时发现、有效解决，最大限度地控制差错发生率。因此，建立健全年鉴质量管控体系才是推动年鉴事业高质量、可持续发展的长久之计。编辑借鉴 ISO 9001 质量管理体系、学习型组织建设的成熟经验，把年鉴编

纂作为一项文化产品生产过程，进行严格的质量监控，构建方案设计、编辑修改、审读评价、持续改进的质量控制闭环管理体系，推动年鉴事业高质量发展。

（一）质量管控体系的总体框架

确定《北京西城年鉴》质量方针为：存真求实。其内涵为：以现实使用价值和存史价值为导向，实事求是、直书简陈，不溢美、不隐恶，真实、客观、准确记述。质量目标依据中国精品年鉴评选标准设定。年鉴质量标准体系内容由6个方面组成：一是总纲总则，包括年鉴质量目标、年鉴工作流程、年鉴基本框架；二是法规遵循，包括地方综合年鉴编纂出版相关的一系列法规文件；三是责任制度，包括年鉴编辑部职责、执行主编工作职责、责任编辑工作职责、撰稿人员工作职责等；四是标准规范，包括大事记编纂规范、条目编撰规范、图片使用规范、名称表述规范等；五是差错测量，包括部分用语规范表、图书编校质量差错判定细则表等；六是理论参阅，收录有关地方综合年鉴行文规范规则的研究文献。以上文件汇编为《北京西城年鉴质量管理手册》，基本涵盖了年鉴体例标准、框架设计标准、资料标准、行文标准、编校要求、进度要求等，这是个基本框架，细节问题还需要在实践中进一步丰润、完善。

（二）贯彻以服务对象为关注焦点理念，创新年鉴资政服务方式

首先，利用年鉴参与区域研究。比如围绕中心工作、重点领域，以横纵比鉴方法，整理一个时段的相关资料，呈现事业发展脉络，提出对策建议，提供给相关部门和领导作为决策参考。其次，整理重要地情资料，服务区域发展。如2024年着手编辑党的十八大以来全区获省部级以上表彰的集体和个人典型材料，发掘新时代发展具有经验价值的资料，为区域各单位提供参照和参考。通过这些工作措施，获得更多关注和支持，从而反哺年鉴质量建设，构建完善地方志和年鉴事业的社会支持网络。

（三）加强和改进队伍管理服务

年鉴供稿人队伍庞大、分散且流动性大，提高并保持这支队伍的专业水平，是推动年鉴事业高质量发展的基础，但这个基础是动态的，并非打基夯实便一劳永逸，因此必须始终沿着“专业引领、动态管理”的思路常抓不懈。目前的做法

是通过建立"微信群""蓝信群"等抓好队伍专业化能力建设。一是构建虚拟网格化管理服务体系，将分散的大队伍，按照工作领域划分，或者按照年鉴类目涵盖单位划分，成立若干个群组，并选出一名"群主"，与编辑部责编协作，开展日常学习、交流、研讨培训，以及年鉴稿修改、意见反馈等工作。二是建立分层、灵活的业务培训机制。按照年鉴编纂不同阶段需要，统筹安排区、条、块的业务培训，使培训与编纂实际有机结合，以提高培训的时效与实效。三是按照人力资源质量管理要求，通过编制《工作过程流程图》《岗位说明书》，明确规定各岗位职责和工作要求，包括主撰稿人、特约编审、责任编辑、执行主编等，让管人管事的责任制和工作流程贯通起来，为年鉴质量发展和队伍建设提供有力支持和支撑。

《北京西城年鉴（2022）》入选第七批中国精品年鉴后，编辑部对全年工作进行认真总结并积极组织宣传推介，在各类新闻媒体进行宣传报道，引发社会各界广泛关注和好评。多名编辑获得优秀公务员嘉奖，区主要领导给予批示表扬。区委常委会专题听取汇报，并要求"以入选中国精品年鉴为新的起点，以'精品'为质量标杆，精编细研，切实把堪存堪鉴的年度文献资料收集到位、编辑到位，形成西城经验、西城特色"。下一步，编辑部将在现有基础上，进一步深化、细化工作规范，改进完善年鉴编纂质量控制体系，在年鉴质量评审、评价机制，年鉴撰稿人激励机制，年鉴信息化推介等方面，加强探索实践，让年鉴事业与时俱进更好地融入新时代发展潮流，发挥更大作用。

用精品年鉴记录好新时代朝阳实践

——《北京朝阳年鉴》打造精品“三连冠”之路*

北京市朝阳区地方志编纂委员会办公室

朝阳区是首都“四个中心”功能建设的重要承载地、经济发展的主阵地和基层社会治理的实践地，是首都高质量发展的排头兵。近年来，在中国地方志指导小组办公室和中共北京市委党史研究室、北京市地方志编纂委员会办公室的有力指导下，在区委、区政府的坚强领导下，北京市朝阳区地方志编纂委员会办公室（以下简称区志办）积极适应年鉴事业转型升级需要，守正创新，加强顶层设计，突出时代特征、区域特色、年度特点，健全年鉴编纂工作体系、推进编纂流程标准化，促进年鉴事业高质量发展，用精品年鉴忠实记录中国式现代化的朝阳实践。

一、“精品之路”简要历程

《北京朝阳年鉴》创编于2005年，在全区上下一心的努力下，持续对编纂机制、经验进行摸索和累积，初步形成了朝阳区域内的年鉴编纂体系和标准。2017年起，朝阳区积极响应实施中国年鉴精品工程，启动中国精品年鉴申报工作。通过不断加强对精品年鉴编纂理念的认识、理解，结合对第二轮修志编纂工作经验的总结分析，主动查找差距和不足，认真学习有关精品年鉴文件精神并借鉴试点

* 执笔人：王源，北京市朝阳区地方志编纂委员会办公室区志业务科科长。

单位经验，按照精品标准，逐年提升年鉴质量。在对 2019 年卷进行整体调整、提升后，正式申报中国精品年鉴并成功入选。2020 年卷、2021 年卷也相继申报成功，成为为数不多的连续三年入选中国精品年鉴的区县级年鉴。其中 2020 年卷被作为全国“精品年鉴品读季”活动使用的四部品读年鉴之一，由中志办再版，推荐给全国 3000 余个县级以上地方志工作机构品读、学习。区主要领导作出“小部门、大作为”等批示。2021 年，区志办荣获首都劳动奖状。

二、主要工作措施

一是强化政治责任，展现大区担当。朝阳区始终坚持学习贯彻习近平总书记对地方志工作的重要指示精神，坚持首善标准，围绕中心服务大局，全面履行“为党立言、为国存史、为民修志”的职责使命，不断完善年鉴编纂标准，拓展年鉴宣传教育功能，提高履职本领，主动作为，精耕细作，将年鉴作为展现朝阳区现代化、国际化发展历程和成果的重要窗口，不断坚定文化自信。

二是明确工作目标，强化职能定位。朝阳区委、区政府高度重视中国精品年鉴工作，将“持续打造精品年鉴”确定为文化建设的重要内容，写入文化建设“十四五”规划。区地方志编纂委员会统筹谋划全区地方志工作，确立“创新理念、规范流程、久久为功、打造精品”的工作目标。在两次机构改革后（2016 年区志办与档案局合署办公、2020 年区志办与档案馆合署办公），人员力量得到进一步加强——人员编制由 5 人增至 7 人，同时返聘 10 名熟悉区情、有编纂经验的退休干部充实编纂力量。2023 年 7 月，朝阳区方志馆挂牌成立，按照区委主要领导提出的“打造区情区史教育主阵地、城市文化交流新地标”的新定位，全力推进朝阳区“乡愁馆”“地情资料馆”建设，深化朝阳志鉴体系。

三是健全工作机制，保障经费投入。逐步建立覆盖全区、系统联动的编纂体制。区地方志编纂委员会会议定期听取年鉴工作情况汇报，成立街道、乡（地区）等各系统编纂委员会，2023 年将区地方志编纂委员会成员单位由 33 个扩充至 40 个。在全区财政“过紧日子”的情况下，年鉴工作经费不减，保证年鉴编审、业务培训、出版印刷等各项工作顺利开展，为打造精品年鉴提供了基础保障。

三、主要工作体系

一是建立年度工作进度管控体系。按照“早动员、早部署、早交稿、早成书”的思路，每年10月制订下一年度年鉴编纂方案，对接朝阳区“十四五”规划和2035年远景目标及区委、区政府年度中心工作，广泛征求各单位意见，优化设计年鉴篇目，并适时召开全区年鉴工作部署会。次年2月底前，完成稿件收集，5月底前形成定稿，为按时上报稿件和后续修改审核预留充足时间。

二是优化稿件系统收集体系。根据全区各单位工作职责，科学划分供稿单位，设立机关、政法、国资、宣传、教育、统战、街道、地区（乡）8大系统。在提交至年鉴编辑部前，各系统根据年鉴类目设置主动组织系统内稿件收集和初审工作。确保收稿效率，保证内容完备，避免遗漏各行各业大事、要事。

三是强化量化考核体系。确定百分制考核体系，从“交稿时间、稿件质量、对接态度、组织管理”等方面，对各单位进行考核，在全区范围内通报。通过量化考核，增强全区各单位年鉴主笔人的荣誉感、责任感、使命感，充分调动工作积极性。

四是完善编纂组织体系。在编辑部工作机制方面，将编辑人员分为5组，制定稿件编辑加工流转流程、编辑考核等制度，明确编纂时间表、任务图，落实责任、倒排工期，压茬推进编纂工作。以“周例会”“月调度”“定期讲评”形式开展交流，组织编辑及时跟进区情区貌和经济社会发展状况，研读全区年度政府工作报告、领导专题讲话等内容，通过“以研代训，以训促教，以教导研”开阔思路，提高编辑水平。在培训设置方面，采用线上和线下相结合、分组辅导和讨论相结合、业务指导和实地调研相结合的模式组织开展全区年鉴业务集中培训，在课程设置中适当增加精品年鉴解读、精品年鉴有关规定和政府工作报告解读、专家授课等内容，拓宽视野、强化标准，提升主笔人的综合素养和编纂水平。在专家意见落实方面，按照“充分尊重、照单全收、应改尽改、举一反三、触类旁通”的原则，尊重专家意见，弄清每一条意见背后的理论依据，做到全面理解到位、全面修改到位、全面反馈到位。

五是加强质量管控体系。邀请国家及省市级精品年鉴专家分门别类进行深度跟踪指导。中共北京市委党史研究室、北京市地方志编纂委员会办公室在组织相关专家评审年鉴稿件时，对容易出现意识形态问题的类目、分目，如法治、外事、军事、民族宗教等进行严格把关，并及时反馈修改建议。按照上述要求，在实践中，朝阳区形成了“承编单位初审、责任编辑修改、主编统稿、承编单位确认、交叉互审、专家汇审、意识形态和保密筛查、出版社‘三审’”的“九步工作法”，确保年鉴资料来源、内容要素、语言文字、统计数据、标点符号等都经过严格校核，严把政治关、保密关、体例关、史实关、文字关，确保年鉴观点正确、史实清晰、要素齐全、文字精练、表述清楚、数据准确。

四、主要编纂经验

一是谋篇布局彰显朝阳特色。在贯彻新发展理念上精准定位，紧扣区位特点，凸显朝阳区在新时代贯彻新发展理念所取得的高质量发展成果。《北京朝阳年鉴》2019 年卷立足首都城市战略定位，在篇目上设置“三大攻坚战”、推进非首都功能疏解、融入京津冀协同发展和推进“一廊两带三区”建设、构建“高精尖”经济结构和结构调整升级等内容；2020 年卷从区情定位方面精准发力，增设助力冬奥类目，记述朝阳区作为“双奥之城”的主承载区，在服务保障中发挥的“朝阳力量”；2021 年卷增设功能区建设类目，凸显各重点功能区对朝阳区经济的带动作用；2022 年卷设北京冬奥会倒计时一周年活动、相约北京测试赛和测试活动服务保障等条目，充分反映朝阳区在北京冬奥会和冬残奥会服务保障方面的大区担当。

二是与时俱进彰显年度特点。在遵循年鉴规范性要求的基础上，兼顾全区年度各项事业发展的新亮点、新热点。2019 年卷在区情概览下增设疏解整治促提升专项行动条目，记述朝阳区推动大尺度绿化，打造和谐宜居生态环境，凸显绿色发展新亮点；2020 年卷用专文、文前专题图片等形式记述中华人民共和国成立 70 周年庆祝活动朝阳区女民兵方队通过天安门广场接受党和人民检阅的情况；2021 年卷在区情概览下增设“十三五”成就分目，全面记述“十三五”期间朝阳区各项事业取得的新成就，增设新冠肺炎疫情防控类目，记述朝阳区统筹推进疫情防控和经济社会发展年度工作重点；2022 年卷以条目的形式，记述北京冬奥会、冬残奥会筹备，庆祝中国共产党成立 100 周年活动等方面的重要举措和取得的成效。在保持资料稳定性和连续性的同时，注重深入挖掘年度性资料，增加动态条目，通过“动静结合”立体材料体系，增加资料信息的容量，如教育类目下记述新建、合并、撤销或更名的学校等内容。

三是装帧设计彰显朝阳形象。为更好展示朝阳区形象，增加年鉴的文化积淀和历史厚重感，在打造精品年鉴过程中，对年鉴书籍版式进行全新装帧设计。封面设计集聚朝阳行政区划简图，鸟巢、水立方、中央广播电视总台、人民日报社等朝阳区地标性建筑，并增添丹凤朝阳LOGO，用星点纸宝蓝色调整体压凹，封底为“中国精品年鉴”深红色印章，整体风格独特典雅。内页排版图、表、数交融，专题图照分类编排，采用跨页、叠印等设计，图文并茂，既体现朝阳特点，也给人以画面美感。

五、取得的社会效益

一是推动地方志资政育人和服务现实的作用显著增强。通过打造精品年鉴，《北京朝阳年鉴》存史、育人、资政的功能也随之明显提升，特别是在服务全区中心工作、记述年度大事要事中更加突出。近年累计为全区宣传教育、展览展示、领导调研活动等提供资料100余万字；以课题研究引领地方志实践，12篇论文被《中国年鉴研究》等期刊采用；“读鉴用鉴”活动已成常态化。特别是2022年，在“精品年鉴品读季”活动中，制定《朝阳区开展“精品年鉴品读季”活动实施方案》，在全区范围内统一部署。以学习贯彻党的二十大精神为引领，重点开展“六个一”活动，即：举办一场年鉴专题讲座，开展一次年鉴成果展示推介活动，向辖区企事业单位、大专院校、驻区军营等赠送一批朝阳区地方志优秀志鉴成果，向全区地方志工作者提供一批志鉴编纂业务学习资料，组织一次“精品年鉴品读”征文活动，征集一批地方志工作史料。结合《北京市朝阳区地名志》和精品年鉴编纂，拍摄宣传片等加大宣传力度，年鉴的社会影响力和覆盖面进一步提升，中国式现代化的最新成果传播进一步提速、深入。

二是形成地方志事业提质增效带动均衡发展的积极效应。在精品年鉴的引领下，全区志鉴体系实现了由文化作品向文化精品的转型。全国首部商务中心区年鉴——《北京商务中心区年鉴》创刊，填补了国内商务区年鉴空白；《朝阳区建成小康大事记》成为记录朝阳区从首都农业大区转变为中心城区，在改革开放中取得跨越发展重要历程的“索引”；出版发行《北京市朝阳区地名志》，用地名变迁记录、反映朝阳经济社会发展；编纂北京市首部《中国名村志·高碑店村》并拍摄全国首部影像村志，在中央电视台和“一带一路”共建国家及地区电视台播出；《朝阳区抗击新冠肺炎疫情志》编纂被纳入《朝阳区公共卫生应急管理体系建设三年行动计划（2020—2022）》，并列为全国6家试点单位之一。全区各委办局及街乡累计出版志书15部；2023年，朝阳区又被列入全市第三轮修志试点单位。

三是形成通过机制体制带动专业人才队伍发展的良好态势。不断增强编纂志鉴的“官修政书”意识，制定《朝阳区地方志事业发展规划（2021—2025年）》《区志办工作细则》《朝阳区基层地方志书、年鉴编纂备案和质量验收管理规定（试行）》《以行政区域名称冠名的地方志书、年鉴编纂出版工作流程及流程图（试行）》等一系列区级规划、规范，为全区地方志工作开展提供上下贯通、宏观统筹和精细管理相结合的制度保障体系。1人被纳入中国年鉴精品工程专家评审组成员和市精品年鉴协作组成员，2人荣获北京市地方志工作先进个人，干部队伍的职业自豪感和使命感进一步增强。

六、“精品后”的质量规范和管控机制

朝阳区志办在持续落实落细年鉴质量要求、深化区情研究宣传、强化人才队伍建设等方面仍存在不足之处。下一步将着力夯实基础、提升质量、打牢底板，推动年鉴精品化理念进一步与全区中心工作的融合。

一是打牢精品意识底板。继续严格按照《地方综合年鉴编纂出版规定》《关于地方综合年鉴编纂出版若干问题的补充规定》等要求，深化应用“五大工作体系”，继续打造精品年鉴，强化对全区重大战略、重大工程、重大项目、重大活动工作的记录，通过人、事、物的变化体现朝阳特色，讲好新时代朝阳的改革开放故事，加强开发利用，主动为各级领导和部门提供咨询服务。

二是打牢理论基础底板。紧紧围绕中志办提出的“服务决策、服务经济建设、服务人民群众”三个要求，开展年鉴编纂各项工作，重点对区情区史研究，特别是对朝阳“1234”发展战略和建设“五宜”朝阳开展研究；对制约年鉴事业高质量发展和业务工作等相关问题进行攻关，使理论研究与业务实践紧密结合，与朝阳区经济社会发展研究紧密结合，确保年鉴全面系统准确记述朝阳经济社会发展。

三是打牢队伍建设底板。年鉴质量取决于年鉴编辑人员的业务能力和在岗的稳定性。经过连续三年打造精品年鉴，区志办培养了一支能打硬仗、业务精湛、愿意奉献的高素质编辑队伍。下一步，将以培养“开口能讲、提笔能写、问策能对、遇事能办”的综合型人才和文史专家为目标，通过轮岗、挂职、参加重点工作、赴外交流学习等方式，不断提升年鉴编辑人员的政治能力和实干本领。

坚持“精品”引领
促进海淀年鉴事业高质量发展
——《北京海淀年鉴》打造精品“四连冠”之路 *

北京市海淀区党史地方志办公室

《北京海淀年鉴》是由北京市海淀区人民政府主办、海淀区党史地方志办公室（以下简称区史志办）承编的地方综合年鉴，从2002年开始逐年编纂并公开出版，至2023年已连续编纂出版22卷。截至2023年12月，《北京海淀年鉴》在全国、北京市年鉴质量评审中，共获得20余个奖项，其中9次被评为特等年鉴（全国7次、北京市2次）、7次一等年鉴，成为全国唯一一部4次蝉联中国精品年鉴的县区级综合年鉴。在成功铸就中国精品年鉴的同时，形成《北京海淀年鉴》品牌效应，成为北京市年鉴的质量标杆，在全市乃至全国都产生较大辐射影响。区委书记、区长分别3次对年鉴工作作出批示，特别是2021年1月，时任区委书记于军作出批示，指出以《北京海淀年鉴》为代表的优秀成果已经成为品牌和名片，是海淀区工作高质量、高标准的一个代表！希望继续努力，围绕中心工作和“两新两高”战略，进一步开展历史文化研究和挖掘，为丰富海淀文化内涵作出新贡献。2024年8月，区委书记张革作出批示，指出年鉴的编纂工作要紧跟海淀发展步伐，系统反映年度工作的特点，切实起到存史、育人、资政的功能。2023年卷进行有益探索，提出表扬，望继续努力，取得更好成绩。区领导的批示成为激励区

* 执笔人：钟冷，北京市海淀区党史地方志办公室四级调研员、《北京海淀年鉴》执行主编。

史志办努力工作、争创年鉴工作新局面、促进海淀年鉴事业高质量发展的新动力。

一、打造“中国精品年鉴”历程

2002年卷年鉴编纂之初，海淀区史志办领导班子就提出“通过几年的努力，要把海淀年鉴编成精品年鉴”的目标。年鉴编辑部在这一思想指导下，在历届班子领导下，不断探索年鉴编纂方法，学习借鉴百家长处。在这过程中，探索方法、积累经验、建立制度，为年鉴编纂质量的逐步提升打下了坚实的基础。

2015年8月，中国地方志指导小组办公室（以下简称中指办）印发《关于开展年鉴工作试点的通知》，在全国开展年鉴工作试点，海淀区史志办积极申报。同年12月，中指办印发《关于公布首批全国年鉴工作试点单位的通知》，确定10家单位为2016年至2020年首批全国年鉴工作暨中国年鉴精品工程试点单位，海淀区史志办成为10家试点单位之一。

2016年4月，中指办召开全国精品年鉴指导培训暨《中国年鉴发展报告》启动会议。是年9月至2017年1月中旬，中指办组织四次专家评审会，对《北京海淀年鉴（2016）》共提出几百条修改意见和建议，涉及框架、图片、文字、版式等诸多方面。年鉴编辑部每次都认真领会，在时间紧、任务重、困难多的情况下，全力修改、打磨，确保每条专家意见都落在实处。2017年2月，经过中指办四轮评审，《北京海淀年鉴（2016）》成功入选中国精品年鉴，成为首批三部中国精品年鉴之一。

2017年、2018年、2019年，海淀区史志办连续申报中国年鉴精品工程。经过不懈努力，《北京海淀年鉴（2017）》《北京海淀年鉴（2018）》《北京海淀年鉴（2019）》又分别入选第二批、第三批、第四批中国精品年鉴。

二、主要工作举措

（一）打造高素质队伍

打造中国精品年鉴，离不开素质高、业务精的人才队伍。在20余年的年鉴编纂过程中，海淀区史志办十分重视供稿单位撰稿人、编辑部责任编辑、编外专家队伍这三支队伍的培训和建设。每年举办全区年鉴业务培训，有效提升撰稿人员的编纂水平；加强与各撰稿单位的沟通交流，特别是针对更换组稿人的单位，通过电话、QQ、微信工作群等方式进行线上指导，详细解答问题，确保稿件质量不降低。目前，海淀区已拥有一支学历较高、工作能力较强的近300人的年鉴撰稿队伍。同时，通过年鉴业务专题培训、月度例会、小组讨论会、稿件点评会等多种方式，努力提升年鉴编辑队伍的理论水平和专业素质。海淀区史志办已建成一支具有敬业精神、熟悉区情的编辑队伍。

长期以来，得益于部分专业人士、协会负责人、摄影记者、摄影爱好者等支持年鉴工作，提供了大量有价值的资料、图片，丰富了《北京海淀年鉴》内涵，并且与编辑部建立起了良好的工作关系。

（二）质量规范和管控机制

打造中国精品年鉴，不仅要有好方法、好做法，还需要有一套完备的质量管控措施。海淀区史志办建立了七项质量管控措施，以确保精品年鉴质量不打折扣。

1. 责任编辑负责制。责任编辑对稿件按照年鉴体例、编纂规范进行编辑加工，着重核实事实、数据等问题，编纂稿件基本达到要求。

2. 例会制度。编辑部定期、不定期召开研讨交流例会，每位责编分析稿件编纂过程中的问题、难题，主编讲解，集体研讨，以统一思想，及时解决稿件编辑中遇到的问题与困难。

3. 主编负总责。主编对全书的文字、图片进行多次审核、修改，把好政治关、体例关。

4. 请专家审稿，帮助提升编纂质量。

5. 参加北京市地方志办公室组织的全市年鉴互评互审，集思广益。

6. 反馈制度。定稿后，稿件再次向各撰稿单位反馈，对内容、实事、数据等做最后的校核。

7. 领导送审制度。呈送区领导和主要部门审阅、把关。

三、《北京海淀年鉴》主要特点亮点

（一）“规定动作”要做好——坚持资料“三性”是年鉴的生命线

经过20余年的探索，《北京海淀年鉴》编辑部实践、摸索出一套具有海淀特色且行之有效的方法。其中资料的“三性”，即权威性（资料必须有出处，是最可信的）、全面性（全面反映本地区政治、经济、文化、社会、环境等方面的年度发展情况）、准确性（必须客观、真实地反映事物的本来面目）被编辑部视为年鉴质量的生命线。

为了达到资料的“三性”，编辑部在资料的“三度”（广度、深度、准确度）上下了不少功夫。

1. 拓展资料广度。基于种种原因，部分单位提供的资料不全面，尤其是创新工作、走在全国（全市）前列的工作，有时记述不充分，甚至没有记述。在这种情况下，编辑部通过各种途径、采取种种办法，拓展资料来源渠道，通过撰稿单位报送稿件、区机关报、主要部门官网、主要部门编印的重要刊物、政府OA网、《海淀新闻报道汇编》、在稿件抄送中发现有价值的线索，重视并记述民间研究机构的重要研究成果、工作中做个有心人随手记下相关信息等10余种途径搜集文字资料。通过撰稿单位、区融媒体中心、宣传部、专业人士、北京日报社供稿和编辑部收集等多种途径收集图片资料。编辑部每年都要收集、摘录一二百条信息，起到查漏补缺的作用，基本上保证了资料的全面，主要事物、事件的主要方面基本没有遗漏。

2. 挖掘资料深度。各单位报送的稿件，对重要事件有所涉及，但有时记述深度不够，就需要编辑做额外的功课，深入挖掘，补充、完善资料，以保证资料的深度、完整。

3. 把握资料准确度。地方综合年鉴作为一个行政区域的权威年度资料性文献，具有存史、育人、资政的重要功能。因此，资料不仅要全面，更重要的是要真实准确。这就要求编辑，尤其是主编要有一双火眼金睛，消灭错误信息、纠正不准确的信息。编辑部总结5种保证资料“准确度”的方式。一是在编纂环节，通过单位撰稿人、编辑部、专业人士三方人员配合，实行“时间、地点、人名、事实、数字”五核实，确保所有资料，尤其是报摘资料的“准确度”。二是同一件事情涉及几个部门的，要用几个部门的资料相互印证。三是编辑稿件时，要与上年的年鉴对照。跨年度的事件、工作，要特别注意工作的阶段性记述。这就要求编纂这部分稿件时，要与上年有关记述核对，只记述当年的完成情况，避免重记或漏记。四是与其他地区有关联的事件，要适当延伸记述，以确保资料的完整性。五是通过不同渠道收集的同一材料，必须互证。不同渠道的材料，可能存在时间、部分事实或内容之间不一致，甚至有矛盾的地方，必须互相印证后才能使用，否则宁缺毋滥。

（二）“自选动作”要出彩——突出区域特色

1. 突出高新技术区域优势。海淀区是全国甚至全球的高新科技发达地区，释放出强大的辐射功能，《北京海淀年鉴》单独设高新技术类目，并置于经济部类之前，以凸显其重要性。类目名称从海淀园、中关村国家自主创新示范区核心区到中关村科学城，反映海淀区从北京市新技术产业开发试验区（我国第一个国家级高新技术产业开发区）—中关村科技园区海淀园—中关村国家自主创新示范区核心区—具有全球影响力的全国科技创新中心核心区—国际一流科学城的发展历程。

2. 凸显高等教育发达地区优势。1949年后，海淀区逐步发展成为全国著名的文教中心，特别是改革开放以来，已成为世界高等教育最发达的地区之一，驻区高校近40所。《北京海淀年鉴》在教育类目下设高等教育分目，同时又注意与教育专业年鉴在记述角度和详略上有所区别。《北京海淀年鉴》采取的方法是用概况简单介绍驻区高校的数量、主办者，选取各高校的若干条目，反映高校最具特点的教学教育工作和研究成果。

3. 体现历史文化传承发展典范。海淀区地处北京市的上风上水，有“三山五园”等皇家园林，历史文化积淀厚重。2012年，北京市第十一次党代会报告提出统筹推进海淀“三山五园”历史文化景区建设，“三山五园”成为海淀区独有的“金名片”。为此，《北京海淀年鉴》从2013年卷起，设“三山五园”历史文化景区建设分目。随着建设不断深入，升格为类目，更名为三山五园建设。从2018年卷起，在文化类目下设区域特色文化分目，记述以“红”“红（曹）”“皇”“兰”“法”“新”等为主的多姿多彩的区域文化形态。

4. 反映年度特点。年鉴，一个重要的特点就是“年”字，即年度性。如果是特别重要的年度性工作，就需要设置专题深度记述。如《北京海淀年鉴》2004年卷增设抗击非典专题图片和类目；2009 年卷增设奥运服务与保障专题图片和类目；2014 年卷增设创建全国文明城区专题；2019 年卷增设海淀创新发展四十年专题图片；2020 年卷增设国庆 70 周年活动专题图片；2021 年卷增设抗击新冠疫情专题图片；2022 年卷增设中国共产党成立 100 周年庆祝活动、党史学习教育、“相约北京”系列赛事服务保障 3 个类目（或分目）和专题图片，增设非凡 10 年看海淀专题图片，突出反映海淀区在党中央的坚强领导下，党的十八大以来十年间取得的非凡成就。

四、发挥精品年鉴示范作用

（一）走出去——传播编纂理念

《北京海淀年鉴》年鉴主编多次受邀在中指办举办的全国年鉴会议、全国年鉴主编培训班介绍经验做法；应邀在北京、福建、辽宁、宁夏等省（自治区）级年鉴主编培训班，《中国南水北调》培训班、青海玉树藏族自治州年鉴培训班授课，应邀为北京市部分区、委办局以及其他兄弟单位授课，分享、交流年鉴编纂方法以及打造精品年鉴的做法和经验。

（二）请进来——交流研讨

福建省永安市史志办，军事科学院解放军党史军史研究中心军事志研究室，四川省成都市志办、成都市方志馆、成都市成华区志办、成都市蒲江县志办，西藏拉萨市城关区志办，云南省地方志系统，湖南省地方志编纂院，北京市石景山区志办、丰台区委党史办（区志办）等单位，先后到海淀交流、研讨。大家均表示海淀的经验和做法很有启发，值得学习和借鉴。

（三）交流互鉴——与全国同行

《北京海淀年鉴》连续四次成功入选中国精品年鉴，逐渐被全国年鉴界了解、熟知，主动与区史志办交流的同行、图书机构、大学图书馆、个人爱好者越来越多，每年寄出 400 多本。通过交流、互鉴，《北京海淀年鉴》也吸纳百家之长、补己之短，年鉴编纂质量得到不断提升。

（四）提升区域年鉴编纂水平

长期以来，海淀区史志办除编纂《北京海淀年鉴》外，还对区域内编纂的专业年鉴、行业年鉴给予指导和帮助，充分发挥《北京海淀年鉴》作为中国精品年鉴的示范、带动作用，着力提升区域年鉴整体编纂水平和质量。特别是2022年，根据中指办关于开展“精品年鉴品读季”活动要求和市委党史研究室、市地方志办公室部署，海淀区史志办以“精品年鉴品读季”活动为契机和抓手，秉持创新理念和精品标准，采取品读与查找问题相结合、品读与编纂实践相结合、品读与指导帮助相结合的方法，引导、指导区域相关专业年鉴、行业年鉴提升编纂质量。建立“精品年鉴品读季”活动长效机制，将活动常态化，把品读精品年鉴贯穿于每年的年鉴编纂出版全过程、全链条，进一步提升年鉴编辑队伍、基层撰稿人队伍以及专业年鉴队伍的精品意识。

五、存在的问题及对策建议

海淀区年鉴工作取得了很亮眼的成绩，但仍存在一些问题，主要包括：一是年鉴专业编纂人员少。编辑人员少，编辑人员身兼数职，工作任务重，工作压力大。二是年鉴撰稿队伍更换频繁。《北京海淀年鉴》的撰稿单位从2002年的140家单位，发展到2023年的近250家单位。撰稿单位每年换新人的比例平均超过三分之一，有时甚至达到一半。一方面加重年鉴编辑部对他们的培训任务，另一方面新人对年鉴工作的认识有一个过程，一定程度上影响着稿件质量。三是年鉴编纂质量有待进一步提升。《北京海淀年鉴》在打造精品年鉴的过程中，编纂质量得到很大提升。但在很多方面，还有较大的提升空间，仍需继续努力。四是年鉴数字化、网络化程度较低，服务水平还不能更多地满足社会需求。

下一步，海淀区史志办针对存在的问题和困难，打算从以下几个方面开展工作：

一是按照中国精品年鉴的要求，持续不断地提升年鉴编纂质量，努力保持中国精品年鉴的水准。

二是《北京海淀年鉴》作为全面记述海淀行政区域内的年度资料性文献，要探索如何更好地发挥存史、育人、资政的功能，为海淀区的中心工作、领导决策及时提供智力支持，为社会各界了解海淀、研究海淀提供最权威、最全面、最准确的资料支持，使之成为全方位展示海淀的一个重要平台和窗口。

三是更好发挥《北京海淀年鉴》作为中国精品年鉴的示范作用、引领作用，进一步加强对区域基层单位编纂年鉴的业务指导、帮助，提升海淀区域年鉴的整体水平。

四是加强年鉴专业队伍、年鉴撰稿人队伍的培训力度，探索、创新小班培训、分层培训、远程培训等更多、更灵活的线上线下培训方式，进一步提高年鉴队伍的整体业务素质。

五是努力实现年鉴数字化，提高网络化程度，方便公众了解、阅读、研究，更好地服务大众、服务社会，更多地满足社会需求。

总之，海淀区史志办将继续按照全国、全市有关要求，严格落实《中国年鉴精品工程实施方案（修订版）》规定，推动《北京海淀年鉴》和区域年鉴工作迈上新台阶，促进海淀年鉴事业高质量发展，为建设具有全球影响力的科技创新中心贡献史志智慧。

争创精品　追求卓越
不断开辟年鉴编修工作新境界

——《天津滨海新区年鉴》打造精品之路 *

天津市滨海新区档案馆（天津市滨海新区地方志编修委员会办公室）

中国年鉴精品工程是为加强全国地方志质量建设而推出的一项重要文化工程。中国精品年鉴是全国年鉴编纂出版质量的标杆品牌和最高荣誉。天津市滨海新区为深入学习贯彻党的二十大精神，全面落实中国地方志指导小组办公室关于“十四五”时期加强地方综合年鉴编纂工作的要求，高质量编纂《天津滨海新区年鉴（2022）》，积极申报中国年鉴精品工程，更好记录滨海新区在美丽“滨城”建设中深入实施“五大战略”“四大工程”建设的经验和成果，打造堪存堪鉴的精品佳鉴。

一、《天津滨海新区年鉴（2022）》成功入选中国精品年鉴

《天津滨海新区年鉴》创刊于 2011 年，每年一鉴。近年来，滨海新区在认真学习精品年鉴有关文件精神的基础上，组织编辑人员参加全市各类培训，专程到北辰、红桥等先进区学习借鉴中国精品年鉴创建经验，主动寻找差距和不足，使

* 执笔人：王芳，天津市滨海新区档案馆（天津市滨海新区地方志编修委员会办公室）方志工作部负责人。

《天津滨海新区年鉴》编纂水平逐步提高。2021年12月，滨海新区决定启动申报中国年鉴精品工作，加强组织领导，科学制定框架，编制《天津滨海新区年鉴（2022）》组稿方案，印发至各供稿单位。同时，组织全体编纂人员认真学习《地方综合年鉴编纂出版规定》《关于地方综合年鉴编纂出版若干问题的补充规定》《中国精品年鉴实施方案》等重要文件，把这些文件要求落实在年鉴编纂和出版全过程。主动与新修订的《中国年鉴精品工程实施方案》对标对表，制订实施进度时间表和路线图，并细化分工，将具体工作落实到部门、落实到人员。精品年鉴争创工作主要历经了市级和国家级对篇目和全稿的3轮共5次评审任务。第一轮分别是4月和9月，天津市和全国精品年鉴专家对篇目提出修改意见，按照专家提出的修改意见多次组织讨论、逐条反复研究，商定修改方案，进行补充调整完善。第二轮分别是9月和12月，天津市和全国精品年鉴专家对年鉴初稿分别进行评审。在评审过程中，十几位具有丰富实践经验的资深年鉴专家，对全书进行系统考量，提出修改意见400多条。年鉴编纂人员仔细体味评审意见的深意，经过充分消化，统筹协调落实专家评审意见。2023年1月，修改后的《天津滨海新区年鉴（2022）》通过了专家第二轮评审，基本达到精品年鉴要求。按照第二轮评审的修改意见再次进行补充完善提高，2023年3月成功入选第七批中国精品年鉴。

二、精品年鉴争创过程中的经验与启示

打造精品年鉴是一个系统工程，涉及的环节多、工作量大，天津市地方志办公室为滨海新区争创工作保驾护航，配备专人盯紧评审的各个环节，做好全方位服务，同时在创建工作中也得到了北辰、红桥等兄弟区强有力的支持。滨海新区确定了打造精品的工作思路和定位，将争创中国年鉴精品工程纳入《滨海新区地方志事业发展规划（2021—2025）》，建立健全编纂工作机制，制定争创精品年鉴各阶段目标进度，补充完善《滨海新区年鉴表述规范》，同时在年鉴精品争创过程中，加强了人员配备、学习培训和对基层年鉴编纂队伍的指导，为打造精品年鉴提供人才支撑。经过一年多的努力，滨海新区克服了疫情带来的不利影响，摸索出了一些经验，也遇到了一些问题。

（一）注重框架设计的全面科学合理

框架是年鉴基本的结构体系，它是承载年鉴内容的主体，是年鉴的“骨架”“纲目”“基石”。近些年来，《天津滨海新区年鉴》在框架设置上虽然尽可能地涵盖更全的内容，但在反映地方特色和亮点上，却始终不够突出。为此，滨海新区采纳天津市和全国专家提出的意见和建议，在框架设计上大胆作了调整，由上年的 36 个类目调整增加至 43 个类目。为充分体现滨海新区在改革开放前沿、加快打造中国式现代化“滨城”样板的历史进程，将五个国家级开发区、经济建设、改革开放、环境保护、乡村振兴等反映新区重点、亮点及特色的内容进行升格处理，篇幅比之前增加 3 倍，重点记述在改革开放中推动高质量发展的创新成果和“滨城”作为。新增设的类目主要包括天津经济技术开发区、天津港保税区、天津滨海高新技术产业开发区、天津东疆保税港区、中新天津生态城、对外贸易和区域经贸合作、旅游业、乡村振兴、生态环境保护、应急管理 10 个类目，共增加 50 个分目 256 个条目。除对类目作了一些调整外，滨海新区还对分目也作了相应调整和补充：为在创新驱动发展中厚植“滨城”优势，调整并充实天津港分目；为在构建现代化产业体系中夯实“滨城”根基，规范工业信息业类目，按行业分类设航空航天产业、绿色石化产业、装备制造产业、汽车产业、信息技术产业、新能源产业等分目，诠释做大做强优势产业集群；为在落实“双城”发展战略中体现“滨城”品质，在旅游业类目下增设我最爱的滨海网红打卡地授牌暨汉沽盐场首届芦花海盐春扒节、天津国家海洋博物馆、天津泰达航母主题公园等特色条目，体现滨海新区独特的海洋文化；在推进乡村振兴中打造“滨城”样板，在乡村振兴类目下新增产业发展、文化生活改善、人居环境改善、乡村治理等条目。

（二）注重提高综合性条目的编写质量

年鉴综合性条目，是指综述、概述、概况等，它反映的是某一个部门、某一行业、某一领域的全貌，具有整体感、全面性。年鉴涉及的部门、行业、领域几乎都有综合性的条目，且置于首要位置。《天津滨海新区年鉴》的综合条目主要有综述、概况等。新区对综述和概况条目的记述把控程度参差不齐，有的记述较好，能够概其行业全局情况，有的记述单位或部门的内部信息，更有将工作总结第一段的口号式开头作为概况条目的，过于草率、简单、空洞无物。全国精品年鉴专家对综述、概况提出了纵向缺乏连贯性、横向缺乏可比性，取舍存有片面性，在记述上存在内容空洞、总结式语言过多、照搬工作总结等问题，并要求全书统一修改。针对这种情况，编纂人员逐一分析出现问题的原因。从新区历年已出版的年鉴看，存在记载工作进展与成绩，而对问题与失误往往有轻描淡写的情况，综合性条目必须弥补这方面的不足。因此，编纂人员“一对一”指导修改，撷取精华，记载成绩尽量挤干“水分”，如实对资料进行筛选比较和深加工，尽量做到要素齐全，内容完备，科学划分事项，确保条目的条理清晰，充分做到年鉴的真实和借鉴作用。

（三）注重年鉴的“软实力”挖掘

年鉴记述内容的广度和深度，是年鉴“软实力”的体现，也是一部年鉴具备提升核心竞争力、塑造年鉴品牌的前提条件。因此，在“广度”上找门路、在“深度”上做文章是立鉴之本。近几年，《天津滨海新区年鉴》始终在探索，不断提高记述内容的全面性、系统性。但在 2022 年卷中专家还是提出了诸多缺项内容。鉴于此，在政治部类中增设重要决策、重要活动、保密管理、协商议政、视察调研、出入境管理、户籍管理、道路交通管理等内容；在社会生活部类中增设居民生活分目，增加居民收入、居民消费、人口和家庭服务等条目内容；在经济、农业和新农村建设等类目，增加土地资源管理、农业安全、信用体系建设等分目内容，填补了多项空白。在年鉴内容记述方面，能够在有限的篇幅里全面承载丰富有效的信息，对每位责任编辑来说都不是一件容易的事情。为此，编纂人员一方面加强学习和培训工作，深化对做好年鉴工作重要性的认识，使每位年鉴参与者树立质量意识和精品意识；另一方面通过滨海新区人民政府网站、《滨城时报》等，收集整理反映新区地域特色的大事、要事、新事、特事，并通过部门供稿来查漏补缺，通过内容创新来突出地域特色，用心去发现、捕捉材料，并对资料进行筛选、比较和深加工，使年鉴的实用价值无形之中得到了提升。

三、存在的问题

争创中国精品年鉴，让滨海新区年鉴人有幸接受国家级年鉴专家的指导，让《天津滨海新区年鉴》直面专家们的检验，面对 400 多条的建议和意见，编纂人员不仅对稿件进行逐条分析、逐条修改完善，还对自身问题进行了认真梳理总结。虽然《天津滨海新区年鉴（2022）》成功入选第七批中国精品年鉴，但是在申报打造过程中暴露出的经验主义、不求甚解、因循守旧等日常工作中习以为常、不被重视的问题，如果不进行有效整改，并将整改过程始终贯穿于编修工作中，精品年鉴的诞生或将成为昙花一现。

（一）对《地方综合年鉴编纂出版规定》及其补充规定的学习领悟不深不透

对《地方综合年鉴编纂出版规定》及其《补充规定》的学习还停留在书面，与编纂实践存在脱节现象，在落实、发挥其指导、规范等作用方面大打折扣，以至在年鉴编纂过程中出现了许多错漏。比如，编辑说明中“指导思想”部分的安排，依然按照过去的习惯放置在第三条，有违“年鉴应当设编辑说明，主要介绍年鉴编纂的指导思想、地域范围、时间界限、记述内容、类目设置、资料来源等事项”的顺序。在专家组的建议下，将该部分内容移至第一条。

（二）对新业态、新事物，在资料征集方面存在畏难情绪，缺乏开拓进取的精神

随着改革开放的不断深入，政治、经济、社会等各行各业在高质量发展的进程中不断取得新成就，新业态、新事物层出不穷。如何征集这些方面的材料，在年鉴中及时、科学、全面反映这些新业态、新事物，已成为年鉴编辑研究的新课题。这些方面的资料，往往没有现成的资料征集途径，所依托的管理部门，能够提供的内容极其有限。面对这类问题，编纂人员普遍存在畏难情绪，缺乏有效的措施。比如，对工业、商贸服务业等类目的资料征集，就存在这些问题。

（三）对基层编修队伍稳定、编修人员素质保障，缺乏有效应对机制和措施

滨海新区年鉴编修工作，主要依托各承编单位。各承编单位编辑队伍的稳定、编辑人员的专业素养直接关乎年鉴编修进度和质量。近年来，由于各单位年鉴编纂人员流动频繁、职责多，给按时、保质完成年鉴纂修工作造成了很大困扰和挑战。对此，新区地方志工作机构只有建议权，没有决定权，除了定期安排学习培

训，加强“一对一”业务指导外，没有更有效的措施。如何解决这方面问题，还需要在更高层面进行深入探讨。

四、推动新时代年鉴事业高质量发展

习近平总书记在党的二十大报告中指出，高质量发展是全面建设社会主义现代化国家的首要任务。中国地方志指导小组《关于全力做好省市县三级综合年鉴2023年卷编纂出版工作的通知》要求，要贯彻落实“十四五”时期“加强地方综合年鉴编纂工作，把年鉴工作作为各级地方志工作机构的日常工作重心，摆在更加突出的位置”。滨海新区地方志工作要紧紧围绕“存史、育人、资政”的职责使命，与时俱进，守正创新，以方志工作助力滨海新区高质量发展。

（一）以强烈的使命担当，增强做好年鉴工作的责任感

在新的历史条件下，记录新时代、讴歌新时代、服务新时代，是方志人义不容辞、责无旁贷的使命担当。中国精品年鉴是地方综合年鉴编纂的高水平展现，争创中国精品年鉴一年多的时间，既是对年鉴编纂再认识的过程，也是认识提升、观念转变的过程。年鉴工作者的认识高度和编纂水平决定着年鉴质量，因此要深入贯彻落实习近平新时代中国特色社会主义思想，认真学习贯彻党的二十大精神，特别是习近平总书记关于“高度重视修史修志”“以史为鉴、开创未来”等重要指示精神，深刻认识年鉴事业发展迎来的重要窗口机遇期，深刻认识到“为党立言、为国存史、为民修志”的重大使命，提高政治站位，增强做好年鉴编纂工作的责任感自豪感，为繁荣发展文化事业、传承中华优秀传统文化作出应有的贡献。

（二）把握时代脉搏，突出对年度重点工作的记述

地方综合年鉴是系统记述本行政区域自然、政治、经济、文化、社会等方面情况的年度资料性文献。近年来，新区地方志工作机构紧扣时代脉搏、把握历史方位，深入贯彻落实习近平总书记对天津工作“三个着力”重要要求和一系列重要指示精神，聚焦滨海新区落实重大国家战略、融入京津冀协同发展取得积极成果，聚焦推动转型升级、现代化产业体系日臻完善，聚焦加快新旧动能转换、创新引领能力持续提升，聚焦深化改革扩大开放、发展活力不断增强等具有鲜明时

代特征、地方特色、年度特点的亮点工作，重点加以记述。以“精品年鉴品读季”活动为契机，摸清新时代年鉴编纂规律，探索编纂精品年鉴的工作机制和方法，增强开拓创新意识，推动“新时代之鉴”在体现时代特征、突出年度特点和彰显地方特色上实现创新性突破。

（三）坚持质量为先，坚定不移走高质量发展之路

高质量发展是年鉴事业发展的必由之路。要严格按照《地方综合年鉴编纂出版规定》《关于地方综合年鉴编纂出版若干问题的补充规定》要求，把“一年一鉴，公开出版”“当年卷当年出版”目标任务放在心上、扛在肩上、抓在手上，做好顶层设计，细化工作流程，早部署、早编纂、早出版。要综合运用述、记、志、传、图、表、录等体裁，从框架、内容、条目等方面逐一核查，修改完善图片、编辑说明、特载、军事、民族宗教、人物、附录等内容，严把政治关、保密关、体例关、史实关、文字关、质量关，精心打造堪存堪鉴且经得起历史检验的高质量年鉴。习近平总书记在党的二十大报告中指出：“时代呼唤着我们，人民期待着我们，唯有矢志不渝、笃行不怠，方能不负时代、不负人民。”滨海新区方志人应不负重托、不辱使命，充分发挥好精品年鉴的引领作用，增强历史自信、文化自信，贯彻落实习近平总书记“坚持以精品奉献人民”的重要指示精神，进一步强化精品意识，对年鉴编纂工作进行深入研究，对年鉴事业高质量发展进行深入思考，为年鉴事业发展探索新路，为记录好滨海新区发展奋力谱写全面建设社会主义现代化国家的新篇章。

行百里者半九十。创建精品年鉴永远在路上，年鉴质量建设只有进行时，没有完成时。面向未来，需要付出更多努力来推动年鉴质量建设。要认真学习贯彻党的二十大精神，按照高质量发展是全面建设社会主义现代化国家的首要任务和加快建设质量强国的战略部署，推进年鉴事业走高质量发展道路。要瞄准到2035年建成文化强国的目标任务，坚持中国特色社会主义文化发展道路，坚守中华文化立场，提炼展示中华文明的精神标识和文化精髓，讲好中国故事、传播好中国声音，当好全面推进中华民族伟大复兴的践行者、见证者、记录者，努力实现年鉴编纂质量整体提升，打造更多“精品”、留存更多“经典”，为当代提供资政辅治之参考，为后世留下堪存堪鉴之记述，使悠久的方志文化始终保持勃勃生机。

以精品年鉴为基准
努力开创年鉴事业高质量发展新局面
——《天津市红桥年鉴》打造精品之路 *

天津市红桥区档案馆（天津市红桥区地方志工作办公室）

习近平总书记2014年2月在首都博物馆考察时说："要在展览的同时高度重视修史修志，让文物说话、把历史智慧告诉人们，激发我们的民族自豪感和自信心，坚定全体人民振兴中华、实现中国梦的信心和决心。"天津市红桥区地方志工作办公室（以下简称区志办）深入贯彻落实习近平总书记在首都博物馆考察时的重要讲话精神，始终秉承修志为用的发展理念，不辍追求打造精品的梦想，在中国地方志工作办公室、天津市地方志工作办公室（以下简称市志办）的指导帮助下，紧扣时代脉搏、聚焦改革发展、围绕中心大局、创新编纂理念、记录光辉历程，切实提高年鉴品质，引领红桥区地方志事业高质量发展。2022年，《天津市红桥年鉴（2021）》成功入选第六批中国精品年鉴。

* 执笔人：温鹏，天津市红桥区地方志工作办公室史志年鉴科科长。

一、以精品意识贯穿年鉴编纂始终，努力打造高质量精品年鉴

（一）抓实三项工作，夯实精品年鉴基础

一是加强领导，明确责任。为加强对精品年鉴申报工作的领导，区志办在《天津市红桥年鉴（2021）》编纂过程中始终把精品意识贯穿其中，提高政治站位、精心谋划布局。一是重新调整红桥区地方志编修委员会名单，区长任编修委员会主任，副主任由分管区领导及区人大、区政协相关领导担任，委员由各承编单位分管领导调整为一把手。二是各承编单位成立精品年鉴工作领导小组，形成单位主要负责人任组长，分管领导任副组长，供稿人员为成员的工作机制。三是制订实施方案，明确目标要求，将具体工作安排细化，形成有力的保障措施。各承编单位由原来的不重视变为不怠慢，营造出全区大编鉴、精编鉴的良好工作氛围。

二是统一思想，达成共识。为动员全区各承编单位特别是全区广大年鉴工作者进一步超越自我、奋勇争先、真抓实干，确保高质量完成精品年鉴申报工作，红桥区专门召开全区"精品年鉴"编纂工作动员部署会。区委、区政府高度重视此项工作，区委常委、区委办公室主任参加会议并讲话，从机构、人员、经费等方面予以全力保障，为《天津市红桥年鉴（2021）》申报中国年鉴精品工程奠定基础。特别邀请市志办相关领导参加会议，对红桥区地方志工作给予大力支持和指导。此次会议对于精品年鉴工作的开展起到了很好的推动作用，通过市、区领导的讲话，各参会人员精品思想得到了统一，精品意识得到了有力提升。

三是抓实培训，提升质量。创建精品年鉴的基本保证，在于有一支专业成熟的编纂队伍。一方面，加强撰稿队伍建设。动员部署会后，区志办立即召开全区撰稿人业务培训会，制作专题培训课件，分别从《年鉴编纂基础知识及规范》和《年鉴稿件撰写存在的问题及改善对策》两个专题进行了详细讲解。通过组建精品创建撰稿人微信群、小范围培训、一对一交流、上门指导等方式，增强单位的精品创建意识，提高承编单位的稿源质量，保证年鉴内容的丰富性和准确性。另一方面，加强编辑队伍建设。选优配强编辑队伍，区志办配备有年鉴编纂丰富经验的编辑人员 5 名，为精品创建打下了良好的人才基础，同时在编辑部开展各类业务集训、主题研讨、交流学习，形成较强的工作凝聚力和战斗力，区志办在知重负重、攻坚克难中诠释了红桥方志人的使命担当。

（二）以精品意识贯穿编纂全过程，努力打造精品年鉴

一是创新工作模式，保障工作进度。创新工作模式是保障工作进度的有效手段。以往面对全区各承编单位，单兵作战，犹如一盘散沙，效率较低。区志办仔细研判精品年鉴工作量，将全区承编单位分为6个工作组，每个人负责一个组的稿件上报、稿件修改、稿件补充、稿件校对等工作，一跟到底，直至出版。设计制作工期表、任务图，挂图作战，进度明显加快。同时更新年鉴联络表，制作收稿统计表，从文字、图片、附录等方面详细记录各单位稿件报送情况，各承编单位短时间内全部完成稿件报送工作。编辑部采取边收稿、边改稿、边返稿、边补充的方式进行稿件修改工作。工作模式的创新不但大大提高了工作效率，同时保证了稿件的质量和完整性。

二是凸显精品年鉴的核心要义，守正创新年鉴内容。《天津市红桥年鉴（2021）》注重全景再现、凸显亮点地反映部门、行业的发展，增强年鉴的资料性和实用性。表现手法上以条目文字记述为主、大量图表穿插展示等形式，直观展示本地区的年度发展成绩和特色，增强年鉴的信息量，提高年鉴的可读性。同时，以纲目设计的创新引领全书编纂内容和形式的创新。2020年，党带领全国人民打赢了抗击新冠疫情和脱贫攻坚两大战役，这样辉煌的成绩应该在年鉴中浓墨重彩地加以记述。区志办反复研讨后，决定在篇目中增设抗击新型冠状病毒肺炎疫情类目（以下简称抗击疫情类目）和脱贫攻坚类目，为此派专人赴浙江省温州市参加原中国地方志指导小组办公室主办的《中国抗击新型冠状病毒肺炎疫情志》资料收集编纂研讨会，结合红桥区实际，设计出突出红桥区特色的抗击疫情类目，其下共设8个分目，分别是：决策部署、防控措施、医疗救治、省际援助、抗疫保障、复工复产、常态化疫情防控、防疫宣传与监督执纪，全面反映红桥区在抗击疫工作中的突出实绩。参考《北京海淀年鉴》和《大同年鉴》篇目，设置脱贫攻坚类目，其下设3个分目，分别是：措施保障、精准扶贫、社会参与，体现红桥人民在脱贫攻坚战役中作出的巨大贡献。创建精品年鉴的根本关键，在于有各级领导、专家的有力支持。区志办善于借助专家智慧，邀请专家审阅篇目，统一思想、开阔视野、学到真经、收获信心。认真听取并落实专家对篇目的修改意见，优化顶层设计、提升精品内涵。结合专家修改意见和参考其他省市精品年鉴篇目，按照《地方综合年鉴编纂出版规定》《关于地方综合年鉴编纂出版若干问题的补

充规定》要求，对篇目进行大规模调整，共调整9个类目，新增16个分目，调整26个分目，新增15个承编单位。诸如此类的创新改革，展现出了年鉴编纂与时俱进的理念，以及落实“创新设计为重点”的精品创建工作要求。

二、立足年鉴新发展阶段，贯彻年鉴新发展理念，打造常编常新为民服务的年鉴品牌

（一）科学设置框架，紧扣时代脉搏，突出时代特征

《天津市红桥年鉴（2021）》共设28个类目，另设特载、专文、大事记、文献、附录，收录卷首专题图片和随文图照280余幅。全书对框架结构进行适当调整，增设新型冠状病毒肺炎疫情防控、脱贫攻坚、“交通　邮政　通信”类目；将群众团体类目改为人民团体类目，将街道类目改为街道概览类目；将区域经济类目拆分为“商贸　旅游”、驻区企业类目；将综合经济管理、“财政　税务”类目合并为经济管理类目；将应急管理分目从综合经济管理类目中析出单设类目，将生态环境建设、房地产与建筑业分目从城市建设与管理类目中析出分别单设类目，将科技、教育、文化、卫生健康、体育分目从社会事业类目中析出分别单设类目，将文献分目从附录类目中析出单设类目。全书紧紧围绕“五位一体”总体布局和“四个全面”战略布局，紧扣红桥区“生态立区、教育兴区、土地强区”发展战略设条目，为领导决策提供精准服务。

（二）坚持内容为王，抓住重点亮点，突出地域特色

《天津市红桥年鉴（2021）》秉承“内容为王”的理念，全面反映红桥区的自然、政治、经济、文化、社会等方面的情况，资料按门类分类编排，与上年对应，构成纵横结合、有机联系的信息系统。专设红桥概览，收录所处位置、建置沿革、行政区划、面积、人口、资源状况、人文特色、主要经济社会指标等资料。在收录常规条目的同时，大量收录反映年度发展变化的记事条目，提供动态信息，增加对各行各业专门活动的记述，可以在查阅常规信息时一并了解具体的动态信息，如在宣传类目下增加小院理论夜校、《云游美丽中国》之“云游天津”红桥区直播活动条目；在红桥区总工会分目下增设“关爱职工行动”心理健康服务活动大会、

"聚合力　促发展"提案征集活动、安全建设与管理成果展示暨"安康杯"竞赛等条目；在红桥区科学技术协会分目下增设"决胜全面小康　助力精准扶贫"科普进校园活动、"守护青春之花　助力健康天津"全国科普日活动条目等，既保持原有常规条目，又丰富动态条目，增加了年鉴的存史价值，常编常新。

（三）坚持守正创新，围绕中心大局，突出年度特点

区志办为使读者能够全面了解红桥区的基本情况，年鉴卷首设彩页，分为新冠肺炎疫情防控、脱贫攻坚、经济建设、社会事业、美丽红桥5个板块反映年度特色工作、特色活动。2020年是"十三五"规划收官之年，《天津市红桥年鉴（2021）》加大数据的运用，正文中插入"2020年红桥区民族人口构成统计表""2020年红桥区图书馆节约统计表"；"附录"中特别收录"二〇二〇年全区地方财政收支完成情况表""二〇二〇年全区城市居民收支及主要商品人均消费情况表"等统计表，不仅有供决策参考和战略指南的作用，还是一个地方横向联系的媒介和窗口，具有很高的实用价值。

（四）深挖地情资料，深化读鉴用鉴，突出为民服务

作为爱国主义教育的乡土教材，《天津市红桥年鉴（2021）》以生动鲜活的资料，让人们了解红桥区各行各业的发展变化，探寻事物发展的规律；让红桥人不论走到哪里，都会铭记乡情、留住乡愁；通过全面丰富的记述，让人们知晓过去，立足现在，放眼未来。《天津市红桥年鉴（2021）》特载增加《"十三五"时期红桥区经济社会发展取得的重大成就》一文；专文特别收录《加大招商引资力度 为区域经济更好更快发展提供新动力新引擎》（节选）一文、《关于民心工程人大代表票决制监督工作的思考》（节选）一文；政协红桥区委员会类目收录《关于进一步优化红桥区营商环境的建议》《关于进一步完善红桥区社会治理网格化管理的建议》《关于提升红桥区基本公共文化服务能力的建议》3个重要提案摘要；文献类目特别增加《高举习近平新时代中国特色社会主义思想伟大旗帜，奋力书写红桥区人民政协工作新篇章》（节选）、《始终坚持严的主基调 忠诚履职担当 为红桥区"十四五"开好局起好步保驾护航》等文献和大量地情资料，以其年度性更加直接地发挥着"春风化雨、润物无声"的教化功能，让人们随时了解红桥大地发生的变化、取得的成绩，进而激发热爱家乡、建设家乡的热情。《天津市红桥年鉴

(2021)》为方便利用查询，设置强大的检索功能，读者通过目录、索引等检索手段，能很方便地找到自己所需的资料。年鉴动态信息部分按通用的分类标准编排，反映地区发展变化的资料按行政区划的次序编排，大事记按月、日的时序编排，条目次序及其内容要素的叙述顺序也都执行统一的规范化要求，更好地为读者提供查询服务。

三、以精品年鉴为标杆，做好“精品后”时代工作

（一）坚持科学组织、开门编鉴，不断提升效率与品质

提高编纂管理效能、提升年鉴综合品质，始终是红桥年鉴人孜孜以求的核心课题和努力方向。《天津市红桥年鉴》2022年卷、2023年卷在红桥区委、区政府的领导下，遵循年鉴编纂出版规律，自觉秉承新发展理念，坚持思路创新、机制创新、手段创新，坚决摒弃以往年鉴编纂的思维定式和路径依赖，单位约稿由“提供什么编什么”向“编什么提供什么”转变，在组稿、编辑、排版、校对、印刷、出版等各个环节积极探索，全面对标对表，加速精品转化。

（二）坚持与时俱进、守正创新，努力彰显个性与活力

红桥年鉴人紧跟全市经济社会发展步伐，每年都对年鉴篇目进行调整，通过增设类目、调整分目、归并条目等措施，对框架结构进行优化，及时反映不断变化的新事物、新思路、新举措，提升年鉴可读性、可鉴性。打破原有惯性，充分运用表格、图片等形式，增加年鉴信息量，增加内容可读性和直观感；紧扣时代特色，遴选重要的照片，达到“一图胜千言”的效果。

（三）坚持服务中心、传承文明，着力突出使命与担当

《天津市红桥年鉴》始终坚守志鉴文化核心价值，突出编鉴为用，围绕服务全市大局、服务中心工作、服务社会需求，充分展现综合年鉴存史资政、教化育人的现实功能。《天津市红桥年鉴》2022年卷、2023年卷以镜鉴现实为主轴，以反映时代脉搏、弘扬红桥文化为主线，紧扣年度特色，立足综合年鉴的宏阔视野，挖掘特色表现形式的特殊价值，有组织、有计划、有力度地突出年度重大事件，

推介红桥本土优秀传统文化元素，充分发挥年鉴记录历史的红桥特色。

中国年鉴精品工程是培育精品意识和精品年鉴、提高年鉴质量的重要手段，是年鉴工作者紧扣时代脉搏、坚持创新发展、传承弘扬中华优秀传统文化的关键步骤，有助于推动中华优秀传统文化传承发展，有助于为当地党委和政府科学决策和经济社会发展提供历史借鉴。作为红桥年鉴人，要增强责任感，求真务实、开拓创新、志存高远、与时俱进，抓住党和国家高度重视地方志工作的机遇，充分发挥主观能动性，认真履行职责，坚持新发展理念，记录新发展阶段，适应新发展格局，力求常编常新，在全面建设社会主义现代化国家新征程上打造更多的新时代精品年鉴，为红桥留下更多堪存堪鉴的年度资料性文献。

守正创新　勇争一流
全力打造北辰精品年鉴文化品牌
——《天津市北辰年鉴》打造精品之路 *

天津市北辰区档案馆（天津市北辰区地方志工作办公室）

近年来，天津市北辰区地方志工作办公室（以下简称区志办）坚持以时代热点为记述中心，以精品工程为奋斗目标，以真抓实干为立身之本，勇于担当，攻坚克难，不断提升创新水平，着力打造北辰精品年鉴品牌。

一、精品年鉴创建路径

2020 年，在天津市地方志工作办公室（以下简称市志办）的指导下，北辰区志办锚定中国精品年鉴目标，从篇目设计、编校流程、文稿质量发力，谋划启动精品年鉴创建工作。2021 年，《天津市北辰年鉴（2020）》入选全国第五批中国精品年鉴、第八届全国地方志优秀成果（年鉴类）特等年鉴。

（一）坚持政治引领，加强顶层设计

北辰区委、区政府坚持以习近平新时代中国特色社会主义思想为指导，以战略和全局眼光高度重视志鉴编修工作，将其纳入国民经济和社会发展规划、各级

---

* 执笔人：赵昕，天津市北辰区档案馆（天津市北辰区地方志工作会办公室）副馆长（主任）。

政府重点工作任务及全区各单位绩效考核，做到认识、领导、机构、编制、经费、设施、规划、工作“八到位”，为年鉴工作提供强有力的保障和动力。在打造精品年鉴过程中，市志办靠前指挥，协调各方力量，全力把关提升。区志办主动担当作为，强化责任落实，立足精益求精，着力攻坚克难，在各级领导和全体干部的共同努力下，在近百家供稿单位的大力支持下，在专家指导和全市年鉴工作骨干支援下，经过多轮反复修改完善，终于圆满完成《天津市北辰年鉴（2020）》编纂任务，其营造的奋发向上、求真务实的工作精神历久弥新。

（二）坚持人才培养，规范工作程序

北辰区将人才队伍建设作为年鉴工作的关键制胜之策，培养锻造了区级专职、基层兼职、评审专家3支百余人的方志队伍，形成严谨求实善钻研、踏实肯干善攻坚、团结协作善合作、锐意进取善创新的稳定团队。多年来，建立了一整套快速顺畅、上下联动的年鉴工作程序。每年年初即召开全区年鉴工作会，采取以大规模专题培训与小范围重点培训、请进来与走出去、典型引路与重点帮带相结合的方式，针对各个阶段存在的突出问题，邀请相关专家对各基层单位年鉴主笔人员进行培训，累计培训2000余人次，同时落实月汇报制度，保证年鉴初稿的基本质量。区志办在编纂过程中，组织出版社编辑和专家逐门逐类把关，专门安排人员修改规范问题，做到年鉴工作稳、准、快、好。

（三）坚持向新而生，加强自主编写

为使年鉴内容更贴近社会、贴近生活、贴近百姓，区志办在收集全区近百家单位年度工作资料的同时，紧扣时代发展脉搏，紧紧围绕全区重点工作，主动作为、自主编写有区域特色的多个条目。如在农业与农村建设类目下，基于北辰农业发展特点，设生态农业建设分日；在工业分目中，重点记述第三届世界智能大会等有重大影响的活动；在文化旅游类目下新设融媒体建设分目，介绍区级官方微信公众号的运营情况。在部门分目中亦有所辖公众号、微博账号等情况简介，加强对年轻人群体的沟通引领，充分体现时代发展趋势和年度新兴业态。

（四）坚持科学编鉴，创新丰富内容

《天津市北辰年鉴（2020）》严格按照《地方综合年鉴编纂出版规定》及其

《补充规定》相关要求，全书共设32个类目，补足材料较为缺乏的邮政、通信、银行等内容，做到门类齐全，要项无漏。为展现各方面年度工作概况，每个类目下设综述分目（全书25个）、每个分目下设概况条目（全书130个）；在北辰概览下设自然地理、区划人口、历史文化、2019年政治经济社会发展4个分目，在区委、区政府类目下设重要决策、重要工作分目，凸显在细化分目中无法明确归类的全区工作。在遵循科学设置的同时，《天津市北辰年鉴（2020）》在脱贫攻坚、全面建成小康社会、京津冀协同发展、乡村振兴上重点着墨，在区委、区政府重点工作中单独设条目总结年度工作。尤其是乡村振兴内容，除在区政府类目中记述外，还在各镇、街道分目中从政治、经济、社会事业等方面重点记述。

（五）坚持为民服务，贯彻宗旨意识

《天津市北辰年鉴》自开办以来即面向公众免费发放，成为群众和党员干部认识北辰、了解北辰、研究北辰的重要途径之一。《天津市北辰年鉴（2020）》在以往的基础上，更加关注民生领域信息资料收集，将人民群众关心关注的内容收纳其中，新增商场和农贸市场一览表、邮政和通信营业厅表、银行服务网点、全区中小学校表等服务类信息。2021年，紧追时代潮流，制作掌上年鉴并在“北辰档案”微信公众号发布。通过点击二维码扫描，即可浏览。以目录形式设44栏，以条目形式呈现具体内容，配有智能搜索、已读收藏等功能，还可通过“设置”菜单调节字体大小，实现高效阅读。

二、“精品后”拓宽年鉴发展路径

2021年，北辰区志办获评全国地方志工作先进集体，创建中国精品年鉴成功，因成绩突出，参与编修精品年鉴的骨干力量得到提拔交流使用，北辰区志办迎来新老交替，出现人员力量不足的问题。同时，区志办还承担着10部镇街志、45部部门志编修出版和“一年一鉴，公开出版”的任务，如何传承优良传统，接续方志力量摆在了面前。在近两年中，北辰区志办主要做了以下工作。

（一）依法治志，规范方志工作流程

区志办认真贯彻落实国务院《地方志工作条例》《全国地方志事业发展规划

纲要（2015—2020年）》和《天津市地方志工作办法》，依法推进地方志工作制度化规范化。2022年，研究制定《天津市北辰区地方志事业发展“十四五”规划（2021—2025）》，调整北辰区地方志编修委员会成员单位及人员名单，区长为主任、四大班子分管领导为副主任，各相关单位分管领导为委员，厘清职责压实责任，规范年鉴工作领导体系。

（二）规范管理，提高工作水平

区志办充分利用绩效考核这个指挥棒，明确将84个考核单位推动志书编修、年鉴材料报送、组织开展学习地方志法律法规、开展读志用志、读鉴品鉴等相关活动作为打分项，每年向区绩效考核办反馈考核结果。同时，区志办先后制定完善《北辰区地方志编修行文规范》《北辰区志分志审查验收规定》《北辰区镇村和街道志审查验收规定》《北辰区志分志印刷规范》《关于部门志编修项目资金使用规定》《北辰区地方志资料归档整理规范》等10余个规范性文件，明确职责，规范程序，以制度形式强化修志工作的指导性、规范性、操作性。

（三）直笔著书，全力推进志鉴编修

坚持精品年鉴标准，聚焦特事、大事、新事、要事，丰富材料渠道，设特色类目，全面突出全区经济社会发展的年度特点。如《天津市北辰年鉴》2021年卷设脱贫攻坚、抗击新型冠状病毒疫情、全面建成小康社会3个专记；2022年卷彩页设专栏，并设置专记，图文并茂展现北辰区庆祝中国共产党成立100周年活动。在表现形式上，充分运用表格、示意图、照片等形式，使阅读起来更加直观生动。2023年卷征集知青楷模、“最美奋斗者”邢燕子生平事迹和媒体报道入鉴。在保证“一年一鉴，公开出版”的基础上，全力组织55部志书评审、出版、印刷工作，共召开90余场评审会，推动志书出版进程，截至2023年10月完成54部志书编修，出版18部，13部出版社送审，22部完成书稿编纂，1部作为内部资料保存。

（四）多渠道推广，扩大志鉴影响

区志办坚持修志为用、服务社会思想，努力扩大志鉴覆盖面。在区图书馆建立地方文献室，每周定期开放，为更广范围的读者了解区情、热爱家乡提供新路

径。利用公共文化服务体系，年鉴发放到全区9个镇8个街村居的文化室。志鉴内容在区党群服务中心、基层镇街展馆、村居史馆的提升改造工作中，发挥了工具书的重要作用。在北辰区政务网开设志鉴专栏，展示北辰区“两精两名”等优秀志鉴成果。“北辰档案”微信公众号开设“方志声音”专栏，2023年推送相关稿件30余条。掌上年鉴《天津市北辰年鉴（2020）》自上线以来阅读量达10余万次，方便了群众查阅利用。整合全区资源，区方志馆在区党群服务中心挂牌，志鉴编修成果在区委党校、档案馆、图书馆、区党群服务中心、各村居提供利用。编写《北辰区全面建设小康大事记》《荣誉录——北辰区国家级荣誉材料选编》，加强区情区史教育，为高质量发展助力。

（五）广纳人才，完善工作体系

2022年，区志办充实完善区地方志人才库，70名从事志鉴工作的人才入库，由区级专职、单位兼职、评审专家共同组成，年龄结构老中青相结合，使得志鉴编修队伍更加科学合理。每年年初召开全区年鉴工作会，采取以大规模专题培训与小范围重点培训相结合的方式，或用视频会议方式培训指导。精品年鉴创建成功后，区志办面临人员新老交替问题，2021年方志编修科补充1名干部，2022年1名干部被纳入全市精品年鉴工作协作组成员，参与天津市精品年鉴创建工作，在全市地方志培训会上就精品年鉴创建分享相关经验。2023年1名干部在全市地方志工作培训会上就地方志编修内容授课。

三、服务新时代年鉴工作方向建议

盛世修志，修志为用。年鉴是地方志的一种表现形式，有效地开发利用年鉴成果，不但可以服务于政府科学决策，促进经济社会全方位发展，还有利于弘扬优秀传统文化，提高全民族的文化素质。要坚持修鉴为用，实现年鉴的创造性转化和创新性发展。针对目前年鉴出版存在时效性不强、对外传播不足的问题，提出以下两点建议：

一是多途径探索编鉴运行机制，提高年鉴时效性。自2018年机构改革后，基层地方志工作机构人员力量减少，为了完成“一年一鉴，公开出版”任务，提高年鉴编纂效率，需要整合各方面力量，拆解编写年鉴的各个环节，地方志工作机构要靠前指导，将及时动态收集资料与基层集中报送材料相结合，排版印刷与出版社审校无缝衔接，整合稿件、进度、编校、编审管理等业务流程，简化编纂过程，发挥网络时效优势，提升年鉴编纂效率，提高展示时效性，促进推广和普及。

二是多渠道宣传年鉴，提高使用价值。从年鉴目前的使用来看，存在使用范围局限问题，地方志工作机构辛辛苦苦编写的年鉴多用于机关单位工作查考、地方志业内交流使用，在贴近经济社会发展方面作用不明显。因此，年鉴编纂需要更新观念，牢固树立年鉴服务社会、服务民生的理念，多形式开发年鉴产品。建议有条件的地区创编特色专题简本或者开发实用产品（旅游指南、创文小册子、招商手册等），并从内容、装帧、发行等环节层层提升，给读者以全新的赏阅体验。创新服务模式，发展“互联网＋年鉴”“新媒体＋年鉴”网络平台，开发年鉴信息数据库，让用户更便利地检索所需内容，实现年鉴事业发展的共建、共创、共享、共赢。

后精品时代，北辰区志办将充分发挥精品年鉴的引领作用，坚持理论联系实际，坚持守正创新，努力推动年鉴工作高质量发展，记录新时代、讴歌新时代，为天津加快建设社会主义现代化大都市提供更多更好服务，为全面建设社会主义现代化国家贡献力量。

抢抓机遇 砥砺前行
推动年鉴工作向着更高更强不断迈进
——《清河年鉴》打造精品之路 *

清河县地方志办公室

近年来，河北省清河县地方志办公室（以下简称县志办）认真贯彻落实《地方志工作条例》、全国和河北省地方志事业发展规划纲要，紧紧围绕全县重点工作，发挥地方志存史、育人、资政功能，坚持依法修志编鉴、整理旧志、挖掘地情，先后编纂出版第二轮县志 1 部、《清河县旧志全集校注》1 套 6 本、年鉴 15 卷、地情丛书 10 余部，指导编纂出版部门志、专业志、镇志、村志 10 余部，获得全国地方志工作先进集体 1 次，全国地方志工作先进个人 1 次，入选中国精品年鉴 1 次，获评为全国地方志优秀成果（年鉴类）特等年鉴 3 次、河北省地方志优秀成果（年鉴类）特等年鉴 3 次，多次获得河北省及邢台市地方志工作先进集体、优秀年鉴等荣誉。

一、《清河年鉴》发展概况

抢抓机遇求发展，是清河方志人始终坚定不移的理念。《清河年鉴》自 1996 年创刊后，曲曲折折走过四个发展阶段，始终保持借势发展、持续提升的思维。

---

* 执笔人：姜新秋，河北省清河县地方志办公室副主任。

一是初创探索阶段。1996年，清河县乘首轮县志刚刚出版发行，社会上方志热持续升温之机，适时开启地方综合年鉴编纂工作，创刊出版《清河年鉴（1990—1995）》。此后，相继于2001年、2006年、2011年编纂出版3部多年卷综合年鉴。

二是规范发展阶段。2012年，中国地方志指导小组印发《地方综合年鉴编纂出版规定（试行）》，清河县认真学习贯彻落实，开始实施"一年一鉴"。同时，第二轮县志顺利出版发行，有更多的人力、精力倾注于年鉴编纂工作，以期保质按时完成年鉴编纂工作"年初启动、年底出版"要求。之后，《清河年鉴（2014）》荣获河北省县级年鉴优秀奖、邢台市优秀社科类作品。

三是打磨提升阶段。2017年，河北省开展年鉴评奖活动，清河县借机推出年鉴编纂"质量提升年"计划，自我加压，寻求在篇目创新、突出特色、合理记述等方面有所突破，同时提升编辑业务能力，开展"走出去""请进来"学习培训活动。先后赴省外学习考察5次，省内学习交流13次，请外地专家到清河培训讲课4次，并对标全国先进，交换或购置优秀年鉴书籍10余部，学人之长，补己之短。在此基础上，《清河年鉴》2017年卷、2018年卷连续荣获河北省县级年鉴优秀奖。

四是打造精品阶段。2019年，《清河年鉴》编纂工作面临质量提升瓶颈，一方面县志办觉得已出版年鉴的质量还有很大提升空间，另一方面又找不到继续提升的方向和路径。为打破困局，我们带着该卷年鉴初稿向省、市地方志工作机构求助。当年5月，省、市地方志工作机构组织三位专家莅临清河，现场帮助解决编纂过程中遇到的具体问题，指导共性问题，同时鼓励可以打造中国精品年鉴，走以申报促提升之路。在省、市地方志工作机构大力支持和推荐下，《清河年鉴（2019）》申报中国年鉴精品工程，并获多位国内年鉴专家的精心指导，成功入选第四批中国年鉴精品工程"中国精品年鉴"，成为河北省首部中国精品年鉴。同时，该部年鉴还荣获第七届全国地方志优秀成果（年鉴奖）特等年鉴、河北省地方志优秀成果（年鉴类）特等年鉴。之后，清河县志办沿着年鉴编纂工作"精品之路"，努力将每卷年鉴打造成"类精品"。《清河年鉴（2020）》《清河年鉴（2022）》先后获全国地方志优秀成果（年鉴奖）特等年鉴、河北省地方志优秀成果（年鉴类）特等年鉴。

二、打造“精品年鉴”简要历程

申报精品动员部署。2019年5月，在省、市地方志工作机构大力支持与推荐下，清河县志办决定《清河年鉴（2019）》申报中国年鉴精品工程，并获初审通过。此举得到县领导的大力支持，极大地鼓舞了县志办的士气与热情，也坚定了“年鉴编纂创精品”的信心。随即，县志办开展内部动员，统一思想认识，合理分配人力，组建专责班底，全力以赴备战，并强调“精品申报人人有责，关键时刻要全员参与”。同时，开展外围宣传，向各供稿单位传导“年鉴编纂创精品”的信息与压力，得到全县供稿单位领导和撰稿人的理解、支持与配合。

调整优化年鉴篇目。2019年6月，该卷年鉴篇目报送中国地方志指导小组办公室（以下简称中指办），提请年鉴专家进行评审。7月底，年鉴主编赴吉林市参加中国年鉴精品工程2019年卷申报年鉴篇目研讨会暨第四期全国年鉴主编培训班，面对面接受全国年鉴专家们的现场点评与指导。8月中旬，对专家们的点评意见和建议进行认真梳理、分析归类，总结为位置归属、类目设置、分目设置、条目设置、不规范问题等五类问题，逐条结合清河工作实际对篇目进行落实、修改、调整，再次将篇目报送中指办提请年鉴专家指导、审定。

精细打磨炼就精品。2019年9月底，按照专家审定篇目，编纂形成70万字的初稿，提请省地方志办公室组织评审，同时邀请全县经济、统计、档案、保密、军事、法律等行业专家进行专业评审。之后，结合实际，积极落实专家们的评审意见、建议，对书稿进行全面调整、提升，形成定稿，提交中指办年鉴专家团队进行评审。10月26日，中指办反馈年鉴专家评审意见。县志办随即集中15天时间进行学习、研讨，对照专家意见建议，一一进行落实、修改、调整，撰写出1.2万余字的专家意见落实情况报告，一并提交中指办。12月28日，中指办二次反馈评审意见，县志办随即组织全体编辑学习、消化、梳理、落实，印制样书，撰写出1万余字的专家意见落实情况报告，第三次提交送审。至2020年3月，该卷年鉴历经三轮全国专家评审，经过四次大的调整、修改、补充和完善，最终成功入选第四批中国精品年鉴。此后，又经方志出版社责任编辑的两轮审校、修改，最终定稿付印。其间，县志办前后十几次地通读通校，对专家意见逐条修改核对，对涉密信息、敏感内容等反复推敲，对全书语言文字、标点符号、计量单位、表格插图、单字成行、书页留白以及条目标题、文体文风等规范问题，更是逐一进行细致处理。2020 年 7 月底，历经一年半的加班鏖战，《清河年鉴（2019）》由方志出版社顺利出版。

收获、感悟与体会。回顾精品年鉴打造历程，最深的感悟与体会就是：要想提高，就要当一名好学生，要拿出学生学习的认真劲儿，坚守责任，尽全力踏踏实实、一步一个脚印地做出来。中指办关于精品年鉴申报工作的部署和要求是高屋建瓴的顶层设计，指导专家提出的评审意见是智慧、经验和理论造诣的结晶，都具有较强的科学合理性和高度权威性，需要在实践中不打折扣地去严格落实。把思想摆正了，把执行力拿了出来，剩下的精品之路，就成了在专家全过程跟踪指导下不断提高、不断收获的美好过程。历经磨炼，县志办同事们都觉得提升了业务能力，增长了专业知识，积累了实战经验，大家都说再苦再累也值了！

三、年鉴编纂主要举措与经验

在精品年鉴打造过程中，清河县志办不断总结、规范年鉴编纂各项工作制度，完善资料征集网络、编纂质量规范及管控机制，培养出一支专兼职结合、能打善战的编纂队伍。在“精品后”年鉴编纂工作中，坚持“常编常新、守正创新”的理念，不断总结创新，积极探索实践，努力把每卷年鉴打造成“类精品”，塑造清河县的文化名片和县志办的形象名片。

一是理顺健全编纂机制。健全编纂机制，实行分工协作和流程作业。年鉴编纂启动之前，制定年度编纂工作计划、编纂方案，并完善各项工作制度，包括编纂流程、实施进展、职责分工、学习制度、组稿规范等内容，做到责任到人，分工明确。在编纂过程中实施“挂图作战”，将全部编纂过程分解成启动、组稿、编辑、审校、送印、出版、发行等十个工作环节，每个环节都明确任务完成质量要求和时间节点，卡死责任，倒排工期，按图要账。

同时，健全监督机制，利用早课、专题会议、定期汇报等形式，做好督查调度，做到“年初定账、半月对账、季度查账、年底交账”，确保年鉴编纂工作扎实、有序开展。根据工作需要，经常邀请相关单位撰稿人参加调度会、业务培训会、研讨会，强化工作责任，明确工作要求。

二是完善资料征集网络。年初，以文件、会议的形式，全县党政军群团各界全面发动，启动年鉴编纂工作，使各级各部门均形成主要领导抓总、分管领导抓实、明确专人负责的供稿体系，以确保年度宏观资料大事不漏、重点突出、全面综合。

加大深度资料挖掘力度，与县委办、县政府办、县委宣传部、县融媒体中心等重点部门及清河融媒、清河发布、政府信息公开网等县级网络媒体建立良好沟通机制，从中搜集有价值的深度资料、微观资料、瞬间资料。

同时，注重日常资料的积累，注意培养采编人员提高发现资料的敏锐性和积累资料的自觉性，引导编辑结合自己的分工，跟踪关注有关单位行业微信公众号、网站发布的信息以及上行下达的各类公文，积累日常资料。此外，对独特资料线索保持敏感性，注意深入基层、深入一线，与分包单位撰稿人保持日常密切沟通，随时准备根据线索追踪采编有价值的信息资料。

三是规范编辑质量审核。在组稿过程中，建有严格的稿件登记审查制度，分工编辑对来稿进行登记、初审，对初审合格的稿件按照编纂规范、要求进行编辑修改，对初审不合格的稿件及时反馈给撰稿人进行补充完善或重新组稿，并主动到基层单位进行业务督促与指导，从源头保证供稿单位初稿的质量。

在编辑过程中，编辑部实行早课制度，并定期召开工作交流会、稿件分析会，随时对编辑审核中存在的问题进行研讨、剖析与解决。严格实行“四审”编校工作制度，责任编辑对初稿进行初审、修订，副主编对责任编辑提交稿件进行二次审核，执行副主编对副主编提交稿件进行复审，主编对全书稿进行终审把关。定稿送交编委会、出版社审核后，编辑部再次对全书稿进行通读通校及三次核红校对，最终定稿付印。

可以说，每卷《清河年鉴》从最初编辑到最后出版，都至少经历了“七审七校”的编辑过程。全体编辑以强烈的事业心和责任心，用细功夫、苦功夫对年鉴稿件进行精雕细琢、反复打磨，以期每卷年鉴质量的巩固与提升。

四是强化编辑队伍建设。多年来，清河县志办一直努力打造一支专业素质过硬、能够胜任新形势下年鉴编纂工作需要的专业队伍。2015 年设立年鉴组，有专职业务骨干 5 人；成立年鉴编辑部，设主编、执行主编、副主编、编辑；各岗位人员分工明确，既各司其职、各尽其责，又齐心协力、相互补台，共同完成年鉴编纂出版发行任务。

建立学习制度，每半个月组织一次业务培训，将政治理论、专业知识、社会常识、法律法规、文史百科、县情时政等一并纳入学习内容，结合“请进来”“走出去”形式，累年坚持学习活动不间断。同时，择优学习中国方志网、“方志中国”微信公众号、《中国年鉴研究》、《河北地方志》等登载的相关年鉴研究文章、编纂经验，用业务理论指导年鉴编纂实践。

建立激励机制，鼓励编辑撰写理论文章，总结工作心得，支持编辑参加省、市地方志学术研讨会、年鉴业务培训会等活动，多措并举，提升编辑业务技能。先后有多篇理论研究文章被《河北地方志》、“方志河北”微信公众平台入选刊登。2022 年，在全省“精品年鉴品读季”主题征文评选活动中，选送的《加强地方综合年鉴人文内容记述的思考》一文获特等奖。

此外，还积极协调各相关单位推选文字功底深厚的人员担任年鉴供稿人，努力保持供稿队伍的相对稳定性。建立吸纳社会力量助编制度，吸收多名社会各界文史爱好者为特邀编辑，择优选录他们提供或撰写的有存史价值的文史资料，以扩充年鉴内涵，增强年鉴可读性。

四、《清河年鉴（2019）》主要特点与亮点

在年鉴专家指导下，《清河年鉴（2019）》依精品年鉴标准全力打磨，优化调整框架结构，深化特色内容记述，精心设计书籍装帧，努力提升书稿质量，力求突出地域特色、年度特点、精品亮点。之后，清河县又相继编纂出版 4 卷《清河年鉴》，各卷年鉴均在保持框架结构相对稳定的基础上，对每个细节都进行精雕细琢、精心设计，力求每卷年鉴都向精品年鉴看齐。

一是调整优化框架结构。把控变与不变的度，在保持框架相对稳定的基础上，根据年度特点及事物变化情况适当调整篇目，力求分类精准。《清河年鉴（2019）》将生态环境保护分目升格为类目，脱贫攻坚条目升格为分目；将工业类目移至农业·农村类目之前，首设特色产业分目，集中记述羊绒、汽车及零部件、战略稀贵金属、耐火材料等四大产业发展概况；将报业宣传、档案、地方志由党委、政府类目所属移至文化类目下，将人民防空分目从党委类目移至军事类目下，将消防管理分目从军事类目移至城乡建设与管理类目下等。同时，类目、分目标题力求用词精准，如将经济管理与监督类目改为经济管理类目，将镇域概况类目改为辖镇概况类目，将人物类目改为人物·荣誉类目，将人民武装分目改为县人武部分目，将武装警察分目改为武警清河中队分目等。

二是深化特色内容记述。卷首图片特设“数说清河改革开放 40 年”专题，集中展示清河县改革开放以来的经济社会发展各项数据对比与成就。扩充县情概况内容，增设历史文化版块，收录历代名人、历史事件、古迹遗存、文化遗产等内容。卷末增设调研报告版块，发掘多篇有关创新创业、电子商务发展、社会养老问题等有深度的调研文章，置于文件辑存之后，突出其资政、借鉴价值，此举得到专家组多位专家的肯定与认可。扩充附录内容，新增文史新篇版块，将上年度全县历史文化研究新成果载入其中，增强年鉴资料性、可读性；增设文明新风版块，挖掘全县精神文明建设先进人物、先进典型，加强人文内容记述。同时，深化内容记述广度和深度，如对全县“党员信仰教育”“好支书好党员评选”“华宝致和非法吸收公众存款案件处置”“京九高铁清河设站争取”“文化直通车启动”“善行清河品牌打造”等年度大事、新事、要事，均设置专题性条目。

三是装帧设计精美雅致。封面设计采用硬壳精装，端庄大气。封面除按精品年鉴封面设计要求综合运用“中国年鉴精品工程”“名鉴”“中国精品年鉴”“方志出版社”等标识设计外，还保持《清河年鉴》系列封面构图模式、构成元素的稳定性与连续性。封面选用暖色系，以橘红色为背景底色，右侧书名处为白色底色，下配生态公园建筑风景线描图设计，给人以温暖、愉悦、现代的视觉感受。正文首次采用三栏排版、全彩印刷，色彩光亮，精美大方。同时，对彩图进行多次设计改版，最终选取具有年度特色的风景、建筑及经济、文化、社会、生态发展等大事、要事、改革开放 40 年数据对比等图片，集中展示清河县各项事业发展新成就、新风貌。

五、“精品后”年鉴工作的社会效益

精品年鉴的成功打造与发行，进一步提升了清河县的知名度与影响力。年鉴编纂出版后，只有发行到社会各界，才能充分发挥其资政、育人的功用。为此，清河县志办更加重视年鉴发行工作，以期争取社会各界更多的肯定和支持。

一是助力工作汇报。每卷年鉴出版后，首先呈送县四大班子领导，以书为媒，加深领导们对年鉴工作的理解。效果是显而易见的。在《清河年鉴（2019）》编纂出版过程中，曾两次申请追加出版经费，县领导均毫不犹豫给予大力支持，财政等部门也积极配合，及时拨付资金到位。

二是促进工作协调。每年都向各供稿单位赠送2—5本年鉴，以年鉴促进工作协调，取得各供稿单位的理解与重视，取得较好的实际效果。每年各供稿单位都能积极撰稿、按时交稿，使年度编纂进程得以不断提速。此外，县财政、组织、人事、统计、融媒体、党史、档案等部门，还经常在资金预算、组织奖励、人事安排、数据支持、资料征集、图片提供等方面给予大力支持。

三是增效工作宣传。每年向县委委员、县人大代表、县政协委员及文史爱好者赠送年鉴，致力培育公众人物群体中的年鉴读者群、爱好者。向社会各界广泛赠书，对有索书要求的人士和单位大开绿灯，只要对方求书理由正当，并办理相关审批手续，一律免费赠予，既保证年鉴赠送不至于过滥，也能最大限度地扩大社会知悉面和阅读面，以此扩大年鉴事业的社会影响。

六、存在问题及建议

近年来，清河县志办在队伍建设、业务开展、工作成绩等方面，都名列全省、全市前茅，这都来自各级领导的重视与支持，来自县志办全体人员的努力与坚守。同时，存在着一个不可忽视的问题，就是人员流动相对停滞落后，鲜有新生力量加入，出现年龄结构上的断层。像年鉴编辑部，自2015年成立以来，就没有人员的流动与补充，编辑队伍平均年龄47岁，导致无法开展业务上的“传帮带”。

对此，热切盼望从顶层设计着手，进一步完善三项机制，推动地方志工作高质量发展。一是规范管理体制，建立健全全国统一的地方志工作机构，在机构名称、管理体系、人员编制、职岗设置、经费保障等方面做到统一部署、统一落实、统一督查，并紧密结合党和国家核心工作、重点工作制定工作任务、工作规划和年度工作目标。二是进一步完善职称管理机制，制定符合本行业特点的专项职称考评政策，让广大方志人通过修志编鉴就能具备职称晋升的业务条件，以此为抓手稳定地方志专职队伍。三是进一步完善业务培训与交流机制，并坚持常抓不懈，推进全行业业务能力的不断提升。

紧扣时代脉搏　坚持守正创新
忠实记录新时代平城生动实践
——《大同平城年鉴》打造精品之路*

中共大同市平城区委党史研究室（平城区地方志研究室）

2022年，中共大同市平城区委党史研究室（平城区地方志研究室）在区委区政府大力支持和中指办、省市年鉴部门的指导下，积极争创中国精品年鉴。2023年3月，《大同平城年鉴（2022）》成功入选第七批中国精品年鉴，成为大同市第一部县区级中国精品年鉴。

一、年鉴发展概况

《大同平城年鉴》创刊于2014年，是由中共大同市平城区委、大同市平城区人民政府主办，中共大同市平城区委党史研究室（平城区地方志研究室）组织编纂的年度资料性文献，至今已出版10卷。该年鉴始终秉持质量第一的原则，逐年记载平城区自然、政治、经济、文化、社会、生态等各个领域的新思路、新举措、新进展、新成就和新经验，基本做到年编年新，实现"一年一鉴"，形成较为完整的区情资料辑存体系。单位先后2次获评全省年度综合年鉴工作先进集体和年度县级综合年鉴工作先进单位称号。

---

* 执笔人：李宏宾，中共大同市平城区委党史研究室（平城区地方志研究室）主任。

《大同平城年鉴（2022）》围绕大同建设省域副中心城市的战略定位，打造全市“首善之区”的功能定位，建设现代服务聚集区、创新生态试验区、市域治理示范区、幸福大同先行区的发展目标，紧扣时代脉搏，突出区域特点，着力守正创新，严格质量控制，忠实记录习近平新时代中国特色社会主义思想在平城区的生动实践。全书共设37个类目，下设225个分目、1461个条目，收录143张图片、47张表格，总字数62.8万字。

二、主要工作举措

（一）优化工作体系，构建组织保障

为打赢精品年鉴攻坚战，区委调整优化年鉴编审委员会，由区委书记、区长任主任，区委副书记、常委、各副区长为副主任，成员由区属各单位主要负责人组成；区地方志研究室成立以年鉴编辑人员为核心，全室人员共同参与的年鉴编纂组，形成举全区之力打造精品的氛围。调整区级、街道、单位三级年鉴组稿网络，落实110家单位供稿责任人，构建横向到边、纵向到底的供稿体系。印发《关于做好〈大同平城年鉴（2022）〉组稿工作的通知》，对供稿内容、供稿要求、稿件形式、注意事项等作了明确规范。召开全区会议部署动员，邀请省、市年鉴专家对编纂人员和各单位供稿人进行为期两天的培训。充实年鉴微信群，实时发布动态信息，沟通指导。至此，精品创建工作全面启动。

（二）扩展组稿渠道，力求全面完整

先定篇目后征稿，供稿单位只需依托篇目填充内容，对于年度大事、特事、要事，列出提纲向相关单位收集，有效改善供稿单位资料收集方向不明、内容分类逻辑不清、职能条目多有缺失等问题。对部分供稿质量不高、基础数据不全的单位，采取“一对一”登门指导的方式；对征集难度大的驻区单位，采取史志部门上门、区直单位对口联系、街道驻地征集相结合的方式收集资料。从供稿单位年度总结中提炼资料，从政府公报、统计资料、《大同日报》、市区级政府网站、“平城在线”微信公众号等多种媒介撷取有价值的事条作为补充，使得内容更加全面完整。

（三）严格质量控制，实施年鉴攻坚

对标有关规范性文件，完善质量把控制度。规范责编一审、副主编和执行副主编二审、主编三审制度。坚持编纂组人员交叉改、全室人员分篇改、执行副主编通读改制度。制定主编负总责、执行主编具体负责、编纂人员分工负责、区地方志研究室全体人员分片负责制度，将 110 家供稿单位分成 6 个联系组，区地方志研究室人员包片与供稿单位沟通协调、问题解答、催收稿件、增补资料，指导完成供稿任务。实行专家多轮次审校制度，多次邀请省、市年鉴专家到平城区现场和召开视频会的形式对全书篇目、内容、语句等各环节细节逐项审核修改，先后对中国精品年鉴专家三轮评审意见深入分析，认真梳理，举一反三，触类旁通，仔细修改完善补充。严格编纂流程，依次推进篇目设计、资料征集、编纂加工、稿件审核、稿件校对、会议评审、主编终审等环节。经过一年多精心打磨，最终成功入选中国精品年鉴。

三、主要做法与经验

（一）立足功能定位，科学选题立目

紧紧围绕平城区战略定位和功能定位，紧扣区域特色，优化框架结构，增设类目、增调分目、细化条目，较上年卷增设和调整 14 个类目，增加 104 个分目、817 个条目，全文增加 259 千字，整体框架科学规范、分类合理、层次清晰、领属得当。

一是框架设置凸显年度特色。如增设产业功能区、商贸中心区类目，凸显现代服务业转型升级的经济特色。增设大同古城类目，凸显历史文化古都的地域特色。增设乡村振兴类目，凸显城乡融合发展的新特点。将商贸服务业从“工业　商贸服务业”类目中析出单独设为类目，凸显第三产业核心地位的区位特色。将旅游业从“文化　旅游业”类目中析出单独设为类目，新增旅游宣传推介、全域旅游建设等分目，凸显文旅融合发展的区域特色。金融业、统计资料由分目升格为类目，突出金融对经济社会发展的强力支撑作用和统计资料的深化细化。将“卫生健康　体育”“教育　科学技术”等类目拆分为独立类目，使得年鉴框架更加精细化和丰富全面。

二是篇目布局依循事物逻辑。依据“以事立目、归类记述”原则，打破部门界限，各类目之间、类目和分目之间，皆依循事物内在规律排序，形成层层呼应、环环相扣的逻辑关系。区委、人大、政府、政协、纪检（监察）5个类目下，不再单独设分目记述综合办公室工作，统一设置综述、重要会议分目，对应类目增设重大决策、人大监督、政务督办与信息公开、议政监督、纪律检查监督等分目。从原有类目中剥离内容并单设类目，如民主党派 工商联、军事、应急管理等类目，细化了职能内容。系统归置资料，内容归属不局限于各单位职能属性，如在社会生活类目下设居民生活、劳动就业、社会保障、社会救助、基层治理、老龄事业、残疾人事业、红十字会、民族宗教事务、精神文明建设10个分目，内容来源涵盖统计、民政、人社、统战、宣传等16家单位和18个乡镇、街道的供稿，体现民生福祉主线。将有道城投公司供稿拆分至城市建设、乡村振兴2个类目下重大项目建设、旧城改造、乡村产业等多个分目中。

三是表现形式注重社会功用。装帧设计体现平城元素，封面选用地标建筑古城墙主门图案，每个类目开篇亦选用古城图片，体现历史文化古都特色。卷首选用御河两岸城市新貌图景，展示“一轴双城”传统与现代相映生辉的文化特质。拓展阅读深度和广度，随文图片、表格和链接近200个，做到以文释图、文表呼应，强化表达效果。如区情概览下收录“2021年平城区行政区划一览表”；人大类目下收录“大同市平城区第二届人民代表大会第一次会议代表建议一览表”；商贸中心区类目下收录各商圈主要商品分类销售统计表；大同古城类目下收录“古城景点选介”“古城主要商业网点一览表”；旅游业类目链接“免费特色景点选介”“贡酒及特色美食”；社会生活类目收录“居民收入、居民消费构成统计表”；统计资料类目下收录19个表格，登载各类经济指标完成情况、与其他县区经济指标比较情况等。为全面反映平城区乡级社区行政区划调整、事业单位机构改革情况，选登3篇有关文件及2套详细表格。在传统纸质版年鉴的基础上，制作智能手机版“掌上年鉴”，将二维码图案嵌入年鉴封底，推动纸屏融合。

（二）丰富内容价值，展现时代亮点

“四区”建设是平城区“十四五”时期经济和社会发展战略定位及2021年发展目标。年鉴立足发展战略目标，全方位记录年度重、大、特、新事项，以及推动高质量发展的重大实践。

一是聚焦顶层设计，铺设平城发展路径。特载节选年度“区委常委会工作报告”“政府工作报告”，汇集平城区落实重大战略、加快实现功能定位的发展成效。专记收录《“双百工程”蹚出基层治理现代化“平城之路”》一文，书写以高质量党建引领基层社会治理的新经验。区委、区政府类目收录一系列重大决策，记述推进发展的重要举措。卷首专题图片紧扣年度大、特、要事进行设图，将顶层设计浓缩于8个专题、44张图片，直观展现平城区在建党百年、党史学习教育、大同古城、五大商圈、经济建设、生态建设、文化活动、新冠疫情防控等方面的精彩瞬间和发展成果。

二是聚焦经济特点，突出现代服务底色。平城区第三产业占全区地区生产总值77.86%，商贸服务业是支柱产业。围绕构建现代产业体系，提升发展新活力，年鉴首次收录永泰南路主商业中心等“五大商圈”品牌集聚、错位发展的消费业态；收录云中购众创基地等“八大园区基地”功能集成、项目带动的经济业态；收录电子商务、邮政服务、通信服务、会展等“十二大项目”提档升级的发展业态；记录潘家园等省级高品质步行街、夜经济以及“礼享生活、晋情消费”等现代服务项目。生动反映平城区依托区位优势，立足提质增效，突出现代服务业占主导、高新技术产业支撑、文化产业集群发展的特点。

三是聚焦服务功能，打造品质城市图景。城市管理服务是平城区的重要功能。从彩图、专记、特载到多个类目，收录“全国文明城市创建”专项行动。如实施城市更新、功能补缺、精细化管理、棚户区和老旧小区改造、美丽乡村建设的“提升品质城市行动”；推进综合执法权限和力量下沉基层、“全科网格”建设、市域社会治理能力和体系现代化的“平安平城创建行动”；开展“巩固大同蓝、建设大同清、厚植大同绿”的“生态文明建设行动”等，展示宜居、宜业、宜游的品质平城。

（三）突出地域特色，展现文旅融合发展

平城区是国务院首批命名的历史文化名城之一、中国十大古都之一、中国优秀旅游城市，曾为秦汉名郡、北魏京华、辽金元三代陪都、明清重镇的千年历史古都大同的核心区。大同古城有着丰富的国家级旅游资源、厚重的历史文化底蕴，现存历史风貌和街巷格局，是明代大同府城池在北魏、隋唐、辽金、元时期的城市基础上传承下来的，古城内有不可移动文物242处。

一是展示千年古都名片。首次将大同古城作为类目入鉴，专门介绍大同古城的城池建置、街道格局、古城民居、古城规划、年度古城开发建设和重点文物修复保护；介绍12项重点古城古迹、14座公共文化场馆、7条特色商业街；介绍古城框架、公共服务设施、景观风貌等，全方位展示大同古城的历史文化魅力。

二是推出文旅融合品牌。平城区具有气候宜人、纳凉避暑的特点，2021年二级以上优良天数315天，有国家AAAA级旅游景区4个，全国重点文物保护单位9处，省、市、区级文物保护单位32处，各类公园100处，依托气候及地域优势创建国家全域旅游示范区是平城区的一大品牌。旅游业类目记述国家全域旅游示范区创建，旅游+全域旅游目的地打造，“文化+旅游”“乡村+旅游”“体育+旅游”“教育+旅游”“旅游+文创”等深度融合业态。介绍入选全国AAAA级景区500强榜单的华严寺、善化寺、大同古城墙、方特欢乐世界等，介绍入选大同市全域旅游精品线路、旅游景点、特色美食等，展示文旅融合新效应。

四、主要体会与感悟

（一）创新理念是做好年鉴精品工程的前提

区地方志研究室以统一思想、转变理念为先导，组织全体人员学习习近平总书记关于“高度重视修史修志”“以史为鉴、开创未来”等重要指示精神，学习习近平总书记的方志情怀故事，学习《地方综合年鉴编纂出版规定》《关于地方综合年鉴编纂出版若干问题的补充规定》，品读部分中国精品年鉴，对标对表找出本区年鉴工作在理念、机制、路径、规范上的不足，挖掘平城区申报中国年鉴精品工程的基础和机遇，增强“方志自信”和“方志担当”的责任感和使命感，凝聚起打造精品年鉴的共识。如中国精品年鉴专家反馈的修改意见多数是增补资料，但这部分资料来源都在驻区单位，平城区没有机构和职能，补充难度非常大，大家坚守再硬的骨头也要啃下来的信念，攻坚克难、多措并举，圆满完成修改任务。

（二）把握精髓是年鉴精品工程的核心

框架设计、条目编写、装帧设计是精品年鉴的精髓，框架设计是年鉴的“骨架”和“纲目”，条目编写是年鉴内容的主体，装帧设计堪比年鉴的“脸面”。区地方志研究室紧紧把握这三个方面，以平城区委常委会工作报告、区政府工作报告为指引，以立足新时代、记录新时代、服务新时代为触角，做到框架设计既要保持一定的稳定性和连续性，又要创新和突破；条目编写从选录标准、标题拟定到顺序排列进行规范；装帧设计做到精致封面、精选图片、精心排版，形成鲜明的装帧风格，大幅提升了整本书的品位。

（三）把控质量是年鉴精品工程的保证

在创建精品年鉴过程中，始终抓实抓牢“提升编纂质量”这一生命线，从组稿到编稿、审稿排版等环节进行整体质量管控。在组稿上制定编纂大纲，发送条目编写要领，针对有的稿件对创新工作、重要事件记述不深入甚至没有记述情况，反复进行对接直至达标。在编稿过程中，始终坚持精益求精的宗旨，严格把好关口，做到资料翔实、内容全面、记述规范。在审稿排版中，做到字斟句酌，反复打磨，确保条条有价值、字字有分量。

（四）突出特色是年鉴精品工程的根本

年鉴不能局限于记述辖区的基本情况，必须根据自身特点“量身打造”。区地方志研究室组织有关人士认真分析平城区的功能定位、区位特点、产业特点、人文特点，精准提炼出本辖区的主要特色，设特色类目、分目、条目。《大同平城年鉴（2022）》在概括全貌的同时，选择最具特色亮点的工作，以浓墨重笔推动“新时代之鉴”实现创新性突破。

（五）转化利用是精品年鉴工程的归属

注重编鉴为用，积极开展志鉴文化进机关、进企业、进校园、进乡村、进社区活动，免费送去精品年鉴800余套，指导手机扫码阅读，年鉴的使用率和影响力有了进一步提升，大众读年鉴、研年鉴、用年鉴的氛围逐步形成。助力平城区实施“融入京津冀、打造桥头堡”建设文旅融合示范区行动，积极开展传承历史文化、展示平城印记活动，以丰富、翔实的图文资料记录历史古城的全貌，为区委、区政府资政起到推动作用，为文旅融合行动提供全面、准确的信息资源。

一部年鉴，承载了平城区这座千年古都的发展记忆，《大同平城年鉴（2022）》入选中国精品年鉴是贯彻高质量发展，建设首善之区的实践体现。平城区地方志研究室将以党的二十大精神为指引，将习近平新时代中国特色社会主义思想贯穿于年鉴工作全过程，紧紧围绕“存史、育人、资政”的职责使命，与时俱进，守正创新，为平城发展助力，为新时代平城立言，在忠实记录习近平新时代中国特色社会主义思想的平城实践中作出史志贡献。

精工铸鉴　厚植品牌

——《孝义年鉴》打造精品之路 *

中共孝义市委党史研究室（孝义市地方志研究室）

2015 年 8 月，国务院办公厅印发《全国地方志事业发展规划纲要（2015—2020 年）》，提出要“将精品意识贯穿于地方志编纂出版工作全过程”；2016 年 12 月，中国地方志指导小组办公室印发《全国年鉴事业发展规划（2016—2020 年）》，正式提出实施中国年鉴精品工程。自此，中国年鉴精品工程成为推动全国年鉴事业转型升级的重要引擎，尤其是为县级综合年鉴质量提升开辟了新的发展路径。《孝义年鉴（2020）》入选第五批中国年鉴精品工程“中国精品年鉴”，是山西省第一部县级中国精品年鉴。

一、《孝义年鉴》发展概况与编纂经验

1992 年，适逢孝义撤县设市之际，《孝义年鉴》正式创刊。《孝义年鉴》结构上分为类目、分目、条目三个层次，两年一卷，内部出版。2000 年之后，根据时代变化和工作需要，《孝义年鉴》在保持整体框架相对稳定的基础上，进一步丰富分目、条目层次，使分目、条目设置更为科学规范。2011 年起，《孝义年鉴》实现一年一卷。2014 年起，《孝义年鉴》开始公开出版，并开启连续优化升级之路，

* 执笔人：张燕玲，中共孝义市委党史研究室（孝义市地方志研究室）综合股股长。

每卷《孝义年鉴》均在篇目设置、资料征集、内容加工、装帧设计等方面有所创新。《孝义年鉴（2020）》成功入选第五批中国年鉴精品工程“中国精品年鉴”，荣获第八届全国地方志优秀成果（年鉴类）特等年鉴。截至2023年，《孝义年鉴》已连续出版20卷，形成较为完整的市情资料辑存体系，为发挥年鉴存史、资政、育人功能奠定坚实基础。

《孝义年鉴》自编纂以来就成立编委会，不断总结经验吸取教训，大力推进年鉴质量提升。在30多年的编纂历程中，始终坚持质量第一原则，认真落实“一纳入、八到位”要求，逐步将地方志事业发展纳入本地国民经济和社会发展规划，构建起党委领导、政府主持、地方志工作机构组织实施、社会各界广泛参与的工作机制，形成以课题负责制为特色的年鉴编研模式，努力以工匠精神打造精品年鉴。响应中国年鉴精品工程实施，2020年中共孝义市委党史研究室（孝义市地方志研究室）办公会议认真研究讨论，一致认为中国年鉴精品工程是一个难得宝贵的全面提升年鉴质量的机会，对于《孝义年鉴》突破传统编纂瓶颈有着重要意义，决定以质量第一的意识积极申报。同时，通过邀请专家授课、参加各类培训、“走出去”与“请进来”相结合等方式，夯实业务基础，提升编纂水平；科学编制《〈孝义年鉴〉争创中国精品年鉴实施方案》，有目标、有计划地推进中国年鉴精品工程。争取申报中国精品年鉴专项经费，足额保证工作经费及书号费、编审费、出版费、印刷费等，确保中国精品年鉴创建工作顺利开展。

二、打造中国精品年鉴的主要做法

《孝义年鉴（2020）》在框架结构、内容甄选、条目编写、装帧设计、行文规范等方面都进行了大幅度地创新改革，形成具有孝义特色的年鉴编纂模式；在荣获中国精品年鉴殊荣的县级综合年鉴中具有一定代表性。2022年，《孝义年鉴（2020）》有幸入选“精品年鉴品读季”活动再版品读年鉴。

（一）突出两个重点

1. 突出创新以凸显年度特色、地域特色

为全面反映2019年孝义市机构改革内容，记录机构改革带来的变化，《孝义年鉴（2020）》在篇目设置上进行深度调整，增设专文、民主党派、索引；将中国共产党孝义市委员会类目下扶贫工作分目升格为脱贫攻坚类目；将中共孝义市纪委监委类目标题改为中国共产党孝义市纪律检查委员会 孝义市监察委员会。根据中国年鉴精品工程专家评审意见要求，《孝义年鉴（2020）》首次增设英文目录、在彩页中收录孝义市行政区划图，使年鉴篇目结构更为合理。

孝义素有“土地沃饶，有西河之美者”的美誉，是一座典型的资源型城市。落实山西省委、省政府蹚出转型发展新路部署，孝义抓住开发区这个创新引擎，力促转型发展见实效。《孝义年鉴（2020）》将工业类目下经济开发区分目升格为开发区建设类目，下设综述、煤化工循环经济园区、铝系新材料产业园区、山西吕梁（孝义）国家农业科技园区、高新科技产业园区、科教文化产业园区等分目，详细记述孝义持续深化经济开发区“三化三制”改革、成立开发区金融综合服务平台、市场化运作一批基础设施建设、引进山东高端科技工程研究院在孝义设立山西分院等内容，多角度展现孝义经济发展的鲜明亮点。为反映孝义被列为山西省农业生产托管服务试点和农民专业合作社质量提升整市推进国家级试点重点工作，《孝义年鉴（2020）》设农业农村改革分目，其下设土地制度改革、集体产权制度改革、集体经济组织受益分配情况、新型农业主体发展壮大等条目，精练记述孝义农业农村改革实践以及成效内容，体现孝义农业农村改革发展经验和启示。突出金融对孝义经济社会发展的强力支撑作用，《孝义年鉴（2020）》金融类目下设金融监管、银行业、保险业、证券业、其他金融机构等分目，对金融工作的定位更为精准。

创新年鉴装帧设计。“孝”（郑兴“割股奉母”的纯朴孝行）“义”（“义虎救樵夫”的动人故事）是这方土地上深厚的文化底蕴、独特的文化基因，凸显孝义特色和孝义气息，《孝义年鉴（2020）》封面和封底体现中国精品年鉴标识，封面中采用凹凸字体的繁体“孝义”二字为底。彩页中书眉设置均在书页外侧，自上而下为“孝义年鉴”“中国孝义 忠孝节义 行孝重义”，内文书页中书眉设置在页面顶端，奇数页显示“精品”，偶数页显示“名鉴”图标及“《孝义年鉴（2020）》”。全书版式版面设计美观新颖、简约大方，彩色印刷，图片多以整版、跨版编排，视觉冲击强烈，给读者带来美的享受。

2. 突出深度以挖掘信息价值、数据价值

孝义市是工业大市，第二产业比重较高。因此，加快传统产业转型升级，推进产业结构向着高端化、智能化、绿色化方向发展既是孝义市把握发展机遇、赢得发展主动的战略选择，也是突破发展瓶颈、实现跨越发展的现实需要。《孝义年鉴（2020）》工业类目下设综述、原煤生产、煤炭加工、铝工业、建材工业、化学工业、农副产品加工业、供电、印刷、中小企业等分目，全面梳理孝义市工业发展新变化。如煤炭产业引入5G、物联网等新技术，推动劣质煤分质梯级转化，打造一批智能化示范矿井；焦炭产业实施干熄焦、焦炉煤气综合利用项目；化工产业推进焦炉煤气制氢、煤焦油、环己酮、己内酰胺等转型项目建设，打造全国有影响力的高端化工生产基地……同时，通过大量表格，如“孝义市规模以上工业经济指标完成情况表”“规模以上工业企业增加值分类情况表”“规模以上各类型工业企业产值构成情况表”等常见统计表格，以及“孝义市规模以上轻重工业及规模类型产业产值构成情况表”“分乡镇（街道）规模以上工业企事业产值情况表”等，用多项专业数据直观反映工业经济发展情况。

2019年是中华人民共和国成立70周年，为全面展现70年来孝义经济社会发展成就，《孝义年鉴（2020）》卷首设专题图片，从“数字孝义”“城市名片”“基础建设”“经济发展”“生态建设”“文化生活”“民生幸福”等角度集中呈现孝义城市颜值、品质，彰显“全国文明城市”“国家园林城市”“国家卫生城市”等“国字招牌”背后的城市发展底色。增设专文，收录6篇专题文章，分别从城市建设与变迁、工农业发展、社会民生事业进步、创建文明城市等方面记述孝义改革开放以来的巨大变化，深刻总结40余年来孝义经济社会发展取得的成绩和经验，极具启示意义。

《孝义年鉴（2020）》群众体育分目通过记述“‘庆五一迎五四’千人健身跑活动”“2019年老年人太极拳健身推广活动”“2019中国北方幼儿（少儿）篮球嘉年华活动”“‘羽协杯’职工羽毛球大赛”“‘喜迎二青会’全民健身交流展示活动”等条目，集中展现孝义市民乐享多彩精神文化生活的美景。

（二）落实三项措施

1. 实施项目攻坚，严格编纂全过程管理

根据年鉴编纂需要，成立《孝义年鉴》课题组，选定业务骨干为课题负责人，抽调相关人员为课题组成员。《孝义年鉴（2020）》课题组成员共有15人，均有十年以上年鉴编纂工作经验。课题负责人对《孝义年鉴（2020）》编纂全程负责，包括内部分工、人员调配、进度督促、组织稿件、编辑校对、修改完善等工作，直至成果出版。严格编研流程，依次推进篇目设计、资料征集、编辑加工、初稿审核、稿件校对、会议评审、主编终审、出版社终审等环节。夯实年鉴资料征集基础，在孝义市各部委局办、乡镇街道、驻市厂矿落实年鉴资料报送信息员300余名，构建起横向到边、纵向到底的报送网络。延伸年鉴资料征集的深度与广度，负责承编《孝义年鉴（2020）》的工作人员深入最基层，扩展到民营企业、社区、农村调查走访，确保年鉴资料应收尽收。考虑到年鉴出版周期较长，将政府采购印刷单位承印程序与年鉴任务编纂同步推进，在分工合作、协同配合的氛围中，通过正排工序、倒排工期、时限到日、责任到人的要求，保证《孝义年鉴（2020）》项目按时高质完成。

2. 注重编用相长，发挥年鉴服务社会作用

《孝义年鉴》践行编鉴为用理念，不断提升年鉴开发利用水平。深入开展读鉴用鉴活动，30多年来坚持免费向孝义市各机关、团体、企事业单位发放《孝义年鉴》，《孝义年鉴》成为全市各级领导干部必备的案头工具书、资料书。近年来，搭乘新媒体传播快车，在孝义市政府门户网站、微信公众号、今日头条号等平台，多方位、多渠道推介《孝义年鉴》，《孝义年鉴》日益成为市内外人士认识孝义、了解孝义、研究孝义的重要窗口。《孝义年鉴（2020）》首次增设英文目录和索引，具备详备检索系统，更方便读者使用；林业类目下特设孝义柿子条目，系统推介全国地理标志农产品——孝义柿子，并为孝义市兑镇镇新民村胜溪惠民柿子合作社申报柿叶茶、柿子酒、柿子饮品项目可行性提供权威资料，助力乡村振兴。依托长期连续的年鉴资料，《孝义年鉴》相继为孝义市特色城镇化建设、招商引资、文旅融合、双拥城市创建、特色农产品项目申报等提供有效的借鉴和依据，充分发挥了服务社会的作用。通过编用结合，以用促编，实现《孝义年鉴》良性发展、高质量发展。

3. 提高业务水平，确保年鉴编纂质量过硬

孝义市一贯重视《孝义年鉴》编辑人员业务培训，通过多渠道组织专业学习，进一步夯实业务基础，提高业务水平。先后组织全体年鉴编辑人员参加第五期全国年鉴主编培训班、新时代山西省地方志（年鉴）高质量发展研讨（培训）会、第六期全国年鉴主编培训班、第五届全国年鉴论坛等线上学习，系统学习各地精品年鉴打造经验、综合年鉴编纂规范及需要注意问题等。《孝义年鉴（2020）》因申报中国年鉴精品工程，稿件交送全国各地的年鉴专家进行两轮评审，多次组织年鉴编辑人员进行年鉴理论与业务知识再学习，在消化吸收多位专家评审意见的

基础上，对《孝义年鉴（2020）》进行细致打磨，使得年鉴质量有了明显提高。

三、打造中国精品年鉴的启示

（一）必须争取领导的重视和支持

在新一轮机构改革的大背景下，中共孝义市委党史研究室（孝义市地方志研究室）争取主动，以过硬的作风、扎实的工作在社会上营造了史志事业大有可为的浓郁氛围，全方位争取到各级领导的支持。山西省、吕梁市史志工作机构领导多次到孝义指导工作，孝义市委、市政府把史志工作作为一项重点工作，尤其是在中国精品年鉴创建中始终足额落实经费保障，为《孝义年鉴（2020）》成功打造中国精品年鉴提供强劲支撑。

（二）拥有一支相对稳定、业务精湛的编鉴队伍

中共孝义市委党史研究室（孝义市地方志研究室）工作人员中具有中级职称及以上 19 人，具备较高的专业技术水平。同时，有计划、有步骤地组织培训学习，坚持集中学习和自主学习相结合，鼓励和支持大家多渠道、多层次提高综合素质，进一步提高工作人员适应和驾驭工作的能力。推行人性化管理，建立一套快乐编鉴、和谐编鉴机制，合理进行任务分工，优化人员配置，并对他们在思想上尊重，在工作上放手，在生活上关心，在待遇上从优，全方位调动工作积极性，使大家能在清苦的工作岗位上，甘于寂寞，肯于吃苦，形成“人员精干、思想愿干、工作肯干”的格局。正是因为有这样一支过硬的编鉴队伍的辛勤耕耘，《孝义年鉴》发展才会步履坚实，最终使《孝义年鉴（2020）》成功入选中国精品年鉴。

（三）做到学习交流促业务提升

中共孝义市委党史研究室（孝义市地方志研究室）先后多次召开年鉴编研专题会议，组织年鉴编辑工作人员分批次品读《山西年鉴（2018）》《长沙年鉴（2018）》等多部精品年鉴，结合学习《地方综合年鉴编纂出版规定》及《补充规定》，研究分析各部精品年鉴篇目设置、条目编写、装帧设计等方面的特色，对比《孝义年鉴（2020）》进行交互式学习，找寻差距，弥补不足，将学习成果转化到《孝义年鉴

（2020）》编纂实践中。同时，广泛开展年鉴交流工作。先后接待文水县、交城县、交口县等多家省内兄弟单位同行来孝义交流年鉴编纂工作；与黑龙江省北安市、四川省剑阁县、湖南省永州市冷水滩区、成都市武侯区、江西省高安市等地20余家兄弟单位交换年鉴书籍，相互学习年鉴编纂经验，共同提高年鉴编纂水平。

四、《孝义年鉴》存在的问题及改进方向

《孝义年鉴》走过30多年风雨历程，虽然积累了一些编纂经验，并形成自身风格，但也存在明显不足。

（一）对年鉴理论研究的重视不够，理论研究滞后于编纂实践

长期以来，中共孝义市委党史研究室（孝义市地方志研究室）一直重视年鉴编纂业务实施，但忽略年鉴理论研究，学术氛围不够活跃，多采取拿来主义，没有系统地对年鉴理论进行吸收消化，更遑论开展年鉴理论创新运用，年鉴编纂实践主要依赖多年编纂经验的支撑，这也就导致《孝义年鉴》在某种程度上规范有余、创新不足。同时，年鉴编辑人员对年鉴理论研究的积极性不高，年鉴理论研究缺乏必要的工作基础。

（二）存在重编纂出版、轻开发利用倾向

《孝义年鉴》已连续出版20卷，在年鉴资源开发利用方面工作较为落后，虽然构建起孝义市地方志（年鉴）资源数据库，但基本为自用，对外开放利用率低。年鉴资源开发利用形式不够丰富，传播渠道比较狭窄，传播手段侧重于纸质媒体，《孝义年鉴》数字化、网络化建设依然任重道远。

针对制约《孝义年鉴》发展的瓶颈问题，必须靠推动年鉴转型升级加以解决。站在中国精品年鉴的新起点上，中共孝义市委党史研究室（孝义市地方志研究室）将继续学习借鉴先进地区的年鉴编纂经验，更加注重推进《孝义年鉴》在思想理论、机制形式、内容质量、宣传利用以及年鉴队伍培养上进行大胆探索和创新，坚持质量至上原则，以时代性和特色性为引领，不断增强《孝义年鉴》的可读性，扩大《孝义年鉴》的精品效应，努力把《孝义年鉴》打造成孝义文化的一张闪亮名片。

举全区之力　创一流业绩

——《长春市宽城年鉴》打造精品之路*

长春市宽城区档案馆

一、年鉴发展概况

长春市宽城区结合“一纳入、八到位”地方志工作要求，始终常抓不懈，抓紧抓实。一是规划到位，认识到位。区委、区政府高度重视，将地方志事业纳入“十四五”发展规划，将地方志工作作为推进全区经济发展、繁荣文化事业的重点来抓，每年调整制定工作计划和实施方案，确保编纂工作有序实施，务见实效。二是机构到位，编制到位。选优配强编纂队伍，专设方志科，由1名副处级分管领导、1名在编工作人员及4名退休返聘人员组成，确保各项工作顺利开展。三是经费到位，设施到位。将地方志工作经费每年列入区财政预算，保障区档案馆的办公经费、图书购置经费和志书、年鉴、《宽城史话》等地情书的印刷经费及返聘人员工资经费等，为工作顺利开展创造条件。四是领导到位，工作到位。由区委副书记主抓分管，在每年区政府工作报告中对地方志工作进行总结、部署。在各级领导的大力支持下，宽城区年鉴编纂工作启动较早，自2007年启动至2023年，连续编纂出版17卷，其中多部年鉴在国家和省级评选中获奖。《长春市宽城

* 执笔人：曹继晔，长春市宽城区档案馆副馆长。

年鉴（2018）》成功入选第三批中国精品年鉴。目前，年鉴编纂已形成常态抓、合力抓、务实抓的良好氛围，编纂工作始终有序、有效开展。

二、主要工作措施

（一）规范年鉴质量

一是注重资料征集。每年1月初，区档案馆将当年年鉴编纂要求和实施方案及业务知识辅导资料下发全区各单位各部门，确保工作有序开展。区档案馆采取线上答询、电话沟通及面授等多种形式开展工作，使基层单位、部门撰写人员听得明白，掌握清晰，按规定和时限要求上报各单位的年鉴稿件，确保任务按时完成。根据基层单位、部门上报稿件，方志科编辑人员精心审改，细致打磨，协作“施工”，按照编纂标准严格把握，尽量使编纂的每卷年鉴体现“精品”品质、确保较高质量。二是严把校对质量。在审查验收上坚持校对的“四结合”，即单兵校与交叉校结合、重点内容盯紧校与集中讨论克难校结合、责任主编统稿校与大家协作配合校结合、依据规范标准校与确保时限进度校结合，至少实现3—4稿的严校流程。三是精细打磨锤炼。在编纂中求真、求细、求实，做足“绣花”功夫。如在《长春市宽城年鉴（2018）》编纂中，图片设计修改12次，文字逐页通读修改7遍，印刷样本总文字量1000余万字。

（二）稳定编纂队伍

一是提供人员保障。目前，宽城区从事地方志编纂工作的人员有6人，力量较为充实，流程较为完善，是长春市各城区中专职年鉴编纂出版人员最多的城区。二是确保经费到位。区财政每年保障拨付年鉴工作专项经费29万元，其中人员经费12万元，印刷经费15万元，资料经费2万元，逐年足额按时拨付到账。三是加强专题辅导。积极组织编纂人员参加区内开展的相关培训，注重把学习成果融入编纂实践中去。四是学习借鉴中国精品年鉴和各地优秀年鉴，对标精品深入研讨，不断提升编纂人员综合素质和业务水平。

（三）建立长效机制

一是建立层层负责的领导机制，设立宽城区年鉴编委会，区长担任主任，区委副书记担任副主任，各基层单位均有领导分管地方志工作。二是建立形式多样的培训机制，通过“以会代训”发放资料，“请上来”讨论，“沉下去”辅导，线上答复，外地精品年鉴研读，请省、市年鉴专家指导等方式加大培训力度。三是建立严守规范、守正创新的编纂机制，做到掌握国家、省、市相关质量规范要严谨，吸取外单位打造精品的经验要认真，编纂的过程要精细，争取每卷年鉴均有新的“增长点”。四是建立精心部署、促进落实的动员机制。每年工作要有方案，要有总结，在框架设计、及时征稿、改编校审、印刷发放等各个环节始终把握“要求必严、运作必细、成效必实、质量必高”原则。坚持表扬先进，督促后进，通过通报表彰工作的方法，确保编纂工作有序完成。

（四）深化年鉴管控

1. 年鉴质量自我评价之获得的成果。一是体现了“三个突出”，即时代感更加突出，政治性更加突出，宽城特色更加突出。二是紧紧把握年鉴编纂规范，严格编纂标准，借鉴先进经验，抓住细节，做到每卷年鉴均有一定幅度的提升。三是强化精品意识，实现工作部署瞄准精品，编纂过程对标精品，审核把关体现精品要求，印刷出版符合精品规范，力争每卷年鉴达到精品目标。四是突出了五个更加。即年鉴的框架设计更加科学，文字的叙述更加精练，语言的运用更加准确，版面的布局更加合理，装帧设计更加美观。五是通过自创精品，读学他山精品，磨炼了编纂人员业务能力，提高了素质，强化了队伍建设。

2. 年鉴质量自我评价之需要纠正的问题与不足。一是基层撰稿人员的整体业务能力参差不齐，仍需提高。二是在年鉴条目记叙中，避实就虚的现象仍需要关注和改正。三是使用图片的质量不是太高，仍需下功夫破解。

（五）坚持工作创新

一是年鉴的框架设计适应新时代要求，不断更新完善。如将文化从科技、文化、体育中分离出来单设文化类目，单设应急管理类目等。结合分目，相继增加巩固脱贫攻坚成果、医疗保障、文联工作、农业产业化、工业支柱产业发展等分目。二是在专文和条目记述中，将习近平总书记考察长春市宽城区长山花园社区、吉林长春社区干部学院及庆祝中国共产党成立100周年内容，党政机关机构改革、全区防控新冠病毒感染等内容均作记载。索引设文字索引、表格索引，形式上体现推陈出新。三是强化年鉴保密工作，下发年鉴保密自查表，由基层单位部门填写上报，增强保密实效性。四是针对年鉴的清样，除自身审核外还邀请省内有关专家审阅，确保年鉴质量稳定性。

三、年鉴特点亮点

《长春市宽城年鉴（2018）》采用分类编辑法编纂，体现六个特点，即在框架设计上科学合理，在内容记叙上全面充实，在资料系统上精准完备，在行文体例上严谨规范，在语言运用上新颖流畅，在条目选题上准确到位。年鉴中的类目保持相对稳定，分目少有调整，条目多为动态类条目。年鉴围绕区委、区政府确定的把宽城区建设成为宜居宜业长春北部核心区战略目标的实施，主要反映全区推进重点领域改革，面向中国“一汽”“中车长客”先进制造业发展，铁南、铁北区域高端服务业发展，城市精细化管理，生态文明建设，保障和改善民生等方面的特色内容。年鉴框架结构与往年相比具体调整为：增设生态文明建设、社会生活、卫生健康、公用事业4个类目，将招商引资由分目升格为类目；宽城区人民政府类目下增设政务服务、民生实事分目；服务业类目下增设中介服务业、金融服务业分目；将军事类目调整为人民武装、消防、人民防空3个分目；工业类目下增设重点规模以上工业企业简介分目；城乡建设与管理类目下增设旧城改造分目；社会生活类目下设收入与消费、脱贫攻坚等11个分目，全面反映宽城区民生事业发展成果；专文收录《探索建立“三社联动”机制，促进基层社会管理服务创新》综述文章，体现宽城区创建全国社区治理和服务创新实验区的成果。

四、经验与体会

《长春市宽城年鉴（2018）》在编纂中落实“六个到位”，即区情把握到位、团结协作到位、执行“标准”到位、严细“施工”到位、创新突破到位、提升质量到位。尤其在年鉴编纂创新上，适应新时代、新要求，结合实际力求新突破。《长春市宽城年鉴（2018）》新增设、新调整的类目、分目21个，在封面设计、增加表格数量等方面均有改进，使年鉴呈现较强的时代感、创新性和宽城特色。精心动员，精细打磨，精编提质，保持优势，创新进取，是编纂《长春市宽城年鉴》可行性做法。从2019年卷开始至2023年卷为止，区档案馆坚持创编精品的作风，弘扬创精品的精神，力争每卷都向精品看齐，在年鉴编纂征程上，不断总结经验，补齐“短板”。

五、体现社会效益

《宽城年鉴（2018）》在成功入选中国精品年鉴后，获得各级领导的充分肯定和大力支持，时任区委书记吴相道作出批示，“可喜可贺，值得表扬，再接再厉，再创佳绩”。宽城区以此为契机，大力开展精品年鉴学习交流活动，讲好宽城故事，打造文化品牌。

一是在推进文化教育上，依托精品年鉴编纂经验，不断拓展编纂外延，编制印刷党史学习教育资料及区情区史宣传图册《百年宽城沧桑巨变 砥砺奋进再创辉煌——宽城百年发展史》《凝固的历史》及《红色档案》，结合建党、中华人民共和国成立等重要节点为党员干部、群众讲解中国共产党历史、国家发展史、宽城党史和发展史，用翔实生动的资料再现宽城的前世今生。2023年，以历史朝代、年度为分割线，记录该年度涉及宽城的重大事件，再次编辑印制反映宽城区简史的宣传折页《宽城纪年》，以时序性突出宽城历史发展的主线，循序渐进地将历史展开。

二是在拓展年鉴品读覆盖面上，连续多年开展“年鉴文化进机关、进社区、进校园活动”，积极联系区内中小学，捐赠年鉴及宣传折页，让学生们近距离感受家乡自然、政治、经济、文化和社会各项事业的发展变化。考虑到综合年鉴是政府主管或主办的官书，主要阅读对象是各级党政领导干部和从事研究工作的有关专家学者以及其他方面的人士，《长春市宽城年鉴》多任主编以年鉴为蓝本，为全区科级干部入职培训主讲宽城区情区况及人文文化，激发广大机关干部的认同感和归属感。

三是在完善设施建设上，为充分发挥年鉴的服务作用，在区领导的大力支持下打造年鉴成果服务中心，分别在区图书馆、区档案馆建设两处资料室，近几年不断扩大馆藏，现藏有域内外年鉴（地方志）、有关历史资料、地情资料图书等1.2万册，为群众及企事业单位提供历史、地情资料年鉴的查询学习服务。

四是在网络建设上，通过区政府网站及区委宣传部的“宽城印象”公众号平台，发布年鉴重点内容，宣传精品年鉴成果，引导广大干部群众深入了解宽城、热爱宽城。

五是在政策研究上，《长春市宽城年鉴（2018）》的成功入选，极大激励了宽城区各级领导关注年鉴、研究年鉴、利用年鉴的工作热情。2023年4月，围绕“丰富鉴书内容、讲好宽城故事”为主题，时任区委副书记任晓强亲自部署、亲自督促，区档案馆牵头以“宽城夜话”形式邀请区委、区政府13家部门开展座谈，畅叙宽城历史，坚定文化自信，助力“长春北部现代核心区”建设实干奋进。

六是在提供服务上，通过对精品年鉴的大力宣传，让更多的机关干部及群众深入了解了年鉴的作用和意义，并主动寻求帮助，发挥年鉴作用。近几年来，区档案馆为长春市第四十八中学编写校史，为区文旅局、区工商联等部门有关工作需求提供资料，为驻区企业吉林省天后房地产公司办理有关手续提供地域资料，为区逝世劳模的家属查找劳模生前有关的照片、记录、文献历史资料等。

六、存在的问题及对策建议

年鉴编纂存在的突出问题表现在基础稿件上报时限拖延，拉低编纂效率。从实践看，全区72家单位、部门按时限上报主要基础稿件的约占40%，不能按时上报的约占60%。近三年来，基层撰稿人员的更换较频繁，稿件修改难度加大，阻碍编纂进度。有的将年度总结简单整理上报，没有按年鉴体例撰写；有的关键内容和数字与上年基本相同，照抄照搬；有的叙述空洞，没有实际内容等。据不完全统计，基本符合要求的稿件，能在全区占50%左右。总体来看，撰稿人员不稳定、业务能力较弱和责任心缺失等，是导致上报稿件质量不达标的主要原因。

提高宽城年鉴编纂质量主要对策。一是要加强培训。要通过线上培训，面对面交流、发放资料，“以会代训”等方式加强对年鉴编纂人员的业务培训，特别是加大对新承担任务人员培训力度，提升其业务能力，促进编纂工作顺利进行。二是要加强督查。完善督查制度，加大指引力度，定期下发督查通报，确保各单位、各部门上报的基础稿件不拖延时限。对“不及格”不达标稿件坚持退回重写再上报，始终把握严要求、合规范、重质量、促编纂原则。三是要加强指导。对工作中发现的问题，主动与撰写人员沟通，尽快纠正，使编纂少走弯路，提高效率。要在框架设计、内容选择、条目拟定等方面给予重点指导，使每卷年鉴的编纂都对标精品，赋予新意，体现新时代宽城特色。

建议：一是上级地方志工作机构能把近年来全国各地国家级精品年鉴及时发放到县、区级单位，便于各单位掌握了解年鉴最新动态和最新精神，对标自身寻找差距，达到借鉴和学习的目的，最终实现年鉴质量共同提升的目标。二是上级地方志工作机构每年能多组织几次高质量的线下培训，请名家与专业学者对地方志工作人员进行有针对性的培训和讲座，达到切中要害、立竿见影的效果。三是精品年鉴的创编流程较多，工作量较大，县（市）区的编辑人员有限，为保证创编质量，可考虑在时限上宽泛一些，以利于编纂的推进。四是能否将创编精品年鉴的业务知识、规范要求、审核流程、质量标准等内容汇编成册统一下发，系统指导各地创编工作有序扎实开展。

勇毅笃行　守正创新
推动九台年鉴事业高质量发展
——《九台年鉴》打造精品之路*

长春市九台区地方志编纂中心

近年来，长春市九台区深入贯彻落实国家、吉林省及长春市的要求，坚持使命担当，紧扣时代脉搏，聚焦改革发展，树立精品意识，打造九台品牌，扎实推动年鉴编纂工作，取得了显著成效。

一、《九台年鉴》发展概况

《九台年鉴》2008年创刊，至今共出版16部，基本形成完备的区情资料辑存体系。《九台年鉴》自编纂以来，树立“存实、存要、存真”的工作目标，落实“一纳入、八到位”的工作要求，构建党委领导、政府主持、地方志工作机构组织实施、社会各界广泛参与的工作机制，坚持质量第一的原则，精心编纂，守正创新，在达到“一年一鉴，公开出版”基本要求的基础上，严把资料关、体例关、史实关、保密关和文字关，不断提升编纂质量，发挥出“资学、资政、资治”的作用。

---

* 执笔人：于永，长春市九台区地方志编纂中心副主任。

二、精品年鉴简要历程

2020 年，九台区在吉林省、长春市地方志工作机构的悉心指导和大力支持下，紧紧抓住“展现特色、精益求精、编鉴为用”三条主线，在规范时创新，在创新中求精，历时一年半，全方位打造精品年鉴。

1. 启动实施。2020 年 1 月，九台区向省、市地方志工作机构汇报了申报中国年鉴精品工程的意愿，得到了省、市地方志工作机构的支持。1 月 17 日，经吉林省地方志编纂委员会（以下简称省方志委）研究，批准九台区申报中国年鉴精品工程的申请，创建精品年鉴工作开始启动。

2. 完成大纲。2 月初，深入研究精品年鉴的相关要求，结合全区实际，设计框架，形成《九台年鉴（2020）》编纂大纲。2 月 27 日，向省方志委报送。省方志委领导非常重视，年鉴指导处按照精品年鉴有关要求组织对大纲进行评审，就存在的问题提出修改意见。3 月 5 日，省方志委召开精品年鉴框架设计反馈会。会上，提出编纂大纲修改意见，并就精品年鉴编纂下一步工作进行一对一指导。5 月，按照指导意见进行调整完善后，正式上报。

3. 征集资料。3 月初，以区政府办公室红头文件的形式下发征稿通知，要求全区各承编单位按照时限上报年鉴资料。为突破资料征集难的瓶颈，多措并举，点、线、面三箭齐发，抢进度，重实效。一是扩大到面，在微信工作群催发通知，调度各单位及时上报资料。二是系牢成线，按照任务分工，每名编辑对所负责的行动迟缓的一些单位，采取微信、QQ、电话等方式催稿，耐心指导，赢得配合。三是深入到点，对敷衍了事、不负责任的单位，与该单位负责人沟通，保证质量。经过 1 个月的征集，收到资料总文字量 200 余万字，图片 1000 余张、表格 80 个，为编纂工作奠定良好的基础。

4. 精心编纂。完成征稿后，紧锣密鼓开展编纂工作。到 7 月底，初稿完成，上报省方志委。省方志委年鉴指导处全员参与年鉴的审读，并就框架、彩页、行文等方面分别提出了修改意见 200 余条。按照省方志委修改意见完善后，于 8 月 27 日上报。

5. 专家评审。11 月 5 日，收到中国年鉴精品工程专家第一轮评审意见，迅速组织全体编纂人员认真研究，逐一梳理、归纳，本着“照单全收、应改全改”的原则，逐条进行修改。12 月 17 日，2020 年全国年鉴研讨会在福建省三明市沙县召开，会上对龙游、九台两家县级年鉴进行点评，编纂人员听了专家及各地代表的点评意见，有很大收获。从沙县回来后，认真加以修改。2021 年 1 月 12 日，又收到第二轮评审意见，逐一进行修改、补充、完善。针对每条评审、点评的意见，认真思考，逐条推敲修改，精心打磨，并通观全文，查找同类问题及相似问题，做到举一反三，触类旁通。

6. 成功入选。2021 年 4 月，《九台年鉴（2020）》成功入选第五批中国年鉴精品工程“中国精品年鉴”。

三、主要举措

《九台年鉴（2020）》在编纂过程中，超前谋划，多措并举，保质保量得以如期完成。

1. 健全工作机制。在三审三校机制的基础上，实行责任编辑负责制，建立例会制度，形成督查、例会、考核等年鉴编纂工作机制，为年鉴编纂工作提供有力的保障，有序、有力、有效推进编纂工作。

2. 加强队伍建设。一是加强培训指导，提高业务能力。确立《地方志工作条例》《关于地方综合年鉴编纂出版若干问题的补充规定》等学习篇目 8 篇，采取集中学习和自学相结合的方式，开展业务学习。同时，积极参加全国、全省线上业务培训、现场培训会，通过学习培训，有效提升整体业务能力。二是运用激励手段，调动工作热情。对在精品创建工作中做出贡献的地方志工作人员给予奖励、提拔等方面的优先考虑。三是强化交流学习，营造浓厚氛围。结合精品年鉴品读活动，围绕“读、品、改、研、编”，进一步强化交流学习，收到较好的效果。

3. 强化质量管控。树立精品意识，坚持问题导向，狠抓质量规范和管控机制。一是注重框架设计。通过设计彩页专题、增加特色性条目等方式，突出地域特色、年度特色、时代特色。二是加强资料征集。为丰富年鉴的内容，深入挖掘稿源，广泛拓展资料征集渠道。通过读九台区人民政府微信公众号、读《吉林日报》《长春日报》《新九台》报、读区委宣传部《媒体眼中的九台》专刊，广泛搜集，力求资料的新颖性。通过询问行家里手，叩问权威性资料，多角度考证，力求资料的精确性。通过研究政府工作报告，研究部门工作总结、研究行业内部材料，从中深入挖掘，力求资料的完整性。三是精心编排彩页。在卷首专题图片制作过程中，融入新的理念，围绕重、大、特、新设置专题。四是严控编纂质量。从条目选立到语言文字、标点符号、计量单位、数字用法、记述方式等方面，严守规范，确保精准。针对统计数据，多次进行考究，确保精确。加强保密敏感问题方面的规范，针对法治、军事类目的内容，严把关，重核实。针对语言文字，字字斟酌，句句推敲，确保质量。

四、主要经验及体会

创建精品年鉴的过程不仅使年鉴质量获得跨越式提升，更锻炼了人员队伍，丰富了年鉴编纂全过程的经验。

1. 领导重视是保障。一是组织到位。在提出申报精品工程时，区长多次过问，常务副区长亲自安排，召开五次调度会议。编纂工作被列入督查内容，全面推动。二是经费到位。为保证工作正常运转，区政府提供有力的经费保障，采购复印机、打印机、黑马软件等办公设备。三是人员到位。地方志编辑共有 4 人，又聘请一位文字功底扎实的老同志，并从政府办综合科抽调三名秘书，参与到编纂队伍中，充实力量，为创建精品年鉴提供了强有力的保障。

2. 学习储备是根基。为保证编好精品年鉴，加强学习，做到三学：一学理论专著。一边编纂，一边系统学习《年鉴编纂实用手册》《年鉴编纂教程》以及一些专家的培训课件等，不断积淀年鉴编纂知识。二学实战经验。到吉林市学习交流、现场学习创建精品的经验做法。三学精品内容，参照学习《桦甸年鉴（2018）》《长春市宽城年鉴（2018）》《吉林市年鉴（2019）》等中国精品年鉴，做到博采众长，补己之短。

3. 专家指导是关键。在打造精品年鉴过程中，通过多方指导，不断提升编纂质量。一是全程指导。在编纂过程中，省方志委通过微信、QQ、电话，以及现场培训，进行全程跟踪指导。二是抢时指导。打造精品年鉴时间紧、任务重，要与时间赛跑。对此，在第一轮评审专家意见回来后，省方志委决定，立即培训指导，争取时间，争分夺秒地指导，交流问题，答疑解惑。三是系统指导。1 月 13 日，省方志委领导带队到九台区进行现场指导，召开培训会，就框架、图片、条目等相关内容，系统地进行了指导。四是联动指导。在形成初稿后，请省外的专家进行指导，为年鉴提出了很多有针对性的书面修改意见。同时，请有着丰富经验的省内专家进行指导，他们也提出很多宝贵的修改意见。

4. 实干担当是支撑。面对疫情，通过微信、QQ交流，电话沟通，保持无缝对接。在搜集资料的过程中，积极与各相关单位密切联系，指导各相关单位完善资料，发掘线索，不断丰富完善年鉴内容。为保证供稿进度，健全联络机制、督查机制、会商机制，通过协调沟通、定期通报、及时会商，为年鉴编纂抢出时间。在编纂过程中，先后修改文18次，落实专家意见500余条，修改总文字量达300万字。

五、《九台年鉴（2020）》主要亮点

《九台年鉴（2020）》抓住三条主线，展现突出特色、提升质量、编鉴为用三个特点。

1. 在全面记述中注重展现特色。《九台年鉴（2020）》以“反映地情、记录时代”为目标，深度挖掘，多元呈现精彩九台。首先，展现地域特色。设区位优势分目，突出具有的区位优势，并升格旅游业类目，详细记述九台区全域旅游发展情况；设九台美食条目，体现独有的地域特色。其次，凸显年度特色。围绕“两城”联创、推出政担银企合作新模式、解决中小企业融资难题等这些年度重大事件、重点工作，分别设条目进行记述，增加年度特色。最后，体现时代特色。设专文记述2019年九台区直党政机构改革内容；设长春城市副中心建设、幸福九台建设、乡村振兴、脱贫攻坚等条目，紧跟新时代发展步伐，突出反映九台区的发展变化。

2. 在严守规范中注重精益求精。《九台年鉴（2020）》在框架设计、收录内容、文字记述等方面力求规范化、专业化。首先，框架力求科学。调整类目，设“民主党派　工商联”类目，将人民团体类目下工商联分目移入其中，更趋于合理；将“科技　气象”类目更名为“科技”，并将“气象”降格为其下分目。增加特色性条目，在乡镇　街道类目苇子沟街道分目下设西地村田园综合体项目建设条目，在上河湾镇分目下设金红苹果吉林省特色农产品优势区条目，在其塔木镇分目下设一河带六长工作制条目。其次，内容力求新颖。在彩页制作过程中，融入新的理念，纳入新的内容，引入新的形式，首次把彩页编成“精彩九台”作为类目编进目录，而且设定12个分专题，从专题角度设计九台区吉祥物、九台区歌、九台

名片、数字九台、公园城市、经济发展、乡村振兴、生态文明、幸福生活、文化掠影、体育盛事、旅游胜景等 12 个方面的内容，选择有代表性的图片、荣誉和数字，追求艺术效果，图片设置大小结合、形象生动，版面设计灵活美观、错落有致，给人以视觉冲击。最后，记述力求精准。对通过部门供稿、向新闻媒体征集、报刊来源等多种渠道收集的资料进行严格考订，精选关键资料、典型数据，确保资料的完整性、准确性。严格规范语言文字，做到字斟句酌。针对统计数据，基于供稿单位口径不同，坚持以统计部门提供的数据为准，并多次进行考证，确保数据准确无误。认真处理绝对数与相对数的问题，经得起推敲。对人口、面积、经济指标等统计数据，多次与统计部门核定，确保万无一失。

3. 在转型升级中注重编鉴为用。为充分发挥存史育人资政的作用，《九台年鉴（2020）》在认真落实“两全目标”任务要求的同时，坚持转型升级理念，增强服务经济社会发展的功能。首先，聚焦政治标准。在年鉴编纂过程中，坚持以习近平新时代中国特色社会主义思想为指导，贯彻落实习近平总书记关于继承弘扬中华优秀传统文化、“高度重视修史修志”系列重要指示精神和视察吉林重要讲话精神，实事求是、求真存实、继承创新、与时俱进，坚持对历史负责、对人民负责。突出政治性、针对性，将政治标准贯穿全过程，落实政治责任。其次，聚焦服务人民。突出人民的创造性，注重人民群众的区情信息需求，让年鉴更加亲民、便民，达到服务人民需要的目的。如九台区人民政府类目收录民生 10 个方面行动内容，社会生活类目收载与人民群众生活息息相关的内容，反映好收入与消费、劳动就业、社会保障、扶贫、消费者权益保护、应急管理等民生内容。最后，聚焦发展成果。《九台年鉴（2020）》全面呈现“十三五”期间一个东北县城在国家宏观形势背景下全方位振兴发展的年度历史，彰显出振兴的九台、发展的九台、创新的九台。

六、社会效益

《九台年鉴（2020）》综合性强，信息量大，资料丰富，内容权威，成功入选全国精品更增添了一定程度上的社会效益。

1. 年鉴工作获得充分肯定。《九台年鉴（2020）》成功入选第五批中国精品年鉴，后又荣获第八届全国地方志优秀成果（年鉴类）特等年鉴。对此，省方志委号召全省各年鉴编纂单位学习九台区积极进取、争创一流的精神，克服困难、任劳任怨的精神，勇于创新、奋力开拓的精神，齐心协力、团结协作的精神。长春市地方志编纂委员会鼓励九台区继续发挥在长春市打造区域精品年鉴工作的模范带头作用。九台区区长作出批示，指出九台年鉴编纂工作展现了九台的新气象、新作风，要求继续发扬，再创佳绩；常务副区长作出批示，希望珍惜荣誉，再接再厉。同时，省、市两级地方志工作机构分别下发文件通报表扬九台区年鉴编纂工作。

2. 年鉴资政功能得到进一步发挥。《九台年鉴》框架设置更趋于科学合理，内容更趋于规范丰富，特色更趋于鲜明突出，质量更趋于高度提升。“一册在手，尽览无余”，为各级领导、部门、企业等社会各界提供想要的参考信息，为经济社会发展提供有效的借鉴。

3. 年鉴功用价值得到具体呈现。《九台年鉴（2020）》出版后，在区域内引起广泛关注，在开展学习、展览、宣传等工作方面发挥积极作用，为九台区社会建设提供了更多的智力支持和强有力的精神动力。

七、有关建议

通过打造精品年鉴，《九台年鉴》编纂质量较从前有了质的飞跃。但在“精品后”质量管控方面还存在诸多瓶颈。对此，提出如下建议：

1. 加强宣传，持续提高社会关注度。以“编鉴为用”为终极目的，积极进行宣传推介，充分发挥年鉴的资政功能。结合地方“六进”活动，为公众开展赠阅活动，提高社会对年鉴的认识。

2. 健全体系，不断强化机制保障力。制订有针对性的工作制度，建立有效的工作动态管理机制、定期检查通报制度，做到快部署，抓落实，勤催稿，抓督办，重指导，确保责任到人，用制度管人。

3. 建强队伍，有力增强核心新动能。人是年鉴编纂工作的核心，要保证专职人员，要求各供稿单位确定稳定的年鉴撰稿人。要开展指导培训，更新理念，激发热情，提升整体业务水平。

坚持守正创新　打造中国精品年鉴
——《桦甸年鉴》打造精品之路*

桦甸市档案馆

2018年年初，桦甸市档案馆（桦甸市地方志办公室）《桦甸年鉴（2018）》申报中国年鉴精品工程。9月，吉林省地方志编纂委员会（以下简称省方志委）经过研究，推荐《桦甸年鉴（2018）》申报中国精品年鉴。2019年2月，在中国精品年鉴专家组、省方志委领导的悉心指导和倾力帮助下，《桦甸年鉴（2018）》成功入选第三批中国精品年鉴。

一、回首“精品之路”

（一）充分做好前期准备

为夯实年鉴编纂基础工作，确保编纂质量和效率，桦甸市档案馆从五个方面做好前期准备。

一是提高站位认识，思想上做好准备。2017年，中国年鉴精品工程启动以来，中国精品年鉴评审坚持宁缺毋滥的原则，强调评审不分地域、不设比例、不限名额，成熟一部，入选一部。从入选的中国精品年鉴可以看出，中国精品年鉴质量要求是相当高的。桦甸市档案馆先后召开申报中国精品年鉴讨论会2次、谈心谈

* 执笔人：钟文彬，桦甸市档案馆副馆长。

话12人次，广泛征求机关干部意见，打消部分干部怯战心理，统一思想，形成共识，把申报中国精品年鉴作为扩大桦甸知名度、提高年鉴整体水平、锤炼编纂人员队伍的一次难得机遇。

二是高强度施压，组织上做好准备。桦甸市档案馆把打造中国精品年鉴作为年度中心工作，列入部门工作目标责任制，增加赋分权重，占总分值的二分之一，成为不是一票否决的否决项。成立由主管市长任组长的桦甸市申报中国精品年鉴工作领导小组，召开调度会2次，协调解决年鉴编纂中遇到的资金不足等问题6个。比如，在年初部门预算安排上，年鉴印刷费由6万元增加到12万元。

三是高规格人员配备，编纂团队上做好准备。桦甸市档案馆调整地方志工作领导分工，由原来副职主管，调整为“一把手”主管，安排一名副职专职抓年鉴编纂工作。从其他业务科室抽调文字综合能力较强的干部3人，充实到方志科。方志科由3人增加到6人，占单位总人数的50%。

四是高质量培训，撰写能力上做好准备。为提高编纂人员撰写能力，新年过后上班第一天，桦甸市档案馆就举办条目拟定及撰写专题培训，采取集中学习、现场讲解、举例说明等方式，规范条目拟定及撰写要求及标准。

五是高效率收稿，资料储备上做好准备。桦甸市档案馆改变以往坐在办公室收集资料的工作模式，在收集资料前，根据编纂要求细化收集内容，明确每个单位需要提供哪些资料，事先下发通知，明确收集资料的时间节点。方志科组成3个收集资料小组，直接到各单位催收资料，以前2个月完不成的收集资料任务，这次仅用了3周时间。

（二）精心组织年鉴编纂

为有序推进年鉴编纂工作，桦甸市档案馆制定《桦甸年鉴（2018）》编纂计划，把整个年鉴编纂过程分为篇目拟定、编辑撰写、稿件初审、审核把关四个步骤。

第一步，篇目拟定。桦甸市档案馆在《桦甸年鉴》已形成的篇目框架基础上，借鉴《辽源年鉴（2017）》《北京海淀年鉴（2017）》篇目，草拟《桦甸年鉴（2018）》篇目。2018年5月，中国年鉴精品工程2018年卷申报年鉴篇目研讨会召开，专家组对《桦甸年鉴（2018）》篇目进行点评，提出修改建议22条，极大地提高了《桦甸年鉴（2018）》篇目的整体框架质量。从整个篇目拟定过程来看，还有一些缺憾和不足。一是在类目确定上，站位不高，穿新鞋走老路，有照抄照搬现象。如社会团体类目，编纂时直接沿用，没有进行深入思考和创新；二是在条目拟定上，质量不高，不仅动态条目少，可读性也较差。如市级领导干部接访条目，省方志委专家将其改为协调市级领导干部接访54件，同样一个条目，修改后让人有眼前一亮的感觉。

第二步，编辑撰写。编纂人员把《桦甸年鉴（2018）》篇目分成3个部分、6名编辑分成3组，每组负责1部分篇目编辑撰写，明确交稿时限。在编辑撰写过程中，忽视跟踪指导这一关键环节。大家还按照之前的撰写方法拟定条目、撰写内文。发现这一问题后，迅速调整工作方法，采取先研讨、再编写的工作模式。编纂人员以分目为单元，编辑前由主要领导、分管领导和编纂人员共同思考，以会议形式从条目拟定到具体内容，逐句逐条进行讨论，商议确定好具体的组稿、编稿思路，再进行编辑撰写。

第三步，稿件初审。《桦甸年鉴》一直采取分管领导、主要领导两审方式。《桦甸年鉴（2018）》完成类目编纂后，对稿件进行一次初审。经过初审，发现存在审稿量大、编审周期长、错误重复出现等操作环节上的问题。特别是在量词使用上，同质化错误非常多，修改量非常大。为加快编审节奏，主动思考改变审稿模式，明确市档案馆馆长为唯一审稿人，分管领导职责调整为现场指导编稿，年鉴初审前移，把审稿篇目由类目编纂完审稿改为分目编纂完审稿。调整后，审稿时间压缩50%，质量和效率明显提升。

第四步，审核把关。2018年8月底，《桦甸年鉴（2018）》初稿完成。省方志委对《桦甸年鉴（2018）》编纂质量高度重视，省方志委党组书记、副主任李云鹤亲自审阅，年鉴处全员参与改稿。从框架设计到篇目拟定，从条目标题提炼到内容文字斟酌，从彩页布局构思到随文图片设计，累计提出修改意见百余条，指导修改文字、插图及说明3000余处。为提高《桦甸年鉴（2018）》编纂人员文字综合能力，省方志委举办年鉴文字综合能力专题培训，省方志委党组成员、副主任孟亚男亲自上阵授课辅导，针对《桦甸年鉴（2018）》条目拟定、语言文字、图片说明及选用等方面存在的突出问题，逐字逐句逐条讲解指导，编纂人员文字综合能力得到显著提升，年鉴稿件质量取得实质性改进。

（三）高度重视专家意见

中国精品年鉴专家组对《桦甸年鉴（2018）》累计评审3次，从26个方面提出具体修改建议103条，桦甸市档案馆组织年鉴编纂人员严格按照专家建议进行修改。

第一次落实修改意见。2018年11月14日，桦甸市档案馆接到中国精品年鉴专家组对《桦甸年鉴（2018）》第一轮评审意见，从装帧设计、序言、编纂名单及编辑说明、地图、卷首图片、框架结构与立目、附录、索引、政治、文化、社会生活、生态环境建设及城市建设与管理、市情概貌、规范化问题等14个方面提出修改建议69条。如在框架结构与立目方面，专家组建议社会团体类目更名为群众团体，文联分目并入文化分目，私营个体分目并入工商行政管理分目等。桦甸市档案馆立即召开编纂人员会议，逐条梳理落实专家组建议，对未能按要求落实的2条建议分别作出详细解释和说明。

第二次落实修改意见。2018年12月26日，接到中国精品年鉴专家组第二轮评审意见，从篇目、卷首专题图片、大事记、乡镇街道、卫生体育、人物与荣誉、军事保密相关问题等7个方面提出21条建议。此轮专家组提出建议较多的是针对篇目，提出6条建议，如建议专文中的《2017年桦甸市脱贫攻坚工作述览》“述览”一词不准确，建议改为“述要”或“综述”等。

第三次落实修改意见。2019年2月21日，接到中国精品年鉴专家组第三轮评审意见，从类目设置、军事等5个方面提出13条建议。如在今后注意事项方面，提出4条建议，第一条建议精选图片，第二条建议大事记内容要精练，第三条建议强化个别条目文字编辑，第四条建议加强主编统稿环节。为落实好这4条建议，桦甸市档案馆对《桦甸年鉴（2018）》全书进行3次大的修改，在图片精选方面，更换随文图片58幅，占随文图片总数的33%；在大事记内容精练方面，大事记内容由199条减少到176条，文字量由1.1万字减少到9000余字；在强化个别条目文字编辑方面，对年鉴稿件从头至尾梳理修改，重新提炼条目标题215个，占条目总数的21%；在加强主编统稿环节方面，主要领导对年鉴稿件全文进行3次修改。

二、打造中国精品年鉴的经验及收获

通过打造中国精品年鉴，全体编纂人员收获以下四点经验体会。

（一）上下齐心，合力助推

申报初始，全体同志对争创中国精品年鉴有热情，但对是否能入选，还是信心不足。信心不足的原因主要体现在四个方面：一是在年鉴框架设计上，构思不成熟，如特载、文献、专文应不应齐全；二是在篇目拟定上，分类不清晰，如社会生活部类应该记叙哪些内容，精神文明建设应不应放入其中；三是在前彩编排上，对应包括哪些具体项目把握不准，如地图具体用哪几种；四是在编纂水平上，编纂人员整体能力跟不上精品年鉴要求，如编纂人员拟定的条目老套、文字水平不高……这些实际困难和客观问题，通过省方志委领导和年鉴指导处同志们的 2 次指导修改、中国精品年鉴专家组的 3 次指导修改后，全部迎刃而解，争创精品的信念一步步坚定。

（二）调高标准，突出特色

在中国年鉴精品工程 2018 年卷申报年鉴篇目研讨会上，中国精品年鉴专家提出，打造中国精品年鉴的关键是突出特色。在彩页的设计上，《桦甸年鉴（2018）》着力突出桦甸地方特色，突出桦甸市文化符号的主题；在类目设置上，把人力资源管理和社会保障类目合并至社会生活类目，把居民生活、民族宗教、妇女儿童、精神文明建设等内容并至社会生活类目；在条目编写上，进一步提升年鉴动态条目所占比例，《桦甸年鉴（2018）》设动态条目 668 个，占条目总数的 66%，年度特色、亮点工作由此凸显；在大事记的选材上，改变以往记述本地领导活动内容多的弊病，不记述本地领导活动内容，大量增加反映社会各方面的动态信息。

（三）听从指挥，保质交稿

面对每一轮中国精品年鉴专家组评审意见，桦甸市档案馆都及时组织人员高质量去落实，按时限要求提前交稿，并上报落实专家组评审意见报告。对于极少数落实不了的修改意见，也都诚恳做出详细解释和周到的说明，全方位赢得专家组的肯定和支持。

（四）精益求精，反复打磨

从《桦甸年鉴（2018）》参评中国精品年鉴，到入选中国精品年鉴的整体过程来看，压力最大的阶段就是从收到入选通知到出版印刷这个时期。这种压力是无形的，主要表现两个方面：一方面，担心年鉴质量上存在问题，给吉林省、给桦甸市丢颜面；另一方面，担心文字还不够精，有瑕疵，砸了中国精品年鉴这个牌子。其间，专家组和省方志委领导反复提醒：精品年鉴是打磨出来的，一刻也不能松劲。截至 2019 年 6 月 12 日，《桦甸年鉴（2018）》正式印刷，市档案馆编纂人员到印刷厂修改 12 次、1.8 万处、11 万字。

通过打造中国精品年鉴，锤炼了编纂队伍，每名编纂人员的编辑、撰写能力都得到飞跃式的提升。同时，经过中国精品年鉴专家组、省方志委领导和同志们的精心指导，全体编纂人员对年鉴有了更深的理解和认识，形成了较为领先的、具有桦甸特色的年鉴工作模式，自打造精品年鉴成功以来一直受益至今。在框架上，坚持科学规划，围绕经济社会发展，结合地域特色设计类目、分目。如《桦甸年鉴（2023）》将体育分目升格为类目；农村类目下增设农特产分目，记述桦甸市域内 22 种农特产。在内容上，坚持政治引领。围绕市委、市政府中心工作，及时增加年鉴内容。如《桦甸年鉴（2019）》增设脱贫攻坚分目，《桦甸年鉴（2021）》增设延长高速公路建设分目等。

近年来，桦甸市档案馆坚持抓主业、提效能，建机制、争一流，强化过程控制，加强质量保障，为努力打造有地方特色、有文化品位的综合年鉴下真功夫，为持续推进年鉴编纂质量实现新突破做出了切实的努力。

凝心聚力创精品　精益求精谱华章

——《建邺年鉴》打造精品之路*

南京市建邺区地方志编纂委员会办公室

2021 年 4 月,《建邺年鉴（2020）》入选第五批中国年鉴精品工程“中国精品年鉴”，成为江苏省首部入选中国精品年鉴的区级综合年鉴；2021 年 12 月,《建邺年鉴（2020）》又获评第八届全国地方志优秀成果（年鉴类）特等年鉴。这在建邺年鉴史上具有里程碑的意义。

南京市建邺区自争创中国精品年鉴以来，得到区委、区政府高度重视，中国地方志工作办公室和江苏省地方志办公室、南京市地方志办公室先后给予精心指导。成功斩获精品后，南京市建邺区地方志编纂委员会办公室（以下简称区志办）先后赢得区领导批示、表扬，部分参与人员获得嘉奖并得到提拔重用。

一、年鉴发展概况

《建邺年鉴》是由区志办编纂的综合性地方年鉴，自 1986 年创刊以来，按照“一年一鉴”的要求，逐年编纂出版，曾获全国地方志优秀成果（年鉴类）一等年鉴、二等年鉴，第二届、第三届、第四届江苏省年鉴奖综合一等奖，江苏省地方综合年鉴综合优秀一等奖，南京市“十二五”“十三五”地方志优秀成果奖等

---

* 执笔人：赵辉，南京市建邺区地方志编纂委员会办公室主任。

荣誉。

近年来，区志办坚持推进年鉴工作高质量发展，主动对标精品标准，着力提升年鉴质量。2019 年 12 月，《建邺年鉴（2020）》编纂工作启动，区志办经过认真研究，决定响应中国地方志指导小组办公室号召，积极申报中国年鉴精品工程。2020 年初，区志办向建邺区委、区政府、南京市地方志办公室、江苏省地方志办公室作汇报，表达争创中国精品年鉴的决心，得到各级领导的大力支持。经过区志办全体人员团结协作、精心打磨，在全国权威年鉴专家评审和指导下，《建邺年鉴（2020）》编纂质量得到进一步提升，2021 年成功创建成中国精品年鉴。

二、主要工作举措

在参照前几批中国精品年鉴的基础上，建邺区志办结合工作实际，坚持“四个到位”，聚焦“四个创新”，强化“四个注重”，强力推进精品年鉴打造。

（一）坚持“四个到位”，有力保障精品创建

一是思想重视到位。30 余年赓续传承，建邺年鉴人已积累了丰富的年鉴编纂经验。恰逢中国年鉴精品工程创建的时机，区志办审时度势，勇于亮剑争锋，积极争得建邺区委、区政府以及江苏省地方志办公室、南京市地方志办公室的大力支持。“上下同欲者胜”，参与人员思想上高度重视，表现出极大的决心和意愿。

二是资金保障到位。精品年鉴打造过程中涉及专家审读、组织评审、参加研讨会、出版发行等多项开支，因此资金保障的重要性不言而喻。区志办积极争取区财政支持，增加年鉴编纂项目预算，为出版、审稿、组织评审等工作预留费用。

三是人员组织到位。年鉴编辑校对方面，区志办安排 3 名编辑业务能力较强的年轻同志参与年鉴编校工作，同时聘请 2 名多年从事年鉴编纂的资深老同志，壮大年鉴编辑队伍。年鉴质量审核把关和进度把控方面，由区志办主任及分管领导统筹谋划，总揽全局。

四是组织部署到位。区志办主要领导参与制定年鉴编纂工作计划，排定时间表，召开全区年鉴编纂工作动员培训会、专题推进会等，保障年鉴编纂工作有序开展。

（二）聚焦“四个创新”，全面提升年鉴品质

1. 聚焦组稿创新，狠抓源头质量。稿件来源和供稿质量直接决定年鉴的质量和价值，因此，重视组稿工作，从源头抓起，能有效提升年鉴质量和水平。聚焦组稿源头，区志办主要做好以下三方面工作。

一是组稿工作制度化。《建邺年鉴》供稿工作主要由党政部门、群团组织、驻区企事业单位来承担。经过30余年组稿工作，区志办已开拓形成长效组稿工作机制，对组稿工作进行统一布置、分批培训，要求各组稿单位将年鉴资料的汇集和整理作为一项日常性工作，安排相对固定的人员定期整理。同时，制定稿件上报审核制度，上报的稿件须经单位主要负责人签阅，确保年鉴内容的全面性和真实性。

二是组稿范围扩大化。既拓宽组稿思路，又扩大组稿范围，从而不断充实稿件来源。组稿对象方面，在面向机关部门组稿的同时，深入企事业单位、行业协会以及联系个人等进行组稿。组稿渠道方面，善于借助多家媒介获取有效信息，积极从报纸、杂志、网站、新媒体等多平台搜集考证可供年鉴采用的信息。例如，通过文化馆、摄影家协会举办的各类主题摄影比赛搜集照片；在网络媒体上向社会各界公开征集资料、照片；搜集部门网站上发布的工作信息动态，选取有价值的充实到条目中。此外，邀请特约作者加入年鉴编纂队伍，有针对性地搜集资料。

三是组稿形式多样化。首先，区志办采取个性化组稿方式，认真研究全区各单位“三定”方案，根据每个单位自身职能，编制个性化组稿目录，“一对一”下发至各单位。其次，在《建邺年鉴（2020）》组稿工作启动时，区志办除统一下发组稿通知外，还为全区40余家单位分别制定组稿补充资料目录，从源头上提升组稿质量，避免稿件内容不全面导致反复补充、催稿的弊端。最后，区志办主动上门提供业务指导，主动到组稿单位，与供稿人员就撰写进度、条目筛选、内容修改等进行沟通和交流，把“等稿件”变成“跑稿件”，加快撰写进度，确保稿件符合年鉴要求。

2. 聚焦框架创新，打造特色亮点。年鉴框架是承载年鉴内容的主体结构，是年鉴编排合理的关键。精品年鉴的框架应覆盖全面、分类科学、层次清晰、领属得当、编排有序，对此，区志办在年鉴汇编之时特别注重科学分类，在以往年鉴框架的基础上进行创新设计。

一是紧扣时代脉搏设置框架结构。建邺区志办对照国民经济行业分类，对年鉴框架进行科学调整，强化事务属性、淡化单位性质。《建邺年鉴（2020）》框架结构主要依据区域功能定位、主导产业进行设计，设特载、专记、大事记、建邺概览、中共建邺区委、建邺区人大、建邺区政府、政协建邺区委员会、中共建邺区纪委·建邺区监委、民主党派·人民团体、法治、区域经济、功能园区、经济管理、都市建设、生态环境、教育、科技、文化、卫生健康、体育、社会生活、应急管理、街道概览、人物与荣誉、组织机构负责人名录、附录等类目，力争做到门类齐全、分类科学、资料翔实、编排有序。

二是突出区域特点打造特色类目。《建邺年鉴》始终坚持“以我为主、特色创新、博采众长、与时俱进”的方针，着力打造特色类目框架。“中新智慧城市”是李克强总理在出席第21次中国－东盟（10+1）领导人会议时，向新加坡方提出的一个建设愿景。《建邺年鉴（2020）》专记突出区域特色和年度亮点，记述“中新智慧城市示范区”建设工作，包括智慧养老、智慧校园、智慧水务、智慧警务、智慧消防、智慧园区、智慧工地、智慧医疗、智慧环卫、智慧司法、智慧社区等方面的建设情况，突出展现建邺区在智慧城市示范区建设过程中所做的工作。区域经济类目突出记述建邺金融、电子商务、会展、房地产、旅游等重点产业发展优势和取得成绩。功能园区类目介绍区域内四大功能园区的产业定位、经济政策、平台载体和运营成效。都市建设类目强调以规划为引领，记述全区在城市建设、公共交通、市政建设、水利建设、城市管理方面的投入和做所的实事。生态环境类目则用数据展示全区全年生态环境状况，突出记述在长江大保护、绿化园林、节能减排、污染防治、环境监管等方面所做的工作。

3. 聚焦条目创新，精进内容质量。条目是年鉴的基本单元，年鉴的内容主要通过条目来表现。如果将类目、分目比作年鉴的“骨架”，那么条目就如同“毛细血管”一样贯穿年鉴的全内容。年鉴质量的高低，很大程度上取决于条目质量的高低。建邺区志办注重优化条目选题，结合年度大事、要事，重点围绕年度民生项目、工程建设、重要活动、重大会议、特色工作、业务成果、热门话题等，在《建邺年鉴（2020）》中精选设置800余个条目，确保条目选题全面、真实、准确、连续，力争条条有价值、字字有分量。对于要素不全又无法查证补齐的条目，一律未采用。

一是科学设置综合性条目。《建邺年鉴（2020）》涉及的部门、行业、领域几乎都有综合性条目，且均置于首要地位。例如，卫生健康类目设置综述分目，下设医疗卫生机构概况、卫生人员数量、医疗机构床位数和门诊量、卫生基础设施建设、医疗保健、计划生育、爱国卫生、健康教育等条目，并附2019年“建邺区区级医疗单位基本情况一览表”，资料翔实，内容全面客观。

二是突出设置单一性条目。单一性条目突出年度特点、大事要事、建邺特色。例如，建邺区政府类目下设对口扶贫分目，以概况和5个单一性条目，详细记述建邺区2019年对口扶贫西藏墨竹工卡县扎雪乡等5个地区的情况；街道概览类目下6个街道分目均采用概况、基层党建、经济服务、民生保障、城市管理、安全稳定、生态环境等固定条目加若干特色单一性条目，既突出各街道一致性工作，又体现2019年度各街道特色亮点；民主党派·人民团体类目下建邺区妇联分目中特别设置“儿童·家庭友好国际街区建设”条目，记述2019年省、市、区三级围绕政策友好、空间友好、文化友好、服务友好四个维度，联动探索打造莫愁湖西路儿童·家庭友好国际街区所做的工作。

三是注重增加实用信息。增加与群众日常工作、生活息息相关的内容，如风景名胜、地标建筑、招生政策、就业政策、民政事务等；增加为区域经济发展宣传服务的内容，如招商引资政策、产业发展规划、会展活动载体等。注重数据权威性，组织人员专门进行数据校对，以统计部门提供的数据为标准，力求数据资料的准确、科学、权威。

4. 聚焦装帧创新，彰显新城风貌。反映时代印记的年鉴，不仅需要文字记述，而且需要采用精美的图文装帧设计。

一是优化封面设计。结合区情区貌，《建邺年鉴（2020）》封面布局“中国精品年鉴”相关元素，并以濒江而建的地标建筑“南京国际青年文化中心”双子楼为背景，融合抽象的“邺”字进行创新设计。封面设计婉约秀气，意蕴丰富，给人以极佳的视觉体验。

二是美化图照设计。一方面，设置适宜的、能体现年度风采和地区特色的专题，《建邺年鉴（2020）》的前彩页分为“建邺区地图和城市新貌”“要事集萃”“年度精彩”“青奥灯彩”“印象莫愁”5个专题。另一方面，为相关专题挑选优质精美图片。《建邺年鉴（2020）》通过大量高质量的专题照片，既突出展现建邺区城市建设、经济发展、民生活动的成绩和精彩瞬间，又记录城市特色风貌。其中，“印象莫愁”专题全方位、多角度地呈现修葺一新的莫愁湖作为南京主城区内第二大湖泊、“金陵第一名胜”的亮丽景色，突出“幸福建邺，到此莫愁”的品牌。

三是细化随文图片设计。《建邺年鉴（2020）》遵循先文后图、图文相符的原则，选取100多张图片随文编排，合理搭配布局，使文图相得益彰，生动展现时代风采。

（三）强化“四个注重”，严格管控编纂质量

管控年鉴编纂质量，除了对编纂流程进行管理，建邺区志办还加强队伍建设，按规范精编细校，提高队伍协同配合水平。

一是注重锻造队伍，培训培养编辑人员。建邺区志办对人才培养给予高度重视，一直将其放在突出位置。持续的培训与学习，能有效减少地方志工作因人员流动带来的人才断层现象。建邺区志办多次邀请省、市年鉴编纂方面的专家学者，对全区各单位供稿人员和区志办年鉴编纂人员进行业务培训，使他们对编辑业务规范有更深的理解，有效提升建邺区年鉴供稿人员和区志办年鉴编纂人员的编辑业务水平。

二是注重规范为要，提升编校精细水平。年鉴的编辑加工需要注意多个方面的内容，常见的错误既包括政治性差错、人名差错、地名差错、机构名差错、法律法规名差错、概念定义不明或有歧义，也包括语法错误、逻辑错误、文字差错、标点符号差错，行文前后不一致，计算错误，图表和正文数据不一致，审图号标准，涉密信息处理，内视性信息收录，涉港澳台规范表述，等等。建邺区志办年鉴编纂人员认真研读国家有关出版物的标准和规范，学习省、市《地方综合年鉴编纂规范》，根据规范要求编辑加工《建邺年鉴（2020）》，文字表述力求严谨朴实、简洁流畅，开门见山、直陈其事，对称谓、时间、数字、计量单位等的表述做到符合规范、前后一致。对各单位报送的初稿进行认真、细致的加工，对带有工作总结性质的文字表述进行删减或改写，不记大话、套话和空话。

三是注重凝聚合力，创新编辑加工模式。建邺区志办组织3名年鉴编辑业务能力较强的年轻同志和2名文字功底扎实的老同志，组成5人审读小组。审读小组成员先各自通读通改一遍，在编辑过程中及时沟通难点疑点，汇总编辑成果，建邺区志办主任、副主任再与审读小组一道集中解决剩余问题。排除清样后，建邺区志办主任、副主任和审读小组成员一道通读清样，排查其他问题。

四是注重借智借力，进行第三方审核。在检查阶段高度重视专家评审中发现的问题，认真进行整改落实，切实提升年鉴质量。先是邀请省、市地方志工作机构领导、专家对《建邺年鉴（2020）》进行评审，根据评审意见初步修改后，再根据中国精品年鉴专家的评审意见进行完善。《建邺年鉴（2020）》编纂过程中先后进行 3 次重大调整，整改落实近 200 条修改意见，年鉴质量又上一个台阶。

三、主要经验与体会

回顾精品年鉴创建历程，主要有以下三点经验体会：

一是领导高度重视是关键。建邺区委、区政府高度重视年鉴编纂工作，主要领导、分管领导多次对地方志工作作出指示批示，区财政给予资金大力支持，各部门单位高度支持配合组稿工作，供稿人员、编校人员共同努力，高效协作，这些都为《建邺年鉴（2020）》成功获评创造了良好的外部条件，提供了有力的内部支持。

二是严格质量要求是生命。《建邺年鉴（2020）》编纂过程中，始终秉承“质量第一”的原则，对照《地方综合年鉴编纂出版规定》和中国年鉴精品工程评审要求，严格把好政治关、政策关、保密关、史实关、体例关、数据关、语言关、文字关、标点关等，字斟句酌、精益求精。

三是专家精心指导是保障。《建邺年鉴（2020）》成功获评，离不开中国精品年鉴专家的点评、指导，省、市地方志工作机构领导、专家的出谋划策以及不厌其烦地答疑解惑，整个编纂过程中的 3 次重大调整和近 200 条修改意见的整改落实，都得到了专家精心指点和严格把关，为创建精品之路指明了方向。

年鉴质量建设只有进行时，没有完成时。建邺区志办将以创成中国精品年鉴为契机，深耕年鉴编纂主责主业，踔厉奋发、勇毅前行，继续为推动年鉴事业高质量发展贡献建邺力量。

“鉴”证新时代 “浦”写新篇章
——《浦口年鉴》打造精品之路 *

南京市浦口区地方志编纂委员会办公室

一、创建中国精品年鉴的历程

《浦口年鉴》创刊于1996年，经过20多年的深耕细作，先后摘得首届中国地方志年鉴一等奖、第八届全国地方志优秀成果（年鉴类）特等年鉴等桂冠，为精品创建工作积淀了深厚的基础。2020年，《浦口年鉴（2020）》成功创建江苏省精品年鉴，开创了年鉴工作新局面。2022年10月，南京市地方志办公室入选首批中国精品年鉴区域试点单位，《浦口年鉴（2022）》是南京获得试点后首部申报中国精品年鉴的年鉴。南京市浦口区地方志编纂委员会办公室（以下简称浦口区志办）牢牢把握这一历史机遇，坚持质量第一的原则，落实守正创新的标准，积极争创中国精品年鉴，力求打造一部篇目精良、内容精准、编校精细、设计精美的精品力作，以年鉴的高质量发展引领地方志事业的高质量发展。中国地方志指导小组办公室、江苏省和南京市地方志工作机构高度关心《浦口年鉴（2022）》争创中国精品年鉴工作，全程跟踪指导。中国精品年鉴专家组两轮评审共提出意见270条，这些意见既高屋建瓴从理论层面宏观指导，又兼顾操作从中观、微观角

* 执笔人：徐源，南京市浦口区档案馆（浦口区地方志编纂委员会办公室）地方志科科长。

度精彩"诊断"，是提高年鉴质量的一剂良方。区志办按照"认真消化、全盘接受、逐条修改"的方法认真落实修改工作，并特邀全国、省、市级年鉴专家召开《浦口年鉴（2022）》争创中国精品年鉴专家指导会，专题提升修改质量。在逐条落实专家意见后，《浦口年鉴（2022）》从内容到表现形式都有了令人耳目一新的提升。历经推荐申报、省级专家评审、中国精品年鉴专家两轮评审等环节，2023年3月，《浦口年鉴（2022）》入选第七批中国年鉴精品工程"中国精品年鉴"，获得年鉴界最高荣誉。

二、打造中国精品年鉴的思路与做法

创建精品的过程使编纂人员深刻体会到，精品之路绝非朝夕之功，而是任重道远的艰辛探索，是永无止境的不断磨砺，更是一项包含年鉴编纂、理论研究、工作科学调度和资源开发利用的系统工程。

（一）指导思想是精品创建的根本遵循

2017年12月，中国地方志指导小组印发《地方综合年鉴编纂出版规定》，对年鉴编纂指导思想作出了规范性表述。《中国年鉴精品工程实施方案（修订版）》将指导思想和编纂观点作为评选的首要标准。做好新时期地方志工作和精品年鉴创建工作，必须坚持以习近平新时代中国特色社会主义思想为旗帜和灵魂，以《地方志工作条例》为法理依据，贯穿工作全过程。创建工作伊始，浦口区志办选优配强编辑队伍，吸纳7名政治素质过硬、业务能力较强、重责任有担当的机关退休干部作为编辑人员，为精品创建工作提供坚实的人才基础和有力的思想保障。组织全体编辑人员深入学习习近平总书记关于史志工作的重要论述，认真学习《地方综合年鉴编纂出版规定》《关于地方综合年鉴编纂出版若干问题的补充规定》等文件，将党的理论和业界规范融会贯通于编纂工作实践。在编纂过程中以新思想新理念为指导，坚持辩证唯物主义和历史唯物主义的立场、观点和方法，注重把好年鉴的政治关、保密关和史实关。坚持党的全面领导、坚持正确的指导思想是创建精品年鉴的根本遵循，是推动年鉴事业高质量发展的根本前提，也是确保地方志事业始终沿着正确方向不断前进的根本保证。

（二）汇聚合力是精品创建的关键所在

精品创建工作是一项系统工程，是多方参与、合力共建的过程。创成中国精品年鉴离不开各级领导的关心重视，离不开专家的倾力指导，也离不开全区各撰稿单位的大力支持和积极配合，精品创建的成功是集体智慧的结晶。各级领导专家的关心指导为浦口区志办砥砺前行注入了智慧源泉和不竭动力，同时全区地方志工作者以良好的业务素养、专注的敬业精神、攻坚克难的信心决心，汇聚起创建工作的强大合力。浦口区志办选优配强编辑队伍，吸纳 7 名机关退休干部作为编辑人员，编辑部共有在职、聘用人员 9 人。同时，编辑部的各类业务集训、主题研讨、交流沟通伴随创建工作的推进从未停止，使编辑队伍知识更新快、实践能力强、合作精神好，继而形成较强的工作凝聚力和战斗力，在知重负重、攻坚克难中诠释了浦口方志人的使命担当。加强撰稿队伍建设，建立一支 110 余人组成的撰稿人队伍，通过分组培训、一对一交流、上门辅导等方式，增强撰稿人员的精品创建意识，提高稿源质量，使他们不仅能在行动上支持精品创建工作，更能从情感上认同地方志事业。密切与印刷单位的对接沟通，合作企业从排版、修改、图片编排到版式设计、包装设计、质检出版等各环节全程提供优质服务，既加班加点不厌其烦，又主动查漏补缺，确保这一精品工程高质量完成。

（三）质量至上是精品创建的核心要义

质量是新时代地方志事业的根本、基础和生命线。中国年鉴精品工程旨在培育地方志工作者的精品意识，发挥精品年鉴的引领示范作用，以精品佳作书时代之新篇、发时代之强声。在精品创建过程中，浦口区志办牢固树立质量意识，严格落实精品标准，精细做好流程管控，不断完善资料收集征集、主编负总责和责任编辑分工负责、内审外审相结合、主编“一支笔”统稿等制度，健全年鉴质量保障体系。坚持守正创新，注重把握时代脉搏、彰显地域特色，在打破陈规中实现创造性转化、在与时俱进中实现创新性发展。坚持内容为王，全面系统反映现代化新浦口建设取得的成就，以厚重史料资政辅治、堪存堪鉴。尊重历史，注重对记述内容和数据的核实，确保入鉴资料客观、真实、准确，经得起历史检验，尤其注重对统计数据的校核，对文与表、单项与合计、当年与上年、不同条目少量重复之处、存在逻辑关系的数据之间进行多次计算校准，确保统计数据权威可信、可供研究利用。遵循规范，加强对语言表述、标点符号、计量单位、全称简称、名词括注、图表应用等方面的规范化建设，将两个规定和业界规范贯穿于编纂过程始终，力求打造一部观点正确、史实准确、篇目科学、条目规范、语言精练的精品力作。

三、《浦口年鉴（2022）》的特色和亮点

（一）优化框架结构，以纲目设计统揽全书编纂

《浦口年鉴（2022）》落实《中国年鉴精品工程实施方案（修订版）》关于框架设计方面的要求，以框架设计谋篇布局、彰显特色。全书设政治建设、经济建设、文化建设、社会建设、生态文明建设 5 个部类 35 个类目。其中，将原来体量庞大的党政群团类目拆分为中共南京市浦口区委、南京市浦口区人大、南京市浦口区政府、政协南京市浦口区委、南京市浦口区纪委监委、民主党派 工商联、群众团体 7 个类目；在中共南京市浦口区委、南京市浦口区人大、南京市浦口区政府、政协南京市浦口区委、南京市浦口区纪委监委 5 个类目增设综述分目，在中共南京市浦口区委、南京市浦口区政府 2 个类目增设重要文件分目，在南京市浦口区人大、政协南京市浦口区委 2 个类目增设专门委员会工作分目，此外还增设网络安全和信息化管理、外事侨务、证券业、供销合作、土地资源管理、基层治理等 26 个分目，更加全面地反映浦口区部门、行业的基本情况；调整人文历史、银行业、国有资产监督管理、残疾人福利、新闻人物等分目或下设条目的内容和顺序，确保纲目更加科学合理；设都市农业、乡村振兴、制造业、休闲旅游、生态环境等特色类目，彰显了浦口区全国农业科技现代化先行县、全国休闲农业和乡村旅游示范区、国家生态文明建设示范区的资源优势，反映浦口区全面崛起“地标性产业高地”、全面呈现“都市圈最美花园”的使命担当。

（二）拓宽资料来源，以翔实资料呈现厚重历史

《浦口年鉴（2022）》以 35 个类目、174 张图片、112 张表格、93 万字的厚重体量，全面客观地记载了“十四五”开局之年、开启全面建设社会主义现代化国家新征程关键之年，现代化新浦口建设取得的成就。在各撰稿单位供稿、针对性

约稿和收集“浦口发布”及新闻报刊资料的基础上，拓宽资料来源，利用官网、行业网站、行业微信公众号等平台，广泛收集第一手资料。例如，在编纂房地产业类目时，责任编辑利用南京网上房地产网、南京市规划和自然资源局官网、365淘房网以及“安家江北”等房产微信平台，及时收集土地和楼盘信息。房地产业类目收录 9 个地块、8 个楼盘信息，共 21 张表格，全面反映浦口区从土地拍卖到房地产开发、经营、管理的行业全貌，其中楼盘简介表格均设置项目地址、用地面积、用地性质、容积率、开发企业、主力户型等 24 个栏目要素，信息含量丰富，资料价值较高。2021 年是中国共产党成立 100 周年，为充分汲取百年党史奋斗伟力，生动再现党领导浦口人民栉风沐雨、艰苦创业的光辉历程和伟大成就，《浦口年鉴（2022）》在卷首设置“回望百年路”专题，收录图片 41 幅，同时在附录中收录“建党 100 周年浦口区大事记”3.5 万字，彰显浦口区红色革命之乡的地域特色，反映浦口人民在党的领导下抢抓机遇、敢为人先的改革探索，增强读者对浦口历史的了解。

（三）立足条目基础，以鲜活记述讲好浦口故事

《浦口年鉴（2022）》设 221 个分目，其中新增 35 个，增长 19%；设 1351 个条目，其中新增 140 个，增长 12%。尤其是中共南京市浦口区委、群众团体、法治、休闲旅游、社会生活、附录等类目，增加大量和各部门职能、产业特色相关的常规条目，增强记述的系统性和全面性。宏观上，确保综合性条目、常规性条目、单一性条目占比恰当；微观上，力求条目标题规范、文题相符、要素齐全、编排得当。为反映浦口区集成电路、高端交通装备、文旅健康三大主导产业发展现状，设制造业、休闲旅游 2 个类目，其中休闲旅游类目系统梳理浦口区丰富的文旅资源，逐一介绍老山国家森林公园、珍珠泉度假区、汤泉度假区、江河湿地、创意农园、美丽乡村等自然人文景观，全面呈现浦口区文化旅游、体育旅游、生态旅游、康养旅游、休闲农业游、民宿美食游、节日乡村游等丰富的旅游业态。2021 年，浦口区获评中国天然氧吧、国家生态文明建设示范区。为展现浦口区生态资源优势和践行“两山”理论的实践成果，在专题图片中设置“守护绿水青山”栏目，在专文中收录《浦口区入选第五批全国生态文明建设示范区》文章，图文并茂讲好浦口故事。

四、精品年鉴工作的意义和社会效益

实施中国年鉴精品工程有助于推动中华优秀传统文化传承发展，有助于为全面建成小康社会提供更多智力支持和历史借鉴，有助于全面推进地方志事业转型升级。浦口区志办深刻领会精品年鉴工作的重要历史意义和现实价值，牢牢把握南京市争创中国精品年鉴区域试点单位的历史机遇，积极打造中国精品年鉴。《浦口年鉴（2022）》是南京成为试点后申报并创建成功的首部中国精品年鉴，为南京区域试点工作打下良好基础，也为其他区精品创建工作提供了有力借鉴。2023年7月7日，南京市地方志办公室和浦口区政府联合召开南京市争创中国精品年鉴区域推进会暨中国精品年鉴《浦口年鉴（2022）》发行仪式，相关新闻报道在“学习强国”学习平台、直播南京、标点新闻、浦口新闻等媒介播出，放大了精品工作的社会效应。12月中旬，区档案局、区档案馆、区志办发文表彰中国精品年鉴《浦口年鉴（2022）》优秀撰稿人22人，同时举办《浦口年鉴》撰稿工作交流会，既为精品创建工作画上圆满的句号，又为继续发扬精品精神、推进年鉴编纂质量新提升做了再动员再部署。

编修精品佳鉴的目的在于利用。浦口区志办将在面向部委办局发行的基础上，拓宽发行渠道，向社区、中小学校、驻区高校、文化馆、图书馆、特色场馆、新时代文明实践站（所）等免费赠阅，宣传浦口发展，传播方志文化，满足人民群众日益增长的精神文化需求。发挥精品成果在对外宣传方面的积极作用，为区政府门户网站提供全区最新概览，成为社会各界了解浦口的权威窗口。

五、“精品后”年鉴质量长效建设的思考与建议

中国年鉴精品工程是深化年鉴质量建设的重要抓手，是推进地方志事业转型升级的重要内容。在获得精品殊荣后如何始终保持年鉴编纂的高水准和高品质，如何将好经验好做法转化为常态长效机制，如何持续推进年鉴事业高质量发展，是浦口方志人必须思考和解决的问题。

（一）在“合”字上谋发展，整合多方资源，推动融合发展

年鉴事业的高质量发展，离不开人才资源的有力支持，地方志工作机构要整

合资源、开门办志，广泛吸纳方志专家、行业专业人士、关心热爱地方志工作的社会各界人士，构建“地方志工作机构为主体、方志专家为指导、融媒体和乡贤人才为依托、社会各界广泛参与”的大方志工作格局。作为基层地方志工作机构，要依托省市专家智库，善于借势、借力、借智，坚持联动发展，实现互惠共赢。目前南京市有《建邺年鉴（2020）》《浦口年鉴（2022）》2部区级年鉴创成中国精品年鉴，希望省、市地方志工作机构在积极开展省级精品年鉴、中国精品年鉴创建工作的同时，能够加强对已创成地区的业务指导和质量管控，建立省内专家为组长、各市年鉴业务骨干为成员的工作组，采取分区划片、分片包干的形式，一个工作组负责一个片区，常态化开展培训辅导，每年开展一次总纂稿评审，此举既能保证“精品后”年鉴质量稳定，又提供业内互学互鉴的机会。同时，要在行业内加强梯队建设，丰富专家库成员，遴选并培养优秀后备人才，打造高素质专业化的编辑队伍，推动建立以专家团队为“衡石”、以中青年骨干为“坚石”、以年鉴编辑队伍为“基石”的全省年鉴工作者队伍，以优秀人才队伍推动年鉴事业高质量发展。

（二）在“深”字上下功夫，深化年鉴规范化建设，出台行业标准

组织实施中国年鉴精品工程和开展“精品年鉴品读季”活动，是发挥年鉴存史、育人、资政功效的具体举措，也是深化年鉴理论研究和质量建设的生动实践。参与创建精品的过程，于个人而言是攻破难关、增强本领、升华认知的过程，于工作而言是改进薄弱环节、不断优化提升的必由之路，从中受益良多。一部精品年鉴，应该是在遵循规范基础上的守正创新。编纂和创建工作的实践，也使浦口方志人深刻地体会到“统一体例”和“遵循规范”的必要性。针对规范性问题，《地方综合年鉴编纂出版规定》和《补充规定》相继出台，数字用法、计量单位用法、标点符号用法等也有相应的国家标准。但这些规定和标准不能涵盖编纂实践中遇到的所有问题，例如针对大事记的入选标准是什么，特载、专记、专文、附录应该分别收录什么类型的文章，专题性条目能否在综述中记述，对类目和分目的编排顺序、保密性和敏感性问题的认识、计量单位的统一、全称简称的规范等问题，业界是否应该形成广泛共识，出台一个更加深入细化的标准？建议国家层面牵头制定行业统一标准，作为国家标准和两个规定的有效补充，方便年鉴工作者在编纂实践中对照执行。

（三）在“实”字上求突破，强化编以致用，增强年鉴实用价值和社会效益

编修年鉴的目的是应用，为社会各界了解当地发展提供权威可靠、全面细致的资料，为经济建设和社会发展提供历史借鉴和智力支持，为志书编修和后世研究提供史料。创新年鉴编纂方式，打造即时性记录产品，变“大部头”为“口袋书”，改“滞后性”为“即时性”，可以提高年鉴编纂的时效性和资政功能。建议在《江苏微记录》《江苏记录》《南京印记》等成功经验基础上，在区级层面试点开展即时性年鉴编纂，直至全面推开并常态化管理，服务地方两会，为人大代表和政协委员履职尽责提供方志智慧。拓宽年鉴发行渠道，除面向机关事业单位、街道赠阅外，还要面向社区、学校、文化场馆、科研机构等发行，探索与图书馆、新时代文明实践中心、景区旅游服务中心合作，推动在城市书房、方志驿站、特色展馆、景区景点等设立方志图书角，加强读志用志平台建设，让方志成果从“养在深闺人未知”到“飞入寻常百姓家”。发挥精品创建成果在经济建设、基层治理、对外宣传等方面的作用，为地理标志产品认证、非遗项目申报、景区创建等提供佐证服务，为科学研究提供权威资料。

习近平总书记强调，围绕在新的历史起点上继续推动文化繁荣、建设文化强国、建设中华民族现代文明这一新的文化使命，要坚定文化自信，推动中华优秀传统文化创造性转化和创新性发展，为进一步做好宣传思想文化工作指明了方向。地方志工作者要心系“两个大局”，胸怀“国之大者”，将个人奋斗融入民族复兴的时代伟业，以修志问道的初心、勇攀高峰的雄心、精益求精的匠心，承历史之重任，书时代之新篇，编纂更多经得起历史和实践检验的名志佳鉴，进一步弘扬中华优秀传统文化和方志文化，发挥好地方志“资政辅治、堪存堪鉴”的重要作用，为文化自信自强、为社会主义文化强国建设贡献方志力量。

与时代同步伐　以精品奉献人民

——《海安年鉴》打造精品之路*

中共海安市委史志工作委员会

《海安年鉴》自1999年创刊以来，已连续出版25卷。除第一部年鉴为6年合鉴外，其余均为一年一鉴。《海安年鉴》多次在全国、江苏省年鉴质量评审中获奖。《海安年鉴（2003）》获首届全国地方志年鉴奖一等奖；《海安年鉴（2009）》获全国地方志系统年鉴质量评审特等奖；《海安年鉴（2000）》获江苏省地方志系统优秀成果一等奖；《海安年鉴（2014）》获江苏省综合年鉴评比一等奖；《海安年鉴（2016）》获江苏省地方综合年鉴一等奖、全国县级综合年鉴一等奖；《海安年鉴（2017）》入选第二批中国精品年鉴，成为中国年鉴精品工程实施后最早的县级精品年鉴之一；《海安年鉴（2019）》《海安年鉴（2021）》《海安年鉴（2022）》获江苏省年鉴质量评比一等奖。2019年，中共海安市委史志工作委员会（以下简称“市委史志工委”）因年鉴工作成绩突出，获评全国地方志工作先进集体。

一、打造中国精品年鉴的简要历程

2017年5月，中国地方志指导小组办公室印发《中国年鉴精品工程实施方案》，要求各级地方志工作机构高度重视精品年鉴工程，并以此为契机，促进年鉴

* 执笔人：季陈娟，中共海安市委史志工作委员会志鉴科科长。

质量保障体系建设，全面提高年鉴质量。对照方案要求，海安市委史志工委认为《海安年鉴》打造中国精品年鉴时机成熟、条件具备。经江苏省、南通市地方志工作机构把关推荐，除试点单位南京市地方志办公室外，江苏省另确定3家县（市、区）级年鉴编纂单位作为计划申报单位，《海安年鉴》有幸入围。从2017年6月正式成为中国年鉴精品工程申报单位之后，历时一年多，经过江苏省内专家评审和全国专家三审，前后几易其稿，反复研磨完善，终于在2018年4月由方志出版社出版。

编纂伊始，海安年鉴编辑部先行进行了一些思考，一致认为年鉴框架应该有所创新、有所突破。仔细分析2016年市域基本情况和年度特点，在保持往年年鉴基本栏目的基础上进行适当调整，谋篇布局。其后，参加江苏省地方志办公室精品年鉴篇目点评会、全国试点和申报单位篇目点评会后，根据专家意见，进一步优化篇目。随后，编辑部突出年度特点，注意以事系人，增加综合性条目，减少单一性条目，同时适当增加类目，弥补往年未能收入新兴行业资料的不足。

在前期篇目调整的基础上不断补充完善资料，使年鉴内容更加充实丰满，先后进行了4次大的修改调整。

第一次重大调整。2017年8月22日，江苏省地方志办公室（以下简称省志办）在海安召开《海安年鉴（2017）》初评会，7位专家分别作了点评，提出数百条修改意见。评审会后，海安年鉴编辑部逐条梳理专家意见，并征求省志办意见，确立修改方案，然后统一修改。9月中下旬，根据省志办复查意见又进行了修改，9月底形成送审稿，正式上报。

第二次重大调整。2017年11月中旬，中国精品年鉴专家进行第一次评审，认为《海安年鉴（2017）》总体上质量尚好，框架设置科学合理，地方特色及年度特点突出，行文简洁规范，创新设置链接和阅读延伸，同时专家提出编辑说明、彩页照片、特载排版、框架结构和综述、概述、概况运用7个方面的问题，具体修改意见近60条。本次调整修改500多处，于11月底形成第二次送审样书和修改情况报告上报。

第三次重大调整。2017年12月中旬，中国精品年鉴专家进行第二次评审，认为《海安年鉴（2017）》第二次送审样书具有要素齐全、创新编纂、图文并茂、精心修改等特点，也提出框架设计中内容归类不够科学、随文图片和部分条目缺时间要素等修改建议70多条。针对专家组第二次提出的评审意见，海安年鉴编辑部重新设计封面、彩页专题，其中彩页缩减4个版面，删除人物标准照32张；整合政治、交通　物流等类目；规范行文，补充时间要素、缩略语注解等。全国专家的意见基本修改到位。反复修改后，形成第三次送审年鉴样书和修改情况报告。

第四次重大调整。2018年1月中旬，中国精品年鉴专家进行第三次评审，同意《海安年鉴（2017）》入围中国年鉴精品工程，并提出特载、文献、海安概貌、大事记、政治部类、经济部类、文化部类、社会生活、人物　荣誉、版式10个方面的具体修改意见。1月20日，在接到关于《海安年鉴（2017）》第三次修改意见和建议后，海安年鉴编辑部逐条分析存在问题，认真落实修改意见，举一反三，深入领会，对全书存在的类似问题仔细整改。对一些把握不准、吃得不透的修改意见，再次请领导、专家进行专门指导、专题会商，努力将专家提出的意见修改到位。2月，海安年鉴编辑部将专家意见全部修改到位，形成样书和修改情况报告。5月，《海安年鉴（2017）》成功入选第二批中国精品年鉴。

二、打造中国精品年鉴的经验做法

年鉴是“集万卷于一册、缩一年为一瞬”的史籍性文献，只有各方协作，同向发力，才能顺利完成。《海安年鉴（2017）》在打造中国精品年鉴过程中，得到国家和江苏省、南通市地方志工作机构领导、专家的精心指导，得到海安市委、市政府和全市区镇、机关部门以及社会各界的大力支持。

（一）领导高度重视

地方综合年鉴的“官书”性质决定着领导重视程度成为做好年鉴编纂工作的关键因素。海安市委、市政府历来高度重视地方志工作，始终坚持“党委领导、政府主持、地方志工作机构组织实施、社会各界广泛参与”的编修体制，全面落实“一纳入、八到位”工作机制，年鉴编纂工作有效持续推进。年初由市两办联合下发征稿通知，提出明确的内容要求和供稿时限，年鉴工作早动员、早部署、早落实。史、志、鉴工作被纳入党建和文化强市考核，年鉴工作有布置、有检查、有考核。申报精品年鉴后，市委、市政府领导全力支持，特别在人财物保障和宣传发动等方面，协调落实到位。市财政在年初拨付专项业务费的基础上，又增拨专款6.2万元用于保障精品年鉴项目的实施。由于打造精品年鉴，《海安年鉴

（2017）》出版比往年推迟，及时向市委、市政府主要领导汇报，得到充分肯定和大力支持，要求切实做好编纂修改出版工作。

（二）专家精心指导

《海安年鉴（2017）》能获评中国精品年鉴，离不开省内外志鉴专家的帮助指导，特别是省地方志办公室领导、专家多次为《海安年鉴（2017）》出谋划策、不厌其烦地答疑解惑，为创精品之路指明方向。编纂过程中4次大的调整和修改，全程都得到精心指点和严格把关。

（三）部门大力支持

年鉴供稿单位众多，文稿风格各异，只有建立健全史志工作网络，编撰协同，才能确保年鉴编辑的全面、及时、高效。海安市从第二轮修志工作起，就吸纳各单位办公室宣传报道人员，组建全市史志联络员队伍，为年鉴工作的开展和迅速组稿打下基础。同时，加强与融媒体中心、摄影家协会合作，将地方新闻采访力量聘为年鉴采编人员，发挥其专业特长，最大限度利用媒体信息资源并加以开发，以增加年鉴资料的深度和广度。

（四）编辑齐心协力

海安年鉴编辑部实行年鉴编纂“项目化管理”，推行工作项目化、项目具体化、完成时效化、质量优质化“挂图作战”，征稿、编纂责任到人，形成“年鉴重担大家挑，人人肩上有指标”的工作新常态。在前期个人组稿编辑的基础上，创新读校模式，充分发挥集体智慧，集中读校，以减少失误。2017年8月下旬至9月上旬，海安年鉴编辑部组织全体编辑集中审读稿件，结合专家意见，逐一审核年鉴各类目内容，特别注重资料的全面性，综合审查结构是否合理、内容是否真实准确、文字语句是否规范。经过反复研磨校核，前后七易其稿、4次重编索引，终于通过终审，入围精品。

三、“精品后”产生的社会效益

志载千年，贵在史识，重在致用。《海安年鉴（2017）》入选中国精品年鉴后，存史、育人、资政功能明显提升。海安市委史志工委坚持开门办年鉴，充分发掘、高效利用年鉴资源，更好地发挥好年鉴在政务决策、经济建设、旅游文化、招商引资等方面的积极作用。

（一）服务中心大局

“文章合为时而著”，年鉴亦应记录新时代，服务新时代。海安市委史志工委主动作为，开辟年鉴服务新途径。推动《海安年鉴》入选市两会会议材料，持续将新出版的《海安年鉴》赠送给市四套班子领导，市人大代表、政协委员，市级机关各部门、各区镇主要负责人，充分发挥年鉴的资政作用，使《海安年鉴》成为党政领导的必读书、各部门领导的案头卷。同时，大胆创新，开发新型志鉴产品。为改变传统年鉴重史实轻宣传、出版周期长、体量大的不足，2019 年起，在编辑出版《海安年鉴》基础上，同步推出配套读物《海安市情》。全书仅 12 万字，设大美海安、聚力海安、活力海安、实力海安、枢纽海安、宜居海安、文明海安、幸福海安 8 个主要栏目，内容涵盖地方风物、特色产业、就业就学、出行消费、生活服务等多个方面，采用 32K 袖珍型异形开本，查询方便、便于阅读、易于携带，真正实现“一册在手，便览市情”。《海安市情》这一“袖珍版”资料性口袋书，主要服务市委、市政府举办的投资贸易合作洽谈会、“两院专家走进海安”“创新创业在海安”、乡贤大会等大型会议以及招商活动，仅 2023 年应用于全市重大活动的《海安市情》就有 1000 余册，为社会各界人士及海内外客商提供了研究海安、投资置业的系统资料。

（二）提升年鉴内在价值

《海安年鉴》打造中国精品年鉴后，年鉴的记载内容得到丰富和发展。海安年鉴编辑部适时完善更新框架结构，编排更加科学合理。调整优化海安概貌，设海安名片、区位状况、建置沿革、人口　民族、方言风俗、文化遗存、经济社会发展分目，从海安市的自然环境、历史文化和经济社会发展特点出发，全面直观记述海安市的独到之处，给读者留下深刻的印象。为充分体现国务院“大众创业、万众创新”的成果和海安市近年来经济迅速发展的动力，增设高新技术产业、科技人才、就业创业等分目，以体现海安实施创新驱动发展战略，彰显海安国家创新型县（市、区）地位。为体现工业发展的新特点，增设新材料产业、节能环保产业、现代医药及大健康产业等分目，体现海安产业集群发展的新特点。商贸服务业增设电子商务、中介服务等行业资料，体现了服务业发展的新业态，同时也为编修地方志保存了更多资料。着力拓展资料文献的信息量，采用“延伸阅读”等形式深入记述年度发展亮点，实现年鉴“点、线、面”资料的深度融合，大幅提升年鉴的文献价值。全媒体时代的到来，信息传播方式发生了深刻变化，AR、H5、音视频等新鲜形式对新闻信息进行立体化的展现，为受众带来全新体验，并逐渐取代文字成为信息接受的主要来源。2022 年，《海安市情》引入音视频资料，打造“全媒体年鉴产品”，让书写在志书的文字“活起来”。

（三）扩大年鉴应用范围

年鉴作为公共文化服务产品，为时代画像、为时代立传、为时代明德，只有走进千家万户，才能最大限度地发挥其社会价值。海安市积极组织“精品年鉴品读季”活动，开展“读精品、用精品、编精品”大学习大讨论，进一步推动精品年鉴成果转化，讲好海安故事、传播海安声音、服务海安人民。一方面，广泛开展社会面读鉴用鉴活动，累计举办向机关、学校、农家书屋大型赠阅志鉴活动 10 余次，赠送年鉴 5000 多册，让年鉴“飞入寻常百姓家”。另一方面，探索“互联网 +”年鉴应用模式，在《海安年鉴》全文电子化的基础上，2018 年在全省率先上线“掌上年鉴”，使用手机扫码便可轻松在线阅读、查询、利用《海安年鉴》，实现年鉴共享共用，真正将读鉴用鉴工作做到位、做出彩。

四、“精品后”质量长效机制建设

《海安年鉴》打造中国精品年鉴后，继续坚持实事求是、质量第一的原则，严格按照年鉴编纂要求，坚持继承与创新的统一，努力凸显地方特点和时代特色。

（一）严格规范是前提

没有规矩，不成方圆，年鉴编纂亦是如此。一要规范资料收录，严格遵循《地方综合年鉴编纂出版规定》《关于地方综合年鉴编纂出版若干问题的补充规定》。如，“慎用少用领导人、会议照片，忌用人物标准照”，去“官气”；坚持以人民为中心的理念，收录好人群像等很多凡人善举的事迹，接“地气”。二要规范编校流程，严格执行“三审三校”制度。“一校”着重把好“五关”，即自校关、数据关、语言文字关、图照关、体例规范关，校改任务分工到人；“二校”采用读校模式，在前期个人组稿编辑的基础上，充分发挥集体智慧，集中读校，逐一审核年鉴各类目内容，更加注重资料的全面性，综合审查结构是否合理、内容是否真实准确、文字语句是否规范，狠抓稿件质量关；“三校”总纂通读全稿，着重审核敏感、涉密问题，把好政治导向关，确保年鉴合规性。

（二）优化设计是基础

《海安年鉴》注重以结构优化为提高质量的路径，坚持对篇目反复研磨，做到分类科学、层次清晰、领属得当、编排有序。同时，正确处理好创新与基本篇目稳定的关系，在开始制定大纲时，坚持科学设计、保持基本框架的相对稳定，再依据年度特点和事物变化情况作适当创新和调整，通过增设链接、阅读延伸等方式，不断丰富拓展年鉴内容，强化地方特色和亮点。

（三）体现特色是重点

一方面，年鉴装帧设计最大限度地体现地方特色。《海安年鉴》的装帧设计以青墩文化为切入点，不断提炼青墩遗址、南黄海风情、中洋金砖酒店、海安火车站等地域视觉符号，用图案的语言来表达海安精神、海安文化、海安艺术。在此基础上，创新篇扉页设计，先后通过简笔画、图片剪影等特色形式，以求达到锦上添花之效果。另一方面，年鉴彩页、特载最大限度地体现年度特色。“遇事翻年鉴，心中知大概。”《海安年鉴》专题彩页一般设置年度荣誉、年度要闻、地方名片等板块内容，聚焦年度大事要事新事。特载类目先后收录海安市脱贫攻坚和全面建成小康社会发展历程、海安市抗击新冠疫情、海安市荣膺“全国文明城市”称号等内容，既有年度的独特视角和亮点，也有时代的综合反映和缩影。

五、存在的问题及对策建议

海安年鉴事业虽然取得了可喜的成绩，但也存在一些亟待解决的问题，主要表现在：部分供稿单位领导重视不够，史志联络员队伍流动性大、不稳定，年鉴供稿质量参差不齐；年鉴编辑部人员少、任务重，理论研究不够深入，缺乏专家型人才；出版社审稿周期长，书号费逐年上涨，年鉴按时出版发行难度增大。因此，提出如下建议，全面推进依法治鉴，加大“一纳入、八到位”年鉴工作机制执行情况督查力度，构建年鉴事业高质量发展新格局；建立精品年鉴长效机制，抓牢质量这条年鉴的生命线，深化“读精品、用精品、编精品”活动成效，加强基层年鉴业务指导；探索建立年鉴数据库，推进“互联网+”时代下年鉴信息数字化传播、智能化利用，实现全国范围内精品年鉴资源共享；注重年鉴人才队伍建设，参照镇村志编纂线上、线下相结合的培训方式，将年鉴业务培训向基层延伸。

聚焦高质量发展　淬炼高品质名鉴

——《鄞州年鉴》打造精品之路*

中共宁波市鄞州区委党史研究室
（宁波市鄞州区人民政府地方志编研室）

2022年6月，中国地方志指导小组办公室公布第六批中国年鉴精品工程“中国精品年鉴”，《鄞州年鉴（2021）》作为16部年鉴之一名列榜单，成为浙江省首部市辖区中国精品年鉴，也是宁波市唯一的中国精品年鉴。为总结经验，推动年鉴编纂工作再上新台阶，结合鄞州工作实际，现将《鄞州年鉴（2021）》打造中国精品年鉴主要情况总结如下。

一、坚持质量先行，稳步走好“精品路”

《鄞州年鉴》创刊于1987年，是由中共宁波市鄞州区委、宁波市鄞州区人民政府主办，中共宁波市鄞州区委党史研究室（宁波市鄞州区人民政府地方志编研室）编纂的大型年度综合性资料文献。《鄞州年鉴》自创刊以来，始终坚持正确政治方向，突出抓好质量建设，准确把握编纂规律，在实现存史功能的同时，为地方经济社会发展和领导决策提供科学依据，也为社会各界了解鄞州、研究鄞州提供有效途径，从而走出一条自我加压、持续提升、不断跨越的地方综合年鉴高质

---

* 执笔人：李学忠，中共宁波市鄞州区委党史研究室（宁波市鄞州区人民政府地方志编研室）《鄞州年鉴》主编、四级调研员。

量发展之路。《鄞州年鉴》2017 年卷、2018 年卷先后荣获第五届、第六届全国地方志优秀成果（年鉴类）二等年鉴、一等年鉴，编纂质量稳居全省年鉴队伍第一方阵，在省内外年鉴界有着较好的美誉度和影响力。《鄞州年鉴（2021）》是第 35 卷，系统记述 2020 年鄞州区自然、政治、经济、文化、社会和生态建设等方面基本情况。在中国精品年鉴创建工作中，紧紧围绕“质量”这个中心，精准记述鄞州区高质量发展的生动实践，着力彰显鄞州的地域特点、时代特征和年度特色，精益求精、高位突破，探索形成打造中国精品年鉴的“鄞州做法”，成功打造一张有较高辨识度的鄞州文化“金名片”。

二、坚持对标对表，统筹谋划“精品篇”

（一）健全编纂机制，强化智力支撑

鄞州区委、区政府高度重视中国年鉴精品工程创建，着力加强组织领导，持续完善工作机制，第一时间成立《鄞州年鉴（2021）》编纂委员会，由区长担任编委会主任，区委副书记、常务副区长、组织部部长、宣传部部长、分管副区长担任编委会副主任，区委办、区政府办、区人大常委会办、区政协办主任等担任委员，下设年鉴编辑部负责日常事务和具体业务；区委、区政府在编制紧张的情况下，增设年鉴科，在行政区划调整“三定”方案中首次把年鉴科从方志科析出单独设置，全区机构改革时再次予以确认保留，有效地保证了鄞州年鉴编纂工作顺利开展；区委、区政府加大对年鉴工作的经费保障力度，将年鉴经费列入年度财政专项列支，特别是《鄞州年鉴（2021）》确定申报中国精品年鉴后，区财政部门按照区领导相关要求，根据精品年鉴编纂实际需要及时增补相应的专项经费，为申报工作提供充足的财政经费保障。区委党史研究室（区人民政府地方志编研室）作为《鄞州年鉴（2021）》承编单位，编制中国精品年鉴工作实施方案，坚持“主要领导负责、职能科室牵头、部门全员参与”的工作模式，健全完善各项工作制度，凝心聚力，攻坚克难；在全区各镇、街道、机关部门和有关企事业单位建立一支近 200 人的基层撰稿员队伍，有针对性组织各种形式的业务培训，不断提高整体业务能力；在立足现有编辑力量的同时，建立鄞州年鉴专家库，充分发挥省内外专家队伍作用，为年鉴编纂提供有效的智力支撑。

（二）调整框架结构，规范内容体系

“振网以纲，纲举目张”，年鉴框架结构设置得好不好，是精品年鉴编纂成功与否的前提和基础。《鄞州年鉴（2021）》严格对照中国精品年鉴标准，按照《地方综合年鉴编纂出版规定》《关于地方综合年鉴编纂出版若干问题的补充规定》相关要求，力求框架结构和内容体系做到分类科学、层次清晰、领属得当、编排有序。在年鉴篇目设计上，本着统分结合、统筹兼顾的原则，设置类目34个、分目236个，拆分法治·军事类目为法治、军事类目；设置应急管理类目；调整财政·税务·金融类目，设置金融类目，财政、税务作为分目移至经济管理类目下；调整文化·传媒·体育类目，设置文化·传媒、体育类目。条目是年鉴的主要信息载体，2021年卷设置条目1500余个，突出有效条目选取，力求综合性条目与单一性条目、固定性条目与动态性条目的合理配置，实现“点、线、面”信息内容的有机统一。在文字表述、表格编辑、图照设置等方面，严格对照标准逐条逐项加以落实，全书66张表格在表题、表体和表注等要素规范和样式风格上做到了全面统一；通过“三审三校”“多审多校”等，建立编辑质量全程溯源机制，坚决杜绝潜在的“硬伤”“暗伤”，全面消除内容和文字差错，从而使该卷年鉴整体质量得到有效保证，编纂水平实现有效突破。

（三）突出年度特色，凸显地域特点

鄞州作为一个秦时建置的千年古邑，有着两千余年厚重的历史文化底蕴，同时作为宁波现代化滨海大都市的首善之区，综合实力连续多年稳居全国百强区前4位。2020年是鄞州区“十三五”规划的收官之年，是统筹做好新冠疫情防控和经济社会发展的特殊之年，也是脱贫攻坚和对口帮扶工作取得决定性胜利的关键一年，《鄞州年鉴（2021）》紧紧围绕区委、区政府中心工作，着力突出年度特色，全景描绘地域特点，在大事记中对2020年全区大事、要事、新事进行严格筛选，查漏补缺，完善要素，呈现了一幅高度浓缩的全区年度工作脉络图和全景画；根据年度工作特点精心设置专记，全面书写鄞州区“十三五”时期在经济发展、开放创新、社会民生、城乡品质、改革治理五个方面取得的显著成效；对全区新冠疫情防控进行浓墨重彩的记述，体现鄞州区在突如其来的疫情面前，统筹做好疫情防控和经济社会发展的成功经验；鄞州区作为经济发达地区，深入贯彻国家脱贫攻坚战略，圆满完成东西部对口扶贫和山海协作任务，所有这些年度重要工作内容都在年鉴中得到了全面、翔实的体现。同时，《鄞州年鉴（2021）》还立足鄞州地域特点，结合“中国博物馆之乡”设置博物馆分目，全面展示以宁波（鄞州）博物馆为代表的区域性博物馆特别是民营博物馆蓬勃发展的景象；结合全市金融中心地位，设置金融类目对全区金融业进行专门记述；结合中国乡村振兴发展大会在鄞州召开和获评中国农村全面小康建设示范区等，在卷首彩页设置“乡村振兴”专题并在正文专设分目，深度展示鄞州区推进乡村振兴实现城乡一体化融合发展的生动实践和骄人成绩。

（四）秉持图文兼备，力求相得益彰

打造年鉴精品，文字内容固然重要，但照片、图表等同样不可或缺，只有两者兼备，才能收到图文并茂、相得益彰的效果，也才让精品内涵得到更好的延伸拓展和艺术提升。《鄞州年鉴（2021）》卷首彩页紧贴区委、区政府中心工作，分别设置“‘十三五’回眸”“新冠肺炎疫情防控”“对口帮扶”“社会事业”“商贸旅游”“文明创建”“乡村振兴”等专题，选用精美图照86幅，特别是采用柱形图、示意表和全景照等，生动、直观地展示鄞州区“十三五”经济社会发展轨迹和辉煌业绩；与鄞州区测绘设计院合作，精心编制经过主管部门审核的《宁波市鄞州区地图》《宁波市鄞州城区图》，从不同角度反映鄞州行政区划、地形地貌，特别是作为宁波市核心城区的全景展示。《鄞州年鉴（2021）》注重用图片真实地记录历史瞬间，以直观性、形象性发挥文字所不可替代的重要作用，集史料价值和审美价值于一体，全书精选随文图照200余幅，严格图片征集、筛选程序，图片选用注重典型性、资料性，突出反映重大事件、重要成果和热点问题，优先选择最有代表性、最能反映事件第一现场场景的照片入鉴；配图文字简洁、准确，时间、地点、事件、作者等要素齐全，年鉴图文比例配置恰当，原则上单页配图不超过1幅，以文为主、以图辅之，让图照在年鉴中起到画龙点睛、锦上添花的视觉效果，既增加年鉴内容的资料性，又增强年鉴整体的美观度。

（五）改进装帧设计，创新形式样式

年鉴是公开发行的出版物，在追求质量、内容为王的同时，设计美观、视觉友好也是题中应有之义。《鄞州年鉴》历来重视装帧设计和形式样式，形成相对

稳定的独特风格，2021 年卷在吸收历年年鉴编纂经验基础上，强化创新意识，实现内容与形式的有机统一。该卷年鉴为大 16K 精装本，采用全彩印刷，封面设计充分考虑精品年鉴特点，精品标识规范醒目，图文编排庄重典雅，鄞州文化标识“羽人竞渡”写意图案凹印封面，凸显鄞州厚重的历史文化底蕴；年鉴内文采用三栏样式排版，页眉设“精品”“名鉴”标识和年鉴卷号、类目名称，表格标题置于目录便于检索查询，表体内容采用隔行着色方式，体现排版设计的美观简洁；对于年鉴正文中相同的条目内容，引入“参见”模式，有效避免了内容重复，提高入鉴信息容量；主动适应新媒体时代需要，贴近阅读和利用需求，在年鉴纸型版封底设置二维码小程序，通过手机扫描即可实现电子文本移动阅读。《鄞州年鉴（2021）》装帧设计和形式样式的创新，使年鉴整体品质实现全新提升。

三、坚持编鉴为用，做强做优“精品后”

（一）全面做好质量管控

《鄞州年鉴（2021）》成功创建中国精品年鉴后，编纂人员认真总结编纂经验，提炼好的做法，克服“船靠码头车到站”思想，在高起点上从零开始，重新出发，2022 年卷和 2023 年卷年鉴编纂始终按照精品年鉴的要求不折不扣加以落实。持续组织编纂人员学习年鉴编纂的各项规范和标准，加强编纂技能培训，特别是加强学习《地方综合年鉴编纂出版规定》《关于地方综合年鉴编纂出版若干问题的补充规定》，提升编纂人员的专业素养和工作责任心，在编纂过程中逐条逐项加以落实，确保年鉴编纂质量。结合年度工作特点和鄞州实际，制定详细的年鉴编纂流程和规范，建立全书数据审核制度和质量管理体系，明确各个编纂环节的责任和要求，确保年鉴内容和数据的准确性、完整性。落实年鉴执行主编在编纂全过程的“一支笔”作用，统一全书风格，提升整体质量。

（二）充分发挥社会效益

年鉴作为一种综合性、连续性的大型资料性工具书，有其内在独特的社会效益，特别对于精品年鉴而言，发挥其示范引领和资政辅治作用尤为重要。《鄞州年鉴（2021）》成功创评中国精品年鉴后，主动做好省内外发放和交流，第一时间向区委区政府领导、年鉴供稿单位领导、区“两代表一委员”进行分发，发挥资政辅治作用和影响力；在宁波图书馆、鄞州图书馆、鄞州新华书店等文化场所设置鄞州年鉴赠阅台，向社会公众赠阅并做好信息登记，扩大年鉴阅读使用的受众面，社会反响良好；加强与省内外年鉴的交换交流，被多地申报中国精品年鉴的单位作为编纂借鉴和精品品读用书，并被方志出版社列为内部编辑人员参照样书；积极开发新媒体数字应用，形成微信小程序“掌上年鉴”系列，并在鄞州区政府门户网站全文刊载，有着较高的阅读量和关注度，满足多部门查询、专业学者研究和公众了解鄞州等多元化应用需求，收到良好的社会效益。同时，《鄞州年鉴》执行主编积极参与省内外申报创建中国精品年鉴的审读和指导，加强与兄弟年鉴单位的沟通交流，毫无保留地提出合理编纂意见和建议，为全国年鉴精品工程持续健康推进作出“鄞州贡献”。

（三）找准补齐工作“短板”

在充分总结成功经验的同时，也要清醒地看到在年鉴编纂工作中存在的薄弱环节，特别是在年鉴编辑队伍建设方面与现实需要还不相称，相对稳定的在编人员较难保证，人员结构不尽合理，新老交替存在断层现象，基层供稿人员变动性过大，导致供稿质量参差不齐，同时对业务培训工作也提出了更高的挑战和要求。就《鄞州年鉴》编辑部情况而言，着力加强年鉴编辑人员力量，在2023年全区开展的“竞标选才”中申报年鉴科副科长岗位，成功配备一名“95后”专职年鉴骨干，充实年鉴编辑力量，大大改善队伍结构，做好年鉴执行主编的干部储备。在对基层撰稿人员的培训中，在保持年初集中供稿培训的基础上，通过“浙政钉”年鉴工作群、微信工作群、电话沟通、个别上门等方式，开展灵活多样的针对性培训，畅通多元有效的信息交流渠道，较好地解决了基层供稿质量不高的问题。就全国年鉴编纂工作来说，建议中国地方志工作办公室开展年鉴分层培训，特别要对历届中国精品年鉴的执行主编（骨干编辑）每年组织集中培训，形成制度，并用好这支骨干队伍，充分发挥其引领示范和辐射带动作用，促进全国年鉴事业实现更高水平的跨越式发展。

总结精品打造经验
探寻年鉴事业高质量发展路径
——《义乌年鉴》打造精品之路*

义乌市地方志编纂室

2022 年 6 月，中国地方志指导小组办公室公布第六批中国年鉴精品工程中国精品年鉴，《义乌年鉴（2021）》成功入选。这是《义乌年鉴》2013 年卷、2020 年卷先后荣获全国地方志优秀成果（年鉴类）特等年鉴、一等年鉴后，再获殊荣。

一、“精品之路”创建历程

编纂出版地方综合年鉴是一项涉及面广、时效性强的系统工程，代表了一个地区的经济水平与文化水平，对促进社会进步、经济发展、存史育人有重要作用。

《义乌年鉴》创刊于 2008 年，由于初创编纂年鉴，便将其他县市比较成熟的综合性年鉴框架借鉴过来，该卷年鉴实现了《义乌年鉴》从无到有的突破，但在义乌地方特色方面尚无充分体现。2009 年卷编纂工作吸取 2008 年卷的经验，在制定编纂方案前，义乌年鉴编辑部成员带着上一年的方案分别实地走访市经信委、市建设局、市市场发展委及各镇（街道）等 30 余家单位，深入了解这些撰稿单位

---

* 执笔人：潘桂倩，义乌市地方志编纂室室务会议成员兼方志科长；楼向华，义乌市地方志编纂室年鉴执行副主编。

上一年的重点工作、亮点工作。摸清相关情况后，按具体了解掌握的情况，突出重点、突出地方特色科学编排，大幅调整框架设置，并指导撰稿人严格按条目撰写六要素的要求去编写。《义乌年鉴（2009）》出版后，得到业内一致好评，并一举拿下全国地方志系统第二届年鉴评比一等奖。从这一年开始，义乌年鉴编辑部每年自我加压，并立下力争做精品年鉴、特色年鉴的目标。

一直以来，义乌市委、市政府对年鉴工作高度重视，把它作为全市一项十分重要的工作来安排部署、精心谋划，成立义乌市地方志编纂委员会，明确由政府领导分管年鉴工作，从政策导向、人员配置、经费投入等方面全力做好年鉴编纂出版各项工作保障。市委书记亲自审阅签发《义乌年鉴》编纂工作方案，市长和分管市领导均审阅《义乌年鉴》编纂工作方案和《义乌年鉴》送审稿。每年由市委办、市政府办联合发文到各承编单位启动年鉴编纂工作，主持召开全市年鉴工作会议，对年度年鉴工作提出明确目标和任务。分管副市长出席会议并讲话，强调各部门、各单位要重视年鉴工作，把年鉴供稿工作作为部门工作的一项重要任务，切切实实地抓好落实。各部门、各行业重视年鉴工作，明确一名领导分管年鉴工作，选配态度严谨、作风扎实、业务熟悉的人员负责本单位（部门）年鉴供稿工作，主要领导审阅上交的年鉴条目内容，充分利用《义乌年鉴》这个平台，全面准确地展示本系统、本部门、本行业年度的工作概况和工作特点，确保年鉴工作在全市正常开展，并取得成效。

2009 年至 2021 年，《义乌年鉴》先后在全国地方志优秀成果（年鉴类）评审活动中获评为特等年鉴、一等年鉴。《义乌年鉴（2021）》为第 14 卷，在科学设置框架、规范编纂体例、凸显年度亮点、彰显地域特色等方面守正创新，是一部精心打造经得起历史和时间检验的精品年鉴。

二、主要经验与做法

（一）年鉴编纂创新发展，突出地方特色，努力向精品年鉴迈进

一是适时调整篇目框架。《义乌年鉴（2021）》全书框架在上年基础上，结合年度热点和义乌市实际情况，对经济管理、城乡建设与管理、环境保护、建筑业、房地产业排列顺序做了适当调整，增加应急管理类目，工业类目改为工业和信息

产业；专记收入"'十三五'发展成就""新型冠状病毒肺炎疫情防控总体战""义乌自由贸易试验区建设""跨境电子商务综合试验区建设""服务贸易创新发展十大行动""'双循环'十大行动"等年度重点内容；人力资源与社会保障类目撤并到社会生活类目。通过科学合理地调整框架结构，做到规范与创新相结合，共性与个性相结合，使《义乌年鉴》的地方特色更突出。

二是突出地方和年度特色。《义乌年鉴》为避免陷入"千鉴一面"的局面，坚持标准与规范流程相结合，捕捉义乌有特点的新事业、新产业、新制度，除旧布新，增设新类目，提升精品内涵，使《义乌年鉴》从纲目内容到表现形式每年都有耳目一新的面貌。逐渐形成框架设计、条目编写、装帧设计三个方面的优势，跻身全国优秀年鉴行列。

三是不断美化装帧设计。年鉴的装帧设计堪比年鉴的"脸面"，《义乌年鉴（2021）》在装帧设计上充分融入地方特色。首先，在封面元素上，将"义乌小商品城""义乌国际生产资料市场""义乌世贸大厦"等城市坐标与"义新欧"中欧班列浓缩在一个版面上，将义乌作为一座建在市场上的商贸城市充分体现出来。其次，在封脊元素上，以"义乌全新城市形象标识"为元素，将月季花、香樟树、乌伤乌、拨浪鼓等元素融为一体，成为自然与人文、文化与经济、传统与现代、继承与创新交融碰撞迸发的一簇奇花，是义乌过去、现在和未来发展的缩影。再次，在类目背景中，以义乌国际商贸城建筑为标志，表达义乌市场从传统集散型市场向现代化国际性市场飞跃，引领年鉴读者走进义乌各个领域，领略义乌逐年发展的瞩目成就。《义乌年鉴》在装帧设计上将义乌特色充分关联到一起，使之形成特色鲜明的装帧风格，大幅提升了整本书的品位。

（二）按照"志鉴立业、修用结合、守正创新、服务发展"的思路，抓主业、提效能，强化过程控制，加强质量保障

一是转变工作模式，严把质量关。年初制定《义乌年鉴》工作计划，在进度上倒计时，质量上严规范、严要求。各类目责编按照内部分工用"包产到户"的做法各司其职独立完成类目稿件初编。类目和类目下的分目运用系统论的方法按"1+X+Y"的表现形式架构条目。"1"是1个反映全面情况、涵盖整个类目或分目面上情况的综合性条目；"X"为若干个反映某一方面、某个侧面、某个环节或某项工作情况的综合性条目，重在记述块或线的情况轨迹；"Y"即若干个单一性条

目，记载大事、要事，“亮点”“特点”。综合性条目和单一性条目的占比大约为4∶6。初编完的条目要求做到结构完整、要素齐全、有资政存史价值。编辑部每周召开一次编纂业务讨论会，统一编纂思想，调节工作部署，及时解决工作中出现的疑点、难点问题。这一举措，分批次、渐进式消灭了编纂路上的“拦路虎”。良好的管理体制为年鉴工作开展发挥了保驾护航的作用。

二是建立分片管理模式，拓宽工作思路。分“政治”“经济”“社科”“镇街”等片段，牵头组织召开片段年鉴业务工作会议，现场指导年鉴条目编纂与收录内容，一起解决遇到的困难和问题。建立QQ、微信、办公助手、钉钉等信息互通机制，了解各部门工作进度，指导年鉴条目编写。对市城乡建设局、市教育局等体系较大的单位，采取主动上门、现场指导的方式，帮助撰稿人尽快熟悉年鉴体例规范，按照应有的年鉴思路和规范提供稿件。

三是主动对接，加强业务培训。对基层年鉴工作新手及落实不到位的单位，主动上门，促进作者熟悉年鉴体例规范，让撰稿人按照应有的年鉴思路和规范提供稿件。对市城乡建设局、市教育局、市经信委、市文旅局等单位，组织系统内的部门撰稿人进行年鉴供稿业务培训，指导年鉴条目撰写。组织年鉴编纂人员外出学习考察，参加全国组织的年鉴工作培训会，组织编纂人员到温州市等地学习年鉴编纂工作经验。

四是注重提高编校质量。年鉴质量取决于年鉴编辑人员的素质，只有高素质的年鉴编辑队伍，才能推出高质量的年鉴。《义乌年鉴》自创刊以来，编纂工作者始终把提高文字编校质量作为年鉴质量管理的难点和重点问题来抓，坚持质量第一的原则，在资料、文字、数据等方面认真核对，严格把关。首先，定期召开责任编辑碰头会。《义乌年鉴》方案正式下发后，编稿工作开始，坚持每月一次碰头会，相互交流收稿质量、组稿进度、遇到的困难等，力求年鉴全书格式统一，内容严谨，使每一部年鉴质量上乘。其次，坚持“五级审稿、五层校对”制度。为切实提高年鉴编校质量，逐步摸索完善“五级审稿”，即撰稿单位分管领导一审、责任编辑二审、特约编审三审、市政府分管领导主审、出版社终审；形成“五层校对”方法和制度，即撰稿人员复校、责任编辑自校、编辑之间互校、特约编审统校和出版社终校。通过层层把关，在付印前对年鉴稿件进行反复核实、调整、修改，有利于提高编校质量，减少差错，从而达到正式出版的要求。再次，为提高每个编辑的校稿水平，基本上每年会组织编辑人员参加上级举办的年鉴学术研讨会，并结合自身工作实际，组织编辑相互学习交流，共同提高。与时俱进，综合年鉴的质量才能逐年提高。

三、产生的社会效益

年鉴工作不仅有助于坚定文化自信，讲述好中国故事，传播好中国声音，更有助于为决胜全面建成小康社会提供更多智力支持和更大精神动力。《义乌年鉴》综合性强、信息量大，且连续出版，是权威、系统的地情信息库，有很强的文化共享价值，形成的高容量信息库，对义乌社会提供全方位的共享服务。

一是《义乌年鉴》为各级领导提供参考信息。年鉴的编纂，为各级领导科学决策、确定战略目标提供客观依据。一直以来，《义乌年鉴》一经出版，就给市委、市政府及各机关单位、镇（街道）、部门赠阅保存。据反馈得知，目前各单位、各镇（街道）达成共识，相关数据的报送，各类资料的归集，均要求以《义乌年鉴》为准。以义乌市交通局为例，无论是省级会议及统计要求，还是本级会议及统计，有关数据规定统一参照《义乌年鉴》，其他数据不予认同。

二是《义乌年鉴》为社会各界提供社会信息。《义乌年鉴》全面反映义乌市位置、建置沿革、行政区划、面积、人口、资源状况、人文特色、主要经济社会指标、领导人员等信息，既有综合概括的全面反映，也有具体细致的典型记述；既有相对稳定的内容，也有年度动态信息，是了解义乌、融入义乌的最好窗口。义乌工商职业技术学院是国内知名的高等职业院校，每年招录国内外学生 5000 余人，在校生 1 万余人。义乌工商职业技术学院是中国美术学院、华东理工大学、韩国桂圆艺术大学等 150 余所知名高校设计学子的实践基地，每年安排接待实习实训师生 2000 余人次，累计培养国际商贸素质较高的国际学生 9000 余人次。每年《义乌年鉴》出版后，义乌市地方志编纂室均会给义乌工商职院图书馆赠阅 10 余册，建成庞大的信息库，使义乌全社会概貌、社会热点、经济发展，以及创业就业等信息全面呈现，使国内外师生迅速了解义乌，亲近义乌这方热土。

三是《义乌年鉴》为科研人员提供专题信息。年鉴作为连续出版的年刊类工具书，框架相对稳定，资料连续，不仅能及时反映年度的发展变化，而且随着时间的推移，形成系列信息，揭示事物发展变化的规律。义乌是全国知名会展城市，每年举办的国内外知名展会 100 余个，极大地促进了国内外市场和行业的发展。

自2009年始，《义乌年鉴》就设立会展类目，翔实记载会展的种类、规模，产品类型、展商的来源，采购商规模和交易额，以及会展业发展的举措、设立的规范等，10余年的详细记录形成丰富的资料，揭示了义乌会展业发展的脉络和规律，为研究人员提供了极大的便利。2019年，义乌市地方标准化研究院等单位根据上级要求，启动《绿色展览运营规范》制定。为高质量完成这一研究任务，研究人员广泛查找相关资料，把握会展业发展脉络，在此过程中《义乌年鉴》发挥了极大的作用。2019年10月21日，义乌市市场监管局发布《绿色展览运营规范》义乌市地方标准，为全国第一个绿色展览运营规范，推进全国绿色展览的发展。

四是《义乌年鉴》为企业界提供经济信息。地方综合年鉴汇集政府重大文件、工作举措及实施成果，收集相关政策及各行各业的发展情况，是了解投资环境，寻找经济合作最便捷的平台。《义乌年鉴（2021）》工业与信息产业类目，详细记载义乌市商品制造业、无缝织造产业、化妆品产业、线带产业、制笔产业、日用百货产业、文化用品产业、画框产业、玩具产业等10余个产业的产品种类、产业规模、分布地带、企业及从业人员、进出口等数据，为各行业企业发展提供横向信息资源；新兴产业类目，客观记载义乌光电信息产业、新能源光伏产业、电子信息产业、新材料产业、汽车产业、先进制造与自动化产业、生物健康产业等10余个高科技产业的产品信息、产业规模及进度、新引进项目、年度产销规模等数据；民营经济类目，如实记录义乌市企业主体的数量、增长情况、重点产业、小微企业园的建设及优惠政策、企业创新及科技平台的创建，以及招商引资等信息，均为实业界较为关注的内容，也是外商寻求贸易伙伴，查询投资环境、产业政策、国内外市场、同行业合作等最需要了解的信息。

精品年鉴的效用持续发酵，通过总结经验，优化年鉴编纂流程，促进年鉴编纂工作不断提升。2023年，义乌年鉴编辑部根据实际情况调整编辑队伍，配备3名责任编辑负责年鉴组稿和编辑工作；聘用一名具有30多年年鉴编纂经验的专家为特约编审（执行主编），把控年鉴总体质量。队伍上选择老、中、青年组合，做好传帮带；质量上严规范、严要求，实行末位淘汰制。编校过程中，适时召开年鉴组责编工作会议，沟通稿件中遇到的问题和困难，共同商讨解决办法。

四、当前存在的主要问题

近年来，《义乌年鉴》编纂落实《地方综合年鉴编纂出版规定》《关于地方综合年鉴编纂出版若干问题的补充规定》文件精神，注重编纂的规范性，通过卷首专题图片、特载、分目、类目的标题设立等多种途径，致力体现年度特色和地方特色，持续推进年鉴质量建设。但在现实中，还是存在一定的困难。

一是供稿单位对年鉴重要性的认识程度不够，编纂工作难以推进。供稿单位和部门只重视日常业务工作，忽视年鉴供稿工作。往往快到交稿的截止日期，七拼八凑，草草应付。有的直接从公众号上下载简讯和信息，不进行编辑及内容核实；有的甚至把领导讲话、文件、工作总结等内容不加挑选地采取直接复制、粘贴的形式上交，导致年鉴内容不准确，条目混乱，给组稿和编辑工作带来很大不便。

二是供稿单位的具体责任部门不固定，编纂工作沟通困难。领导与编纂人员更换频繁，流动性大，对依法编年鉴的认识不足，年鉴编纂工作上缺少连续性。不少单位的撰稿人大多数是由办公室人员兼任，办公室工作本身较烦琐复杂，加之对编纂业务不熟悉，手上没有足够的资料，常常不能按时上报。更多的时候，因部分单位撰稿人员调动频繁，导致稳定性和延续性得不到保障，稿件的质量难以提高，供稿的速度难以加快。

三是开发利用形式比较单一，年鉴资源利用水平仍待提高。《义乌年鉴》虽然在资源开发利用工作上取得了一些成绩，但总体上仍相对薄弱。主要表现为《义乌年鉴》因出版周期长，出版时间滞后较多，时效性不强，社会知晓度不高。《义乌年鉴》传播渠道比较老套、狭窄，传播手段侧重于地情资料书籍编纂，数字化、网络化建设比较滞后而且使用率偏低，年鉴资源得不到充分利用。

五、今后发展的方向

总的来说，高质量、严规范始终是年鉴编纂的永恒命题。《义乌年鉴》将以参与中国年鉴精品工程为契机，充分认识年鉴编纂的重要性。

一是提高编鉴工作的质量与水平，拓宽开发利用工作视野。一方面，要积极实施精品战略，认真做好评审修改、校对出版等各项工作，确保政治观点正确、体例结构合理、内容全面系统、资料翔实可靠、文字流畅精练，确保出版的年鉴具有较高权威性、较高学术水平和重要的文化价值、社会价值。另一方面，要提高《义乌年鉴》的开发利用率，实现地方志资源与社会的广泛共享。紧紧围绕市委、市政府中心工作和本地经济建设为领导决策提供参考依据，如招商引资、城市规划等；充分发挥年鉴资源优势，从历史的视角切入，对照现实，进行纵深的研究，分析本地文化、社会发展的轨迹，为旅游开发、文化大市建设提供服务。

二是加强队伍建设，满足新形势下编鉴需求。做好年鉴开发利用，人的问题特别是专业人才是关键。接下来，义乌年鉴编辑部会更注重培养专家型人才，让其有业务工作中的话语权，鼓励和培养修志编鉴专业人员能干事、想干事，干事有奔头，干事有作为，尊重和提倡专家专心编年鉴。同时，把思想素质好、专业水平高、乐于为地方志事业奉献的人员充实到地方志工作岗位上来，充分发挥他们的作用，提高年鉴的编纂速度和质量。通过不断加强自身建设、业务研讨和专业培训等手段，打造一支能力和作风都过硬的队伍，以满足新形势下编鉴和开发利用工作的需要。

经由创建中国精品年鉴，《义乌年鉴》在行文表述的规范性、年鉴资料的权威性等方面都得到提升。今后《义乌年鉴》将继续广泛参考吸引全国优秀年鉴的编目设计、编辑思路，提高自身，使《义乌年鉴》更加科学、合理，更加可读、可鉴！

坚守乡愁　忠实记录

——《东阳年鉴》打造精品之路*

中共东阳市委党史研究室

《东阳年鉴》于 1997 年创刊，2010 年起实现“一年一鉴”，至今编纂出版 19 卷。20 多年来，《东阳年鉴》始终秉承质量第一的原则，在追求精品之路上辛苦耕耘，硕果累累。2017 年后，《东阳年鉴》先后荣获全国地方志优秀成果（年鉴类）一等年鉴、特等年鉴。《东阳年鉴（2019）》成功入选第四批中国精品年鉴，成为浙江首部县（市、区）级中国精品年鉴。

一、精品年鉴创建之路

“一年一鉴”，是一年一次的地情文化系统展示，更是一年一番“众手成鉴”的编纂轮回，磨“鉴”过程历历在目。

2019 年，适值东阳市实行机构改革，市委党史研究室、市档案馆、市地方志编纂室“三合一”，实现党史、档案、方志力量大整合。东阳市委、市政府高度重视中国年鉴精品工程申报工作，市委党史研究室积极筹备。2019 年 10 月、12 月，中国年鉴精品工程专家两轮评审会议分别提出 66 条、53 条修改意见。市委党史研究室按照“争创精品、志在必得”的目标，尊重专家、照单全收、应改全改、

* 执笔人：徐丽萍，中共东阳市委党史研究室接收指导科科长。

全面落实，年鉴编辑部人员放弃周末和节假日，逐条逐项进行调整、修改、补充和完善。2020 年 3 月，《东阳年鉴（2019）》成功入选第四批中国精品年鉴。

中国年鉴精品工程专家组对《东阳年鉴（2019）》创建工作予以充分肯定。一是内容全面完整。年鉴体现了东阳市贯彻落实习近平新时代中国特色社会主义思想所取得的巨大成绩，全面客观真实地记载 2018 年度全市人民在市委、市政府的领导下所取得的新成就、新经验，着重反映各行各业年度大事、要事、新事、特事。二是特征特点鲜明。区域性特征明显，年度性特点突出，比如“东阳市三十年回眸”等内容，具有很强的存史价值。三是年鉴体例完备。框架结构和篇目设置合理，涵盖年度内本行政区域的基本情况，分类科学，层次清晰，领属得当，编排有序。四是行文规范。语言文字、标点符号、汉语拼音、数字、计量单位使用和索引编制、图片选用等，符合国标规定。

东阳市委党史研究室克服人员少、时间紧、任务重、要求高的实际困难，全力以赴完成组稿、编稿、统稿等一系列工作，形成一部内容完整、体例完备、特色鲜明的《东阳年鉴（2019）》，体现了“干在实处、走在前列、勇立潮头”的拼搏精神。

（一）专家意见和己见都不能少，凸显“东阳味”

中国精品年鉴需经历中国年鉴精品工程专家多轮评比，每一轮专家都会提出修改意见，东阳年鉴编辑部一方面要吸收这些意见，另一方面又要结合东阳具体实际，努力凸显东阳特色和年度特色。东阳市的影视产业在全国独树一帜，旅游和影视原本合属同一类目，专家建议单设影视类目，彰显地域特色。东阳年鉴编辑部充分采纳专家意见，对影视类目重新设立框架，补充内容。同样，东阳木雕全国闻名。在往年的《东阳年鉴》中，木雕·红木家具是单独的一个类目。在《东阳年鉴（2019）》第一轮框架评审中，专家提出其应归属工业类目。编辑人员向专家陈述东阳木雕、竹编与红木家具有机结合，东阳市政府将其作为重点产业扶持，是东阳地方特色产业的一个代表，最终把木雕·红木家具作为单独类目保留下来。如此，《东阳年鉴（2019）》“颜值”和“内涵”兼备，保留了浓浓的“东阳味”。

（二）坐得了冷板凳跑得了外勤，咬牙坚持收获累累

由于机构改革，《东阳年鉴（2019）》编纂工作启动时间较往年迟了3个月。时间紧张、人手紧缺、任务繁重、工作要求高，这些困难一一摆在年鉴编辑部面前时，金华市地方志办公室主任袁朝明借鉴各地年鉴编纂经验，为编辑部延请省内外专家指导授课；东阳市委、市政府领导挂帅，协调工作进度，关心鼓励年鉴编辑部发挥东阳人“最文化”和“最精神”。创建工作开始后，《东阳年鉴》3名编辑每人负责60家至70家承编单位，每周二晚、周四晚和周六，都是默认的加班时间，勤勤恳恳开展催稿、组稿、改稿、审稿、校对等工作。编辑人员不仅要甘于寂寞、坐得了冷板凳，还要跑得了外勤，全程参与设计、印制、发行等。按天倒排工作计划，有时甚至按小时计。在往返金华进行修改排版时，各编辑分工明确、争分夺秒，午饭10分钟内吃完，当天任务不完成坚决不离开。

（三）主动与供稿单位对接工作，做到更全更精

对年鉴编辑来说，“较真”是必备的品质。《东阳年鉴》实行“三审五校”制度，编辑们要认真把好政治关、资料关、体例关和文字关，认真审查每一个文字、数字及图片细节。要把年鉴做全做精并不是一件容易的事，东阳年鉴编辑部为了保证每一年年鉴的质量，真正做到服务下沉，对全市近200个承编单位进行分类管理。对新入鉴单位、重点部门，在前期就上门对接年鉴编纂工作的方法，在单位上交稿件之前对框架、内容进行讨论，形成共识，并对其撰稿人重点提供指导和帮助。如在同新入鉴的东阳市人民医院进行工作对接时，根据市人民医院意见，重点收录一些老百姓最关心的问题，比如医院医疗技术水平、医疗质量主要指标、医疗流程及服务水平、当年医院“首创”新推出的内容、各类项目申报成功的数量等。

二、《东阳年鉴》主要经验做法

《东阳年鉴》以“坚守乡愁，忠实记录”为宗旨，坚持彰显时代特点，力求体现地方特色，做到常编常新。

（一）主要经验

第一，领导高度重视是做好年鉴工作的前提。《东阳年鉴》自创刊以来，历任市委书记担任顾问、历任市长担任市地方志编纂委员会主任，党委领导、政府主持、地方志工作机构组织实施社会各界广泛参与的科学领导机制和工作机制牢固确立。2010年，市委、市政府为推动“一年一鉴”工作，相关分管领导亲自协调财政经费，保障每年年鉴工作的开展。2018年，时任东阳市市长姚激扬在调研基础上作出重要批示，同意提高年鉴工作人员的工资水平和生活待遇。2019年，时任东阳市市长楼琅坚参加协调年鉴专项经费增加事宜，年鉴专项经费增加30%。金华市地方志办公室帮助对接中国年鉴精品工程专家到东阳传授申报经验，多方搜集相关学习资料提供给东阳。

第二，完善的工作机制是做好年鉴工作的保障。年鉴编纂是一项集体行为，涉及的单位人员多、内容范围广、时间跨度长，加强制度建设是首要任务。一是每年年初由两办发文明确各承编单位年鉴编写任务，要求各单位指定专人撰写。年底把年鉴编纂工作列入各单位年度考核内容，实行倒扣分制度。二是开展年鉴业务培训，为各撰稿人编写年鉴提供指导和帮助。加强“一对一”线上指导，抓住部分重点单位进行全程指导，寓审稿、改稿于组稿中，与承编单位协同编纂。三是在年鉴编辑部内实施工作责任制、业务研讨制、审查验收制等行之有效的规章制度。

第三，编辑的专业能力是做好年鉴工作的关键。一是年鉴编辑部通过“请进来”的方式，邀请省内外年鉴专家线上线下授课，向杭州、温州、北京海淀区等中国年鉴精品工程试点和成功入选单位学习取经。二是通过频繁的年鉴业务专题培训会、月度例会、年鉴业务研讨会、稿件点评会，打造一支“学习型、研究型、创新型、服务型”的年鉴编辑队伍。三是严格年鉴编纂出版标准，根据《地方综合年鉴编纂出版规定》，市委党史研究室还紧盯不断更新的出版行业国家标准，制定《东阳年鉴工作手册》，以编纂流程标准化推动年鉴编纂工作。

（二）亮点特色

一是优化篇目框架。通过增设类目、归并项目、调整分目等措施，对框架结构进行优化调整，使年鉴框架设置更为科学合理，时代特征和地域特点更加鲜明。实现全书有概览、类（分）目有综述、条目有概况，增强年鉴框架的逻辑性和归类的合理性。突出年度特色，近年来，《东阳年鉴》都把年度特色工作置于开卷重要位置。2019年卷专文收录《从东阳实践看如何打通文化优势转化为发展优势的通道》，2020年卷专文收录《东阳市“不忘初心、牢记使命”主题教育》和《东阳市机构改革》，2021年卷专文收录《东阳市脱贫攻坚工作》，2022年卷专文收录《开展党史学习教育》和《第三届世界东阳人发展大会》。框架上科学设置，突出东阳市“三乡一城”（教育之乡、建筑之乡、工艺美术之乡、影视文化名城）地域特色，把东阳木雕红木产业、建筑业、横店影视业几项特色产业内容升格，单独设立类目，凸显东阳的地方特色。

二是优编年鉴内容。资料性是年鉴的第一属性，由于文献资料的加工程度不同，其有效信息含量配比，会对年鉴资料的优劣造成影响。通过控制一次文献的篇幅，扩大二次文献的规模，精选精编三次文献来强化年鉴的资料性，从而提高年鉴的编纂质量。在内文中，有大事也有趣闻，记决策也记民生，重规范更重特色，使全书内容更加精准。

三是优选图片专辑。每个地区都有独特的文化基因和区位发展特色，《东阳年鉴》找准东阳市的自然、历史、人文、经济等方面的特点，突出以地方产业特色和区位优势为导向设置专题图片。《东阳年鉴》卷首刊载“综合交通”“木雕红木”“影视旅游”等图片专题，反映东阳的发展亮点和经济特色；注意选用表现快速发展社会中鲜活事物、生动实践、大众群体的主题，设置“社会民生”“文化体育”“健康卫生”“农业农村”等图片专题。除了常规图片专题，《东阳年鉴》卷首专题图片选题时，注意将主旋律宣传、重大主题与具体年度相结合，体现年鉴的年度亮点，做到年编年新。《东阳年鉴（2019）》卷首刊载“撤县设市30周年东城回眸”图片专题，通过23幅新、老对比照片反映30年间东阳的发展和变化，使读者感受到生活发生的深刻变化，既是节点的展现，更是历程的凸显，不仅体现了年度性，还体现了历史的纵深，是此卷的亮点。《东阳年鉴（2020）》在卷首设置“庆祝新中国成立70周年活动”图片专题，展现东阳市为迎接中华人民共和国成立70周年所举办的庆祝活动，营造团结、向上、和谐、欢庆的氛围。《东阳年鉴（2021）》在卷首设置“世界东阳人发展大会”图片专题，选题与地方重要活动紧密相关，通过组照全面呈现大会期间的精彩瞬间。《东阳年鉴（2022）》在卷首设置“开展党史学习教育”图片专题，是落实党和国家层面大政方针和决策部署的充分体现，是年鉴服务中心大局的具体体现。

（三）主要措施

一是做好编纂计划。每年年初，年鉴编辑部根据全市临时机构调整文件、市领导分工安排等排查新入鉴单位，调整编纂任务。每周编辑部工作例会对上一周编辑部实时收集的全市重点、热点工作内容进行讨论，整理归档。通过这些工作，编辑部能把握好全情总貌，做好编纂计划，合理分配编纂任务。

二是实时收集资料。关注《东阳通讯》、《一周要讯》、政务网信息等，关注全市重大会议、活动的图文资料，收集市重点部门所出的工作简报，关注新闻媒体报道，实时收集可入鉴的文字资料和图片资料。通过对年度全市政治、经济、文化、社会等方面的主要事件进行实时摘录，同步编写年度大事记《东阳纪事》，这些资料可以为承编单位撰写稿件提供参考，为编辑部审核来稿提供依据。

三是精准指导单位。对全市近200家承编单位进行分类管理，由编辑进行“一对一”指导。抓住重点单位进行全程指导，寓审稿、改稿于组稿中，与承编单位协同编纂。重点调研部分具有行业指导和监管职能的单位，实行重点对接，进行年鉴编写指导思想交流，进行框架、内容具体编纂业务对接。

（四）社会效益

《东阳年鉴》坚持编鉴为用，存史资政，服务人民。建立公共文化服务年鉴主题载体，坚持向社会各界、人民群众赠阅《东阳年鉴》，为社会各界了解东阳、认识东阳、建设东阳提供参考，为传递信息、加强交流、传承文明提供史料，并为各级各部门科学决策和指导工作提供资政参考。将档案馆设为《东阳年鉴》赠阅点，将历年年鉴配送至全市各级图书馆、高等院校、文化礼堂等，通过方志“七进”活动向公众赠阅书籍，提高服务中心大局、服务经济社会发展、服务人民群众的能力。推进年鉴创造性转化和创新性发展，着眼读者阅读需求，制作《东阳年鉴》电子书，促进书籍出版与数字媒体融合发展；开发“东阳年鉴”微信小程序，实时掌上阅读，便于全文检索，实现网络资源共享。

三、《东阳年鉴》努力方向

风好正是扬帆时，策马扬鞭再奋蹄。新时代新征程，东阳市委党史研究室在

《东阳年鉴（2019）》成功创建中国精品年鉴的基础上，不断创新年鉴产品，提升年鉴质量，讲好东阳故事，为更好满足人民对美好生活的文化需求贡献更多志鉴力量。

（一）注重编鉴为用，以精品年鉴带动方志事业

致力稳步提升《东阳年鉴》编纂质量，增强服务功能。持续申报创建中国精品年鉴、浙江省年鉴精品。继续以“强化组织领导、强化资料收集、强化编纂管理、强化社会服务”为抓手，逐渐形成以地方志编纂委员会为领导层、年鉴编辑为核心层、供稿人员为紧密层、热心读者为辐射层的立体团队，打造精品，不断提高年鉴的社会认知度，扩大社会影响力，把东阳的新发展、新信息向领导展示、向部门宣传、向社会传播，让更多的人通过《东阳年鉴》了解东阳、关心东阳、支持和参与东阳建设事业。

（二）以智力提质量，保证精品能力持续稳定

供稿人员、年鉴编辑的业务能力直接影响年鉴的质量。通过多种培训方式提高编辑人员的业务水平，通过多种渠道吸收省内外专家的智慧。继续优化《东阳年鉴工作手册》，抓住部分重点单位进行全程指导。继续加强和摄影团队的合作，充实《东阳年鉴》图片资料库。通过创建精品年鉴，树立年鉴编辑的政治意识、大局意识和质量意识，提高工作积极性、自觉性，增加奋进的动力。邀请专家参与组稿培训、编纂指导、审稿校对等工作环节，对年鉴框架结构、内容选材、条目编写、装帧设计、行文规范、数据图照等方面进行评议，提升专家指导实效。

（三）适应“互联网＋”时代，开启年鉴工作新模式

《国务院关于积极推进“互联网＋”行动的指导意见》提出：“到2025年，网络化、智能化、服务化、协同化的‘互联网＋’产业生态体系基本完善，‘互联网＋’新经济形态初步形成，‘互联网＋’成为经济社会创新发展的重要驱动力量。”“互联网＋”已经与年鉴工作紧密相关。要积极开展《东阳年鉴》所有卷次的数字化，并在相关政府网站上公布，利用“互联网＋”自由、开放、交往、合作等特性，提高年鉴社会宣传覆盖面，为年鉴事业发展奠定良好的群众基础。

深挖年鉴精髓　探寻“一县千面”
——《龙游年鉴》打造精品之路 *

龙游县档案馆（龙游县史志研究室）

《龙游年鉴》创刊于2005年，十多年来勇于探索，不断开拓，继承创新。其中，《龙游年鉴（2006）》荣获浙江省综合年鉴质量评比三等奖，《龙游年鉴（2014）》获评为第三届全国地方志优秀成果（年鉴类）一等年鉴。2021年4月，《龙游年鉴（2020）》被中国地方志指导小组办公室公布入选第五批中国年鉴精品工程中国精品年鉴，成为浙江省2021年度唯一入选的年鉴。衢州市委副书记、市长汤飞帆批示：“全国精品、全省唯一，值得肯定！”2021年12月，《龙游年鉴（2020）》获第八届全国地方志优秀成果（年鉴类）特等年鉴。2023年12月，《龙游年鉴（2022）》获第九届全国地方志优秀成果（年鉴类）特等年鉴。

一、《龙游年鉴（2020）》申报精品过程

2020年4月，为申报中国精品年鉴，龙游县档案馆（县史志研究室）迅速发动，确定年鉴责任编辑，召开第一次编纂工作会议，将编纂任务分解到个人。5月中旬，及时将《龙游年鉴（2020）》篇目汇总上报。6月底，中国精品年鉴专家组反馈篇目评审意见共72条。7月底，将初审稿上报至省地方志办公室，组织省

* 执笔人：雷伟斌，龙游县档案馆（龙游县史志研究室）副馆长（副主任）。

内专家进行评审，随后根据专家意见进行修改，9月初将修改后的送审稿上报中国精品年鉴专家组审核。11月13日，中国精品年鉴专家组反馈第一轮评审意见共70条，县档案馆根据评审意见对篇章、体例进行了较大的修改。如将原来的纪检监察工作分目升格为中国共产党龙游县纪律检查委员会龙游县监督委员会类目，置于政协类目之后，并将县委巡察工作分目归入该类目。整合财政·税收、经济管理与监督类目、国有资产经营与管理类目3个类目为经济管理类目，并将龙游县金融服务中心、衢州市银保监分局龙游监管组、中国人民银行龙游县支行的内容融入经济管理类目中。将社会事务和社会生活类目的位置后移。11月27日，按时上报《龙游年鉴（2020）》修改稿。12月底，中国精品年鉴专家组反馈第二轮评审意见共28条。收到评审意见后，龙游县档案馆立即组织方志科编纂人员进行逐条解读、学习和讨论，并根据意见的板块进行了责任分工。由单位一把手和业务骨干组成精品年鉴工作小组，按照评审意见，逐条对《龙游年鉴（2020）》进行修改。编纂人员对卷首彩页照片重新进行认真选择，增加大量体现本县年度发展特色，特别是体现文化建设、民生事业发展的图片。卷首彩页由原来的20页增加到32页，彩页照片由原来的60幅增加到92幅。将原本2017年的政区图替换成2019年的审定图，并删除原来的一些领导、会议照片。根据专家要求，对图照部分编上页码。修改后的卷首彩页以图文并茂的方式，从基础建设、经济发展、文化生活、精准扶贫、生态建设等方面，对龙游县的经济社会发展全貌进行展示，通过图照生动直观的体现龙游县的风土人情。其后，继续按照专家意见对文稿进行修改，并对封面设计进行优化。2021年3月，《龙游年鉴（2020）》正式定稿，交付印刷。

二、申报精品工作机制

精品年鉴的创建，拼的是实打实的硬功。2020年，龙游县档案馆集全馆之力，几乎所有人员参与年鉴编纂。多次召开责任编辑人员会议，明确年鉴编纂工作流程和《龙游年鉴（2020）》责任编辑分工和职责，认真学习《龙游年鉴》编纂规范实施细则，由原《龙游县志》《龙游年鉴》主编劳乃强详细讲解年鉴编纂的重点和要点，答疑解惑。全年共召开责任编辑年鉴培训会议8次，提高责任编辑的编纂水平，为年鉴编纂工作打下坚实的基础。为进一步提高年鉴的工作效率和编纂质量，采用责任编辑之间交叉互校的方式，互相修改错误，互相取长补短，发挥各自的审稿特长，进一步提炼、精练、规范年鉴语言表述。最后由副主编劳晓天对全书内容、语言文字、标点符号、数字计量、版面格式、目录索引、插页图照等进行把关。通过整合多方资源，坚持与时俱进、开拓创新，始终将质量意识、精品意识贯穿于编纂工作全过程。

三、《龙游年鉴（2020）》的编纂特色

《龙游年鉴（2020）》全面、客观地反映2019年龙游自然、政治、经济、文化、社会、生态等方面的基本情况和发展成就，记述内容全面，资料翔实丰富，编排有序，重点突出，框架合理，类目、分目、条目记述层次清晰。《龙游年鉴（2020）》全书共设30个类目下设217个分目、1308个条目，致力于突出年度特色、时代特色、地方特色，同时提升年鉴内容资料价值、存史价值。年鉴编纂人员花了很大工夫编辑综合性分目和条目，几乎每个类目都设有综合性的综述分目，根据《关于地方综合年鉴编纂出版若干问题的补充规定》，综述作为分目，至少包括2个条目；每个分目下面还有概况条目，综合性条目内容丰满，使整本年鉴有点有面。同时，不同单位的内容，按照年鉴实际的编纂类目进行了适当的穿插，真正实现了以工作内容为主体，而不是以记述单位为主体，展现了一幅2019年度龙游县方方面面的画卷。读者可通过《龙游年鉴（2020）》，走进龙游，了解龙游。《龙游年鉴（2020）》特色亮点主要体现在以下几个方面。

（一）以民为本，强化编纂为民服务

《龙游年鉴（2020）》突出为人民服务的宗旨，坚持以人民为中心的发展思想。首先，在编纂过程中，根据《关于地方综合年鉴编纂出版若干问题的补充规定》，确立“非必要不上列”的要求，如在选择照片时做到慎用少用领导、会议照片，慎用少用签字、奠基、剪彩等仪式照片，重点体现民生、民情，选取内容真正以人民为中心。其次，将有关民生的基本问题、热点问题及社情民意集中起来加以充实。《龙游年鉴（2020）》强化对人物的记述，设立人物·荣誉类目，下设2019年先进集体、先进个人、“最美龙游人”名单事迹等分目，形成各类人物记载新格局，使典型人物宣传既有先进性、代表性，又有群众性、广泛性。再次，《龙游年

鉴（2020）》还在“实”字上下功夫，发扬“求实”精神，删去一些不够可靠、不够准确的数据、表述，拒绝内容失实、表述含混、记载模糊。记述内容不只包括龙游县机关部门、乡镇（街道），还包括驻龙游的省、市直属单位，如电信、移动、银行等，力求年鉴记述资料的全面而精练。

（二）创新思路，科学优化编纂体例

相较于往年年鉴，《龙游年鉴（2020）》在编纂思路、框架设计、资料内容、条目规范、排版印刷等方面作了较多变动，在各方面进行了更为科学的优化。如《龙游年鉴（2020）》经济管理类目设置了财政、税务、金融业管理、国有资产管理等分目。这些分目反映的都是宏观经济管理，原属于不同的类目，经过精心调整，定位更为准确。同时，把经济管理类目前置，体现宏观经济调控的重要作用。此外，将新书榜分目降格为公共文化分目下的条目，在此条目下延展出小条目，涵盖2019年龙游县各个领域出版的多部书籍，在体现年鉴“全面”的同时，还突显龙游公共文化建设的成就。2019年是机构改革年，《龙游年鉴（2020）》在编纂中也重点体现这一内容，不仅设立专文，同时对机构合并后的单位撰稿进行合理分解。如龙游县档案馆与史志办合并后为一个单位，为让工作性质更加明确，编纂人员打破框架，将档案馆内容归入政府类目，史志办内容归入文化类目；人民防空从住建局内容中拆出，划分在军事类目下。这些都体现了以工作内容为主体，而不是以记述单位为主体的编纂方式。

（三）全面系统，突显龙游地域特色

对年度内发生的高“含金量”的事情，如龙游石窟国际音乐盛典活动是一项国际性的盛会，《龙游年鉴（2020）》进行详细介绍，集中展现活动魅力和对龙游发展所起的重要意义。浙江是著名水乡，衢州市拥有绝佳的生态环境，龙游县更是连续六个年度摘夺浙江省“五水共治”工作最高奖项“大禹鼎”。因此，作为衢州市乃至浙江省城乡建设的一大重点工程，《龙游年鉴（2020）》将五水共治分目列入年鉴显著位置。“四边三化”行动是浙江省委、省政府提出的在公路边、铁路边、河边、山边等区域开展洁化、绿化、美化行动。通过这一行动，龙游打赢美丽城镇建设持久战，“四边三化”工作当然也作为分目位列其中。另如设立农房管控分目，体现的是衢州市农房整治的经验和启示，也是龙游县聚力“三农”发展，

赋能乡村振兴，重构农民宅基地（建房）的重要举措。这 3 个分目都突出体现了浙江特色、衢州特色中的龙游特色。

（四）精益求精，革新外观，图文一体

为充分发挥图片的直观作用，适应读图时代的需要，《龙游年鉴（2020）》十分重视年鉴外观的设计以及图照的编排。作为精品年鉴，编纂人员在年鉴整体装饰上以雅致美观为要求。在封面设计上，力求体现龙游的地方特色。龙游石窟被誉为“世界第九大奇迹”，特别邀请衢州学院专家进行创意设计，全书打开后立起，就像微缩的龙游石窟。主体背景采用龙游石窟中的凿痕，采用凹印工艺，用手触摸其封面就如同在触摸龙游石窟的墙面一样，能与读者产生深刻的联想和互动。其砖金的颜色又如同红木的色彩，展现龙游红木特色。同时挖掘龙游深厚的历史文化资源，主标题最下方的图腾取自姑蔑国出土文物，寓意龙游平顺和谐。

《龙游年鉴（2020）》卷首图照增加大量体现本县年度发展特点和特色的图片，对龙游县经济社会发展全貌进行展示，直观体现“绿水青山就是金山银山”的生态理念。每个类目的标题上均配上龙游城市全景图，直观地展现龙游县城面貌。此外，年鉴还选用 180 多幅随文照片。图片选用以切实反映各单位工作面貌为选择标准，说明文字要素齐全，图文相符，图随文走，以图释文。表格对年鉴文字内容也能起到具体说明的作用，《龙游年鉴（2020）》收录各种表格 67 张，分别以黄色和白色作为底色，起到错落有致的效果。

捧读这一本兼具信息量和审美标准的精品工具书，就如畅游质朴、厚德、雅致、逸趣的“千面”龙游。

通过中国精品年鉴创建工作，编纂人员认识到，精品年鉴的编纂过程就是一个不断创新的过程。在创建过程中，在中国精品年鉴专家的指导下，编纂人员进一步拓展工作思路，突破长期以来形成的编纂模式，深化了对年鉴编纂创新发展的认识。同时，全体编辑人员通过几轮框架设计的调整优化，对内容的增补完善，对细节的反复打磨，编纂水平有了较大的提升。

四、“精品后”长效机制建设

创成中国精品年鉴以后，龙游县始终坚持“质量为先”理念，一直把提升年

鉴质量作为根本目标和首要任务，把贯彻落实《地方志工作条例》《地方综合年鉴编纂出版规定》《关于地方综合年鉴编纂出版若干问题的补充规定》作为年鉴编纂的根本遵循。龙游县在着力抓好年鉴质量长效机制建设上，主要抓好“四关”。

一是抓好总编关。年鉴的质量，首先体现在年鉴总体的篇目设置上，这是年鉴主编的首要工作。为使《龙游年鉴》篇目设置更加科学合理，既保持年鉴的一般特点，又体现龙游地方特色，既体现历年工作的连续性，又体现各个年度的重点工作、特色工作和亮点工作，以及年度特色，龙游县聘请县内拥有丰富地方志编纂经验的专家承担年鉴主编、副主编的工作，县档案馆馆长（主任）兼任主编，分管副馆长（副主任）兼任副主编，统筹协调年鉴编纂工作，做好总纂、统稿和审稿工作。邀请省、市专家组成顾问团，在年鉴类目、分目和条目等篇目设置上提供专业指导帮助，特别是在2020年争创中国精品年鉴过程中，龙游县按照中国精品年鉴专家的评审意见，对《龙游年鉴》框架作了重大调整，使年鉴总体框架更加科学合理，对提高年鉴总体质量发挥了重大作用。同时，龙游县还积极学习借鉴国内优秀年鉴的经验做法，收集马鞍山、楚雄等地精品年鉴，在专业研究学习的基础上，做好经验借鉴。

二是抓好责任编辑关。年鉴的质量，还体现在微观的语言文字表述的细节上。做好年鉴初稿的编辑校对工作是责任编辑的主要任务。为提高责任编辑的业务水平，龙游县认真做好责任编辑的业务培训工作，每年都要组织责任编辑学习有关地方综合年鉴编纂出版的规定，学习出版社专家的评审修改意见，大到条目的选题选材，小到标点符号的使用，都要认真组织学习，不仅要求新聘用的责任编辑学习，原有的责任编辑也要重新学习，做到温故而知新，从而使责任编辑更好地从事编辑工作，从语言文字细节上确保年鉴质量。

三是抓好撰稿关。“巧妇难为无米之炊”，各单位年鉴撰稿人提供的年鉴初稿和相关参考材料，是编纂年鉴的重要原材料，不仅直接影响一部年鉴的内容质量，也直接影响年鉴编纂工作的进度。龙游县高度重视各单位的撰稿工作，为确保年鉴撰稿队伍稳定，形成一支有丰富撰稿经验的作者队伍，县档案馆专门下发文件保留稿费发放制度，由县财政预算经费予以保障。同时尊重作者署名权，对提供图片、文字的作者均在年鉴内进行冠名，努力提高各部门撰稿人的积极性，营造年鉴撰稿的良好氛围。

四是抓好排版印刷关。在重点抓好年鉴框架、内容质量的基础上，龙游县还高度重视年鉴的排版印刷质量，包括封面设计、版式设计、表格设计、图片质量、纸张质量、印刷和装订质量等，都努力按照专家、出版社审稿意见进行把关。

在抓好年鉴编纂质量的同时，龙游县也着力抓好年鉴开发利用工作。一是在“龙游通”平台上传《龙游年鉴》电子版，方便社会各界和公众查阅，提高年鉴阅读率。二是在县两会、“6·9”国际档案日、档案史志业务培训等场合，发放《龙游年鉴》，提高年鉴利用率。三是在华岗事迹陈列馆开馆仪式上，举行《龙游年鉴（2022）》发布会，提升年鉴社会影响力。

自加压力　迎难而上　争创一流

——《长乐年鉴》打造中国精品年鉴之路*

中共福州市长乐区委党史和地方志研究室

《长乐年鉴》创刊于2000年，最初是由统计部门负责编纂，偏向于统计资料的汇编。长乐史志部门从2014年起承担长乐地方综合年鉴——《长乐年鉴》编纂任务，至今已编纂出版9卷。在多年的编纂实践中，《长乐年鉴》编纂团队始终遵循年鉴编纂规律和年鉴编纂创新理论，精益求精，编纂质量稳步提升，在打造精品年鉴的道路上取得令人瞩目的成绩。短短数年相继获得各类奖项10多项，包括全省地方综合年鉴编纂质量评选二等奖、全国地方志优秀成果（年鉴类）三等年鉴、福建省精品年鉴等，尤其是《长乐年鉴（2019）》和《长乐年鉴（2020）》分别获评第七届和第八届全国地方志优秀成果（年鉴类）特等年鉴，《长乐年鉴（2020）》入选第五批中国年鉴精品工程中国精品年鉴，在年鉴的“精品之路”上留下闪光的印记。

一、精品年鉴打造历程

2019年，中共福州市长乐区委党史和地方志研究室在之前工作基础上，抓住福建省年鉴精品工程实施的有利时机，自加压力，迎难而上，积极申报纳入福建

* 执笔人：陈挺，中共福州市长乐区委党史和地方志研究室副主任。

省年鉴精品工程项目，希望通过申报年鉴精品工程来检验长乐年鉴质量，并以此为契机锻炼编纂队伍，全面提升编纂质量。此后一年，在区委、区政府的关心支持下，在省内外专家的精心指导下，在广大承编单位的支持配合下，遵循年鉴编纂规律和年鉴编纂创新理论，发扬工匠精神，精益求精，反复打磨，在框架设计、条目编写、彩页编排和文体文风规范等方面进行优化和改进，并按照专家评审意见逐条认真修改完善，顺利通过多轮评审，经福建省年鉴精品工程领导小组审定，《长乐年鉴（2019）》入选当年福建省年鉴精品工程项目。

刚想稍稍松一口气，中共福建省委党史研究和地方志编纂办公室领导又动员申报中国年鉴精品工程项目。事非经过不知难。经过一年争创福建省精品年鉴的经历，对其中的艰辛，编者们深有体会。因此刚开始对领导的建议，编纂人员有过犹豫，有过退缩，一方面觉得和中国精品年鉴的差距比较大，另一方面也想缓一缓、歇歇脚。但经过激烈的思想斗争后，大家坚定了“人生能有几回搏”的信念，达成了共识：即使面对再多再大的困难，也要化压力为动力，发扬不怕疲劳连续奋战的作风，勇敢迎接挑战，主动接受省内外领导、专家和同行对《长乐年鉴》编纂质量的进一步检验。于是，《长乐年鉴》和《三明年鉴》一道代表福建省申报参加中国年鉴精品工程。

确定申报中国精品年鉴后，编纂人员一方面按部就班地按照年初制定的年鉴编纂方案开展年鉴框架设计和组稿工作，另一方面积极对接配合中国年鉴精品工程办公室，严格按照规定的时间节点，提交报送《长乐年鉴（2020）》篇目和稿件。中国年鉴精品工程办公室先后组织专家对《长乐年鉴（2020）》篇目和稿件进行三轮评审，就篇目结构、内容选题、资料补充、体例规范、装帧设计等方面提出了详尽的评审意见。收到评审意见后，长乐区委党史和地方志研究室均第一时间组织编纂人员认真梳理、消化、吸收，逐条落实，做到应改尽改，并根据评审意见，举一反三，全面完成年鉴稿的修改完善。

2021年4月，中国地方志指导小组办公室发文公布入选第五批中国年鉴精品工程“中国精品年鉴”名单，《长乐年鉴（2020）》名列其中。这是福州市首部中国精品年鉴，在福州市、福建省乃至全国打响了知名度。区委主要领导就此作出专门批示，对长乐年鉴工作屡创佳绩给予肯定和鼓励，希望全区党史方志干部以此为契机，再接再厉，秉持创新创优理念，保持良好工作势头，推动党史方志事业再创新业绩。

二、主要措施和经验

地方综合年鉴编纂是一项系统性的文化工程。长乐区委党史和地方志研究室以创建打造精品年鉴为重要抓手，在编纂实践中不断摸索工作经验，逐渐形成一套行之有效的运作方式和编纂方法。

（一）加强队伍建设，立足根本

长乐区委党史和地方志研究室注重加强对年鉴编纂队伍的锻炼培养，以适应年鉴编纂事业的不断发展。一是把对编辑人员的培训摆在重要的位置，积极组织安排编辑人员参加各级各类年鉴业务培训；二是努力建立学习型的部门，主要领导参与年鉴初稿的编辑工作，尽可能在单位创造一种积极向上的学习氛围；三是注重在编纂实践中考察发现人才，积极向组织部门推荐提拔业务过硬而又肯干事、愿干事的干部，让他们在更大的平台展示才华、发挥作用；四是鼓励编辑部人员积极撰写学术论文、参加学习研讨和交流，不定期地组织开展内部交流研讨，促使编纂人员把“活到老学到老”的理念作为一种习惯，不断提升自身能力素质，克服“本领恐慌”。同时，加强对供稿单位撰稿人的培训。在《长乐年鉴（2020）》开编之初，长乐区委党史和地方志研究室即组织全区各承编单位撰稿人开展全面的编纂业务培训。其后，不定期地分批组织相关领域的承编单位撰稿人进行有针对性的培训，还积极利用协办《福州年鉴》组稿会暨撰稿人员培训班的机会，邀请《长乐年鉴》的撰稿人旁听学习。在加强培训之外，实行撰稿人联系制度，编辑部人员与相关撰稿人员实行点对点的交流，在选材、体例等方面进行具体业务指导，增强撰稿人员的“年鉴意识”，为撰写好年鉴稿件打下基础。

（二）落实编纂职责，注重实效

2018 年以来，长乐区委党史和地方志研究室在以往运作模式的基础上，参考各地的好做法和好经验，于每年年初制订《长乐地情资料年报清单》《〈长乐年鉴〉编纂大纲》，由区委办、区政府办下发，将年鉴编纂工作职责和任务落实到各承编单位。实行审查验收制度，要求年鉴稿件在报送时要撰稿人员署名，同时须经单位领导审核签字，加盖单位公章，以示资料的准确和慎重。对不合格的稿件要求在规定的时限内完成修改补充并再次报送，直至通过审查验收。此外，还向区政府积极申请，推动将地情资料年报工作纳入长乐区绩效管理考评体系，由史志部门制定《地情资料年报工作绩效考核评估办法》和实施细则，负责对全区各承编单位地情资料年报工作进行业务指导和督促检查，有力推动和促进了《长乐年鉴》的供稿工作。在编辑部内部，严格实施工作责任制，明确责任分工，规范工作流程，除编辑部内部初审、复审、统稿外，还组织开展交叉审稿，强化质量管理，全体编纂人员各司其职，各尽其责，个个身上有责任，人人肩上有担子，有力保障了年鉴编纂工作的落实。

（三）树立精品意识，力求质量

多年来，长乐区委党史和地方志研究室始终强调精品意识，坚持规范与创新并举，努力提高年鉴编纂质量。

一是在保持年鉴框架相对稳定的基础上，把握时代的潮流和脉搏，适应经济社会的发展变化，及时抓住新的重点题材、热门话题，更新相关栏目，以更好地汇集相关资料，使年鉴时代特色和年度特点十分鲜明。如建设福州滨海新城是福州市委、市政府贯彻落实习近平总书记福州“东进南下”战略构想的重大实践，是打造福州现代化国际城市的重大举措。《长乐年鉴（2020）》特设专辑，强化对福州市、长乐区两级政府举全市之力推进滨海新城建设的记载。和平街是长乐区最古老的街区，历史可以追溯到唐朝，文化积淀深厚，有“长乐第一街区”之称。和平街特色历史文化街区修复建设是长乐年度热点，《长乐年鉴（2020）》也将其纳入专辑，予以着重记载。同时，《长乐年鉴（2020）》抓住长乐经济社会发展的地域特色，合理设计栏目，使栏目和选题切合地方实际，如推出纺织工业、冶金工业、湿地保护、旅游业、海滨度假村等分目，并在设置上不拘一格，或破格升级，或靠前安排，或增大分量，突显了鲜明的地方特色。

二是拓展年鉴的内容，增加年鉴的有效信息容量。在条目、表格、图片之外，运用“链接”的形式，拓展资料的深度和广度，多角度、立体化反映相关内容；以年度性的资料为主，辅以历史性的资料，达到立体化、连续性的要求，使年鉴更加全面、深刻地反映事物的发展变化；增加动态性条目的选题数量，使基础信息和大事要闻反映充分，并增强年鉴的可读性。

三是在行文上精雕细琢。精练报告、文件、文章等原始文献，选录有效信息，删除多余篇幅；梳理删减大事记中一般性工作会议、常规性走访慰问等事条，突出大事要事，提升年鉴的有效信息含量。

四是建立完备的检索系统，增加索引量，提高索引比，引进参见系统，在增强年鉴检索性的同时，有效减少年鉴内容不必要的重复，发挥年鉴作为地情资料工具书的功用。在图片专题方面，实行分类编排，紧扣福州市发展战略和福州新区开放开发，围绕长乐区委、区政府中心工作，设计相应专题，生动直观反映全区各行各业最新成就，并增设导语，方便读者阅读。

五是强化版式设计，对排版清样版面留白是否过多、图表是否随文、标题是否沉底，以至文字字体字号、间距等进行认真审核，确保版面美观。

三、存在的不足

虽然《长乐年鉴（2020）》成功入选中国精品年鉴，但编纂人员也清醒地认识到与《北京朝阳年鉴（2020）》《长沙年鉴（2020）》《连云港年鉴（2019）》《孝义年鉴（2020）》等“精品中的精品”相比，《长乐年鉴》仍存在诸多不足和差距。

一是年鉴内容涵盖面不够广泛，覆盖面不足，囿于各种因素，对广告业、家政服务业、电子商务、快递业、证券业等不断涌现的新兴业态的资料收集与编纂存在一定的盲区。

二是年鉴记述的深度还不够，有些内容的记述还比较空泛，仅概括性地简单反映部门、行业、地区基本情况，没有围绕主题挖掘整理具有地方、行业特点的深层次资料，不尽符合读者的需求。

三是年鉴地方特色还不够鲜明，对长乐支柱产业、特色工作等资料的编纂整理还不够系统，更多的是依托于常规的框架结构，在篇目框架设计创新方面没能做到大胆突破。

四是年鉴的开发利用方面还不够得力，数字化、信息化建设方面存在较大短板，还主要是通过纸质书进行传播，与社会各阶层读者便捷查询、利用地方志成果的需求不相适应，无法充分发挥年鉴的社会效益。

四、下一步工作思路

“精品之路”永无止境，提升年鉴编纂质量永远在路上。下一步，编纂人员将持续认真总结年鉴精品工程工作经验，针对不足，在编纂机制、队伍建设、数字化建设等方面采取相应的应对措施，不断提升质量，更好地发挥年鉴存史、育人、资政的功用，提升社会效益。

（一）探索创新年鉴编纂机制，拓宽资料来源渠道

面对不断涌现的新生事物，受限于官方机构的职能，年鉴单纯依靠党政各部门撰稿队伍的组稿方式越来越显示出其局限性。因此，须顺应社会的发展，创新年鉴组织编纂体制，可探索采取政府购买公共服务的方式向学术研究机构、行业协会等社会团体约稿，向专业人士约稿，不断拓宽稿件来源渠道，全面收集各类资料。

（二）加强编纂队伍建设，提升人员素质

提升年鉴质量，编纂队伍的人员素质是关键、是保证。全区年鉴撰稿队伍不太稳定，撰稿人员流动性大，撰稿水平参差不齐，一定程度上影响年鉴质量。因此，要持续不断地加强年鉴编辑队伍、年鉴撰稿人队伍的培训力度，探索创新小班培训、分层培训、远程培训等更多更灵活的线上线下培训方式，进一步提高年鉴编纂队伍的整体业务素质。

（三）加强年鉴数字化建设，推动读鉴用鉴

修志编鉴为用。在当前“互联网 +”、云计算、大数据的时代背景下，年鉴事业发展必须顺应信息化的趋势，形成基于网络化、数字化的现代化传播方式和利用方式。可借助网站、微信小程序、微信公众号等平台传播年鉴信息资料，丰富传播形式，同时可以吸引读者关注，提高年鉴使用效率和知名度。

习近平总书记在党的二十大报告中强调：“高质量发展是全面建设社会主义现代化国家的首要任务。”《长乐年鉴（2020）》参评并获评精品年鉴不是最终目的。《长乐年鉴》编纂人员将坚持精品意识，按照“跳起摸高，争创一流”的要求，持续创新创优理念，精益求精，进一步在提升质量、树立品牌上下功夫，着力持续编修出经得起时代和历史检验的精品年鉴，充分发挥年鉴存史、育人、资政的功用，为繁荣发展文化事业、提升国家和地方软实力作出新的更大的贡献。

创新驱动　打造精品

——《晋江年鉴》打造精品之路*

中共晋江市委党史和地方志研究室

《晋江年鉴》于1996年创刊，至2023年共出版27卷，均由方志出版社出版。多年来，《晋江年鉴》在全国和福建省的各类评比中屡获殊荣，包括全国特等奖3次、一等奖1次、二等奖1次。其中，2018年卷成功入选第三批中国精品年鉴，并获得第六届全国地方志优秀成果（年鉴类）特等年鉴。《晋江年鉴》已经成为晋江市的一张"城市名片"。晋江市有一个最重要的体会是：只有不断改革创新，年鉴才能常编常新，保持强劲的生命活力。

一、主要做法

（一）以时代为主线的框架创新

《晋江年鉴》系统记述晋江市自然、政治、经济、文化、社会等方面情况。除1996年卷外，自1997年卷起，《晋江年鉴》坚持"一年一鉴"逐年编纂出版；2006年卷首次改版，增加品牌之都、实力晋江、开放晋江、创新晋江、平安晋江、和谐晋江、关注焦点、为民办实事等内容，并改为全彩印；2017年卷再次

---

* 执笔人：蔡斯坤，中共晋江市委党史和地方志研究室主任；林荣国，中共晋江市委党史和地方志研究室编纂研究科科长。

改版。

一是重构整体框架。在保持年鉴信息资料连续性的基础上，调整优化框架内容，提升编纂质量。按照“五位一体”总体布局重建框架模式，依次划分为政治、经济、文化、社会、生态5个部类，彰显习近平新时代中国特色社会主义思想，全方位、多层次记述晋江市政治、经济、文化、社会、生态等各项事业的发展情况。这一框架重构在福建省第一次地方综合年鉴评稿会上得到专家的高度肯定与认可。《晋江年鉴（2018）》共设38个类目、258个分目（含次分目）、1449个条目，反映各行业、各部门工作和经济社会发展新貌的图片分列于各类目中，图文并茂；减幅提质，压缩字数，提升质量，增加内涵，从650多页减到392页。现在《晋江年鉴》常年稳定在390页左右。

二是突出时代特色。推出各单位具有时代性、年度性和地方性的新事物、新举措、新成绩等，彰显入鉴资料的实用性。优化选题，凸显地方特色，设置“魅力城市”专题，包括城市名片、品牌之都、实力晋江、开放晋江、平安晋江、创新晋江、和谐晋江7个分专题，更好突出晋江特色、年度亮点。《晋江年鉴》内容丰富，信息涵盖面广，大事、新事、喜事多，具有比较鲜明的时代特色和与时俱进的精神品质。

（二）以内容为根基的编纂创新

晋江市委、市政府领导非常重视《晋江年鉴》的编纂，每年编纂大纲都以中共晋江市委办公室、市政府办公室的名义发文。主编、副主编每年都会对《晋江年鉴》的校样稿提出具体的修改意见。

1. 健全制度，保证质量。一是加强统筹协调。及时制定《晋江年鉴》精品工程试点工作方案，成立年鉴精品工程试点工作领导小组，统筹协调年鉴编纂工作。各相关部门分工负责业务把关、数字审核和保密审查工作。二是善用绩效督导。市政府不仅将《晋江年鉴》编纂工作纳入每年的政府工作报告，而且将各承编单位的撰稿任务纳入年度绩效考核范围，对部分延时报送的单位由市效能办在全市通报，进行绩效扣分，为年鉴工作的顺利开展保驾护航。三是落实编写责任制。各承编单位主要领导或分管领导认真履行职责，指定精通业务、责任心强的人员承担撰写工作，从源头上把好稿件质量关，从而落实主编负责制和“一支笔”统稿。四是建立审稿责任制。通过召开审读经验交流会、特约专家审稿评议等方式交叉审读稿件，推行开门评稿，主动让专家预审，发挥“啄木鸟”的作用，把瑕疵消灭在出版之前。

2. 优化流程，缩短周期。《晋江年鉴（2017）》进一步优化年鉴编纂流程，最终实现当年启动、当年编纂、当年见书。一是靠前研讨。年初及时召开编纂工作研讨会，全面剖析年鉴栏目，突出重点记述内容，反映特色，合理取舍。以10月底前出版发行为目标，找出制约年鉴质量和进度的症结，找准提高编纂质量和时效的切入点。二是速定方案。在充分论证后，拟定组稿方案，向各承编单位征求意见，提前部署组稿任务。三是业务培训。邀请省市年鉴专家、参与审稿工作的专家等对撰稿人员及编纂业务人员进行授课，杜绝各承编单位将年度总结仅稍加改动就作为稿件报送的现象。四是包片负责。加强与供稿单位沟通，包片分工催稿，及时反馈审改意见，形成年鉴编辑人员与承编单位、撰稿人员、组稿负责人组成的年鉴供稿人员联络网。五是流程灵活。确立“组稿工作提前、编校节奏加快、审核环节紧凑、排版印刷衔接及时”的工作思路，按照年鉴编纂出版的进度安排，在组稿、编辑、总纂、审核、修改、配图、排版、校对等环节上，采取交叉或合并方式，灵活安排工作流程。如由于统计数据需要上级统计局审定，可先提供文字稿件，数据暂空，待上级审核后再补充。其他承编单位提前组稿，提高组稿效率。编校方式多样，已编辑好的部类，总纂提前介入，以压缩编纂周期。在送出版社审核期间，送给专家及相关市直部门进行同步审稿。六是主动开门评稿。借力省、市方志系统以及方志出版社等省内外专家对《晋江年鉴》进行全面体检，并广泛征求意见，进一步提升年鉴的品质。

（三）以转型升级为目标的服务创新

《晋江年鉴》注重围绕市委、市政府的中心工作，注意从本地区、本行业、本单位的发展战略方面来考虑，突出表达反映重大内容的篇目。如设置关注焦点类目，下设两会热点、重点项目建设、小城镇建设、为民办实事4个分目，进一步紧贴晋江发展的脉搏，发挥服务经济社会发展的功能。市长和分管市领导多次批示要求《晋江年鉴》更好发挥其服务经济社会发展的作用。《晋江年鉴》每年都赠送给全市党政机关、企事业单位、党派团体等作为施政参考，并形成党政领导新上任或年鉴等书籍出版后及时赠书的惯例。

一是提炼年度发展成就，成为读懂晋江的好窗口。如《晋江年鉴（2018）》增设“晋江市成功申办2020年第十八届世界中学生运动会”“晋江申办第十八届世界中学生运动会评估考察汇报会”“晋江市成功申办第十八届世界中学生运动会庆典活动现场”“石墨烯产业技术研究院”4个反映晋江年度大事要事，以及反映政治、经济、文化等发展方向的专题彩页。同时，增设英文目录，响应晋江市委提出的“建设国际化创新型品质城市”目标。每本书随书配备光盘，并在出版一周内将电子版上传到官方网站，让更多的海外友人能方便查阅年鉴资料，服务“一带一路”建设，也成为海内外友人了解晋江的便捷窗口。

二是发挥年鉴的学术性功能，成为研究晋江的好帮手。《晋江年鉴》专设文献、特载、附录等，精选当年研究和总结晋江的重要文献和重点调研报告，以及能直观反映全市经济社会发展的统计表。每年将年鉴配送至晋江市图书馆等公共文化单位和全省方志系统的方志馆。从2006年起，就与清华大学中国学术期刊电子杂志社签署《收录协议书》，晋江的年鉴系列、晋江文库等纳入清华大学中国学术期刊电子杂志社数据库，正式进入学术领域。

二、效益体现

（一）为各行各业提供决策参考依据

《晋江年鉴》一直是“晋江经验”的忠实记录者。记录晋江市每一年发生的大事情；记录着晋江市在“晋江经验”的引领下，坚定不移发展实体经济，通过创新驱动发展，着力推进产城人融合，走出一条县域全面发展典范之路的印迹。为此，在2022年“晋江经验”提出20周年之际，市委党史和地方志研究室根据《晋江年鉴》等史志书籍，整理出《“晋江经验”大事摘录》，为市领导决策提供依据，为相关部门更好地传承弘扬“晋江经验”提供史实依据。该部分内容也成为画册《何以晋江·大事记》的重要组成部分。因《晋江年鉴》忠实记录了晋江的方方面面，所以成为了解晋江的年度性权威书籍。例如，晋江市城乡规划设计研究院在为晋江市做每年的“城市体验”时，就必然要用到年鉴；中国银行等单位在总结分析全市经济指标、制定下一年的工作时，也经常参考年鉴；晋江经济报社在进行年度选题策划时，也常把年鉴作为重要的参考资料。

（二）成为研究“晋江经验”的重要工具书

《晋江年鉴》现已成为研究机构、决策部门了解、研究晋江发展历程，学习、研究和借鉴“晋江经验”的重要工具书。在2022年由中国社会科学院社会学研究所编写的《晋江经验——中国式现代化道路的县域探索》一书，从一个全新的维度为传承弘扬“晋江经验”、读懂中国故事作了诠释。市委党史和地方志研究室将《晋江年鉴》作为工具书，派出业务骨干参加相关工作小组，提出不少修改意见。

三、后续提升

（一）坚持高标准、规范化的年鉴编纂机制

《晋江年鉴》以创建精品年鉴打造出来的一整套流程作为基础，在实施过程中不断进行优化。重视借力用力，实现年鉴编纂过程中专家的全程指导作用，在开编之初就与专家共同讨论、修改大纲，最后形成有特色又较为合理的编纂大纲，坚持“组稿工作提前、编校节奏加快、审核环节紧凑、排版印刷衔接及时”的工作流程。

（二）打造专家型的编纂队伍

市委党史和地方志研究室以打造中国精品年鉴为基础，培养了一批年鉴专家。再以近年泉州市全域年鉴精品工程为契机，进一步形成老中青相结合的队伍。在单位实施全员每年共同精读一本往年年鉴的“精啄”计划，全单位的人都来给自己“找茬”，通过这种方式，进一步提升史志编纂水平，培养史志人才。每月开展一次业务学习，通过单位人员自己讲、专家请进来讲等方式，拓展业务的能力和水平。 通过实践锻炼，年鉴编纂人员的思想观念能得到及时更新，业务能力能得到有效提升。市委党史和地方志研究室现在已有多人次列入福建省及泉州市党史方志专家库、晋江市社科人才库、青年人才库。

四、存在问题

虽然《晋江年鉴（2018）》入选中国精品年鉴，但我们也清醒地认识到与

《北京朝阳年鉴（2020）》《长沙年鉴（2020）》《连云港年鉴（2019）》《孝义年鉴（2020）》等相比，仍存在诸多不足和差距。

（一）质量有待进一步提升

近年来，随着各地年鉴水平的迅速提升，编纂方法和标准等更加规范、更加细化，对精品年鉴的标准和要求也更高了，这倒逼着编纂人员要不断地学习再学习，迅速、有效、高质量地掌握编纂的最新思路、方法、技巧等。

（二）征集编纂形式较为单一

《晋江年鉴》内容涵盖面不够广泛，覆盖面不足，对物流业、广告业、家政服务业、电子商务、典当业等新兴业态的资料收集与编纂不足，甚至没有。年鉴记述的深度还不够，不尽符合读者的需求。没有围绕主题挖掘整理更多具有地方、行业特点的深层次资料。精品年鉴应该是多种形式的综合性成果，但目前很多编纂人员的征集编纂形式单一，而且排版方面缺乏创意和视觉冲击力，难以吸引读者的注意力，数字化、信息化建设方面存在较大短板，读鉴用鉴的吸引力和使用率还不高，年鉴的社会效益发挥不够。

（三）年鉴地方特色还不够鲜明

《晋江年鉴》对当地的支柱产业、特色工作等资料的征集编纂整理不够系统，在篇目框架设计方面创新突破不够。

五、对策建议

（一）加强质量控制

精品年鉴的内容质量是其核心价值所在。因此，应该加强对质量的控制，注重深度和广度的拓展，避免简单重复和错误。同时，也要注重对内容的筛选和编排，确保其符合读者的阅读需求。

（二）丰富形式多样性

探索政府购买公共服务的方式向行业、协会和学术研究机构等社会组织邀约稿，进一步拓宽稿件来源渠道，全面收集各类资料。为了让读者更加深入地了解编纂工作的重要性，可以结合各种视觉形式，包括文字、图片、图表等来进行排版设计。同时，也可以采用多种出版形式来丰富年鉴的种类和风格，加快年鉴的数字化、信息化建设，借助网站、微信小程序、微信公众号等平台满足不同读者的需求。

（三）深挖地方年度特色

《晋江年鉴》在组稿前、中、后实行动态化管理。组稿前不仅要广泛收集年度动态特色信息，而且还要进一步加强与撰稿部门前期的沟通，提炼特色。组稿中也要对各部门送过来或是其他渠道发现的特色线索及时跟进和拓展。组稿成功后，在审改阶段，也要注意提炼特色，有必要时也要及时补充进去，不可简单地有组稿完成了、多一事不如少一事的心态。

总之，年鉴要发展，就要常编常新；年鉴要常编常新，就要创新。年鉴要创新，就需要在框架结构、稿源渠道、内容主体等方面进行深入细致的调研，逐步推进深化。年鉴创新要符合地情实际，符合社会发展现状，贴近群众生活，满足读者求知欲望。

立根茶乡　勇毅前行

——《安溪年鉴》打造精品之路 *

中共安溪县委党史和地方志研究室

近年来，在上级史志部门精心培育、悉心指导和中共安溪县委、县政府正确领导下，中共安溪县委党史和地方志研究室以打造精品年鉴为追求和目标，不断深耕安溪史情地情，围绕中心，服务大局，积极作为，忠实记录安溪驰而不息、勇当主力，全面建设具有茶乡特色现代化中等城市的奋斗历程。《安溪年鉴》已成为安溪新增的一张“城市名片”。

一、《安溪年鉴》发展概况

《安溪年鉴》首次出版于 1999 年，是中共安溪县委、县政府主办，中共安溪县委党史和地方志研究室编纂的年度资料性文献。2015 年，《安溪县志（1991—2007）》出版，在泉州市率先完成第二轮修志工作，安溪史志部门及时将工作重心转入编鉴工作，持续谋划精品年鉴建设。从《安溪年鉴》2016 年卷开始改版，改变以往两年一鉴的做法，实现“一年一鉴，公开出版”。《安溪年鉴》2017 年卷入选福建省优秀年鉴，2018 年卷入选首批福建省精品年鉴并获得第六届全国地方志优秀成果（年鉴类）二等年鉴。2021 年，为全面提升精品年鉴质量，安溪县及时

* 执笔人：谢柏坚，中共安溪县委党史和地方志研究室主任。

调整优化《安溪年鉴》编纂委员会，从制度、资金、人才等方面持续发力、笃行不倦。2022年卷列入泉州市首批全域年鉴精品工程和中国年鉴精品工程培育项目。2023年3月，《安溪年鉴（2022）》成功入选第七批中国精品年鉴，取得历史性突破。中共安溪县委、县政府主要领导和分管领导高度肯定，分别作出批示。9月，为表扬先进、鼓舞士气、激励工作，中共安溪县委、县政府给予中共安溪县委党史和地方志研究室记集体三等功，号召全县各级各部门要主动对标看齐，全面学习宣传贯彻党的二十大精神，深入开展“深学争优、敢于争先、实干争效”行动，大兴调查研究，坚定信心、勇于担当、扎实工作，为奋力推进中国式现代化的安溪实践贡献力量。

二、《安溪年鉴（2022）》主要亮点

《安溪年鉴》在编纂过程中始终坚持“存用堪鉴，提质增效”理念，与时俱进、为民服务。《安溪年鉴（2022）》着重在框架设置、内容选材、图片设计、编鉴为用4个方面入手，彰显地域特色，突出年度重点，擦亮安溪名片，拓宽服务领域。

（一）框架设置彰显地域特色

安溪置县千年，素有“龙凤名区”之美誉，儒家精神和中原文化在此衍化形成特色鲜明的茶乡文化，习近平总书记曾四次到安溪调研，并以安溪为例发表《必须高度重视县域经济发展》（国务院发展研究中心主办《管理世界》增刊，2000年）重要文章，指导安溪跨越式发展，安溪成功跻身全国经济综合实力百强县。《安溪年鉴（2022）》通过优化框架设计的方式，凸显地域特色和时代特征。如茶叶产业是安溪的传统特色支柱产业，在结构上将茶叶产业设为类目，放在农业农村·水利类目之后、工业类目之前，生动记述安溪传统特色产业持续繁荣发展新貌。增设民营经济分目，记录安溪县域经济发展的重要环节。安溪在加速传统产业转型升级的同时，做大做强新兴产业，加快工业园区产业集群发展。《安溪年鉴（2022）》在原先设置工贸园区类目下“三园”分目，分别记述安溪经济开发区、泉州半导体高新技术产业园区安溪分园区、中国国际信息技术（福建）产业园基础上，增设弘桥智谷（泉州）电商产业园、安溪县藤云工艺园等7个分目，

全景式展现“一区九园”发展进程。

（二）内容选材突出年度重点

《安溪年鉴（2022）》注重收录反映年度发展变化的记事条目，增加特色条目内容，注入新鲜“血液”，健全年鉴“血肉”。2021年，“泉州：宋元中国的世界海洋商贸中心”成功列入《世界遗产名录》，成为中国第56处世界遗产。安溪宋元冶铁遗址是该项目的重要遗址点之一，《安溪年鉴（2022）》从专题图片、专记等多个角度对这一世界级遗址点进行充分展示。《安溪年鉴（2022）》内容选材与时俱进，在乡镇概貌类目中的乡镇分目中增设淘宝镇和淘宝村建设、经兜村入选中国美丽休闲乡村、蓬莱镇首届荔枝文化节、安溪开茶节等特色条目，突出安溪乡镇特色产业发展新貌。通过对年度资料信息进行细致选材，既丰富年鉴资料内容，提高年鉴的资料性，又突出时代特征、地域特色以及年度重点。

（三）图片设计擦亮安溪名片

《安溪年鉴（2022）》在展现各领域重大事件时，强化专题图片的感染力。如紧扣2021年安溪“特”“大”“要”“新”的年度事件，在卷首设7个方面图片专题。设置“守好绿水青山”专题，通过大美安溪图片，突出反映安溪县坚持生态优先、绿色发展的情况；设置“庆祝中国共产党成立100周年系列活动”专题，忠实记录安溪县作为革命老区、红色热土，充分利用身边红色资源推动党史学习教育走“新”更走“心”的生动画面；设置“经济发展”专题，选择传统特色产业和新兴产业的代表性图片，展现安溪县位列全国经济综合实力百强县的强大韧劲；设置“老区新村”专题，通过老区村新貌展示安溪谱写老区苏区乡村振兴范例；设置“安溪茶产业发展”“安溪藤铁工艺创新发展”“《世界遗产名录》‘安溪青阳下草埔冶铁遗址’”3个专题，亮出新时代安溪“三铁”新名片。

（四）编鉴为用发挥社会效益

《安溪年鉴（2022）》注重“编鉴为用”。围绕人民读鉴用鉴需要，精心设立“数字安溪”彩页、卷首专题图片、专记、文献选录等；附录的统计表分目收录反映当年安溪民生、医疗、就业等方面数据资料，“为民办实事”“报道选录”及“安溪县主要文件目录”分目聚焦安溪新情况、新变化、新发展。乡镇概貌类目合理设置各乡镇的概况，包括地理位置，辖区面积，所辖村、社区，人口情况，名胜景点，主要经济数据等内容，统一规范记述内容，确保记述内容的稳定性、连续性，便于读者纵向了解各乡镇的发展情况，横向比较不同乡镇的特色项目及发展状况。

三、构建“精品”长效机制

（一）规范年鉴编纂工作机制，为锻造精品年鉴“保驾护航”

及时优化年鉴编纂委员会结构，由县委、县政府主要领导担任编委会主任，县委分管领导任常务副主任，县人大常委会、县政府、县政协分管领导及县委办、县政府办主任任副主任，下设编辑部，为锻造精品年鉴提供坚强组织保障。规范工作流程，坚持质量第一原则，重视年鉴专家领航作用，邀请年鉴专家进行指导，在年鉴编纂出版印刷等各个环节上精耕细作，逐步形成“组稿工作提前、编校节奏加快、审核环节紧凑、排版印刷衔接及时”的《安溪年鉴》编纂出版工作模式。

（二）“精细”打磨框架内容，匠心锻造精品

一是全面吸收年鉴专家评审意见。《安溪年鉴（2022）》成为中国年鉴精品工程、泉州市全域年鉴精品工程的双料打造对象，包括方志出版社的“三审”在内，该年鉴经过中国精品年鉴专家、省年鉴专家、出版社编审的多轮评审，编纂人员严格按照评审专家意见进行稿件修改核校10多次。《安溪年鉴（2023）》继续列入泉州市全域年鉴精品工程项目，充分吸纳专家评审意见，力促鉴稿质量提升。二是提升年鉴编纂核校效率。在创精品过程中，编纂人员采用“总—分—总”批次修改法，即编辑部收到评审专家意见后，先总体讨论评审意见，再分类目编辑修改，接着归总到主编统稿，然后再邀请1 ~ 2名年鉴专家对送审稿进行审改，最后形成送审稿报送。这样，在年鉴专家领航下，《安溪年鉴》从全书框架结构、内容选材、条目编写、装帧设计、彩页图片、行文规范、统计数据、逻辑顺序等方面进行精细打磨，做到举一反三、融会贯通。

（三）培养精品骨干队伍，年鉴编纂注入人才“活水”

“编纂地方志应当吸收有关方面的专家、学者参加。”无论硬实力、软实力，归根到底要靠人才实力。精品年鉴建设关键在人，这既包括年鉴编纂人员，也包括年鉴指导专家。一是着眼长远，建立专家指导制度。精品年鉴创建，是一个年鉴稿件精心打磨的过程，要重视专家的指导作用，一定程度上说，指导专家的水平直接决定了精品年鉴建设工作的实施效果。在专家的指导下，通过实践锻炼，年鉴编纂人员的思想观念能得到及时更新，业务能力能得到有效提升，从而逐步构建专家全程跟踪指导、编纂人员跟进修改、撰稿人员资料编写补充、出版社责任编辑审核的“朋友圈”。这样，四级联动频频互动，评审意见反馈到位，问题及时有效解决。二是千锤百炼，在精品年鉴建设中发现人才。在打造精品年鉴过程中，邀请省、市年鉴专家从谋划精品建设、编目编写、稿件编纂、内容审改、核校出版等各个环节，进行全程跟踪指导修改，既能够从年鉴稿件的源头把好质量关，力促年鉴编纂提质增效，确保年鉴的编纂质量和出版周期，又能够发挥“传帮带”作用。注重对年鉴编纂人员的关爱和培养，帮助他们在专家的悉心指导下快速成长，每打造一部精品年鉴，就能相应培养出一批高水平的年鉴业务骨干，业务素质高的可吸收进入省、市年鉴专家库，为今后持续打造精品年鉴蓄积人才资源。目前，安溪有 5 人入选福建省、泉州市党史方志专家库（年鉴类）专家名单，起到示范带动作用。

四、存在问题及建议

安溪县年鉴工作虽取得一定成效，但在编用鉴意识、素质提升、机制协调等方面还存在一些问题。一是主体意识不够强。有些编纂单位虽有依法治鉴意识，但对打造精品年鉴主观能动性不够，存在“多一事不如少一事”的思想，仅满足于顺利完成“一年一鉴，公开出版”的年鉴编纂出版任务；有些组稿单位对精品年鉴建设经验不足，文稿质量良莠不齐，鱼龙混杂，年鉴编纂条件不足，力量薄弱。二是主动学习不深入。存在“闭门造车”“孤芳自赏”的现象，很少“走出去”“请进来”，片面理解地方综合年鉴“稳定性”特征，用“旧瓶装新药”，直接将上一年的年鉴编纂大纲沿用或稍作修改，甚至有些类目、分目归属不科学，层次不分明，年复一年。有些年鉴工作者学习精品年鉴方式单一，往往是遇到业务难题，再从案头上的其他地方年鉴随手拿来，“头痛医头，脚痛医脚”，没有深入地向精品年鉴学习，融会贯通。三是年鉴工作者综合能力不全面。如缺乏出版印刷认知，前期征稿、编辑、总纂环节把控较好，但后期的出版印刷流程方面存在知识盲区和有效沟通，影响出版进程。

有鉴于此，安溪县将从思想提升、机制创新、队伍建设等多方发力，久久为功。

（一）创新思想，把精品意识一以贯之

一要主动争创。史志部门要勇于担当，砥砺奋进，夯实完善年鉴编纂条件，将地方综合年鉴编纂出版驶入精品年鉴建设的正轨，做好近期计划和长远谋划，有计划分阶段积极申报各级精品年鉴工程，充分发挥“评审促优”作用。二要评改提质。入围精品的年鉴，在精品年鉴铸造的“大熔炉”中，可以“近水楼台先得月”，优先拥有年鉴专家团队的资源优势，全程受到专家评审指导，持续打磨，铸就精品。比如，列入中国年鉴精品工程培育项目后，每年在确定篇目阶段召开一次申报年鉴篇目研讨会议，在年鉴稿完成后至少召开两次专家评审会议，持续通过评审打造中国精品年鉴；在修改落实阶段，包括篇目修改和年鉴稿修改阶段，建立比较完善成熟的专家评审意见反馈、修改报告报送机制。这样严把入鉴资料的政治关、保密关、体例关、史实关、文字关，确保年鉴观点正确、史实清晰、要素齐全、文字精练、表述清楚、数据准确。

（二）善于学习，品读内化精品年鉴

一要综合学习年鉴相关规定。建立学习精品年鉴机制，组织年鉴编辑人员认真学习《中国年鉴精品工程实施方案》《中国年鉴精品工程实施方案（修订版）》等，熟悉年鉴体例、框架、资料、内容、条目、图表、行文、检索、编校、版式等方面要求。并对照标准规范，对《长沙年鉴（2020）》等中国精品年鉴从全书框架结构、内容选材、条目编写、装帧设计、彩页图片、行文规范、统计数据、逻辑顺序等方面进行认真细致的品读。二要重点学习框架结构。《安溪年鉴》2023年卷、2024年卷在框架结构调整优化中，汲取《安溪年鉴（2022）》的精华，重点品读《长沙年鉴（2020）》等中国精品年鉴的框架结构，辅以品读泉州市入选的

中国精品年鉴《晋江年鉴（2018）》《德化年鉴（2021）》的框架结构，从精品年鉴中借鉴好做法。三要学习典型条目内容设置。在精品年鉴品读中，可以选取其中一个类目作为典型范例，深入探究，多维领悟，思考其中门道，如门类排列是否合乎逻辑，分目归属是否得当，条目内容是否一致。

（三）培训交流，提升年鉴工作者职业素养

重视复合型专业人才培养，在方志学科体系构建中，有必要适当将相关出版印刷科目纳入选修的课程。出版方面的规定要求，也是年鉴工作者必须认真贯彻落实的。通过对排版印制、出版社审核、出版流程及《出版管理条例》等方面知识的学习，“胸中有丘壑”，便能更自如地在年鉴具体编纂中大显身手，更有效地与承印设计方、出版社责任编辑对接沟通，加快出版印刷周期。

年鉴精品工程既是一项创新工程，也是一项探索工程，“精品之路”上，《安溪年鉴》将以习近平文化思想为指引，保持追求“精品”的清醒与坚定，“坚持以精品奉献人民”，立足茶乡特色，守正出新，勇毅前行，力争再上层楼。

步稳行健　创新致远

——《德化年鉴》打造精品之路*

中共德化县委党史和地方志研究室

近年来，德化县按照精品年鉴编纂要求，坚持质量第一原则，发扬工匠精神，聚力打造德化年鉴品牌，不断书写年鉴事业发展新篇章。2022 年 6 月，《德化年鉴（2021）》获评第六批中国年鉴精品工程“中国精品年鉴”，是福建省当年唯一获此殊荣的县级年鉴，标志着德化精品年鉴打造工作取得重大突破。

一、锚定精品年鉴创建目标

自 2015 年 12 月中国年鉴精品工程试点工作启动起，原德化县地方志编纂委员会办公室就将打造“中国精品年鉴”作为《德化年鉴》编纂的最高目标，自此在篇目设置、内容编纂、版面设计等方面不断创新完善，持续提升《德化年鉴》编纂质量，并取得显著成效。2017 年至 2020 年，《德化年鉴》连续四年获评全国地方志优秀成果（年鉴类）评选奖项，其中获评县级年鉴一等年鉴 2 次，二、三等年鉴各 1 次，《德化年鉴（2019）》还入选福建省精品年鉴。多年来，在不断打造、不断参与精品年鉴评审之路上，《德化年鉴》质量不断提升，并逐渐形成具有鲜明时代特色和浓厚地域特征的德化年鉴品牌。2021 年，中共德化县委党史和地

* 执笔人：曾丽茹，中共德化县委党史和地方志研究室志书年鉴股股长。

方志研究室（以下简称德化县委史志研究室）在年鉴编纂工作取得一定成果的基础上，积极申报参评中国年鉴精品工程，中国年鉴精品工程专家组多次对《德化年鉴（2021）》从框架结构、分类条目、计量单位、行文规范、装帧设计等方面提出修改意见和建议，德化县委史志研究室均及时召开整改会议，组织学习专家意见，并严格对照专家意见，深入剖析、梳理分解任务，责任落实到人，逐一完成文稿的补充修改。同时，针对专家指出的相关共性问题，坚决做到举一反三，组织对全书进行专题性修改落实，全面解决问题，提升编纂质量，按时序提交专家评审意见修改报告，经过10个多月的反复锤炼打磨，2022年6月，《德化年鉴（2021）》成功入选第六批中国精品年鉴。

二、夯实精品年鉴创建基础

《德化年鉴》成立以县委书记为主任的编纂委员会，下设年鉴编辑部，定期研究部署年鉴编纂工作，按照“一纳入、八到位”要求，及时协调问题、解决困难，在人员、经费等方面提供有力保障。年鉴主编全面统筹，协调推进各项工作，副主编审核把关，负责重要编纂任务，全体编纂人员各司其职、通力配合，建立运行有效率、编纂有质量、后勤有保障的分工合作体系。同时，积极组织年鉴编纂人员参加全国、全省、全市组织的各类年鉴培训，以及到年鉴编纂水平较高的地方志工作机构学习交流年鉴编纂经验，不断更新年鉴编纂业务知识。持之以恒发扬“工匠精神”，再接再厉、久久为功，不断加强年鉴编纂科学化和规范化建设，全方位提升干部队伍专业素质和编纂工作水平，认真总结打造精品年鉴的经验，编修出更多经得起时代和历史检验，具有鲜明时代特征、年度特点和地域特色的精品年鉴。

三、创新精品年鉴编纂理念

《德化年鉴（2021）》是第14卷，该卷以打造“世界陶瓷之都”德化精品年鉴为导向，坚持框架创新、结构优化，内容创新、整体规范化，版面创新、艺术美化，全面凸显“世界陶瓷之都”的地域特点、时代特征和年度特色，全力打造“德化文化”品牌。

（一）坚持框架创新，做到结构优化

《德化年鉴（2021）》采用分类编辑法，主体内容设类目、分目、条目3个结构层次，以条目为基本记述单元。全书共设置35个类目、182个分目、1105个条目。在框架创新方面，为突出德化作为"世界陶瓷之都"的地域特色，专设世界陶瓷之都类目，下设综述、陶瓷历史、陶瓷文化、陶瓷人物、陶瓷研究、陶瓷品牌、陶瓷产业、陶瓷产业园区等分目，全方位记述德化县陶瓷发展的历史与现状，展现鲜活立体的"德化形象"。在结构优化方面，根据机构变化和地域特点，通过增设类目、归并项目、调整分目等方式，对年鉴框架结构进行优化调整，德化县人民代表大会类目下增设人大建议办理分目，德化县人民政府类目下增设机关事务管理分目，中国人民政治协商会议德化县委员会类目下增设提案办理分目，"民主党派　群众团体"类目下的群团顺序按照《关于地方综合年鉴编纂出版若干问题的补充规定》的顺序排列，"农业　农村"类目名称改为"农业农村　水利"，商贸流通类目下增设住宿餐饮分目，文化类目下增设群众文化、文艺创作、文化场馆分目，体育类目单列，并增设综述、群众体育、竞技体育、体育设施建设分目，通过系统调整使年鉴框架设置更为科学，有效增强结构的逻辑性和归类的合理性。

（二）坚持内容创新，做到整体规范化

《德化年鉴（2021）》编纂工作严格按照《地方综合年鉴编纂出版规定》《关于地方综合年鉴编纂出版若干问题的补充规定》《福建省地方综合年鉴管理办法（试行）》要求，始终坚持精品意识，以质量第一为原则，树牢时代观、实用观。在专题图片方面，为了带给读者更加直观的感受和更强的视觉冲击，在卷首设置德化县"十三五"（2016—2020）发展成就专题，以图表形式直观地展示读者最为关心的人口、地区及人均生产总值、城镇和农村人均可支配收入、陶瓷产业、旅游业收入等方面近五年来的发展变化，形象展现"十三五"期间德化县经济社会发展取得的一系列成就，同时增强年鉴资料的可读性和实用性。卷首图片设置"美丽瓷都""陶瓷产业""经济发展""文化繁荣""社会和谐""全域旅游"等专题。在专记选题方面，紧扣德化县委、县政府中心工作，坚持严格的立条标准和质量控制指标，多角度、多侧面反映德化县经济社会发展成果。将《德化县获评第六届

全国文明城市》《世界瓷都·自在德化全域旅游品牌——石牛山景区开园》《德化县“十三五”建设成就回顾》《德化县决战决胜脱贫攻坚》等2020年度德化发生的“重”“特”“大”“要”“新”事列入专记。在条目设置方面，统筹运用条目、表格、图片等多种表现形式，德化概览下的宗教条目改为“宗教 民间信仰”，使条目名称更加准确规范，世界陶瓷之都类目下增设陶瓷直播带货条目，并随文插图“德化县县长直播带货向网友推介德化陶瓷”，做到图文相随、结构规范。在新设的体育类目竞技体育分目下，增设年度动态性条目：德化运动员张伟松获2020年全国击剑冠军赛首站比赛冠军、德化运动员陈其印获中国跆拳道48公斤级比赛全国冠军等；完善乡镇类目下的动态条目，除延续经济发展、乡镇建设、社会事业、项目建设等固定条目外，根据乡镇发展特点，增设蝉联第六届全国文明村镇、龙塔少数民族特色村寨建设、寨见贵湖旅游品牌打造等年度动态性条目，做到常编常新、条目完整、写法统一。在内容规范方面，对全书的内容编纂、图表使用、保密要求、标点符号、数字用法、计量单位等方面进行统一规范，做到全书一个标准去要求、一把尺子量到底。在文稿校改方面，实行单位内部交叉看稿和总纂“一支笔”负责到底等制度，认真梳理评审专家审稿意见，做到逐一消化、举一反三、通稿打磨，确保严谨规范，使全书内容更加精准翔实。

（三）坚持版面创新，做到艺术美化

一本“形象好”的年鉴，能快速引起读者的兴趣，让人产生细细品味的冲动，“酒香也怕巷子深”，注重“面子”工程，更容易从众多年鉴中脱颖而出。多年来，《德化年鉴》封面一直坚持与时俱进，开拓创新，《德化年鉴（2017）》封面是代表装载海上丝绸之路主要商品陶瓷的帆船、生产陶瓷的屈斗宫古窑址、陶瓷的生产工序等元素，凸显德化“世界陶瓷之都”的地域特色。《德化年鉴（2019）》封面是国家AAAA级旅游景区九仙山，与县委、县政府近几年打造全域旅游品牌的工作重点相呼应，凸显地方旅游特色。在此基础上，《德化年鉴（2021）》封面再次创新，融入代表德化较高工艺水平的“一双陶瓷艺术之手”，不仅展示德化白瓷制作精细、晶莹如玉、釉面滋润似脂的特点，更体现德化白瓷独特的艺术风格，加之远处的虚实景对比，牵引出无限的空间想象，既凸显德化陶瓷之优雅，又富有设计美感。在细节美化方面，对全书35个类目压图改用复古版画素描风格呈现，与封面的中式意境之美相呼应，做到全书整体风格统一和谐。《德化年鉴（2021）》

还讲究纸张与图照文字的和谐一致，封面封底采用157克太空梭铜版纸彩印，前后双环衬210克进口特种纸，logo采用UV印刷、烫金、压凹工艺，锁线圆背精装，彩页用157克星蓝天象牙白超感纸，内文用90克象牙白超感纸，并对全书进行统一的色调处理，整套用纸色彩细腻，装帧精致且富有艺术感。

四、打造精品年鉴质量高地

《德化年鉴》始终坚持质量第一原则，树立精品意识，守正创新，采取“走出去”“请进来”“精品品读”相结合的方式，努力打造精品年鉴。“走出去”方面，积极组织年鉴编纂人员参加全国、全省、全市组织的各类年鉴培训，并到年鉴编纂水平较高的地方志工作机构学习交流年鉴编纂经验，不断更新年鉴编纂业务知识。“请进来”方面，以邀请中国精品年鉴专家及省、市史志系统年鉴专家到德化授课、参加年鉴评审会等方式，指导德化年鉴编纂人员按照中国精品年鉴编纂要求全力抓好年鉴编纂工作，进一步提升德化年鉴编纂水平。“精品品读”方面，德化县委史志研究室不定期召开业务学习会，组织年鉴编纂人员仔细品读被列入中国年鉴精品工程的部分优秀年鉴，特别是连续几年入选的《山西年鉴》《北京海淀年鉴》《长沙年鉴》等，学习他们在封面设计、框架建构、条目撰写、地域特色等方面如何避免千人一面，突出各地特色的经验。并将品读成果运用到新一年的《德化年鉴》中去，让《德化年鉴》的精品打造之路持续得以突破。

五、彰显精品年鉴社会效益

《德化年鉴》始终紧扣县委、县政府中心工作，服务全县发展大局，在“开门编鉴”取得一定成效的基础上，扎实推进“编鉴为用”，立足新发展阶段，贯彻新发展理念，坚持与时俱进，开拓创新，充分发挥存史、育人、资政职能作用，为加快打造幸福宜居的世界瓷都贡献年鉴力量。服务资政方面，《德化年鉴》一经出版，即向县四套班子领导，县直各单位、各乡镇政府赠送，为各级领导提供德化县上一年政治、经济、社会发展情况，为领导的科学决策提供依据。服务县委、县政府中心工作方面，充分发挥德化精品年鉴的影响力，将《德化年鉴（2021）》中陶瓷旅游内容简摘成宣传折页，通过二维码实现纸质、电子信息一体化，同步推介德化陶瓷、旅游景点，折页投放于德化各大酒店内供游客免费取阅，同时作为德化陶瓷旅游名片，拓展与全国各县（市、区）的文旅交流。《德化年鉴（2022）》宣传折页重点介绍红色精品旅游景点，助力德化县红色旅游资源开发，丰富全域旅游项目。服务群众方面，结合开展“史志文化八进”活动，将《德化年鉴》送到学校、企业、乡镇、村（社区）等师生、员工、基层群众手中，进一步扩大年鉴受众群体，为群众送上丰富的精神食粮。服务陶瓷旅游方面，在《德化年鉴》中专门设置世界陶瓷之都类目，记载陶瓷历史、陶瓷文化、陶瓷人物、陶瓷研究、陶瓷品牌、陶瓷产业、陶瓷产业园区等；设置旅游业类目，详细记载旅游开发建设、旅游市场营销、旅游管理、陶瓷文化旅游、山水生态旅游等方面内容。通过全方位记载德化县陶瓷业、旅游业的发展历史与现状，展现鲜活立体的“德化形象”，形成德化的一个文化品牌，成为面向全国乃至世界展示世界陶瓷之都的一个重要窗口。此外，以《德化年鉴（2021）》获得中国精品年鉴为契机，通过全国范围内的书籍交流，让全国各地的人们对德化白瓷、德化自然山水风光、德化人文历史有一定的认识和了解。服务乡村振兴方面，《德化年鉴》在编纂中融入乡村振兴方面的内容，积极记载德化名优特产品，服务各单位、各乡镇申报地理标志产品，助力全面推进乡村振兴。文化振兴是乡村振兴的“魂”，只有加强乡村文化的振兴，才能为乡村振兴注入强大的精神动力。目前，县委史志研究室已配合各有关单位和部门完成德化梨、上涌大米、德化棘胸蛙等地理标志产品的申报和陶瓷世家的申报。

六、突破精品年鉴问题瓶颈

虽然德化精品年鉴工作取得一定的成绩，但是仍存在三个问题。第一，个别单位对年鉴工作重视不够。个别单位只重视日常业务工作，对年鉴供稿工作应付了事，要么提交一份年度工作总结，要么七拼八凑一份，给年鉴编纂工作带来很大不便。第二，供稿人员变动频繁。每年组稿文件下发后，因各单位撰稿人员流动性大，导致每年的年鉴稿件经常由不同的人员撰写，年鉴编纂工作缺乏稳定性和延续性，稿件的质量难以提高，供稿的速度难以加快。第三，条目创新性不够。年鉴一年一编，各单位供稿条目设置相对固化，大多为综合性条目和单一性条目，动态条目较少，造成年鉴的年度特色不突出。针对上述问题，德化县将从以下三个方面进行修改完善，并将精品意识贯穿年鉴编纂全过程，持续打造德化年鉴品牌。一是加强组织领导。积极向各单位主要领导宣传年鉴工作的重要性，引导其把年鉴供稿工作列入单位年度工作的一项重要内容来抓，同时指定一名人员撰稿，最终供稿资料由分管领导到主管领导层层把关，确保资料的真实性、准确性。二是强化业务指导。通过业务培训、面对面指导等方式，组织年鉴撰稿人学习年鉴的性质、功能、体例结构、行文规范、取材标准等业务知识，不断提高年鉴撰稿人的业务水平。三是创新条目设置。德化县委史志研究室年鉴编纂股根据各单位报送的稿件，打破其条目设置上沿用多年的陈规，创新条目设置，提炼能体现年度重要工作的动态性条目，进一步体现年鉴年度特色。

中国精品年鉴荣誉的获得只是一个起点，今后德化县委史志研究室要继续发扬史志人志存高远、力学笃行精神，坚持守正创新与科学规范、理论研究与实践应用、舆论宣传与成果利用并重理念，不断探索年鉴编纂的新理念、新思路，继续以“创新理念、规范流程、提升质量、注重效益、打造精品”的工作思路，紧紧围绕服务全县中心工作，用精品年鉴与时俱进的品格，记录好德化县自然、政治、经济、文化、社会等各领域取得的重大成就。

突出特色提质量　打造精品创品牌

——《上杭年鉴》打造精品之路 *

中共上杭县委党史和地方志研究室

质量是年鉴的生命，是年鉴的价值所在，是其生存和发展的基石，年鉴质量问题是贯穿于年鉴编纂各个环节的普遍性问题。可以说，年鉴质量是年鉴编纂工作永恒的主题，它随着社会的要求延伸，随着时代的发展又被赋予新的要求。中国年鉴精品工程启动实施以来，各地年鉴编纂质量不断提高，一批精品年鉴相继出版。上杭县自 1995 年创办年鉴以来，坚持每年出版一卷。从 2017 年开始把创精品年鉴当作编纂目标，年鉴质量得到大幅度提升，《上杭年鉴（2018）》入选首批福建省精品年鉴，获评省一等年鉴、第六届全国地方志优秀成果（年鉴类）二等年鉴。2020 年 3 月，《上杭年鉴（2019）》入选第四批中国精品年鉴；12 月，获评第七届全国地方志优秀成果（年鉴类）特等年鉴。

一、精品的创建与主要措施

近年来，在中国地方志指导小组办公室和福建省、龙岩市党史方志工作机构的关心指导下，上杭县深入贯彻落实习近平新时代中国特色社会主义思想，特别是深入贯彻落实习近平总书记关于党史方志的重要论述精神，创新理念、积极作

* 执笔人：赖建连，中共上杭县委党史和地方志研究室干部。

为，实施“三三三”工作法，以工匠精神打造志书精品，打响工作品牌，以年鉴精品建设带动年鉴事业高质量发展。

（一）“三个保障”夯实工作基础

上杭县针对地方志工作机构普遍存在的人才短缺 、经费不足等问题，按照“一纳入、八到位”的要求，积极创新工作思路，加强统筹谋划，以坚实的人、财、物等保障，确保年鉴编纂工作高质量完成。

一是人才保障。上杭县改变传统育才用人机制 ，通过“内培外引”相结合的方式，打造了一支素质过硬的年鉴编辑队伍。一方面，健全完善学习培训制度，采取以老带新、集中培训、以会代训等多种方式，不断提升编鉴人员综合素质和业务水平。同时，建立健全表彰激励机制，对表现突出的编纂人员，在评先评优时优先予以推荐。另一方面，实行“柔性用才”政策，按照“不求所有、但求所用”的观念，聘请原县地方志编委会专家、龙岩学院教授等县内外离退休老干部、知名专家学者为顾问，不定期邀请前来讲学授课，并通过微信等让其亲自参与或指导年鉴编辑修改等工作。目前，已建立起一个有 20 余人的地方志编纂人才库。

二是组织保障。上杭县加强年鉴工作组织领导，成立年鉴编纂委员会，根据工作实际适时调整编纂委员会成员，不断建立健全县委县政府统一领导、县地方志工作机构全面实施、各乡镇各单位密切配合的工作机制。县委、县政府领导定期听取地方志工作情况汇报，积极帮助协调解决人员、场所等实际困难与问题，切实改善地方志工作机构办公条件和工作环境。落实年鉴编纂经费保障机制，按照“修志经费由地方各级政府负责”的原则，将地方志工作经费列入县级财政预算，每年专门安排年鉴编纂费用 18 万元，并根据工作需要增加经费。

三是服务保障。上杭县健全完善年鉴编纂工作网络，建立史志工作微信群，各乡镇各部门明确分管领导和 1 ~ 2 名撰稿人，通过工作群密切沟通联系、交流讨论。建立挂钩联系制度，制订辅导服务计划，每个供稿单位分别安排 1 名科级干部、1 名工作人员挂钩，县委党史和地方志研究室通过定期和不定期地深入联系乡镇或单位，采取现场指导或组织主笔等人员业务培训的方式，在年鉴稿件的资料收集整理、行文规范等方面进行业务辅导。通过电话、微信等灵活方式，对挂钩联系乡镇、部门的工作进行督促跟踪，及时帮助解决年鉴编纂中遇到的困难和问题，确保供稿工作在规定期限内顺利完成。

（二）“三项创新”彰显地方特色

创新是年鉴事业发展的永恒动力，上杭县在年鉴编纂工作中坚持与时俱进，不断强化创新意识，让《上杭年鉴》在守正创新中彰显特色。

一是创新框架设置。按照“没有特色的框架必然导致平庸”的年鉴要求，立足上杭是全国第一批公布的21个原中央苏区县之一，是著名的革命老区，红色资源丰富，习近平等党和国家领导人均亲临上杭视察过的实际情况，《上杭年鉴（2019）》专设红色传承类目，专门记述红色资源的开发、利用和传承。上杭县是中国黄金十强县（市）之一，境内自然资源丰富，紫金山金铜矿被中国黄金协会命名为“中国第一大金矿”，《上杭年鉴（2019）》把矿产冶金从工业类目中划出，单独设一个类目，突显上杭矿业大县特点。上杭县是全国50个新时代文明实践中心试点县之一，是全国文明城市，《上杭年鉴2019》在彩页中设立“双创实践”等版面，特色更加明显。

二是创新条目内容。在编写好常规条目，保持年鉴资料连续性和相对稳定性的基础上，《上杭年鉴（2019）》增设若干充分反映改革开放和政治、经济、文化、社会发展中的新经验、新成果、新创举、新问题等，与人民群众工作、生活密切相关的条目，以增加年鉴的信息量，增强年鉴的整体实用性。如农业类目中的农机购置补贴政策条目，商贸服务业类目中农资供应条目，国土资源管理分目中的不动产登记条目等，都具有很强的资料性。同时，延续《上杭年鉴（2018）》开始创设的年度关注条目，聚集人们关注的热点、焦点和难点问题，丰富条目内容，突出了年鉴姓“年”的时代特点。

三是创新组稿模式。针对依赖行政手段收集年鉴稿件的方式弱化，传统供稿渠道难以完成信息资料收集任务等问题，上杭县发挥主观能动性，通过政府管理部门建立与行业协会和大企业等的联系，并加大与统计部门的合作，扩大资料收集范围，提升行业资料的完整性。采取“走出去”方式，变被动为主动，改变以往机械“死等”的办法，主动出击，通过深入各有关单位拜访沟通、检查督促，加强与供稿单位、撰稿人的交流联系，及时研究解决撰稿工作中的困难和疑问，保证稿件质量。2019年，通过灵活方式，顺利组织到2018年证券行业发展情况等特殊行业相关资料，避免了年鉴内容的缺项。

（三）“三道关口”确保年鉴质量

在年鉴编纂中，上杭县不断强化责任意识、质量意识，以打造全国精品年鉴为目标，精工细作、严格把关，持续提升年鉴编纂质量。

一是严把供稿质量关。上杭县规范年鉴供稿标准，明确年鉴供稿要素，安排专人认真梳理汇总往年年鉴供稿中发现的问题，制定统一格式，拟定条目模板，并提供参考范文，对各供稿单位记述内容、格式进行规范。落实联系挂钩制度，要求联系挂钩人员主动加强与撰稿人员面对面交流，共同挖掘工作亮点，并针对供稿存在的文体语言不规范等问题加强指导，为其提供优秀年鉴相同部门的稿件作参考，提高供稿质量。同时，明确所有稿件报送前，需经报送单位主要领导进行内容把关、保密审查，并签字盖章，保证供稿的政治性、权威性、真实性。

二是严把审读审核关。按照《地方综合年鉴编纂出版规定》关于"年鉴编纂应建立健全审读、审核和校对制度"的要求，上杭县把年鉴的审核校对工作贯穿年鉴编纂全过程，集中组织专家进行多次审读、审核。对专家的修改意见建议，认真研究讨论分析，严格落实。如《上杭年鉴（2019）》根据专家的意见，把信访工作从县政府类目中的一个条目，提升为一个分目，突出信访工作的重要性。

三是严把出版校对关。上杭县对年鉴出版实行"三校"制度，在年鉴出版印刷前，在要求责任编辑对自己负责的稿件做好常规校对的基础上，经出版社完成初校、二校后，再次组织编辑人员对稿件进行三校，通过交叉互校，环环相扣，相互查找发现问题，减少文字差错率，并处理好全书存在的编辑疏漏，内容交叉矛盾，事件表述、数据不统一，归属不合理、编辑规范不合规等问题。

二、精品效益与影响

《上杭年鉴（2019）》入选第四批中国精品年鉴，起到了标杆式示范引领作用，为福建省各县市史志工作机构创年鉴精品提供了很好的学习材料。创建精品年鉴后，上杭县继续弘扬打造精品年鉴的工作作风，在质量规范上精益求精，注重创新与规范融合，全面推动年鉴事业高质量发展。

一是年鉴的时代价值和社会功用充分发挥。《上杭年鉴（2019）》出版发行后，上杭县持续开展读鉴用鉴活动，充分发挥年鉴的时代价值和社会功用。通过打造精品年鉴，年鉴存史、育人、资政功能明显提升。例如，在建党100周年之际，《上杭年鉴》为全县各单位开展学习、制作展览、宣传活动等提供资料100余万字，图照100余幅。依托"我为群众办实事"、上杭县新时代文明实践志愿服务乡村行暨文化科技卫生“三下乡”集中服务示范活动向群众赠阅，仅《上杭年鉴（2019）》就发放800余册，使精品年鉴走向社会、走向大众，年鉴文化走进寻常百姓家。

二是规范彩页图片使用，提升视觉效果。《地方综合年鉴编纂出版规定》对年鉴卷首专题图片设置提出硬性要求。随着全国各地打造精品年鉴意识的提升，专题图片的价值含量越发凸显。年鉴作为资料书、工具书，拥有大量文字资料，但很少有人会从头到尾仔细阅读，一般都是查找资料或检索感兴趣的内容浏览。而专题图片排版靠前，图片多文字少，所有阅读者都能花费少量时间翻看，从中快速获取信息资源。因此，提升年鉴可读性最切实有效的途径之一就是提高卷首图片的综合质量。《上杭年鉴》在专题内容、图片数量和质量上都作了更规范地设置。如《上杭年鉴（2022）》卷首专题图片30页，使用照片78幅，按县实施“六大战略”实现“六大突破”，设“产业强县”“城乡融合”“创新引领”“绿色发展”“民生优先”“区域协同”6个专题，涵盖经济、文化、社会等内容，涉及面广，而且选图美观大气，内容丰富饱满不空洞。专题设置突出上杭年度重大选题，反映了重大事件、重要成果和热点问题，结构更加精细化。

三是创新平台载体，加强开发利用。近年来，上杭县着力摒除“一本书主义”，加强年鉴资源开发利用。率先在全市搭建史志数字化平台，建立史志资料快速共享大数据库“上杭数字史志馆”。在对上杭党史方志网进行改版升级的基础上，在“杭好办”平台设置链接，购置5台卧式触摸点播终端机，有计划分步载入《上杭年鉴》等史志材料，科学合理设置版面和各级菜单，安置在古田会议纪念馆、毛泽东才溪乡调查纪念馆、图书馆、档案馆等公共场所，搭建起触摸平台、上杭党史方志网、微信“三位一体”互连共享的上杭史志数字化平台，从而实现“杭好办”、网站和终端机三个互通，实现年鉴电子书掌上查阅。查阅者只需要在手机登录上杭党史方志网找到“上杭地方志”版面，就可以在“上杭年鉴”菜单中选择查阅所需要的年鉴资料，使查阅者不管身处何地、身在何时，都可以很方便地阅览查询。“掌上年鉴”电子书具备目录检索、全文检索、章节阅读、动态翻页、放大缩小等功能，解决“史志资料查阅难”的问题。让年鉴“轻”起来、“动”起来，让年鉴查阅“快”起来，大大提高年鉴使用的便利性，扩大年鉴的传播力。

三、“精品后”的问题与思考

近几年，《上杭年鉴》虽然一直秉承精品年鉴理念，但在实际编纂工作中还存在一些问题和不足，主要体现在以下几个方面。

一是人员力量不足。年鉴编纂点多面广，编辑人数与成书规模不相适应。《上杭年鉴》每卷字数在 50 万字以上，按需要应安排 4 ～ 6 人为宜，目前只有 1 名专职年鉴编纂人员，4 名编辑都要兼职其他业务工作，难以专职专用，给编纂工作带来一定的困难。有时因工作冲突等原因，年鉴稿件无法按时交付。

二是业务培训不足。受退休、工作分工、工作调动等因素影响，年鉴编辑人员变动较多，特别是供稿单位编纂人员变动频繁，新接手人员对年鉴业务不熟悉，年鉴业务培训不足，编纂的材料参差不齐，甚至有些单位以年度工作总结代替年鉴材料，以致严重影响年鉴编纂的质量。

三是精准务实不足。年鉴的可贵之处在于真实。加强调查研究是挖掘年鉴资源的一种务实举措，能够切实解决年鉴资源空洞失真、缺少基础数据的问题。但有的编纂人员由于工作业务较多，较少深入基层去了解实际情况，仅仅依靠供稿单位报送的材料进行编辑，发现问题只是打个电话询问，缺乏深入调查求真务实的精神。

针对存在的问题和不足，上杭县将采取切实有效的措施及时研究解决。一是加强人员配备。积极向组织人事部门反映党史方志工作机构的人员现状，争取按编制数额配齐配强史志专职人员。二是加强业务培训。采用“请进来”“送出去”的办法加强对编纂人员及供稿人员的培训。除了每月内部培训外，每年年初召集各供稿单位编纂人员培训，提高编纂人员的整体素质，切实提高编纂速度和质量。三是突出实地调研。挖掘年鉴资源的深度，组织编纂人员深入基层开展经济社会发展和百姓民生方面的调查研究，了解经济建设、政治建设、文化建设、社会建设、生态建设等方面的实际情况，提升年鉴资料的质量。

年鉴是浓缩的历史，记述着社会的发展与进步，承载着科技创新与文明。上杭县将不断增强精品意识，以精品年鉴为样板，守正创新，用心用情用力打造《上杭年鉴》，推动上杭年鉴事业高质量发展，为全力打造老区苏区振兴发展县域样板，谱写新时代中国特色社会主义上杭篇章贡献史志力量。

守正创新　精雕细琢
——《安远年鉴》打造精品之路*

安远县史志研究室

《安远年鉴》是由《安远年鉴》编纂委员会、安远县史志研究室编纂的综合性年度资料性文献。1992年出版首卷，2012年起每年出版一卷。《安远年鉴（2021）》为第14卷。《安远年鉴（2021）》在借鉴历年编纂年鉴经验的基础上，坚持正确政治方向，坚持“守正创新，精雕细琢”，进一步聚焦地域特色和时代特征，创新框架设计和内容安排，以“四个更加”成功打造中国精品年鉴，开启《安远年鉴》编纂新纪元。

一、《安远年鉴（2021）》的主要特点

年鉴的生命在于质量。为了丰富年鉴的可读性、存史性和资料性，增强年鉴的生命力，安远县史志研究室在年鉴编纂过程中，坚持对标中国精品年鉴国家标准，坚持高标准、严要求，反复修改，精心雕琢编纂好《安远年鉴（2021）》。

（一）深挖细研资料，地域特色更加突出

《安远年鉴（2021）》立足安远县情，结合安远实际，坚持聚焦地域特色和时

* 执笔人：黄永健，安远县史志研究室主任。

代特征，突出安远“四色”：一是突出安远“红色”文化。围绕“安远是中央苏区全红县，红色资源丰富”这一县情特点，《安远年鉴（2021）》在安远概览中增设革命遗址分目，收录八一起义军余部天心整军旧址和宿营旧址、赣南工农红军第二十三纵队兵工厂旧址、中共安远县委旧址、安远县苏维埃政府旧址、尊三围保卫战遗址、毛泽东旧居、老好保卫战旧址等条目，展现安远红色文化资源。二是突出安远“古色”底蕴。围绕“安远是客家民系聚居地，客家文化源远流长”这一文化特色，《安远年鉴（2021）》卷首“安远名片”图片专题特设“中国采茶戏艺术之乡”“中国客家小吃之乡”等特色板块；安远概览增设名胜古迹、安远“非遗”等分目，呈现安远传统文化魅力。三是突出安远“绿色”生态。围绕“安远是‘中国天然氧吧’、境内三百山是香港同胞饮用水东江的发源地”这一地域特征，《安远年鉴（2021）》卷首设置“东江源保护”“生态旅游”图片专题；专记收录《三百山国家 AAAAA 级旅游景区创建》一文；内文新设旅游、生态环境类目，展示安远绿色生态环境。四是突出安远“橙色”产业。围绕“安远是赣南脐橙主产区之一，‘中国脐橙之乡’”这一产业特色，《安远年鉴（2021）》卷首设“脐橙全产业链发展”图片专题，农业类目设置脐橙产业分目，记述脐橙种植、加工、销售等内容，反映安远“脐橙之乡”风貌。

（二）抓住年度热点，时代特征更加鲜明

《安远年鉴（2021）》坚持与时俱进，牢牢抓住安远县 2020 年打赢脱贫攻坚、完成“十三五”收官、苏区振兴八周年以及新冠疫情防控等热点重点事件，如实记录年度大事，突出彰显时代风采。一是通过专题图片抓住重点。2020 年是“十三五”收官之年，《安远年鉴（2021）》卷首设“‘十三五’回眸”图片专题，下设“城乡面貌大变样”“产业发展大突破”“基础设施大提升”“人民生活大改善”四个板块，用了较大的篇幅，全面回顾安远“十三五”发展成就，体现“十三五”收官这一年度重点。二是特载、专记抓住焦点。2020 年，是我国全面建成小康社会、消除绝对贫困的收官之年。安远县作为曾经的贫困县，为打赢脱贫攻坚这场战役付出了极大的努力。《安远年鉴（2021）》特载收录《与全国同步全面建成小康社会——安远县“十三五”发展成就巡礼》《安远县脱贫攻坚纪实》，翔实记录了安远县“十三五”以来取得的成就和打赢脱贫攻坚战的历程。2020 年我国暴发新冠疫情，打响长时期的疫情防控阻击战，《安远年鉴（2021）》专记收

录《安远县新冠肺炎疫情防控阻击战》一文，牢牢抓住年度焦点事件。2020 年，是赣南苏区振兴发展八周年，安远县党委政府团结带领全县干部群众抢抓机遇、主动作为，全力打造革命老区高质量发展示范区安远样板，《安远年鉴（2021）》专记收录《安远县苏区振兴发展八周年》一文，紧扣关键时间节点，详细记述安远县融入苏区发展取得的成就。三是新设类目分目抓住热点。《安远年鉴（2021）》新设脱贫攻坚类目，并将其排在政治类目后面，凸显其重要性，设置综述、扶贫措施、专项扶贫、对口扶贫等分目，全面记述安远县在“脱贫攻坚”中所取得的伟大胜利，突出“脱贫攻坚”这一“时代战役”；卫生健康类目设置新冠肺炎疫情防控分目，充分反映抗击新冠疫情这一突发热点事件。

（三）创新编排思路，框架设计更加规范

进一步优化篇目设置，坚持以工作内容为主体，而不是以记述单位为主体的编纂方式，使年鉴框架设计更加科学合理。《安远年鉴（2021）》遵循年鉴通例分类编排，设 34 个类目、215 个分目、992 个条目，随文表格 54 张，专题图片 105 幅。相较于上一年卷，《安远年鉴（2021）》突出去部门化，在篇目设计上做到焕然一新，更加凸显年鉴篇目设置的科学性和规范性。为突出重点工作，《安远年鉴（2021）》新设旅游类目，下设综述、旅游规划、景区建设、宣传营销、旅游管理、旅游配套服务等分目，全面记述安远举全县之力创建三百山国家 AAAAA 级旅游景区这一重点工作。优化教育·科技类目，设置教育发展、学前教育、基础教育、职业教育、教育管理、学校简介、科学技术等分目，使教育层次更加明晰。为规范类目名称和内容分类，将邮政·电商类目改名为邮政·通信；将社会科学分目从群众团体类目调整到文化类目；将人民防空内容从住建局内容中拆出，划分在军事类目下；等等。同时，把条目作为提升质量的关键抓手，做到条目的时间、地点、人物（事件）、结果等基本要素齐备完整，标题做到题文相符，杜绝出现“新闻报道”体和“大帽小身体”等情况。

（四）注重排版设计，印刷装帧更加美观

翔实的内容，还需要精心的设计、精美的外观来呈现，这样才能达到精品的要求。《安远年鉴（2021）》十分注重排版设计，总结过去排版样式，汲取其他中国精品年鉴的优点，突出体现安远特色，将全书的主色调确定为蓝色，封面、彩

页、条目等的底色均设计为淡蓝色，凸显安远绿色生态、环境优美、中国天然氧吧的特点。《安远年鉴（2021）》还在专题图片上运用跨页、叠印等设计手法，做到构图精巧、中心突出；正文配随文图片86幅，做到图文并茂，增强年鉴直观性和可读性；封面采用覆哑膜、压凹烫金工艺，全书采用东方书纸、四色全彩印刷，装订采用圆脊、精装锁线工艺。《安远年鉴（2021）》的排版、印刷、装帧质量与往年相比，得到全面提升。

二、创建中国精品年鉴的经验及体会

（一）领导重视、高位推动是前提

修志编鉴是史志部门的崇高使命，做好修志编鉴工作，责任重大，使命光荣。要做好修志编鉴工作，领导重视是重要条件。安远县史志研究室主动作为，积极向县委县政府请示、汇报、争取，让各级领导对修志编鉴工作重视起来，确保组织、制度、经费和人才的保障，完善体制机制，夯实修志编鉴工作，为《安远年鉴》创建中国精品年鉴奠定坚实的基础。

一是成立《安远年鉴》编纂委员会，县委、县政府主要领导亲自挂帅，确保《安远年鉴》编纂工作领导重视、高位推动、一路绿灯。二是县委、县政府把年鉴编纂纳入全县经济社会发展规划中，作为县委、县政府的一项重要工作来推进。三是县委、县政府保障年鉴编纂经费。县里将《安远年鉴》编纂经费列入财政预算。《安远年鉴（2021）》在创评中国精品年鉴时，在财政预算经费外，又增拨编纂经费30万元，为成功创建中国精品年鉴解决后顾之忧。四是配齐配强县史志研究室工作人员，确保有一支稳定的编纂队伍。五是在县委、县政府重视下，营造全县各级领导干部、各部门单位、各乡镇关心、支持、配合史志工作的良好工作局面。

（二）明确目标、团结协作是基础

一是统一认识，坚定方向。县史志研究室把创建中国精品年鉴工作作为2021年头等大事来抓，统一思想认识，统一行动步调。县史志研究室10名工作人员，全部都热情高昂地参与到年鉴编纂工作中，均按比例分配年鉴编纂任务，做到全员上阵、共同参与，人人身上有任务，人人身上有责任。二是以老带新，分组实施。《安远年鉴》编纂委员会将编辑部10个人分成3个编纂小组，由县史志研究室3名业务骨干担任小组长，各带一个编纂小组，对新手的编纂工作进行全程业务指导。三是结对帮扶、专家把关。赣州市地方志研究室安排6位专家，分成3个组，对应县里的3个编纂小组，做到人对人、一对一指导，对稿件进行认真审读并提出修改意见。通过打造精品年鉴，采取全员参与、以老带新、结对帮扶、专家把关等措施，不仅有效凝聚了编辑部干部职工的人心，编辑部人员的综合素质也得到全面提升。

（三）加强培训、提升业务是关键

年鉴编纂工作专业性强，需要一支政治素质过硬、业务精良的编研队伍。安远县高度重视志鉴编纂人才培养，多层次全方位加强对编纂人员培训，提升编纂人员业务能力。一是组织统稿人员参加全国地方志业务培训。2021年5月26—27日，派人参加全国年鉴质量建设暨中国年鉴精品工程研讨会，进一步提高年鉴编纂业务水平。二是组织编辑部人员业务培训。2021年4月，举办编辑部人员培训班，邀请赣州市地方志研究室领导和专家前来安远，对编辑部全体编辑人员进行业务培训，提升编辑部人员业务能力。三是组织撰稿人员业务培训。2021年4月，举办安远县打造中国精品年鉴培训会，邀请市地方志研究室年鉴科专家，对全县各单位的撰稿人员进行业务培训，提升各单位撰稿人员业务素质，从源头提升稿件质量。四是组织编辑骨干外出学习。2021年4月，组织业务骨干赴市地方志研究室，向领导汇报《安远年鉴（2021）》篇目设置构想并请专家提出修改意见。同月，组织编辑业务骨干赴福建上杭县，学习上杭县打造中国精品年鉴的成功经验。通过打造精品年鉴，采取业务培训、外出学习等手段，不仅有效提升了编辑部全体人员以及各单位撰稿人员的业务素质，还在无形中培养锻炼了一大批地方志人才，县内地方志人才队伍不断壮大。

（四）对照标准、精心打磨是核心

一是高度重视各级专家评审意见，做到举一反三。整个编纂过程中，赣州市地方志研究室共安排6名专家全程对《安远年鉴（2021）》编纂进行指导，他们从篇目设置、彩页编排到内文撰稿，都给予了细心的、反复的指导。针对赣州市地方志研究室专家在篇目设置上提出的去部门化的要求,《安远年鉴(2021)》编纂人员结合安远县实际，坚持以工作内容为主体，做到去部门化设置篇目，顺利通过专家审核。江西省地方志研究院安排8位专家，审阅修改年鉴稿件，针对专家们提出的修改意见，编纂人员做到应改尽改，对提出的问题做到举一反三、全书通改。中国年鉴精品工程办公室按照篇目设置、初稿、二审稿、终审稿四个阶段，前后累计安排专家21人次，指导年鉴修改,《安远年鉴(2021)》编纂人员对照专家评审意见，注意弄清每一条意见背后的理论依据，做到触类旁通，避免机械修改。对共性问题，不仅进行单处修改，更做到全书通查，比如条目缺时间、缺主语问题，尽力检查每个条目并修改到位。二是认真撰写修改报告。2021年6月，中国精品年鉴专家对篇目设置提出修改意见，编纂人员及时提交篇目修改报告；2021年12月15日、2022年2月18日，分别向中国年鉴精品工程办公室提交《安远年鉴(2021)》初稿、二审稿专家评审意见修改报告。对专家的每一条意见都认真修改并进行反馈，对没有做出修改的意见说明具体原因。三是落实出版社专家的意见。对出版社责任编辑、审稿人员、主编提出的修改意见，编纂人员做到及时沟通、及时修改，确保精编精校，防止出现硬伤和文字差错。这一阶段主要是涉密、错字、排版等问题的修改，针对出版社提出的三审三校意见，各编纂人员及时做好修改并反馈。

(五)注重时效、把握节点是保障

打造精品年鉴，从报送篇目到报送年鉴初稿、二审稿、终审稿，从报送精品工程申报表到报送专家评审意见修改报告，从排版设计到定稿印刷，每一个阶段、每一个环节都有严格的时间要求。按照国家、省、市地方志工作机构的时间要求,《安远年鉴(2021)》编纂人员做到严格把控时间节点，打好提前量，做到计划在前、环环相扣，按时完成各个阶段的相关工作任务，及时报送相关材料。

“精”编环翠 “鉴”证时代
——《环翠年鉴》打造精品之路 *

中共威海市环翠区委党史研究中心

为更好发挥新时代年鉴存史、育人、资政作用，积极探索史志编研成果服务经济发展大局的有效路径，中共威海市环翠区委党史研究中心以精铸魂，在年鉴编纂上守正创新，在框架结构上彰显特色，在条目选编上精雕细琢，《环翠年鉴（2021）》成功入选第六批中国年鉴精品工程“中国精品年鉴”，实现从“一年一鉴”“常编常新”到“长编长精”的历史性转变。

一、“精品之路”简要历程

《环翠年鉴》自 2014 年创刊以来，始终坚持高标准、严把关、细打磨的工作要求，曾先后获评全国地方志优秀成果（年鉴类）一等年鉴、山东省特等年鉴、山东省优秀年鉴等荣誉，但年鉴编纂人员断档、业务不精，年鉴时代特色不明显，区域发展、文化元素不突出等问题依旧存在。为打破年鉴公式化编纂模式，历练编纂队伍，提升环翠区文化软实力，2020 年 9 月，在争取到区委主要领导及省、市地方志工作机构的支持后，区委党史研究中心决定争创“中国精品年鉴”。10 月，区委党史研究中心积极与区财政局沟通，增加争创中国精品年鉴所需预算，

---

* 执笔人：刁凌方，中共威海市环翠区委党史研究中心党史科科长。

并顺利通过核批，保障了编纂经费。同时，中心将2名新入职的工作人员调配充实到年鉴组，成立一支由主要负责人挂帅、以老带新的6人编纂队伍。为提升年鉴组业务水平，中心通过外出学、内部学、交换学等方式，探寻精品年鉴编纂工作中的难点、堵点，做到有备而战。为顺利完成编纂目标，中心对争创精品工作制定路线图、时间表、任务书，责任到人，并倒排工期，实施挂图作战，利用每周例会制度，对每一环节进度严格把控、压茬推进。2021年4月，篇目报送中国年鉴精品工程办公室评审时，年鉴初稿已同步完成，为后续修改、补充赢得主动、留出空间。《环翠年鉴（2021）》先后通过14轮通篇校审，从版式设计、专题彩页、篇目安排，到文字、图片、标点，一轮轮统一规范；结合400多条专家组意见，先后整合、新设、补充了40%的条目，做到了用语精、编校精、图照精、装帧精，彰显了环翠文化内涵。2022年6月，《环翠年鉴（2021）》成功入选第六批中国年鉴精品工程“中国精品年鉴”。

二、主要措施与经验

与普通年鉴相比，精品年鉴在框架结构、条目选编等诸多方面都有严格、精细的标准。区委党史研究中心在学习、钻研精品年鉴编纂要求的基础上，勇于对年鉴现有框架大破大立，对分目、条目精心打磨，添加有地方特色的创造性元素。

（一）多方学习，精心筹备

一是外出学习强信心。针对编纂精品年鉴经验不足的问题，2021年1月，中心组织骨干人员到滨州市、滨城区，面对面对标取经，找差距、学做法，探寻精品年鉴编纂工作中的难点、堵点，为即将开启的编纂工作探好路子、定好调子，力争做到扬人之优势、避己之短板，少走弯路。

二是内部学习强素质。筹备伊始，6名编辑人员人手一份《中国年鉴精品工程实施方案》《地方综合年鉴编纂出版规定》《关于地方综合年鉴编纂出版若干问题的补充规定》《年鉴编纂工作手册》等业务资料，由分管负责人每周组织召开例会，集中学习、交流。

三是交流学习拓思路。主动联系交换了《北京朝阳年鉴（2020）》《北京东城年鉴（2019）》《长沙年鉴（2020）》《黄埔年鉴（2020）》等6部精品年鉴，年鉴组人员人手一册，重点学习各自负责部分的编纂内容，找出与普通年鉴编纂的不同之处。

四是纵深学习明方向。根据省委党史研究院提供的 2020 年度所有申报精品年鉴篇目的专家评审意见汇编，中心组织编纂人员逐条学习、领悟，对《环翠年鉴（2021）》篇目设置进行优化调整，做到有备而战，为争创工作下好先手棋。

（二）创新突破，精心编纂

一是创新框架设计。《环翠年鉴》自 2014 年创刊以来，框架基本没有太大调整和变化。随着时代发展，环翠区在供给侧结构性调整、新型业态发展、政府管理和服务方式转变等方面有了很大的发展变化。为彰显时代特色，凸显地域元素，《环翠年鉴（2021）》大胆创新，开辟特色类目、调整所辖分目等，使分类更加科学，领属更加得当。如为展现环翠区山海相拥的特色、优势和潜力，专设海洋发展类目，充分展示人与自然、社会相得益彰的海滨城市的魅力风采，展示在习近平总书记“经略海洋”战略指引下环翠海洋经济取得的亮眼成绩。为力求真实、全面反映环翠区各行业的运行状态，对商贸服务业类目进行延伸和拓展，新设商贸服务管理、科技服务业、楼宇经济、住宿餐饮 4 个分目。

二是突破传统篇目布局。结合形势发展和年度特点，《环翠年鉴（2021）》通过新增、升格、调序等方式，进一步优化篇目结构。如突破以往以部门分类的架构，对政治、经济部类的部分内容进行科学归类，将区教育体育局、区农业农村局、区人力资源和社会保障局、区文化和旅游局等资料内容分别收录到教育、体育、农业、中国共产党环翠区委员会、社会生活、文化、旅游业等类目中。打破惯性思维，重构设计理念，改变传统篇目设计形式，将综述分目由“概况 + 条目”模式调整为对类目所辖内容的总体记述形式，从宏观层面记述该类目下各个分目的总体情况。

三是优化供稿机制。资料编辑改变因循守旧供稿模式，由“提供什么编什么”向“编什么提供什么”转变。年鉴编辑主动上门约稿，通过“面对面”的座谈交流，将各部门的资料信息充分挖掘，将框架设计细化到条目，保证年鉴记述内容的充实、全面。如，中国共产党环翠区委员会类目综述分目原供稿内容较单薄，经过交流、挖掘，增设重要决策和部署、政策信息编研、调查研究 3 个条目；宣传分目下增设新闻发布会、媒体融合发展 2 个条目；卫生健康类目基层卫生分目下，增设基层卫生服务能力建设、基层人才队伍建设、医疗专家下村巡诊、家庭医生签约服务等6个条目，内容充实后，既全面反映环翠区2020年度工作，又厚实年鉴年度性、资料性等基本属性。

（三）匠心锤炼，精心打磨

一是条目逐条打磨。打破传统编纂思维，突破创刊以来条目下构建子目编写方式，新建以常规条目为主体、单一记事性条目和动态性条目为补充的条目体系，将原《环翠年鉴（2021）》中能够独立的127个子目改为条目，做到“一事一条”，清晰明了。同时，在初稿中就对标交换的精品年鉴，特别注重条目记述的完整性、规范性，将全书所有条目一一理顺，逐条规范时间和行为主体，确保所有条目时间、主语完整。

二是篇目精雕细琢。在认真领会专家评审意见的基础上，对全书存在的类似问题进行逐一查找、修改，对8个分目、61个条目进行重新整合，对6个分目、292个条目顺序进行调整，同步做好所涉调整类目、分目相关资料征集工作，加强年鉴二次组稿。如将中国共产党环翠区委员会类目中侨务、台港澳事务两个分目移至党校教育分目之后，区直机关党建分目移至机构编制分目之后。

三是编校精益求精。对全部类目、分目采取规范简称，对每一轮稿件通篇校准，做到时间、地点、人物（事件）、结果等基本要素齐全，删除空话、套话及无效、无用信息，文字表述更加精练。邀请保密、档案、法律、经济、军事、历史方面的专家对稿件进行全方位系统审核、把关，全书通篇审校修改达到14轮次。同时，深挖图片价值，全书收录207幅图片，所有随文图片均紧扣条目主题，并在条目内容中有相关记述，充分反映时代特色和环翠亮点。

三、精品创建的社会效益

回顾一年多的争创之路，过程很“磨人”，但收获很“喜人”，在14轮的反复修改，推倒重来的“破”和“立”的过程中，达到了锻炼编纂队伍、淬炼精品意识，宣传环翠、服务发展大局的初衷，年鉴社会效益进一步凸显。

一是精品效益凸显。经过争创精品年鉴的历练，中心干部队伍作风更加过硬，意志更加坚定，业务更加精湛。区委书记对中心作出“各级各部门、单位都要学习党史研究中心的精品意识、争先意识、创新意识”的批示，为全区各部门工作开展形成积极的示范引领作用，体现“小部门、大作为”的风采。2022 年，中心获得省级文明单位称号（全区仅 3 个单位获评），年度考评更是获评“优秀单位”（历史最好成绩）；年鉴编辑组获“威海市女职工建功立业标兵岗”称号。中心将这种精品意识延伸到工作的各个方面，2023 年，《环翠年鉴（2021）》获评第九届全国地方志优秀成果（年鉴类）特等年鉴，获评 2020—2022 年度全省党史史志科研成果评审年鉴类一等奖；《环翠年鉴（2023）》作为威海市唯一一部年鉴推选参评山东精品年鉴工程。

二是社会影响力提升。《环翠年鉴（2021）》已先后在全国、省“精品年鉴品读季”中作为教学案例被专家现场讲解，相关创建经验先后在全国、全省年鉴经验交流会上做交流。同时，《环翠年鉴（2021）》被省委党史研究院列入文化“两创”“精品年鉴品读”活动推荐用书，发放至全省 16 市、136 个县（市、区）各相关单位，并与全国 100 余家兄弟单位交换学习，充分展现环翠文化软实力。中心也因此成为烟台、枣庄、日照等市区史志工作机构对标学习的热门单位，进一步提升史志工作机构的社会影响力。

三是年鉴受众面扩大。在成功创建精品年鉴后，《环翠年鉴》的影响力进一步提升，全区各部门更加重视其实用价值，《环翠年鉴》成为各部门查找资料的权威来源。为方便各部门及群众查阅资料，中心顺势推出“掌上年鉴”，并在“爱山东”App 上开通《环翠年鉴》专栏，将《环翠年鉴》从一本传统的大部头工具书打造成一个方便利用、受众广泛的快捷服务平台。

四、编纂心得与启示

从省级优秀年鉴、国家一等年鉴到如今代表全国年鉴编纂最高水平的中国精品年鉴，中心自我加压，以耐得住寂寞的毅力，坐得住“冷板凳”的定力，想事干事出精品，年鉴编纂水平一年上一个台阶。而如何擦亮《环翠年鉴》这张“精品”招牌，展现精品年鉴的长尾效应则是当下的重要任务，对此有以下几点体会。

（一）框架设计要紧扣时代特征

框架是一部年鉴的灵魂，为充分体现年度特色和地域特色，中心对年鉴的框架设计秉持“年年有调整，年年有亮点”的思路，如编纂《环翠年鉴（2022）》时，为充分反映 2021 年的年度特点，专记收录《庆祝中国共产党成立 100 周年》，详细记述环翠区各行各业庆祝盛况；为突出条目记述内容的宏观性，将原设置在中国共产党环翠区委员会类目下的全面深化改革条目，调整到环翠概览下，让内容设置更加合理。编纂《环翠年鉴（2023）》时，更加注重大局意识、统筹观念。一方面，在年鉴前彩设计上，向“大抓经济”的主基调倾斜，如设置“县域经济高质量发展先进县”专题，用 5 个版面展现 2022 年全区经济发展取得的成就；另一方面，在框架设计上，为全面展示环翠区贯彻落实国家、省、市深化“放管服”改革和优化营商环境工作部署的具体情况，打破原部门框架壁垒，将原多部门分别记述的服务企业的条目整合升级为营商环境优化分目，展现环翠区为企纾难解困和助企创新发展的工作开展情况。

（二）供稿内容要全面精准

高质量的供稿是年鉴编纂的基础。为真正挖掘出有价值的资料，《环翠年鉴》突破传统供稿渠道，化被动为主动。一方面，责任编辑要注重日常积累，长期关注各行各业的新闻动态，在每月编辑全区大事记的基础上，提前掌握全区重点工作和信息，细致打磨组稿方案，并在组稿通知中明确各供稿单位的撰稿任务，落实落细每一个条目。另一方面，供稿紧紧围绕各部门、各单位的“三定”方案或职责清单，聚焦主责主业，拓展资料的广度，挖掘资料的深度，把握资料的准确度，注重突出时代特征、区域特色、年度特点，全面反映各行各业发生的大事、特事、新事及人民群众关心的热点。

（三）培训模式要有的放矢

对于区（县）级年鉴编纂来说，各部门年鉴供稿人员普遍存在“年年培训年年新”的问题。为破解这一难题，中心优化培训方式，改变大通课、大水漫灌式的培训方式，采用现场融入式、实践式培训方式，即以“小班额＋座谈会”的模式，将全区供稿单位分为 8 ~ 10 个组，进行针对性互训。一方面，让各单位供稿人员对责任编辑就其业务工作、特色亮点进行交流解读，有效提高稿件编纂的精准度。另一方面，重点培训新任供稿人员，由责任编辑就其初编稿件一对一讲解年鉴编纂的要领、语言特色及构成要素等，有效提升培训抵达率。

精于工、匠于心、品于行。环翠区委党史研究中心把争创过程中筑牢起来的精品意识贯穿到中心的各项工作，做到求“精”有“品”。中心将继续秉持打造精品的初衷，以脚踏实地的态度，以想干事能干事的魄力，继续深入挖掘环翠时代信息和地域特色，打造更多服务大局的史志鉴精品佳作。

“质”于年鉴 “志”在精品

——《滨城年鉴》打造精品之路 *

中共滨州市滨城区委党史研究中心（滨城区地方史志研究中心）

《滨城年鉴》2013 年创刊，2017 年实现“一年一鉴”，多部年鉴在全国地方志优秀成果（年鉴类）评审活动中获得很好的成绩。近年来，中共滨州市滨城区委党史研究中心（滨城区地方史志研究中心）始终树立精品意识，努力编纂出版高质量的年鉴，综合年鉴工作快速提档升级，整体质量显著提升。2020 年 3 月，《滨城年鉴（2019）》入选第四批中国年鉴精品工程“中国精品年鉴”，获得省委常委、组织部部长王可和副省长孙继业的签批。经验做法在全省“中国精品年鉴”编纂单位经验交流会上交流，在《滨州党史》刊物上刊登。滨州市、滨城区两级发文给予及时表扬，滨城区委、区政府主要领导多次在全区大会上对区委党史研究中心点名表扬，成为全区“小部门大作为”的典范。

一、“志”在必得创“精品”

“有志者，事竟成。”必成的决心和勇气是创建精品的前提和基础。

精品年鉴之路，是思路创新之路。2019 年初，刚接到申报中国精品年鉴任务时，中心人员倍感荣幸，同时也倍感任务艰巨。作为县区级党史史志部门，是全

---

* 执笔人：刘鸿雁，中共滨州市滨城区委党史研究中心（滨城区地方史志研究中心）主任。

区公认的小单位、“冷”部门，全单位只有3人，无论是编鉴基础还是人员编制，滨城区在全省县级党史史志部门中都不是条件最好的。滨城区作为全省第一个申报中国精品年鉴的县区级单位，没有现成的经验可以借鉴，接受争创任务时，中心人员也曾有过畏难发愁情绪，但在中共山东省委党史研究院（省地方史志研究院）、中共滨州市委党史研究院（市地方史志研究院）的支持和鼓励下，鼓足勇气，以强烈的事业心和责任心，努力争取供稿单位领导的重视，多次去电或往返有关单位，加强沟通协调、搞好服务，建立起稳固的年鉴工作网络，正式踏上争创精品之路。

精品年鉴之路，是机制创新之路。《滨城年鉴（2019）》启动之初，中心人员即确定“项目工程化、工程责任化、责任数字化”的“三化”要求，由1名副主任担任执行主编，负责年鉴篇目设置和全部内容的把关，全员上阵、层层分解、数字化推进。编纂过程中，采用“两老带两新”的方式，按照稿件修改难易程度分配给4位编辑，同步推进。每周召开业务会议，集体研究年鉴框架结构、正文内容、图片选用、表格编排、条目编写等各方面存在的问题，对打造精品年鉴过程中遇到的难题进行集体讨论，共同商议解决。稿件编辑完成后，采取“交叉点评”的方法，查找存在问题和解决办法。编辑们之间相互切磋、相互探讨、相互借鉴、共同提高，形成钻研业务、勤于学习的良好风气。

精品年鉴之路，是队伍创新之路。一支敬业的专业队伍是年鉴工作高质量发展的最关键一环。2019年3月，全区机构改革完成后，精品年鉴争创工作成为中心推进人员和事业双重融合的契机和平台。创建之初，组织全区各单位供稿人员进行专题培训，升级标准、明确时限，及时沟通，随时补充、完善、调整基础资料。班子成员充分发挥“关键少数”的示范带动作用，其他人员通力协作、统筹兼顾，凝聚力、向心力显著增强，干部队伍精神状态饱满，肯吃苦、敢担当，逐渐形成干事创业、主动作为的良好作风。

二、专心致“志”保“精品”

敬业者，专心致志，以事其业也。2019年卷年鉴争创成功后，中心人员没有停下脚步，在年鉴编纂中顺势而为，守正创新，继续保持年鉴的精品属性和资政价值。

一是科学设计版面，动态调整框架。中心人员以精品年鉴为样本，对标先进，寻差距求突破，在保持整体框架相对稳定的基础上，进一步丰富分目、条目层次，增强年鉴的时效性和承继性。例如，2021 年卷增设开放型经济、建筑业、应急管理 3 个类目，将“商务旅游”类目分成“商贸服务业”“旅游业”2 个类目。2022 年卷将“城乡发展”类目更新为“城市建设”，并将原“城乡发展”类目中的乡村振兴分目升级为类目；“滨城概览”中“历史文化”分目增加“文化源流”条目，使滨城文化发展历史更加清晰。2023 卷年鉴“滨城概览”增设“经济社会发展”分目，将滨城的古代、近代和现代发展情况总结其中，丰富和完善了滨城发展历史；根据滨城区农业发展现状，增设山东农产品加工先行区类目，将滨城的农业产业链、农业品牌和产业园区建设列入其中；将“卫生健康　体育”类目分设为“卫生健康”“体育”2 个类目，使体育类目的内容更加丰富完善。

二是改良装帧设计，凸显滨城特色。优化卷首专题图片设置，注重挖掘特色题材，加强图片文字说明编辑，全面提升整体质量。彩页设计求新求亮，注重向新闻媒体、摄影协会、社会各界征集反映发展变化、真实生活的优质图片，并进行严格的鉴别和筛选，增强卷首专题图片的资料价值和审美价值。2022 年卷封面设计增加黄河文化、红色文化元素，更加简洁大方，清新时尚。

三是强化业务学习，严格质量标准。认真学习《地方综合年鉴编纂出版规定》、《关于地方综合年鉴编纂出版若干问题的补充规定》和《山东省地方综合年鉴编纂出版业务规范》等相关规范和要求，着力提升编修人员业务水平，并作为提升地方综合年鉴编纂质量的主要审查依据加以落实。积极参与全国、全省的精品年鉴培训会和精品年鉴品读活动，从思想理念上更新，营造“学精品、编精品、用精品”的浓厚氛围。展现年鉴时代性，贯彻落实全国精品年鉴会议精神，遵循本地发展特点，及时更新年鉴框架结构，做到常编常新，彰显区域特性；提升年鉴权威性，注重资料的系统性归纳，全面搜集真实、准确的地情资料，加强年鉴内容审核，做到用事实、数据、成效说话；突出年鉴实用性，深入研究年度要点、热点，融入新媒体意识，增大有效信息含量，并以文、图、表等不同形式把贴近群众、解决群众问题的社会事件、重要工程、热点新闻、重要人物等展现出来，提高年鉴资料的利用价值和借鉴作用。

三、“志”存高远致“精品”

创建中国精品不是年鉴事业的终点，而是年鉴事业新的起点。年鉴作为一个地方的“名片”，在传承历史、展现当今、启引未来中发挥着重要的作用。滨城史志人秉承方志人“科学、严谨、务实、奉献”的工作态度，从服务全区经济社会发展大局出发，不断创新工作思路，探索滨城模式。

一是孕育“方志自信”。有作为才有地位。2020年9月，滨城区组织举行高规格的《滨城年鉴（2019）》首发仪式，省委党史研究院院长赵国卿，时任滨州市委常委、组织部部长曾晓黎以及市委党史研究院领导出席仪式，参加全省优秀年鉴评审会议的专家、区直部门和乡镇（街道）主要负责人以及各县（市、区）党史史志部门共计150多人，一起见证这一振奋和鼓舞人心的时刻，在全区上下掀起读年鉴、品年鉴、用年鉴之风。中心一步一个脚印、一年一个台阶，主动作为、勇于担当的精神得到了区委、区政府以及社会各界的高度关注和认可。滨城融媒体中心《滨城故事》栏目制作专题片《精品年鉴之路》在电视台播放。区委、区政府连续四年对中心工作及时提出表扬，3名人员受到了点名表扬。

二是传承“方志精神”。精品年鉴争创工作中，全体工作人员互帮互助、团结协作，干事创业氛围浓厚，凝聚起“你中有我、我中有你”的发展合力，大事讲原则、小事讲风格、难事齐攻坚，逐渐构筑“忠诚、静思、和谐、创新”的单位文化和价值追求。通过参加全省、全市方志理论研讨，认真学习编史修志理论，撰写方志理论文章，不断提高干部职工的专业学术研究水平，注重党史史志工作方法的积累学习和不断创新，突出发挥“传帮带”作用，促进年轻编辑快速成长，继续保持年鉴工作的精品属性。与年鉴供稿单位联络过程中，中心人员用工作热情感染他们，用“不放弃、不将就”的执着精神和虚心态度打动他们，让他们积极配合，甚至主动利用周末到单位加班补充年鉴资料。之后，每部年鉴的成书过程，都能明显感受到部门单位供稿速度的逐年提高，稿件质量逐步提升，全社会对史志工作也有了全新的认识和高度的认同，这种精神让全区党史史志人在今后面对任何困难时都无所畏惧。

三是尽显“方志担当”。2023年，中心大胆尝试、勇于突破，在借鉴《山东微纪事》和外地先进经验基础上，策划并成功创刊《滨城微速纪》季刊。《滨城微速纪》是全省县（区）级即时记录性期刊的首创，是宣传滨城、推介滨城的重要载体，也是展示各级党组织工作成绩和亮点的重要平台。“微速纪”是年鉴的创新形态，是“短、平、快”的轻文化产品，内容丰富、形式灵活、紧贴时事、可读性强，可提供即时资政参考。同时，中心在滨城融媒 App 上同步发布“微速纪”电子书，线上线下齐头并进，全面开花。微速纪工作也弥补了年鉴资料特别是图片资料收集不及时、不充分的遗憾，为下一年年鉴编纂工作奠定了良好的资料基础，也是年鉴工作的延伸和创新精神的充分体现。该项工作得到了省、市委党史研究院领导和区委领导的重视和认可，并受到了省委党史研究院（省地方史志研究院）院长赵国卿批示肯定。

四、众“志”成城强精品

虽然近几年精品年鉴工作有了长足的发展、质的飞跃，但是也存在一些制约高质量发展的问题。

一是重视程度不够。“千难万难，领导重视就不难。”各供稿单位承担地方经济社会发展任务很重，还没有把年鉴供稿工作摆上重要议事日程。有的单位不能在规定时限内报送初稿，影响整体编纂进度。

二是供稿质量不高。年鉴工作对供稿人员的业务素质要求高，可是经过培训的供稿人员流动性大，不能固定从事供稿工作，甚至有的身兼数职，给沟通交流业务造成很大的困难。有的单位对年鉴性质、功能、特点认识不足，供稿质量不高，新颖性不强，特色不明显，亮点不突出。常规条目多，动态性条目偏少，社会热点和单位年度大事反映不够翔实。

三是实用性不强。年鉴作为代表政府发布的最具有权威性的信息载体和资料性工具书，实用性不强，存在出版后就束之高阁的现象，不能真正发挥其为领导决策提供参考和依据、为了解和研究地情提供资料的作用。

为解决以上问题，中心将做好以下工作。

一是加强培训指导。中心将积极争取召开相关培训会、工作会、推进会，邀请年鉴专家和领导到会指导讲话，并通过媒体广泛宣传报道，形成重视年鉴工作的社会氛围。督导各供稿单位切实加强对年鉴编纂工作的组织领导，明确分管领导、职能科室和编辑人员，把撰稿任务落到实处，确保按时限要求完成本单位的供稿任务。

二是完善工作机制。要进一步扩大滨城区“史敢当”志愿服务队的成员数量，把各供稿单位理论水平高、熟悉业务、文字综合能力强的人员充实到队伍中来，不仅要承担撰稿工作，还要相对固定，并经常性地开展研讨活动，传授编纂经验，交流心得体会，使他们对年鉴编撰有更加深入的认识，切实提高其业务能力。

三是注重成果转化。第一，要提高政治站位。要坚持正确的政治方向，充分反映党的正确领导，唱响新时代主旋律；要坚守规范，勇于创新，突出时代特征、地方特色和年度特点；要以人为本，以文化人，充分发挥存史、育人、资政作用。第二，要加强年鉴理论学习和研究。要关注理论前沿，在工作中勤于思考，及时发现年鉴编纂过程中的新问题，进而开展一些新探索，具有提出问题、分析问题、解决问题的能力，能够撰写和发表具有鲜明时代特征和创新观点的理论文章，为年鉴事业的创新发展作理论探索。第三，要积极转化年鉴成果。要利用新媒体形式把年鉴成果呈现在老百姓面前，比如可以尝试数字年鉴、图鉴、说年鉴等新模式，具体形象地让百姓感受到从经济到政治，从生产到生活，从风情到民俗，从人文到人物等方面的发展变化。把留存史实与服务现实相结合，开发利用与宣传弘扬齐推进，以助推乡村振兴和城市发展。

四是务必勇于创新。他山之石，可以攻玉。要以“精品年鉴品读季”活动为契机，学习借鉴精品年鉴的成功经验，进一步强化精品意识，加强理论研究，加强人才培养，提高整体专业水平。要积极开展读精品、学精品、用精品活动，学习中国精品年鉴的具体做法，结合发展趋势和年鉴改革创新、与时俱进的要求，对年鉴框架结构、篇目设置、条目内容进行调整，使框架结构、栏目布局更趋合理。同时，对封面、版面设计也要加以创新，要丰富年鉴的版式设计、装帧开本等样式，以吸引更多的读者关注，充分发挥年鉴的信息和资料性作用。

先行示范勇争创　精益求精铸精品
——《邹平年鉴》打造精品之路 *

中共邹平市委党史研究中心（邹平市地方史志研究中心）

《邹平年鉴》是由中共邹平市委、市政府主办，中共邹平市委党史研究中心（邹平市地方史志研究中心）编纂的年度资料性文献。创刊于1997年，《邹平年鉴（2022）》为第16卷。近年来，邹平市坚持质量第一原则，把质量意识、精品意识贯穿年鉴工作全过程，坚持规范性、创新性和实用性，精益求精，守正创新，把《邹平年鉴（2022）》打造成为具有鲜明时代特征、年度特点和地域特色的精品年鉴。

一、精品年鉴打造情况

《邹平年鉴（2022）》争创中国精品年鉴，始于2021年10月。经过前期精心准备，2022年1月修订印发年鉴组稿方案，5月底完成组稿任务。在随后的4个月时间里，对年鉴稿件反复修改、细致打磨。在山东省地方史志研究院的指导下，滨州市地方史志研究院成立精品年鉴指导组，由分管院长带队，全程参与指导，从年鉴篇目制订、稿件编辑到装帧设计全流程把关，其中文字稿修改13次、彩页稿修改5次，前后调整修改200余处，补充完善文字材料10余万字。对中国

* 执笔人：马坤，中共邹平市委党史研究中心（邹平市地方史志研究中心）科员。

精品年鉴专家两轮评审提出的280条修改意见，全程参与指导，直到全部修改到位。

2023年3月，《邹平年鉴（2022）》成功入选第七批中国年鉴精品工程“中国精品年鉴”，成为滨州市获批中国精品年鉴区域试点后首部争创成功的中国精品年鉴。中共邹平市委办公室、市政府办公室专门印发通报，对邹平市地方史志研究中心进行及时表扬，要求发挥示范带动作用，珍惜荣誉、再接再厉，为加快建设富强文明新邹平作出更多贡献。

二、主要工作举措

（一）“三个到位”，夯实基础

一是思想认识到位。2021年11月初，邹平市入选山东省“对标深圳建设中国特色社会主义先行示范区综合改革试点市”之后，邹平市地方史志研究中心积极响应市委“各项工作走在全省前列”的号召，积极谋划精品年鉴创建工作，把争创中国精品年鉴列为2022年首要任务，制定争创精品年鉴时间表、路线图、任务书，把握重要时间节点。同时，在单位内部进行为期1个月的“学精品、用精品、创精品”活动，积极对标中国地方志指导小组办公室推荐品读的4部精品年鉴以及《山东年鉴（2019）》《滨州年鉴（2020）》等中国精品年鉴，结合邹平实际，借鉴年鉴在特色、创新、规范等方面的好经验、好做法，快速提升精品创建能力。

二是人员组织到位。为做好精品年鉴创建工作，邹平市地方史志研究中心全面动员，调动每个人的积极性、能动性，充分发挥个人才能和特长，8名在职人员全员参与、全力以赴，充分发扬“先忧后乐、创新超越”的新邹平精神，积极工作，倾力付出。

三是协调保障到位。市委领导高度重视精品年鉴争创工作，帮助协调解决人财物方面的问题。中心人员也积极主动提前与供稿任务重、供稿内容复杂的单位沟通，确保稿件保质保量按时完成，保证后续供稿审稿工作顺利推进。

（二）“三股力量”，建强队伍

一是充实队伍，吸纳新生力量。鉴于编纂人员队伍年龄结构老化的现状，中心积极协调组织、编办、人社等部门，连续3年招考2名研究生、1名本科生加入编辑队伍，充实年鉴编纂人员，确保人员衔接到位，为史志事业发展注入新活力。在工作中树立长线思维，激发他们的工作热情，帮助他们尽快熟悉业务，积累经验，给予他们足够的舞台，让年轻人成为年鉴编纂工作的中坚力量。

二是开门办鉴，借用社会力量。面向社会聘用专业人才，聘请地情社情专家、社会人士，邀请一些对年鉴工作怀着感情、已退休的老同志担当志愿者，充分利用他们的智慧、阅历、广视、热情和力量，让他们承担一部分稿件的编写校对工作，作为在职队伍的有力补充。

三是强化业务，塑造精干力量。一方面，抓培训，提升业务知识。举办年鉴编纂人员培训班，邀请有关专家学者授课指导，内容包括年鉴编写的基础知识、编纂方法以及年鉴编纂工作中的经验体会等。组织参加全国或区域性的年鉴业务学习，接受高层次的培训，不断提高编纂队伍业务水平。另一方面，抓实践，积累工作经验。在实际工作中增长工作经验和胆识，提供更多机会，让编纂人员在干中学、在学中干，提升理论素质和业务水平。

（三）“三个注重”，提质增效

一是注重修改意见。对专家组提出的280条评审意见，明确以“协调资料为重点，修改到位为目标”的工作思路，按照“尊重专家、照单全收、需调则调、应改尽改”的原则全部修改到位，对个别难以征集的资料采取领导督办的方式解决。除对评审意见逐条落实外，对照书中共性问题，按照专家意见，做到全书一个标准去要求，一把尺子量到底。对书中时间表述、人物称谓、标点符号、数字用法、计量单位、图片图注等规范性问题进行全书审查。同时，采取一人领读、多人校对的方式，精准校对，力求至臻至善。

二是注重借助专家智慧。《邹平年鉴（2022）》作为滨州市获批中国精品年鉴区域试点后申报的首部年鉴，滨州市地方史志研究院高度关注，成立精品指导组，由分管院长全程带队指导，使年鉴编纂始终保持高质量推进。正式上报中志办前，省地方史志研究院、市地方史志研究院领导专家进行年鉴审读，从体例规范、图片排版等方面提出意见，使年鉴整体更加合理，编排更加有序。在收到年鉴评审意见反馈后，邀请中国精品年鉴专家到邹平，结合评审意见，对年鉴编纂中遇到的问题进行解答，努力提升年鉴意见修改水平和年鉴编纂质量。

三是注重汇报沟通。在争创中国精品年鉴过程中，及时向省地方史志研究院、市地方史志研究院领导沟通汇报工作进展，评审意见基本照单全收，遇到修改困难时，及时向省地方史志研究院、市地方史志研究院领导汇报，并联系专家协商，拿出最好的解决办法，最终得到稳妥处理。

三、主要经验与体会

精品年鉴编纂是一件复杂的工作，篇目设置、组稿、编辑、校对、审稿、统稿、排版等每一个环节都需要经过反复打磨修改。创建精品年鉴既是一种考验，也是一份收获。

（一）领导重视是关键

省地方史志研究院领导经常主动过问年鉴编纂进度，亲自指导，首先为编纂人员解决了像不像精品的问题，又不辞辛苦地冒疫情带领专家组 2 次到邹平帮助解决行不行的问题。市地方史志研究院领导倾力相助，从框架结构、文字表述、体例规范、专题图片设计排版、时间节点等方面提出全方位意见建议，并参与修改工作 10 余次。各级领导和专家的鼓励给了编纂人员莫大的鼓舞，这是创建成功的关键。

（二）突出特色是灵魂

无特色不精品。年鉴编纂应准确把握变与不变、规范与创新的关系，立足本地，聚焦热点亮点，突出特色，“量身打造”，而不是局限于对基本情况的记述。

（三）质量第一是追求

质量是年鉴的生命，是年鉴品牌影响力的基石。在年鉴编写过程中，编纂人员认真学习《地方综合年鉴编纂出版规定》及其《补充规定》，加强业务学习；同时对专家的两轮评审意见进行整理归纳，吃透专家意见，尤其是对常见的规范性问题进行梳理，举一反三，触类旁通，提升年鉴整体质量水平。

四、《邹平年鉴（2022）》主要特点亮点

《邹平年鉴（2022）》编纂中，深刻把握时代特征、地方特色、年度特点，避免“千鉴一面”。

（一）彰显地域特色

凸显邹平名片，城市“铝”色，用心讲好邹平“中国铝谷”故事。

一是卷首突出名片数字展示。“邹平名片”专题中共设8张“城市名片”，“国家高端铝高新技术产业化基地”位列第二。“数字邹平”专题中，集中介绍电解铝、氧化铝产能以及铝产业营业收入，直观展示邹平铝产业发展量级。

二是设置“国家高端铝产业基地”图片专题，收录涵盖铝土运输、铝生产车间、铝生产线、铝产品、铝交易平台的30幅代表性图片，既体现纵向发展，又体现年度成果，生动展示邹平作为国家高端铝基地的产业硬实力。

三是增设中国铝谷类目。下设综述、产业基地建设、铝初加工、铝深加工、铝轻量化等分目，全方位记录邹平铝全产业链发展情况。

四是装帧设计融入铝元素。从封面借鉴“中国铝谷”大厦外墙的工业栅栏元素，到内文类目标题背景中的铝网格设计，再到每页角标呈现出的铝金属质感，将邹平“铝”色沉浸到整部年鉴的角角落落，实现内容与形式相统一，彰显城市亮色和文创底色。

（二）彰显年度特色

围绕邹平市入选2021年全省6个对标深圳建设中国特色社会主义先行示范区之一，记录邹平高质量发展图景。

一是展现创新发展。工业类目增设高端冶金制造产业分目，展示航空航天钢材生产、高端轴承钢材生产新技术；纺织服装产业分目收录智能纺织项目建设、纺织产品研发、纺织科技创新等内容，彰显邹平作为“中国棉纺织名城”的科创新进展、新高度。

二是展现协调发展。将乡村振兴分目升格为类目，完整记述年内邹平乡村在

产业振兴、人才振兴、文化振兴、生态振兴、组织振兴等方面取得的新成就，整部年鉴对城乡发展的记述更加均衡。

三是展现绿色发展。大事记中收录"中国第一个'企业碳标签'项目在山东创新集团启动""第四届中国低碳之路高峰论坛在邹平市举办"等内容，彰显邹平市践行绿色低碳发展的决心和担当。生态环境类目增设综述分目，卷首图片收录"黛溪河流域生态治理""禾和湿地景色""黄河生态廊道鸟瞰图"等10余幅照片，体现邹平市坚持生态优先、绿色发展理念。

四是展现开放发展。开发区建设类目收录投资促进、对外及港澳台贸易、邹平经济技术开发区等内容，展现邹平市外向型经济发展的新格局。

五是展现共享发展。专记收录《邹平市高中教育改革综述》，集中记录邹平市在公办普通高中集团化办学改革中均衡师资生源，打造平衡竞争格局。城市建设类目增设老旧小区改造条目，社会生活类目收录妇女儿童福利、农村幸福院管理等内容，充分反映市委、市政府在保障、改善民生方面的新举措。

（三）彰显时代特色

立足新时代，发挥地方综合年鉴存史资政、教化育人的现实功能，记录习近平新时代中国特色社会主义思想在邹平市的生动实践。

一是记录时代强音。2021年是中国共产党成立100周年，《邹平年鉴（2022）》卷首图片设置"庆祝中国共产党成立100周年""党史学习教育"两大专题，专记收录《邹平市党史学习教育综述》一文，全面记述邹平市建党百年庆祝活动和党史学习教育开展情况、经验做法。

二是回应时代关切。全面深化改革分目增设文化领域改革、社会领域改革、生态领域改革3个条目，全面阐释邹平市年度改革动态。

三是关注时代热点。卫生健康类目设置新冠疫情防控分目，收录指挥体系、应急体系、核酸检测、疫苗接种等内容，全方位记录邹平市全力应对新冠疫情的历程。

五、社会效益

看似寻常最奇崛，成如容易却艰辛。争创中国精品年鉴之路充满艰辛，但也造就了年鉴工作人员团结一心、敢于担当、不屈不挠的精神品质，同时也让邹平的年鉴工作获得更多关注和认可。

（一）提高了社会关注度

《邹平年鉴（2022）》争创为中国精品年鉴后，引发了极高的社会关注度。各级部门单位、社会各界人士主动联系中心，要求赠阅年鉴，年鉴发放数量较往年大幅提高。同时，中心借助微信公众号、今日邹平栏目进行大力宣传，将争创精品年鉴工作经验一并推出，访问量超过5万人次。

（二）提升了社会认可度

《邹平年鉴（2022）》争创为中国精品年鉴后，中心在山东省年鉴高质量发展暨精品年鉴创建经验交流会上作发言，分享精品年鉴创建经验。济南市历城区、临沂市郯城县等10余个县区先后到邹平市学习精品年鉴创建经验，全国30余家单位与中心开展年鉴交换活动。《邹平年鉴》成为外界了解邹平、认识邹平的重要名片。

（三）获得了社会赞誉度

《邹平年鉴（2022）》出版发行后，中心第一时间将年鉴送给市领导及各部门各单位，为各级干部熟悉和掌握市情提供翔实的第一手资料，受到广泛好评。2023年，各供稿单位对年鉴工作重视程度明显提升，供稿速度、供稿质量普遍提升，补充稿件的积极性显著提高。

六、有关建议

通过争创中国精品年鉴，邹平市年鉴编纂水平有了质的提升。但在实际工作中，仍存在一些制约发展的困难和问题，比如单位人员少，基础薄弱，专业性程度不高；与时俱进能力不足，对年鉴框架结构把握不准，部分类目、分目处理不当等。为此，我们提出以下建议。

（一）建议开展多形式年鉴培训，拓宽学习渠道

加大线上培训力度，全方位、深层次讲解年鉴编纂知识，提高基层年鉴编辑人员编纂水平。在每年的中国精品年鉴评审完成后，邀请评审专家对年鉴评审中常见或存在分歧的问题进行讲解，录制视频课程，实现精品年鉴成果共享。

（二）建议加快年鉴数字化，实现资源共享

当前，通过邮寄的方式进行年鉴交换，不仅耗时长，而且占用存放空间。建议依托中国方志网打造年鉴资源共享平台，及时收录、更新各地年鉴电子版，方便年鉴编辑人员随时查阅、学习，借鉴精品年鉴、优秀年鉴编纂经验，使年鉴资源得到最大化利用。

打造精品永无止境，年鉴编纂工作任重道远。《邹平年鉴（2022）》获评中国精品年鉴，既是肯定，更是鞭策。邹平方志人将以此为始，保持初心，再接再厉，发挥好年鉴存史、育人、资政的作用，以新时代工匠精神继续打造精品年鉴，为滨州市中国精品年鉴区域试点、山东省年鉴高质量发展、全国年鉴事业转型升级贡献邹平力量！

强化精品意识　打造精品年鉴

——《芙蓉年鉴》打造精品之路 *

长沙市芙蓉区档案馆（芙蓉区地方志编纂室）

《芙蓉年鉴》创办于 2014 年，当年即公开出版。一年一鉴，已编纂 10 卷，出版 9 卷。《芙蓉年鉴》由中共长沙市芙蓉区委、区政府主办，长沙市芙蓉区年鉴编纂委员会编纂，长沙市芙蓉区地方志编纂室承编。先后获评全国、湖南省地方志优秀成果（年鉴类）二等年鉴、一等年鉴。2021 年、2022 年两度申报中国年鉴精品工程。在省、市相关领导的直接参与指导下，在多位专家的指导下，《芙蓉年鉴》着力在科学设置框架、规范编纂体例、全面完善信息、丰富表现形式上下功夫，取得可喜成绩。2023 年 3 月，《芙蓉年鉴（2022）》成功入选第七批中国精品年鉴。精品年鉴的创建过程，锻炼了人员队伍，扩大了年鉴影响，为推动年鉴事业高质量发展奠定了基础。

一、提高政治站位，加强组织保障，增强打造精品年鉴的内生动力

《芙蓉年鉴》自创办以来，囿于现有条件及环境，一直未有大的发展，基本处于按部就班完成编纂出版发行任务的状态。2021 年参与申报中国精品年鉴，由于

* 执笔人：谭丽霞，长沙市芙蓉区档案馆（芙蓉区地方志编纂室）编辑、区政协提案委退休人员。

经验不足，未能成功。党的二十大报告指出，“全面建设社会主义现代化国家，必须坚持中国特色社会主义文化发展道路，增强文化自信”，“增强中华文明传播力影响力。坚守中华文化立场，提炼展示中华文明的精神标识和文化精髓，加快构建中国话语和中国叙事体系，讲好中国故事、传播好中国声音，展现可信、可爱、可敬的中国形象。”编纂各级地方综合年鉴正是构建中国话语体系和中国叙事体系的一部分，是传播中华文明的重要载体。创建中国精品年鉴，推动年鉴事业高质量发展，是贯彻和落实党的二十大精神的具体行动，是时代赋予方志工作者的历史使命，任重而道远。几年来，《芙蓉年鉴》编纂人员数次参与全国性年鉴培训视频会议，认真学习借鉴全国各地年鉴编纂工作经验，积极参与精品年鉴品读活动，通过读精品、学精品，明确了创精品年鉴的努力方向，增强了打造精品的信心和动力。

《芙蓉年鉴》编纂工作，除了区档案馆 2 名负责人担任主编、副主编外，主要编辑工作由 3 名从区机关退休后的返聘人员担任，参加年鉴编辑工作经历从 0 至 5 年不等。2022 年，区档案馆新任领导班子高度重视继续申报精品工作，及时向区委有关领导进行汇报，取得区领导的支持，并提出“提高政治站位，丰富图片表现”的具体指导意见。据此，《芙蓉年鉴》特别设置 2 篇专文，分别是《有关芙蓉区贯彻落实省委“三高四新战略定位”工作纪实》《关于实施长沙市委对芙蓉区提出的“打造现代化新长沙建设的标杆区”行动方案》，紧紧围绕省委、市委领导的指示精神，回应时代热点，点明发展主题，提高政治站位。区档案馆两位主要负责人全程参与精品年鉴创建工作，从篇目框架制定，到书稿修改完善，及时协调处理编辑工作中出现的各种问题，给予编纂工作强有力的组织保证。与此同时，年鉴编辑部充实编辑人员队伍，抽出有过摄影宣传经历的人员，专门负责彩页制作及图片收集，收到明显效果。初稿中的彩页专版设置，即得到湖南省地方志编纂院有关领导的认同。《芙蓉年鉴》全体工作人员，虽无图书出版相关专业背景及专业知识，大家齐心协力，不辞辛苦，集编审校于一身，在干中学，学中干，不断增长才干，理解和消化专家们的每一句评语，吸收和改进年鉴中的每一段文字，做精品，创精品，获得上级业务部门和指导专家们的认可。

在精品年鉴创建过程中，得到省、市两级地方志工作机构的精心指导和大力支持。作为 2022 年湖南省唯一申报中国精品年鉴的单位，《芙蓉年鉴（2022）》初稿印出来后，省地方志编纂院组织省、市、县三级地方志工作机构及有关部门召开三级联合评审会议，省级专家从更高的站位、更宽的眼界、更专业的视角为初稿提出许多宝贵意见，参与专家均提交书面评审意见。此次省、市、区三级联审会，开湖南省年鉴编纂工作之先河。

二、突出地域时代特色，在展现亮点上做文章

（一）突出地域特色

芙蓉区位于长沙市中心城区，面积小（42.8平方千米），只占长沙市面积的1/276，狭小的空间使区域在传统的农业、工业、科技、旅游领域均无优势，年鉴在相关领域均笔墨不多，乏善可陈，审稿专家多次提出年鉴缺乏特色亮点。编纂人员仔细消化专家意见，深入挖掘特色亮点。芙蓉区是湖南省传统的商贸、消费、金融中心，第三产业约占地区生产总值90%。商圈业态丰富多元，有湖南省第一高楼的国金中心和建成时定位为全球最大单体高层建筑的万家丽国际购物中心，经过几年的发展，逐渐形成数个经济商圈。为充分展现年鉴的地方特色，《芙蓉年鉴》从卷首彩页入手，强化专题图片的分量，精心设计和制作图片专题。《芙蓉年鉴（2022）》卷首选取图片60幅，设置“芙蓉夜经济”“2021芙蓉经济新亮点”“芙蓉网红打卡地”3个专题，展示芙蓉特色亮点。其中“夜经济”和“芙蓉网红打卡地”2个专题，选择作为全国商圈前十的“五一商圈”、中央电视台报道过的“湖南米粉街”、长沙市最大的夜市街“扬帆夜市”、知名“酒吧一条街”和富有厚重文化底蕴的“都正街历史文化街”等系列图片，生动、立体地展示长沙网红城市和芙蓉区消费型城区的都市风貌与地域特色。楼宇经济作为芙蓉区重要的支柱产业和税收来源，曾为区域贡献超过六成的税收，至2022年，已形成数个专业楼宇。《芙蓉年鉴》连续多年设有楼宇服务分目，记述现代城区总部经济活跃发达、地方政府以发展创新的理念服务楼宇经济的地域特色。

（二）抓住时代特点

年度特点是年鉴编纂的基本要义。《芙蓉年鉴（2022）》以守正创新为抓手，从谋篇布局上体现年鉴的思想和灵魂，以客观全面记录区域经济社会发展之正，创年鉴聚焦特、大、新、要之先。2021年是中国共产党成立一百周年，是党和国

家历史上具有里程碑意义的一年，在这一历史时机，《芙蓉年鉴（2022）》开篇特别设置“庆祝中国共产党成立一百周年党史学习教育”专题，展示芙蓉区“奋斗百年路 启航新征程”的风貌。并设置“新冠肺炎疫情防控”专题，通过彩页专题形式，记述和反映芙蓉区在常态化形势下的疫情防控工作。设置“2021 芙蓉经济新亮点”专题，选取打造袁家岭中央文化区、中国黄金街特色街区开街、自贸区长沙片区芙蓉区块建设 3 个 2021 年度芙蓉区经济领域的重要事件，集中概括芙蓉区年度经济新亮点，突出鲜明年度特色。

三、拓展广度深度，在突出年鉴使用价值上找办法

在创建精品过程中，区档案馆尽力征集、收集各方面信息，在年鉴内容丰富、资料翔实方面，得到省、市相关部门和指导专家的认可。《芙蓉年鉴（2022）》全书设 35 个类目、200 个分目、14 个次分目、1200 个条目，致力在翔实资料、丰富内容等方面努力，突出年鉴使用价值。

（一）资料来源全面覆盖

《芙蓉年鉴（2022）》供稿单位覆盖全区所有党政工作部门及绝大部分事业单位、政法部门，垂直管理机构，还有虽非区管辖、但与区域经济民生相关的单位，共计 92 个独立机构。《芙蓉年鉴（2022）》增加了水、电、气供应单位及烟草专卖机构，通信类目中囊括了三大运营商。为此，区档案馆联系水电气、烟草、三大通信运营商与芙蓉区有关联单位，“请进来”召开会议，宣传年鉴工作，指导年鉴撰写，为芙蓉年鉴的全面完整性打下基础。吸收专家意见，突出区域金融中心特点，增设金融类目，记述驻区金融单位，反映金融为实体经济服务等内容。文体领域，增设体育类目，将视角扩大到青少年体育和老年体育，除原有的区文旅体局外，从区教育局、区老年体协处收集相关信息。

（二）资料信息力求全面

2021 年是换届年，芙蓉区几大家领导机构全部换届，党代表、人大代表、政协委员亦相应改选。《芙蓉年鉴（2022）》力求全面、系统地记录这些重要事件，包括党代表、人大代表、政协委员的构成，各领导机构的产生过程，为存史提供

宝贵资料。《芙蓉年鉴（2022）》还注重基础数据的收集，如党派、群团、教育、卫生等方面的有关人员数据，如医疗、文化、养老等基础设施（机构）及分布情况，专业市场分布、工业分门类行业指标情况等，均在综合类条目概况中记述，或以表格形式呈现，为社会公众提供了有价值的基础信息资料。

对于人大代表和政协委员的建言献策，除在正文中对建议提案给出摘编信息，在全书的后部，设置调研报告类目，全文登载人大和政协的优秀调研报告3篇。全书提供表格62张，包括统计部门的统计资料表格、供稿单位自己形成的表格，以及编纂人员根据从权威网站上收集到的有价值资料自主制作的表格。设置网络安全与信息化工作分目，充分吸收专家意见，关注国家主流媒体在有关网信上的宣传报道方向、用语用词等，注意表述用语。

（三）条目内容丰富多元

条目作为年鉴基本单位，分为综合条目和单一条目。综合条目主要记述基本情况，包括基础数据和常规性工作。单一条目反映行业（部门）年度大事、要事、新事、特事，最具有鲜活性和可读性。在编纂中，力求供稿单位努力挖掘和收集记录动态事件的单一条目，编辑人员从权威网站收集和补充部分条目。全书1200个条目中，除了综合性条目和常规性条目外，单一性条目占了较大比重。这些单一条目包括：年度内重大事件、重要活动，在省（市）首创的各项新举措，新技术新业态在现实中的应用，政法部门的典型案例，百姓生活中反映时代特点的新鲜事物等。这些鲜活的、富有特色的条目，丰富了年鉴的内容，提升了年鉴的可读性。

四、创新工作方法，在组稿审稿上下功夫

《芙蓉年鉴》编纂工作逐渐形成比较成熟的组稿审稿流程。每年年鉴启动之初，都召开动员培训会，发布组稿有关规定及详至每个组稿单位所需撰写内容的整体框架。框架设计由编辑部根据形势发展及区内实际情况研究确定，最后由区委、区政府两办审核签发。在审稿改稿过程中，采取电话沟通、线上交流、来人面谈、上门指导等多种方式对接撰稿单位。教育一直是芙蓉区的重要工作，以往年鉴对教育的记述不全面、不系统，存在较多问题。在创精品工作中，区档案馆

加强对教育组稿征稿的力量，从党史研究组抽调从教育系统退休熟知教育情况的老同志，协助从教育系统收集资料。2022 年 12 月，正值创建工作进入关键时期，国家疫情防控政策发生重大变化，编辑部人员克服各种困难，负责联系教育的老同志通过已有渠道，及时召开教育系统视频会议，召集十余位有关人员，线上部署收集所需资料。通过全体工作人员的齐心协力，《芙蓉年鉴（2022）》最终按时保质交付。

街道是区一级行政的基层单位，也是区级年鉴不可缺少的类目。芙蓉区下辖 13 个街道办事处，街道的撰稿人员水平参差不齐，人员变动频繁，各街道工作重点不一。根据区域街道工作的共同点，区档案馆指导性提出了概况、街域经济发展、城市管理、社会事业、区域党建、社区建设几大板块，各街道根据特点有所侧重。在框架设置上，增设街域特色经济内容，引导街道突出地域经济特色。其中东屯渡街道撰写“扬帆夜市建设”，韭菜园街道撰写“湖南米粉街”特色条目。街道类目既统一了主要内容，又各具特色。针对街道年鉴队伍不稳定的问题，通过适时召开街道撰稿人员及相关负责人专门会议，以会代训，有针对性地指导年鉴撰写。

以“精”为着力点　打造精品年鉴

——《浏阳年鉴》打造精品之路 *

浏阳市地方志编纂室

2021 年 4 月，中国地方志指导小组办公室公布第五批中国年鉴精品工程“中国精品年鉴”,《浏阳年鉴（2020）》成功入选，成为湖南省首部县级中国精品年鉴。

《浏阳年鉴》首次出版于 1987 年，每年出一卷。《浏阳年鉴（2020）》为第 34 卷，共 1336 个条目，完整、系统地记述了 2019 年浏阳市在中国共产党领导下政治、经济、文化、社会和生态的基本情况和发展概貌。近年来,《浏阳年鉴》编纂质量稳步提升,《浏阳年鉴（2004）》《浏阳年鉴（2015）》分获首届和第四届全国地方志优秀成果（年鉴类）一等年鉴;《浏阳年鉴（2018）》《浏阳年鉴（2020）》《浏阳年鉴（2022）》分别获得第六届、第八届、第九届全国地方志优秀成果（年鉴类）特等年鉴。

一、创精品的主要做法

（一）升级编鉴理念，对标对表创精品

党的十八大后,《浏阳年鉴》编纂出版实施两次重大改革，一是自 2013 年开始坚持不植入商业广告，免费向机关事业单位和社会发行；二是自 2014 年开始坚持由方志出版社出版，两项举措有效保障了年鉴官修的权威性和严谨性，为年鉴

---

* 执笔人：唐继武，浏阳市地方志编纂室方志室主任。

质量打下坚实基础。中国特色社会主义进入了新时代，新时代对年鉴编纂提出了新要求，为进一步紧扣时代脉搏，推进年鉴事业创新发展，中国年鉴精品工程适时启动。浏阳市以此为契机，着力打造新时代的《浏阳年鉴》。2018 年，浏阳市启动打造精品年鉴工作，首先从保障机制入手，成立由分管地方志工作的副市长为组长、浏阳市地方志编纂室主任和相关单位负责人为成员的《浏阳年鉴》争创中国年鉴精品工作领导小组，制定《〈浏阳年鉴〉争创中国年鉴精品的实施方案》，明确争创措施，并按照既定实施步骤组织实施。由于习惯于传统编鉴方式，创新力度不够，连续两年止步于第二轮评审。2020 年，《浏阳年鉴（2020）》创新编鉴方式，从年鉴组稿、编辑开始发力，从抓实组、编人员培训入手，着力提升组稿和编辑水平，邀请专家到浏阳现场授课。组织编辑人员认真学习《地方综合年鉴编纂出版规定》《关于地方综合年鉴编纂出版若干问题的补充规定》。改变资料收集方式，编制各单位资料报送要素，变以往“等资料”为“点资料”；组织集中学习，专题讨论各次专家评审意见，在提炼修改稿件中提升编辑水平；守正创新，突破传统编鉴方式，以谋篇布局、分类归属、资料挖掘等方面创新贯穿年鉴编辑全过程，严把审查、修改、校对关，全力打造精品年鉴。

（二）谋篇布局创新，展现时代精彩

浏阳市坚持以习近平总书记提出的“绿水青山就是金山银山”理念为统领，聚焦绿色发展、高质量发展，实施系列战略布局。《浏阳年鉴（2020）》卷首增设“浏阳市森林资源分布图”“浏阳河入选全国示范河湖建设名单”及“浏阳河株树桥水库库区图照”等专题；特载收录《浏阳市污染防治攻坚战工作纪实》《浏阳市脱贫攻坚工作纪实》。注重“存史”和“育人”功能有机结合，浏阳是革命老区，在建党 100 周年之际，《浏阳年鉴（2020）》卷首增设包括域内 23 处红色旅游景区（其中国家级文物保护单位 20 处）的旅游景点图；中国共产党浏阳市委员会、军事类目分别采用“秋收起义会师纪念馆”“红一方面军成立旧址”图片作为类目压图，把爱国主义教育、传统教育结合起来，“让红色基因，革命薪火代代相传”。

（三）调整篇目归类，突出科学精准

一是反复打磨框架。《浏阳年鉴（2020）》自编鉴开始，首先拟定篇目框架，报长沙地方志编纂室及湖南省地方志编纂院专家指导，并按专家指导修改形成

《浏阳年鉴（2020）》篇目框架送审稿，报中国精品年鉴专家组指导。按照中国精品年鉴专家对《浏阳年鉴（2020）》篇目框架提出22大项共75条评审意见修改落实到位，将修改情况向中国精品年鉴专家组报告。二是优化篇目结构，如突出特载特点，把以往特载收录的市委全会工作报告、政府工作报告调整到附录，专文前置调整为特载。注重科学分类，将以往中国共产党浏阳市委员会类目中史志档案分目中党史归入中国共产党浏阳市委员会类目，地方志、档案作为分目归入文化类目，附录中组织结构与负责人内容调整到浏阳概貌，实现归属得当。强化科学严谨，并按照“生不入志”原则将以往人物类目新任市级领导、新入选两院院士、新当选人大代表分目分别调整到浏阳概貌、科学技术和浏阳市人民代表大会类目；将逝世人物、获奖人物与荣誉（称号）合并，人物类目更名为人物与荣誉。内容更加全面，浏阳市人民代表大会类目增设专门委员会工作分目，浏阳市人民政府类目增设市政府全体会议分目等；做到不单条成目，中国共产党浏阳市委员会类目重要会议分目增设市委全委会条目。注重准确立目，把“以人立目”改为“以事立目”，删除“某某领导到浏阳调研……”等条目。

（四）深挖地方特色，彰显浏阳精神

一是展示千年古县的文化魅力。浏阳是千年古县，《浏阳年鉴（2020）》浏阳概貌历史文化分目下设传统文化、史迹遗存、浏阳方言条目，其中传统文化条目重点推出国家级非物质文化遗产“浏阳花炮制作工艺”“浏阳菊花石制作工艺”“浏阳文庙祭孔音乐”等内容。二是展示地方经济发展特色。浏阳是举世闻名的花炮之乡，浏阳花炮出口100多个国家和地区。2019年，浏阳花炮出口量占到全国花炮出口总量的60%。《浏阳年鉴（2020）》将鞭炮烟花业从工业类目中析出并升格为类目，突出传统经济特色。《浏阳年鉴（2020）》设立开发区与园区建设类目，工业类目设立电子信息产业、生物医药产业、机械制造业、食品产业分目，展示经开区和园区在浏阳经济发展中的支柱地位以及浏阳经济发展主要产业。

（五）严格审核校对，提炼年度精粹

年鉴审查是保障年鉴编纂质量的重要环节。《浏阳年鉴（2020）》在保持以往三级四审和方志出版社编辑出版基础上，分别邀请相关领域专家对年鉴送审稿审核把关，有效把好政治关、保密关、体例关、史实关、文字关；在申报精品年鉴过程中，有关专家先后四次对《浏阳年鉴（2020）》进行严格评审并提出评审意见，编辑部均认真消化吸收，一一落实到位。《浏阳年鉴（2020）》全书128万余字，设36个类目、189个分目、1326个条目，收录的每一条信息都经过反复审核与提炼。

二、主要社会效益

（一）创精品促进年鉴编辑质量稳步提高

一是归类更加科学规范、编排更加有序。按照事物发展情况适时调整归类，《浏阳年鉴（2021）》按政治、经济、文化、社会和生态五大部类调整类目，把商务、金融、旅游类目前置归入经济部类。二是收录入鉴资料注重事物纵向发展与横向联系。2021年6月30日，浏阳市统计局发布第七次全国人口普查公报，公布全市人口情况，《浏阳年鉴（2022）》浏阳概貌设置“2010—2020年年末人口统计表”，纵向记述11年人口变化；附录收录“浏阳市第七次全国人口普查公报”“长沙市第七次人口普查公报（区、县、市）人口情况”等，横向记述各乡、镇（街道）人口状况和浏阳与长沙市各区、县、市人口比较。三是创新资料提炼方式，在保持以往审查机制基础上，军事类目请市人武部统稿并负责审查把关，有效把好政治关。在第九届全国地方志优秀成果（年鉴类）评审活动中，《浏阳年鉴（2022）》被评为特等年鉴。

（二）创精品促进地方志存史、育人、资政功能增强

《浏阳年鉴》和浏阳地方志书成为浏阳市新任领导了解浏阳人情、地貌、经济和民生状况的资政必备工具书，为浏阳市庆祝建党100周年、浏阳撤县设市30周年等重大活动以及浏阳市国土资源规划修编、交通规划、城市规划、市政建设、传统文化与农产品地理保护等重要工作提供大量的资政参考，为浏阳市委宣传部、浏阳市人民政府门户网站提供“浏阳概貌”等大量资料；以地方志为重要资料来源的“浏阳记忆”展厅，成功获批长沙市爱国主义教育基地，成为对内进行爱国主义教育，对外宣传和推介浏阳的一张亮丽名片。

（三）创精品促进全市地方志事业发展

在精品年鉴引领下，浏阳市地方志文化发生创造性转化、创新性发展。在普

修乡镇街道志、专业志的基础上，浏阳市地方志编纂室指导编纂的全国第一部城市居民小区志——《浏阳市淮川街道朝阳社区梅花小区志》由方志出版社出版，《浏阳市荷花街道南市社区南市街小区志》启动编修，《浏阳市沙市镇秧田村志》出版；浏阳市教育局提前谋划启动第三轮《浏阳市教育志》编修，《浏阳大围山志》启动编修。同时，在精品年鉴引领下，全市依法治志氛围进一步浓厚。《浏阳年鉴（2020）》成功入选中国精品年鉴，中共长沙市委常委、浏阳市委书记朱东铁高度肯定《浏阳年鉴》编纂工作，要求以更高标准、更高质量推动浏阳年鉴精品工程，再创浏阳市地方志事业新辉煌；依据《地方志工作条例》、《湖南省公务员考核实施办法（试行）》和《浏阳市机关事业单位绩效考核实施办法》，浏阳市地方志编纂室在 2021 年度绩效考核中获得集体加分，4 名工作人员被通报嘉奖。2024 年 9 月 19 日，长沙市委常委，浏阳市委书记肖正波到浏阳市方志馆调研指导地方志工作。

三、“精品后”年鉴质量建设的思考

创精品之后，如何巩固和保持精品年鉴质量，持续抓好年鉴质量建设，达到常编常精，是一项长期课题，以下三个方面尤为重要。

（一）地方党委、政府重视地方志工作是争创精品年鉴的有力保障

浏阳市委、市政府坚持依法治志，认真落实“一纳入、八到位”。一是高规格设置领导机构。按照“党委领导、政府主持”的地方志工作机制，《浏阳年鉴》自 1987 年创刊以来即成立由县（市）委书记为顾问、县（市）长为主任、各相关部门主要负责人为成员的地方志工作机构（该机制一直延续至今），明确县（市）委、政府分管地方志工作的领导。二是高起点布局年鉴编辑工作。地方志工作被纳入全市国民经济和社会发展规划、列入年度政府工作报告，被列入领导工作日程，市领导召开专门会议研究部署工作、参加评审地方志和年鉴稿件，为地方志年鉴工作现场办公，市两办印发年度年鉴组稿文件等，帮助解决难题。三是高强度实施有效督促与检查。自 2012 年开始，浏阳市委、市政府把地方志年鉴工作列入对各单位年度绩效考核目标体系，全市各机关事业单位都明确分管地方志工作领导和具体负责人，市委督查室、市政府督查室对各单位地方志工作适时开展年

度督查，有效保障了浏阳地方志各项工作有序推进。四是高标准审查确保质量。《浏阳年鉴》实行“三级四审”制度，设立由市委常委、市委办公室主任兼任组长的《浏阳年鉴》审查领导小组。

（二）科学谋篇布局和精准收集资料是争创精品年鉴的前提基础

精品年鉴首先要篇目框架科学合理、内容全面，篇目设计须反复打磨。年鉴具有地方性、年度性、综合性等众多属性，而资料性无疑是年鉴的第一本质属性。精品年鉴应该是全面系统、信息密集、记述权威、特色鲜明的资料性文献，而现在很多年鉴囿于资料缺失，存在行业收录不全、情况反映不深、历史画面不清的缺陷，如园区新型产业、新能源、物流、养老服务等内容反映缺失等。年鉴要想创精品，必须突破传统组稿渠道，创新资料收集方式，想方设法征集资料，将鲜活的中国特色社会主义新时代记全、记深、记好。

（三）高素质年鉴工作队伍建设是争创精品年鉴的必要条件

浏阳市积极开展专业知识培训，有效提升年鉴组稿年鉴队伍素质。强化业务素质，举办年度全市年鉴组稿人员培训班，邀请省、市专家来浏阳现场授课，组织年鉴编辑人才参加全国和湖南省、长沙市专业培训。打造地方志年鉴业务交流平台，2023 年将以市地方志学会、市党史学会和市档案学会融合，组建浏阳市地方史志档案学会。实行专、兼职相结合的人才队伍建设模式，建立地方志工作激励机制。近年来，各年度《浏阳年鉴》参与组稿、编辑、审校人员达 150 多人，《浏阳年鉴（2020）》经过多轮评审，修改校次达 15 轮。依照《中华人民共和国著作权法》等相关法律法规，年鉴稿费、图片稿费、编审费等相关报酬均在年度地方志工作预算经费中列支。通过积极改善年鉴工作办公条件和工作人员待遇，有效稳定年鉴工作队伍。2017—2022 年，浏阳市地方志编纂室通过公务员招录考试和市人事部门选调录取 4 名人员充实队伍。

浏阳方志人将秉承“修志问道、以启未来”的初心和使命，继续坚持依法治鉴，推进创新发展，巩固和保持国内精品年鉴的质量，以精益求精的工匠精神编纂更多可存可鉴的传世之作。

打磨精品年鉴　打造文化名片

——《长沙县年鉴》打造精品之路 *

长沙县档案馆

《长沙县年鉴》创办于1999年，是由长沙县人民政府、长沙县年鉴编纂委员会主办，长沙县档案馆编纂的年度资料性文献。截至2023年底，已累计编纂出版14卷，其中10卷由方志出版社出版。

《长沙县年鉴》自创办以来，切实履行“为党立言、为国存史、为民修志”职能，始终坚持守正创新、精益求精，致力打造长沙县文化名片。特别是2012年起，《长沙县年鉴》实现“一年一鉴，公开出版”以后，全力申报创建中国精品年鉴，年鉴编纂逐步走上正轨，质量逐年提高。《长沙县年鉴（2015）》获评第四届全国地方志优秀成果（年鉴类）特等年鉴，《长沙县年鉴（2019）》获评第七届全国地方志优秀成果（年鉴类）特等年鉴，《长沙县年鉴（2020）》获评第八届全国地方志优秀成果（年鉴类）一等年鉴。2022年6月，《长沙县年鉴（2021）》成功入选第六批中国年鉴精品工程“中国精品年鉴”；2023年12月，《长沙县年鉴（2021）》获评第九届全国地方志优秀成果（年鉴类）特等年鉴。这些成果标志着《长沙县年鉴》已成为展示县域实力和风采的“星名片”。

---

* 执笔人：周进银，长沙县档案馆党史地方志科科长。

一、统筹兼顾，积极申创精品年鉴

2021年是中国共产党成立100周年。“七一”前夕，长沙县档案馆编纂出版6部地情文献（画册），举办“中国共产党星沙百年”主题展览，承办2个研讨会。面对时间紧、任务重、压力大的工作局面，全馆人员不负使命，主动作为，积极申报中国年鉴精品工程，在困难和压力面前，统筹兼顾，精心组织，制订相关工作方案，成立《长沙县年鉴（2021）》创建中国年鉴精品工程领导小组，明确职能职责，抽调精干力量，全力以赴，有序推进。县委、县政府主要领导或分管领导高度重视，从机制体制上提供坚强保障，从人财物上提供全力支持。2021年2月，县委办印发年鉴编纂通知，随文印发编纂大纲、年鉴撰写要求，统一规范文字、图片、表格等各类报送材料；4月底以前，各单位初稿报送到位；5月，选派1名编辑参加中国地方志指导小组办公室主办的全国年鉴质量建设暨中国年鉴精品工程研讨会，会上专家对《长沙县年鉴（2021）》编纂大纲进行指导，提出专业修改意见。会后，在充分吸收专家意见的基础上，年鉴编辑部对编纂大纲进行修改和完善，并撰写修改报告。9月底，《长沙县年鉴（2021）》初稿经多轮修改、补充和完善后上报。中国年鉴精品工程专家对初稿提出修改意见200余条。随后，充分吸收和消化专家意见，逐条修改、补充和完善，对于少数分目、部分条目内容甚至重新收集资料、撰稿。经反复打磨，《长沙县年鉴（2021）》入选中国精品年鉴。

纵览《长沙县年鉴（2021）》创建精品年鉴历程，编辑部提质增速、精心打磨，先后大改6次，小改无数，补充内容近10万字。

（一）精选资料，提升存史价值

地方综合年鉴全面、系统记录一个地区自然、政治、经济、文化、社会和生态文明建设等方面的年度发展成就、基本经验及存在问题，素享“地方百科全书”之美誉，是展示地方综合实力和风采的文化名片。编辑部在收集资料上既注重全面性，力求广、全、多；又注重有的放矢，力求新、特、优。在此基础上，再行整理和提炼，挤干“水分”，保留“干货”。如编纂2021年长沙县大事记，不仅从《长沙县人民政府公报》中搜集资料，也从县委《星沙论坛》、长沙经济技术开发区官网、《星沙时报》等权威媒体上搜集大事记。同时，在组稿中要求各单位提供年度大事记，在此基础上综合筛选，对于以前年鉴中常规收录的一般性工作调研、会议等内容则一律不予收录。对于未达要求的稿件，采取上门请教、精心查阅、电话咨询、网上搜索等办法，多方求证，夯实基础工作。“磨刀不误砍柴工”，修改后稿件质量、信息含金量显著提高。

（二）精设框架，彰显县域特色

框架是年鉴的“骨架”和“栋梁”。《地方综合年鉴编纂出版规定》明确，年鉴框架应“分类科学，层次清晰，领属得当，编排有序”“年鉴框架应体现年度特点和地方特色”。长沙县别称星沙，有文字可考的历史长达3000年，素有“三湘首邑，荆楚重镇”之称。2020年，长沙县居全国县域经济与县域综合实力发展第4位、全国县域经济基本竞争力第5位，连续15年荣获中国最具幸福感城市（县）。在《长沙县年鉴（2021）》编纂过程中，编辑部紧扣全县年度发展的亮点与特色，在框架设置上力求围绕全县中心大局，突出创新工作、重大事件等，深入挖掘和记述优势资源、主导产业、历史文化等，有力彰显深厚底蕴、综合实力和发展潜力。

一是避免分类混乱，在篇目设置上突出以事分类。在参考和借鉴其他精品年鉴框架的基础上，增加彰显深厚文化底蕴、县域特色和时代特色的内容。全书设立类目31个、分目179个，基本涵盖年内各行各业内容、亮点与特色。将工业·园区建设类目拆分为工业·建筑业、经济园区建设类目；增设生态环境类目；商贸·旅游类目拆分为商贸服务业、旅游业类目；科学技术·教育类目拆分为科学技术、教育类目；增设应急管理类目，下设防灾减灾、安全生产、卫生应急、消防4个分目。

二是避免常规收录，在内容编排上突出民生实事。特载在常规收录党代会报告、政府工作报告的基础上，收录《长沙县“十三五”经济社会发展综述》《长沙县全面建成小康社会综述》《长沙县脱贫攻坚工作综述》3篇文章，凸显“幸福星沙”。增设专文，刊载《长沙县开展“蓝天保卫战”工作纪实》《长沙县美丽乡村建设纪实》，突出“大美星沙”。挖掘长沙县深厚的历史文化底蕴，长沙县概览设立历史文化、人口方言分目，下设传统文化、遗址遗迹、方言等条目，综合记述国家级非物质文化遗产湘绣和省级非物质文化遗产陶公庙会等，打造“红色星沙”“古色星沙”。就业是最基本的民生，社会生活类目下设立就业创业分目，以就业帮扶、出台《关于建设人民满意的现代化充分就业强县三年行动实施方案》等条目记述长沙县推进更高质量就业的成效，打造“宜业星沙”。弘扬劳模精神、工匠精神和好人风范，单设人物·荣誉类目，下设全国劳动模范、湖南省劳动模范、其他先进人物分目，将2020年“中国好人”“湖南好人”“长沙好人”长沙县入选人物、“星沙好人”入选人物以及2020年全县获评的34项重要荣誉列表，能人、好人均存史入鉴，实载立德、崇德、遵德、载德、润德、弘德“六德”工程成效与亮点，打造“厚德星沙、好人之城”。

三是彰显地方特色，突出亮点记述。长沙县是工业强县、教育大县、2020年中国乡村旅游发展名县，为此单设经济园区建设、科学技术、教育、旅游类目。经济园区建设类目下设立长沙经济技术开发区、长沙黄花综合保税区、长沙临空产业集聚区、长沙县现代农业创新示范区、黄兴会展经济区、松雅湖商务经济区6个分目，同时在长沙经济技术开发区分目中设立次分目主导产业等，记述全县三大主导产业工程机械制造、汽车及零部件产业、电子信息产业的发展状况和创新成果，凸显“星沙智造”。科学技术类目设立科技创新平台、科技管理、科技成果及应用3个分目，以创新平台建设、高新产业强基工程等条目记述科技发展亮点，突出“科技强县”。教育类目增设职业教育及特殊教育、社区及家庭教育、教师队伍建设分目，在高等教育分目下增设长沙师范学院、湖南信息学院等13个条目，系统记述高等教育发展情况，打造“教育强县”。旅游类目设立旅游资源、旅游推介分目，旅游资源分目下设北山森林公园、大山冲森林公园、杨开慧纪念馆等17个条目，记述全县“红色+绿色”旅游资源优势，彰显全县文旅融合发展亮点与特色，打造“文旅强县”。

（三）精斟细酌，确保规范有序

一是规范类目、分目、条目等名称，将长沙县纪律检查委员会·长沙县监察委员会类目更名为中共长沙县纪律检查委员会·长沙县监察委员会，卫生·体育类目更名为卫生健康·体育，农业·水利类目更名为农业，党史工作分目更名为党史研究，民政分目更名为民政事务。条目名称档案业务指导、档案业务宣传改为档案工作指导、档案工作宣传等。二是结合产业顺序、行业分类等进行重组和优化。按照整体与局部的关系，将长沙县概览整体调至大事记之前。按照先宏观后微观、先整体后局部、先综合后单一的顺序，先记宏观经济管理后记部门经济和产业经济，经济管理类目移至工业·建筑业之前；金融类目属于第三产业，归属服务业，按照产业分类标准，置于商贸服务业类目之后；生态环境按总分关系列于城乡建设与管理类目之前。统计资料类目系地方综合年鉴必收内容，则单设并置于附录之前。按照年鉴编辑说明应包括“指导思想、地域范围、时间界限、记述内容、类目设置、资料来源”等规定，反复打磨，将致谢、落款、编纂时间以及条目、图片个数等内容悉数删除。重点规范图片说明，确保时间、地点、人物、事件等要素齐全，并标注摄影者、供图单位等。

（四）精心设计，擦亮文化名片

质量至上、排版精致是地方综合年鉴的生命。一是精选图片。全书收录年内重点工作图片 150 余幅。卷首图片设置“新冠肺炎疫情防控”“脱贫攻坚”“美丽乡村建设”3 个专题。各类目首页均设计排版 1 幅长沙县特色景点、重点产业、重大活动照片。正文中插入表格 25 张、图片 90 余幅，每张图片置于相关条目之后，确保图文相关、文表呼应、图文并茂。按照《关于地方综合年鉴编纂出版若干问题的补充规定》中“慎用少用领导、会议照片，慎用少用签字、奠基、剪彩等仪式照片，慎用摄影、书法、绘画等艺术图片”等要求，严把入鉴图片审核关，聚焦主责主业，图文匹配，宁缺毋滥。在收录照片过程中，走出以往“钟情”领导人调研、剪彩、签订协议等活动以及会场全景照、主席台合影、风景照等存史价值较低照片的误区，更加聚焦各部门各单位职能职责活动，更加重视图文相关性，更加突出照片的存史价值。如全县党代会、人民代表大会等会议照片均未收录，而脱贫攻坚、美丽乡村建设等作为年内亮点和特色照片均在专题图片中刊载。二是精心排版。重视排版过程中单字成行、标题沉底、类目留白、图文匹配、文表相应等问题，实现图文并茂。每个条目均署名作者。精编索引，编制主题索引和表格索引，通过索引倒查条目名称不规范、归属不当、重复记述等问题。三是精制封面。《长沙县年鉴（2021）》以县委、县政府大楼，松雅湖、长沙经济技术开发区管委会办公大楼、黄花综合保税区等鸟瞰图有机组合，横贯封面，构图新颖，用色简约，大气庄重，令人耳目一新。松雅湖系国家级湿地公园，全县正大力建设松雅湖生态新城；长沙经济技术开发区为国家级经济技术开发区，是长沙县工程机械、轨道交通、汽车制造及零部件产业、电子信息等主导产业发展的重要区域；黄花综合保税区是 2016 年 5 月 31 日经国务院批准设立的湖南首个依托航空港发展建设的综合保税区。

二、多措并举，成功创建精品年鉴

《长沙县年鉴（2021）》为第13卷。在争创精品年鉴过程中，编辑部坚持多措并举，从编纂经费、力量和机制上下功夫，切实做到各级各环节认识到位、保障到位。编纂环节始终坚持守正创新、精益求精，注重科学设置框架、规范编纂体例、凸显年度亮点、彰显地域特色，以精简精练、精细精准、精致精美打造经得起历史和时间检验的精品年鉴。

一是编纂经费有保障。县委主要领导或分管领导多次莅临档案馆调研指导，县委常委会召开专题会议听取地方志工作情况汇报，全力支持申报创建精品年鉴。在确保将每年18.5万元编纂经费纳入财政预算的基础上，《长沙县年鉴（2021）》申报创建精品年鉴实际费用近25万元，均由财政足额保障、拨付到位。

二是编纂力量有保障。县委书记任《长沙县年鉴（2021）》编委会主任，县长、县人大常委会主任、县政协主席等任编委会副主任，县委办、长沙经开区办等五大家办公室主任以及县财政局局长任编委，班子配齐配强，年鉴编纂有力有效。采取以劳务派遣或服务外包等形式充实地方志工作力量，配备专职地方志工作人员6人。各承编单位年鉴编纂人员总数在120人以上，编纂队伍保持相对稳定。

三是编纂机制有保障。2012年实现“一年一鉴”以后，《长沙县年鉴》编纂流程、验收制度、审校流程、反馈机制等不断优化。每年均在2月底以前启动编纂工作，以县委办、县政府办名义印发年鉴编纂通知，同步印发框架、撰稿要求等，4月底以前初稿全部报送到位，7月底以前排出初稿。9月底以前将初稿送方志出版社，年底以前取得书号并出版发行。通过严把政治关、体例关、保密关、史料关、文字关、数据关，致力打造精品年鉴。这些，为申报创建精品年鉴打下了良好的基础。

三、查漏补缺，强化“精品后”质量管理

“他山之石，可以攻玉。”《长沙县年鉴（2021）》入选第六批中国精品年鉴后，

全国地方志同行纷纷到长沙县交流指导，或来电来函、交换年鉴进行交流学习借鉴。编辑部先后寄出年鉴 100 余册，在宣传推介长沙县的同时，也从其他优秀年鉴中学习到很多经验。中共长沙县委书记付旭明对《长沙县年鉴（2021）》获评中国精品年鉴给予充分肯定，作出批示，希望长沙县档案馆再接再厉、再创精品。2022 年底，县委常委会会议专题听取史志档案工作情况汇报。可以说，精品年鉴的成功打造，有力地宣传了年鉴编纂工作，极大地提升了地方志工作机构的知名度和影响力，较好地宣传推介了长沙县经济社会高质量发展成就。根据中国知网提供的数据分析，《长沙县年鉴（2021）》的下载率、引用率等数据明显增加。在县委的重视和支持下，从 2023 年起，党史、地方志、档案工作列入县委办对镇（街道）和县直单位考核内容：未将档案、党史、地方志工作列入本单位工作计划，未明确档案、党史、地方志工作分管领导或未明确档案、党史、地方志工作人员的，落实不力或有违反相关法律法规行为的，根据情节作出相应的扣分、降低考核等级等处理。

如何加强质量规范和质量控制，打造更高质量的精品年鉴，持续擦亮文化名片，是方志人义不容辞的责任与义务。编辑部及时总结申报创建精品年鉴的经验，不断完善督查考核机制、交叉评审机制、实时反馈机制等。在督查考核上，继续健全对镇（街道）和县直单位史志档案工作考核细则，对年鉴编纂等工作重视不够、组织不力、报送质量不合格的单位严格实行扣分制，特别是督查不在考核范围之内的驻县银行、驻县高校、民营企业等部门单位的年鉴编纂工作；在初审、复审、终审的基础上，继续实行全员参审、编辑互审、专家评审、方志出版社评审和编委会领导审核的评审模式。

四、乘势而上，力推年鉴编纂高质量发展

年鉴编纂工作是一项政治性、历史性、现实性、专业性很强的工作，编纂内容因年而异，撰稿水平因人而异。特别是精品年鉴的创建，绝非一朝一夕之功，不可能一蹴而就，也不可能一劳永逸。逆水行舟，不进则退。唯有对“没有最好，只有更好”的执着追求，才能在年鉴事业高质量发展的潮流中争创行业标杆、勇立时代潮流。在编纂实践过程中仍存在一些问题，如资料挖掘不够深广，部分类目、分目和条目的亮点和特色不够突出，普遍存在内容空洞、信息量不大、同一

内容多处重复记述的问题；年鉴编纂队伍的综合素质需要进一步提高；年鉴仍存在类目、分目名称及排序较为杂乱、随意性较大等问题，如特载、专文、大事记、人物荣誉、乡镇街道等，亟须统一规范。特别是年鉴作为公开出版物，书中涉及保密、意识形态、网络安全的军事、法治、信访、外事、港澳台、民族、宗教、科技、对外贸易、招商引资等诸多内容均须严格审查，对政治性错误和硬伤实行零容忍，确保万无一失。

针对以上问题，要严格对照《地方综合年鉴编纂出版规定》和《关于地方综合年鉴编纂出版若干问题的补充规定》进行编纂，将平时收集与重点收集有机结合，重点关注资料收集较为薄弱的部门，提前介入，同时加强考核督查，推进依法修志编鉴；加强与高校、科研院校的合作，走出去、引进来，有针对性地加强年鉴编纂人员的培训指导。建设精品年鉴网上数据库等数字年鉴平台，方便各地年鉴编纂同行学习交流等。

地方综合年鉴的编纂看似简单，实则不易。编纂者不仅要制定科学合理的框架结构，还要撰写高质量的文字内容，更需统筹兼顾设计、排版、保密、出版等一系列工作，使之环环相扣，否则就会顾此失彼、事倍功半，难以编出高质量的年鉴。所以，年鉴编纂者应当运用辩证唯物主义和历史唯物主义的立场、观点和方法，树立强烈的政治意识、大局意识、责任意识、创新意识，借鉴而不盲从，守正而不守旧，创新而不创异，在突出地方特色、把握时代特点中推进年鉴常编常新，使年鉴真正成为展示地域实力和形象的一张亮丽的文化名片。

擦亮黄埔品牌　续写“精品”故事

——《黄埔年鉴》打造精品之路*

广州市黄埔区国家档案馆（广州市黄埔区人民政府地方志办公室）

近年来，广州市黄埔区坚持以习近平新时代中国特色社会主义思想为指导，将年鉴工作深度融入全区经济社会发展大局，通过强基础、补短板、促转型，锚定“精品”目标，秉承“精品”意识，发扬“精品”精神，认真总结《黄埔年鉴（2020）》入选中国精品年鉴的经验做法，将“精品”意识作为推动黄埔方志事业高质量发展的精神力量，笔耕不辍续写“精品”故事。

《黄埔年鉴》创刊于1999年，是由广州市黄埔区人民政府主持，广州市黄埔区人民政府地方志办公室（以下简称黄埔区志办）主办的地方综合年鉴。多年来，《黄埔年鉴》真实记录和积极宣传黄埔区、广州开发区在改革开放、经济发展等方面取得的重要成就，多次在年鉴质量评比中获国家、省、市级荣誉。2020年，为深入贯彻落实习近平总书记关于史志工作的重要指示批示精神，充分发挥志鉴存史、育人、资政功能，挖掘区情、记录历史、弘扬文明，黄埔区志办锚定中国精品年鉴标高，致力以精品年鉴助力文化强区建设，并争取到黄埔区委、区政府的大力支持。在中国地方志指导小组办公室、广东省地方志办公室、广州市地方志办公室的关心和指导下，黄埔区志办铆足干劲、攻坚克难，不断修改和完善《黄

---

* 执笔人：田丽华，广州市黄埔区国家档案馆（广州市黄埔区人民政府地方志办公室）方志业务部二级主任科员；潘虹，广州市黄埔区国家档案馆（广州市黄埔区人民政府地方志办公室）办公室一级主任科员。

埔年鉴（2020）》框架和内容，于2020年8月申报中国年鉴精品工程，于2021年4月成功入选第六批中国精品年鉴，成为广东省首部中国精品年鉴。从申报到成功入选，见证的是《黄埔年鉴》质量上的飞跃，凝聚了黄埔区志办工作人员的心血和汗水，充分体现了黄埔区志办勤于探索、勇创佳绩、团结合作、精益求精的创新精神和工匠精神。《黄埔年鉴（2020）》入选中国精品年鉴之后，区志办继续坚持精品意识，形成“黄埔编纂模式”，推动方志年鉴工作继续高质量发展。黄埔区以《黄埔年鉴（2020）》入选中国精品年鉴为契机，积极发挥中国精品年鉴的示范引领作用，开展镇街年鉴编纂试点，开展精品年鉴品读活动，推动全区年鉴事业迈向新台阶。《黄埔年鉴（2021）》《黄埔年鉴（2022）》均被评为广东省优秀年鉴一等年鉴。

一、坚持统筹谋划、高位推进，攻坚克难创精品

（一）在编纂组织“早”上下功夫，全面提升编纂质量

建立上下联动的编纂工作机制，将精品年鉴编纂列入全区年度工作计划，成立年鉴编纂委员会，由区委区政府主要领导担任编委会主任，分管领导主抓落实，同时将精品年鉴编纂经费列入财政预算，为全区年鉴编纂工作有序推进提供组织和经费保证。依托“黄埔编纂模式”，按照完成初稿要“快”、修改加工要“细”、出版发行要“精”三字诀，提早谋划部署，科学制定编纂纲目，确保供稿单位精准选材组稿。组织开展年鉴编纂业务专项培训，切实加强撰稿人员和编辑人员的业务素养，提升编纂规范化水平。坚持专家评稿原则，邀请年鉴界专家、上级地方志工作机构审核，狠抓审稿环节，规范稿件流转要求，明确流转各环节责任人，采取审校“三同步”，确保年鉴按时高质量出版。

（二）在框架设计“特”上下功夫，准确把握区域定位

遵循“事以类从，类为一鉴”分类原则，精心设置年鉴类目、分目、条目，确保分类科学、特色凸显、层次清晰、内容翔实。《黄埔年鉴（2020）》依托黄埔区临港地理特色，记述海关监管和建设发展情况；着力体现黄埔区作为老工业区、传统工业主要基地的区域优势，选取具有代表性的石油化工、汽车制造、船

舶制造、电力工业等传统工业企业，重点介绍其发展情况及绿色改革措施；聚焦“特、大、要、新”年度特色，围绕打造大湾区“四区四中心”重要目标，以及建设广深港澳科技创新走廊重要节点、港澳青年创新创业平台等亮点工作，卷首设立“四区四中心”“礼赞新中国，奋斗新时代”等图片专题。同时内文条目附有随文插图，让年鉴“立”起来、“动”起来、“活”起来，更加生动地展现“黄埔风采”。

（三）在内容选材“新”上下功夫，真实记录黄埔变化

以创新引领发展，以内容价值为核心，不断创新编纂理念，坚持与时俱进。《黄埔年鉴（2020）》突出黄埔经济新主体，展示经济发展新成就，广州高新区全国排名跃升5位，中科院科技成果转化母基金60亿元进驻广州科学城，“瞪羚企业”总数连续5年位列全国高新区前列，在北京、上海、广州、深圳四个特大城市中成立首个营商环境改革局，在全省率先设立民营经济和企业服务局、知识产权局等内容收录进来，集中体现黄埔经济、科技“硬”实力；突出黄埔发展新风尚，展示基层治理新举措，将创新“令行禁止、有呼必应”基层党建工作机制、党建引领共建共治共享社会治理格局、深入推进扫黑除恶、加强重点行业领域整治、打造“黄小明”检察工作品牌、广泛开展公民合法权益活动等内容收录进来，集中展示黄埔区在打通社会治理“最后一公里”、不断优化法治营商环境上的新作为；突出黄埔城乡新面貌，展现民生福祉新改善，将洋田村获评“全国乡村治理示范村”“省文明村镇”，迳下村、莲塘村获评“省乡村治理示范村”，“长洲慢岛文化游”入选首批广东省乡村旅游精品线路等城乡治理、乡村振兴的内容记录进来，凸显人民群众获得感、幸福感。

二、坚持精品意识、发扬精品精神，持之以恒保精品

（一）坚持提早谋划，提高组稿质量

“凡事预则立，不预则废。”《黄埔年鉴》编辑部始终高度重视编纂方案的制订，系统谋划、提前部署，在上一年底就着手方案的制订，于春节前将方案发出去，方便供稿单位在进行年度总结的时候保留重要资料作为年鉴供稿素材。在追

求“效”的同时，也非常注重“质”的保障。在拟订编纂方案时，参考省、市及部分全国获奖优秀年鉴的框架设计，取长补短，结合历年《黄埔年鉴》的框架结构，对年鉴的总体设计、撰稿要求和组稿工作提出规范性意见，并广泛征求全区各参编单位的意见和建议，及时修改、调整，形成正式方案，报区委办、区政府办同意后发文至各参编单位，及时启动征稿工作，确保征集到的资料内容全面、质量过硬。在编纂的过程中，也会结合文稿内容和黄埔区、广州开发区当年经济社会重点工作，对部分类目的归属和排序适当调整，力求整个框架结构既符合时代特色、年度特色，又体现区域特色，为年鉴编纂质量提升提供框架保证。

（二）注重业务培训，提高编纂功底

质量是年鉴的生命，而年鉴质量的高低很大程度上取决于编辑和供稿人员的编纂水平。黄埔区志办一直以来都十分注重年鉴编纂业务培训，定期组织召开全区地方志工作暨业务培训会议，邀请方志专家为全区撰稿人员培训授课，并印发培训相关材料。新冠疫情期间，将线下培训改成线上交流，编辑部利用方志业务工作交流 QQ 群、政务微信群等交流平台，全天候在线，及时答疑解惑，同时还会上传专家课件、推介好的经验和做法，充分履行年鉴编辑部的指导职责，让撰稿人员对年鉴编写由理论到实操、由生疏到熟悉，弥补人员变动频繁而带来的影响，提升年鉴整体编纂水平。

（三）坚持守正创新，实现常编常新

年鉴作为资料性工具书，资料的连续性、完整性非常重要。黄埔区志办一直非常注重把握年鉴的资料性特点，充分发挥资料性工具书的作用。但事物是发展变化的，年鉴工作必须坚持守正创新，才能与时俱进。《黄埔年鉴（2020）》立足黄埔区、广州开发区深度融合实际，采用黄埔区与广州开发区融合记述的方式，重点突出黄埔区、广州开发区统一领导、各有侧重、优势互补、协调发展的特点，重点突出记述年度内黄埔区、广州开发区经济社会发展的重大事件、重要政策等，同时增设广州开发区类目，突出其经济发展功能的记述，突显黄埔改革开放前沿地、科技创新新高地等时代特色，以及在服务“一带一路”倡议、乡村振兴、区域合作、城市建设等重大项目合作中发挥的重大作用、取得的重大成绩，展现黄埔区、广州开发区的国际视野和主动作为。注重抓住年度特色，坚持重点不漏、亮点不缺，继承传统、摒弃陈旧，取长补短、适时创新。从2020年起，每卷年鉴都有新增设的类目、分目，条目更新率持续增长，摒弃一成不变的旧思想，努力实现年鉴常编常新常出彩。

三、坚持提质扩面、多措并举，砥砺奋进续精品

（一）在全市率先开展镇街年鉴编纂试点

2021年，黄埔区志办开展镇街年鉴编纂试点，确定新龙镇、大沙街道和萝岗街道作为镇街年鉴编纂试点单位，并制订印发镇街年鉴编纂试点工作方案，在3家单位开展编纂试点工作两年，计划于2024年在全区全面铺开。针对各镇街特色，组织专家审定年鉴编纂纲目，从框架设置、组稿、条目编写、彩页编排等全过程跟进，同时组织年鉴编纂初稿评议，推动镇街年鉴编纂试点工作高起点开展，努力实现镇街年鉴高质量编纂，为实现2024年区辖17个镇街年鉴编纂全面铺开提供可复制推广经验。截至2023年底，《新龙年鉴（2022）》《大沙街道年鉴（2022）》《萝岗街道年鉴（2022）》高质量地完成编纂并顺利公开出版发行，并被推荐参加广东省年鉴编纂质量评审；2023年卷镇街年鉴编纂试点工作正有序推进。

（二）开展常态化精品年鉴品读活动

按照中国地方志指导小组办公室、广东省地方志办公室关于开展“精品年鉴品读季”活动安排，以及市地方志办公室关于开展“读精品、用精品、编精品”大学习、大讨论活动要求，黄埔区志办重点组织学习《佛山年鉴（2021）》《长沙年鉴（2020）》《连云港年鉴（2019）》等多部中国精品年鉴，并参加广州市品读精品年鉴交流活动。同时，认真总结《黄埔年鉴（2020）》编纂过程中的经验和教训，以读促学、以读促编，通过品读精品年鉴，提高认识，弥补差距，明确方向，朝着更高目标、更远方向持续推动黄埔方志事业高质量发展。

（三）推进“埔”字系列地情书籍编纂出版

坚持讴歌新时代、服务新时代，全面推进街镇年鉴编纂工作，努力实现街镇

年鉴全覆盖目标，探索推进部门、专业年鉴编修工作，充分发挥年鉴资政、育人功能。树立精品意识，发扬工匠精神，坚持精益求精，把牢政治关、质量关，扎实推进志鉴精品工程，继续编纂精品年鉴、精品志书和各类地情精品书籍，擦亮黄埔文化品牌。截至2023年底，黄埔区已完成《黄埔区志（2021—2015）》《萝岗区志》，以及广州市名村志《莲塘村志》《萝峰村志》、广州市名街道志《长洲街道志》等编纂出版工作，正在大力推进《黄埔区村史》《黄埔区简史》编修工作。

（四）多措并举全方位活化利用志鉴资源

充分发挥志鉴育人功能，推进黄埔区地方志馆和方志驿站建设，丰富馆藏和站藏，完善黄埔区地方志馆、方志驿站服务功能，推进志鉴文化进机关、进企业、进校园、进乡村、进社区工程，宣传精品年鉴，让老百姓读精品、品黄埔，感受黄埔的发展和变化。活化利用年鉴资源，《黄埔大吉沙岛种下袁隆平院士的“禾下梦”》《抢占大湾区新型储能制高点——广州开发区打造国家新能源综合利用示范区》《黄埔“波罗诞”》等多篇推文先后被“方志广东”“鉴知广州”微信公众号推送。充分利用档案史志资源，打造黄埔展陈品牌。2021年举办“百年恰似风华正茂——黄埔区广州开发区庆祝中国共产党成立100周年主题展”；2022年举办“港穗双城图片展分展”等，吸引观展群众达25万人次；2023年10月至2024年3月举办“广州科学城五年大变化成果图片展”，吸引上百个党组织和超过100万名群众前来参观打卡。打造“活力史志话广州”黄埔讲古堂活动品牌，以讲好黄埔区传统文化故事、革命历史故事、创新创业故事，进一步激活黄埔文化记忆、延续黄埔历史文脉，为经济社会高质量发展贡献史志力量。

守正创新锻精品　笃行实干谋新篇

——《南海年鉴》打造精品之路*

佛山市南海区地方志办公室　南海年鉴社

《南海年鉴》首次出版于1994年，由中共佛山市南海区委、南海区政府主持编修，至今已连续出版30卷。自首次出版以来，《南海年鉴》坚持以精品思维、创新精神引领编纂实践。1999年，出版第一张多媒体光盘；2002年，开发南海图片库系统，实现图片资源的信息化管理；2003年，实现年鉴数字化，成为国内首批可以在网上直接浏览、下载的地方综合年鉴；2016年，推出年鉴微信公众号“南海大观”，开启年鉴资源二次开发与利用模式的探索；2020年起，启动年鉴简本编纂。历年来，《南海年鉴》先后获全国地方志优秀成果（年鉴类）、全省年鉴质量评价等20多个综合奖项。其中，2014年卷获全国地方志优秀成果（年鉴类）特等年鉴，2018年卷、2020年卷获全国地方志优秀成果（年鉴类）一等年鉴，2022年卷入选中国精品年鉴。南海年鉴社集体和3名相关编纂人员获嘉奖，2名获嘉奖人员受到提拔任用。

一、打造精品年鉴简要历程和主要措施

2022年3月，《南海年鉴（2022）》获广东省人民政府地方志办公室推荐申报

---

*　执笔人：沈娜，南海年鉴社副社长。

中国年鉴精品工程“中国精品年鉴”。佛山市南海区地方志办公室（以下简称区志办）、南海年鉴社积极响应、奋勇担当，将创建中国精品年鉴列为年度重点工作，以提升编纂质量为目标，以规范和创新为抓手，以激发队伍创业干事活力为依托，全力推动创建工作。8月，《南海年鉴（2022）》篇目框架获中国年鉴精品工程专家组评审通过。2022年10月和2023年1月，分别报送第一轮初稿和第二轮复审稿。2023年3月，成功入选第七批中国年鉴精品工程“中国精品年鉴”。

（一）强化保障，优化制度

2022年初，由区委办、区政府办联合下发年鉴组稿通知，明确责任分工、撰稿要求和报送要求等。区委副书记担任编委会主任，区委办（区政府办）主任和区志办主任担任编委会副主任，35个区直部门和7个镇（街道）为成员单位，强化组织保障。紧盯时间节点，倒排工期，优化组稿、审稿、编辑、排版、校对等编纂流程，实行“边组稿、边审稿、边编辑、边排版、边校对”的“滚动式”流水作业；审校环环相扣、衔接紧密，内部进行易稿而校、重点审读、黑马校稿，送出版社审核的同时送编委会领导审稿和撰稿单位复核，提升工作效率。总结历年年鉴编纂经验，建立编目大纲研讨制、稿件质量把关制、编辑人员采编责任制、编纂进度定期反馈制、质量监督指导制等系列质量管理机制，为切实提升年鉴质量提供根本保障。

（二）内外合力，配强队伍

通过内部挖潜和外部借力一起抓，配强人员队伍。及时召开动员会、讨论会、培训会，凝聚共识，明确目标，充分调动内部人员积极性。同时，发挥年鉴社全才型人才队伍的优势，组织由编辑、设计、排版、摄影人员构成的工作小组，细化任务、落实分工，形成“人人有担子，个个有任务”的工作新常态，全员全力以赴投入精品创建工作。聘请省内2名年鉴专家担任导师，对编纂工作进行全流程的指导，及时为年鉴编纂“把脉问诊”“纠偏纠错”。通过建立工作交流群、上门沟通、分条块培训指导等方式，线上线下齐发力，与100多家供稿单位保持密切沟通，加深他们对精品创建工程的了解和重视，并通过发送条目撰写要领、拟定优秀条目范例、线上线下解惑答疑等方式，指导撰稿人规范写作，切实提升稿源质量。有效利用单位图片库，并广泛征集摄影家协会、报社、供稿单位图片近

500 幅，有效解决图片“无米之炊”难题，做到优选精编专题图片和随文图片。

（三）遵循规范，严抓质量

创建过程中，南海年鉴社把严格执行编纂规范作为有效提高年鉴编纂质量的主要依循，组织编辑人员再次认真学习、弄懂吃透《地方综合年鉴编纂出版规定》《关于地方综合年鉴编纂出版若干问题的补充规定》，以及广东省年鉴质量规范相关要求。坚持问题导向，不折不扣落实专家意见，对中国年鉴精品工程专家组提出的 150 多条篇目评审意见和 280 多条稿件评审意见，组织编辑人员和专家顾问逐一分析、逐条研究修改方案，统一认识、统一标准，确保将修改意见吃准吃透、落实落细。同时，结合“精品年鉴品读季”活动，组织开展多轮学习讨论，对标对表精品年鉴，查漏补缺、固强补弱。全书文稿历经 13 轮修改，对 30 多个类目、分目进行全篇重新编辑，对 600 多个分目、条目进行拆分、重组、增删以及全书统一规范修改等，前后修改调整 5000 多处，补充完善文字材料 6 万余字。

二、打造精品年鉴主要经验和体会

（一）把准质量管控“四关”

政治关：年鉴编纂要体现坚定的政治站位。首先重点审查文稿是否符合党的理论和路线方针政策精神，在地图使用、党和国家领导人活动图片使用、民族宗教问题、港澳台问题、涉密和敏感信息问题等方面内容的处理上严格把关，确保政治性内容无差错。其次在材料取舍、内容编排上充分体现党和国家层面的重大政策安排、重大政治活动，充分体现当地党委、政府重大决策部署。

内容关：入鉴资料要全面、系统、准确。一是查缺漏，按照全面性、系统性、连续性、可比性等要求，充实事实和数据等基础性信息，同时通过稿件中发现的线索补充完善相关资料，尤其是要深入挖掘年度发展特色资料。二是核史实。通过年度对比、内容相互印证核实内容的真实性，去伪存真。三是保准确。运用比对、计算、分析等方法梳理核查数据，确保数据的准确；同时保持全书数据的统一，避免同一事物的数据因来源不同出现的数据不同或自相矛盾。四要重拓展。通过增加图表、链接、延伸阅读等形式，丰富有助于阅读的解释补充性资料。

规范关：遵循年鉴编纂规定和出版物规范，将规范贯彻落实于每一环节。做好分类编排、条目、图表、装帧设计、排版等方面的规范化，如明确条目信息收录标准、条目撰写标准、条目标题拟定原则等相关要求；处理好图片说明、图片作者署名、表序、表题等图表规范化问题；对时间表述、人物称谓、标点符号、数字用法、计量单位、名词术语等进行全方位规范处理。

审校关：实行多级审校，编辑负责初审初校，副主编进行复审统稿，专家进行评审指导，并送编委领导、出版社、撰稿单位审校，层层把关。发动编辑互校，着重核对上下年卷对应内容是否重复，条目标题与内容是否一致，文字与图表内容有无矛盾，不同类目之间是否有交叉重复、互相矛盾等。重点审读卷首彩页、容易出现问题的篇目等内容，重点关注涉及领导人物照片，慎重对待涉及国家、民族、宗教、保密、大政方针等问题。

（二）建立质量管理“五制”

编目大纲研讨制：将质量关口前移，组织编辑人员和专家顾问进行充分讨论，并征求各撰稿单位意见，及时对大纲进行完善修改，提高大纲的科学性和可操作性。

稿件质量把关制：从源头入手，通过收集媒体报刊资料、查看政府工作报告及相关供稿单位的官网，对供稿单位情况做到情况明、底子清，有的放矢指导纂稿人写作。提供“资料编写要求和模板”，制定指导性篇目框架，拟定各类型条目范例，着力提高稿件的质量。

编辑人员采编责任制：划分“责任田”，分片包干，实行编辑人员组稿、编辑、校对、插图等工作一体化负责制，实行“自我管理，自我控制”，使年鉴编纂人员熟悉各负责板块供稿单位的情况，关注承编范围内的动态信息，并能及时与撰稿人进行有效沟通。

编纂进度定期反馈制：每月定期汇总、通报组稿、编稿、排版、审校进度，及时协调、督促各环节进度，分析稿件编纂过程中的问题、难题，集体讨论，及时研究解决办法，确保工作推进的时效性和完成率。

质量监督指导制：安排业务素质高的专人担任质量检查员，对稿件编校质量进行检查，全面筛检语法、句式、文字中的易错问题，并在编校工作完成后将检查出的错误归纳汇总，形成敏感涉密内容、人名称谓、专业术语、易错词汇、易错标点等编纂提醒资料。

三、《南海年鉴（2022）》主要特点和亮点

（一）谋篇立目彰显时代地域特征

紧扣时代脉搏和地域特色创新框架设计，记录具有时代、地域特色的鲜活内容，使年鉴成为名副其实的“时代镜子”。《南海年鉴（2022）》框架结构实现从大篇式向中小篇式的转变。与上年卷相比，新增类目 11 个，拆分、归并类目 3 个，新增、调整、归并分目和次分目 89 个。凸显国家乡村振兴战略，增设乡村振兴类目。反映国家建设生态文明的时代要求，增设生态环境类目，区情概览下设生态文明建设分目。聚焦区委、区政府的重大决策和城市发展战略，工业类目增设先进制造业、新兴产业分目，产业园区类目系统记载广东金融高新区、佛山三龙湾科技城南海片区、佛山西站枢纽新城、南三产业合作区等重点产业平台，展现南海区构建“两高四新”现代产业体系的生动实践。突出南海民营经济发达的特色，设置民营经济类目，弘扬“南海经验”。围绕新冠疫情进入常态化防控的新阶段，卫生健康类目新设相关分目，记录南海在外防输入、内防反弹、应急处理方面的举措、成效。

（二）内容选编凸显年度行业特色

《南海年鉴（2022）》紧抓年度大事和中心工作精编内容，在卷首设置“庆祝中国共产党成立 100 周年”“现代化活力新南海”图片专题，在专文收录《党史学习教育全面开展》《“思想再解放、改革再出发，建设现代化活力新南海”大讨论》文章，在正文设学习宣传贯彻习近平总书记在庆祝中国共产党成立 100 周年大会上重要讲话精神、港澳同庆中国共产党成立 100 周年等条目记载。关注重点行业、新兴业态发展变化。将金融业类目内容细化为综述、银行业、证券期货业、保险业、地方类金融 5 个分目，其中地方类金融分目下设基金、融资租赁、小额贷款、典当 4 个次分目；商贸服务业类目新设商圈建设、专业市场、住宿餐饮业、会展业 4 个分目；增设“旅游业”类目，反映南海创建广东省全域旅游示范区的新实践。深挖各行各业年度性资料，从“面”“线”上全面更新综合性条目、常规性条

目记述内容，使年鉴内容既具有连续性又具有新颖性；从“点”上全力拓展动态性条目内容。全书收录南海区委党校重新设立、南海区群众信访诉求综合服务中心成立、区工商联获评全国“五好”县级工商联等动态性条目250多条，极大地凸显了年鉴的年度特色。

（三）表现形式力显精品年鉴特质

《南海年鉴（2022）》在装帧设计、版面编排上推陈出新，注重实用性与艺术美感、文化特色相融合，实现内容与形式的有机统一。封面装帧延续系列化设计风格，选用具有南海特色文化元素的非遗项目“烧番塔”图片，经艺术加工成线条画，采用烫银工艺，封底辅以窗花式的小资料说明，具有浓厚的南海地方文化气息。类目标题选用由南海本土画家绘制的水墨画“南海风情卷”作装饰，全方位展现南海地标、风景、人文的时代图景。充分运用文、数、表、图等形式丰富内容和活化版面，全书穿插随文图片130多幅、表格62张，做到图文并茂、文表呼应，并创新设置“资料链接”，拓展阅读深度和广度。其中，“里水灶岗番薯”“里水香水百合”“九江生鱼”等链接资料为其申请农产品地理标志证明商标提供重要资料佐证。

四、“精品后”年鉴发展建议

（一）“软硬兼施”解决稿源质量不高、组稿周期长问题

稿件质量和完成进度一直是困扰组稿工作的顽疾。一方面是由于年鉴撰稿人员多为兼职，尤其是基层撰稿人员，工作烦琐任务重，更换频率高，素质参差不齐，使年鉴撰稿质量受到很大影响；另一方面是缺乏行之有效的监督管理抓手，年鉴编纂部门很难对供稿部门和撰稿人进行约束，部分供稿单位和撰稿人对年鉴工作存在应付了事、敷衍塞责的思想，按期到稿率低，影响整体编纂进度。建议从“软”的方面要增进与撰稿人的情感交流，加强年鉴的宣传推介，提高撰稿人对年鉴工作的认知和认同，增强工作使命感和历史责任感。“硬”的方面要自上而下推动，建立一些刚性机制，争取当地党委、政府的重视，建立年鉴供稿评价制度、奖惩制度，将年鉴工作列入对单位的绩效管理考核和人员评优评先的范围，

对先进单位给予表彰或奖励，对落实不到位的单位进行公开通报批评。

（二）“上下联动”破解基层专业人才缺乏难题

长期以来，地方志工作机构人员流动性差，新生力量补充不足。而且各级党政机关和事业单位机构改革后，人员编制减少，年鉴编辑人员忙于应付日常工作，对总结探索编纂新思路、新方法的实践研究不够。人员培训、培养、使用尚未形成合理体系，造成优秀专业技术人员严重不足，难以适应新形势下的工作需求。建议省、市地方志工作机构加大对县（区）级年鉴的业务指导力度，帮助开展编辑人员、撰稿人培训以及编纂业务指导等工作；进行区域间的互助协作，建立常态化的相互交流、学习机制，相互学习借鉴、取长补短，共同探索编纂新思路、新方法。

（三）“借船出海”发挥年鉴服务功能

近年来，南海区虽然在创新年鉴传播载体、开发衍生产品、加强宣传推介、提升服务功能等方面进行了一些有益的探索，但年鉴资源的开发利用仍存在人员力量不足、思路狭窄、手段单一等问题，年鉴服务党委政府、经济社会发展、人民群众的功能未能充分发挥。建议增强与政府其他部门的合作互动，结合地方志活动及其他实践活动，主动“走出去”，提高大众对年鉴的认知度、关注度。送年鉴进方志驿站、读书驿站、党史红色教育基地、村史馆等阵地，方便群众查阅利用，让年鉴走到群众身边，走进群众心里。

铸精品年鉴　展地域风采

——《万州年鉴》打造精品之路 *

重庆市万州区党史和地方志研究室

《万州年鉴》是由重庆市万州区人民政府主管、万州区人民政府办公室主办、万州区党史和地方志研究室（以下简称区史志研究室）编纂的地方综合年鉴，1989 年创办，每年一卷；2016 年起公开出版，至今已连续出版 34 卷。

2019 年 3 月 4 日，习近平总书记在全国政协十三届二次会议文化艺术、社会科学界委员联组会上指出“坚持以人民为中心，以精品奉献人民”。2020 年 10 月，中国地方志指导小组秘书长、办公室主任冀祥德，重庆市地方志办公室（以下简称市志办）主任刘文海一行到万州区调研时，提出要提高年鉴编纂质量，力争把《万州年鉴》打造成中国精品年鉴。

万州区史志研究室按照这一要求，以《万州年鉴（2022）》创建中国精品年鉴为目标，进一步强化精品意识，全面提升年鉴质量，引导编纂更多精品史志书籍，以此推动万州区地方志事业全面发展。2021 年 12 月，重新改版设计大纲，将原有大部类纲目改为小部类纲目。经反复打磨，2022 年 1 月印发编纂通知，3 月提交纲目给中国地方志指导小组办公室，同时启动编纂工作，8 月按中国年鉴精品工程专家组审改意见调整修改纲目，9 月年鉴稿通过市级专家组评审，10 月提交送审稿，11 月按中国年鉴精品工程专家组初审意见进行第一轮修改；2023 年 1 月

* 执笔人：周清，重庆市万州区党史和地方志研究室副主任。

按中国年鉴精品工程专家组二审意见进行第二轮修改。经过不懈努力，《万州年鉴（2022）》于2023年3月正式入选第七批中国精品年鉴。经创新改版后的《万州年鉴（2022）》由原来的25个部目，调整为39个类目、289个分目、1858个条目，成书版面字数由2021年的78万字增加到137.1万字，实际字数82万字，彩图313幅，表格94张。

一、惟实励新，勇担使命

《万州年鉴》虽创办时间较长，但因种种客观因素，年鉴框架多年未作大调整，框架设计科学系统性不强，年度特色条目设置不够，地域、行业亮点不突出，在适应新形势新要求方面还存在较大差距。万州区史志研究室“以匠心筑精品，以精心塑品牌，以精品奉献人民”为要求，对照中国精品年鉴创建标准，以质量提升为根本，以工匠精神精雕细琢，《万州年鉴（2022）》得以入选中国精品年鉴。

（一）健全工作机制，强化基础保障

一是坚持年鉴“官书”属性。区委、区政府高度重视，成立以区长为主任委员的万州区地方志编纂委员会，切实加强对地方志工作的组织领导。同时，将年鉴工作纳入全区年度考核任务，各部门各单位对年鉴撰稿工作的重视程度明显提高。全区形成党委领导、政府主持、地方志工作机构组织实施、各部门积极配合、社会各界广泛参与的地方志工作格局。

二是区史志研究室党组高度重视。《万州年鉴》以万州区史志研究室主要领导为执行主编负总责，分管领导直接抓具体工作，年鉴科作为责任科室具体落实，充分发挥各级人员优势，层层落实到位。全年研究室以《万州年鉴（2022）》为工作重心，优先全力保障年鉴编纂工作。

三是编纂队伍同心同向齐发力。加强年鉴编纂人才培养，以老带新，组织年轻人员参加年鉴编辑学习培训，提升编辑水平及系统能力。强化指导服务，提高供稿人员撰稿水平，建立专兼职年鉴编纂队伍。《万州年鉴（2022）》参与编辑人员共4人，平均年龄31.5岁，均非专职，然人贵在精不在多，编纂队伍上行下效，共同探讨共同进步，寒暑不分昼夜同，目标就是一个，按照精品年鉴要求全面提升质量。

（二）优化工作方法，激发动力源泉

一是重塑流程，列表序时推进。按照精品年鉴创建申报时间线要求，精心设计编纂规划，把整个年鉴编纂流程重新细分为篇目拟定、发文分工、收稿审核、初稿编辑、返稿补充、统稿规范、总纂审稿、排版校对、送审修改、出版印刷10个步骤。在以往基础上，重点强化篇目拟定、收稿审核、返稿补充和统稿规范等环节，制定编纂任务时间进度表、责任分工表、来稿登记表，确保倒推完成编纂任务。

二是明确责任，完善编审机制。继续推行供稿负责制，要求供稿单位主要负责人签字对稿件真实性、准确性负责。强化来稿审改制，编辑人员负责编辑来稿内容、返稿补充核实数字、文字。实行三级审改制，编辑、责任编辑、分管领导三级审改，从体裁框架到内容行文，从资料内容到意识形态，时时有效沟通，层层把关负责。

三是创新方法，提升工作效率。《万州年鉴（2022）》首次全面采用线上编辑校对、共享修改等方法，提升校稿效率和进度，减少差错，节约打印成本和时间。建立全区年鉴QQ工作群和内部年鉴编辑微信工作群，及时沟通解决相关问题。积极向上级请示沟通，重庆市志办给予大力指导帮助。

（三）抓住关键点，提升编纂质量

一是在编纂过程中始终坚定正确的政治方向。《地方综合年鉴编纂出版规定》第六条指出：年鉴编纂应做到观点正确。观点正确指的就是编纂年鉴的指导思想，坚持以马克思主义、毛泽东思想、邓小平理论、“三个代表”重要思想、科学发展观、习近平新时代中国特色社会主义思想为指导，坚持辩证唯物主义和历史唯物主义的立场、观点和方法，政治观点正确。《万州年鉴（2022）》在编纂过程中，坚持遵守宪法，遵守国家关于保密、著作权、出版、广告等方面的法律、法规及规章，遵守党和国家关于民族、宗教和对外关系等方面的法规及政策，维护国家统一、主权和领土的完整、安全、发展利益，维护民族团结，弘扬社会主义核心价值观，体现社会主义时代精神，继承和发扬中华优秀传统文化。尤其进一步严把意识形态关，确保年鉴方向正确、内容准确、质量上乘，不发生政治错误、史实错误。

二是在框架设计上落实新发展理念。按照《地方综合年鉴编纂出版规定》《中国年鉴精品工程实施方案（修订版）》中对于框架的评选标准，《万州年鉴（2022）》坚持编鉴为用，在篇目拟定时按照科学原则重新架构，全新改版，强调“资料性文献”属性，把握资料性、全面系统性、区域性（地方性）3个最基本的特征。第一，突出资料性。资料是年鉴的基础，应具有为现实服务的价值和存史的价值。年鉴的功能和作用是通过资料来体现的，资料质量的提高对年鉴质量的全面提升尤为重要，《万州年鉴（2022）》对文字、数据、图片资料力求做到丰富翔实。进一步加强日常多渠道资料收集，为纲目拟定提供年度性条目线索，发文纲目细化到条目标题，增强针对性。通过公文、党政信息、媒体报道、官方微信公众号、报纸等多方面提取素材，提取年度工作亮点特色。第二，突出全面系统性。《地方综合年鉴编纂出版规定》第十条规定，年鉴框架应保持相对稳定，可依据年度特点和事物变化情况作适当调整。在学习《滨州年鉴（2020）》《长沙年鉴（2020）》《璧山年鉴（2020）》等中国精品年鉴篇目后，结合万州区地方经济社会发展情况，提前谋划，合理搭配拟定固定条目和年度条目。固定条目基本为综合性条目，反映年度内各个领域发展变化的总体情况和主要特点，具有高度的概括性，内容和数据具备连续性、可比性，能正确反映事物发展的脉络和轨迹，对后期修志参考作用也较大。而年度条目则多通过一事一记的单一性条目来反映，主要为当年的重要、亮点、特色工作，基本要素齐全，内容记述完整。第三，突出区域特性。年鉴的框架设计在全面性的基础上，要有特色、有创新，在条目设计上要体现年度特点和突出地方特色。在突出把握时代发展脉络，贯彻新发展理念方面，及时将扶贫开发分目升格调整为乡村振兴类目，乡镇、街道设置巩固脱贫攻坚成果同乡村振兴有效衔接条目，增设数字经济等分目，增加社会生活新事物所占篇幅，体现经济社会发展变迁。在突出绿色发展和区域协同发展方面，专记收入《一区一枢纽两中心建设》，记述农业绿色发展、万达开川渝统筹发展示范区建设和特色产业发展等内容，阐述万州区年度重大政策、重要项目和发展情况，反映万州区坚定践行“两山论”、走好“两化路”，突出生态优先、绿色发展道路，全面落实成渝地区双城经济圈建设和重庆市“一区两群”协调发展等重大战略，积极构建区域协调发展新格局。在突出万州区打好文旅“三峡牌”方面，通过重庆三峡移民纪念馆入选“建党百年红色旅游百条精品线路”参观点、三峡平湖旅游区、三峡文化旅游产业博览会、三峡美食文化节暨万州烤鱼节、“大三峡·大巴山”国际文化旅游节等条目，宣传介绍“畅游三峡·万州出发”旅游品牌，反映万州区纵深推进文旅融合，全力构建全域旅游新格局。在突出万州城市名片和地方风物方面，通过设置世界大河歌会、中国曲艺之乡、中国烤鱼之乡、重庆市历史文化名城等城市名片条目，记述诗仙太白酒、鱼泉榨菜、万州红橘、玫瑰香橙、“三峡天丛”茶叶、谭木匠木梳等土特产品以及万州烤鱼、万州凉面、万州格格“美食三绝”。特别是将具有高辨识度的地方特色美食万州烤鱼升格为类目，详细记述万州烤鱼历史文化、烹饪技艺、产业发展和品牌建设，多角度展现万州区丰富多彩的地域文化、独具特色的风物特产和悠久的美食文化。

三是在内容编纂上精益求精。《地方综合年鉴编纂出版规定》第四章针对条目、大事记、图、表、录等作出15条具体要求。第一，抓条目质量。条目选题选材注重有效性、完整性和新颖、准确、系统，有效信息含量大，编辑时着重消除部门工作总结、报告痕迹，确保标题中心词突出，题文相符，排列有序。《地方综合年鉴编纂出版规定》第二十条指出，“年鉴编纂单位应拓宽资料搜集渠道，资料除依靠各供稿单位提供外，还要通过查阅档案、报刊和提炼网络信息，以及调查访问等方式进行搜集”。区史志研究室在条目编辑或撰写时，除了加强对部门来稿的指导审核，进一步提高组稿质量外，还通过多渠道挖掘素材，提炼撰写年度性、特色条目，并加强与供稿单位交流。同时，各部门各部分矛盾或者交叉重复内容务必保证核实后处理到位，无论是返稿重写还是编辑修改或新撰写条目，都须经相关单位核稿认可。初稿编辑、责任编辑、分管领导层层把关，确保条目内容完整，归属得当，内容记述准确。比如撰写乡镇街道、产业发展内容，有总有分，有总体概况，也有采取的具体工作举措、成效亮点，成果要有具体数据反映。第二，抓编辑规范。严格将《地方综合年鉴编纂出版规定》《关于地方综合年鉴编纂出版若干问题的补充规定》《重庆市地方综合年鉴编纂出版细则》及《标点符号用法》（GB/T 15834—2011）、《通用规范汉字表》（教育部、国家语委2013年6月）、《新华社新闻报道中的禁用词和慎用词》（2016年7月修订）等文件要求落实在年鉴编纂和出版全过程、各环节，不断完善《万州年鉴》编写要求，确保体裁齐备、采用规范的语体文，行文朴实、简练、流畅，保证全书的统一规范和一致性。同时，通过开展“精品年鉴品读季”活动，学精品、创精品，编校质量有了大幅提升。第三，抓版式设计。精品年鉴除了前面提到的框架设计、资料性强、行文规范、特色鲜明等，还要制作精良，版式设计美观大方。结合精品年鉴版式设计要求，在年鉴装帧设计中对文字、图形进行版面模式的编排设计，包括开本、版心、边路、文字、间距、行距、图片、图形、表格的各种比例关系。从艺术设计的角度把握书籍最终版式效果，《万州年鉴（2022）》封面选用地标建筑西山钟楼及长江三峡元素，辅以中国传统色“沧浪”，全书均采用其系列色，沧浪是江河湖海的专属色，正契合万州区加强生态保护与修复，加强三峡库区消落带治理，筑牢长江上游重要生态屏障，落实好习近平总书记对重庆提出的守护好“一江碧水、两岸青山”、建设山清水秀美丽之地的重要指示精神。正文内容由以前年度的双栏式排版改为三栏式排版，随文插图占页面比例为 2 ∶ 3 的黄金比例，为最佳美学效果。同时，便于快速阅读，保证阅读的完整性，并能提高排版效率，每页字数更多。

二、行稳致远，进而有为

地方综合年鉴的功能定位决定必须注重社会效益，精品年鉴作为展示地情信息的权威百科全书，是开展对外宣传的优秀文化产品，具有更强的文化辐射力和影响力。

（一）资政功能发挥

地方综合年鉴是“官书”“信史”，是知识的载体、信息的媒介。《万州年鉴（2022）》是由地方党委、政府主持编纂的，具有权威性、系统性、科学性、准确性的工具书，记述了大量的如“老旧小区改造”“楼栋工作日机制”“三峡库区消落带中山杉生态修复示范林”“劳动维权一站式服务大厅成立”等资政案例和“万州综合保税区获国务院批复设立”“重庆首例高空抛物罪案宣判”等资政信息，具有不可比拟的重要资政功能。

（二）城市形象宣介

《万州年鉴（2022）》以丰富的文字图片资料直观地介绍万州景区景点、旅游线路、风物特产、餐饮名店等信息，展现“畅游三峡 · 万州出发”旅游品牌，有助于提升万州知名度。

（三）年鉴文化普及

年鉴作为权威工具书，一年一鉴，时效性强，信息资料连续可比，且形成系列，反映事物变化轨迹，揭示社会发展变化规律，蕴含传承中华优秀传统文化和地域特色文化。《万州年鉴（2022）》公开出版，线上线下同步发行，向区内外社会各界赠送500余册，在重庆市志办网站上登载。同时，年鉴背面印刷线上版、“万州史志”微信公众号二维码，扩大传播范围，提升年鉴文化知晓度。

（四）人才队伍培养

年鉴队伍的素质能力与年鉴质量息息相关，通过创建精品年鉴和“精品年鉴品读季”活动，年轻干部增强了史志文化自信，培养了创新思维，联系协调能力和编辑水平得到有效提升，对年鉴编纂工作有了进一步思考。通过制定编辑规范和点对点指导服务，供稿人员组稿水平也明显提高，专兼职年鉴编辑队伍得到有效锻炼。

三、精进臻善，谱写华章

年鉴编纂务必保证政治观点正确，突出年度特点和地方特色，在框架、行文、体例、资料、规范、版式方面下深功夫、下实功夫、下细功夫，不断提升年鉴质量，才能持续将精品年鉴文化品牌做实做强。

（一）加强前期介入

年鉴编纂工作要从记述内容年份伊始即启动，要改变以往第二年编纂发文才算年鉴编纂工作启动的意识，完善日常工作机制，建立大事记月结制、年度条目设置常规性、线索资料收集项目化等日常工作机制。

（二）在日常工作中做“有心人”

框架科学性事关年鉴质量的基础，条目则是年鉴质量的关键要素，都需要注意日常素材积累，提前谋划，这就需要编纂人员在日常工作中做“有心人”，加强日常积累，熟悉区情区况，通过文件、信息、报道以及在编写大事记时提炼年度亮点、特色，才能在设计纲目时做到有的放矢，框架科学全面系统，条目名称精准到位，单位供稿可操作性强。

（三）加强对供稿单位人员指导

针对供稿单位人员变动、素质不齐的情况，及时通过培训会、培训专题 PPT、编辑点对点交流等方式协调交流沟通编纂要求，切实提高供稿水平。

（四）不断完善编纂规范，严格编纂流程

结合精品年鉴评审专家组及出版社要求，总结整理完善编辑规范要求，按照审改机制，以工匠精神努力提升年鉴质量。

（五）持续加强编纂知识学习提高

持续举办“读精品、用精品、编精品”为主题的精品年鉴品读活动，组织编纂人员参加各级年鉴编纂培训，全方位了解框架设计、条目撰写、编纂规范、专题图片设计及内图选取、版式设计等，熟练掌握年鉴写什么、怎样写、条目要素有什么、图片主题表达选用等问题。进一步加强编辑规范学习，切实提高编辑水平，解决众手成志随意性大、不统一、不规范的问题。

（六）加强年鉴开发利用

研究探索年鉴再开发利用，通过制作精编口袋书、图文、短视频等喜闻乐见、易于传播的方式方法，充分发挥年鉴价值。推动年鉴进基层、进学校、进城市书房等，扩大发行面。

“知往鉴今，以启未来。”新时代年鉴工作者要坚定坚持“两个确立”，坚决做到“两个维护”，坚定史志文化自信，发扬“修志问道，直笔著史”的方志人精神，自觉担负起“为党立言、为国存史、为民修志”的初心使命，从对历史、对当下、对未来负责的政治高度重视年鉴编纂工作，传承中华优秀传统文化，以匠心铸精品、以精品奉献人民，以系统权威、服务社会的精品佳作，为当代提供资政辅治之参考，为后世留下堪存堪鉴之记述。

与时俱进　以质筑路
——《璧山年鉴》打造精品之路*

重庆市璧山区档案馆（重庆市璧山区地方志编修中心）

2021 年 4 月，中国地方志指导小组办公室公布第五批中国年鉴精品工程“中国精品年鉴”，全国共有 18 部年鉴入选。《璧山年鉴（2020）》位列其中，成为重庆市首部中国精品年鉴，并获评第八届全国地方志优秀成果（年鉴类）特等年鉴。“精品年鉴”并非一蹴而就，而是经历了从粗放式的资料汇编到精细化的文献整理，从黑白页面到全彩页面，从内部出版到公开出版的过程。

《璧山年鉴》创刊于 1998 年，是由中共重庆市璧山区委、璧山区人民政府组织，璧山区地方志编修中心编辑的年度资料性文献。《璧山年鉴（2020）》为第 23 卷，按照目标精准、过程精细、结果精致的“三精标准”，在尊重科学的基础上创新篇目设置，在遵循出版规范的同时创新版式设计，不拘泥于常规素材而深度挖掘特色资料，并在编校质量、装帧印刷等方面精雕细琢，使其在保持年鉴特性的同时呈现出浓厚的地域特色。

一、主要工作举措

精品年鉴并非只是一块牌子，更不是年鉴工作的天花板。打造精品年鉴不是

---

* 执笔人：罗杨，重庆市璧山区档案馆副馆长。

目的，而是通过打造精品这一过程，接触到更专业的平台，吸取更多的专家意见，进一步认识自身短板，锻炼编辑队伍，提升编辑水平，为今后的年鉴编纂打下坚实的基础。为巩固提升年鉴质量，璧山区着重抓好以下七项工作。

（一）提前谋篇布局

通过地方报纸、杂志、新媒体、政府网站、部门业务群等渠道，时刻关注全区重要会议、重要政策、重大事件，做好资料收集，草拟编辑大纲。对全区大事、要事、新事随时记入大事记，并以此为线索有针对性地征集稿件。

（二）重视图片收集

图片是一部优秀年鉴不可或缺的要素。一是与区内知名摄影师达成长期合作，邀请摄影师对重要事件、重点工程等进行跟踪拍摄。二是要求组稿单位按规范报送各单位、各领域图片资料。三是借力区融媒体中心专业的图片数据库，丰富年鉴图片内容。四是以征集年鉴图片为契机，逐步丰富馆藏声像档案数据库。

（三）及时启动编纂

璧山区地方志编修中心主动作为，每年 1 月就及时启动年鉴大纲编写工作，与各供稿单位沟通对接，听取意见建议，共同完善编辑大纲。春节后就以区委办公室名义下发年鉴编纂通知，要求各组稿单位落实分管负责人和专门的组稿撰稿人员，明确责任，扎实做好撰稿工作，让年鉴供稿成为各单位每年的“必修课”。

（四）做好编纂培训

各镇街、部门的稿件是年鉴的原始材料，要想把年鉴编好，首先就要抓好各单位的供稿质量。为此，中心编制《〈璧山年鉴〉条目编写规范和图片供稿要求》随编辑大纲一并印发，及时组织撰稿人学习《地方综合年鉴编纂教程》《中国年鉴精品工程实施方案》等政策文件；建立年鉴撰稿人交流 QQ 群，及时线上解答疑难问题。

（五）严控编辑流程

中心专门负责地方志的工作人员较少，年鉴编辑一般采用服务外包。在服务外包时优先选择有年鉴编纂经验的团队，以《中国年鉴精品工程实施方案》为标准，全程进行跟踪指导。初稿形成后由中心至少进行三轮校审，形成最终稿后，交由区内熟悉相关领域的领导干部、专家学者进行校审，修改完善后再报市志办。

（六）优选出版单位

优秀的出版单位能让年鉴质量更上一层楼，也是树立年鉴品牌的重要保证。中心长期坚持与全国百佳出版社合作，将选择全国百佳出版社作为服务外包合同的硬性条款，利用知名出版社专业的编辑团队严把质量关，在文字校对、排版、图片遴选、校色、装帧设计、纸张选择、印刷等方面都严格要求，确保每年出版的年鉴都经得起检验。

（七）狠抓队伍建设

干事创业，关键在人。为提高年鉴编纂队伍的整体素质和水平，确保年鉴质量和效果，中心从以下几个方面加强队伍建设。

一是确定明确的目标和职责。由方志编修科确定专人负责统筹年鉴工作。按照区委办公室印发编纂通知要求，明确工作目标、职责任务以及质量要求，压实各镇街、各部门撰稿人员担子，确保大家在打造精品这个方向上共同努力。

二是注重人才引进。在编制十分紧张的情况下，新空缺的 2 个编制均用于招录具有历史学、汉语言文学背景的人才，为年鉴和志书编纂储备优秀人才，确保团队整体素质和能力。

三是注重人才培养。为新从事年鉴工作的人员提供专业培训和学习机会，采取“老带新”“压担子”等方式，促进年轻人快速成长，提升他们的编纂技能、专业知识和写作能力，使其能够尽快胜任年鉴编纂工作。此外，适时举办全区组稿单位撰稿人培训班，提升年鉴从业人员专业素质。

二、主要经验与亮点

（一）把握热点内容

一是框架设计反映当地关注的热门话题。比如在政治部类之后设置三大攻坚战类目，聚焦“精准脱贫”“污染防治”“防范和化解重大风险”。经济部类则根据地域特点设置现代服务业类目，下设现代服务业发展区、大健康产业、现代金融业、餐饮业、电子商务、现代物流业、信息产业等分目。诸如此类的框架设计，均围绕当地党委、政府中心工作，既体现社会实际分工，又突出地方经济发展特色和产业布局，让读者对当地的特色产业一目了然。

二是在资料选择上“趁热打铁”。如《璧山年鉴（2020）》在大事记前设置专记，记述“轨道交通 1 号线璧山段建成通车”“党建引领小区治理”2 件在当地具有重大意义的事件。以“轨道交通 1 号线璧山段建成通车”为例，通过对事件的及时回溯，从 2008 年该项目筹备开始，记述至 2019 年竣工通车，辑录该工程建设过程中许多鲜为人知的细节，史料翔实，逻辑严密，信息量大，可读性强，颇具存史价值。

三是在内容编辑上“热炒热卖”。在注重资料有效性和连续性的同时，《璧山年鉴（2020）》还注重服务功能。编辑人员及时掌握当地需求，通过民国时期档案材料以及县志记载，编写璧山番茄、璧山清水鱼 2 个条目，作为美食特产内容，既充实年鉴内容，又及时为当地申请地理标志产品提供史料佐证，体现年鉴为现实服务的价值。

四是在图片遴选上紧贴时事。《璧山年鉴（2020）》设置行政区划图、交通图、城区图 3 幅地图，均为 2020 年新版，反映璧山城市及交通建设最新成果。收录反映当年热点问题的典型图片 200 余幅，卷首图片突出“新中国成立 70 周年”这一年度主题，正文插图则创新地通过专题图片和随文插图两种形式呈现，构图大气美观、图文并茂、编排新颖，具有较强的视觉冲击力。

（二）关注民生实事

一是类目设置上贴近民生。比如在政府类目中设置重点民生实事分目，记述农村公路、保障性住房、老旧小区改造等情况。除设置精准脱贫攻坚战分目外，还在每个街道、镇的分目下设置脱贫攻坚条目。此外，还设置社会服务管理类目，收录劳动就业、社会保障、民政事务、社会救助、社会福利、老龄工作等民生内容。除了常规的文化类目以外，《璧山年鉴（2020）》还在区情概览中设置历史人文分目，介绍该地区非物质文化遗产、民俗节庆、美食特产等，展示地方历史文化内涵，方便读者快速了解该地区人文信息。

二是资料整理遵从读者视角。尽量为读者提供有存史价值、有信息价值的资料线索，全书以三次文献为主，对原始资料进行反复加工整理，去粗取精，简明扼要，避免冗长记述，保留必要信息，只收录少量一次文献。

三是图片遴选体现人文关怀。领导图片和会议图片数量较少，大部分篇幅用于民生图片，如脱贫攻坚、见义勇为、民生实事、人居环境整治、环卫工人、垃圾分类等，更多体现百姓生活和普通建设者的画面。

（三）注重细节处理

年鉴编辑最大的难点就是对稿件进行加工。因年鉴稿件大多由各部门和镇街报送，由于很多撰稿人员不熟悉年鉴体例，造成稿件质量参差不齐，工作总结和宣传文稿的痕迹较重。为将这些基础材料加工成体例统一的书稿，文稿的细节处理就成为编辑工作的重中之重。

一是去粗取精。优先选取原始稿件中的重要内容，除每年常规收录的内容外，优先选取大事、特事、新事入鉴，去除"穿靴戴帽"式的套话空话，只保留必要的信息和数据，提升各条目有效信息含量。

二是处理冗余。在公文以及新闻报道中一些习以为常的修饰性词汇，在年鉴中则显得冗余，诸如"顺利""扎实""切实""夯实""实现""持续""全面""全力""助力""着力""决定性""成功""达""达到""深入""不断""同时""及时""进行""精准""充分""已""进一步""严格""严厉""进行""对……进行""了""有序""有效""紧盯""正式""强化"等，中心人员均结合前后文进行处理。此类问题较为普遍，也是最容易忽略的问题，通过逐年积累并建立冗余词汇库，在编辑过程中进行全文检索，逐一处理。

三是严格审校。将年鉴"三审三校"制度落实落细，分阶段、分步骤对全书框架结构、语句称谓、标点符号、计量单位、图片说明、表格表题、统计数据、人物名录、封面设计、排版格式等进行交叉审读、逐一核实，严格控制差错率。将审校工作贯穿年鉴编辑出版全过程，即使书稿已交付出版社，也落实专人同步审读，尽可能减少差错，少留遗憾。

此外，《璧山年鉴（2020）》在编纂过程中还得到许多领导的关心支持，得到诸多专家的批评指正，"精品之路"并非一帆风顺，更非一日之功。总之，对年度特色内容的实时把握，对编纂质量的严格把控，是打造年鉴精品的必由之路。

三、社会效益

《璧山年鉴（2020）》获评中国精品年鉴之后，带来广泛的社会效益，包括知名度提升、业务交流促进、年鉴业务发展推动、地方形象彰显等方面的积极影响。

（一）价值认可和知名度提升

被评为中国精品年鉴，意味着年鉴在内容质量、学术价值和编辑水平等方面得到了一定的认可和肯定，由此提升了《璧山年鉴》知名度和声誉，在年鉴编纂领域甚至地方志工作领域都受到了更多的关注和认可。

（二）促进业务交流和合作

作为精品年鉴，其内容和质量吸引了更多同行和研究者的关注。各省市诸多同行纷纷与中心联系交换志书和年鉴，互通有无。此外，中心人员还经常受邀参加各级年鉴、志书评审工作，获得更多机会与同行交流学习专业知识，拓宽交流范围和工作视野，并由此结识了很多优秀的同行，学到更多的先进经验。

（三）推动年鉴编纂工作发展和知识传播

中国精品年鉴争创工作受到区委、区政府领导的关注，社会关注度也进一步提高，有力推动了我区年鉴工作的发展。许多领导和各界知名人士在查阅地方文献和数据时，经常主动索要年鉴，为工作提供参考和借鉴。同时，通过广泛传播和推广，年鉴内容和知识也被更广泛地传播到社会大众中，提高了公众对相关领域的认识和理解。

（四）彰显地方形象和文化底蕴

被评为中国精品年鉴不仅是对年鉴本身的认可，也体现了璧山区在地方志工作方面的业务能力和文化底蕴。这也有助于提升地方形象，展示璧山区在学术、文化等方面的重要地位，增强地方文化软实力。此外，《璧山年鉴》本身也成了一种文化产品，经常作为对外交流的文化礼品，成为向外界推介璧山的重要工具，为大众提供璧山知识资讯。

四、主要问题及建议

（一）存在的主要问题

一是部分单位和人员认识不够到位。年鉴工作是一项长期性的基础工作，短期内不能带来明显的经济效益和社会效益，个别单位缺乏历史责任感和担当精神，对年鉴编纂工作重要性缺乏认识。这导致工作责任不明晰、基础工作不扎实，对稿件撰写不够认真，存在被动应付的现象。

二是经费保障不足。近年由于政府财政资金紧张，虽然年鉴编纂已纳入财政常年经费预算，但经常拨付不及时、不到位，严重阻碍年鉴编纂出版工作的正常开展。

三是专业人才匮乏。区地方志编修中心从事地方志工作的人员仅有两人，要负责全区地方志编纂指导、年鉴编纂出版、旧志点校及文献整理利用等工作，工作量大，且业务能力有限。年鉴各组稿单位人员能力素质参差不齐，队伍流动性较大，导致年鉴供稿质量不高，交稿时间拖延，影响年鉴编纂进度。

（二）有关建议

一是加强组织领导，提高政治认识。通过层层加压，将年鉴工作纳入综合考核指标，通过考核手段，进一步加强地方党委、政府对年鉴工作的重视和支持，切实为年鉴工作提供人员和经费保障。

二是继续加强人才引进和培养。年鉴编纂出版需要一批专业素养高、责任心强、经验丰富的编辑人员。在培养新人的同时，多开展年鉴业务交流和培训，将年鉴业务交流和培训工作制度化、常态化，适时组织跨区域地方志工作机构的互评互审，以提升各级年鉴工作人员专业素养，为大家提供更多相互学习借鉴的机会，避免闭门造车，促进共同发展。

三是推广先进的技术手段。在年鉴资料收集、编审、出版全过程中引进推广新技术，在节约人力物力的同时，进一步提高年鉴质量，提高编纂效率。

四是加强宣传和推广。年鉴的宣传和推广对于其影响力和知名度的提升非常重要，年鉴出版之后，需要积极开展宣传和推广工作，采用媒体宣传、网络推广、展览展示等多种形式，进一步提高全社会对年鉴功能和价值的认识，提升全民读鉴、用鉴的频率，真正发挥年鉴价值，服务经济社会发展。

笃行致远高站位　惟实励新创精品

——《武侯年鉴》打造精品之路*

成都市武侯区地方志编纂委员会办公室

2022年1月初，成都市武侯区地方志编纂委员会办公室完善《武侯年鉴》编纂规范，优化《武侯年鉴（2022）》篇目结构，启动新一卷年鉴编纂工作。同时，认真学习《中国年鉴精品工程实施方案（修订版）》《地方综合年鉴编纂出版规定》《关于地方综合年鉴编纂出版若干问题的补充规定》等，确立争创中国精品年鉴目标，并作为年度工作重点。在四川省、成都市地方志工作机构的大力推荐和精心指导下，顺利获批参加中国年鉴精品工程评审。争创过程中，中国年鉴精品工程专家组从篇目设计到条目撰写，对《武侯年鉴（2022）》编纂给予全过程的精心指导；四川省、成都市地方志工作机构和武侯区委、区政府领导多次听取工作汇报并给予激励和帮助。

一、优化工作模式，科学组织编纂

为顺利完成争创工作，武侯区志办优化传统编纂模式，针对争创关键节点和要求，制订工作计划并适时调整，以确保按时提交评审稿。一是提前研究制订篇目大纲。2021年底，组织人员梳理年度大事记，拟制篇目结构；2022新年伊始，

* 执笔人：徐敬国，成都市武侯区地方志编纂委员会办公室地情资源编辑部部长。

即组织召开《武侯年鉴（2022）》篇目大纲研讨会，基本确定篇目大纲。二是提前收集重要文献资料。编纂工作启动前，即组织收集整理区重要会议报告、区委区政府领导讲话、《今日武侯》报以及大事记等重要文献资料，研究确定反映年度特点、武侯特色的主要篇目。三是及时增强编纂力量。为确保编纂工作按计划推进，编纂初期就调整增强编辑力量；主编、副主编及时关注年鉴资料收集、编纂工作进展情况，及时协调解决遇到的困难和问题；在文稿补充完善修改关键时期的2022年9月、12月，组织全办人员参与，分工联系部门补充资料。四是主动联系撰稿单位进行收集资料。主动联系相关部门收集体现年度特点、区域特色的彩页主题、重点条目等资料，并同步进行初稿编辑；拓宽资料收集渠道，联系武侯区餐饮美食行业协会、市气象局等单位，及时收集相关资料。

二、强化审核校对，多方把控质量

武侯区志办历来重视年鉴质量，将质量把控贯穿于初稿撰写、编辑修改、征求意见、资料核补、出版制作等环节。一是主编、副主编通稿审读，对遇到的疑难问题组织集中讨论，共同研究解决方案。二是交叉校稿。初稿完成后，主要撰稿人员进行交叉检查和校改后，形成讨论稿。三是集体讨论改稿。全体人员分组、分章节审读讨论稿，提出问题和修改意见，然后利用3～4周时间，对整部年鉴文稿逐字逐句进行集中讨论，研究确定详细修改意见。四是撰稿单位审核补充。形成征求意见稿后，送武侯区地方志编纂委员会成员和各撰稿单位审核，并补充完善资料，尤其要求相关部门严格审核保密、军事等敏感信息。五是出版设计环节审校细之又细。年鉴排版设计完成后，组织人员严格按照文字、数字、标点、图表、计量单位等国家标准，分组、分章节进行多轮审校，确保年鉴出版质量；同时，利用校对软件进行通稿校对，对发现的问题逐一进行分析处理，避免软件校对失误。交叉校对、集中讨论修改、广泛征求意见及审核的方式，确保了年鉴质量，也提高了所有撰稿人员的业务水平。

三、学习先进经验，不断优化完善

《武侯年鉴》篇目结构总体参照国民经济行业分类排列顺序，主要以事业（或与事业相近因素）为主，按照《地方综合年鉴编纂出版规定》等要求，分类目、分目和条目三个层次。武侯区志办认真学习《连云港年鉴（2019）》《长沙年鉴（2020）》等中国精品年鉴的先进经验，结合学习领悟专家评审意见和辖区实际，不断优化篇目结构、完善资料内容、科学精选图表，力求篇目层次科学清晰、领属得当、编排有序。

（一）类目设置科学有序

《武侯年鉴（2022）》删除专文，在特载后设专记，收录年度特色亮点情况记述；将武侯区获得的市委、市政府以上颁发的荣誉调整到前置彩页，并增加“数字武侯·5年数据对比”等专题，突出年度特色；将经济管理类目置于主要经济发展内容之前。将应急管理、旅游业、文化、体育分目升格为类目。增设统计公报类目。同时，对类目名称进行规范，“四大班子”及纪委监委采用机构全称作为类目名称；将民主党派与工商业联合会类目修改为民主党派·工商联；武侯区城镇化率为100%，因此将农业与农村工作类目改为农业；将生态建设类目改为生态环境建设。

（二）分目设置领属得当

区委、区人大、区政府、区政协、区纪委监委等类目增加综述分目，同时根据重要会议材料及年度工作总结材料，概括提炼文字，借鉴《北京年鉴》《上海年鉴》等的做法，采用“述”的体裁，不设条目，第一段为无题序，其余设段首标题。区委类目中增设网络信息工作分目，区人大类目增设决定重大事项与人事任免、代表工作、专门委员会工作等分目；区政府类目增设民生实事、外事及港澳台事务等分目，行政执法分目从法治类目调整到区政府类目；区政协类目增设专门委员会工作分目。经济管理类目增设金融监管分目，将服务业类目中的金融业监管相关条目调整到金融监管分目。服务业类目的餐饮业分目改为住宿和餐饮业，增加住宿业相关内容。对外经济贸易分目增设贸易进出口、利用外资条目。对涉及电影院线的3个条目进行组合，设电影院线分目。社会生活类目增设人口家庭、居民生活等反映区域特色、涉及民生、更接地气的内容，将精神文明建设、退役军人事务、民族宗教事务等分目调整到社会生活类目。

（三）条目内容力求完善

根据专家评审意见，进一步修改、完善和补充《武侯年鉴（2022）》条目。更改注释表现形式，尽可能将内容融入正文；确需注释的，在正文括注，以丰富条目内容。突出记述大事中的重点内容，删除会议、活动中的领导出席等信息。科技管理分目增加科技人才管理条目。教育类目补充招生考试内容。文化活动条目名称改为群众文化活动，增设《薛涛史话》出版、《芙蓉花醉锦里城》出版、《锦里风光分外春》出版3个条目。居民收入条目中增加2021年居民工资性收入、经营净收入、财产净收入以及各项占总收入的比例等内容。人口家庭分目下设概况、人口生育、婚姻收养登记、婚俗改革、殡葬管理等条目，补充相关内容。补充机构负责人、获表彰人物、去世人物等人员性别、民族等信息，确保人物信息完整。

（四）精选图表规范设计

卷首精选专题图片突出展示年度特色亮点工作，如选取大学路、玉林特色街区、音乐大道图片，突出具有武侯特色和年度特点的城市有机更新主题。重要内容适当前置处理，武侯区获得的省级以上荣誉调整到卷首图片部分，纳税过1亿元企业情况从附录调整到内文相关条目。将宣传工作分目中的"'感动武侯'十大人物（团队）表""2021年武侯区文明之家"调整到人物·荣誉类目，充实、突出荣誉内容。增加省、市、县三级民生实事项目情况表。

全书严格按照国家新闻出版行业标准相关规范要求，对图号、图题、图注以及表号、表题、表头、表身、表注等内容进行设计，力求全书图表设计科学、合理、统一、美观、易读。同时，在配置表格的正文处用楷体括注"详见表……"或"参见表……"，清晰标示表格所属内容；书中随文插图配置均衡，会议图片较少；街道类目中，每个街道都附有区位图，直观标示各街道在武侯区的位置。

四、注重彰显特质，不断探索创新

《武侯年鉴（2022）》通过专记、专题图片、单一性条目等充分展现武侯区2021年度特色亮点、重点、主要成就；进一步优化一、二、三次文献比例，取消特载中的领导专文和附录中的各单位办公地址一览表等，适度缩减特载、附录在全书的占比。同时，从封面设计、内容编排等方面不断探索创新，注重丰富和拓展年鉴内涵。

（一）突出年度特点

一是通过专记，系统记述年度特色工作亮点。《武侯年鉴（2022）》专记收录“党史学习教育”“就业服务推进”“党建引领社区治理”等专题文章，突出反映武侯区2021年度特色工作。二是专题图片突出展示年度重点工作。从年度大事要闻中精选“庆祝建党100周年”“生态文明示范区建设”“一环路市井生活圈打造”等专题，精选制作卷首彩页，以展示年度重点工作；用图表的形式展现2021年度武侯区取得的重要成就和获得的荣誉，直观呈现年度人口、财政收入、固定资产投资等重要数据，便于读者查阅。

（二）彰显武侯特色

《武侯年鉴（2022）》封面以锦江江水之绿为底色，以成都武侯祠内岳飞手书的《出师表》碑刻作底影，配以行书与黑体搭配的烫金标题，布局清雅简洁，突显武侯特色。在工业、服务业类目中均设置重点企业的分目、条目，以体现经济特色；设电子商务产业、大健康产业等分目，展示武侯区支柱产业；产业功能区类目设她妆美谷、华西医美健康城、三国创意设计产业功能区等分目，集中展示产业功能区发展情况；增设住宿和餐饮业、居民生活等分目，收录反映区域特色、涉及民生、更接地气的内容。

（三）科学翔实记述

《武侯年鉴》大事记始终按照“大”“要”“特”“新”的标准，精选年度武侯区经济社会发展中的大事，尤其与民生相关的大事；编辑时遵循“大事简、正文详”的原则，使内文单一性条目记述与大事记相互呼应。如《武侯年鉴（2022）》大事记3月25日记“2021‘蓉漂杯’高层次人才创新创业大赛在武侯区开赛”，在内文人力资源管理分目下设单一性条目翔实记述。同时，对涉及数据较多的条目，科学设计表格进行记述，力求年鉴内容清晰、易读。

（四）注重内容拓展

《武侯年鉴（2022）》采用常规条目和单一性条目相结合的方式，在记述常规工作的同时，重点突出年度特色工作。财政、税收、工业经济、建筑业、房地产业等数据均同上年作对比。在拓展记述内容、增强可读性等方面作进一步探索，合理利用空白书页，设“品武侯”专栏，收录区域历史文化等方面内容；在旅游业、街道等类目增设介绍武侯特色文化的二维码，读者可通过微信扫码阅读相关文章，进一步拓展全书知识容量，增强年鉴可读性，同时为确保链接地址长期有效，文章全部选择区政府官网或“方志武侯”微信公众号文章。

五、总结争创经验，赓续整体提升

虽然《武侯年鉴（2022）》成功争创中国精品年鉴，但与其他优秀年鉴相比较，仍然还有很大的提升空间；在近年来年鉴资料的查阅使用过程中，也发现存在部分内容缺失的问题。例如，部分综述分目下设概况及单一性条目，与年鉴体例要求不相符；工业、建筑业等类目在记述产业发展特色等方面存在不足，有待继续完善；各街道条目设置重复简单；年度特点、区域特色内容也存在不足，篇目结构有待优化完善。

年鉴质量没有最高，只有更高。下一步，武侯区志办在总结争创经验的基础上，继续查找不足，扩展资料收集渠道、优化调整篇目大纲，着力在体现年度特点、突出武侯特色、更接“地气”上下功夫，力争实现《武侯年鉴》整体质量再提升。

（一）持续突出特色亮点

一是规范全书综述内容，着重记述年度工作重点。收集各单位年度工作总结性材料，整理、提炼出综述内容，高度概括性记述相关工作年度发展重点和亮点。二是突出记述年度大事、要事和重点工作。如产业建圈强链、疫情防控、高温灾害处置、融入成渝地区双城经济圈建设、成都大运会武侯赛区筹备等年度重要事件，均通过大事记以及设立分目、单一性条目等方式进行完整记述。

（二）科学调整完善篇目

主动联系统计、商务、新经济等职能部门，共同研究确定篇目结构和记述内容，优化工业、建筑业、房地产业、交通运输业、科技等篇目结构，增加细分行业、重点企业、租赁与商务服务业、居民服务业、住宿和餐饮业、科技服务业、物流与邮政等相关内容，力求全面展示武侯区经济发展情况、区域特色和重点企业等情况，丰富年鉴“经济气”“烟火气”。同时，对机关内部事务、队伍建设管理等内容进行适当压缩，或取消单设条目，选取重点内容调整到概况条目中。

（三）优化重构街道篇目

打破各街道分目中按照概况、经济建设、城市管理、民生服务等设置条目的惯例，每个街道分目设概况条目，介绍街道的地理位置、建置沿革、所辖社区及人口、民族等情况，概括性介绍街道经济社会年度发展情况，设 3 ～ 4 个单一性条目，突出街道年度重点和特色工作情况，尤其是社区发展治理特色亮点，让年鉴更接“地气”。

六、关于提升年鉴质量的思考和建议

《武侯年鉴（2022）》争创中国精品年鉴，离不开区级部门、街道社区及社会各界的支持。争创成功后，通过一系列宣传，供稿单位纷纷表示将按照精品年鉴要求，一如既往提供高质量年鉴资料，续写区域经济社会发展篇章。同时，《武侯年鉴》进一步获得社会各界关注和响应，推动继续优化 2023 年卷篇目，顺利增补经济、科技、交通等内容。以此为契机，就“精品后”如何不断提升年鉴质量作了思考。

（一）自上而下建立质量管控机制

《武侯年鉴（2022）》争创精品过程中，得到了各级领导、专家的指导。其中中国精品年鉴专家从篇目大纲调整、初稿编辑修改，直至终稿补充完善，均进行认真细致的指导和帮助，极大提升了《武侯年鉴（2022）》质量。武侯区志办以此为契机，充分借鉴专家评审意见和建议，逐步建立适合辖区实际的质量管理机制，并在2023年卷、2024年卷编纂过程中不断完善。目前，四川省地方志工作办公室要求各市、州地方志工作机构每年开展年鉴篇目评审，并于次年进行复审，自上而下的年鉴质量管控机制正逐步完善，值得推广借鉴。

（二）由内而外打造年鉴人才队伍

地方综合年鉴内容涉及经济社会发展的方方面面，离不开各行各业的大力支持，不仅需要地方志工作者熟悉年鉴业务，更需要供稿人员积极提供全面、翔实的高质量稿件。2023年初，武侯区志办多次与统计、商务、住建、交通、新经济等部门座谈研讨，充分征求行业主管部门意见，科学调整2023年卷年鉴篇目。因此，编纂高质量年鉴，既需要地方志机构的年鉴编纂人员不断加强学习、熟悉本职业务，也需要培养本地区覆盖供稿单位稳定、高素质的人才队伍，不断结合辖区经济社会发展实际优化调整年鉴篇目，提供全面翔实资料，共同把控年鉴质量。

党的二十大对新时代传承中华优秀传统文化提出明确要求；2023年10月，全国宣传思想文化工作会议提出习近平文化思想。地方志工作者要认真学习贯彻习近平文化思想，以争创精品年鉴为抓手，准确把握年鉴事业发展趋势和规律，紧扣新时代脉搏和地方特色，全面、系统、翔实记录辖区自然、政治、经济、文化、社会、生态等各方面发展情况，将年鉴打造为展示区域地情的重要载体，真正发挥“为当代提供资政辅治之参考、为后世留下堪存堪鉴之记述”作用。